青年學者叢書出版計劃——中國人文新知叢書

香港浸會大學孫少文伉儷人文中國研究所

青年學者叢書出版計劃——中國人文新知叢書
香港浸會大學孫少文伉儷人文中國研究所

近百年來《國語》校詁研究

郭萬青 著

鳳凰出版社

圖書在版編目（CIP）數據

近百年來《國語》校詁研究 / 郭萬青著. -- 南京 :
鳳凰出版社, 2016.12
ISBN 978-7-5506-2510-5

Ⅰ. ①近… Ⅱ. ①郭… Ⅲ. ①中國歷史－春秋時代－
史籍②《國語》－研究 Ⅳ. ①K225.04

中國版本圖書館CIP數據核字(2016)第282068號

書　　名	近百年來《國語》校詁研究
著　　者	郭萬青
責任編輯	郭馨馨
出版發行	鳳凰出版傳媒股份有限公司 鳳凰出版社(原江蘇古籍出版社) 發行部電話025-83223462
出版社地址	南京市中央路165號,郵編:210009
出版社網址	http://www.fhcbs.com
照　　排	江苏凤凰制版有限公司
印　　刷	揚中市印刷有限公司 揚中市科技園區東進大道6號,郵編:212212
開　　本	880×1230毫米　1/32
印　　張	18.5
字　　數	533千字
版　　次	2016年12月第1版　2016年12月第1次印刷
標準書號	ISBN 978-7-5506-2510-5
定　　價	88.00圓

(本書凡印裝錯誤可向承印廠調換,電話:0511-88420818)

目　録

自　序

本書對近百年來的《國語》勘校與訓詁成果進行了一定程度的梳理，采取專書、專人的方式，按照其出版或發表時間前後爲序進行編排，當然也可藉此見出《國語》勘校或訓詁的時間軌跡。每篇之首有引言，大體介紹著者生平大略，《國語》勘校或訓詁内容及其方法。文中采用傳統札記方式對其可商、可補之處進行辨析探討，所論涉及：1. 文字訛奪以及文字正俗、通假等問題；2. 詞語訓詁；3. 句讀標點；4. 語法分析；5. 相關問題的分析。其中以詞語訓詁問題爲最複雜，所論也最多，也是本書的着力點所在。當然其間也牽涉到方法的探討等。至於撰述目的，已經在《國語考校——以明本四種勘校材料爲中心》和本書的引言部分進行了交待，兹不贅述。希望可藉此進一步深入認識近百年來的《國語》勘校與訓詁研究，進而對近百年來的《國語》研究史的歷時考察與梳理有一定的用處，並對全面整理與研究《國語》有一些用處。

本書的主要部分是在南京師範大學讀書期間完成的。隨園的古韻、師友的幫助、家人的支持使我有較爲充裕的時間，在三年讀書期間可以較大程度地做一些與專業相關的事情，每每念及，都是要深深感懷的。時間流逝得很快，畢業忽忽已過去一年多了，慚怍無以報師長，唯董理此稿以塞責！

是爲序。

時在甲午仲秋二日，

火盆陳郙人識於麥望館

引　言

一、漢語史構建與《國語》文本確定

漢語史的構建大約主要靠兩個方面的工作完成，一個是斷代研究，一個是專書研究。實際上斷代研究也往往建立在專書研究的基礎上。因此，專書語言研究在漢語史構建中就顯得尤其重要。郭錫良説："古漢語語法專書研究是建立漢語斷代語法和漢語語法發展史的可靠基礎。"①把郭錫良論述中的"語法"换成"語言"照樣合適。何樂士(1930—2007)也在《專書語法研究的幾點體會》中談到了專書語言研究尤其是語法研究的重要意義，她認爲：(1) 專書語法研究是漢語史研究的基石；(2) 專書語法研究是專題語法研究的重要依據；(3) 專書研究是比較研究的必要條件；(4) 專書研究是建立新的理論的一個重要途徑；(5) 專書語法研究的成果是檢驗自己或前人成説的有力武器②。何樂士是大陸專書語法研究和專書語言研究的較早踐行者和《左傳》語言研究的重要專家，由於個人專書研究的實踐，故而所談更爲深入而系統。

也正如郭錫良所説："專書語法研究是一個全面鍛煉的過程，也是一個全面積累經驗、全面積累科研素材的過程。從專書的整理開始，版

① 郭錫良：《古漢語專書語法研究漫談》，見載於氏著《漢語史論集》(增補本)，北京：商務印書館 2005 年版，頁 307—310。

② 何樂士：《專書語法研究的幾點體會》，見載於氏著《古漢語語法研究論文集》，北京：商務印書館 2000 年版，頁 360—384。

本、校勘、標點、今譯，這是前期的準備工作。”①爲什麽要做這個前期準備工作呢？金啓華(1919—2011)云：“由於古代書寫工具的不同，從簡帛、銅器、甲骨、紙張、抄寫、排版等方面的變遷，古書中確有很多錯簡、漏刻、讀法等的不同或訛誤。因此，異文本的出現，則讀它必須求真避誤，具有判斷力。”②就漢語史研究而言，漢語史的研究對象——出土文獻和傳世文獻都是漢語史語料。由於文字字形的變遷、抄寫者的個人差異、各個時代的避諱以及相關問題，所有的漢語史語料都需要釐定，即在比較版本異同的基礎上確定最符合該語料文本的文本形式。

古典文獻學的主要任務是復原存真，這也是進行古籍版本校勘的主要目的所在。可是“原”和“真”的標準究竟如何確定？距離今天越久遠的古籍，這個問題就愈難處理。因爲有些古籍是春秋時期就已經存在着的，首先要根據漢字史的研究來確定當時的文字應用的實際面貌，在這個基礎上纔能去談“復原存真”。可是即便是這個“原”、“真”按照我們今天對春秋時期文字應用的實際面貌確立了，是否真正能够還原該書在春秋時期的實際面貌，恐怕也還是一個問題。因爲我們今天掌握的春秋時期文字應用的實際情形是經過歷代篩選之後留下來的，即便我們有比較多的出土文字材料作爲參照，恐怕也還稱不上完備。另外，文字不斷增多，文獻疊經傳抄，後世閱讀的文本也是經過一次次傳抄過的文本，不可能是該書的早期形態。如果要研究該書在魏晉隋唐的情形，是否也還要根據這個時期的文字應用狀况進行復原，但是這個時期的復原就更不容易去做。因爲古籍的流傳中文字的改易只是就一定程度上而言，古籍的大部分内容以及古人傳抄刊刻古籍很大程度上也還力求保留本來面目。因此，“復原存真”的標準也還值得進一步討論。不管其標準如何，漢語史語料總要進行一番整理，纔能做爲研究語料進行漢語史研究，這是毫無疑義的。典籍的文本形式確定實際上到版刻較爲發展之後纔實現。這一期間許多典籍都有了不止一種版本，

---

① 郭錫良:《古漢語專書語法研究漫談》，見載於氏著《漢語史論集》(增補本)，北京:商務印書館 2005 年版，頁 307—310。

② 金啓華:《〈後讀書雜誌〉讀後》，《文教資料》1997 年第 4 期，頁 133—134。

而且版本之間因爲種種的原因會存在不同，這些不同可能並不牽涉上述“復原”問題，但是也給語料的定性、定量以及相關研究帶來了一些麻煩，確實需要釐清確定。因此，把這一步工作做好也是相當重要的。這也是目前漢語史語料尤其是先秦兩漢語料所面臨的比較重要的問題和在進行語言研究之先有必要進行的一番工作。

《國語》作爲一部先秦時期的語料和史料文本，也面臨着同樣的問題，即定字（定形、定音、定量、定序）、定義以及時代或地域的確定。就《國語》而言，《國語》文本的確定性需要《國語》各個傳本以及相關材料的勘正和具體語義的探討。我們認爲，《國語》文本形式的確定以及語義探討需要藉助四個方面的材料：(1) 傳世《國語》的各個版本的校勘；(2) 歷代《國語》研究著作的梳理與研究；(3) 群書引《國語》資料的整理與研究；(4) 先秦兩漢其他典籍包括相關時期的出土文獻與《國語》同内容篇章或語段的比對與研究。對歷代《國語》研究的歷時梳理與研究是《國語》研究的一個重要方面。近百年來，傳統學術煥發了新的生機，新的材料、新的方法都推動了傳統學術的繼續發展。因此，對近百年來《國語》的校勘、訓詁研究作一番梳理更顯得重要和有意義。

二、近百年來《國語》校詁研究之大略

二十世紀的《國語》研究是從 1909 年開始的，此前的研究都在十九世紀以前，因此二十世紀的第一個十年就幾乎没有什麽研究成果，所以我們就把二十世紀闕掉的九年用二十一世紀的前九年補足，正合百年之數。在這一百年間發表的《國語》成果，筆者基本搜集齊全，並略做了一個統計。如下：

年份／類别	1909—1919	1920—1929	1930—1939	1940—1949	1950—1959	1960—1969	1970—1979	1980—1989	1990—1999	2000—2009
論文	2	7	7	3	2	18	25	99	90	293
專著	2		1			2		4		4
碩博					1	1	1	5	3	65

續表

年份／類別	1909—1919	1920—1929	1930—1939	1940—1949	1950—1959	1960—1969	1970—1979	1980—1989	1990—1999	2000—2009
會議										19
出版	8	11	13	1	7	11	21	22	23	38

在這個表格當中,“論文”指公開發表的論文,“專著”是指正式出版的《國語》專著,“碩博”是指碩博學位論文,以畢業年爲統計標準。“會議”是指在學術會議上提交的論文。“出版”是指《國語》研究專著之外的各類出版物,包括舊注新刊、新譯新注、點校、索引等。1909—1919、1940—1949、1950—1959 這三個十年中的《國語》研究比較薄弱,有它的歷史背景。1909—1919 恰恰是新文化運動時期,國故不行,這是一個方面;另外一個方面就是很多學問家正集中精力對甲骨文、敦煌學和西北史地進行考察,傳世文獻的研究好像没有更多的突破;還有一個方面,就是 1909—1919 恰恰是中國歷史上有一個大動盪的時期,不僅僅體現在思潮上,而且體現在社會穩定上,剛剛結束的辛亥革命又被護國運動代替,又恰恰趕上第一次世界大戰。在世界範圍内,就不是一個能够安靜下來做學問的環境,國内也是如此。1940—1949 這個十年又恰恰是前半階段爲中華民族反抗日本侵略,後半階段爲中國國民黨和中國共産黨之間的内戰。1950—1959 這個十年在中國大陸是剛剛開始新的建設,舊的東西面臨着如何批判吸收的問題,過去的知識分子如何適應新的時代以及反右等等一系列的政治運動,中國臺灣則是國民黨退守之後,反思自己何以失敗的問題,大約整個中國研究國學的熱情不高,故而研究《國語》者也顯得寥若晨星。從 1960—1969 這個十年開始,《國語》研究的論文數量呈遞增趨勢,一直到 2000—2009 這個十年達到了一個很高的程度,2000—2009 這個十年所發表的論文數量甚至超過了以往各個階段論文數量的總和。筆者打算按照時間次序對這一百年的《國語》研究做一個繫年式的評點,這樣比較好操作,再有讀起來可能也會有一些趣味。

如果從大的方面來分的話,可以分爲《國語》性質研究、《國語》作者研究、《國語》語言學研究、《國語》文學研究、《國語》史學研究、《國語》文獻學研究、《國語》與《左傳》比較研究、《國語》韋昭注研究、《國語》舊注研究、《國語》的點校和注釋等諸多方面。

就《國語》的校詁研究而言，截止到2015年初，一共有專書46部；截止到2013年底，共有期刊論文305篇、碩博論文30篇以及專著或札記類學術專著中的《國語》考辨若干篇。

（一）《國語》專書

專書包括（以出版時間爲順序）：1. 吴曾祺（1852—1929）《國語韋解補正》（上海：商務印書館1909年版）；2. 沈鎔（1886—1949）《國語詳注》（上海：文明書局1916年版）；3. 桂湖村（1868—1938）《國語》（早稻田大學出版部1917年版）；4. 林泰輔（1854—1922）《國語》（東京：國民文庫刊行委員會1922年版）；5. 塚本哲三（1881—1953）《國語》（東京：有朋堂書店1927年版）；6. 徐元誥（1878—1955）《國語集解》（上海：中華書局1930年版）；7. 張寄岫《左國選讀》（上海：商務印書館1935年版）；8. 葉玉麟（1876—1958）《白話譯解國語》（上海：大達圖書供應社1935年版）；9. 秦同培《廣注語譯國語精華》（上海：世界書局1936年版）；10. 傅庚生（1910—1984）《國語選》（北京：人民文學出版社1959年版）；11. 大野峻（1911—）《國語》（東京：明治書院1967年版）；12. 張以仁（1930—2009）《國語虚詞集釋》（臺北："中央研究院"歷史語言研究所1968年版）；13. 大野峻《國語》（東京：明德出版社1969年）；14. 張以仁《國語斠證》（臺北：臺灣商務印書館1969年版）；15. 上海師範大學古籍整理研究所點校《國語》（上海：上海古籍出版社1978年版）；16. 馬達遠（1917—2010）《國語故事選譯》（上海：上海古籍出版社1985年版）；17. 李維琦點校《國語》（長沙：岳麓書社1988年版）；18. 高振鐸、劉乾先《國語選譯》（成都：巴蜀書社1990年版）；19. 張以仁《國語左傳論集》（臺北：東昇圖書出版公司1990年版）；20. 薛安勤、王連生《國語譯注》（長春：吉林文史出版社1991年版）；21. 汪濟民等《國語譯注》（南昌：百花洲文藝出版社1992年版）；22. 董立章《國語譯注辨析》（廣州：暨南大學出版社1993年版）；23. 鄔國義、胡果文等《國語譯注》（上海：上海古籍出版社1994年版）；24. 李維琦《白話國語》（長沙:岳麓書社 1994 年版);25. 易中天《新譯國語讀本》(臺北:三民書局 1994 年版);26. 黄永堂《國語全譯》(貴陽:貴州人民出版社 1995 年版);27. 焦傑點校《國語》(瀋陽:遼寧教育出版社 1997 年版);28. 趙望秦等《白話國語》(西安:三秦出版社 1998 年版);29. 鮑思陶(1956—2006)點校《國語》(濟南:齊魯書社 1999 年版);30. 來可泓《國語直解》(上海:復旦大學出版社 2000 年版);31. 王樹民(1911—2004)、沈長雲點校本《國語集解》(北京:中華書局 2002 年版);32. 蕭漾《國語故事》(北京:華夏出版社 2004 年版);33. 尚學鋒、夏德靠譯注《國語》(北京:中華書局 2007 年版);34. 王芳、丁富生譯注《國語》(太原:三晉出版社 2007 年版);35. 拙著《〈國語〉動詞管窺》(成都:四川大學出版社 2008 年版);36. 劉倩、魯竹《國語正宗》(北京:華夏出版社 2008 年版);37. 梁谷整理《國語》(上海:上海古籍出版社 2008 年版);38. 張玖青、曹建國注説《國語》(開封:河南大學出版社 2008 年版);39. 李德山注評《國語》(南京:鳳凰出版社 2009 年版);40. 俞志慧《國語韋昭注辨正》(北京:中華書局 2009 年版);41. 羅家湘注譯《國語》(鄭州:中州古籍出版社 2010 年版);42. 陳桐生譯注《國語》(北京:中華書局 2013 年版);43. 戎輝兵《〈國語集解〉訂補》(新北:花木蘭文化出版社 2013 年版);44. 拙著《小學要籍引〈國語〉研究》(新北:花木蘭文化出版社 2014 年版);45. 拙著《〈國語補音〉異文研究》(臺北:蘭臺出版社 2015 年版) 46. 拙著《〈國語〉考校——以明本四種校勘條目爲對象》(新北:花木蘭文化出版社 2015 年版)。

其中吴曾祺、沈鎔、徐元誥、張以仁、俞志慧、戎輝兵和筆者本人的爲專門著作,其他的爲譯注本或新標點本。上列 46 種專書之中,《國語》譯注本共 23 種,其中傅庚生的《國語選》、張玖青和曹建國合作注説《國語》有注無譯,蕭漾的《國語故事》有譯無注,其他 20 種則注釋與譯文兼備。從出版時間上看,這些譯注本在 1990 年以後出版較爲密集,這裏面不外這樣幾個因素:1. 中國大陸出版業的發展;2. 人們對古代經典瞭解的迫切需要;3. 傳統文獻研究進一步細密化的要求。譯注本或新標點本更大程度上在於普及,使不能直接閲讀原文的人可以憑藉注釋和譯文讀懂原書,但譯注者在注釋時也涉及版本選擇、文字確定、訓詁取捨等相關問題，對於《國語》校詁而言仍然具有一定程度的積極意義。到目前爲止，《國語》的新標點本仍以上海師範大學古籍整理研究所點校本最爲讀者所接受。《國語》語言文字學研究者大多以上海師大點校本作爲語料采集對象。雖然在此之外也出版了幾種其他的標點本，就影響深度而言，至今尚無能代替上古本者。《國語》譯注本由於譯注者自身的學術背景、對文本語句的不同理解，無論是依從舊注還是另立新説，都有着比較多的不同點，仍然可以爲《國語》校詁提供一定的角度，也還是值得參照的。

專門著作中，吴曾祺《國語韋解補正》、沈鎔《國語詳注》、徐元誥《國語集解》、張以仁《國語斠證》、張以仁《國語虚詞集釋》、俞志慧《國語韋昭注辨正》、戎輝兵《〈國語集解〉訂補》以及拙著《小學要籍引〈國語〉研究》、《〈國語補音〉異文研究》、《〈國語〉考校——以明本四種校勘條目爲對象》屬於《國語》校詁類著作。吴、沈、徐的著作還是傳統的專書注體的路數，全録《國語》本文，吴、徐皆録韋昭注，在韋注之下再引述他説或按下己意，沈氏則約略前儒，於每篇之後依次爲注，但是在體例上三者具有前後繼承關係。張以仁《國語斠證》偏於校而亦有訓詁商榷的成分，且訓詁語義亦爲校理之輔助方法。俞、戎著作則是對《國語》本文、韋昭注以及徐元誥《國語集解》的校詁，俞氏一共 339 條，戎氏一共 114 條，所采方式是《經義述聞》的路子，即只迻録所要辨正的語句，然後詳加按斷。拙著《〈國語〉動詞管窺》從類别上應該屬於古漢語語法的範疇，只是由於在具體例句分析的時候也涉及了語義訓詁，張傳曾教授(1937—2014)即認爲拙著也是一部訓詁著作，所以也可以勉强放到《國語》校詁類著作中充數。

這是《國語》譯注或研究專書的大概。

(二)《國語》研究論文

自孫詒讓(1848—1908)的遺作《〈國語〉"九畡"義》發表在 1909 年第 57 期《國粹學報》上以來，截至 2013 年底，學術期刊上發表出來的《國語》校詁類論文一共 305 篇，公開的碩博論文共 30 篇。按照其論文的主要内容又可以分作這樣幾類：1.《國語》具體語詞的訓詁商榷；2.《國語》點校本句讀標點問題商榷；3.《國語》全書或某一語的校讀辨正。此外,還有一部分屬於讀書札記中的《國語》校詁類論文,雖然没有在期刊上發表,也可以依據具體考辨内容置於相應類别之中。下面依據刊發以及出版年代日期臚列如下:

孫詒讓遺著:《國語》"九畡"義,《國粹學報》第57期(1909年)。

賀松坡:讀《國語》記,《四存月刊》1921年第1卷第4期。

石光瑛:《國語》韋解補正,《中山大學文學院專刊》1933年第1期。

劉禹昌:《左傳》《國語》《國策》三書中的譬喻,《中央日報·文史副刊》1937年3月13日、14日。

金其源:《國語》管見,氏著《讀書管見》,上海:商務印書館1957年版。

蘇瑩輝:敦煌寫本《國語解》殘卷,《慶祝董作賓先生六十五歲論文集》,史語所集刊外編第四種,1960年版。後又收入氏著《敦煌論集》,臺北:臺灣學生書局1969年8月年版。

楊樹達:讀《國語》小識,氏著《積微居讀書記》,北京:中華書局1962年版。

張以仁:從文法語彙的差異證《國語》《左傳》二書非一人所作,《"中央研究院"歷史語言研究所集刊》第34本上册(1962年)。

張以仁:《國語》札記(一),《大陸雜誌》1964年7期。

張以仁:《國語》札記,《大陸雜誌》1965年第7期。

龍良棟:《國語》假借字考,《淡江學報》1965年第11期、1967年第11期。

張以仁:《國語》虚詞訓解商榷,《"中央研究院"歷史語言研究所集刊》第37本(1967年3月)。

張以仁:《國語》札記(二),《清華學報》,《慶祝李濟先生七十歲論文集(下册)》,臺北:清華學報社1967年1月。

張以仁:《國語》札記,《慶祝李濟先生七十歲論文集(下册)》,臺北:清華學報社1967年1月出版。

鄭良樹:《國語》校證(上中下),《幼獅學志》,1968年第7卷第4期、1969年第8卷第1期、1969年第8卷第2期。

[日]新美寬編、鈴木隆一補:本邦殘存典籍によゐ輯佚資料集成,京都:京都大學人文科學研究所1968年版。

[日]大野峻:《國語》の諸國と語の疑問點,《東海大學紀要文學部》第12號,1969年。

張以仁:《國語舊注輯校》序言,《"中央研究院"歷史語言研究所集刊》第41本第3分(1969年9月)。

張以仁:《國語舊音考校》序言,《"中央研究院"歷史語言研究所集刊》第42本第4分(1971年12月)。

張以仁:《國語舊音》考校,《"中央研究院"歷史語言研究所集刊》第43本第4分(1971年12月)。

張以仁:《國語》舊注輯校(1),《孔孟學報》第21期(1971年4月)。

張以仁:《國語》舊注輯校(2),《孔孟學報》第22期(1971年9月)。

張以仁:《國語集證》卷一,《"中央研究院"歷史語言研究所集刊》第44本第1分與第2分(1972年9月)。

張以仁:《國語》舊注輯校(3),《孔孟學報》第23期(1972年4月)。

張以仁:《國語集證》卷之一(下),《"中央研究院"歷史語言研究所集刊》第44卷2期(1972年9月)。

張以仁:《國語》舊注輯校(4),《孔孟學報》第24期(1972年9月)。

張以仁:《國語》舊注輯校(5),《孔孟學報》第25期(1973年4月)。

張以仁:《國語》舊注輯校(6)——《吴語》,《孔孟學報》第26期(1973年9月)。

孫望:柳宗元《非國語》譯注(選刊),《南京師大學報》1974年第1期。

湖南省法家著作研究班柳宗元《非國語》評注組評注：柳宗元《非〈國語〉》評注，長沙：湖南人民出版社 1976 年版。

吉林師範大學歷史系、長春市第一光學儀器廠工人理論組注：柳宗元《非〈國語〉》譯注（選），北京：人民出版社 1976 年版。

顧頡剛：畿服，《史林雜識初編》，北京：中華書局 1977 年版。

顧頡剛：驪戎不在驪山，《史林雜識初編》，北京：中華書局 1977 年版。

張以仁：《國語》舊注範圍的界定及其佚失情形，《屈萬里先生七十榮慶論文集》，臺北：聯經出版事業公司 1978 年 10 月出版。

孫秀仁："楛矢石砮"新解，《社會科學戰線》1979 年第 1 期。

葉國良：《國語・魯語》"室如懸磬"解，《孔孟月刊》1979 年第 3 期。

趙國璋：《邵公諫厲王止謗》的一處错簡，《南京師大學報》1980 年第 2 期。

李學勤：談祝融八姓，《江漢論壇》1980 年第 2 期。

葉國良：關於《國語》"鄭伯南也"與左傳"鄭伯男也"之解釋問題，《孔孟月刊》1980 年第 3 期。

王利器：跋敦煌殘卷兩篇，《文獻》1980 年第 1 期。

張以仁：《國語集證》卷二（上）——《周語中》卷第 2，《"中央研究院"歷史語言研究所集刊》51 卷 4 期（1980 年 12 月）。

張以仁：《國語》舊注的輯佚工作及其産生的問題，臺北："中央研究院"1980"國際漢學會議歷史與考古組"論文。

王利器輯纂：越縵堂讀書簡端記，天津：天津人民出版社 1980 年版。

華苑："有庳"説，《語言研究》1982 年第 2 期。

何幼琦：《周語》"鑄無射"章辨僞，《江漢論壇》1982 年第 7 期。

胡從曾：《左傳》《國語》引諺之變例，《浙江師範學院》1982 年第 2 期。

葉晨暉：《國語》札記三則，《南京師院學報》1982 年第 2 期。

葉晨暉：釋"禮先壹飯"，《嘉興師專學報》1982 年第 2 期。

彭益林:淺談《國語》韋注的特點和價值,《研究生學報》1982年第3期。

吕思勉:《左》《國》異同,吕氏著《讀史札記》(上),上海:上海古籍出版社1982年版。

彭益林:《國語·晉語》"女工妾"補證,《晉陽學刊》1983年第2期。

徐學書:"惡金"辨,《四川大學學報》1983年第3期。

一民:"女工妾"一議,《晉陽學刊》1983年第5期。

彭益林:晉文公"請隧"辨正,《晉陽學刊》1983年第5期。

張以仁:《國語》韋注商榷,《孔孟月刊》23卷3期(1984年11月)。

彭益林:《國語》韋注試論,《史學史研究》1984年第2期。

李衍垣:錞于述略,《文物》1984年第8期。

博貽清:關於周景王鑄大錢,《陝西師範大學學報》1984年第4期。

駱瑞鶴:楚連尹爲主車之官説,《江漢論壇》1984年第6期。

黎輝亮:《國語》韋昭注語法注釋舉隅,《海南大學學報》1985年第3期。

張玉勤:晉作州兵探析,《山西師大學報》1985年第1期。

萬平:《國語》記言芻論——《國語》研究之二,華中師大《研究生學報》1985年第1期。

何浩:"楚申包胥使於越"辨,《浙江學刊》1985年第2期。

楊育坤、李澤生:"惡金"非鐵辨,《陝西師範大學學報》1985年第3期。

彭益林:《國語·周語》校讀記,《華中師範大學學報》1985年第5期。

駱瑞鶴:《國語》標點舉例,《廣西民族學院學報》1985年第2期。

陳鈞、宣曉東:"流王於彘"辨,《語文學刊》1985年第2期。

高亨:《左傳》《國語》的《周易》説通解,黄沛榮編《易學論著選集》,長安出版社 1985 年版。

李民立:晉"作爰田"析——兼及秦"制轅田",《復旦學報》1986 年第 1 期。

金口:"高高下下"解,《古籍整理研究學刊》1986 年第 2 期。

李學勤:《齊語》與《小匡》,《清華大學學報》1986 年第 2 期。

楊玉成:《國語》述經考,《孔孟學報》第 52 期(1986 年)。

[美]赫爾穆特·威廉著、張善文譯:《左傳》《國語》中的《易經》占筮辭,《東嶽論叢》1986 年第 4 期。

彭益林:《國語·晉語》校讀記,《華中師範大學學報》1986 年第 5 期。

李學勤:《齊語》與《小匡》,《管子學刊》1987 年第 1 期。

施桂湘、蔡明:《叔向賀貧》邏輯質疑,《邏輯與語言學習》1987 年第 1 期。

夏養明:《國語》省略例釋,《黄岡師專學報》1987 年第 1 期。

殷國光:《國語》疑問句研究,《廊坊師專學報》1987 年第 2 期,又見載於氏著《上古漢語語法研究》,北京:中國大百科全書出版社 2002 年版,題爲"從《國語》的'疑問句'看語言形式對語氣表達的限制與影響"。

賀卓君:《國語》,氏編注《中國歷史文選》,上海:華東師範大學出版社 1987 年版。

姚小鷗:《董叔欲爲系援》舊注今譯商榷,《古籍整理研究學刊》1988 年第 1 期。

姜躍濱:"艾人必豐"之"艾"字詮釋——讀《國語》札記,《語文學刊》1988 年第 1 期。

王卯根:"國人莫敢言,道路以目"探釋——兼談召公諫詞的比喻論證,《教學與管理》1988 年第 4 期。

薛瑩:讀書記聞,《史學史研究》1988 年第 2 期。

韓東育:宣王"不籍千畝"芻議,《吉林師範大學學報》1988 年第 4 期。

常金倉:晉侯請隧新解,《山西師大學報》1988 年第 4 期。

王樹民:評《國語集解》,《河北師院學報》1988年第3期,又載王樹民《曙庵文史襍著》,北京:中華書局1997年版。

玉木尚之:《晉語》前半部の物語の解続に向けて,《哲學》(40),1988年。

王泗原:古語文例釋,上海:上海古籍出版社1988年版。

郗政民、薛安勤:韋昭《國語注》的訓詞條例,《西北大學學報》1989年第2期。

黄鍾:"均鍾"定名之由,《武漢音樂學院學報》1989年第2期。

楊燕民:《國語》校勘拾遺,《内蒙古大學學報》1989年第2期。

李衡梅:"相地而衰征"考辨,《管子學刊》1989年第2期。

楊皚:"瞽史"芻議,《華南師範大學學報》1989年第3期。

趙伯雄:《國語》"隸農"解,《歷史教學》1989年第5期。

秦淑華:圖、詢、諏、咨、訪辨析,《首都師範大學學報》1989年第6期。

張君:談楚令,《江漢論壇》1989年第10期。

何永清:《國語》一書的量詞列述,《孔孟月刊》1989年第6期。

玉木尚之:《晉語》の獻公物語の解読——王権の穢れ,東方學(77),1989年。

玉木尚之:《晉語》の恵公物語の解読—穢れの增幅—,集刊東洋學62,1989年。

苗文利:"其與能幾何"注釋質疑,《臨沂師範學院學報》1990年第3期。

高振鐸:借鑒《國語解》爲古籍作注,《古籍整理研究學刊》1990年第2期。

趙新德:《國語》句讀瑣記,《古籍整理出版情況簡報》第182期,又見刊於國務院古籍整理出版規劃小組編《古籍點校疑誤彙録》(五),北京:中華書局1990年版。

[新]林徐典:《國語》的人物、結構與語言,林徐典編《新加坡國立大學中文系學術論文集刊》(三集),新加坡國立大學中文系1990年出版發行。

樊聖:地底下的羊——季桓子"穿井獲羊"新解,《歷史月刊》(臺灣大學)153 期,1990 年 10 月。

玉木尚之:《晉語》の文公物語の解読,日本中國學會(42),1990 年版。

徐仁甫:廣古書疑義舉例,北京:中華書局 1990 年版。

劉玉建:《左傳》《國語》中卜例(之一),《周易研究》1991 年第 4 期。

孫德祓:讀書偶記二則,《臨沂師範學院學報》1991 年第 1 期。

苗文利:《國語》點校本的標點失誤,《古籍整理研究學刊》1991 年第 6 期。

牛龍菲:"王將鑄無射,而爲之大林"之補釋——再論有關先秦青銅雙音鐘之樂典資料,《中國音樂學》1991 年第 4 期。

邱德修:《左》、《國》所見"不穀考",第二届中國文字學國際學術研討會論文(高雄師範大學,1991 年 3 月),《漢學研究》,1991 年第 2 期。

玉木尚之:供犧としての語り——《晉語》と《左伝》の獻公・惠公・文公説話,哲學(43),1991 年。

秦序:説"有"也不易——"大林"不是"林鐘律名的别稱",《中國音樂學》1992 年第 2 期。

應永深:《國語・齊語》中的國、鄙組織考辨,《管子學刊》1992 年第 2 期。

劉玉建:《左傳》《國語》中卜例(之二),《周易研究》1992 年第 2 期。

赤子:"右尹"釋義,《辭書研究》1992 年第 4 期。

徐勇:《國語・齊語》"士"字試解,《歷史教學》1992 年第 10 期。

陰法魯:"六律六吕"與"六律六同",《中國典籍與文化》1993 年第 1 期。

董楚平:《國語》"防風氏"箋證,《歷史研究》1993 年第 5 期;又見《古史考》。

苗文利、劉聿鑫:韋昭《國語解》的内容、體例和特點,山東大學古籍整理研究所編《古籍整理研究論叢》第二輯,濟南:山東文藝出版社1993年版。

王一鳴:疑義相與析——《國語》一條注釋質疑,《漢字文化》1994年第1期。

牛龍菲:三論"王將鑄無射,而爲之大林",《中國音樂學》1994年第1期。

鋭聲:新版《國語》等三例"焉"字句讀質疑,《學語文》1994年第3期。

陳鴻森:《國語三君注輯存》摭遺(上、下),《大陸雜志》1994年第5期;1994年第6期。

苗文利:《國語》韋昭注的誤失,《古籍研究》1995年第1期。

董蓮池、王彩雲:《國語》韋昭注匡謬一則,《古籍整理研究學刊》1995年第6期。

饒宗頤:敦煌所出北魏寫本《國語·周語》舊注殘葉跋,《敦煌吐魯番研究》第一卷(1995年)。

黄永堂:《國語譯注》失誤商榷,《貴州文史叢刊》1996年第4期。

蕭惠蘭:應徹底否定"'施捨'古有二義説"——"施捨"古義再考釋,《武漢大學學報》1996年第3期。

樊善標:韋昭《國語解》研究,香港中文大學研究院中國語言及文學部博士論文,1996年。

屈友賢:"作爰田"注釋新探,《學術研究》1997年第8期。

楊廣學:《國語》詞義商兑,濟南:山東大學學位論文,1997年。

何光嶽:僬僥考,《廣西民族研究》1998年第4期。

李浩:關於"王將鑄無射,而爲之大林"釋義的探討,《中國音樂學》1999年第2期。

李學勤:《周語》武王伐殷天象的特點——劄記第四十三,《張家口職業技術學院學報》1999年第4期。

葉正渤:"歸福"本義考源,《辭書研究》1999年第5期。

張素卿：《觀射父論絶地天通》探義，《張以仁先生七秩壽論文集》，臺北：臺灣學生書局1999年版。

沈利斌、趙俊芳：兩"逸"之比——《尚書·無逸》與《國語·論勞逸》對讀，《四川教育學院學報》2000年第1、2期。

沈利斌、趙俊芳：兩"逸"之比——《尚書·無逸》與《國語·論勞逸》對讀，《古籍研究》2000年第1期。

徐朝暉：《國語》韋昭注語法得失，《古漢語研究》2000年第4期。

王卯根："瞽史"的連及用法，《古籍整理研究學刊》2000年第5期。

陳漢飄："夫"和"也"——《國語》書中虚詞研究，臺北："國立"臺灣大學中國文學研究所2000年度碩士論文。

劉曉惠：《國語·周語·晉羊舌肸聘周》點校發疑，《山西省教育學院學報》2001年第1期。

李步嘉：唐前《國語》舊注考述，《文史》2001年第4輯。

富金壁："其與能幾何"與"吾與誰歸"，第九次現代漢語語法學術討論會論文（哈爾濱）2001—06—30，《語文建設》2001年12期。

山田崇仁：《世本》と《國語》韋昭注引系譜資料について——N-gram統計解析法による分析，立命館史學(22)，2001年。

池田秀三：《國語》韋昭注への覚え書（對《國語》韋昭注的整理記録），《中國の禮制と禮學》2001年10月。

樊善標：孔晁《國語注》與韋昭《國語解》，《大陸雜誌》2001年第3期。

許兆昌：重、黎絶地天通考辨二則，《吉林大學社會科學學報》2001年第2期。

汪少華：《國語》《左傳》"其與幾何"歧説梳理，《南昌大學學報》2002年第2期。

齊社祥：《國語·越語》"禮先壹飯"正詁，《淮北煤師院學報》2002年第1期。

韓慧英：《左傳》、《國語》筮數"八"之初探，《周易研究》2002年第5期。

張黎麗:《國語》、《左傳》比較研究,南京:南京師範大學古典文獻學專業碩士學位論文,2002年。

傅斯年:《左傳》《國語》中之"性""命"字,《傅斯年全集》,長沙:湖南教育出版社2002年版。

樊善標:從《左傳》《國語》重出文字看杜預、韋昭的訓詁,《第一屆中國語言文字國際學術研討會》論文(2002),香港大學中文系。

王暉:西周蠻夷"要服"新證——兼論"要服"與"荒服"、"侯服"之別,《民族研究》2003年第1期。

劉宗迪:古史、故事、瞽史,《讀書》2003年第1期。

鍾海軍:《國語》複音詞,重慶:西南師範大學漢語言文學系碩士學位論文,2003年。

雷莉:《國語》單音節實詞同義詞研究,成都:四川大學文新學院博士學位論文,2003年。

羅春英:《國語》中的職官稱謂語,桂林:廣西師範大學漢語言文字學專業碩士學位論文,2003年。

朱蕾:《國語》韋昭注詞義歧誤考訂,《江西廣播電視大學學報》2004年第1期。

白雲翔:"美金"與"惡金"的考古學闡釋,《文史哲》2004年第1期。

鄭祖襄:伶州鳩答周景王"問律"之疑和信——兼及西周音樂基礎理論的重建,《音樂研究》2004年第2期。

劉偉:《國語·周語上》周官標點辨疑,《古籍研究》2004年上卷。

沈長雲:"長狄"解,《中國史研究》2004年第4期。

張永帥:"共王滅密"辨疑,《中國歷史地理論叢》2004年第4期。

尚振乾:《國語·季桓子穿井》辨釋,《古籍整理研究學刊》2004年第5期。

王彦坤:釋"今越國亦節矣"的"節",《語文建設》2004年第

11期。

李婷：《國語》單音節同義詞考，西安：陜西師範大學漢語言文字學專業碩士學位論文，2004年。

倪懷慶：《國語》詞彙研究，廣州：廣州大學應用語言學專業碩士學位論文，2004年。

陳長書：《國語》齊方言拾零，《管子學刊》2005年第2期。

李麗：《國語》韋昭注聯合式複音詞研究，《燕山大學學報》2005年第3期。

劉鋼：《勾踐滅吴》注釋商補四則——"待""及""帥""果"，《語文建設》2005年第2期。

續珍：《召公諫厲王弭謗》注釋商榷，《教學與管理》（理論版）2005年第2期。

吴良寶：《國語》周景王"鑄大錢"的錢幣學考察，《社會科學戰綫》2005年第3期。

陳燦：《國語》韋昭注詞語商榷，《阜陽師範學院學報》2005年第5期。

陳飴媛：也談《勾踐滅吴》中的"待"和"資"，《語文建設》2005年第9期。

壽伯松：《勾踐滅吴》幾處注釋商榷，《語文學刊》2005年第9期。

張富祥：《國語·周語下》伶州鳩語中的天象資料辨僞，《東方論壇》2005年第3期。

陳長書：《國語》詞彙研究，濟南：山東大學漢語言文字學專業博士學位論文，2005年。

李鋭：釋《國語·楚語上》"教之令"，《中國史研究》2006年第3期。

郭萬青：説"三女爲粲"本字爲"姦"，《東南文化》2006年第2期。

羅玉蘭：古越語"句""姑"探微，《龍岩學院學報》2006年第5期。

白國紅:趙武"冠禮"解析,《晉陽學刊》2006 年第 4 期。

畢泗建:《勾踐滅吴》删節辨,《中學語文教學》2006 年第 6 期。

徐朝暉:《國語》韋昭注札記,《古漢語研究》2006 年第 4 期。

何山:韋昭《國語注》的語法觀念,《樂山師範學院學報》2006 年第 9 期。

楊世勤:十二種版本《國語》斷句歧異例析,《綏化學院學報》2006 年第 1 期。

俞志慧:《國語·越語》韋注辨正,《古籍整理研究學刊》2006 年第 5 期。

俞志慧:《國語·吴語》韋注辨正,《古籍整理研究學刊》2006 年第 6 期。

俞志慧:《國語·楚語》韋注辨正,《長江學術》2006 年第 4 期。

孫良明:淺談韋昭《國語》注的語法分析,《漢語史研究集刊》第十一輯。

王冬梅:十三種版本《國語》斷句歧異例析,《現代語文》2006 年第 5 期。

趙生群:《國語》疑義新證,《中國古文獻學與文學國際學術研討會會議論文集》(上),南京:江蘇古籍出版社 2006 年版。

王光漢:説"擐",《古漢語研究》2006 年第 2 期。

王洪軍:《國語·周語下》的鐘律文獻再解讀,《中國音樂學》2006 年第 4 期。

孫園園:《國語》韋昭注失誤及前人誤批舉隅,《中文》2006 年第 3 期。

戎輝兵:《國語集解》訂補(一),《古籍研究》2006 年下卷。

周静:《國語集解》校注探微,南昌:南昌大學漢語言文字學專業碩士學位論文,2006 年。

孫園園:《國語》韋昭注研究,南京:南京師範大學漢語言文字學專業碩士學位論文,2006 年。

葉立青:楚巫覡考略,東北師範大學碩士學位論文,2006 年。

王寧:"融降於崇山"新解,智識學術網,http://www. zisi.

net/htm/ztzl/zggds/2006-06-19-35139.htm。

郭萬青:《國語》中的正文訓詁,《唐山師範學院學報》2007年第1期。

李丹丹:《國語集解》訓詁札記,《西華大學學報》2007年第2期。

郭萬青:《國語》點校本舉隅,《藏書報》2007年10月8號第6版。

李莉莉:"柔嘉"新證,《語文學刊》(高教版)2007年第5期。

趙生群、蘇芃:《國語》疑義新證,《古籍整理研究學刊》2007年第2期。

張春雷:《國語》"將帥二三子以蕃"新解,《語言研究》2007年第2期。

郭萬青:《國語》札記六則,《貴陽文史》2007年第3期。

王平原:"絶地天通"考論,《法律文化研究》2007年第4期。

張春雷:《國語·越語》注釋商榷一則,《學術研究》2007年第9期。

陳長書:《國語》方言詞研究,《古籍整理研究學刊》2007年第2期。

俞志慧:《國語·晉語三》韋昭注辨正,《淮陰工學院學報》2007年第2期。

俞志慧:《國語·晉語一》韋昭注辨正,《九州學林》(香港,復旦大學出版社2008年出版)2007年第3期。

俞志慧:《國語·鄭語》韋昭注辨正,《古籍研究》2007年第1期。

俞志慧:《國語·周語》韋昭注辨正,《學燈》(網刊)2007年第4期。

俞志慧:《國語·晉語四》韋昭注辨正,《傳統中國研究集刊》第3輯(2007年11月)。

俞志慧:《國語·越語》韋昭注辨正,江南文化與中國古代文學學術研討會論文(2007年11月紹興文理學院)。

黄金貴、彭文芳:“惡金”辨正,《中山大學學報》2007年第5期。

余培林:《左傳》、《國語》“之八”舊説質疑,《中國學術年刊》第29期(2007年9月)。

俞志慧:《國語·晉語四》韋注辨正,第二届傳統中國研究學術研討會論文。

戎輝兵:《國語集解》訂補,南京:南京師範大學中國古典文獻學專業博士學位論文,2007年。

王啓俊:《國語》虚詞研究,合肥:安徽大學漢語言文字學專業碩士學位論文,2007年。

張京華:《楚語》觀射父論“絶地天通”文本撮義,湘潭大學湘學研究所主編《湘學》第四輯,長沙:湖南人民出版社2007年版。

王格:《國語·周語上·王至自鄭,以陽樊賜晉文公》研讀(修訂稿),2007-06-21-13:58:19,http://blog.sina.com.cn/s/reader_4cdb167601000 8k2.html。

石占國:《勾踐滅吴》注釋辨正,育星教育網 http://www.ht88.com/article/article_8717_1.html,2007-1-418:42:55。

方建軍:論周景王鑄鐘的無射和大林,《中國音樂》2008年第1期。

蕭旭:《國語》校補(一),《東亞文獻研究》(韓國忠州大學)第2輯(2008年6月)。

魯敏傑、祁慧:炎黄黎苗新解,《學習月刊》2008年第2期。

郭萬青:《馬氏文通》引《國語》例辨正,《學燈》2008年第1期。

俞志慧:《國語·魯語》韋注辨正,《齊魯學刊》2008年第1期。

吕蒙:《國語》韋注質疑,《紅河學院學報》2008年第1期。

宋積良:談《國語》的幾對同義連用語詞,《昭通師範高等專科學校學報》2008年第1期。

俞志慧:《國語·晉語八》韋注辨正,《古籍整理研究學刊》2008年第2期。

郭萬青:《宋本廣韻》引《國語》例辨正,《古籍整理研究學刊》

2008年第2期。

俞志慧:《國語·齊語》韋注辨正,《文史》2008年第2輯。

張居三:《國語》韋解的特點和價值,《古代文明》2008年第3期。

陳春風:"疆埸"與"疆場"問題再探,《漢字文化》2008年第4期。

孫園園:《國語》韋昭注及前人批注獻疑,《語文學刊》(基礎教育版)2008年第3期。

俞志慧:徐元誥《國語集解》刊誤,《古籍整理研究學刊》2008年第4期。

宋積良:同義連用形成的機制與原因——以《國語》、《史記》中的同義連用爲例,《安順學院學報》2008年第5期。

張新武:讀《國語》札記,《新疆大學學報》2008年第6期。

李素琴:釋《國語》"是知天咫,安知民則"中的"則",《昭通高等師範學校學報》2008年第6期。

王立:古篇《單穆公諫景王鑄大錢》史料價值解析,《通化師範學院學報》2008年第9期。

黄金洪:《國語》詞義考釋四則,《重慶科技學院學報》2008年第11期。

蕭旭:《國語》校補(二),《東亞文獻研究》(韓國)第3輯。

郭萬青:《原本玉篇殘卷》引《國語》例辨正,《東亞文獻研究》(韓國)第3輯。

宋積良:《國語》實詞型同義連用研究,湘潭大學碩士學位論文,2008年。

郝磊哲:韋昭《國語解》訓詁説略,河北師範大學碩士學位論文,2008年。

李丹丹:《國語集解》獻疑,陝西師範大學漢語言文字學碩士學位論文,2008年。

郭啓輝:韋昭《國語解》訓詁研究,福建師範大學碩士學位論文,2008年。

楊蕾:《國語》韋昭注訓詁研究,重慶師範大學碩士學位論文,2008年。

王雪琦:《國語》與韋注單音詞對比研究,四川師範大學碩士學位論文,2008年。

高橋康浩:韋昭研究:《國語》の解釋を中心に,大東文化大學博士論文,2008年。

熊焰:于鬯《香草校書》校《國語》札記,《深圳大學學報》2009年第3期。

郭萬青:《國語》中的名量詞,《唐山師範學院學報》2009年第1期。

郭萬青:《廣韻》引《國語》例辨正,《東亞文獻研究》第4輯。

郭萬青:《説文解字繫傳》引《國語》例辨正,《漢語史學報》第8輯。

郭萬青:説"墢",《漢字文化》2009年第1期。

郭萬青:甘肅藏敦煌殘卷寫本《國語·周語下》校記,《敦煌研究》2009年第3期。

郭萬青:《類篇》引《國語》例辨正,《古籍整理研究學刊》2009年第6期。

郭萬青:《宋本玉篇》引《國語》例辨正,《中國古典學研究第二卷·楊向奎誕辰百年紀念文集》,吉林大學出版社2009年11月出版。

蕭旭:《國語校補》(三),《東亞文獻研究》第5輯。

蕭敬偉:讀王引之《經義述聞·國語上》札記,"2009年兩岸四地'《春秋》三傳與經學文化'學術研討會"(2009年8月16、17日北京語言大學會議中心)會議論文。

趙生群:《史記》三家注稱引《左傳》《國語》考校,"2009年兩岸四地'《春秋》三傳與經學文化'學術研討會"(2009年8月16、17日北京語言大學會議中心)會議論文。

胡長城:《勾踐滅吴》一文中"棲"字引發的探討,《語文教學之友》2009年第3期。

戎輝兵:《國語集解》訂補(《楚語》部分),《古籍整理研究學刊》2009年第3期。

戎輝兵:《國語集解》訂補(《越語》部分),《文教資料》2009年第18期。

戎輝兵:《國語》韋解失誤示例,《湖南省博物館館刊》第5輯。

戎輝兵:《國語集解》訂補(《魯語》部分),《古文獻研究集刊》第3輯。

戎輝兵:《國語集解》訂補(《周語》部分),《東亞文獻研究》第5輯。

楊善群:"爰田"是什麽樣的土地制度?——兼論銀雀山竹書《田法》,《學習與探索》2009年第1期。

俞志慧:《國語》韋昭注辨正,《紹興文理學院學報》2009年第3期。

于智榮、張萬有:"疆埸"與"疆場",《赤峰學院學報》2009年第8期。

周靜、賀碧晴:由校注方法看《國語集解》的國學成就,《飛天》2009年第10期。

周靜、尹琪:《國語集解》之校釋學意義,《時代文學》(下半月)2009年第9期。

李穎:《國語》韋昭注訓詁札記,《劍南文學》(下半月版)2009年第7期。

李穎:《國語》韋昭注訓詁拾零,《語文知識》2009年第4期。

小方伴子:《國語札記》における段玉裁校語について,人文學報(417),2009年。

張廣振:《國語》譯注商補,曲阜師範大學漢語言文字學碩士學位論文,2009年。

徐朝暉:《國語解》詞彙語法專題研究,復旦大學漢語史博士學位論文,2009年。

俞志慧:《國語》韋昭注辨正札記,《語文知識》2010年第1期。

郭萬青:俞著《〈國語〉韋注辨正》獻疑,《古籍整理研究學刊》

2010年第5期。

郭萬青:《集韻》引《國語》例辨正,《長江學術》2010年第2期。

郭萬青:論《國語》版本暨《古今韻會舉要》引《國語》例辨正,《人文中國學報》(香港)第16期。

郭萬青:《韻補》引《國語》例辨正,《鹽城師範學院學報》2010年第2期。

郭萬青:《一切經音義》三種引《國語》例辨正,《中國俗文化研究》第6輯。

陳筱芳:春秋"躋僖公"新解,《西南民族大學學報》2010年第3期。

張新武:《國語》韋注辨正,《語言與翻譯》2010年第2期。

葉曉鋒:《國語集解》訂補,《古籍整理研究學刊》2010年第5期。

張居三:《國語·齊語》和《管子·小匡》的關係,《古籍整理研究學刊》2010年第5期。

吴澍時:《國語》和《左傳》中"君子曰"之比較,《古籍整理研究學刊》2010年第5期。

小方伴子:《國語》段玉裁校本とその臨本,人文學報(433),2010年。

馮莉:《國語》自然類名物詞研究,廣西師範大學漢語言文字學碩士學位論文,2010年。

劉亞男:《國語》與韋注語言對比研究,山東師範大學中國古典文獻學碩士學位論文,2010年。

陳長書:從《國語》看先秦漢語詞素的發展,《語言科學》2011年第2期。

郭萬青:《翰苑新書》引《國語》例辨正,《長江學術》2011年第2期。

郭萬青:《國語·吴語》韋昭、真德秀注比較,《逢甲人文社會學報》第23期。

郭萬青:楊樹達《讀〈國語〉小識》箋識,《南國人文學刊》(澳門)

2011 年第 2 期。

郭萬青:《國語·楚語上》與《新書·傅職篇》比勘,《東亞文獻研究》(韓國)第 7 輯。

郭萬青:《國語》、《新書》、《漢書》比勘三則,《文津學志》第 4 輯。

郭萬青:《妙法蓮華經釋文》引《國語》讀劄,《佛經音義研究——第二届佛經音義研究國際學術研討會論文集》,鳳凰出版社 2011 年版。

小方伴子:段玉裁《説文解字注》における《國語》の引用テキスト,人文学報(448),1—25,図巻頭 1 枚,2011—03。

高橋康浩:《國語》舊注考——賈逵·唐固·韋昭注の比較,人文科學(16),2011 年。

陳長書:從《國語》看先秦漢語詞素的發展,《語言科學》2011 年第 3 期。

陳長書:從《國語》字詞關係看先秦文獻中的分詞問題,《古籍整理研究學刊》2011 年第 5 期。

俞志慧:《國語》分章商兑,《古籍整理研究學刊》2011 年第 5 期。

張建軍、張懷通:《芮良夫論榮夷公專利》節次辨正,《文獻》2011 年第 2 期。

袁金平:利用清華簡《系年》校正《國語》韋注一例,《社會科學戰綫》2011 年第 12 期。

鄭偉:論考辨同一語料不同版本用字優劣的多維視域——以《國語》"懼幹季孫之怨也"爲例,《求索》2011 年第 8 期。

劉偉:《國語》"季桓子穿井獲羊"索隱,《齊魯學刊》2011 年第 4 期。

齊芳:韋昭《國語解》直訓研究,河北師範大學漢語言文字學碩士學位論文,2011 年。

郭萬青:《藝文類聚》引《國語》斠正四則,《鹽城師範學院學報》2012 年第 2 期。

郭萬青:唐代韻書引《國語》例辨正,《唐山師範學院學報》2012年第3期。

郭萬青:《六書故》引《國語》斠正,《東亞文獻研究》(韓國)第9輯。

郭萬青:《國語·魯語上》"海鳥曰爰居"篇、《禮記·祭法》比勘,《古文獻研究集刊》第6輯。

郭萬青:張以仁《國語集證》(周語上、中二卷)補箋,《"國立"彰化師範大學文學院學報》第6期。

郭萬青:李慈銘《讀國語簡端記》補箋,《"國立"中央大學人文學報》第52期。

郭萬青:宋本《太平御覽》引《國語》斠正,《應華學報》第11期。

朱珠:《漢書》顔師古注引《史記》《國語》考校,《現代交際》2012年第3期。

張卉:《國語》斷句商榷一則,《蘭臺世界》2012年第6期。

李白:周代籍田禮考論,《農業考古》2012年第3期。

景慶紅、張連偉:《齊語》與《小匡》釋疑,《管子學刊》2012年第2期。

賈學鴻:分屬於兩個系統的絶地天通傳説——《尚書》、《國語》相關記載的對讀與辨析,《古籍整理研究學刊》2012年第6期。

郭萬青:張以仁《國語札記》補箋,《台北大學中文學報》2013年(總第13期)。

郭萬青:吴曾祺《國語韋解補正》校補(晉語),《健行學報》2013年(總第33期)。

郭萬青:蕭旭《國語校補》(齊語部分)補箋,《朱子學刊》第22輯。

郭萬青:黄模《國語》校理淺析,《孔子學刊》第4期。

郭萬青:蕭旭《國語校補》(吴語、越語部分)補箋,《書目季刊》第46卷第4期。

郭萬青:《永樂大典》引《國語》斠正(上),《第三届古籍數字化國際學術研討會論文集》。

郭萬青:蕭旭《國語校補》(晉語1—7)補箋,《朝陽人文社會學刊》第11卷第1期。

郭萬青:蕭旭《國語校補》(周魯部分)補箋,《澳門文獻信息學刊》第8輯。

郭萬青:吴曾祺《國語韋解補正》(周、魯、齊)補箋,《東華中文學報》第6期。

郭萬青:日漢文寫本殘卷類書《秘府略》引《國語》校證,《齊魯文化研究》第13輯。

李家傲:《國語》"重債可疾"新解,《現代語文》(語言研究版)2013年第9期。

劉偉:讀《國語》札記一則,《文史》2013年第3期。

張新俊:讀《國語》段札一則,《學燈》第25期。

馬豔:《國語》正文訓詁研究,渤海大學碩士學位論文,2013年。

楊梅:《國語》省略研究,山東師範大學碩士學位論文,2013年。

郭萬青:唐宋類書引《國語》研究,南京師範大學博士學位論文,2013年。

戎輝兵:《國語集解》訂補,新北:花木蘭文化出版社2013年版。

這是1909—2013年之間發表的《國語》校詁類期刊論文、碩博論文以及專著中的篇章大略。包括具體詞語訓詁、篇章校勘等。這些研究都有益於《國語》及其相關研究著作的全面整理與研究。同時,爲近百年來《國語》研究的梳理與總結提供了材料前提。

三、本書的寫作目的與緣起

我在我的博士學位論文《唐宋類書引〈國語〉研究》引言部分曾經對《國語》研究作過歷時性梳理,最後結語曾云:

這些研究涉及到《國語》的各個方面，對於《國語》的進一步深入研究具有助力作用。《國語》的文獻考訂方面有些重複工作，有些研究實際上重複了清人已有的研究高度，而有些研究重複了前此已有的研究成果或結論，固然由於傳統考據以條目形式存在，統計非易，翻檢不勤，就會造成重複勞動，同時也有時代因素使然。有些研究還有待於進一步深入，比如《國語》的語言研究尤其是詞彙研究和語法研究，《國語》的詞彙研究就目前而言還是相當薄弱的，語法研究雖然看似文章較多，但是和同時期的《左傳》語法研究相比，研究還相當不充分。當然，所有《國語》的語言研究也還需要傳統訓詁考訂的繼續深入作爲基礎，否則，有些計量或者結論會存在偏差。另外，《國語》的有些研究是無法取得進展的，比如《國語》的作者研究，由於歷史久遠，材料缺乏，且古人没有著作權意識，研究者所憑依的材料以及方法没能超過前人，故而很難有新的突破。

從研究對象上而言，一切過去的文字材料都可以稱之爲史料和語料。史料首先要講求確實性，即其本身反映的歷史社會文化等等及其時代是確實可信的，是可以作爲論證依據的。而語料的要求比史料要更精密，更細緻。語料不僅僅要求材料的確實性，而且還要求材料形式的確定性。换言之，史料要求的是表述内容確定，而語料則還要求表現形式的確定。先秦的很多傳世文獻，由於疊經多時，輾轉鈔刻，不同版本的文字差别很大，甚至内容上也會有一些不同，在語料所要求的確定性上較爲薄弱，漢語史上，往往因爲一字之差，會影響到一種語言現象的出現年代的準確判定。因此，漢語史尤其斷代史的研究應以語料的確實性與確定性爲首要任務。

就《國語》而言，其版本系統明確爲公序本和明道本兩個系統。兩個系統之間的差别很大，如前文已經提及黄丕烈、汪遠孫、張以仁等所揭出的兩種版本的異文條目有相當的數量，這就給《國語》這部語料的確定性帶來了困難。在進行語言研究時，爲文字、詞彙甚至語法的全面統計和研究帶來不便。假如捨弃其中一種版本而只依從另外一種版本的話，其研究很難具有全面性。另外，有很多以《國語》原文爲論據的文章所引據的《國語》文本根據的是其中一種版本，如果用《國語》的另外版本對照一下，則《國語》恐怕就無法作爲論據了。

典籍以文字爲載體，而文字的數量及其記録功能是不斷發生變化的。比如"辟"字在先秦的時代，可作名詞"君"、"法"，又可作動詞"闢"、"避"，又可作狀貌詞"僻"。傳世的字書以《説文》爲最早，《説文》中既有"避"、"闢"等字，而《國語》中則"辟"、"避"同現，一部書中既出現該字的古字形式，又出現其今字形式。從常理考慮，應該是後人以今字易古字而未完。但是會不會存在漢代傳本本即皆作今字，而後世好古者改今字爲古字而未完呢。估計後一種情況也會存在。但是作爲一部語料，尤其研究其文字應用情況，這類情形對於計量統計會帶來很多麻煩。另外，詞彙也有很多轉寫形式，有些詞因爲書寫形式的不同難以確定是一詞異形還是不同的詞。這些都需要一步步釐清。僅就《國語》而言，無論是作爲一部史料還是語料，其確實性和確定性都需要進一步明確。换言之，即需要進行還原。這種還原，一方面靠文獻學的方法和方式，一面靠語言研究的成果，也就是説，語料的確實性和確定性實際上需要文獻學和語言學共同完成。一方面，語言研究成果爲文獻校訂提供了依據；另外一方面，文獻校訂爲語言研究提供可靠材料。文獻校訂實際上是一切研究的基礎。

正如本書前文所述："《國語》文本形式的確定以及語義探討需要藉助四個方面的材料：(1) 傳世《國語》的各個版本的校勘；(2) 歷代《國語》研究著作的梳理與研究；(3) 群書引《國語》資料的整理與研究；(4) 先秦兩漢其他典籍包括相關時期的出土文獻與《國語》同内容篇章或語段的比對與研究。"而本書的研究内容以及所做的工作恰恰是歷代《國語》研究著作的梳理與研究中的一個部分。

近百年來的《國語》校詁研究大體可以分爲三個階段：(一) 1909—1967 年間的《國語》校詁；(二) 1968—1984 年間的《國語》校詁；(三) 1985—2013 年間的《國語》校詁。之所以這樣劃分，是考慮到

1968年鄭良樹《國語校證》(上)發表之後，鄭良樹、張以仁等在《國語》校詁方面取得了衆多的成果。而1985年之後，中國大陸地區的《國語》研究逐漸形成規模。

四、本書所參據《國語》各本及其簡稱

爲節約篇幅，本書參據《國語》各本多用簡稱。此處將各本簡稱與其全稱臚列如下：

1. 遞修本，北京：國家圖書館出版社2006年影印國家圖書館藏宋刻宋元遞修本。

2. 經筵校本，日本國會圖書館藏朝鮮經筵正統庚申校本。

3. 丁跋本，南京圖書館藏明正德十二年明德堂本，丁丙跋。

4. 許宗魯本，美國伯克萊加州大學東亞圖書館藏許宗魯宜靜書堂刻本。

5. 金李本，上海：商務印書館輯印《四部叢刊》影明金李澤遠堂本。

6. 《百家類纂》本，明人沈津集纂《百家類纂》，濟南：齊魯書社1997年輯印《四庫存目叢書》影印浙江圖書館藏明隆慶元年(1567)含山縣儒學刻本。

7. 張一鯤本，《王覺斯批校國語讀本》，遼沈書社1934年影印本。

8. 穆文熙本，穆文熙纂《國語評苑》，濟南：齊魯書社1997年輯印《四庫存目叢書》影印明鄭以厚光裕堂萬曆二十年刻本。

9. 吴勉學本，美國國會圖書館藏明吴勉學刻本。

10. 閔齊伋本，北京：北京出版社輯印《四庫未收書輯刊》影印閔齊伋裁注並於萬曆四十七年刻印《國語》九卷。

11. 詩禮堂本，康熙間曲阜孔氏詩禮堂刻《國語》。

12. 薈要本，臺北：世界書局影印《摛藻堂四庫全書薈要》本《國語》。

13. 文淵閣本，臺北：臺灣商務印書館1986年影印《景印文淵閣四庫全書》本《國語》。

14. 文津閣本，北京：商務印書館2005年影印《文津閣四庫全書》本。

15. 二乙堂本，康熙年間二乙堂刻本《國語》，陳仁錫、鐘惺合評。

16. 道春點本，日本早期刻本《國語》，林信勝(1583—1657)圈點。

17. 千葉玄之校本，日本天明六年平安景古堂刻本。

18. 秦鼎本，秦鼎《春秋外傳國語定本》，日本文化六年浪華書肆刻本。

19. 董增齡本，董增齡《國語正義》，光緒庚辰章氏式訓堂本。

20. 黄刊明道本，黄丕烈讀未見書齋嘉慶庚申重刊天聖明道本。

21. 高木本，高木熊三郎《標注彫題春秋外傳國語定本》，日本明治十七年温古書屋刊本。

22. 緑蔭堂本，李元度題署、蘇州緑蔭堂刊本。

23. 上古本，上海師範大學古籍整理研究所點校《國語》，上海：上海古籍出版社 1978 年版。

上編　1909—1967年間的《國語》校詁研究

1909年，吴曾祺《國語韋解補正》出版，孫詒讓遺作《論〈國語〉"九垓"義》發表，標誌着20世紀《國語》研究的開始。此後，沈鎔《國語詳注》、徐元誥《國語集解》也循吴氏軌跡，對《國語》的傳播與普及具有重要作用。而石光瑛、楊樹達、金其源等人的《國語》訓詁札記爲《國語》具體語詞、語句以及典章制度等的進一步深入研究提供了視角。

一、吴曾祺《國語韋解補正》辯證

引　言

吴曾祺（1852—1929）爲晚近著名出版家、文章學家，福建侯官人①。著述頗豐，編著有《涵芬樓文談》、《歷代名人書劄》、《歷代名人書劄續編》、《國朝名人小簡》、《涵芬樓古今文鈔簡編》、《左傳菁華録》、《重訂中學國文教科書》、《中國歷史讀本》、《清史綱要》、《漪香山館文集》、《禮記菁華録》、《國語韋解補正》、《舊小説》、《戰國策補注》、《趙文敏公

---

① 關於吴曾祺的生卒年月，各書記載並不一致，其生年有1850和1852兩種，其卒年有記載作不詳者，另有1922和1929兩種。慈波《選文與論文：從〈涵芬樓古今文鈔〉到〈涵芬樓文談〉》根據吴氏《漪香山館文集》中《易箴》自注"雖癸未（1883），余春秋三十有二"以及潘祖鐙所撰《吴曾祺》言其卒於己巳（1929）八月十八日，今取此説。慈波文見《社會科學研究》2010年第6期，頁159—164。

松雪齋全集》等。近來關於吴曾祺的研究主要集中在文章學和文體學方面，其《國語韋解補正》目前尚未見有專門研究者。吴氏的《國語韋解補正》由上海商務印書館初版於清宣統元年乙酉(1909)六月，四册，分别爲：韋叙、《國語韋解補正》叙、凡例、周語上、周語中、周語下(第一册)；魯語上至晉語三(第二册)；晉語四至晉語九(第三册)；鄭語至越語下(第四册)。全録《國語》正文及韋注，凡有可商者，於《國語》正文或韋注下加"案"字以相區别。每卷自爲頁碼。書由吴曾祺著，海鹽朱元善校訂。此後不斷重印，發行量極大。筆者手頭的《國語韋解補正》標注爲"中華民國四年十月十版"，從1909年初版，到1915年就印行了十次，1927年印行至十五版。1933年又出國難後新一版，兩册。該書號稱以黄刊明道本爲底本，實際上已經根據《國語》公序本對黄刊明道本《國語》本文進行了改易，共加案語1042條。就其所加案語而言，大體可分爲這幾個方面：(一)解釋韋注未及者，是爲補釋；(二)認爲韋注有誤而加案斷者，是爲辨正；(三)言文字之正俗、通假、訛誤者；(四)釋句法；(五)釋篇章分合；(六)釋地名；(七)明公序本與明道本之異。其案語多引王引之《經義述聞》、董增齡《國語正義》、黄丕烈《校刊韋氏解明道本國語札記》、汪遠孫《國語明道本考異》、汪遠孫《國語發正》等諸家之説，有些注出，有些没有注出。今擷其可商者115條以爲討論，冀有益於吴氏《補正》之整理與《國語》之研究云。所據吴氏《補正》底本爲上海商務印書館1915年版本，凡所引用，並於正文下注明"韋注"、"吴案"以明晰各注，並注明所在卷次頁碼。

周語上卷一

1. 弈世載德，不忝前人

韋注：弈，亦前人也。

吴案：弈世猶累世也。注"弈"字訓"亦"似誤。(頁1)

【按】《國語》各本中，遞修本、金李本、秦鼎本、黄刊明道本及其覆刻本字作"弈"，而許宗魯本、《百家類纂》本、張一鯤本、穆文熙《國語評苑》、閔齊伋本、緑蔭堂本、道春點本、薈要本、文淵閣本、董增齡本等字皆作“奕”。秦鼎(1761—1831)云:“‘弈前人’,舊作‘亦’,今從明本。《札記》云:‘别本作亦前人。韋義雖爲亦,而例不改字,别本非也。例見于後。’别本即此宋本、盧本。奕,累也。”①今所據《國語》各本正文無作“亦”者,未知黄丕烈、秦鼎何所據。審今日本見於著録之《國語》,以《四部叢刊》影金李本、黄丕烈讀未見書齋本以及天明六年(1786)重刻《國語》爲最常見,天明六年刻本爲千葉玄之重校本,又有寶曆十一年(1761)刻本,署林信勝點本或署道春點本等②,亦即劉懷恕校刻《國語》之重刻本,即秦鼎所謂之“舊”。宋本當即指金李本而爲言,盧本爲盧之頤(1599—1664)校九卷本《國語》,莫友芝(1811—1871)《郘亭知見傳本書目》、姚際恒(1647—1715)《好古堂書目》俱見收録,今日本公文書館有藏。又日本文化元年,日本葛氏上善堂重刻黄刊明道本。秦鼎所據明道本當爲上善堂本,非黄丕烈原刻本。故其“今從明本”之“明本”當指上善堂本。汪遠孫《考異》云:“‘弈’當作‘亦’。漢碑《中常侍樊安碑》、《綏民校尉熊君碑》、《執金吾丞武榮碑》‘亦世載德’,正用《國語》之文。”③審《〈周本紀〉正義》云:“前人,謂后稷也。言不窋亦世載德,不忝后稷。”④字亦作“亦”,而《文獻通考》卷二六四引《正義》字則作“弈”,則亦頗參差。然傳世文獻中亦多引作“弈(奕)”,少有引作“亦”者。《國語》字本自作“弈(奕)”,否則韋注不必爲釋。《文選》卷三八任昉(460—508)《爲褚諮議蓁讓代兄襲封表》“世載承家”注、卷六〇陸機(261—303)《弔魏武帝文》“運神道以載德”注引作“弈”,又《北史》卷三二“論曰”、《南史》卷三六“論曰”、《資治通鑒》卷九九等有“弈世載德”之句,而各傳世文獻中引字作“奕”者則數量相當之多。“弈”、“奕”皆從“亦”得聲,故三字可通。然“亦”多用作副詞,“弈”多用作名詞,皆有其專用,或

① [日]秦鼎:《春秋外傳國語定本》卷一,日本文化六年(1809)滄浪居刊本,本卷頁2。

② 林羅山(1583—1657),名信勝,字子信,號道春,日本江户時期著名漢學家。

③ (清)汪遠孫:《國語明道本考異》,北京:商務印書館1958年版《國學基本叢書》本《國語》後附,頁267。

④ (漢)司馬遷:《史記》,北京:中華書局1959年點校本,頁137。

故多用“奕”字。“弈”亦當從“亦”得義。韋注亦不誤，唯釋語源，未據境爲釋耳。

2. 其無乃廢先王之訓而王幾頓乎

韋注：幾，危也。頓，敗也。

吳案：《内傳》“甲兵不頓”注：“頓，壞也。”此謂王之師不將至頓壞乎？（頁 2）

【按】 明人李元吉《讀書囈語》卷八云：“幾訓近，頓訓罷，言王勤民而觀兵於遠，所謂疲中國以事外夷，兵玩而無震者也。蓋與起句爲相應。”①王引之（1766—1834）《經傳釋詞》則謂：“幾，詞也。頓，猶廢也。言荒服者王，先王之訓也。今犬戎氏以其職來王，而天子以不享征之，是廢先王之訓而荒服來王之禮將從此廢矣。故下文遂云‘自是荒服者不至’也。韋注訓幾爲危，頓爲敗，則是以王爲穆王矣。下文穆王得狼鹿以歸，未嘗危敗也。韋説失之。”②俞樾（1821—1907）《群經平議》卷二八亦謂“幾”乃語詞，從李元吉訓“頓”爲勞疲。觀各家言“頓”止於穆王得狼、鹿，鄙意以爲祭公謀父之言“頓”的最終驗證結果即爲“荒服者不至”，而非止於穆王征犬戎獲狼、鹿。故韋注訓“頓”爲“敗”不誤。吳氏以《左傳》“甲兵不頓”繩《國語》此處之“頓”，實仍以周穆王伐犬戎一事言之，未允。“王”即指周穆王而言，非必言“王之師”，亦不必言“荒服者王之禮”。

3. 帥舊德而守終純固

韋注：帥，循也。純，專也。固，一也。言犬戎循先王之舊德，奉其常職，天性專一，終身不移，不聽穆王責其不享也。

吳案：董本“帥”上有“能”字。（頁 2）

---

① （明）李元吉：《讀書囈語》，上海古籍出版社 2002 年輯印《續修四庫全書》第 1143 册，頁 506 上。

② （清）王引之：《經傳釋詞》，長沙：岳麓書社 1984 年楊樹達、黄侃批校本，頁 103。

【按】 今審遞修本、金李本、《百家類纂》本、張一鯤本、穆文熙本、閔齊伋本、道春點本、四庫薈要本、文淵閣本、秦鼎本等公序本系統“帥”上俱有“能”字，非僅董本如此。黄氏《札記》云：“《補音》作‘能帥’。”① 並云《史記》無“能”字。汪遠孫《考異》則已揭出公序本“帥”上有“能”字，並謂《史記》、《太平御覽》俱無“能”字。張以仁（1930—2009）謂：“《御覽》三〇三引作‘率’，無‘能’字，蓋依《史記》改也。三〇五則別作‘師’（既刻本作‘帥’，是也）。金、秦、董皆有‘能’字。（《〈周本紀〉正義》云：‘犬戎能守終極純一堅固之德，必有禦王師也。’似《正義》所見《史記》有‘能’字。）”②張氏言是。有無“能”字於文義皆通，不必以爲是非。

4. 小醜備物，終必亡

韋注：言德小而物備，終取之，必以亡。

吴案：謂終至於亡，注“取之”二字不合。（頁 2）

【按】 依吴説，則“終”爲時間副詞，亦可通。韋注釋“取之”者，以語境爲三女奔之，此所謂“物備”，密康公取之而未獻於王也，是所謂“終取之”。韋注以“言”起，則爲串講，非字字爲釋也。徐元誥《集解》引吴氏爲説，實亦未解韋注之義。

5. 故《頌》曰：思文后稷，克配彼天，立我蒸民，莫匪爾極。

韋注：《頌》，《周頌·思文》也。謂郊祀后稷以配天之樂歌也。經緯天地曰文。克，能也。蒸，衆也。莫，無也。匪，不也。爾，女也。極，中也。言周公思有文德者后稷，其功乃能配於天。謂堯時洪水，稷播百穀，立我衆民之道，無不於女時得其中者，功至大也。

吴案：“立”與“粒”通，謂粒食也。（頁 3）

---

① （清）黄丕烈：《校刊明道本韋氏解國語札記》，北京：商務印書館 1958 年版《國學基本叢書》本《國語》後附，頁 242。

② 張以仁：《國語斠證》，臺北：臺灣商務印書館 1969 年版，頁 16。

【按】 今《詩經》之《思文》篇字作“烝”，是公序本之所本。鄭《箋》云：“后稷播植百穀，烝民乃粒。”①陳奐(1786—1863)《詩毛氏傳疏》卷二六云：“杜預、韋昭注竝謂后稷能有立民之道，無不得其中正，與《傳》訓同。《書·皋陶謨》‘烝民乃粒’，‘粒’者，‘立’之假借字。故《史記·夏本紀》作‘衆民乃定’也。”②徐灝(1810—1879)《通介堂經説》卷九亦云：“立者，成也，定也。《〈思文〉箋》反破‘立’爲‘米粒’之‘粒’，‘米我烝民’愈不辭矣。”③或鄭《箋》即本《皋陶謨》“粒”字而釋《思文》之“立”。本字可通，不必言借。吴氏實亦本鄭《箋》等爲説，沈鎔《詳注》用吴説，亦誤。徐元誥《集解》亦引吴注而無説。

6. 宣王即位，不籍千畝

韋注：籍，借也。借民力以爲之，天子田籍千畝，諸侯百畝。自厲王之流，籍田禮廢。宣王即位，不復古也。

吴案：“籍”，公序本作“藉”，二字通用，或作“耤”。(頁3)

【按】 《漢書》顔注、《後漢書·黄瓊傳》注、《六臣注文選》、《藝文類聚》卷三九、《太平御覽》卷五三七、《記纂淵海》卷七七、《文獻通考》卷七、八七、《經濟類編》卷四一引字作“籍”，柳宗元(773—819)《非國語》、《禮記注疏》、《文選》注、《初學記》卷一四、《北堂書鈔》卷九一、《册府元龜》卷一一五、三二五、《文章正宗》卷四、《文章辨體匯選》卷五二、《歷代名臣奏議》卷一一〇、《山堂肆考》卷三六引字作“藉”。汪遠孫《考異》云：“《補音》‘籍’作‘藉’。案‘籍’、‘藉’錯出，《説文》作‘耤’，當以‘耤’爲正字。”④汪

① (清)阮元校刻:《十三經注疏》，北京:中華書局 1980 年影世界書局本，頁 590 上。
② (清)陳奐:《詩毛氏傳疏》卷二六，北京:北京市中國書店 1984 年影漱芳齋 1851 年本，本卷頁 22。
③ (清)徐瀚:《通介堂經説》，上海古籍出版社 2002 年輯印《續修四庫全書》第 177 册，頁 89 上。
④ (清)汪遠孫:《國語明道本考異》，頁 269。

説是。另詳見拙著《小學要籍引〈國語〉研究》①。

7. 陽癉憤盈，土氣震發

韋注：癉，厚也。憤，積也。盈，滿也。震，動也。發，起也。

吴案："憤"與"僨"通，動也。（頁3）

【按】 孔晁注："癉，起也。"戎輝兵以"癉"讀爲"燀"，訓爲"熱氣"，蕭旭以戎説爲是。然王念孫（1744—1832）《讀書雜誌·漢書第十一》云："癉者，盛也。《周語》曰：'陽癉憤盈。'言陽盛憤盈也。字通作'僤'，又作'憚'。《吕氏春秋·重已篇》'衣不燀熱'高注曰：'燀讀曰亶。亶，厚也。'"②又審《周語上》本文"陽氣"唯盛大可言，不可言"熱"，與"炎燀"義當有不同，韋注不誤，不必改。"盈"即爲狀態詞，則"憤"不當爲動詞，故吴説不通。賈逵（30—101）注、孔晁注俱云："憤，盛也。"③《方言》卷一二云："憤，盈也。"王懋竑（1668—1741）《讀書記疑》卷十一云："憤當同奮義。"④皆以"憤"爲性狀之詞，義皆是。蕭旭以"憤"、"盈"同義連文，是；以王懋竑之説失之，則恐非。《詳注》仍從韋注，徐元誥以孔晁訓"癉"爲"起"是，亦非。

周語中卷二

8. 聃由鄭姬

韋注：聃，姬姓，文王之子聃季之國。鄭女爲聃夫人，同姓相娶，猶魯昭公娶於吴，亦其嬻姓所以亡也。

吴案：聃無考。賈逵《左傳》那處當之，未知確否？（頁2）

---

① 拙著：《小學要籍引〈國語〉研究》，新北：花木蘭文化出版社2014年版，頁173—175。

② （清）王念孫：《讀書雜誌》，北京：中國書店1985年版，本卷頁10—11。

③ 張以仁：《國語舊注輯校》，見載於氏著《張以仁先秦史論集》，上海古籍出版社2010年版，頁167—168。

④ （清）王懋竑：《讀書記疑》，上海古籍出版社2002年輯印《續修四庫全書》第1146册，頁341下。

【按】 汪遠孫《發正》卷二云："杜注《左傳》不言聃國，孔《疏》亦云'地闕'。《史記索隱》：'㑩或作那。'莊十八年'楚克權遷於那處'杜注：'楚地，南郡編縣有那口城，爲季載之國。'文，昭十六，季載最少，不應遠封荊楚，小司馬之言空未然也。"①又《〈史記·管蔡世家〉索隱》引賈逵云："文王子聃季之國。"②即韋注所本，吴案"賈逵《左傳》那處當之"未審何義，或即謂"聃"即"那"歟？沈鎔《詳注》正文字訛作"肸"，注又訛作"明"。

9. 鄭未失周典，王而蔑之，是不明賢也

韋注：蔑，小也。

吴案：蔑，棄也。不訓小。（頁2）

【按】 沈鎔《詳注》未采吴説，仍用韋注。俞樾《群經平議》卷二八云："《詩·桑柔篇》'國步蔑資'鄭《箋》曰：'蔑猶輕也。'《周易·剝》'六二：蔑貞凶'《釋文》引鄭注曰：'蔑，輕慢。'然則'蔑之'猶輕之也。《説文·心部》：'懱，輕傷也。''蔑'即'懱'之叚字。韋訓爲'小'，失其旨矣。下文'單襄公聘於宋'章曰：'是蔑先王之官也。''蔑'亦輕慢之意。韋訓爲'欺'，亦非是。"③本句上文云"王而卑之，是不尊貴也"，此承上文而來，當以訓輕慢義爲長，實韋注之"小"當即輕慢之義。徐元誥《集解》即引俞樾之説爲注。

10. 十八年，王黜狄后

韋注：十八年，魯僖公二十四年。黜，廢也。狄后既立，而通王子帶，故王廢之也。

吴案：此節，公序本承上作一節。

---

① （清）汪遠孫：《國語發正》，道光丙午振綺堂本，本卷頁2。

② （漢）司馬遷：《史記》，頁1564。

③ （清）俞樾：《群經平議》，上海古籍出版社2002年輯印《續修四庫全書》第178册，頁457下。

吴又案:王云宜作“十七年”。(頁2)

【按】 汪遠孫《考異》即云:“公序本不别行。‘八’當爲‘七’,《述聞》從注文校正。”①是吴氏之所本。沈鎔《詳注》即不别行。《述聞》則主張别行自爲一章,故《集解》從黄刊明道本之舊與《述聞》之説,别行且改“八”爲“七”。

11. 王公立飫,則有房烝

韋注:王,天子。公,諸侯。禮之立成者爲飫。房,大俎也。《詩》云:“籩豆大房。”謂半解其體,升之房也。

吴案:《詩》毛《傳》:“不脱屨升堂謂之飫,故曰立飫。”

吴又案:陳氏云:“‘房’之言‘旁’也,‘旁’有‘偏’義。全體曰全烝,半體曰房烝,體解節折曰肴烝,三者所以别牲體之用。韋本《詩》爲訓,全烝、肴烝竝升於俎,不得房烝獨以俎名也。”(頁4)

【按】 “陳氏云”者,實襲汪遠孫《發正》引陳奂《詩毛氏傳疏》之言,非吴曾祺别有所本。汪遠孫《發正》卷二云:“《内傳》:‘王享有體薦,宴有折俎,公當享,卿當宴。’《疏》云:‘《國語》王公立飫,即享禮也。《傳》言體薦,即房烝也。’案:孔説是也。享行於廟,廟中禮皆立成,故曰立飫。享禮久亡,無可考見。《内傳》昭五年‘設机而不倚,爵盈而不飲’,杜注成十二年《傳》説‘享’引之,此享禮立成之證。陳氏奂曰:‘房之言旁也,旁有偏義。全體曰全烝,半體曰房烝,體解節折曰肴烝,三者所以别牲體之用。韋本《詩》爲訓,全烝、肴烝竝升於俎,不得房烝獨以俎名也。’”②可見吴氏實本汪遠孫《國語發正》而不注出。陳戍國認爲:“天子用享禮招待諸侯(公),用宴禮招待各國之卿。這本是西周王室之禮的遺存。有學者認爲《左傳》享之體薦與宴之折俎,即《周語中》之房烝與肴烝。但《周語中》另有‘體薦’,爲王室招待戎狄之方式,即其下文所

① (清)汪遠孫:《國語明道本考異》,頁275。

② (清)汪遠孫:《國語發正》,道光丙午振綺堂本,本卷頁7。

説使戎狄坐諸門外，‘而使舌人體委與之’。是《春秋》内外傳不必盡同。又全烝、房烝只是虛設，不可食。而宴享各國之卿用折俎，可與共食之。”①審孫詒讓《周禮正義》認爲房烝就是體薦，可見陳戍國不贊成孫氏説法。韋昭釋“房”，從“大”義上着眼；陳奂釋“房”，從“偏”、“半”義上着眼，實際上是從房烝的實際情形上著眼。《説文・户部》：“房，室在旁也。”②《釋名・釋宫室》亦謂：“房，旁也，室之兩旁也。”則“旁”爲“房”字之義。又審孔《疏》亦謂房烝爲半解其體。則陳奂説更是。

12. 墾田若蓺

韋注：發田曰墾。蓺猶蒔。言其稀少若蓺物也。

吴案：王曰：蓺當作蓺，草生多貌。若，乃也。（頁5）

【按】 吴案“王曰”之“王”爲王引之《經義述聞》卷二〇之言，沈鎔《詳注》從之，徐元誥《集解》引王引之説並改字。王煦（1758—1837）《補補音》云：“‘墾田若蓺’《補音》：‘蓺’即‘藝’字。《補補音》桉：‘藝’俗字也。《説文・丮部》‘埶’字注云：‘穜也。’（从丮从坴）又《艸部》‘蓺’字注云：‘艸木不生也。’（从艸从執）本《傳》‘蓺’字正合《説文》‘艸木不生’之義。韋氏訓‘蒔’固非，公序沿韋氏之訛，以爲‘蓺’即‘藝’字，更誤。”③其《國語釋文》亦作是説，又謂：“宋公序既沿韋氏之訛，且又闌入俗字。”④遞修本《補音》卷一“無蓺”條云：“《説文》但作‘埶’，後又加‘草’，以今‘蓺’字爲俗。”⑤文淵閣本、遺書本字作“埶”、“藝”，非王煦所云“蓺”。又審《國語》各本，遞修本《周語中》字作“蓺”，金李本、張一鯤本

---

① 陳戍國：《中國禮制史・先秦卷》，長沙：湖南教育出版社2002年版，頁363。

② （漢）許慎：《説文解字》，北京：中華書局1963年影陳昌治覆刻平津館本，頁247下。

③ （清）王煦：《國語補補音》卷上，咸豐戊午觀海樓重刻本，本卷頁5。

④ （清）王煦：《國語釋文》卷一，咸豐戊午觀海樓重刻本，本卷頁19。

⑤ （宋）宋庠：《國語補音》卷一，北京：國家圖書館出版社2006年影宋刻宋元遞修本，本卷頁31。

《周語中》字作“蓺”，張一鯤本《周語中》“蓺”字有《補音》“蓺，即‘藝’字”①，緑蔭堂本引《補音》字亦作“蓺”，他與張一鯤本同。《國語評苑》字皆作“蓺”，注亦作“蓺”，道春點本、秦鼎本與《國語評苑》同，薈要本、文淵閣本、董增齡本、黄刊明道本及其覆刻本字作“蓺”。則王煦所引《補音》或即據張一鯤本，本文所據《補音》三種本文並無此條。又審各書所引，《通鑒前編》卷一三、《古史》卷一三、《文章辨體匯選》卷五八引字作“埶”，《册府元龜》卷二五四、《文章正宗》卷四、《儀禮經傳通解》卷二二、《經濟類編》卷七四引字作“蓺”，《通志》卷八九、《文編》卷二一字作“藝”。《説文·艸部》：“埶，草木不生也。一曰茅芽。”②《類篇·艸部》、《集韻·緝韻》引《説文》爲釋。而《玉篇·艸部》釋爲：“埶，茅牙也。又草木生皃。”③《廣韻·緝韻》釋爲：“草木多皃。”④與《説文》釋義相違。段玉裁（1735—1815）《説文解字注》改“茅芽”爲“茅根”並引《玉篇》云：“未知孰是。”⑤錢坫（1744—1806）云：“《玉篇》：‘艸木生貌。’《廣韻》：‘艸生多貌。’與‘不生’之義相反，當有訛。”⑥王引之、鈕樹玉（1760—1827）謂“不”字爲衍文，張文虎（1808—1885）則謂：“‘不’字當即‘木’字之訛衍。”⑦桂馥（1736—1805）《説文義證》、王筠（1784—1854）《説文句讀》云：“‘不’當爲‘才’。”⑧張舜徽（1911—1992）則謂：“‘不’當爲‘丕’之脱筆字，《廣韻》云：‘草生多貌。’與丕生意同。”⑨馬叙

① （清）王鐸：《王覺斯批校國語》卷二，遼海書社1934年影印本，頁13。

② （漢）許慎：《説文解字》，頁22下。

③ （宋）陳彭年等：《宋本玉篇》，北京：中國書店1983年影張氏澤存堂本，頁258。

④ （宋）陳彭年等：《宋本廣韻》，北京：中國書店1982年影張氏澤存堂本，頁512。

⑤ （清）段玉裁：《説文解字注》，上海古籍出版社1981年影經韻樓本，頁38下。

⑥ （清）錢坫：《説文解字斠詮》，上海古籍出版社2002年輯印《續修四庫全書》第211册，頁465下。

⑦ （清）張文虎：《舒藝室隨筆》，瀋陽：遼寧教育出版社2003年版，頁33。

⑧ （清）桂馥：《説文解字義證》，上海古籍出版社2002年輯印《續修四庫全書》第209册，頁87上。（清）王筠：《説文句讀》，上海古籍出版社2002年輯印《續修四庫全書》第216册，頁471。

⑨ 張舜徽：《説文解字約注》卷二，鄭州：中州古籍書畫社1983年版，本卷頁54。

倫(1885—1970)謂此注爲《字林》而附於《説文》者，以桂馥、王筠説爲是①。朱駿聲(1789—1858)亦謂韋注失之，云："《周語》之'蓺'言蕪穢不治，如茅芽也。"②清乾隆時期學者席世昌《席氏讀説文記》則謂《周語中》本句當從《説文》訓作"草木不生"。就《周語中》本文而言，單襄公經過陳國在"火朝覿矣"之際，韋注謂在夏正十月。因下文有"田在草間"之句，説明已經開墾的土地相對於荒地而言相當稀少，因此韋注之"言其稀少若蓺物也"之"其"實爲"墾田"，蓋謂一眼望去，已經開墾之田地在荒野之中比較稀少，如同"蓺物"，如此訓釋，方可與"田在草間"相對應，如此，則字當作"蓺"，不作"蓺"，即韋注所釋在陳國"墾田"數量稀少，非諸家所謂田間野草叢生。今《國語》譯注中有以"蓺"爲"茅草芽"者，用朱駿聲説，恐亦非是。就《説文》而言，或當如衆説"不"字爲衍文，因張舜徽氏言"不"爲"丕"則雖與《玉篇》、《廣韻》同訓，而無法圓通説明《説文》"一曰"，桂馥、王筠"'不'當爲'才'"可解《説文》"一曰"而又無法與《玉篇》、《廣韻》之訓相協。今審《國語》"若"爲比況類動詞，不當釋作"乃"，王引之説未確。

13. 藪有圃草

韋注：澤無水曰藪。圃，大也。必有茂大之草以財用之也。

吴案："圃"與"甫"通。圃草，即《詩》之"甫草"，仍訓園圃，不得從"甫"訓"大"。(頁6)

【按】 汪遠孫《發正》卷二云："《詩·車攻》：'東有甫草。'毛《傳》：'甫，大也。''甫'、'圃'古字通。《文選·東都賦》：'豐圃草以毓獸。'李善注引《韓詩》曰：'東有圃草。'薛君曰：'圃，博也，有博大茂草也。'"③則汪氏以韋注爲是。戴震(1723—1777)《毛鄭詩考正》卷二云："《詩》之'甫草'即《國語》'圃草'耳，不必如《箋》説。又李善注《文選》引《韓詩》

① 馬叙倫：《説文解字六書疏證》卷二，北京：科學出版社1957年版，本卷頁96。
② (清)朱駿聲：《説文通訓定聲》，武漢市古籍書店1983年影臨曉閣本，頁113上。
③ (清)汪遠孫：《國語發正》，本卷頁7。

'東有圃草'薛君章句云:'圃,博也,有博大茂草也。'"①胡承珙(1776—1832)《毛詩後箋》卷一七云:"'東有甫草'《傳》:'甫,大也。'《箋》云:'甫草者,甫田之草也。''鄭有甫田'《正義》曰:'毛以田法,芟草爲防,是廣大之處,故訓甫爲大。《箋》以下云搏獸於敖,敖是地名,則甫草亦是地名,不宜爲大,故易之爲甫田之草。'承珙案:此《箋》乃申《傳》,非易《傳》也。經但言'甫草',故《傳》衹訓'甫'爲大,《文選·西都賦》注、《後漢書·班固傳》、《馬融傳》注竝引《韓詩》作'圃草',薛君章句曰:'圃,博也,有博大茂草也。'蓋圃、甫古字通。薛注義與毛同,然博大茂草之處必係藪、澤,《周語》云:'藪有圃草。'韋注亦云:'圃,大也。'故《箋》引《爾雅》'鄭有甫田'以申成傳義,意以鄭之'甫田'正以廣大有草得名,其不破甫爲圃,則是申傳而非易傳明矣。"②胡氏之説正可以言"圃"亦可訓"大",韋注不誤。《詳注》從韋注,徐元誥《集解》引吴説爲注。蕭旭《國語校補》謂:"朱駿聲謂圃、甫並讀爲橆,橆同蕪,豐茂、茂盛之義,故毛《傳》、薛君、韋注並訓大,《辭通》卷14申毛説。吴曾祺謂訓園圃,駁韋注,並失之。"③亦可參。又韋注"以財用之也",汪遠孫《考異》云:"公序本作'以備財用',是也。"④《册府元龜》卷二五四、《文章正宗》卷四、《儀禮經傳通解》卷二二引注皆與公序本同,徐元誥從公序本,且"用"後有"也"字。

14. 見王孫説,與之語

韋注:説,周大夫也。

吴案:《漢書·人表》作"王孫閲"。(頁7)

【按】 劉寶楠(1791—1855)《愈愚録》卷二云:"'説'與'閲'亦通

---

① (清)戴震:《毛鄭詩考正》,張岱年主編《戴震全集》第一册,合肥:黄山書社1994年版,頁619。

② (清)胡承珙撰,郭全芝校點:《毛詩後箋》,合肥:黄山書社1999年版,頁873。

③ 蕭旭:《國語校補》,氏著《群書校補》,揚州:廣陵書社2011年版,頁86。

④ (清)汪遠孫:《國語明道本考異》,頁277。

用,《詩》'我躬不閱',左襄二十五年《傳》作'説'。昭七年《傳》'南宫説',《禮記・檀弓》作'南宫閲'。《周語》'王孫説',《漢書・古今人表》作'王孫閲',是其證。"①陳玉樹(1853—1906)《毛詩異文箋》卷二亦作此説。"説"、"閲"當皆從"兑"字得聲得義,人名用字,或有定音而無定形,故字或作"説"、或作"閲"。

15. 棄壯之良,而用幼弱,三也

韋注:壯之良,謂申叔時也。幼弱,司馬子反也。

吴案:此二句,謂棄士卒之壯良者不用而用幼弱,故《内傳》有"舊不必良"語。注以分指申叔時、子反,不合。(頁8)

【按】《經義述聞》卷二二云:"之,猶與也,謂棄壯與良也。"②張以仁《集釋》引裴學海《集釋》爲説。"之"字可用爲並列連詞,此等用法《國語》極爲少見,其他傳世文獻中則有之,張國光云:"'之'本是一個極靈活的虚詞,它本身就兼有並列連詞這一用法,且廣泛地用於先秦各種典籍中。"③董增齡《正義》亦云韋注非是,謂:"《傳》則别有所指,非指叔時、子反二人也。"④沈鎔《詳注》從吴氏爲注,徐元誥《集解》引董氏、吴氏爲説,張以仁、董立章等亦從之。

16. 是三子也,吾又過於四之無不及

韋注:三子,荀、趙、欒也,得郤至四人。言己之材優於彼三人也,三人之中無有所不及也。

吴案:此倒句法,即"三皇可四"意。(頁8)

---

① (清)劉寶楠:《愈愚録》,上海古籍出版社2002年輯印《續修四庫全書》第1156册,頁239下。

② (清)王引之:《經義述聞》,道光七年壽藤書屋刻本,本卷頁7。

③ 張國光:《連詞"與"的次類與"A之與B"結構》,《貴州師範大學學報》1992年第2期,頁38—44。

④ (清)董增齡:《國語正義》,成都:巴蜀書社1985年影式訓堂本,本卷頁40。

【按】　吴氏《涵芬樓文談》所附雜説云:"五帝可六、三皇可四,此等句法,竟似算博士口吻,非文體也。"①所引"五帝可六"、"三皇可四"出自貞觀十年(636)魏徵(580—630)上疏,原文云:"誠能敷求時俊,上下同心,則三皇可追而四、五帝可俯而六矣。"吴曾祺此説是從句法上考慮。徐元誥云:"謂吾並三子而四之,有過之無不及也。又、有古通用。"②董立章引徐説並云:"似應在'過'、'於'間斷句:'吾又過,於四之無不及。'"③此種斷句實王懋竑《讀書記疑》已指出者。高振鐸、劉乾先《國語選譯》,薛安勤、王連生《國語譯注》則謂:"四,公序本作'三',是也。"④筆者所參公序本各本正文中無"四"作"三"者。審遞修本、金李本、張一鯤本、《國語評苑》、薈要本、文淵閣本、黄刊明道本及其覆刻本韋注"言己之材優於彼四人也",緑蔭堂本之單行本與《國語國策》合注本、董增齡《國語正義》、道春點本、千葉玄之本、秦鼎本、高木本等韋注"四"作"三",汪遠孫《考異》云:"'四',公序本作'三',是也。"⑤則汪氏所據之公序本當爲緑蔭堂本系列,此本本覆刻自張一鯤本,在明清之際流傳頗廣,又有文盛堂本等。拙稿《宋刻宋元遞修本〈補音〉〈國語〉比勘》引言部分曾詳述其流變,可參⑥。或其初據張一鯤本覆刻時即改訂"四"爲"三"矣。另外,本書所參《國語評苑》爲明萬曆二十年(1592)鄭以厚光裕堂刻本,於劉懷恕刻本則未見,而道春點本實以劉懷恕本爲底本刊刻,則或劉懷恕本即已改"四"爲"三",審劉懷恕刻本《國語》在日本情狀,據日本大學圖書館圖書在線查詢檢尋,有舶載而東者,有日本寶曆十一年(1761)重刻本及林信勝點本,又有日本天明六年(1786)經千葉玄之再校之《重刻國語》,千葉玄之再校本在今日本多個大學圖書館

---

① 吴曾祺:《涵芬樓文談》,上海:商務印書館1933年版,頁71。

② 徐元誥撰,王樹民、沈長雲點校:《國語集解》(修訂本),北京:中華書局2006年版,頁74。

③ 董立章:《國語譯注辨析》,廣州:暨南大學出版社1993年版,頁80。

④ 高振鐸、劉乾先:《國語選譯》,成都:巴蜀書社1991年版,頁21。薛安勤、王連生:《國語譯注》,長春:吉林文史出版社1991年版,頁93。

⑤ (清)汪遠孫:《國語明道本考異》,頁278。

⑥ 見拙著《〈國語補音〉異文研究》,臺北:蘭臺出版社2015年版,頁138—143。

有藏①,至於其他早於道春點本之本所存於日本者,則日本全國漢籍データベース可搜檢更多,此不贅述。秦鼎亦云:"三人,舊作四人,今從明本。"②則秦鼎此處之"明本"則非中國本土所傳明道本明甚,因今所參中國本土所傳明道本各本中字無作"三"者,其所參或即劉懷恕本,也或許其所參上善堂重刊明道本作"三",因爲没有見到日本上善堂重刊之本,不敢斷定。上海古籍點校本則録汪氏語於注文之後,注則仍從舊刻作"四"。高、薛等誤以注文之考校繫之於正文,實誤。則吴氏《補正》因汪氏考校與公序本而易注文之"四"爲"三",沈鎔《詳注》、徐元誥《集解》亦從而改。審"是三子也,吾又過於四之無不及"之義當爲:這三個人,(像他們這樣的),四個加在一塊我也能超過,(他們三個中的任何一個)我没趕不上的。"無不及"是補充强調,"之"用同"而"。否則,"四"字無所措置且難以理解。而且這樣解釋,也更符合郤至"蓋人"的性格與整篇的情境,則斷句當作"是三子也,吾又過於四之,無不及"。韋注釋文已注重郤至"蓋人"特徵,故釋"優於",然於"四"字猶不能解,今人則唯本韋注爲説,亦未能得義。

17. 求蓋人,其抑下滋甚

韋注:滋,益也。求掩蓋人以自高大,則其抑退而下益甚也。

吴案:謂求掩蓋人,則抑制其下益甚,注語未明。(頁8)

【按】《人物志·釋争第十二》、《長短經·是非第十四》云:"郤至上人而抑下滋甚。"即用《國語》本文故事。吴氏本條爲申韋注。明道本本句上文爲:"夫人性,陵上者也,不可蓋也。"遞修本、金李本、張一鯤本、《國語評苑》、道春點本、文淵閣本、董增齡本、秦鼎本字作"葢",閔齊伋本字作"盖"。薈要本"不可蓋"之"蓋"與閔齊伋本同,"求蓋人"之"蓋"作"盖","蓋"、"葢"、"盖"異體字。韋注似非不明,吴説亦非不是。

---

① 日本大学図書館の本をさがす,網絡路徑爲:http://ci.nii.ac.jp/books/search?q=%E9%9F%8B%E6%98%AD&p=5&advanced=false&type=1。

② [日]秦鼎:《春秋外傳國語定本》卷二,本卷頁20。

18. 小醜猶不可堪，而況在侈卿乎

吴案：侈，大也。與上“小醜”對文。（頁9）

【按】《册府元龜》卷七九五、《通志》卷八九、《經濟類編》卷九二、《文章辨體匯選》卷六〇引與《國語》同，文淵閣本《文章正宗》引“況在”誤作“況右”，嘉靖序刊本則不誤。陳瑑（1792—1850）《翼解》卷二云：“小醜，言醜類之同等者。左定四年《傳》云：‘將其醜類。’《禮·學記》：‘比物醜類。’《方言》：‘醜，同也。東齊曰醜。’侈卿則謂卿之有世禄者，《書·周官》：‘禄不期侈。’是其義也。”①《書·周官》孔《傳》云：“富不與侈期而侈自來，驕侈以行己，所以速亡。”②相較而言，陳説優於吴説。《詳注》從吴説釋“侈”爲“大”，徐元誥亦引吴説爲釋。

周語下卷三

19. 故國將無咎，其君在會，步言視聽，必皆無讁，則可以知德矣。視遠，日絶其義

韋注：讁，譴也。言日日絶其宜也。

吴案：無讁，謂無可見讁於人也。（頁1）

【按】此處韋注當繫在二處更宜。“讁，譴也”當繫在“必皆無讁”句下。又張一鯤本、道春點本“讁”字構件“啇”誤作“商”，《干禄字書》以“啇”正、“商”俗，二字形近易混同。沈鎔《詳注》從吴説爲釋，徐元誥《集解》引俞樾（1821—1907）、王念孫（1744—1832）爲説，王念孫釋“讁”爲“過愆”。有過則爲人所譴，韋注實亦可通。另詳見拙稿《〈國語·周語下〉、〈新書·禮容語下〉比勘》③。

---

① （清）陳瑑：《國語翼解》，清光緒廣雅書局刻本，本卷頁7。

② （清）阮元校刻：《十三經注疏》，北京：中華書局1980年影世界書局本，頁236中。

③ 拙稿《〈國語·周語下〉、〈新書·禮容語下〉比勘》，見拙著《〈國語補音〉異文研究》，頁477—607。下同此，不再出。

20. 晉侯爽二，吾是以云

韋注：爽，當爲"喪"字之誤也。喪二，視與步也，是爲偏喪，故言晉君當之。

吴案：爽，差也。義自可通，不必改。(頁1)

【按】　汪遠孫《發正》卷三云："'爽'、'喪'形聲義竝相近。《墨子·非命上篇》引《仲之誥》'襲喪厥師'，《下篇》及《僞古文》皆作'爽'，楚人謂'羹敗'爲'爽'，見《一切經音義》。此皆'爽'、'喪'古通之證。《補音》云：'爽亦喪之意也。'韋氏以上有'偏喪'，故改此字，似失之。"①吴説"不必改"者是，言"爽，差"則非，《詳注》釋"爽"爲"失"，是。徐元誥《集解》引《發正》爲説。另詳見拙稿《〈國語·周語下〉、〈新書·禮容語下〉比勘》及本書上編之五"楊樹達《讀國語小識》辯證"。

21. 厚味實腊毒

韋注：厚味，喻重禄也。腊，亟也，讀若廟昔酒焉。味厚者，其毒亟也。

吴案：《説文》："昔，乾肉也。"即"腊"字。乾肉有毒，故《易》曰：噬腊肉遇毒。無"亟"義。(頁1)

【按】《補正》本韋注用公序本，審黄刊明道本及其覆刻本字作"廣"不作"廟"。《翼解》引《漢書》顔注訓"久"，俞樾、《詳注》並釋作"久"，徐元誥從之。洪頤煊(1765—1837)《讀書叢録》卷六云："'極'、'亟'古字通用。'久'亦與'極'同義。"②則韋注亦不誤。另詳見拙稿《〈國語·周語下〉、〈新書·禮容語下〉比勘》。又審公序本系統與黄刊明道本及其覆刻本中，除董增齡《國語正義》字作"實"外，其他字皆作"寔"。沈鎔《詳注》、葉玉麟《白話譯解國語》、徐元誥《集解》、傅庚生《國

① (清)汪遠孫：《國語發正》，本卷頁1。
② (清)洪頤煊：《讀書叢録》，上海古籍出版社2002年輯印《續修四庫全書》第1157册，頁605下。

語選》亦作“實”，與《補正》同，上古本則作“寔”，與舊刻同。《叢書集成》本則上句作“實”，本句作“寔”。《禮記注疏》、《文選注》、《通鑒前編》卷九、《記纂淵海》卷五七、《册府元龜》卷七九五、《禮記集説》卷六八引字皆作“實”。“實”、“寔”義同而“實”更爲常用、常見。

22. 人過

吴案：黄氏《禮記》云：此空一格，當是“音翘”二字。（頁1）

【按】“禮”當作“札”，屬排印之誤。

23. 文王質文，故天祚之以天下。夫子被文矣

韋注：質文，其質性有文德也。被，被服之也。言文王質性有文德，故能得天下。晉周則被服之，可以得國也。

吴案：公序本作“被之矣”。（頁2）

【按】公序本“祚”作“胙”，上古點校本從公序本改字作“胙”。汪遠孫《考異》云：“公序本‘文’作‘之’，案‘之’是也，《注》云：‘晉周則被服之。’此傳作‘之’字之證。”①是吴説所本。《通志》卷八九引字作“文”，與明道本同；《册府元龜》卷七九五、《經濟類編》卷四、《繹史》卷六四引皆與公序本同。徐元誥亦謂明道本作“文”字誤，改“文”爲“之”字，上古本同。“之”、“文”形近易混。

24. 不竇澤

韋注：澤，居水也。竇，决也。不爲此四者，爲反天性也。

吴案：竇，穴也。爲穴以漏之也。（頁3）

【按】《漢書》卷二七中之下《五行志》“不竇澤”顔注云：“竇，穴

---

①（清）汪遠孫：《國語明道本考異》，頁279。

也。”①或吴説所本。吴説亦合理，韋説亦不誤，“爲穴以漏之”即“決”也。二者皆通，唯釋義角度不同，顔注釋本義，韋注釋語境義。

25. 虞於湛樂

韋注：虞，安也。湛，淫也。

吴案：虞與娱通。（頁 3）

【按】《漢書》卷二二《禮樂志》“也合好效歡虞泰一”顔注云：“虞與娱同也。”②審《漢書》顔注多處言“虞”與“娱”同，二字皆從“吴”得聲，吴言二字可通者是。《詳注》正文“虞”下注云：“通娱。”③徐元誥《集解》引吴説並云：“‘湛’與‘沈’通。”④《漢書》顔注亦多言之矣。審《儀禮·既夕禮》“三虞”鄭玄（127—200）曰：“虞，安也。”⑤韋注“虞，安”之釋本於鄭玄。

26. 儀之於民，而度之於群生

韋注：儀，準也。（頁 3）

【按】 王念孫、王引之、王筠、馬瑞辰（1782—1853）、俞樾並謂“儀”爲比、度之義。本處“儀”、“度”亦相對爲文。汪遠孫《發正》卷三亦云：“《説文》：‘儀，度也。’是‘儀’亦‘度’也，訓‘儀’爲‘準’，失之。”⑥本句上下文云：“其後伯禹念前之非度，釐改制量，象物天地，比類百則，儀之於民，而度之於群生。”“儀”、“度”兩個動詞後面分别跟有賓語“之”，“之”當指代“百則”，“儀”的對象是“民”，實際上就是確立規則、規範，也即韋

---

① （漢）班固撰，（唐）顔師古注：《漢書》，北京：中華書局 1962 年點校本，頁 1437。

② （漢）班固撰，（唐）顔師古注：《漢書》，頁 1058。

③ 沈鎔：《國語詳注》，上海：文明書局 1925 年版，本卷頁 3。

④ 徐元誥撰，王樹民、沈長雲點校：《國語集解》（修訂本），頁 94。

⑤ （清）阮元校刻：《十三經注疏》，頁 1157。

⑥ （清）汪遠孫：《國語發正》，本卷頁 6。

注所釋之“準”；“度”的對象是“群生”，其範圍自然比“民”要廣而雜，韋注釋“度之”爲“不傷害”，亦是，然“不傷害”是“度”的最終結果，而非其動作義，“度”之義實即“揆度”。換言之，在語言形式上，“儀”、“度”相對爲文，但在語義程度以及動作順序上，二者爲層遞，故義並不完全相同，韋注不誤。

27. 此一王四伯，豈緊多寵？皆亡王之後也

韋注：一王，謂禹。四伯，謂四嶽也，爲四嶽伯，故稱四伯。緊，之也。言禹與四嶽豈是多寵之人？乃亡王之後。禹，鮌之子，禹郊鮌而追王之也。四嶽，共工從孫，共工侵諸侯以自王。言皆無道而亡，非伯王所起，明禹、嶽之興非因之也。

吴案：緊，是也，不訓“之”。下“豈緊無寵”同。（頁4）

【按】　公序本韋注“王”前無“一”字，“緊，是也”前並有“豈，辭也”，“侵”作“侵陵”。上古本與公序本同。汪遠孫以爲公序本脱，或是。《札記》云：“别本作‘是也’，段云：‘古之多訓是，如之子、之人、之德。’”①則“是”、“之”用法同。吴説非是。沈鎔《詳注》、徐元誥《集解》並從吴説訓“緊”爲“是”。

28. 惟有嘉功，以命姓受祀，迄於天下

韋注：受祀，謂封國受命，祀社稷山川也。迄，至也，至於有天下，謂禹也。祀，或爲氏。

吴案：上文“姓氏”並説，此句宜作“命姓受氏”，作“祀”恐誤。（頁4）

【按】　王懋竑《讀書記疑》卷十一云：“‘祀’當作‘氏’。”②《考異》

---

① （清）黄丕烈：《校刊明道本韋氏解國語札記》，頁246。
② （清）王懋竑：《讀書記疑》，頁342上。

云："《注》：'祀，或爲氏。'《述聞》云：'作氏是也。'"①《考異》即本《述聞》，而吴説又本《考異》。本處下文即有"命姓受氏而附之以令名"，上文又有"氏曰有夏"、"氏曰有吕"之句，王念孫、《翼解》皆指出者。然上文又有"守祀不替其典"，則難言爲誤，蓋本文"氏"、"祀"錯綜復現，而二字音近，故得相混，是韋昭(204—273)時《國語》即有異文如此。實"祀"字亦可通，不必以爲誤。沈鎔正文中"祀"字下注云："當作'氏'。"②徐元誥《集解》引王念孫説而改正文"祀"爲"氏"。

29. 故亡其氏姓，踣毙不振
韋注：踣，殭也。振，救也。
吴案："振"宜訓"起"爲是。（頁 4）

【按】《札記》云："《補音》作'弊'。"審黄刊明道本及其覆刻本字實作"獘"，《四部備要》本作"獘"，寶善堂本、《叢書集成初編》排印本、《國學基本叢書》排印本作"弊"，實爲"獘"字之誤。《考異》云："公序本'斃'作'獘'。'獘'、'斃'古今字。"③《通志》卷八九引與明道本同，《册府元龜》卷二六一、《文章正宗》卷四、《經濟類編》卷七七、《文章辨體匯選》卷五二、《歷代名臣奏議》卷二四九、《文編》卷三引字作"弊"，"弊"、"獘"（字又或作"獘"）、"斃"音同可通。另參見拙撰《〈國語補音〉異文研究》、《〈國語·吴語〉韋昭、真德秀注比較》④。韋注"振，救也"可通，吴説"'振'宜訓'起'"者亦是，沈鎔從吴説爲注，徐元誥本韋注。

---

① (清)汪遠孫：《國語明道本考異》，頁 280。
② 沈鎔：《國語詳注》，本卷頁 4。
③ (清)黄丕烈：《校刊明道本韋氏解國語札記》，頁 246。(清)汪遠孫：《國語明道本考異》，頁 280。
④ 拙著《〈國語補音〉異文研究》，頁 183—186。拙稿《〈國語·吴語〉韋昭、真德秀注比較》，見刊於《逢甲人文社會學報》第 23 期，頁 1—26。

30. 子孫爲隸，不夷於民
韋注：隸，役也。
吴案：謂尚不得齒於平民也。（頁5）

【按】《考異》云："公序本'不'作'下'，是也。"①《通志》卷八九、《經濟類編》卷七七、《繹史》卷八二引與公序本同。若作"不"，則吴所説亦至當；作"下"，則具有動態性與趨向性。兩者皆可通。從語義效果上言，上既言"子孫爲隸"矣，"隸"則地位低於"民"者，故下言"不夷於民"，似以明道本作"不"字更勝。故徐元誥云："宋庠本'不'作'下'，疑非是。夷，儕也。不儕於民，乃承上文'爲隸'而申言之，若作'下夷於民'，民非即隸也，則上不應云'爲隸'。"②徐説"夷，儕也"可商，他則可從。俞志慧亦謂當從明道本作"不"。"夷"即"持平"、"等同"之義，沈鎔從吴説爲注。

31. 器無彤鏤，儉也
韋注：彤，丹也。鏤，刻金飾也。
吴案：汪云：彤乃彫之誤。（頁5）

【按】"彤"、"鏤"是兩種工藝，故"彤"非"彫"字之誤。韋注不誤，汪説非是。清徐灝（1810—1879）《通介堂經説》卷三一云："'彤'與'鏤'對文。彤謂塗飾，鏤謂彫刻也。解者多未得其義，蓋此義失之久矣。"③《禮書》卷一〇一、《筠齋漫録》卷三、《繹史》卷八二、《子史精華》卷八八引"彤"作"彫"，《册府元龜》卷七九五、《五禮通考》卷六四引作"雕"，皆誤。另詳見拙稿《〈國語·周語下〉、〈新書·禮容語下〉比勘》。

---

① （清）汪遠孫：《國語明道本考異》，頁281。
② 徐元誥撰，王樹民、沈長雲點校：《國語集解》（修訂本），頁101。
③ （清）徐灝：《通介堂經説》，上海古籍出版社2002年輯印《續修四庫全書》第177册，頁285上。

32. 基，始也。命，信也。宥，寬也。密，甯也。緝，明也。熙，廣也

韋注：鄭後司農云："'廣'當爲'光'。"虞亦如之。

吴案：下文云"廣厚其心，以固龢之"即承此數句而言，似宜作"廣"，不作"光"。(頁6)

【按】 汪遠孫《發正》卷三云："《解》本《詩》箋，孔《疏》謂《箋》以《外傳》之訓，與《爾雅》皆同，而《釋詁》云：'熙，光也。'則是聲相涉而字因誤，故破之。案：'廣'與'光'同聲通用，《詩》'敬之'《傳》云：'光，廣也。'"①可從。

33. 詩曰：其類維何？室家之壼

韋注：《詩·大雅·既醉》之六章也。類，族也。壼，梱也。言孝子之行，先於室家族類以相致，乃及於天下也。

吴案："壼"字當從《毛詩傳》訓"廣"，方與下"廣裕民人"句相應，注從《箋》訓"梱"，失之。(頁6)

【按】 本篇下文云："壼也者，廣裕民人之謂也。"毛《傳》從叔向爲訓。孔穎達(574—648)《正義》云："《箋》以言室家之壼，則壼即是室家之事，若言室家之廣，則於文不類，故易之云'壼之言梱'，以孝行與族類者，室家先以相梱逼而密緻，言其相親，然後以此相親之道與其族類，亦使之室家相親，故言乃及於天下也。毛據《外傳》爲説，《外傳》正解此文而《箋》必易之者，《箋》之此意不違《外傳》也。室家梱緻，則可以化天下，則是廣裕民人也，孝昭皆取，此《箋》以解《外傳》，是其不違矣。但不訓壼爲廣，與毛異耳。"②以孔《疏》解，《傳》、《箋》之釋義似異而實同。蓋叔向云"廣"者，爲最終之結果，而鄭《箋》、韋注以"梱"者，實據文而爲釋，命意不同，其旨歸則一。韋注每用鄭玄之説爲訓，此亦一例。

---

① (清)汪遠孫：《國語發正》，本卷頁10。

② (清)阮元校刻：《十三經注疏》，頁537上。

34.《夏書》有之曰：關石和鈞，王府則有

韋注：《夏書》，逸《書》也。關，門關之征也。石，今之斛也。言征賦調鈞，則王之府藏常有也。一曰：關，衡也。

吴案：二語見《夏書·五子之歌》。此篇至晉始出，韋未之見，故曰逸《書》。

吴案：訓"衡"與"石"爲類，訓"門關"非。（頁7）

【按】 陳瑑《翼解》卷二云："《説文》：'關，以木横持門户也。''横'、'衡'字異義同，古書多通用。則以後説爲長。關訓衡，則石與鈞爲對文。《漢書》：'鈞者，均也，得施其氣陰化其物者，皆得成就平均也。'……蓋石與鈞皆量度之名，故當關之、和之。關，衡也。衡，平也。衡所以任權而均物，平輕重也。"①《文選·魏都賦》"關石之所和鈞"注引賈逵（30—101）《國語》注云："關，通也。"②孔穎達《正義》云："關者，通也。名石而可通者，惟衡量之器耳。……米粟則斗、斛以量之，布帛則丈、尺以度之，惟言關通權衡，則度量之物懋遷有無亦關通矣。……衡石所稱之物以供民之器用，其土或有或無，通使和平也。"③董增齡從賈注，以韋注爲非，云："《孟子》言'關市譏而不徵，爲文王治之仁政'，又云：'古之爲關也，將以禦暴；今之爲關也，將以爲暴。'趙注：'反以征税出入之人。'則門關有征，必非夏后氏之法，故《禹貢》言貢賦最詳，而門關無税。即周禮門關有税，亦賦中之一事，遂能使王府無乏用乎？援《書》傳以證賈注，義正相協，不得墨守韋解而蔑棄賈注之古訓也。"④董增齡所反對韋注者，以門關之徵非夏后氏所有。吴曾祺所闡述者在於"關"、"石"當爲同類。夏商時期之税政已無可考，《禹貢》不載者亦難言其非，或韋注即以後世之制爲釋亦未可知。前拙稿《甘肅藏敦煌殘卷

① （清）陳瑑：《國語翼解》，本卷頁16—17。

② （南朝梁）蕭統編，（唐）李善等注：《六臣注文選》，北京：中華書局1987年影宋刻本，頁130上。

③ （清）阮元校刻：《十三經注疏》，頁157上。

④ （清）董增齡：《國語正義》，本卷頁32。

〈國語・周語下〉校記》從《翼解》以"闕"釋作"衡"字是,徐元誥《集解》亦引陳瑑爲説,皆可參。吴案"二語見"云云實本董增齡《國語正義》,徐元誥《集解》未審,仍以爲吴氏之説。

魯語上卷四

35. 居官者當事不避難,在位者恤民之患,是以國家無違

韋注:無相違恨者也。

吴案:謂做事中理,無違背也。(頁2)

【按】 汪遠孫《考異》云:"'恨',《補音》作'很'。案:'很'是也,'違'、'很'同義。《韓詩》'中心有違'云:'違,很也。'"①審遞修本、金李本、薈要本、秦鼎本字作"很",經筵校本、張一鯤本、《國語評苑》、文淵閣本、道春點本、董增齡本字作"狠",又《格物通》卷四四引注字亦作"狠","犭"、"彳"形近,又"恨"、"很"、"狠"音同可通。吴説亦是,沈鎔《詳注》從吴説爲注。

36. 使加己亂,亂在前矣

韋注:亂,惡也。

吴案:亂宜就本義解,不訓"惡"。(頁2)

【按】 吴説是。審故訓中"亂"無訓作"惡"者,"惡"亦無訓作"亂"者,此處之"亂"即訓作禍亂。

37. 對曰:小人恐矣,君子則否。公曰:室如懸磬,野無青草,何恃而不恐

韋注:懸磬,言魯府藏空虚如懸磬也。野無青草,旱甚也。故言何恃也。

吴案:《内傳》作"罄"。罄,空也。罄正字,磬借字。注中"如懸

① (清)汪遠孫:《國語明道本考異》,頁287。

磬也”句似竟作“鐘磬”之“磬”,不合。(頁2)

【按】 汪遠孫《考異》云:“公序本‘否’作‘不’。”①《札記》云:“《補音》作‘罄’。丕烈案,《内傳》作‘罄’,《釋文》本作‘磬’,‘罄’、‘磬’古通用也。”②汪遠孫《考異》亦云:“《補音》作‘縣罄’,云:‘本亦作磬。’據《注》,當作‘磬’。”③公序本《國語》正文字亦作“磬”。《説文·石部》云:“磬,樂石也。从石殸。象縣虡之形。殳,擊之也。古者母句氏作磬。”《缶部》云:“罄,器中空也。从缶殸聲。殸,古文磬字。《詩》云:‘缾之罄矣。’”④段注云:“《釋詁》、毛《傳》皆曰:‘罄,盡也。’引伸爲凡盡之偁,如《韓詩》‘磬天之妹’、《毛詩》‘俔磬’也,郭注《爾雅》云:‘今人呼厭極爲罄。’皆是。古書‘罄’、‘磬’多互相假借。”⑤《補音》從《内傳》,今傳《國語》各本文或本《説文》,皆有所據。另詳見拙著《〈國語補音〉異文研究》⑥。又各書引字亦頗參差,《春秋分紀》卷四八引字作“罄”而卷五九又作“磬”,《黄氏日抄》卷三一、《通鑒前編》卷一二、《古史》卷二六、《春秋臣傳》卷九、《學林》卷一、《册府元龜》卷七四四、《文章正宗》卷一、《通志》卷八九引字作“罄”,《皇王大紀》卷四三、宋張洽(1161—1237)《春秋集傳》卷一〇、曾公亮(999—1078)《武經總要》後集卷一三作“磬”。陳樹華(1730—1801)《春秋經傳集解考正》卷六云:“室如縣罄,《釋文》曰:‘罄亦作磬,盡也。’石經刓缺,宋、元、明諸刻本皆作‘罄’,陸氏附注云:‘罄,《國語》作磬。’韋昭注云:‘府藏空虚,但有榱梁如縣磬也。’又《禮記》‘磬于甸人’《正義》援此《傳》文正作‘磬’而下著皇氏説亦云如‘縣樂器之磬也’,蓋罄、磬古字通借,《樂記》‘石聲磬’注:‘讀爲罄。’即其例也。又案《樂記》‘石聲磬’鄭注云:‘磬當

① (清)汪遠孫:《國語明道本考異》,頁288。

② (清)黄丕烈:《校刊明道本韋氏解國語札記》,頁247。

③ (清)汪遠孫:《國語明道本考異》,頁288。

④ (漢)許慎:《説文解字》,頁195上、頁109下。

⑤ (清)段玉裁:《説文解字注》,頁225下。

⑥ 拙著《〈國語補音〉異文研究》,頁312—313。

爲罄字之誤也。'孔《疏》云:'讀磬爲罄者,其字下注石,樂器之磬;其下着缶,是罄然之罄。'據此則二字雖别古文相假,容各有當,鄭直指爲誤,良非後學所曉。《玉篇》云:'磬或爲罄。'更是一證。"①陳説可謂通達之見。又徐元誥《集解》謂:"宋庠本'磬'作'罄'。"②實《補音》作"罄"字,學者每於《補音》、公序本《國語》不相區别,動輒曰"宋庠本",實誤。拙著《〈國語補音〉異文研究》舉證宋刻宋元遞修本《補音》、《補音》不同之處400餘處,又以《舊音》、《補音》所言各本不同條目194處,可證宋庠《補音》所據之本與今傳公序本《國語》非同一《國語》版本③,故稱《國語》則當曰"公序本",不當曰"補音本"。雖《補音》可作爲《國語》一版本使用,如《經典釋文》亦可以爲其所證十四種著作中之任何一種版本使用,然只可稱"補音"、"釋文",無由稱作"補音本"、"釋文本",稱作"宋庠本"者則更爲籠統難瞭。

38. 晉不以固班

韋注:班,次也。

吴案:"固"或作"故","故"、"固"通用。(頁3)

【按】《札記》云:"别本作'故班'。丕烈案,此淺人改之也,'固'本與'故'通,'掌故'亦作'掌固',詳盧學士《鍾山札記》。"④汪遠孫《考異》云:"公序本'固'作'故',二字通。"⑤是吴説所本。《通鑑外紀》卷五、《册府元龜》卷二四二皆從公序本作"故"。

---

① (清)陳樹華:《春秋經傳集解考正》,上海古籍出版社2002年輯印《續修四庫全書》第142册,頁305。

② 徐元誥撰,王樹民、沈長雲點校:《國語集解》(修訂本),頁151。

③ 詳見拙著《〈國語補音〉異文研究》之中編"宋刻宋元遞修本《補音》、《國語》比勘"、下編"《舊音》、《補音》所據《國語》各本考實",分别在頁132—389、頁390—476。

④ (清)黄丕烈:《校刊明道本韋氏解國語札記》,頁247。

⑤ (清)汪遠孫:《國語明道本考異》,頁288。

39. 而智者處物

韋注：處，名也。

吴案：智者能處置事物，不訓名。（頁4）

【按】 公序本字作"知"。汪遠孫《發正》引《大戴禮記》、《淮南》等篇申之，又"朝夕處事"《發正》云："'處'讀如'智者處物'之處。處事，辨事也。"①俞樾《諸子平議》卷三一云："物居其所謂之處，使物各得其處亦謂之處，《國語·魯語》曰'夫仁者講功而知者處物'是也。故處即有辨别之義。"②則韋注訓爲"名"者，實亦具審度、辨别之義。吴訓爲"處置"，恐未合語境。沈鎔從吴説爲注，《集解》不取吴説。

魯語下卷五

40. 咨才爲諏

韋注："才"當爲"事"。《傳》曰：咨事爲諏。

吴案：咨才謂咨於才能之人，不必從《内傳》改作"事"。（頁1）

【按】 臧琳（1650—1713）《經義雜記》卷二九云："《魯語》云'咨才爲諏'者，謂咨賢才之謀也。咨詢爲親戚之謀，咨諏爲賢才之謀，合親、賢之謀，而謀無不周矣。《説文》云：'諏，聚謀也。'賢才須合聚謀之，又擇其善者從之。《爾雅·釋詁》：'詢，信也。'親戚者，吾之諸父昆弟，其謀爲吾所親信，不必聚合而擇之也。《國語》作'才'，較二《傳》作'事'義更精密，而韋注云'才當爲事'，非也。"③汪遠孫《發正》卷五引臧氏之説並云："《内傳》作'咨事'，《外傳》作'咨才'，本不相襲，不必破從《内傳》。"④或吴説所本，徐元誥《集解》引《發正》爲釋。

---

① （清）汪遠孫：《國語發正》，本卷頁3。

② （清）俞樾：《群經平議》，《續修四庫全書》第178册，頁236上。

③ （清）臧琳：《經義雜記》，上海古籍出版社2002年輯印《續修四庫全書》第172册，頁272上。

④ （清）汪遠孫：《國語發正》，本卷頁2。

41. 穆子曰：豹之業，及《匏有苦葉》矣，不知其他

韋注：業，事也。《匏有苦葉》，《詩·鄁風》篇名也，其詩曰：匏有苦葉，濟有深涉。深則厲，淺則揭。言其必濟，不知其他也。

吴案：鄁同邶字。

吴案："業"即上篇"肄業及之"之"業"，不訓"事"。（頁2）

【按】《御覽》卷三〇五注無"鄁"字，《國語》公序本字作"邶"。又董增齡《正義》作"邺"，亦"邶"字之俗。《考異》云："《舊音》作'鄁'，《補音》云：'或作邶，從《詩》。'重刻公序本作'邶'，案：'鄁'俗字。"①俞正燮(1775—1840)《癸巳存稿》卷一云："下叔向即曰'叔孫賦《匏有苦葉》'，《左傳·襄十四年》亦云'賦《匏有苦葉》'。案：文四年《傳》：'甯武子不荅《湛露》、《彤弓》，以爲肄業及之。'定十年《傳》駟赤曰：'臣之業在《揚水》卒章之四。'言業乃樂虡業，誦古自習則曰肄業，以詩見意則曰賦。豹實賦以見意，謙言非敢自見其意，昔於肄業曾及此詩，因而賦之，其意婉，韋注云：'業，事也。'是直居其功，且非文意。今詩《正義》引此作'業及'而《左傳正義》引作'業在'，均不當以業爲事。"②與吴説同。沈鎔從吴説訓此"業"爲"肄業"，徐元誥《集解》仍本韋注。

42. 無掐膺

韋注：掐，叩也。膺，胸也。

吴案："掐"宜依公序本作"搯"。《説文》有"搯"無"掐"。（頁6）

【按】《札記》云："《舊音》作'搯'，音叨。丕烈案，與此異本也。李善注《長笛賦》引《國語》無'掐膺'。韋昭曰：'掐，叩也，苦洽切。'正同此本。段云：'李善誤《國語》，馬賦、韋注皆本是搯字。'"③汪遠孫《考異》

---

① (清)汪遠孫：《國語明道本考異》，頁290。

② (清)俞正燮：《癸巳存稿》，上海古籍出版社2002年輯印《續修四庫全書》第1159册，頁629上。

③ (清)黄丕烈：《校刊明道本韋氏解國語札記》，頁249。

云:"'掐'字誤,公序本作'搯',《補音》云:'土刀反。'案:《注》同。'掐'苦洽反,非是。"①汪遠孫《發正》卷五云:"《説文》有'搯'無'掐'。"②爲吴説所本。胡紹煐(1792—1860)《文選箋證》卷十九亦云:"从臽之字與搯膺毫不相涉。"③審《長笛賦》六臣注本李善注引《國語》有"無搯膺"韋昭曰:"搯,叩也。"④無"苦洽切"音注,與《文選》李善注本不同。宋杜大珪《名臣碑傳琬琰集》卷四四引宋祁(998—1061)《張忠定公咏行狀》文中有"無搯膺之妾,無雜弔之賓"句。又《通鑒外紀》卷九、《經濟類編》卷八二、武英殿本《景文集》引字作"掐",非唯《國語》版本文字之異,實亦"臽"、"舀"形近易混。《詳注》、《集解》字改從公序本作"搯"。

43. 仲尼曰:隼之來也遠矣! 此肅慎氏之矢也

韋注:肅慎,北夷之國,故隼來遠矣。《傳》曰:肅慎、燕、亳,吾北土也。

吴案:肅慎後音轉爲女真,在今甯古塔。(頁 7)

【按】《三朝北盟會編》卷三云:"女真,古肅慎國也,本名朱理真,訛爲女真。或以爲黑水靺鞨之後,而渤海之別族。"⑤今學者研究,有以"肅慎"爲漢語者,亦有以爲滿語者,復有以爲通古斯語者⑥。其名又作"息慎"、"稷慎"、"女真"。就字形而言,"慎"本從"真"得聲,二字上古音皆在真部,至《廣韻》則"慎"在震韻,"肅"、"息"上古音在心紐,"稷"在精

---

① (清)汪遠孫:《國語明道本考異》,頁 292。

② (清)汪遠孫:《國語發正》,本卷頁 17。

③ (清)胡紹煐:《文選箋證》,上海古籍出版社 2002 年輯印《續修四庫全書》第 1582 册,頁 220 下。

④ (南朝梁)蕭統編,(唐)李善等注:《六臣注文選》,頁 327 上。

⑤ (宋)徐夢莘:《三朝北盟會編》,臺北:臺灣商務印書館 1986 年《景印文淵閣四庫全書》第 350 册,頁 19 上。

⑥《肅慎——女真一系族稱探源》,見載於郭曉華主編《佳木斯地區歷史文化研究》,北京:社會科學文獻出版社 2005 年版,頁 327—332。又哈斯巴特爾《阿爾泰語系語言文化比較研究》,北京:民族出版社 2006 年版,頁 238—247。

紐,"精"、"心"聲近。"女"則爲泥紐字,與其他三字音遠,然五代之時始稱女真,或其音有變化亦未可知。魏源(1794—1857)《聖武記》卷一云:"肅慎國在今遼東吉林寧古塔地,肅慎即女真之轉音。"[①]劉錦藻(1855—1929,一作1862—1934)《清續文獻通考》亦有是説。瀧川資言(1865—1946)亦謂女真爲肅慎轉音,與吴説同。又崔廣彬、楊保隆、吉本道雅等對於"肅慎"亦多有較爲精審研究,亦可參[②]。

44. 對曰:笑吾子之大也

韋注:謂驕滿也。

吴案:大,與"忕"通,又作"汰"。(頁7)

【按】《札記》云:"别本作'大滿也',《補音》出'大滿'。"[③]汪遠孫《考異》云:"公序本'大'下有'滿'字,見《補音》。案此文是'大'讀爲'汰',《禮記·檀弓》:'汰哉叔氏。'《穀梁傳·哀十三年》:'大矣哉!夫差未能言冠而欲冠也。''大'與'汰'同。"[④]《通鑑外紀》卷九引與明道本同,《春秋臣傳》卷二二、《詩經世本古義》卷三、《經濟類編》卷四四引與公序本同。陳瑑《翼解》卷三引錢大昕(1728—1804)云:"今本'大'下多一'滿'字,非古書。'大'與'泰'通,'泰'即'汰'也,《檀弓》曰:'汰哉叔氏。'"[⑤]錢氏之説見《十駕齋養新録》卷一三"國語"條。顧廣圻(1770—1839)亦謂公序本有"滿"者爲誤。"忕"本從"大"得聲,故可相通。王念孫、臧庸(1767—1811)、俞樾皆有説,可參。

---

① (清)魏源:《聖武記》,《魏源全集》第3册,長沙:岳麓書社2004年版,頁1。

② 崔廣彬:《肅慎考辨》,見刊於韓瑞常等主編《東北亞史與阿爾泰學論文集》,哈爾濱:黑龍江教育出版社1996年版,頁287—303。楊保隆:《肅慎挹婁合考》,北京:中國社會科學出版社1989年版。吉本道雅:《肅慎考》,《滿語研究》2006年第2期,頁95—100。

③ (清)黄丕烈:《校刊明道本韋氏解國語札記》,頁250。

④ (清)汪遠孫:《國語明道本考異》,頁293。

⑤ (清)陳瑑:《國語翼解》,本卷頁24。

齊語卷六

45. 治國家不失其柄，弗若也

韋注：柄，謂本也。

吴案：柄，權也。《内傳》：既有利權，又執柄。"權"、"柄"互文，義同。訓"本"不合。(頁1)

【按】　韋不誤，吴説亦通。沈鎔《詳注》從吴説釋作"權"，徐元誥《集解》一本韋注。又"柄"、"本"上古音、中古音皆在幫紐。

46. 鮑叔對曰：夫爲其君動也

韋注：君，子糾也。

君若宥而反之，夫猶是也

韋注：宥，赦也。猶是，言爲君猶爲子糾也。

吴案：兩"夫"字俱如字讀，指管仲。(頁1)

【按】　"夫爲其君動也"之"夫"，《管子·小匡篇》作"彼"，陳漢飄認爲"夫"、"彼"同源，皆爲指代詞①。用作代詞等虚詞之"夫"讀陽平"fú"，不"如字讀"陰平"fū"。沈鎔《詳注》從吴説爲注。

47. 食必粱肉，衣必文繡，戎士凍餒，戎車待遊車之裂，戎士待陳妾之餘

韋注：戎車，兵車也。遊車，遊戲之車也。裂，殘也。

吴案：黄氏《札記》云："翻"讀"翦滅"之"翦"，以同音爲訓。(頁1)

【按】　韋亦聲訓，"裂"、"餘"亦相對爲文，韋訓作"殘"亦至當，不必

---

① 陳漢飄：《"夫"和"也"——〈國語〉書中虚詞研究》，"國立"臺灣大學中國文學研究所2000年碩士論文。

改讀。辨詳見拙著《小學要籍引〈國語〉研究》①。

48. 竱本肇末

韋注：竱，等也。肇，正也。謂先等其本，以正其末。

吴案："竱"即"專"字，《管子》作"原"。（頁2）

【按】《札記》引惠云："《管子》'原'。"又云："惠云：《管子》'窮'。丕烈案，《舊音》云：'《字統》庫。'謂此。宋公序誤讀在'竱'字下，且訛其字爲'硨'，遂不可曉。"②"竱"從"專"字得聲，與"專"字當爲同一語源，然以"'竱'即'專'字"者恐非，徐元誥不取吴説，是。

49. 而慎用其六柄焉

韋注：柄，本也。六柄，生、殺、貧、富、貴、賤也。

吴案："柄"字宜從上文作"權"解。（頁2）

【按】《廣韻・映韻》云："柄，本也，權也，柯也。"③是"柄"可訓作"本"。就本處語境而言，當如吴説訓作"權"也，沈鎔《詳注》從吴説，徐元誥仍本韋注。《管子・小匡篇》作"謹用六秉"，"秉"、"柄"音同義通。

50. 是故其父兄之教不肅而成

韋注：肅，疾也。

吴案：肅，嚴也。（頁2）

【按】"父兄之教不肅而成"與"子弟之學不勞而能"對文，本來父教子學要有專門的程序或者成爲專門性行爲，而管仲的建議使得父子之教學在日常行爲中完成，故有"不肅"、"不勞"。韋注訓"疾"確乎與本

---

① 拙著《小學要籍引〈國語〉研究》，頁188—189。

② （清）黄丕烈：《校刊明道本韋氏解國語札記》，頁250。

③ （宋）陳彭年等：《宋本廣韻》，頁409。

文語境不協，俞志慧引《孝經・三才章》"以其教不肅而成其政不嚴而治"以證吴説之可從。沈鎔《詳注》即從吴説，而徐元誥《集解》云："吴曾祺曰：'肅，勵也。'"①未知何據，《故訓匯纂》無相關"肅，勵"訓詁條目，徐元誥或竟誤作亦未可知。

51. 有司已於事而竣

韋注：已，畢也。竣，退伏也。

吴案：竣，《爾雅》作："逡，退也。"訓"退伏"非。（頁 2）

【按】《考異》云："《爾雅・釋言》郭注引《國語》作'逡'，《文選・東京賦》李注作'踆'。'竣'、'逡'、'踆'竝同。"②韋不誤。另詳見拙著《小學要籍引〈國語〉研究》③。

52. 刜令支、斬孤竹而南歸

韋注：二國，山戎之與也。刜，擊也。斬，伐也。令支，今爲縣，屬遼西。孤竹之城存焉。

吴案："令支"一作"離枝"。有孤竹城，故伯夷國，在平州盧龍縣南十二里。（頁 6）

【按】《史記・齊太公世家》"北伐山戎離枝孤竹"注云："《集解》：駰案《地理志》云：'令支縣有孤竹城。'疑離枝即令支也。令、離聲相近。應劭曰：'令音鈴。'鈴、離聲亦相近。《管子》亦作'離'字。《索隱》：離枝，音零支，又音令祇，又如字。離枝、孤竹，皆古國名，秦以離支爲縣，故《地理志》云：遼西令支縣有孤竹城。《爾雅》曰：孤竹，北户，西王母日下謂之四荒也。"④董增齡《正義》即引《史記》注爲義，又《〈周本紀〉正

① 徐元誥撰，王樹民、沈長雲點校：《國語集解》（修訂本），頁 220。

② （清）汪遠孫：《國語明道本考異》，頁 295。

③ 拙著《小學要籍引〈國語〉研究》，頁 200—201。

④ （漢）司馬遷：《史記》，頁 1491。

義》引《括地志》云:“孤竹故城在平州盧龍縣南十二里。”①是吴説所本。清顧炎武(1613—1682)《營平二州地名記》引《國語》、《史記》注並云:“案《周書》王會曰:‘不令支者,令支也。’”②所謂平州盧龍者,今河北秦皇島盧龍縣。令支、孤竹爲東北二古國名,據史學家考證,前者主要在今河北遷安一帶,後者則在今河北盧龍、灤縣一帶。

53. 與諸侯餝牲爲載,以約誓於上下庶神

韋注:餝牲,陳其牲。爲載書加於牲上而已,不歃血。

吴案:董氏《正義》本作“飾牲”,注同。(頁6)

【按】 汪遠孫《考異》云:“公序本‘餝’作‘飾’,《注》同。案‘餝’、‘飾’形近誤。”③則非惟董增齡《正義》作“飾”字,亦公序本之共同特徵。《北堂書鈔》卷八一、《經濟類編》卷一四、《文章辨體匯選》卷四九三引與公序本同。徐元誥《集解》、上古點校本從公序本作“飾”。

54. 稛載而歸

韋注:言重而歸也。稛,絭也。

吴案:稛,一本作“稇”,《任子》作“攈”。(頁7)

【按】 《札記》云:“《管子》作‘攈’,《舊音》作‘稇’。”④汪遠孫《考異》云:“公序本作‘稇’,《舊音》同。《説文》:‘稇,絭束也。’《管子》作‘攈’。”⑤是吴説所本。今審《任子》只有《四明叢書》輯本,且不見有“攈”字,恐吴曾祺所謂“任子”之“任”當爲“管”字之誤。《國語》各本

① (漢)司馬遷:《史記》,頁116。
② (清)顧炎武:《營平二州地名記》,光緒戊子上海掃葉山房本《槐廬叢書》第4編,頁2。
③ (清)汪遠孫:《國語明道本考異》,頁296。
④ (清)黄丕烈:《校刊明道本韋氏解國語札記》,頁251。
⑤ (清)汪遠孫:《國語明道本考異》,頁296。

"稛"、"稇"情形，黄刊明道本及其覆刻本字作"稇"，許宗魯本、張一鯤本、《國語評苑》、道春點本、緑蔭堂本、千葉玄之本、秦鼎本、董增齡本字則作"稛"，遞修本、經筵校本、金李本、薈要本、文淵閣本、文津閣本、《國語集解》等作"稛"，"稛"同"稇"。《説文》有"稛"無"稇"。審《管子・小匡篇》注云："攟，收拾也。"義與"稛（稇、稛）"近同。

晉語二卷八

55. 荀息曰：死吾君而殺其孤

吴案：謂因吾君既死而殺其孤也。（頁 4）

【按】 王念孫以爲"死"爲"忘"義，恐未能與本文語境相協。《吕氏春秋・悔過篇》"是死吾君而弱其孤也"句式情境與此相類。陳汝法《"死君"别解》總結前修之後，通過分析語境並引用《晉語二》本句，認爲"死君"即"死君命"，即"效忠國君"、"效死國君"①，郭鵬飛不認同陳氏的這種解説。張覺、徐朝暉以"死吾君"即"死了吾君"②，與吴曾祺的説法相同，張覺主要根據上下文例，徐朝暉則謂"述賓結構中表層結構相似的述語和賓語之間的關係是複雜的，在'死吾君'這一述賓結構中，賓語'吾君'是述語'死'這一動作的發出者，即施事"。《左傳・僖公三十三年》"其爲死君乎"杜預云："言以君死故忘秦施。"實際上吴曾祺的説法也是從杜預的解釋化來。前拙著《〈國語〉動詞管窺》引述汪遠孫、李慈銘（1829—1894）、徐元誥以及今譯注各本詳論之，以"我們做臣子的本來是誓死爲我們的君主效命的，（現在我們的君主死了，）我們卻要殺他的遺孤"纔是"死吾君而殺其孤"所藴涵的全部内容③。《國語》本處韋注云："死畜吾君也。"審《公羊傳・昭公三十一年》"何故死吾天子"何

① 陳汝法：《"死君"别解》，見載於氏著《蠡測集：陳汝法語文論叢》，北京：語文出版社 2011 年版，頁 179—181。

② 張覺：《〈左傳〉"死君"説解辨正》，《廣西大學學報》1992 年第 1 期，頁 86—89。徐朝暉：《〈國語〉韋昭注札記》，《古漢語研究》2006 年第 4 期，頁 77—81。

③ 拙著《〈國語〉動詞管窺》，成都：四川大學出版社 2008 年版，頁 221—223。

休(129—182)曰:"猶曰何故死畜吾天子,違生時命而立夏父乎?"韋昭之"死畜"與何休注"死畜"語義、功能相同。

56. 幸苟君之子

吴案:苟,誠也。(頁5)

【按】 本句爲晉大夫冀芮語於夷吾者,云:"子勉之。國亂民擾,大夫無常,不可失也。非亂何入?非危何安?幸苟君之子,唯其索之也。方亂以擾,孰適禦我?大夫無常,苟衆所置,孰能勿從?子盍盡國以賂外内,無愛虚以求入,既入而後圖聚。"吴氏釋"苟"爲"誠"固有其故訓之理據,則"苟"既爲表情態之副詞,"幸"亦爲表情態之副詞,玄應《一切經音義》卷六"慶幸"注云:"幸,非宜所當而得之。"①則二字義嫌捍格。未如解"苟"作"且",起連接作用,"幸苟君之子"者,"幸且爲君之子",類於"幸而",於語義及句法關係更爲相協。

57. 若夫二公子而立之

韋注:若,之也,使之二公子擇所立也。

吴案:《説文》:"若,擇菜也。"段云:"若"正訓"擇",此謂誰先擇二公子而立之,作一句讀。(頁6)

【按】 汪遠孫《發正》卷八云:"'吾誰使先若夫二公子而立之'當作一句讀。《説文》:'若,擇菜也。'段氏玉裁曰:'若正訓擇,此謂使誰先擇二公子而立之。'"②此句研討者頗多,當作一歷時梳理。段玉裁《説文解字注》云:"此謂使誰先擇二公子而立之,若正訓擇。擇菜,引伸之義也。"③朱駿聲《説文通訓定聲》亦謂《晉語二》之"若"當訓"擇"。牟庭相

---

① (唐)釋玄應:《一切經音義》,上海古籍出版社 2002 年輯印《續修四庫全書》第 198 册,頁 71 上。
② (清)汪遠孫:《國語發正》,頁 9。
③ (清)段玉裁:《説文解字注》,頁 43 下。

(1759—1832)《雪泥書屋雜志》卷四:"晉'誰使先若夫二公子而立之',言欲使人視二公子,擇可立者立之也。"①馬瑞辰《毛詩傳箋通釋》卷二二云:"瑞辰按《説文》:'若,擇菜也。'《晉語》秦穆公曰:'吾誰使先若夫二公子而立之。'謂誰使先擇夫二公子而立之也。"又卷二七亦云:"猶言使誰先擇二公子而立之也。"②陳偉(?—1889)《愚慮録》卷一云:"若膺引此語,謂使誰先擇二公子而立之,若本訓擇菜,引申凡擇皆得言之。"③俞樾《群經平議》卷二九云:"是'若'字本有擇義。秦穆之意,欲擇立二公子,而未知誰可使者,故曰'吾誰使先若夫二公子而立之',下文大夫子明曰'君使縶也'正與問意相對。"④是段玉裁首倡,而朱駿聲、牟庭相、馬瑞辰等因之,現代學者陸宗達(1905—1988)等亦引述而發揮之⑤。另參見拙著《〈國語〉動詞管窺》⑥。

58. 乃使公子縶弔公子重耳於狄,曰:寡君使縶弔公子之憂,又重之以喪

韋注:奔亡之憂,加之以喪親也。

吴案:喪,讀"喪亡"之"喪",既弔其遭父憂,又弔其出亡在外,語意方爲得體。若如注所解,下文"喪不可久"句竟説不出去。(頁6)

【按】 韋《解》之釋正如吴説"既弔其遭父憂,又弔其出亡在外"。審吴氏之義,謂"喪"當解爲名詞,則"喪不可久"之"喪"字纔有著落。然

---

① (清)牟庭相:《雪泥書屋雜志》,上海古籍出版社2002年輯印《續修四庫全書》第1156册,頁530下。

② (清)馬瑞辰撰,陳金生點校:《毛詩傳箋通釋》,北京:中華書局1989年版,頁721、頁999。

③ (清)陳偉:《愚慮録》,《續修四庫全書》第1165册,頁687。

④ (清)俞樾:《群經平議》,《續修四庫全書》第178册,頁472上。

⑤ 陸宗達、王寧:《〈説文解字〉與以形索義的訓詁方法》,見載於氏著《訓詁與訓詁學》,太原:江西教育出版社2005年版,頁31。

⑥ 拙著:《〈國語〉動詞管窺》,頁49—51。

韋注實串講句義，非釋“喪”字。就語法關係而言，“喪”、“憂”皆作介詞“以”的賓語，爲名詞性成分。

59. 亡人之所懷挾纓纕，以望君之塵垢者

韋注：挾，持也。纓，馬纓也。纕，馬腹帶也。言塵垢不敢當盛也。

吴案：懷挾纓纕，謂所懷挾之物以進之君者，將以備纓纕之用。（頁6—7）

【按】《札記》云：“《補音》作‘嬰’。丕烈案，《廣韻·十陽》引作‘纓纕’，與此本正同。宋公序以爲非，而定爲‘嬰瓖’，云：‘瓖若從糸，無馬帶之訓。’誤也。訓‘馬腹帶’者自從‘糸’作‘纕’，訓‘馬帶玦’者乃‘從’玉作‘瓖’，出張平子《東京賦》‘鈎膺玉瓖’薛琮注曰：‘馬帶玦。’二字有不容混合者。”汪遠孫《考異》云：“公序本作‘嬰瓖’，《注》同。《補音》云：‘或作纓纕者皆非。’陳氏奂曰：‘宋公序脱誤也。纓即緐纓之纓，緐纓異材。韋《解》：纓，馬纓。謂但有纓而不下垂者。《解》：纕，馬腹帶，帶以革爲之，故其字作系旁襄。《廣韻·十陽》引《國語》作纓纕，與明道本正同。’”①趙汸（1319—1369）《春秋左氏傳補注》卷三引與公序本同，《册府元龜》卷七三六引作“纓瓖”。王太岳（1722—1785）《四庫全書考證》卷三七云：“刊本‘纓纕’訛‘嬰瓖’，今改。”②實未瞭《國語》版本系統而妄斷。遞修本、經筵校本、許宗魯本、金李本、張一鯤本、董增齡本等作“嬰瓖”，黄刊明道本及其覆刻本作“纓纕”。朱起鳳（1874—1948）曰：“嬰乃‘纓’字之省，‘瓖’爲‘纕’字之假。”③“嬰瓖”作記音符號。

---

① （清）黄丕烈：《校刊明道本韋氏解國語札記》，頁253。（清）汪遠孫：《國語明道本考異》，頁302。

② （清）王太岳：《四庫全書考證》，頁1465。

③ 朱起鳳：《正字通》，北京：警官教育出版社1993年版，頁891。

60. 則不如置不仁以猾其中

韋注：猾，亂也。

吴案：公序本作“滑”，“滑”與“汩”同，亂也。（頁7）

【按】 汪遠孫《考異》云：“公序本作‘滑’，《注》同。‘滑夫二川之神’韋注云：‘滑，亂也。’‘滑’與‘汩’通，作‘猾’者俗字。”①則吴氏本汪説。《通鑒前編》卷一一、《册府元龜》卷七三六、《經濟類編》卷四引與公序本同，《通鑒外紀》卷五引與明道本同。

晉語三卷九

61. 已賴其地而又愛其實

韋注：賴，蠃也。實，穀也。

吴案：賴，貪賴也。不訓蠃。（頁2）

【按】 王懋竑《讀書記疑》卷十一云：“賴，利也，利其地而不與秦。”②“蠃”、“利”義同，胡承珙（1776—1832）《小爾雅義證》卷二云：“賴者，《説文》云：‘賴，蠃也。’徐鍇《繫傳》云：‘晉灼注《史記》無賴曰：江湖間謂小兒無利入於家，曰無賴。’利即蠃也，《國語・齊語》‘相示以賴’，《晉語》‘已賴其地’韋昭注並云：‘賴，蠃也。’”③審遞修本、金李本、張一鯤本、薈要本、文淵閣本、道春點本、秦鼎本韋注字作“蠃”，董增齡本、黄刊明道本及其覆刻本字作“蠃”。“蠃”者，“蠃”之借，正字當作“蠃”，徐元誥《集解》字從公序本作“蠃”。可證韋注不誤。

62. 耻大國之士於中原，又殺其君以重之，子思報父之仇，臣思報君之讐。雖微秦國，天下孰弗患

---

① （清）汪遠孫：《國語明道本考異》，頁303。

② （清）王懋竑：《讀書記疑》，頁344上。

③ （清）胡承珙：《小爾雅義證》，上海古籍出版社2002年輯印《續修四庫全書》第189册，頁433下—434上。

韋注：微，無也。雖無秦國，天下諸侯有害人君父者，誰不患疾。

吴案：微，獨也。不獨秦國患之，天下皆以爲患。（頁 3）

【按】《考異》云："公序本'弗'作'不'。"①吴説"微，獨也"誤。"微"爲非全然性否定副詞，且往往用於假定性語境中。王懋竑《讀書記疑》卷十一云："'雖微秦國'，微，非也。與《檀弓》'雖微晉'同義。"②沈鎔《詳注》云："微，猶非也。"③亦是。徐元誥即引吴説，又復云："微，非也。"④與王懋竑、沈鎔説同。又徐氏謂："雖與'惟'通，發語詞也。"亦非是。

晉語四卷一〇

63. 夫晉公子在，此君之匹也，不亦禮焉

吴案：不亦，亦也。猶之"不顯，顯也"、"不甯，甯也"，經傳中多有此句法。（頁 3）

【按】《孟子·滕文公上》"不亦善乎"趙岐（？108—201）注："不亦，亦也。"⑤王引之《經傳釋詞》頗發揮此一用法。前人多以此爲反訓，陳大齊（1887—1983）《"無寧，寧也"質疑》頗討論之，以爲非是。⑥楊樹達（1885—1956）《詞詮》亦云："古'不'、'丕'通用，'丕'爲無義之助詞者甚多，故'不'亦有爲助詞而無義者。"向夏以此類句式爲反詰句，而王引

① （清）汪遠孫：《國語明道本考異》，頁 304。

② （清）王懋竑：《讀書記疑》，頁 344 上。

③ 沈鎔：《國語詳注》，本卷頁 4。

④ 徐元誥撰，王樹民、沈長雲點校：《國語集解》（修訂本），頁 312。

⑤ （清）阮元校刻：《十三經注疏》，頁 2701 中。

⑥ 陳大齊：《"無寧，寧也"質疑》，大陸雜誌社編《大陸雜誌語文叢書》第一輯第三册，頁 52—54。

之定爲發聲語詞是錯誤的①，言是。易孟醇亦謂《孟子》趙岐注"這樣反義爲訓，使'不亦善乎'變成'亦善乎'，反而使語意不達了。其實，'不亦善乎'正是將否定副詞用於反詰句中，以表示肯定的語義。'不亦善乎'即是'亦善'。習慣上，'不亦'用在反詰句中，常表達一種極委婉的語氣"②。可爲信論。裴學海（1899—1971）《古書虛字集釋》釋"亦"爲"其"，誤。張以仁《集釋》云："《國語》'不亦'一詞，凡二十九見。除此條外，其他二十八條句末皆有詢問助詞'乎'與之呼應。與今語'不是……麽'之義相當。此例譯爲白話，則猶：'不是應該禮遇他麽?''不亦'與'乎'之間多爲形容詞或名詞，亦有用助動詞'可'者。此例語尾即作'焉'，其中則爲動詞，爲諸例中所罕見者。"③審《國語》其他"不亦"後所跟有"難"（9見）、"嬻（瀆）姓"、"簡彝"、"可"（12見）、"善"、"宜"、"危"、"惠"、"大罪"等，其中"難"、"簡彝"、"善"、"危"、"宜"、"惠"爲形容詞，"大罪"爲名詞，"嬻（瀆）姓"爲動賓結構，實亦可看作名詞性成分，"可"則爲助動詞。審《晉語四》之"不亦禮焉"之"禮"爲非延續性動詞，表示一種對待態度，與形容詞之功能接近。

64. 賜公南陽陽樊、温、原、州、陘、絺、組、攢茅之田

韋注：八邑，周之南陽地。

吴案：董氏《正義》"組"作"鉏"。

吴案：原在河南懷慶府濟源縣西北，州在懷慶府内縣東五十里，陘在懷慶府西北三十里，一名丹陘。絺在懷慶府河内縣，鉏在滑州衛南縣。攢茅，今懷慶府脩武縣北有大陸村，或云即攢茅也。（頁9）

① 向夏：《經傳"不""丕""否"有義無義辨》（上）、（下），大陸雜誌社編《大陸雜誌語文叢書》第二輯第四册，頁67—頁75。

② 易孟醇：《先秦語法》（修訂本），長沙：湖南大學出版社2005年版，頁69。

③ 張以仁：《國語虛詞集釋》，臺北："中央研究院"史語所專刊之55，1968年版，頁126。

【按】《札記》云:"《補音》作'鉏'。《補音》作'欑'。"①汪遠孫《考異》云:"公序本'組'作'鉏',《舊音》同。'鉏'音'鋤'。公序本'攢'作'欑',《補音》云:'字從木。'案《内傳》亦從木。"②秦鼎云:"欑,明本作'攢'。按字書,《左傳》、《後漢書》並從扌,《韻會》改從木。"③陳樹華《春秋經傳集解考正》卷六云:"《釋文》及監本、閩本、毛本'欑'字偏旁从扌,《新序》引亦从'扌',非。"④又李富孫(1764—1843)《春秋三傳異文釋》卷一云:"王與鄭人欑茅之田,《續漢·郡國志》、《水經·清水注》竝引作'攢'。案:《釋文》、《唐石經》、淳化本、岳本竝作'欑',後轉寫作'攢',非。"⑤是《内傳》等各本字亦不同,故《白氏六帖事類集》卷一四、《初學記》卷二〇、《皇王大紀》卷四二、《通鑒前編》卷一二、《太平寰宇記》卷五三、《太平御覽》卷一六一、《通鑒外紀》卷五、《稽古録》卷一〇、《春秋臣傳》卷七、《古史》卷一六等引字俱作"攢",而《春秋分紀》卷二五、卷五五、《文章正宗》卷一等引字作"欑",可見其參差。秦鼎所謂"《韻會》改从木"者是。拙稿《宋刻宋元遞修本〈補音〉〈國語〉比勘》亦有説,可參。又非董增齡本自作"鉏"、"欑"也,是公序本之用字本如此。沈鎔《詳注》、徐元誥《集解》字皆作"欑"。王應麟(1223—1296)《詩地理考》卷四云:"懷州修武縣有南陽城,《晉語》南陽即此。"⑥亦可參。

65. 文公誅觀狀以伐鄭,反其陴

韋注:賈侍中云:鄭復效曹觀公骿脅之狀,故伐之。唐尚書云:誅曹觀狀之罪,還而伐鄭。昭省内、外《傳》,鄭無觀狀之事,而叔詹云:天禍鄭國,使淫觀狀。謂淫放於曹,不禮公子,與觀狀之罪同

① (清)黄丕烈:《校刊明道本韋氏解國語札記》,頁 255。
② (清)汪遠孫:《國語明道本考異》,頁 309。
③ [日]秦鼎:《春秋外傳國語定本》卷一〇,本卷頁 20。
④ (清)陳樹華:《春秋經傳集解考正》,《續修四庫全書》第 142 册,頁 299。
⑤ (清)李富孫:《春秋三傳異文釋》,上海古籍出版社 2002 年輯印《續修四庫全書》第 144 册,頁 396 下。
⑥ (宋)王應麟:《詩地理考》,臺北:臺灣商務印書館 1986 年《景印文淵閣四庫全書》第 75 册,頁 690 上。

耳。反，撥也。陴，城上女垣。

吴案：注以觀其裸爲觀狀，義殊曲。觀狀，即《内傳》之"獻狀"，謂令其自陳所應得之罪狀也。（頁10）

【按】《〈左傳·僖公二十九年〉正義》引《晉語》作"及其陴"，魏了翁（1178—1237）《春秋左傳要義》卷一七、元李廉《春秋諸傳會通》卷一一、林春溥（1775—1862）《春秋經傳比事》卷六同，明胡廣（1370—1418）《春秋大全》卷一六則誤作"及其陣"。元趙汸《春秋左氏傳補注》卷三、陳禹謨（1548—1618）《駢志》卷六則從《國語》作"反"。蕭旭《國語校補》云："反，俗作翻字，《吕氏春秋·簡選》：'反鄭之埤。'高誘注：'反，覆也。'韋注訓'撥'，未晰。《〈左傳·僖公二十九年〉正義》引作'及'，形誤。"①若不考慮引證的確定性，則《正義》等字作"及"者亦通。另詳見本書下編之五"蕭旭《國語校補》辯證"。陳樹華《春秋經傳集解考正》卷七云："獻狀即觀狀也。"②吴説與陳説同，且復申述之，然所申述"令其自陳所應得之罪狀"與《晉語四》不合，非是，沈鎔《詳注》從吴説爲釋，亦誤。徐元誥《集解》謂："似唐説是也。"③得之。

晉語六卷一二

66. 是先主覆露子也

韋注：先主，謂成、宣。露，潤也。

吴案：露猶孤露之露，因其露而覆之，故云覆露，非對文也。（頁1）

【按】 王引之《經義述聞》卷二一云："'露'與'覆'同義。覆露之言覆慮也，包絡也。《釋名·釋天》曰：'露，慮也，覆慮物也。'《釋宫室》曰：'廬，慮也，取自覆慮也。'《淮南·時則篇》：'包裹覆露，無不囊懷。'《春

---

① 蕭旭：《國語校補》，氏著《群書校補》，頁150—151。

② （清）陳樹華：《春秋經傳集解考正》，《續修四庫全書》第142册，頁314。

③ 徐元誥撰，王樹民、沈長雲點校：《國語集解》（修訂本），頁356。

秋繁露·基義篇》:'天爲君而覆露之,地爲臣而持載之。'《漢書·鼂錯傳》:'今陛下配天象地,覆露萬民。'《嚴助傳》:'陛下垂德惠以覆露之。'皆謂覆慮之也。若訓露爲潤,則與覆異義矣。而高誘注《淮南》亦訓'露'爲'潤',顔師古注《漢書》訓'露'爲'膏澤',且云:'或露,或覆,言養育也。'不知露即訓覆,覆露爲古人之連語,上下不殊義也。"①《釋名疏證補》卷五亦云:"慮、露古同聲。"②吴説非是。沈鎔未注,徐元誥《集解》從王引之説。蕭旭《國語校補》亦有説,可參。

67. 鄢之戰,郤至以韎韋之跗注,三逐楚平王卒

韋注:三君云:一染曰韎。鄭後司農説:以爲韎,茅搜染也。韎,聲也。昭謂:茅蒐,今絳草也,急疾呼茅蒐成韎也。凡染一入爲縓。跗注,兵服,自要以下注於跗。

吴案:平當作共。(頁2)

【按】《左傳·成公十三年》即作"楚共王",《札記》引惠云:"'平'當作'共'。"③吴氏本《札記》爲説。徐元誥《集解》逕改作"共"。《册府元龜》卷七三八引作"三遇王卒"並引賈逵云:"一染曰韎。"④實約略《國語》正文之義而言之。

68. 大夫欲戰,范文子不欲,曰:吾聞之,君人者刑其民,成而後振武於外,是以内和而外威

韋注:以刑正其民。

吴案:宜以"成"字爲句,注亦宜在"成"字下。(頁2)

---

① (清)王引之:《經義述聞》,本卷頁21。

② 王先謙:《釋名疏證補》,光緒刻本,本卷頁19。

③ (清)黄丕烈:《校刊明道本韋氏解國語札記》,頁257。

④ (宋)王欽若等編纂:《册府元龜》,臺北:臺灣商務印書館1986年《景印文淵閣四庫全書》第731册,頁115上。然審《宋本册府元龜》"賈逵"作"工君","工君"當爲"三君"之誤,宋本見北京:中華書局1989年版,頁2591下。

【按】 汪遠孫《考異》云:"公序本無'之'字。"①《春秋臣傳》卷一四、《册府元龜》卷七三二、《經濟類編》卷七一、《格物通》卷五五引與公序本同。俞樾《群經平議》卷二九云:"'刑其民'當作'刑其内',刑其内而振武於外,所以内龢。"②"民"即國内之民,不誤,徐元誥《集解》據俞樾之説改《國語》正文,非是。湛若水(1466—1560)《格物通》卷五五云:"苟内治不平,豈能振武於外? 故聖人必明刑弼教於其國,然後國無不和,外無不威,而武斯振矣。治天下者當以正民爲先。"③則吴説"宜以'成'字爲句"者是。徐元誥云:"又'成'字絶句,依《考正》。然尚疑'成'字衍。"④《考正》當即《補正》之誤,其所疑亦非是。沈鎔仍在"民"字下絶句。又蕭旭《國語校補》云:"民,上古指臣,在官位者。"⑤關於"民"、"臣"辨析,參見本書下編之五"蕭旭《國語校補》辯證"。

69. 晉國故有大耻,與其君臣不相聽以爲諸侯笑也

韋注:不相聽,謂惠公不與慶鄭相聽以隕於韓,先縠不與林父相聽以敗於邲,先軫不與襄公相聽以亡於箕。

吴案:故與固通,公序本正作"固"。

吴案:"與其"二字,與下文"盍姑"二字相應,皆論厲公,謂與其勝楚之後,君臣不相聽,爲諸侯笑,盍姑以違蠻夷爲耻,韋所引不合。(頁3)

【按】 汪遠孫《考異》云:"公序本'故'作'固'。案'故'、'固'多通用。而'固'下又有'有'字,此本脱。"⑥《册府元龜》卷七三二、《文章正宗》卷五、《經濟類編》卷六五引與公序本同。王引之《經義述聞》卷二一

---

① (清)汪遠孫:《國語明道本考異》,頁314。

② (清)俞樾:《群經平議》,《續修四庫全書》第178册,頁476上。

③ (明)湛若水:《格物通》,臺北:臺灣商務印書館1986年《景印文淵閣四庫全書》第716册,頁486下。

④ 徐元誥撰,王樹民、沈長雲點校:《國語集解》(修訂本),頁392。

⑤ 蕭旭:《國語校補》,氏著《群書校補》,頁159。

⑥ (清)汪遠孫:《國語明道本考異》,頁314。

引王念孫云:“君臣不相聽,指厲公與欒郤中行諸人而言,上文曰:‘吾君將大其私暱而益婦人田,不奪諸大夫田,則焉取以益此?諸臣之委室而徒退者將與幾人?’正所謂君臣不相聽也。韋以欒武子所説三事當之,誤矣。”①陳偉《愚慮録》卷一云:“此文子慮後之語,即晉侯誅三郤、書偃弑厲公是已,解蓋失之。”②吴説與《述聞》同。

70. 夷竈堙井,非退而何

韋注:夷,平也。堙,塞也。使晉軍塞井夷竈,示必死,不復飲食。非退而何,言楚必退也。《傳》曰“塞井夷竈,陳於軍中,而疏行首”是也。

吴案:退,謂退敵也。(頁3)

【按】 陳偉《愚慮録》卷一云:“按兵法:兩軍相持,先退者敗。但楚陳既壓晉軍,戰地迫狹,不退不能陳,而退又不可,故軍吏患之。今既塞井夷竈,平其地以爲戰場,則離楚軍較寬展,不退而與退無異,解蓋失之。”③俞樾《群經平議》卷二九云:“韋氏所説非范匄之意也。夷竈堙井乃因楚壓晉軍而陳,地勢迫狹,故平塞井竈以爲戰道,《左傳》所謂將塞井夷竈而爲行也,非示必死,不復飲食也。其解‘非退而何’更爲不了。夫晉人平塞井竈,楚人何以必退?即謂畏其致死,不敢與戰,亦當云楚師必退,文義方明,安得云‘非退而何’也?然則‘非退而何’當作何解?曰:楚壓晉而陳,地勢迫狹,無以爲戰道,軍吏患之。將謀者,蓋將謀退也,非畏楚而欲逃,乃欲少退使有戰地耳,然軍勢一動,不可復止,必有潰敗之憂。故范匄爲夷竈堙井之策,如此則不必退而自有戰地,乃不退之退也,故曰‘非退而何’。《傳》文不叙軍吏之謀,而但載范匄之策,於是讀者不得其解矣。所宜以意逆志,而善會之也。”④俞樾《古書疑義舉

① (清)王引之:《經義述聞》,本卷頁22。
② (清)陳偉:《愚慮録》,《續修四庫全書》第1165册,頁688下。
③ (清)陳偉:《愚慮録》,《續修四庫全書》第1165册,頁688下。
④ (清)俞樾:《群經平議》,《續修四庫全書》第178册,頁476下—477上。

例》卷二亦有説,皆與陳偉之説近。俞志慧《辨正》説亦與陳偉、俞樾近同。徐仁甫(1901—1988)謂"何"讀爲"可",俞志慧亦謂"非退而何"之"何"爲"可"①,實亦無益於解。而吴氏解爲"退敵",更與語境不諧。王懋竑《讀書記疑》卷一一云:"非退而何,退楚師也。下云'既退荊師','非退而何'言必退楚師。"②亦誤。徐元誥引俞樾之説並云:"《内傳》林注亦同俞説。"③沈鎔《詳注》從韋注。

71. 是故皆自殺

韋注:《傳》曰:三郤將謀於榭,長魚矯以戈殺之。言自殺,取其不校自殺之道。

吴案:注以此爲自殺,殊曲,竊意自殺當作見殺,因形近而訛也。(頁4)

【按】 吴説亦合,然未如韋注之不改字而釋更佳,"自殺"實即"自見殺"之義也,殺雖由人,而禍則起於自身,故曰"自殺",韋注不誤。沈鎔從吴説,徐元誥亦引吴氏爲説。

晉語七卷一三

72. 其勇不疚於刑

韋注:疚,病也。能斷決。

吴案:謂勇而能守法,故不至以陷於刑爲疚病也。訓斷決,非。(頁3)

【按】 《册府元龜》卷八一四引"疚"字作"疾",亦可通,然未能守《國語》本文。俞樾《群經平議》卷二七云:"《晉語》曰:'其勇不疚於刑。'

---

① 徐仁甫:《〈晉語〉辨正》,《晉陽學刊》1984年第2期。俞志慧:《國語韋昭注辨正》,北京:中華書局2009年版,頁177。

② (清)王懋竑:《讀書記疑》,《續修四庫全書》第1146册,頁344下。

③ 徐元誥撰,王樹民、沈長雲點校:《國語集解》(修訂本),頁395。

即不爲威疚之義。”①即《晉語七》所載公子楊干亂行，魏絳爲中軍司馬，斬其僕，羊舌赤所謂“絳之志，有事不避難，有罪不避刑”之義，故韋注不誤。

73. 羊舌肸習於春秋

韋注：肸，叔向之名。春秋，紀人事之善惡而目以天時，謂之春秋，周史之法也。時孔子未作《春秋》。

吴案：肸，宜從《内傳》作“肸”。

吴案：孟子曰：晉之《乘》、楚之《檮杌》、魯之《春秋》。似《春秋》爲魯史之名。其實列國之史，皆謂之春秋。如申叔時、司馬侯皆云春秋，不言《乘》與《檮杌》也。蓋春秋者，乃史之别名耳，不獨魯也。（頁4）

【按】 汪遠孫《考異》云：“‘肸’或作‘肹’，《注》同。字形皆誤。《説文·十部》：‘肸，響布也，從十從𦙶。’”②孔穎達《左傳正義》云：“春秋之名，經無所見，唯傳記有之。昭二年：韓起聘魯，稱見魯春秋。《外傳·晉語》：司馬侯對晉悼公云：羊舌肹習於春秋。《楚語》申叔時論傅太子之法云：教之以春秋。《禮·坊記》云：魯春秋記晉喪曰殺其君之子奚齊。又經解曰：屬辭比事，春秋教也。凡此諸文所説，皆在孔子之前，則知未修之時，舊有春秋之目，其名起遠，亦難得而詳。《禮記·内則》稱五帝有史官，既有史官，必應記事，但未必名爲春秋耳。據周世法則，每國有史記，當同名春秋。”③明顧大韶（1576—?）《炳燭齋隨筆》云：“蓋周制，各國之史皆以春秋爲名，非特魯史爲然也。但各國多别自立名，如晉《乘》、楚《檮杌》之類，而魯則守周之舊名耳。《墨子·明鬼篇》曰：著

① （清）俞樾：《群經平議》，《續修四庫全書》第178册，頁447下。
② （清）汪遠孫：《國語明道本考異》，頁317。
③ （清）阮元校刻：《十三經注疏》，頁1703中。

在宋之春秋，著在燕之春秋，著在齊之春秋。可見春秋非獨魯史之名也。"①清雍乾間學者何琇《樵香小記》卷下云："《傳》稱羊舌肸習於春秋，此晉之春秋，非魯之春秋也。《孟子》又曰晉之乘，蓋春秋爲記事之通名，乘則一國之專名，猶後世舉其總名則曰史，舉其專名則曰漢書、唐書。"②吴説之義實與何氏説同。

晉語八卷一四

74. 懼子之應且增

韋注：外應受我，内增其非

吴案："增"當作"憎"，《内傳》："狄應且憎。"句法與此同。（頁3）

【按】《札記》云："丕烈案：'增'即'憎'字也。《墨子・非命》'帝式是增'、道臧本《韓非子》'論其所增'、《易林》'涣之蠱，獨宿增夜'皆用此從土'增'字。"③汪遠孫《考異》云："公序本'增'作'憎'，是也，《注》同。案《周語》云'其叔父實應且憎'，句義正合。"④《册府元龜》卷七三二、《經濟類編》卷六四俱從公序本作"憎"字。王引之《經義述聞》卷十八謂"應且憎"之"應"當訓爲"受"，非謂應答。是韋注之釋爲"外應受我"者，"應"、"受"同義復用。

75. 於是加寵，將何治焉

韋注：晉加寵於子，將何爲治乎

吴案：謂將何以治國也。（頁3）

---

① （明）顧大韶：《炳燭齋隨筆》，上海古籍出版社2002年輯印《續修四庫全書》第1133册，頁30下。

② （清）何琇：《樵香小記》，長沙：商務印書館1939年《叢書集成初編》排印本，頁29。

③ （清）黄丕烈：《校刊明道本韋氏解國語札記》，頁258。

④ （清）汪遠孫：《國語明道本考異》，頁318。

【按】 審《國語》各本字作"將何治爲"，是吴本誤"爲"爲"焉"。沈鎔、徐元誥從吴説。明方弘静(1517—1610)《千一録》卷五云："訾祏語趙宣子'今既無事矣'句，而'非龢於是加寵'句，言宜加惠於和，注以'非龢'句，釋'非'爲'恨'，非。"①傅山(1607—1684)《霜紅龕集》卷三九云："詳繹上文來歷，引隨武、范文受隨、范，受郇櫟，而至於今吾子嗣位，于朝無姦行，于國無邪民，無四方之患，外内之憂云云。言今既無事可因而立功邀寵矣，若非爭和之事于此時，而得加寵焉，則再因何事而治，而爲功名以邀寵，如隨范郇櫟之受也？'非龢'句當連下讀，至'加寵'始爲一句，如注解亦正。但以'非'字爲恨意，而句之未得也。"②可以備説。

76. 故不可損也

韋注：損，動也。

吴案：公序本"損"作"抈"，注同。"抈"即"扤"字，《毛詩》傳云："扤，動也。"(頁4)

【按】 吴説本《考異》。《考異》云："公序本'損'作'抈'，《注》同，《舊音》作：'抈，音月，又五括反。本或作損。'案'抈'字是也。《小雅》毛詩傳云：'扤，動也。''抈'與'扤'通。"③王念孫《讀書雜志・淮南内篇第十七》即云："《説文》：'扤，動也。'《小雅・正月篇》'天之扤我'毛《傳》曰：'扤，動也。'《考工記・輪人》'則是以大扤'鄭注曰：'扤，摇動貌。'司馬相如《上林賦》曰：'楊翠葉，扤紫莖。'扤字亦作'抈'。"④俞樾《群經平議》卷一〇亦云："蓋從月、從兀之字聲近而義通，《説文・足部》'跀或從兀'即其例也。"⑤清瞿中溶(1769—1842)《古泉山館題跋・翻宋本國

① (明)方弘静：《千一録》，上海古籍出版社2002年輯印《續修四庫全書》第1126册，頁179上。

② (清)傅山：《霜紅龕集》，上海古籍出版社2002年輯印《續修四庫全書》第1395册，頁721下。

③ (清)汪遠孫：《國語明道本考異》，頁319。

④ (清)王念孫：《讀書雜誌》，本卷頁87。

⑤ (清)俞樾：《群經平議》，《續修四庫全書》第178册，頁157上。

語》謂金李本"'故不可損也',損作捐",是瞿氏誤"抈"作"捐"。

77. 候遮扞衛不行

韋注:候,候望。遮,遮罔。晝則候遮,夜則扞衛。扞衛,謂羅闉、狗附也。張羅闉,去壘五十步而陳,周軍之前後左右,彍弩注矢以誰何,謂之羅闉。又二十人爲曹輩,去壘三百步,畜犬其中,或視前後、左右,謂之狗附。皆昏而設,明而罷。候遮二十人居狗附處,以視聽候望,明而設,昏而罷。不行者,不設之。

吴案:誰何,猶呵問也。(頁4)

【按】 王應麟《漢制考》卷四引韋注"二十人居"之"十"誤作"千"。陳瑑《翼解》卷五云:"《説文》引孔子曰:狗,叩也,叩气吠以守,故軍中以狗附爲扞衛,取其守也。"①《史記·秦始皇本紀》"陳利兵而誰何"注云:"《集解》如淳曰:'何猶問也。'《索隱》崔浩云:'何或爲呵。'漢舊儀,宿衛郎官分五夜誰呵,呵夜行者誰也。何、呵字同。"②或吴説之本。

78. 夫戮出於身實難

韋注:難居也。

吴案:難,患也。身自取戮,此實足患,不訓難居。(頁5)

【按】 王引之《經義述聞》卷一七云:"實,是也。夫戮出於身實難者,言唯戮出於身是患也。……《晉語》但言難,不言難居,何得增字以解之乎? 此皆不知難之訓患,故臆爲之説,而卒無一當也。"③吴説與王引之説同,徐元誥《集解》即引王引之爲説,沈鎔《詳注》與《補正》同。

---

① (清)陳瑑:《國語翼解》,本卷頁8。

② (漢)司馬遷:《史記》,北京:中華書局1959年點校本,頁281。

③ (清)王引之:《經義述聞》,本卷頁2。

79. 其次疾人，固毉官也

韋注：官猶職也。

吴案：疾人，謂有疾人也。“疾”上宜有“毉”字，古人語簡，故不用。（頁6）

【按】 吴説誤。“疾人”之“疾”本爲名詞，此處活用作動詞，療人之疾也。公序本字作“醫”，明道本字作“毉”，《通鑒外紀》卷七、《事類備要前集》卷五五、《事文類聚前集》卷三八引從公序本。沈鎔《詳注》釋“疾人”爲“毉人之疾也”，至當。徐元誥《集解》引從吴説，亦誤。

晉語九卷一五

80. 中行穆子帥師圍鼓

韋注：穆子，晉卿，中行偃之子荀吴中行伯也。狄，鮮虞也。鼓，白狄别邑。事在魯昭十五年。

吴案：今直隸正定府晉州即鼓國。（頁1）

【按】 《元和郡縣志》卷十七云：“鼓城縣本春秋時鼓子國，蓋白狄别種也。又漢曲陽縣地。《左傳》曰：‘晉荀吴圍鼓，以鼓子鳶鞮歸。’漢下曲陽屬鉅鹿郡。隋開皇六年置昔陽縣，十八年改爲鼓城縣，屬鹿州，大業九年改屬高陽郡。貞觀元年，屬定州。大曆三年，割屬恒州。”①高士奇（1644—1703）《春秋地名考略》卷十四云：“晉屬趙國，後魏改爲曲陽縣、高齊縣，廢入藁城，即今晉州治西五里下曲陽城是也。其地有鼓城山，以鼓子所居而名。”②今屬河北省石家莊市，晉州市晉州鎮尚有鼓城村。

81. 死不敢請

韋注：言不敢請，歸之神也。

---

① （唐）李吉甫撰，賀次君點校：《元和郡縣志》，北京：中華書局 1983 年版，頁 482。

② （清）高士奇：《春秋地名考略》，臺北：臺灣商務印書館 1986 年《景印文淵閣四庫全書》第 176 册，頁 678 上。

吴案：《内傳》"大命不敢請"疏云：謂己之身命，不敢私請。與此意同。注未合。（頁3）

【按】 韋注之"不敢請，歸之神"亦即《左傳疏》"不敢私請"之義，韋注不誤。

鄭語卷一六

82. 計億事，材兆物，收經入，行姟極

韋注：計，算也。材，裁也。賈、虞説皆以萬萬爲億。鄭後司農云：十萬曰億，萬億曰兆，從古數也。經，常也。姟，備也，數極於姟也，萬萬兆曰姟。自十等至千品、萬方，轉相生，故有億事、兆物，王收其常入，舉九姟之數。

吴案：《集韻》：十兆曰經，十經曰姟。是經、姟皆數名，不訓常也。經，又作京。（頁3）

【按】 《皇王大紀》卷三二引"材"作"裁"。《文苑英華》卷九四二常衮（729—784）《御史大夫王公墓誌》亦有"裁兆物，計億事"之句。陳瑑《翼解》卷五云："徐岳《術數記遺》曰：'黄帝爲法，數有十等，及其用也，乃有三焉，謂上、中、下也。其下數者十十變之，若言十萬曰億、十億曰兆、十兆曰京也。中數者萬萬變之，若言萬萬曰億、萬萬億曰京也。上數者數窮則變，若言萬萬曰億、億億曰兆、兆兆曰京也。'甄鸞注：案《詩》云：'胡取禾三百億兮'毛注曰：'萬萬曰億。'此即中數也。鄭注云：'十萬曰億。'此即下數也。徐援受記云：'億億曰兆，兆兆曰京也。'此即上數也。鄭注以數爲多，故合而言之。今賈、虞從中數，與毛公同；鄭從下數，與《箋》詩同。韋所據即《箋》詩之説。從古數者，從古數之下數也。'姟，備'者，王尚書云：凡字从亥者皆有姟、備、多、大之意。《説文》：'侅奇，非常也。''晐，兼晐也。'《小爾雅》：'該，備也。'《廣雅》：'豥，多也。'《廣韻》：'姟，盛也。'竝聲近而義同。胡韋云數極于姟也？下文'九畡之田'解：'田九畡，九州之極數。'姟與畡一也。"①

① （清）陳瑑：《國語翼解》，本卷頁16。

俞樾《群經平議》卷二九云："此文云：'合十數以訓百體，出千品，具萬方，計億事，材兆物，收經入，行姟極，自十至姟皆數名也。韋訓經爲常，失之矣。"①孫詒讓《籀廎述林》卷二《〈國語〉"九畡"義》云："宏嗣之意蓋以九畡之田爲通九州言之，故上文云'合十數以訓百體，出千品，具萬方，計億事，材兆物，收經入，行姟極'。《楚語》亦云：'百姓、千品、萬官、億醜、兆民、經入、畡數以奉之。'韋從賈、虞（宋庠本唐），説皆以萬億曰兆，萬萬兆曰畡，北宋明道本正如是。宋庠校本則改爲十億曰兆，萬萬曰姟，兩文不同。近代治《國語》者如龔氏麗正、董氏增齡、汪氏遠孫咸未能疏證其義。考甄鸞《五經筭術》、徐岳《數術紀遺》並云黄帝爲法，數有十等，及其用也，乃有三焉。十等者，謂億、兆、京、垓、秭、壤、溝、澗、正、載也。三等者，謂上、中、下也。其下數者，十十變之，若言十萬曰億、十億曰兆、十兆曰京也。中數者，萬萬變之，若言萬萬曰億、萬萬億曰兆、萬萬兆曰京也。上數者，數窮則變，若言萬萬曰億、萬億曰兆、萬兆曰京也。而《一切經音義》引《筭經》則以中數爲上數、上數爲中數，其等互易，數則大同。《王制》正義則以'十萬曰億'爲小數，'萬萬曰億'爲大數。賈、虞、韋即從大數爲説，宋庠改從小數，非也。今校《國語》上文並十數遞乘，則自當以十萬曰億、十億曰兆、十兆曰經、十經曰垓計之，故《御覽》七百五十引《風俗通》云：'十十謂之百，十百謂之千，十千謂之萬，十萬謂之億，十億謂之兆，十兆謂之經，十經謂之垓，十垓謂之秭，十姊謂之選，十選謂之載，十載謂之極。'是'經'即《筭術》之'京'（《廣韻》'秭'注：《風俗通》兆生京。則仍作'京'，與《御覽》異）。'畡'、'姟'即垓。《説文・土部》引《國語》亦作'垓'，應説自是《國語》塙詁。若如賈、唐、韋説，則以'萬萬曰億'爲起數，故姟得積成'萬萬兆'，實非《國語》義也……若如宋庠校本從下數計之，雖合於《國語》之義，然韋既云'九州極數'，則又必不止九萬萬畞，其誤明矣。"②徐元誥《集解》引李冶（1192—1279）曰："韋意實用賈、唐説耳。史伯論數，云十、百、千、萬、億、兆、經、姟，姟亦作'畡'、'垓'、'陔'，皆同。經亦數也，今算術大數曰

① （清）俞樾：《群經平議》，頁 480 上。

② （清）孫詒讓著，雪克點校：《籀廎述林》，北京：中華書局 2010 年版，頁 91—93。

億、兆、經、垓。邵堯夫《皇極數》於億兆之後即繼之爲京，求之音義，經正爲京耳。而韋注云：'經，常也。'經固訓'常'，而非史伯之意也。詳《國語》本旨，自十百而上，皆進一位以命數，韋不及此而遺經，誤解已爲背戾，乃復云'萬萬兆曰姟'，則是於古今之數，兩俱不得其説也。宜云萬萬兆曰經，萬萬經曰姟，則得其正矣。"①段玉裁則謂李説非是。並可備説。如果按照這種古代計數遞進等級的不同，則其數固難統一，但是韋注"經"爲"常"爲誤，是可以肯定的。

83. 周訓而能用之，和樂如一

韋注：忠信爲周。訓，教也。言以忠信教導之，其民和樂如一室。

吴案：謂心志如一，不必指一室。（頁3）

【按】 吴説"不必指一室"者是。《通鑒前編》卷九、《經濟類編》卷五、《詩經世本古義》卷一八上引字作"龢"，與遞修本、金李本、張一鯤本、薈要本、文淵閣本、秦鼎本等同，董增齡本則改作"和"，與明道本同。"龢"、"和"義同。

84. 味一無果

韋注：五味合，然後可食。果，美。

吴案：果即果腹之果，飽貌。（頁3）

【按】 此强調多樣性，多樣性即構成和諧，亦即美，落到飲食上，即爲五味調和，纔好吃，故韋注言"果"此處有"美"義者是。《喻林》卷八八《文章門》引《鄭語》本句入"兼采"類，並引《宋書·夷蠻天竺傳》"貝錦以繁采發輝，和羹以鹽梅致旨"，亦明多樣性而致和諧。又"果"上古音在見紐歌部，"和"上古音在匣紐歌部，音近可通。吴説非是。蕭旭《國語校補》云："朱駿聲謂'果'叚借爲'甘'，申韋注。俞樾曰：'果之訓美，未

① 徐元誥撰，王樹民、沈長雲點校：《國語集解》（修訂本），頁471。

聞其義。果當訓爲成。五味合然後可食，若止此一味，則不成味矣，故曰味一無果。'俞説爲長。果，濟也，言味一則無以和羹。《皇王大紀》卷32'果'作'菓'，俗字。陳偉曰：'《莊子·逍遥遊》：腹猶果然。《釋文》：飽貌。'吴曾祺説同，並失之。"①亦可備説。

85. 王將棄是類也，而與剸同

韋注：類，謂和也。

吴案：剸與專同，謂專斷也。（頁3）

【按】《皇王大紀》卷三二引省"將"字。汪遠孫《考異》云："公序本無'也'字。"②《通鑒前編》卷九、《册府元龜》卷七九五、《經濟類編》卷五引俱無"也"字，與公序本同。《舊音》云："與剸，音'專'。賈、唐、孔作'專'。"③《翼解》卷五云："剸即專一之專，《漢書·蕭何上》'以此剸屬任何關中事'師古曰：'剸與專同。'《荀子·榮辱篇》'信而不見敬者好剸行。'亦以剸爲專。"④清乾嘉時期學者黄模《補正》引陶望齡（1562—1609）曰："'剸'與'專'通。《荀子》：'信而不見敬者、好剸行也。'"董增齡《正義》亦引《荀子》、《漢書》以爲疏證。徐元誥《集解》引吴説爲義。《説文·首部》云："𩠐，截也。从首、从斷。剸，或从刀、專聲。"《寸部》云："專，六寸簿也。"⑤按照《説文》的解釋，則"剸"爲"𩠐"或體字。審本句上下文語境，在講"和而不同"之義，又本句上文云"聲一無聽，物一無文，味一無果，物一不講"，所謂"一"即"同"，亦即"專"，所謂"同則不繼"，於國家而言，不繼則無後，亦即"斷"，又本句下文云："天奪之明，欲無弊，得乎？夫虢石父讒諂巧從之人也，而立以爲卿士，與剸同也；棄聘后而立内妾，好窮固也；侏儒戚施，實御在側，近頑童也；周法不昭，而婦

---

① 蕭旭：《國語校補》，氏著《群書校補》，頁180—181。
② （清）汪遠孫：《國語明道本考異》，頁327。
③ （宋）宋庠：《國語補音》，本卷頁11。
④ （清）陳瑑：《國語翼解》，本卷頁16。
⑤ （漢）許慎：《説文解字》，頁184下、頁67上。

言是行，用讒慝也；不建立卿士，而妖試幸措，行暗昧也。是物也，不可以久。"此皆"與剸同"之弊，不僅僅在言"一"、言"同"。故此處之"剸"强調的是一種狀態或者結果，而非是品格或態度，故用"剸"字至當。賈、唐、孔等用"專"字，在明"一"即"專"，亦未可言誤，然未如"剸"字更合語境。

86. 其隩愛太子，亦必可知也

韋注：隩，隱也。

吴案："隩"與"噢"通，即"噢咻"之"噢"。（頁4）

【按】《通鑒前編》卷九引"必"誤作"必"。陳瑑《翼解》卷五云："《莊子・天下篇》：'弱于德，强于物，其塗隩矣。'《史記・封禪書》：'自古以雍州積神明之隩。'注皆曰：'隱也。'隩、隱亦聲之相轉。"《經義述聞》卷二七云："'懊，忨也'郭曰：'謂愛忨。'引之謹案：《鄭語》曰：'申、吕方彊，其隩愛大子亦必可知也。'隩與懊同，愛、懊一聲之轉。愛之轉爲懊，猶僾與曖之轉爲奥。《釋名》曰：'懿，僾也，言奥僾也。'《老子》曰：'道者，萬物之奥。'王弼注：'奥，猶曖也，可得庇蔭之辭。'皆其例也。愛、懊、忨並一聲之轉，或言隩愛，或言愛玩，其義一也。玩與忨同。"①《發正》卷一六云："《爾雅・釋言》：'薆，隱也。'《詩・烝民》'愛莫助之。'毛《傳》：'愛，隱也。'《釋名・釋言語》：'懿，僾也，言奥僾也。'《老子》：'道者，萬物之奥。'王弼注：'奥猶曖也，可得庇蔭之辭。'隩、奥、愛、薆、僾、曖竝古通用。"②則汪氏本王引之爲説，吴氏所云"噢咻"者與奥、愛等義同。依王、汪之義，"隩愛"爲同義復用。"隱"、"奥"義同，故韋注得訓"隩"爲"隱"。

楚語上卷一七

87. 以休懼其動

韋注：休，嘉也。動，行也。使之嘉顯而懼廢也。

---

① (清)陳瑑：《國語翼解》，本卷頁18。

② (清)汪遠孫：《國語發正》，本卷頁13。

吴案：賈公彦《周禮疏》引此作“怵懼”，語意較順。（頁1）

【按】《札記》引惠云：“《周禮·瞽矇》注引作‘怵懼’，陸德明曰：‘北本作休。’”①汪遠孫《考異》云：“《周禮·瞽矇》注引此文，《釋文》云：‘怵，敕律反。北本作休。’是鄭注本作‘怵’字矣。賈公彦《疏》引《國語》亦作‘怵懼’。”②是吴説所本。陳祥道（1053—1093）《禮書》卷六二、《春秋分紀》卷四五、《玉海》卷五〇、《通志》卷九二、元陳友仁《周禮集説》卷五、《文章辨體匯選》卷五六等引《國語》字皆作“怵”。沈廷芳（1712—1772）《十三經注疏正字》卷二八云：“《音義》云：‘北本怵作休。’案原文本作‘休’分承‘昭’、‘廢’，作‘怵’字誤也。”③王懋竑《讀書記疑》卷十一“休懼其動”下注云：“未詳。”④臧庸《拜經日記》卷三有“陸氏間載北學”一條，如：

> 陸德明《經典釋文》所據音義，南學爲多，間載北方學者之説，則稱北以别之，如《天官·醢人》“茆”下云：“音卯，北人音柳。”“簎”下云：“音追，當徒來反。沈云：北人音秃改反。”《宗伯》“瞽矇怵懼”下云：“勑律反，北本作休。”《考工·玉人》“鹿車縪”下云：“劉府結反，沈音畢，云劉音非也。案北俗今猶有此語音如劉音，蓋古語乎？劉音未失。”庸案：《説文》柳，丣聲，而丣从卯。是卯、柳同聲。北人音夘爲柳，此古音也。鄭仲師引《國語》有“怵懼”字。案《楚語》叔時曰：“教之春秋，而爲之聳善而抑惡焉，以勸戒其心；教之《世》，而爲之昭明德而廢幽昏焉，以休懼其動。”韋宏嗣注：“休，嘉也。動，行也。”蓋聳善所以勸之，抑惡所以戒之，昭明德所以休嘉之，廢幽昏所以恐懼之。鄭、韋所據《國語》正同。陸德明、賈公彦作“怵”直

---

① （清）黄丕烈：《校刊明道本韋氏解國語札記》，頁261。

② （清）汪遠孫：《國語明道本考異》，頁328。

③ （清）沈廷芳：《十三經注疏正字》，臺北：商務印書館1986年《景印文淵閣四庫全書》第192册，頁367上。

④ （清）王懋竑：《讀書記疑》，頁345上。

形近之訛，惜未知定從北本也。陸引北俗語以證劉音之未失，劉昌宗其本北音乎？陸於北學蓋未深究，故引俗語證之，猶"箈"下載北音秃改反，必述沈重之言也。①

臧氏所云"蓋聳善所以勸之，抑惡所以戒之，昭明德所以休嘉之，廢幽昏所以恐懼之"可證《國語》"休"字不誤而改字者不審語境而誤作。

88. 屈到嗜芰
韋注：屈到，楚卿，屈蕩之子子夕。芰，菱也。
吴案："菱"正字作"蔆"。（頁 2）

【按】 汪遠孫《考異》云："公序本作'蔆'，是也，《説文》云：'芰，蔆也。'《補音》引《字林》云：'楚人名蔆曰芰。'案：'蔆'當作'蔆'。"②是吴説本汪。清吴其濬（1789—1847）《植物名實圖考》卷三二云："芰，《别録上品》：三角、四角爲芰，兩角爲菱。《爾雅》：'淩蕨攈。'又'薢茩'注或曰：'蔆也。'郭氏兩存其説，遂啓後人疑誤。楚人謂菱爲芰。"③清汪灝（1661—?）等《廣群芳譜》卷六六云："原蔆（一作蔆，又作菱）一名芰（《爾雅》云：'蔆蕨攈。'注云：'今水中芰。'《禮記疏》云：'蔆，芰也。'屈到嗜芰即菱角者也。《武陵記》云：'兩角者淩，三角、四角者芰。'《本草綱目》云：'其葉支散，故字從芰，其角稜峭，故謂之蔆而俗呼爲蔆角。'楊慎以'芰'爲雞頭者誤也。），一名水栗（見《風俗通》），一名沙角（見《本草》），一名薢茩（《説文》云：'楚謂之芰，秦謂之薢茩。'）"④然審賈公彦《周禮正義》云："云蔆芰也者，屈到嗜芰，即賒角者也。云芡雞頭也者，俗有二

---

① （清）臧庸：《拜經日記》，上海古籍出版社 2002 年輯印《續修四庫全書》第 1158 册，頁 71 下—72 上。
② （清）汪遠孫：《國語明道本考異》，頁 328。
③ （清）吴其濬：《植物名實圖考》，上海古籍出版社 2002 年輯印《續修四庫全書》第 1118 册，頁 535 上。
④ （清）汪灝等：《廣群芳譜》，臺北：商務印書館 1986 年《景印文淵閣四庫全書》第 846 册，頁 763 上。

名，今人或謂之鴈頭也。”①則明雞頭與“芰”不同。則“蔆”、“淩”、“菱”俱可通，字本形聲，而“陵”、“淩”、“夌”皆聲符用字。另參見拙著《小學要籍引〈國語〉研究》②。

89. 雖微楚國，諸侯莫不譽

韋注：微，無也。雖使無楚國之稱，諸侯猶皆譽之以爲善。

吴案：微，獨也。謂不獨楚國。（頁2）

【按】 吴説誤。“微”爲非全然性否定副詞，且往往用於假定性語境中。若如吴説解“微”爲“獨”，則不當釋作“不獨”。故韋注不誤。

90. 王孫啓豫於軍事

吴案：豫，與也，俗作“預”。下文“雍子”句正作“與”。（頁2）

【按】 《考異》云：“公序本‘豫’作‘與’。案‘與’字是也。下文云：‘雍子與於軍事。’文同。”③沈鎔《詳注》、徐元誥《集解》改從公序本。徐云：“與，參與也。”④亦是。

91. 若敖氏離矣

韋注：若敖氏，子玉同族。離，謂不欲戰也。

吴案：謂離心也。（頁2）

【按】 “離心”爲心理狀態，而“不欲戰”則爲其外化形式。所釋非一，角度不同。沈鎔注從吴氏。

---

① （清）阮元校刻：《十三經注疏》，頁672上。

② 拙著：《小學要籍引〈國語〉研究》，頁150—151。

③ （清）汪遠孫：《國語明道本考異》，頁328。

④ 徐元誥撰，王樹民、沈長雲點校：《國語集解》（修訂本），頁489。

92. 既其失也，易物之由
韋注：易物，易其尊卑服物之宜。
吴案：既，極也。（頁 5）

【按】《册府元龜》卷七四二"既其"引作"及其"。俞志慧云："韋注於'既'字未加注，蓋因'既'字爲常用義，不待注而自明，但《補正》釋爲'極'則不免求之過深，《詩・周南・汝墳》'既見君子'毛《傳》曰：'既，已也。'《鄭風・溱洧》'士曰既且'鄭《箋》與之同解。已，在今天相當於'……之後'，此義文獻中語例甚夥，不煩贅引。"①此處之"既"恐難以常用時間副詞用法釋之。張以仁《國語虛詞集釋》從俞樾、裴學海以此處之"既"當爲"暨"字，訓作"及"②，連詞，言是。沈鎔《詳注》從吴説，徐元誥《集解》亦引吴説，皆誤。

93. 其智之不疾也，猶自謂未乂
韋注：乂，治也。
吴案：董氏《正義》本"疾"作"疚"。疚，病也，謂無庸闇之病。（頁 6）

【按】《文章正宗》卷五、《山堂肆考》卷一三二、《文編》卷三、《楚寶》卷一三引字皆作"疚"。《考異》云："公序本'疾'作'疚'。案：'疚'即'灾'之異體，與'疾'相似，因誤'疾'也。"③沈鎔《詳注》、徐元誥《集解》改從公序本作"疚"。公序本系統中唯秦鼎本從明道本作"疾"且無説。又公序本"智"作"知"。從此條可見吴氏亦未參公序本多本，或即據董增齡《國語正義》爲説。

94. 心類德音，以德有國
韋注：類，善也。

① 俞志慧：《國語韋昭注辨正》，頁 220。
② 張以仁：《國語虛詞集釋》，頁 58—59。
③（清）汪遠孫：《國語明道本考異》，頁 330。

吴案：類，比也。不訓善。《禮・學記》"知類通"逵注："知，事義之比也。"心類德音，謂心與德音相比。（頁6）

【按】王引之《經義述聞》卷二一云："類之言率也。率，循也，言其心常循乎德音也。下文觀射父曰'使心率舊典者爲之宗'語意與此同。率與類古同聲同義，而字亦通用。"①吴氏與王説不同。沈鎔《詳注》從吴氏爲訓，徐元誥《集解》則並引王、吴之説。蕭旭謂："高本漢申韋注，釋爲'嘉許'、'贊許'；吴曾祺謂類訓比，並未確。"②又《考異》云："公序本'德'作'得'。"③"得"、"德"音同可通，《册府元龜》、《文章正宗》引從公序本。

95. 近臣諫，遠臣謗，輿人誦，以自誥也

韋注：輿，衆也。誦，誦善敗也。誥，告也。

吴案：《爾雅》："誥，謹也。"自誥，猶言自謹敕也。（頁6）

【按】《通鑒外紀》卷七、《册府元龜》卷七四二、《玉海》卷五九、《文章正宗》卷五等引同。王引之《經義述聞》卷二一云："《爾雅》：'誥、誓，謹也。'郭注曰：'皆所以約勤謹戒衆。'自誥者，自戒敕也。"④則吴氏本王引之而爲説也。朱駿聲《説文通訓定聲》引《國語》本文及《爾雅・釋詁》"誥，告也"爲説。韋注釋"誥，告也"用聲訓方法，釋語源義，非釋語境義。

楚語下卷一八

96. 於是乎弭其百苛，殄其讒慝

韋注：弭，止也。苛，虐也。殄，覆也。止、覆，謂解怨除恨。

吴案：殄，絶也。謂絶去讒慝也。不訓覆。（頁3）

---

① (清)王引之：《經義述聞》，本卷頁39—40。

② 蕭旭：《國語校補》，氏著《群書校補》，頁191。

③ (清)汪遠孫：《國語明道本考異》，頁330。

④ (清)王引之：《經義述聞》，本卷頁40。

【按】《札記》云："《補音》作'妎'。丕烈案：此'妎'字乃宋公序誤讀《舊音》所改。"①汪遠孫《考異》云："公序本'殄'作'妎'，《注》同。《舊音》作'妎'。"②《册府元龜》卷七八〇、《詩經世本古義》卷一、《文章辨體匯選》卷七四〇、《楚紀》卷九、《楚寶》卷二一、《右編》卷三四、《正字通》卷二引與公序本同，《説文》段注引與明道本同。俞樾《群經平議》卷二九云："妎之訓覆，其義未聞。妎當讀爲扴，《説文・手部》：'扴，刮也。'字又作砎，《〈周易・豫・六二〉釋文》引鄭注：'砎，謂磨砎也。''扴其讒慝'正取磨刮之義。作妎者叚字耳。"③沈鎔用吴説爲釋，徐元誥《集解》亦引吴説，不從俞。"覆"亦盡、絶之義，韋注不誤，蕭旭謂吴氏失考。

97. 吾聞君子唯獨居思念前世之崇替者
韋注：崇，終也。替，廢也。《詩》云：會不崇朝。
吴案：崇與替對文，猶言興替也，不訓終。（頁4）

【按】 黄模《國語補韋》卷四引陶望齡曰："崇替是盛衰之意。"④俞樾曰："《文選・東京賦》薛綜注：'崇，猶興也。'崇替猶言興廢耳。"⑤蕭旭以俞、吴之説爲是，詳見氏著《〈國語〉校補》⑥。沈鎔《詳注》從而釋"崇替"爲"興廢"，徐元誥《集解》亦引俞樾爲説。

98. 飲食思禮，同宴思樂，在樂思舊
吴案："舊"字宜從公序本作"善"。（頁4）

【按】 汪遠孫《考異》已揭出。《册府元龜》卷七三五、《文章正宗》

---

① (清)黄丕烈：《校刊明道本韋氏解國語札記》，頁262。
② (清)汪遠孫：《國語明道本考異》，頁332。
③ (清)俞樾：《群經平議》，頁481下。
④ (清)黄模：《國語補韋》，開封古鑒齋1935刊本，本卷頁6。
⑤ (清)俞樾：《群經平議》，頁482上。
⑥ 蕭旭：《國語校補》，見載於氏著《群書校補》，頁196。

卷五、《格物通》卷六等引作“善”，與公序本同。沈鎔《詳注》、徐元誥《集解》從公序本。

99. 有不善必懼，是故得民以濟其志
韋注：濟，成也。志，戰克。
吴案：宜云“志在戰克”，方成文理。（頁 5）

【按】 徐元誥《集解》引吴氏爲説。然韋注所訓之字爲“志”，非串講，故當從韋注本文，不當作“志在戰克”。

100. 夫差先自敗也已
吴案：公序本無“差”字，與《内傳》文合。（頁 5）

【按】 汪遠孫《考異》云：“公序本無‘差’字，與《内傳・哀元年》文合。”①《左傳・哀公元年》“夫先自敗也已，安能敗我”陸德明（？550—？630）《釋文》云：“‘夫先自敗也已’，夫音扶。本或作‘夫差先自敗’者，非。”②已言之矣。沈鎔《詳注》、徐元誥《集解》從公序本。

101. 明王聖人能制議百物
吴案：公序本無“明王”、“人”三字。（頁 5）

【按】 此亦《考異》之説，非吴氏發現。《小學紺珠》卷一〇、《玉海》卷八六、《文章正宗》卷一引與公序本同。徐元誥《集解》從公序本。鄙意以句當作“明聖能議百物”，蓋明聖言左史倚相之可寶。

102. 今壹五六而必欲用之
吴案：五六，即指上“展而不信”六句。（頁 6）

---

① （清）汪遠孫：《國語明道本考異》，頁 333。
② （唐）陸德明：《經典釋文》，上海古籍出版社 1985 年影宋刻宋元遞修本，頁 1167。

【按】 董增齡《正義》卷十八云："昭二十年《傳》'若琴瑟之專一'，則壹訓專。《荀子·榮辱篇》'恭儉者偋五六也'楊倞注：'偋當爲屏，卻也。'則五六爲惡人之目。六即上'華而不實'之六德，五即所謂'速怒無厭曜利不仁思怨'也。"①吴説與董説同，"壹"實情態副詞。

103. 舊怨滅宗，國之疾眚也，爲之關籥蕃籬而遠備閑之，猶恐其至也

韋注：蕃籬，壁落。閑，闌也。

吴案："蕃"當作"藩"。

吴案："閑"宜依公序本作"閑"。（頁6）

【按】 陳瑑《翼解》卷五云："蕃即藩……《説文》有籥無鑰，有蕃無藩。"②"蕃"、"藩"可通作，不誤。《辭通》並收"藩籬"、"藩蘺"、"蕃籬"、"藩蘺"，可爲證。《通志》卷九二引字亦作"閑"，《經濟類編》卷三三、《楚紀》卷一五、《楚寶》卷一則引作"閑"。汪遠孫《考異》云："公序本'閑'作'閑'，注同。案'閑'字是也。"③沈鎔《詳注》、徐元誥《集解》已改作"閑"。明道本之"閑"亦"扌"、"木"形近易混而訛作。

吴語卷一九

104. 亦征諸侯之禮也

韋注：征，税也。此亦天子征税諸侯之禮。

吴案：征，伐也。不訓税。（頁1）

【按】 《國語》今譯本中傅庚生、高振鐸、董立章、曹建國等亦釋

---

① （清）董增齡：《國語正義》，本卷頁35—36。

② （清）陳瑑：《國語翼解》，本卷頁28。

③ （清）汪遠孫：《國語明道本考異》，頁334。

“征”爲“征討”①,即吴氏之義。徐元誥亦引吴説。吴氏所言是。

105. 越曾足以爲大虞乎

韋注:虞,度也。

吴案:虞,憂也。(頁2)

【按】《翼解》卷六引《爾雅·釋言》云:“虞,度也。”②《經義述聞》卷十九云:“韋注:‘虞,度也。’亦失之。”③謂虞當訓作“憂”。汪遠孫《發正》、徐元誥《集解》皆引《述聞》爲説,沈鎔《詳注》從吴氏釋“虞”爲“憂”。

106. 邊遽乃至

吴案:“乃”與“仍”通。謂相繼而至也。《〈内傳·哀十三年〉疏》引正作“仍”。(頁3)

【按】《通鑒外紀》卷九引作“邊遽至”,除了《左傳疏》外皆引作“乃”。王引之《經義述聞》卷二六云:“鄭仲師注《周官》既讀‘乃’爲‘仍’,而《吴語》‘邊遽乃至’,《〈左傳·哀十三年〉正義》引作‘邊遽仍至’,《〈大雅·雲漢〉箋》:‘天仍下旱災,亡亂之道。’《正義》曰:‘定本集注仍字皆作乃。是仍字古通作乃也。’”④汪遠孫《考異》云:“《〈内傳·哀十三年〉疏》引《國語》‘乃’作‘仍’。古‘乃’音仍,通用。”⑤沈鎔用吴説。徐元誥《集解》引汪遠孫《發正》爲説,且補《漢書·王莽傳》“吉瑞累仍”注曰“仍,頻也”爲訓。“乃”字亦通,不必以爲誤。

---

① 傅庚生:《國語選》,北京:人民文學出版社1959年版,頁242。高振鐸、劉乾先:《國語選譯》,成都:巴蜀書社1992年版,頁248。董立章:《國語譯注辨析》,廣州:暨南大學出版社1993年版,頁712。曹建國、張玖青注説:《國語》,鄭州:河南大學出版社2008年版,頁345。

② (清)陳瑑:《國語翼解》,本卷頁2。

③ (清)王引之:《經義述聞》,本卷頁7。

④ (清)王引之:《經義述聞》,本卷頁39。

⑤ (清)汪遠孫:《國語明道本考異》,頁336。

107. 建肥胡，奉文犀之渠

韋注：肥胡，幡也。文犀之渠，謂楯也。文犀，犀之有文理者。

吴案：《説文》："幡，幅胡也。"徐鉉曰："胡，幅之下垂者也。"

吴案：渠無"楯"義，宜訓甲。《淮南·氾論訓》"渠幨以守"注："渠，甲名也。"(頁4)

【按】 汪遠孫《發正》卷十九云："《説文》：'旛，幅胡也。'徐鉉曰：'胡幅之下垂者也。'案：'肥'古與'飛'通。(《易》'肥遯'亦作'飛'，見《文選·思玄賦》及注。)蓋言其飛揚之意。左思《吴都賦》'建祀姑'劉逵注引《國語》爲證，傳寫之訛。"①《文選箋證》卷六云："注劉逵曰：'祀姑，幡名，麾旗之屬也。《國語》曰：建祀姑。'今《吴語》作'建肥胡'。按'肥'形近'祀'，此蓋誤'肥'爲'祀'。'姑'作'胡'，'姑'與'胡'叠韻，'肥'與'幡'雙聲，而'胡'、'幡'又語之轉，'胡'之轉爲'幡'猶'烏'之轉爲'安'。然則'肥胡'之合聲爲幡也，解此斷爲肥姑，非祀姑矣。《説文》：'旛，旛胡也。'段氏注云：'《吴語》建肥胡韋注：肥，胡幡也。幡即旛字。'肥胡即旛胡，謂大也。作'祀姑'誤。"②陳瑑《翼解》卷六云："幡，古之徽號也，所以題表官號以爲符信，見崔豹《古今注》。吴建肥胡，以題行頭官師之徽號也。""犀角之異者謂之文犀。伊尹朝獻，《商書》'令正南以文犀爲獻'是也。"③汪遠孫引諸説以渠爲盾名不誤，而吴氏則據高誘注"一曰"之説而以爲甲名，實亦標異之舉，並不合於語境。

108. 億負晉衆庶，不式諸戎、狄、楚、秦

韋注：億，安也。負，恃也。安恃其衆而不用征伐戎、狄、楚、秦，卑周故者。

吴案：式，用也。(頁5)

---

① (清)汪遠孫：《國語發正》，本卷頁10。

② (清)胡紹煐：《文選箋證》，《續修四庫全書》第1582册，頁84上。

③ (清)陳瑑：《國語翼解》，本卷頁5。

【按】 沈鎔《詳注》用吴説。實韋注串講句義中已釋“式”字爲“用”。李廉《春秋諸傳會通》卷二四引省“諸”字。

109. 退則不可

韋注：亦不可不及也。

吴案：此二句注語殊不合。蓋言兵之進退，非蒙上“班爵”而言。（頁5）

【按】 吴説是。徐元誥《集解》引吴説爲釋。《吴語》“進則不敢，退則不可”句，《吴越春秋》作“孤進，不敢；去，君不命長，爲諸侯笑”。今審各譯注本多從韋注譯注，亦不允當。董立章譯云：“揮師進攻晉營，我不敢這樣做；但要求我無功退師，我不同意。”①最爲得義。

110. 昔吴伯父不失春秋，必率諸侯以顧在余一人

韋注：此晉述天子告讓之辭。同姓元侯曰伯父。吴伯父，吴先君。不失，四時必率諸侯備朝聘之禮。

吴案：作天子語，只此二句。（頁5）

【按】 徐元誥《集解》引《爾雅·釋詁》：“在，存也。”②王引之謂“存”即存問之義，與“顧”義同，則“顧”、“在”爲同義復用。

111. 今君掩王東海，以淫名聞於天子

韋注：掩，蓋也。淫，僭也。名，號也。

吴案：“掩”通作“奄”。《内傳》疏作“奄”。

吴案：“天子”，《内傳》疏作“天下”。（頁5）

【按】 吴氏謂“奄”、“掩”通者是，因“掩”本從“奄”得聲義。王引之

① 董立章：《國語譯注辨析》，頁732。

② 徐元誥撰，王樹民、沈長雲點校：《國語集解》（修訂本），頁552。

《經義述聞》卷二一云："家大人曰'天子'當爲'天下'，此涉上下文'天子'而誤也。韋注曰：'淫，僭也。名，號也。'以淫名聞於天下，謂天下皆知吴之僭號，非獨聞於天子而已也。《〈左傳·哀十三年〉正義》、《文選·王粲·贈文叔良詩》注引此並作'聞於天下'。"①汪遠孫《考異》云："《内傳疏》、《文選注》'掩'作'奄'。"又云："案'子'字誤。《内傳疏》、《文選》注皆作'下'。當據以訂正。"②鄭良樹《國語校證》云："左哀十三年《春秋經疏》、《文選·王仲宣·贈叔良詩》注引'掩'作'奄'。《詩·大雅·皇矣》：'奄有四方。'《魯頌·閟宫》：'奄有下國。'奄，覆也；奄有，猶言盡有也。'掩王東海'，謂盡有東海而王之也。"③言是。《皇王大紀》卷六八、《通鑒外紀》卷九引脱"掩"字。徐元誥《集解》改"天子"爲"天下"，亦當據汪氏而爲説。字作"天子"亦通，未必以《春秋經疏》、《文選注》改易《國語》本文。

112. 王若今起師以會，奪之利，無使夫悛
韋注：悛，改也。
吴案："夫"指吴王，公序本作"失"，非。（頁6）

【按】《通鑒前編》卷一八引亦作"失"，與公序本同。汪遠孫《考異》云："公序本'夫'作'失'，疑誤。"④秦鼎云："明本作'夫'，夫猶言彼吴也。"⑤已先吴氏爲説。若從明道本，則"夫"亦不指吴王，實指攻吴必滅之先機。若從公序本作"失"，則"失悛"爲同義並列復合結構，於語境語義更合。公序本不誤。又沈鎔《詳注》從吴説以"夫"指吴王。

---

① （清）王引之：《經義述聞》，本卷頁47。
② （清）汪遠孫：《國語明道本考異》，頁337。
③ 鄭良樹：《國語校證》（下），《幼獅學誌》第8卷第2期，頁27。
④ （清）汪遠孫：《國語明道本考異》，頁338。
⑤ ［日］秦鼎：《春秋外傳國語定本》卷一九，本卷頁14。

越語上卷二〇

113. 越王勾踐棲於會稽之上

韋注：山處曰棲。會稽，山名，在今山陰南七里。吴敗越于夫椒，遂入越，越子保于會稽。在魯哀元年。

吴案："捿"與"棲"同，公序本作"棲"。（頁1）

【按】 明黄學海《筠齋漫録》卷三引字作"捿"，《史記·伍子胥列傳》、《通鑒外紀》卷八、《春秋臣傳》卷三〇引字作"棲"。實"扌"、"木"形近易混而訛作者，《龍龕手鑒·手部》云："捿俗，正作棲。"①公序本作"棲"字者是。又黄刊明道本及其覆刻本下文"不可不養而檡也"之"檡"實當爲"擇"字，"檡"本木名，與"擇"義無涉，顯係"扌"、"木"形近易混而訛作，正可爲"棲"訛作"捿"作一佐證。

114. 陸人居陸，水人居水，夫上黨之國

韋注：黨，所也。上所之國，謂中國。

吴案：以"所"訓"黨"，近强。上黨仍作地名，言南北之地，舉上黨以例其餘。古人屬辭，才有此例。（頁2）

【按】 陳瑑《翼解》卷六云："公羊文十三年《傳》'往黨'注：'黨，所也。'所猶時齊人語也。左氏哀五年《傳》'萊人之歌曰：師乎師乎，何黨之乎'注：'黨，所也。'"②然章太炎（1869—1936）《新方言》卷一云："黨，所也，方也。《左傳》曰：'何黨之乎？'《越語》曰：'上黨之國。'《公羊傳》曰'往黨'、'反黨'，今吴、越閒謂上方曰上黨，高處曰高黨，黨皆讀德挺切，陽唐轉耕清也。時人不曉，謂是等字，則失其韵矣。紹興或轉如董，

---

① （遼）釋行均：《龍龕手鑒》卷二上，日本早稻田大學圖書館藏本，本卷頁5。光緒壬午（1882）樂道齋本、日本國立公文書館藏咸化八年（1472）刊本同。《續古逸叢書》影宋本"正作棲"之"棲"誤作"捿"。亦可爲"木"、"扌"形近混訛者提供一佐證。

② （清）陳瑑：《國語翼解》，本卷頁9。

蘇州或轉入聲如篤，皆指此處則言之。”①是“黨”釋作“所”字不誤。《釋名》：“上黨，黨，所也。在山上，其所最高，故曰上黨。”②是其地得名之由，又上黨地在山西高原，且在《戰國策》中始出現，伍子胥之時是否存在且可以用作南北之地之泛稱者恐難以爲斷，故不必以此爲“例其餘”者也。韋注不誤，吴説可商。

115. 廣運百里

韋注：言取境内近者百里之中。東西爲廣，南北爲運。

吴案：廣運，猶廣輪也。（頁2）

【按】 “廣運”又作“廣圓（員）”、“廣輪”。夏味堂（1745—1825）《拾雅》卷一九云：“東西爲陌、爲廣、爲横、爲緯、爲營，南北爲阡、爲運、爲從、爲經、爲徑、爲輪、爲袤。”③清乾嘉時期學者朱亦棟（1728—1804）《群書札記》卷一云：“《周禮·大司徒》‘以天下土地之圖周知九州之地域、廣輪之數’馬氏曰：‘東西爲廣，南北爲輪。’廣運猶廣輪也。然則《虞書》所謂‘帝德廣運’亦言乎堯之德東西南北無所不被耳。”④符定一（1879—1958）《聯綿字典》亦多收之。

結　語

綜上，共辯證《國語韋解補正》115條，大體包括這樣幾個方面：（一）凡校勘公序本、明道本之異者，大多黄丕烈《札記》、汪遠孫《考異》已詳辨之，吴氏承黄、汪之説而不出注，此等情況到徐元誥《國語集解》也未改觀，徐氏在其《集解》往往云明道本如何、宋庠本如何，其條目亦

---

① 章太炎：《新方言》，上海古籍出版社2002年輯印《續修四庫全書》第195册，頁183上。

② （漢）劉熙：《釋名》，《古逸叢書》本。

③ 夏味堂：《拾雅》，上海古籍出版社2002年輯印《續修四庫全書》第192册，頁286上。

④ （清）朱亦棟：《群書札記》，上海古籍出版社2002年輯印《續修四庫全書》第1155册，頁16下。

大率爲黄、汪校語，而徐氏亦不注出。（二）汪遠孫《發正》引陳奂、項名達（1789—1850）等條目較多，其中引陳奂 34 條，引項名達 40 條，《補正》、《集解》則唯云陳奂、項名達，不云自汪氏《發正》。此外，王引之《經義述聞》等所指出之條目，吴氏雖用其説亦有不出注之處。（三）吴氏自出機杼之説者，有些是正確的，對於正確理解《國語》本文以及韋注具有積極意義及作用。有些還有欠妥當，未能盡與《國語》本文相合。而沈鎔《國語詳注》則多采吴氏爲説。進一步印證了拙稿《宋刻宋元遞修本〈補音〉〈國語〉比勘》所指出的"《詳注》大體因襲《補正》而自有所創發，因《詳注》中每每用吴曾祺《補正》之説"的説法。並且在比對過程中發現，凡《補正》正文依從公序本之處，《詳注》亦並從之。雖其在例言中言："《國語》二十一卷，惟韋昭解傳於世，今所見者，有宋庠公序補音本及黄氏丕烈重刊之天聖明道本。二書互有出入，本編折衷於二者之間。"①其用底本實爲吴氏之《補正》，故文字亦多從之。同時，吴氏《補正》的補注形式爲後來徐元誥《集解》的撰述提供了可仿效的範例和程式，並且爲《國語》集注的纂理提供了方式和方法。

二、沈鎔《國語詳注》辯證

引　言

沈鎔（1886—1949），名一作沈熔，字伯經，號天貺生，浙江吴興人。陳玉堂《中國近現代人物名號大辭典》（增訂本）謂沈氏"光緒二十八年（1902）中秀才，入南洋法官養成所習法政。參加南社。擅長詩文，愛好繪畫及篆刻。1912 年曾在《民權畫報》發表《外債救國》及《愛國納捐》漫畫。早年任中華書局編輯，曾編字典等。後又任職吴江農民銀行，任教南潯國學講習館（抗戰爆發一度遷上海）。曾與王建民發起'愚社'，

---

① 沈鎔：《國語詳注・例言》，同前注。

編印《愚社唱和》二集”①。沈鎔一生主要從事教育和編輯事業，編著或選注有《書翰作文法》、《虚字指南》、《中華萬字字典》、《音韻指南》、《國語文選》、《近世文選》、《評注唐詩讀本》、《評注宋元明文讀本》、《評注南北朝文讀本》、《評注周秦文讀本》、《評注清文讀本》、《初級古文讀本》、《中學論説新範》、《白話商業尺牘》、《戰國策精華》(下册)、《文史通義》、《國語詳注》等書。《國語詳注》一書爲沈鎔輯注，王懋校訂。該書由上海文明書局初版於1916年9月，分四册。該書的普及度也比較高。至1935年已經發行至第10版，幾乎每兩年印行一版，可見其書的受歡迎程度，但是1935年之後就很難見到《國語詳注》的重印本了。全書包括：例言、《國語解叙》、《國語補音叙録》、《國語詳注》正文。各册分卷與吴曾祺《國語韋解補正》一致。根據筆者翻檢，沈鎔《詳注》實際上是在參照吴曾祺《國語韋解補正》的基礎上編注而成。沈鎔《國語詳注》襲用了宋庠《國語補音》每語之首下的解釋文字，對《國語》各卷進行了明確分章，每篇按數字編排，每卷自爲頁碼。正文只在某些文字下面指明正借字、古今字以及異體等文字關係，某些字下面標注讀音或聲調。注文置於每篇之後。書前亦根據《國語補音》以及張一鯤本系統之例補上宋庠《國語補音叙録》，只是宋氏《叙録》没有另起一頁，而是直接跟在韋昭《國語解叙》之後。總體上看：(1) 凡地理名詞，沈鎔皆用最新地理歷史釋之；其他的有最新科學研究之物名，《詳注》亦以最新成果出之；(2) 凡韋注中所釋平常之語如“難”字等等，沈鎔不注；(3) 原注語繁，

① 陳玉堂：《中國近現代人物名號大辭典》(增訂本)，杭州：浙江古籍出版社2005年版，頁570。關於沈鎔的史料不多見，而且大多比較簡單，如鄭逸梅(1895—1992)《南社叢談》等。陳玉堂《中國近現代人物名號大辭典》(增訂本)沈鎔條目比較全面。又目前所見到的比較詳細的是由王瑜孫撰寫的沈鎔傳記，涉及到沈鎔事蹟有6頁之多，言其一生主要在編輯、教育兩途。從王瑜孫的記述中，我們得知沈鎔《國語詳注》的校訂者王懋爲沈鎔同學，字建民。但是所有關於沈鎔記述資料中，都没有提到沈鎔的《國語詳注》這部書，或者就其生平所爲，《國語詳注》不過是各種著作中的小端，當然也和南社成員重教育、文學而輕文獻著述的習慣有關，故不予存録。王瑜孫所寫沈鎔傳記見收在柳無忌、殷安如所編《南社人物傳》(北京：社科文獻出版社2002年版，頁236—241)一書中。

則以清通之語出之；(4) 時引《述聞》、《補正》之説爲注；(5) 凡與《左傳》魯國紀年對應之周天子以及各諸侯國君紀年下往往於正文之下注明魯國紀年；(6) "玄"字等少數清諱仍闕筆爲諱，此前文已言之者；(7) 前文已注，後文又有該詞者，則以"見××"出之。沈鎔《國語詳注》在近代《國語》注釋史上起着承前啓後的作用。二十世紀上半葉以《國語》爲研究對象而成專書者有吴曾祺、沈鎔、徐元誥等三家。吴曾祺的《國語韋解補正》1909 年由商務印書館印行，凡"玄"字闕末筆，一直到沈鎔《國語詳注》也還保留著這一特徵。故而了解沈鎔其人其書，有助於梳理二十世紀《國語》研究的脉絡，並且對《國語》的本體研究以及學術史研究不無裨益。今擷取《國語詳注》46 條，以爲商補，以有益於《國語詳注》之整理與進一步研究。今所據者爲上海文明書局 1925 年版本，每條之後標注頁碼。

第一　周語上

1. 輯睦：輯，聚也。睦，親也。（頁 4）

【按】《詳注》此處用韋注。又《晉語一》韋注云："輯，和也。"《漢書》多處顔師古(581—645)注云："輯與集同。集，和也。"《國語》"輯睦"5 見，意義用法固定，爲合成詞。

2. 蕃殖：蕃，盛也。殖，長也。（頁 4）

【按】《漢書》顔師古注云："蕃，滋也。殖，長也。"《國語》"蕃殖"合用 3 見，韋注不釋"蕃"字唯釋"殖"字，於他處則釋"蕃"爲"滋"。審鄭《箋》釋"蕃"爲"多"，"多"、"盛"義通。"蕃殖"可看作合成詞。

3. 犧人薦醴：犧人司尊，掌共酒禮。（頁 4）

【按】　韋注本"禮"作"醴"，《詳注》字誤。

4. 祼鬯饗醴：祼，灌也。灌鬯飲酒，皆所以自香潔也。（頁4）

【按】 審韋注"酒"作"醴"，亦可通。

5. 太史八之：太史，達官府之治，故次太史也。（頁5）

【按】 "故次太史"之"史"本爲"師"字，《詳注》字誤。

6. 遺訓：先生之教也。（頁5）

【按】 "生"字爲"王"字之誤。

7. 祓：猶拂也。（頁8）

【按】 此處《詳注》襲用韋注。韋注用聲訓爲釋，陳瑑《翼解》已揭出。錢繹（1770—1855）《方言箋疏》云："拂、茀、弗、祓，古字並通，義亦相近。"①

第二周語中

8. 階禍：爲禍也階。（頁2）

【按】 《詳注》"也"、"階"誤倒。

9. 百神：邱陵墳衍之神也。（頁3）

【按】 黄刊明道本及其覆刻本、寶善堂本等"邱"作"丘"，董增齡本等字作"邱"，正當作"丘"。

---

① （清）錢繹：《方言箋疏》，《續修四庫全書》第193册，頁575下。

10. 庇：猶蔭也。（頁 10）

【按】“蔭”字，别本字亦作“廕”，“蔭”、“廕”二字可通。

第三周語下

11. 長翟之人：叔宣僑如。（頁 2）

【按】“宣”字爲“孫”字之誤。

12. 沈滯：沈，大也。滯，積也。（頁 5）

【按】韋注釋“沈”爲“伏”者是，《詳注》“大”字誤。

13. 昏：未名曰昏。（頁 5）

【按】賈逵、杜預（222—284）等皆釋如此。

14. 扎：疫死曰扎。（頁 5）

【按】“扎”爲“札”字之誤。

15. 瘥：小疫曰瘥。（頁 5）

【按】《詳注》是用杜注。

16. 夙夜：蚤暮也。（頁 7）

【按】審《國語》韋注本文“蚤”作“早”，此處《詳注》用通假字。

第四魯語上

17. 獨恭：一身之恭也。（頁1）

【按】 此襲用韋注。

第五魯語下

18. 方城：楚北山也，在今河南方城縣東北，本作萬城，萬俗作万，故轉誤爲方。（頁3）

【按】 《國語正義》用此説，沈鎔《詳注》當引自《正義》。審明陳耀文（？1520—？1602）《正楊》卷二"方城本萬城"條云："《左傳》'方城以爲城'，古本'方'本'萬'字，古字'萬'亦作'万'，故訛爾。"①此頗可備説。

19. 隼：鳥名，鷹類中最小者，毛色斑紋與鷹同。惟胸腹灰白而略赪。（頁9）

【按】 沈鎔此注當是根據最新的禽鳥類研究成果所寫，審《中華大字典》只是有"隼"的插圖，尚未對"隼"作這樣細緻的解釋，北京中華書局根據舊版《辭海》縮略而成的《中華小字典》所釋已比較科學而詳盡，如下：

> **【隼】**胥允切，音筍，軫韻。動物名（Ealco peregrinus），又名鶻，鳥類猛禽類。上嘴鈎曲，嘴色青黑，背部亦青黑色，尾羽灰色，尖端白，脚强健，具四趾，皆有鈎爪。性鋭敏，速飛善襲，獵者多飼之以助獵。②

---

① （明）陳耀文：《正楊》，臺北：臺灣商務印書館1986年《景印文淵閣四庫全書》第856册，頁80下。

② 中華書局：《中華小字典》，北京：中華書局1985年影印本，頁916中。

《中華小字典》也有插圖，和《中華大字典》插圖不盡同。如下：

《中華大字典・酉集》，頁 147 上；《中華小字典・戌集》頁 52 上中。

一動一靜，可相互説明。由此可見，沈鎔《國語詳注》在訓詁名物方面比較注重吸收最新研究成果。

又“頳”同“赬”，赤色。

第六齊語

20. 令支：山戎與國也。《史記》作離支，今直隸盧龍縣東北有令支城。（頁 7）

【按】 令支故地在盧龍之説見《路史》。《辭海（歷史地理分册）》云：“令支：古國名。一作泠支、離支、離枝、不令支、令疵。在今河北遷安西。山戎與國。”①李德山、欒凡著《中國東北古民族發展史》亦以令支都城在今河北省遷安縣西。根據百度百科上提供的“遷安”詞條，認爲：“‘令支’地名的始源，是來自具有地方特色的特殊物産，這就是當時境内到處可見的野生果樹——杜梨。因杜梨樹枝多生木質尖刺，刺長約 2 厘米，對於人類行走、爬樹、采摘果實多有不便，給人印象很深，古代人多由印象深的事物開始認識，由此人們常説‘梨枝’，而少説‘梨樹’。‘令支’即‘梨枝’諧音演變而來，音變的同時文字也發生了嬗變。”這種説法是牽强附會的。“令支”或故部族特用之

---

① 夏征農主編：《辭海（歷史地理分册）》，上海辭書出版社 1989 年版，頁 94。

語，後世往往稱呼。以音同、音近即可，至於其義，則恐湮滅不可尋蹤。

21. 孤竹：湯封墨胎氏孤竹國，後九葉孤竹君二子伯夷、叔齊以讓國逃去。今盧龍縣西十五里有孤竹城。（頁7）

【按】《史記集解》謂孤竹在盧龍縣南十二里。清佚名《史記疏證》卷三九云："《括地志》：孤竹城在平州盧龍縣南十二里。今在永平府城東一十五里。"①"孤竹"亦作"觚竹"。根據盧龍在線對"孤竹"的總結，認爲目前學界對"孤竹"有四種解釋，分别爲：(1)"孤竹"亦寫作"觚竹"，"觚"是青銅制的酒器，"竹"是用以記事的竹簡，二者反映了這個諸侯國的貴族生活和文化發展水平。(2)根據《急就篇》顔師古注"觚者，學書之牘，或以記事，削木爲之"所記認爲"觚"和"竹"同爲書寫用物。(3)北方地不産竹，"孤竹"就是竹子稀少的地方。(4)有的認爲"孤竹"是一根竹子，代表男性的根，是一個堅挺的男性陽具。它是氏族圖騰。至於具體，恐還要進一步研究。

22. 幾：與譏通，幾異服，識異言也。（頁8）

【按】《齊語》原文"幾而不征"，《禮記·聘禮》"以幾"陸德明《釋文》云："幾，本亦作譏。"②《補音》云："幾，通作'譏'。"③是《詳注》所本。

23. 五鹿：在今直隸大名縣東南。（頁8）

---

① (清)佚名：《史記疏證》，上海古籍出版社2002年輯印《續修四庫全書》第264册，頁368上。

② (唐)陸德明：《經典釋文》，頁590。

③ (宋)宋庠：《國語補音》卷二，本卷頁9。

【按】 明清史地著作中多已提及五鹿在大名。

第七晉語一

24. 玦之以金銑者寒之甚矣：玦，猶決也。金絶澤謂之銑，銑猶灑也，灑灑寒貌。言於太子無温潤也。（頁 9）

【按】 《國語》公序本各本"灑"作"洒"。黄刊明道本及其覆刻本、寶善堂本、《補正》、《備要》本、《初編》"洒"爲"灑"。《五經文字·水部》："經典或借'洒'爲'灑埽'字。"①另參見拙著《小学要籍引〈國語〉研究》②。

第八晉語二

25. 若：擇也。謂於二公子中擇誰先立也。（頁 8）

【按】 吴曾祺《補正》已引《説文》及段注明"若"爲"擇"字之義。此處《詳注》用韋注、《補正》之説。

26. 竄：微也。（頁 8）

【按】 《齊語》原文作"敏能竄謀"。《國語》"竄"字共 5 見，分别爲《周語上》"自竄"、《晉語二》"竄伏"、"竄惡"、"從吾兄竄"和本句，《周語》1 見，《晉語》4 見。《國語》5"竄"字皆隱、微之義。

第九晉語三

27. 爲王妃：言重耳當霸諸侯，爲王妃偶也。（頁 1）

---

① （唐）張參：《五經文字》，臺北：臺灣商務印書館 1986 年《景印文淵閣四庫全書》第 224 册，頁 281 上。

② 拙著《小学要籍引〈國語〉研究》，頁 211—212。

【按】《詳注》本條注釋襲用韋注，唯把韋注原文之“伯”易爲“霸”。“妃”、“匹”義通。

第十晉語四

28. 蠶妾：采桑飼蠶之女。（頁 2）

【按】“蠶妾”亦見於《左傳·僖公二十三年》，宋林堯叟釋爲“育蠶之妾”，楊伯峻釋爲“養蠶、采桑之婢”①。古書中少見釋義，或以“蠶妾”作爲一種職能分工，本極常見。

29. 天作高山大王荒之：作，生也。高山，岐山。荒，大也。言天生此高山，使興雲雨，太王則秩祀而尊大之。（頁 5）

【按】“秩”字，黄刊明道本及其覆刻本、寶善堂本、《備要》本、《初編》本韋注作“袟”，遞修本、許宗魯本、金李本、薈要本、文淵閣本、文津閣本、道春點本、董增齡本、《補正》字作“秩”，汪遠孫《考異》認爲“袟”字是“秩”字之誤，故《補正》、《詳注》從汪説改作“秩”。

30. 寺人伯鞮：内傳作寺人披，寺人掌内，披爲伯鞮之合音，猶邾婁之爲鄒也。（頁 9）

【按】《補音》云：“寺人披，匹皮反，閹官也，一名伯楚。文公時爲勃鞮，勃鞮亦官名。今按：《經典釋文》‘寺’如字，又音侍；披音普皮反，春秋本或作‘侍人披’。”②“伯”、“勃”音同。

31. 順禮：以順爲臣之禮。（頁 11）

---

① 楊伯峻、徐提編：《春秋左傳詞典》，北京：中華書局 1985 年版，頁 1025。
② （宋）宋庠：《國語補音》卷一，本卷頁 14。

【按】《詳注》截取韋注。

第十二晉語六

32. 圍：當作圉，囚之也。（頁 5）

【按】原文作“獻子圍公於匠麗氏”，審吴曾祺《補正》引王念孫説謂“圍”當作“圉”，是《詳注》本吴説。徐元誥《集解》正文改“圍”作“圉”。

第十三晉語七

33. 狃：就也。（頁 3）

【按】《玉篇·犬部》：“狃，就也。”①《國語》原文作“使臣狃中軍之司馬”，韋注云：“狃，正也。”俞樾《群經平議》謂“狃”當爲“猥厠”之義。則《詳注》釋“狃”爲“就”亦語境義。

34. 勇不疾於刑：疾，病也。勇能守法，不至以陷刑爲疚病也。（頁 4）

【按】“疾”爲“疚”字之誤。韋注云：“疚，病也。能斷決其學，不廢其先人之職。若在卿位，外内必平。且雞丘之會，其官不犯。不犯，戮楊干。”《詳注》較韋注更爲得義。

第十四晉語八

35. 瑕：瑕嘉。（頁 1）

【按】“瑕嘉”亦作“詹嘉”。陳樹華《春秋經傳集解考正》卷一二云：“惠氏云：《周禮·典瑞》注引作‘段嘉’，蓋古文止作‘段’，讀爲‘遐’

① (宋)陳彭年等：《宋本玉篇》，頁 432。

也。今本亦作'瑕'。唯陸氏《周禮釋文》猶存古字。"①李富孫(1764—1843)《春秋三傳異文釋》卷五云:"《傳》'晉侯使瑕嘉平戎于王',《典瑞職》注引作'叚嘉',《釋文》:'叚,本又作瑕,亦作假,音同。'案《檀弓》'公肩假',《古今人表》作'肩瑕',是'瑕'、'假'同音通叚,讀爲'遐',古又从省。"②可備參佐。

36. 大戮施:施,加也。謂加以大戮也。(頁2)

【按】 韋注云:"施,陳也,陳其尸。"這句話牽涉到語法結構的分析,"大戮施"爲主謂結構,"大戮"爲偏正結構,另外一種爲"[大]戮施"。韋注釋"施"爲"陳"恐爲語境義。"大戮"實爲刑罰之一,即死刑,《左傳·宣公十二年》云:"古者,明王伐不敬,取其鯨鯢而封之,以爲大戮。"《詳注》之釋實襲用吴曾祺《補正》,似更明瞭。

37. 狎:更也。(頁6)

【按】 原文作"今將與狎主諸侯之盟","狎"作狀語。傅庚生《國語選》云:"狎,更迭;現在他們竟然能够和我們晉國輪流若主持諸侯的盟會。"③亦本《詳注》爲説。

38. 捭:下溼也。(頁7)

【按】 《詳注》"捭"字爲"埤"之誤,正文亦然。"溼","濕"之别體。

39. 泰:奢泰。(頁9)

---

① (清)陳樹華:《春秋經傳集解考正》,《續修四庫全書》第142册,頁502。
② (清)李富孫:《春秋三傳異文釋》,《續修四庫全書》第144册,頁449下。
③ 傅庚生:《國語選》,北京:人民文學出版社1959年版,頁189。

【按】《國語》原文作“驕泰奢侈”。《漢語大詞典》釋“驕泰”爲“驕恣放縱”,又謂“驕泰淫泆”與“驕奢淫逸”同。審《聯綿字典》收“驕汰”、“驕佚”、“驕放”、“驕恣”,恐皆異文同詞。《聯綿字典》釋“驕泰”云:“驕亦泰也。”①符氏所釋更爲得義。

第十五晉語九

40. 怨若怨焉:若,如也。怨自如故。(頁4)

【按】《釋詞再補》云:“若,如故之詞,猶言依然也。”②徐仁甫《廣釋詞》謂“若猶自”,《國語》本句之義爲“怨自怨也”③,實仍以釋“若”爲“如”爲是,《再補》、《廣釋詞》實皆因文爲釋,不足取。

41. 尋飯:尋字當誤,《吕覽》作摶飯。(頁5)

【按】王引之《經義述聞》引王念孫説,謂“尋”爲“專”字之誤,“專”爲“摶”字之古。朱駿聲則謂“尋”爲“撏”字之古。黄以周(1828—1899)《禮書通故》卷二二云:“鄭玄云:‘毋摶飯,爲欲致飽不謙。’以周案:摶飯者,取而摶之,不食。放飯者,大食之也。《吕氏春秋·慎大篇》:‘襄子將食,摶飯,有恐色。’謂取飯不食,而有憂也。《國語》作‘尋飯’。尋,古撏字。《方言》:‘撏,取也。’字亦作‘撁’。撏飯、摶飯一義。”④是彌合王、朱二家之説。

第十六鄭語

42. 若前華:疑作頮。(頁1)

---

① 符定一:《聯綿字典·亥集》,北京:中華書局1954年版,本集頁34上。

② 王引之、孫經世:《經傳釋詞(附補及再補)》,北京:中華書局1956年版,頁334。

③ 徐仁甫:《廣釋詞》,成都:四川人民出版社1981年版,頁328。

④ (清)黄以周:《禮書通故》,上海古籍出版社2002年輯印《續修四庫全書》第111册,頁562下。

【按】 汪遠孫《考異》云:"公序本'華'作'莘',《注》同。《補音》出'前莘'。案:《水經・瀶水注》引《國語》作'莘'。《詩譜》又作'華'。《考正》云:'前莘疑當作前潁,據上文《注》謂左濟右洛前潁後河爲證。此注華華國也四字係上句八邑釋文,八邑不當止存四在,傳寫逸之。'又據《水經注》引《注》華國名在華君之土也句下以爲證,未審是不?"①吴曾祺《補正》云:"前華,疑作前潁。方與上濟洛河潁句合。"②是襲用《考異》引《考正》之言。徐元誥《國語集解》則直接繞過《考異》,徑引作《考正》云云。

第十七楚語上

43. 赧:通戁,懼也。(頁2)

【按】 《説文・心部》:"戁,敬也。"《説文・赤部》:"赧,面慙赤也。"③則二字義本不同。朱駿聲云:"戁,借爲赧。"④王念孫、郝懿行(1757—1825)以"戁"、"赧"通。以基本古籍庫爲檢索對象,"戁"字661條,"赧"字7850條,可見"赧"字更爲常用。《詳注》以低頻字釋高頻字,恐未盡當。

44. 城守之木:木宜作末,城守之餘也。(頁5)

【按】 審各書引字亦作"木"。《札記》云:"依《解》云'城守之餘','木'當是'末'字之誤也。"汪遠孫《考異》則謂:"疑韋解有訛脱。"⑤徐元誥《集解》據《札記》改"木"爲"末",王樹民、沈長雲點校本改回"木"字並

---

① (清)汪遠孫:《國語明道本考異》,頁325。

② 吴曾祺:《國語韋解補正》,本卷頁1。

③ (漢)許慎:《説文解字》,頁217下、頁213上。

④ (清)朱駿聲:《小爾雅約注》,轉引自黄懷信《小爾雅匯校集釋》,西安:三秦出版社2003年版,頁345。

⑤ (清)黄丕烈:《校刊明道本韋氏解國語札記》,頁261。(清)汪遠孫:《國語明道本考異》,頁329。

云:"黄氏原爲推測之言,未有明據,而《集解》即據之改正文之'木'爲'末',又在韋解'城守之餘'下加一'木'字,而未作説明,皆爲輕改古籍者,今皆爲改回。"①王、沈言是。

第十八楚語下

45. 含收:收縮。萬物含藏也。(頁3)

【按】 前曾以《國語》明本四種爲基本考校對象,得1333條,撰爲《〈國語〉勘校考異——以明本四種勘校條目爲對象》一書。其中即涉及本條注釋。如下:

> 遞修本注云:"含収収縮萬物□□也。"丁跋本注云:"九氣含收萬物成類也。"許本注云:"土氣収縮萬物漢類也。"活字本、黄刊明道本及其覆刻本、寶善堂本、《補正》、《初編》本注云:"含收收縮萬物舍藏。"《詳注》注作"含收,收縮。萬物含藏也",《備要》本、《集解》、上古本無"也"字。許本注"漢類"之"漢"恐"成"字或"含"字之誤,丁跋本、許本注文相近。活字本、黄刊明道本及其覆刻本等"舍"字當爲"含"字之誤。《册府元龜》卷七八〇引注無"也"字,他與金李本同。明人李元吉《讀書囈語》卷八云:"圡氣含收,言圡氣下降也。"可爲注脚。②

可以補釋《楚語下》本條,遞修本注文壞缺二字恐即爲"含藏"。

第二十越語上

46. 免:《説文》作挽,生子免身也。(頁3)

【按】 "免"、"挽"爲古今字,今正字作"娩"。

---

① 徐元誥撰,王樹民、沈長雲點校:《國語集解》(修訂本),頁508。

② 拙著《〈國語〉勘校考異——以明本四種勘校條目爲對象》,新北:花木蘭文化出版社2015年版,頁315。

結　語

綜上，共補箋《詳注》46條，大體包括這樣幾個方面：（一）《詳注》字誤；（二）《詳注》用公序本；（三）《詳注》所釋義或有未當，或可商補；（四）《詳注》襲用前人成説。我在《〈國語補音〉異文研究》等著作文章中一再提到中國本土明道本《國語》在近代的變化，即吴曾祺《國語韋解補正》吸納了《國語》公序本的某些合理成分。沈鎔《國語詳注》則在《補正》的基礎上更近了一步，不僅進一步吸納公序本《國語》合理成分，而且還仿照張一鯤本系列，把《補音》中關於八國的注文放在八語之下。此後的徐元誥《國語集解》參照了《詳注》的這種方式，進一步運用清代校勘成果，更爲肆意改换《國語》本文，泯滅公序本與明道本的界限。從某種角度上説，沈鎔《詳注》在近代《國語》注釋史上具有承前啓後的作用。而且，沈鎔的注解方式也是深得韋昭注釋簡明的要著，正因爲其注釋的簡潔，使得更多讀者易於接受，從而促進了《國語》的進一步傳播。

三、徐元誥《國語集解》辯證

引　言

徐元誥（1876—1955）①，字寒松，號鶴仙，江西吉安人。徐氏一生

① 徐元誥的個人介紹可見者有劉國銘《中國國民黨百年人物全書》、曾采堂爲朱祥清主編《江西近現代人物傳稿》所撰《徐元誥》以及陳玉堂《中國近代人物名號大詞典》等條目，《中國國民黨百年人物全書》云徐氏生卒爲1885—1956，曾采堂則云徐氏生於光緒二年（1876），卒於1955年，而《philological dictionaries of the chinese language》則著録徐元誥生卒爲1878—1955，陳玉堂《中國近代人物名號大詞典》條目取《中國國民黨百年人物全書》之説，三種材料中，以曾采堂所撰最爲詳盡，於徐氏一生行止言之最詳，審曾氏亦爲江西吉水人，與徐元誥爲同鄉，或其所述較爲可信，本書用曾氏之説。當然，三種條目共同的一點是，都没有記録徐元誥著有《國語集解》一書，在這一點上，和沈鎔的傳記資料不記沈著有《國語詳注》一書相同。

多面。曾赴日本攻讀法律。歸國後，在南昌創辦江西法政專門學堂，任堂長。歷任江西省司法司(廳)司長、上海道尹、河東道尹、大元帥府秘書長、江西省高等法院院長、中央最高法院院長、上海敵僞産業處理局法律總顧問、上海市文史館員。除主編《中華大字典》和倡修《辭海》外，還著有《管子釋疑》、《説文》、《法學通論》、《民主》、《國語集解》等書。《國語集解》，上海中華書局初版於1930年，至2012年之前没有重新刊印過。《國語集解》初版書名由章太炎題署，書分六册，内容包括《國語集解》叙例、韋昭《國語解叙》、宋庠《國語補音叙録》、錢大昕《重刻國語明道本序》、《國語集解》目録、《國語集解》正文。審徐氏《集解》多引前人著作，但大體上依照汪遠孫《國語校注本三種》、王引之《經義述聞》、汪中《國語校詁》、董增齡《國語正義》、俞樾《群經平議》、吴曾祺《國語韋解補正》、沈鎔《國語詳注》等。在點校本上所展現的即加圈"○"以和韋注相區别。根據筆者個人統計，徐氏集解共1893條，其中有些加"元誥按"三字以爲按斷者1056條，另外有幾條未加"元誥按"而是加"今按"。加"元誥按"或"今按"的很多條目，實際上也是徐氏徵引前人之説，而非徐氏個人論斷。審徐氏《國語集解》一書内容，大致包括這樣幾個方面：(1)詮釋地名。地名詮釋一直是古代著作的一個方面。賈逵、韋昭、宋庠、董增齡、譚澐(清同光時期學者)、吴曾祺、沈鎔等也都對《國語》地名進行過地理學和訓詁學的解釋，徐元誥在此基礎上仍然做了很多條目；(2)比較各種説法，判斷是非取捨。徐氏在《發正》、《正義》、《補正》的基礎上又徵引了其他一些説法，比如戴震、李冶等等，在臚列各種説法之後判斷是非取捨；(3)比較明道本、公序本《國語》文字異同，斟酌去取。這部分校語主要采自《札記》、《考異》，基本不是徐氏的自創，和吴曾祺《補正》的處理方式相同，吴曾祺《補正》中大量的校勘條目實際上就是采自《札記》或《考異》而不出注；(4)訓詁語義，有時直釋語義，有的則引證他説繼而進行論斷；(5)闡明文字關係。徐氏《集解》多處明文字假借、古今、異體、同源等關係。徐仁甫較早有專論論及，此後王樹民發表論文進行評價，詳見後文所引。徐元誥的《國語集解》是第一部《國語》集解類著作。清代以前傳世的《國語》研究著作大約有十幾種，研究比較充分的應該是韋昭《國語解》，《國語解》而外的其他《國語》著作的研究則顯得相對薄弱。晚近《國語》研究著作主要有三種，分别爲吴曾祺《國語韋解補正》、沈鎔《國語詳注》和徐元誥《國語集解》。前二者的普及程度比徐元誥《集解》都高，吴氏之書初版於1909年，一直到1933年還在出版；沈鎔的《國語詳注》1916初版，一直到1935年平均每年出版一次。徐氏《國語集解》由上海中華書局1930年印行，一直到2002年之前也祇印行了這一次①。而前二種到目前爲止尚未見一篇研究論文，徐氏《集解》則已有多篇期刊論文和碩博論文進行研究。從某種程度上講，王樹民、沈長雲點校本《國語集解》的出版對《國語集解》研究起了很大的助力作用。此前祇有王樹民《評〈國語集解〉》（《河北師院學報》1988年第3期）論文1篇，徐仁甫考辨《國語》的論著中也曾引用到《國語集解》。張以仁是海外研究《國語》的巨擘，在《國語》的各個方面都有過論著，但是張氏論著中没有提到一次徐氏的《國語集解》，於此亦可見徐氏《國語集解》的影響力之微。《國語集解》點校本出版之後，共有碩、博論文3篇，分别爲周静《〈國語集解〉校注探微》（南昌大學

---

① 馬文熙等主編《古漢語知識詳解辭典》謂《集解》初版於1936年，誤。因《吴虞日記·宜隱堂日記·中華民國十九年(1930)》"臘月十六日，2月3號"下記有："旋往中華書局，取《國語集解》一部。"（成都：四川人民出版社1986年版，頁543）吴虞日記可以爲證。今見《國語集解》原刊本，版權頁亦作"民國十九年二月印刷，民國十九年二月發行"。由於《國語集解》印行僅一次，流通較少，故各種舊書信息資源中出現也少，市面上很難買到。各種古史料用書當中往往提到清代近代《國語》研究著作時，也都提到徐元誥《國語集解》，但多一筆帶過，語焉不詳。直到王樹民《評〈國語集解〉》一文，纔比較詳盡地介紹了《集解》。王文用一半篇幅首闡《國語》以及《國語》研究之大略，次則言《國語集解》，王氏認爲："《國語集解》之編撰方式雖善，其編撰工作則甚爲粗疏，成爲其書最大之缺陷，不僅多文字之誤，更時有硬性謬誤及自相脱節，或畫蛇添足，無的放矢者。""其書在浪費筆墨之外，有時則過於簡澀。"因此王氏認爲《國語集解》"似所刊者爲其初稿，非其定稿。"（王樹民：《評〈國語集解〉》，氏著《曙庵雜著文録》，北京：中華書局1997年版，頁355—358）王文專爲點校《國語集解》而作者，故又用爲點校本《國語集解》之前言。在點校本前言中，"似所刊者爲其初稿，非其定稿"一句删去，復有"《國語集解》之疵誤雖多，而其書能容納清代以來各家校釋《國語》之成果，兩相權衡，可謂瑜瑕參半"幾句可作爲王氏對《國語集解》的總評價。

漢語言文字學2006屆碩士學位論文)、戎輝兵《〈國語集解〉訂補》(南京師範大學中國古典文獻學2007屆博士學位論文)、李丹丹《〈國語集解〉獻疑》(陝西師範大學漢語言文字學2008屆碩士學位論文)。學術刊物研究論文10篇,分别爲戎輝兵《〈國語集解〉訂補(一)》(《古籍研究》2006年下卷)、《〈國語集解〉訂補》(《楚語》部分)(《古籍整理研究學刊》2009年第3期)、《〈國語集解〉訂補》(《越語》部分)(《文教資料》2009年第18期)、《〈國語集解〉訂補》(《魯語》部分)(《古文獻研究集刊》第3輯)、《〈國語集解〉訂補(《周語》部分)(《東亞文獻研究》第5輯),李丹丹《〈國語集解〉訓詁札記》(《西華大學學報》2007年第2期),俞志慧《徐元誥〈國語集解〉刊誤》(《古籍整理研究學刊》2008年第4期),周靜、賀碧晴《由校注方法看〈國語集解〉的國學成就》(《飛天》2009年第10期),周靜、尹琪《〈國語集解〉之校釋學意義》(《時代文學》(下半月)2009年第9期),葉曉鋒《〈國語集解〉訂補》(《古籍整理研究學刊》2010年第5期)①。此外,尚有一篇介紹文字,爲馮秀環《〈國語集解〉點校本出版》(《中國史研究動態》2003年第4期),加上王樹民的文章和徐仁甫早期《書徐元誥〈國語集解〉後》一篇(氏著《乾惕居論學文集》,北京:中華書局2014年版,頁29—30),目前所見《國語集解》論文總共

① 李丹丹的論文除了對點校本《國語集解》進行校勘外,大量的是對《國語》正文和韋注的校理訓詁,總128條,真正涉及徐元誥集解的衹有13條。戎輝兵對《國語集解》的特點論述較爲詳明,其文校訂《國語集解》114條,其中周語21條,魯語16條,齊語9條,晉語35條,鄭語4條,楚語12條,吴語9條,越語8條。實際上戎氏的論文和李丹丹一樣,並不專門訂補《國語集解》,亦討論《國語》正文及韋注之失,但是其討論《集解》條目比李爲多。葉曉峰的《訂補》一文共41條,實際上真正訂補徐元誥《集解》者衹有9條,葉氏的一個特點,是在訂補過程中運用了古文字材料和説法。周靜的論文主要是探討方法,但是由於其没有參照汪遠孫、黄丕烈著作,故而把許多徐元誥采自黄丕烈、汪遠孫的説法都算在了徐元誥的頭上,有一些失察,從而也就失真了,但是就撰述的純粹性而言,則周靜《〈國語集解〉校注探微》完全以徐氏《集解》作爲研究對象,其臚列徐氏《集解》校注方法之是非,每條引例下俱加按語以進行疏解,共疏解《集解》55條,有的在正徐氏之失,有的在進行補證,雖結論或可商榷,然亦可見樸學方法。俞志慧的論文主要就點校本《國語集解》的兩次印刷本的誤失作勘正,共有184條。

12篇。《國語集解》研究大致可以分爲三種情況:(1) 方法討論;(2) 具體條目訂補;(3) 點校勘正。今則復檢徐氏《國語集解》,得可商者42條,參考相關研究成果逐條爲之箋,希望有助於《國語》以及徐氏《國語集解》之進一步整理與研究。録文用北京中華書局2002年6月第1版2006年4月第2次印刷之修訂本,並參上海中華書局1930年本。

1. 是不布利而懼難乎

韋注:言后稷、文王既布利,又懼難也。

元誥按:是不,猶是非也。《莊子·讓王篇》:"先王不受,豈不命邪。"劉淇曰:"豈不,猶豈非也。"此句意相同。(頁14)

【按】 "非"和"不"雖然具有相同的語法功能和意義,但是還不能互換,而且也不必相互解釋。該句的主語是"是","布利而懼難"爲述語成分,"不"是副詞進行修飾。徐氏以"豈不"比附"是不"恐非,因"是"和"豈"語法功能不同。

2. 於是乎始霸

元誥按:霸字亦作"伯"。《一切經音義》二引賈逵曰:"霸,猶把也。言把持諸侯之權也。"(頁38)

【按】 "霸"、"伯"音同可通。《周語上》"霸"字,《國語》各本無異文。另外《晉語七》"於是乎始復霸(伯)"、"於是乎遂伯",《國語》各本則有"霸"、"伯"之異。黄刊明道本及其覆刻本、寶善堂本、《補正》、《詳注》等前句作"霸"而後句作"伯",而宋刻宋元遞修本、經筵校本、許宗魯本、金李本、張一鯤本、《國語評苑》、《國語鈔評》、吴勉學本、閔齊伋本、四庫薈要本、文淵閣本、文津閣本、道春點本、千葉玄之本、緑蔭堂本、董增齡本、秦鼎本等作"伯"。《補音》亦謂"伯"音"霸"。從文本的前後一致性上看,當統一隸作"霸"或"伯"。

3. 王怒，將以狄伐鄭

韋注：狄，隗姓之國也。

元誥按：狄，《史記・周本紀》作"翟"，通。（頁44）

【按】 根據《國語集解敘例》，"傳文以明道、《補音》二本爲據，擇其是者從之。其疑異脱衍，胥注句下。有依他説訂正者，仍列原文於《集解》，證以他説。"①從《集解》上下文看，其字多用"狄"而不用"翟"。《國語》明道本和公序本的區别在於，明道本《國語》絶大多數用"狄"而公序本《國語》絶大多數用"翟"，故"翟"、"狄"二字可看作《國語》公序、明道二本版本界限的標準。徐氏此處不言公序本如何，唯言《史記・周本紀》如何，則恐徐氏並未參公序本《國語》。明道本《國語》中，自吴曾祺《國語韋解補正》始，以公序本合理成分入明道本，沈鎔繼之，徐元誥《集解》是在《補正》、《詳注》基礎上纂成，是徐氏雖云"傳文以明道、《補音》二本爲據，擇其是者從之"，然實唯參照《補正》、《詳注》以及《札記》、《考異》等書，或並未及公序本《國語》。

4. 何政令之爲也。

韋注：何以復臨百姓而爲政令乎？

〇王引之曰："爲，有也。韋注失之。"（頁53）

【按】 "爲"非"有"義，當爲"施行"、"推行"之義。王氏以"韋注失之"，恐非是。

5. 無亦擇其柔嘉

韋注：無亦，不亦也。柔，脆也。嘉，美也。

〇王引之曰："無，發語詞也，無亦，亦也。"

元誥按：柔嘉，《説文》作"腬嘉"，云"善肉"。（頁59）

---

① 徐元誥撰，王樹民、沈長雲點校：《國語集解》（修訂本），頁593。

【按】 "柔嘉"在《國語》中共出現3次,《詩經》、《吕氏春秋》、《漢書》等亦有出現,意義固定,可以看作是一個合成詞,表性狀。在《國語》本語境下的"善肉"之義實爲語境義,非常用義。審"脜"字唯見《説文》、《説文句讀》、《説文義證》、《説文通訓定聲》等《説文》類書,"脜嘉"恐亦爲文造字,其前非必有類似文獻。

6. 夷、鄭從之,三陳而不整,五也。

韋注:夷,楚東之夷也。《晉語》曰:"楚恭王帥東夷救鄭。"三陳,夷、鄭、楚也。

○《舊音》曰:"陳,丈刃反。"

元誥按:《説文》作"敶",俗作"陣"。(頁73)

【按】 "敶"字唯見《説文》類書,包括《繫傳》、《説文解字注》、《説文義證》、《説文句讀》、《説文通訓定聲》等。《説文·攴部》:"敶,列也。"① 審青銅銘文中既有"敶"字,但是傳世文獻中則多用"陳"字,或以其形簡易寫。

7. 晉將有亂,其君與三郤其當之乎!

元誥按:二"其"字疑衍一。君指晉厲公。(頁83)

【按】 二"其"字中,"其君"之"其"作主語,指代"亂"。"其當"之"其"爲副詞,表推度語義。不存在衍文問題。

8. 象天能敬

韋注:言能則天,是能敬也。

元誥按:古"能"、"而"二字多互用。此文十一"能"字,疑皆與"而"同。而,猶則也,見《經傳釋詞》。象天而敬,猶云"象天則敬"矣。下以類推,皆覆釋上文之詞也。若讀如本字,謂何者周子能

① (漢)許慎:《説文解字》,頁68上。

之,何者周子能之,則下云此十一者,夫子皆有焉,不亦贅乎?(頁89)

【按】 徐氏恐未能理解文義。首先,"能"和"而"字功用不同,前者一般作助動詞,在本語境下同;後者作連詞等。"象×能×"實際上是一個條件句,説的一般規則或者謂爲通例,而非謂周子能如何。所以字作"能"字不是贅文,改作"而"字猶爲不當。

9. 此十一者,夫子皆有焉

韋注:夫子,晉周也。

元誥按:夫音乎,猶此也,見《經傳釋詞》。夫子,猶言"夫夫"也,猶言"此子"也。下同。韋注不明。(頁89)

【按】 "夫"音 fú,實爲遠指代詞,猶彼,非猶此。徐氏以"夫音乎"者,或受方音影響。審基本古籍庫中所收古籍,唯簡朝亮(1851—1933)《尚書集注述疏》有8處注文云"夫音乎"。簡朝亮爲清末廣東順德人,徐元誥爲江西吉安人,恐皆非以通語之音注"夫"字。

10. 守終純固,道正事信

元誥按:道,由也。謂所由正,所事信也。(頁90)

【按】 若從語法角度看,"道正事信"可作兩種分析:(1)"道"、"事"皆爲主語,故"道"、"事"爲名詞。(2)"道"、"事"皆爲謂語動詞,該句爲兩個動賓結構聯合。徐元誥之解即是此義。假如解爲動詞,則"道"正作"導",或者"道"解爲意動用法。今審各譯注本中,薛安勤、王連生譯爲:"取正道,講究誠信。"董立章引徐元誥説,譯爲:"動機純正,處事可信。"鄔國義等譯爲:"根本端正而行事有據。"李維琦譯爲:"行道正,處事信。"黄永堂譯爲:"道路正直而行事重信用。"趙望秦等譯爲:"根本中正而處事講信用。"來可泓譯爲:"道德純正而行事有信。"徐漢華主編《百家精言妙語》譯爲:"所守之道正所行之事信。"可見各家譯文也都是依違於"道"字作名詞還是作動詞上面。前句"守"字爲動詞,則此處"道"、"事"或亦爲動詞。

11. 而無飢寒乏匱之患

元誥按:而,猶與也。《論語·雍也篇》:"不有祝鮀之佞,而有宋朝之美。"王引之曰:"而,猶與也。"此文句法正同。(頁93)

【按】"而"字連詞,此處表並列。與"與"字用法不盡同。"與"作連詞表並列,前後不能跟句子,而"而"字則可以跟句子。本文"而"字前後都是動賓結構。

12. 堯用殛之於羽山

韋注:殛,誅也。舜臣堯,殛鮌於羽山。羽山今在東海祝其縣南也。

○段玉裁曰:"殛爲'極'之假借,非殊殺也。《左傳》曰:'流四凶族,投諸四裔。'劉向曰:'舜有四放之罰。'屈原曰:'永遏在羽山,夫何三年不施?'王注:'言堯長放鮌於羽山,絶在不毛之地,三年不舍其罪也。'《鄭志》答趙商云:'鮌非誅死,鮌放東裔,至死不得反於朝。'以此諸説,可得其實。《洪範》:'鮌則殛死。'《釋文》:'殛,本又作"極"。'《多方》:'我乃其大罰殛之。'《釋文》:'殛,本又作"極"。'假'殛'爲'極',正如《孟子》假'殺'爲'竄'。鮌因極而死於東裔,韋注《晉語》云:'放而殺也。'此當作'放而死也'。高注《吕覽》云:'先殛後死。'此當作'先極後死'。而云'殛,誅也',蓋用《釋言》'極,誅也'之文,謂正文'殛'當作'極'也。"胡渭曰:"説者皆以東海郡祝其《禹貢》之羽山爲舜殛鮌處,愚謂此地太近,非荒服放流之宅。孔安國《舜典傳》云:'羽山,東裔,在海中。'今登州府蓬萊縣有羽山。《寰宇記》云:'在縣東十五里,即殛鮌處。有鮌城,在縣南六十里,以近殛鮌之地而名。'此與孔《傳》謂在海中者合,當從之。《禹貢》之羽在徐域,《舜典》之羽在青域,不可以無辨。"(頁95)

【按】“殛”爲流放刑罰之義，詳見拙著《〈國語〉動詞管窺》與本書下編之四“俞志慧《國語韋昭注辨正》辯證”①。又賈文毓、李引主編《中國地名辭源》云：“羽山，在江蘇省東海縣北部、與山東省交界處。海拔269米。”②今以近於山東界者在臨沭縣境内③。《中國歷史地名辭典》“羽山”條云：“① 在今山東郯城縣東北；② 在今山東蓬萊縣東南。”④劉俊男認爲“古羽山宜在南嶽衡山附近”⑤。今各種辭典中以羽山在江蘇與山東交界處者居多，則江蘇界在東海境，山東界在臨沭境内。然此等古地名固難得其真實，且後世羽山之名或有附會故事而名之者，亦未必可坐實。

13. 物無害生

韋注：螟蝗之屬不害嘉穀也。

元誥按：生，疑與性通。物無害生，謂物無賊害之性也。（頁96）

【按】《白石神君碑》文亦有此四字。本字既通，不必改讀。

14. 及范、中行之難，萇弘與之

元誥按：與，讀去聲，今作“預”。（頁133）

【按】徐氏所謂“與讀去聲”者是。慧琳(737—820)《一切經音義》卷二二引《慧苑音義》“預流”注引《珠叢》曰：“凡事相及爲預也。”⑥可以

① 拙著《〈國語〉動詞管窺》，頁124—126。

② 賈文毓、李引主編：《中國地名辭源》，北京：華夏出版社2005年版，頁482。

③ 韓喜凱主編《山東風景名勝詞典》謂羽山在“臨沭縣臨沭鎮南25公里，魯蘇交界處”（濟南：山東友誼出版社1989年版，頁336），亦可參考。

④ 中國歷史地名辭典編委會：《中國歷史地名辭典》，南昌：江西教育出版社1986年版，頁378。

⑤ 劉俊男：《華夏上古史研究》，延吉：延邊大學出版社2000年版，頁206。

⑥ （唐）釋慧琳：《一切經音義》，《續修四庫全書》第196册，頁581下。

釋本《國語》本句“與”字之義。

15. 今德替矣

韋注：替，滅也。

元誥按：今，疑當爲“令”，涉上句而訛。（頁 147）

【按】 今審《國語》各本字皆作“令”，各書引《國語》字亦作“令”，不作“今”字。是徐氏誤識。

16. 商、周之蒸也，未嘗躋湯與文、武，爲踰也。

韋注：不使相踰也。

元誥按：爲讀去聲。明道本爲下有“不”字，涉《注》而衍。（頁 165）

【按】 汪遠孫《考異》云：“公序本無‘不’字，案：此疑涉注而衍。”① 徐氏所言實本汪氏之説。《補正》、《詳注》不取汪氏之説。此句可作二解：(1) 若無“不”字，則可解爲：“商、周之蒸也，未嘗躋湯與文、武”，若“躋”，則“爲踰”也；(2) 若有“不”字，則可解爲“商、周之蒸也，未嘗躋湯與文、武”，(未嘗躋湯與文、武，是)“爲不踰”也。則有無“不”字，皆可通。未必是非彼此。

17. 而使夫人怒也！

元誥按：夫人，猶言此人也，指睹父。也與耶通。（頁 192）

【按】 “夫人”猶言“那個人”，“夫”爲遠指代詞。徐元誥言“也與耶通”者是，此處“也”的功能語氣與“耶”同。

18. 昔聖王之處民也

元誥按：處，猶處理也。（頁 194）

---

① (清)汪遠孫：《國語明道本考異》，頁 289。

【按】“處”之義本爲“居處”，引申而爲“安頓”，此處則進一步因語境而釋爲“處理”、“處置”、“治理”。

19. 況有怠惰，其何以避辟！

韋注：上言“衍則有辟”，故言“何以避辟”。

元誥按：有，讀爲又，古通用。（頁198）

【按】“有”、“又”古通用，是事實。但是此處“有”字可通，故不必改讀。

20. 仲尼在陳

元誥按：陳國於宛，在今河南淮陽縣。（頁204）

【按】陳國之名，金文即作“陳”。審各書皆謂陳都於宛丘，不云“宛”。“宛”爲南陽古稱，非淮陽。

21. 不聽國政，卑聖侮士，而唯女是崇

韋注：崇，高也。

元誥按：崇，疑當訓重也，尚也。（頁217）

【按】就本文語義而言，當作“重”、“尚”之義解。然“高”爲“崇”之常見義，韋注是以其常見義釋之。蓋“高”常見，而“崇”字則比較少用。

22. 及寒，擊菒除田

韋注：寒，謂季冬大寒之時也。菒，枯草也。

元誥按：菒即槀，《管子·小匡篇》正作“槀”。今本《國語》誤作“菒”。（頁221）

【按】關於“菒”、“槀”以及“菓”字在《國語》公序本、明道本中的分布，拙稿《從“菒”、“菓”之異談黄刊明道本〈國語〉及其覆刻本的版本系統》以及本書中編之五"張以仁《國語札記》辯證"①已經指出,"菒"、"菓"的問題只存在於黄刊明道本系統之内,公序本《國語》字皆作"菒"。且誤作"菓"字自汪遠孫《國語發正》始,此後則崇文本、蜚英館本、錦章書局本、掃葉山房本、《叢書集成初編》本、《國學基本叢書》本繼之。而黄刊明道本、博古齋本、《補正》、《詳注》、《四部備要》本等則字作"菒",不誤。是徐氏所參明道本某本字誤,非今本《國語》皆誤。

23. 遂北伐山戎

韋注:山戎,今之鮮卑,以其病燕,故伐之。

元誥按:《注》謂"山戎,今鮮卑",則在今西伯利亞境。(頁233)

【按】 鮮卑古爲東胡。據研究,聚處於鮮卑山之部落爲鮮卑。而鮮卑山則在今中國東北大興安嶺一帶,非在西伯利亞。沈鎔則謂:"在今直隸盧龍附近。"②趙叢蒼等云:"經考古調查和研究,發現山戎遺存主要集中於伊遜河、灤河、白河、洋河以及桑乾河流域一帶,大體包括了太行山脉以北,軍都山和燕山周圍的整個冀北山地。"③《中國民族發展史》云:"山戎……在今河北省東北部與遼寧連接地帶。"④徐謂山戎在今西伯利亞境内恐未確。

24. 出遇士蔿,曰:"今夕君寢不寐,必爲翟柤也。"

韋注:君意在翟柤也。

元誥按:今夕,猶言近來夜閒也,非謂今日之夕。(頁258)

---

① 拙稿《從"菒"、"菓"之異談黄刊明道本〈國語〉及其覆刻本的版本系統》,《安徽文獻研究集刊》第5卷,頁13—17。

② 沈鎔:《國語詳注》卷六,本卷頁7。

③ 趙叢蒼、郭妍利:《兩周考古》,北京:文物出版社2004年版,頁241。

④ 尤中:《中國民族發展史第1卷先秦、南北朝隋唐五代》,北京:晨光出版社2007年版,頁205。

【按】此處"今夕"實際上即指今天晚上,非謂"近來"。《國語》"今夕"3見,《晉語二》1見,《晉語一》1見,《吴語》1見,另2見爲《晉語二》"今夕君夢齊姜"和《吴語》"今夕必挑戰,以廣民心",這2見"今夕"皆解作"今晚"毫無異議。然此處"今夕"解作"今晚"恐不合於事情,除非獻公有夢而當夜醒,驪姬以君命命。今審今各本譯注可以分爲四種:(一)今天晚上;(二)昨天晚上;(三)晚上;(四)近來夜間。"今夕"作爲一個合成結構先秦文獻中多見,尤以《詩經》中所見爲多,而其固定意義爲"今天晚上"亦毫無疑問。就《晉語二》語境而言,訓爲"昨晚"最合。

又《逸周書・史記解》:"維正月,王在成周。昧爽,召三公左史戎夫曰:'今夕朕寤,遂事驚予,乃取遂事之要戒,俾戎夫主之,朔望以聞。'"與《晉語二》"今夕"義同。審其注云:"言驚夢,宿欲知之也。"黄懷信譯云:"一天拂曉,王詔告三夫和左史戎夫道:今晚上我醒來……"①則是周天子夜夢至昧爽時分即召大夫問對,故曰"今夕"。又《晏子春秋》卷一云:"景公舉兵將伐宋,師過泰山,公瞢見二丈夫立而怒,其怒甚盛。公恐,覺,辟門召占瞢者,至。公曰:今夕吾瞢二丈夫立而怒,不知其所言,其怒甚盛,吾猶識其狀,識其聲。占瞢者曰:師過泰山而不用事,故泰山之神怒也。請趣召祝史祠乎泰山則可。公曰:諾。"這是夜夢驚醒馬上召人解夢,故云"今夕"。和《晉語二》共同的特徵是"夕"的時間段在"今"前而非"今"後。先秦其他文獻中"今夕"表義爲二:一是即時狀態,即對話環境即是當夜;一是將來狀態,即白天説話,所言者爲夜間即將發生或應當發生的行爲。《國語》3例中,《晉語一》即爲即時狀態,《吴語》"今夕"則屬後者。而《國語》、《逸周書》、《晏子春秋》這3例的"今夕"則皆爲既時狀態,即已經發生而且在現代時間界定上應屬"昨晚",目前檢訓先秦兩漢傳世文獻中"今夕"中之"夕"爲既時狀態者亦唯此3例,豈亦固定用法歟?

"夕"又作"昔",《晏子春秋・内篇雜下・柏常騫禳梟死將爲景公請壽晏子識其妄》云:"柏常騫夜用事,明日問公曰:今昔聞鴞聲乎?公曰:一鳴而不復聞。"《説苑・辨物篇》亦載之,"今昔"字同。審《史記・龜策列傳》"今

---

① 黄懷信:《逸周書校補注譯》,西安:西北大學出版社1996年版,頁371。

昔壬子"《索隱》云:"今昔,猶昨夜也。以今日言之,謂昨夜爲今昔。"①

因先秦無"昨天"這一時間段的明確界定,"昔"有時義爲"昨天",或但或指日、夜又不明。"昔"義指昨日者,如《孟子·公孫丑下》:"公孫丑曰:昔者辭以病,今日弔,或者不可乎? 曰:昔者疾,今日愈,如之何不弔?"趙岐《章句》云:"昔者,昨日也。孟子言我昨日病,今日愈,我何爲不可以弔。"②《莊子·齊物論》:"未成乎心而有是非,是今日適越而昔至也。"郭象(? 252—312)注云:"今日適越,昨日何由至哉?"成玄英《疏》引向秀注云:"昔者,昨日之謂也。"③《吕氏春秋·審應覽·淫辭篇》:"昔者公孫龍之言甚辯。"高誘注:"昔,昨日也。"④"昔"指"夜"者如上,又《左傳·宣公二年》:"疇昔之羊子爲政"杜注云:"疇昔猶前日也。"孔《疏》引《禮記·檀弓》鄭注"疇昔,猶前日也"爲證⑤,然《孔子家語·終記解》:"予疇昔夢坐奠於兩楹之間。"王肅(195—256)注:"疇昔,猶近昨夜。"⑥則王與鄭釋"昔"不同。《古今韻會舉要》卷二八《入聲》云:"《增韻》:往昔,前代也。曩昔,嚮日也。疇昔,昨日也。又夜也。一夕,一昔也。《左傳》'爲一昔之期'。通昔,通宵也。《莊子》'通昔不寐'。昔昔,夜夜也。《列子》'昔昔夢爲國君'。"⑦段玉裁云:"昔肉必經一夕,故古假昔爲夕。《穀梁經》'辛卯昔,恒星不見'、《左傳》'爲一昔之期'、《列子》'昔昔夢爲君'皆是。又引伸之,則假昔爲昨,又引伸之,則以今昔爲今古矣。今古之義盛行,而其本義遂廢。"⑧是"昔"字義廣,然其基本義當爲"夕","昔者"、"疇昔"、"今昔"之時間義皆從"昔"之讀作"夕"來,故"昔"字義爲"昨夜"或"昨天"當爲語境義,而非固定義,即便是上

---

① (漢)司馬遷撰,(南朝宋)裴駰、(唐)張守節、(唐)司馬貞注:《史記》,頁3230。

② (清)阮元校刻:《十三經注疏》,頁2694上。

③ (清)郭慶藩撰,王孝魚點校:《莊子集釋》,北京:中華書局1961年版,頁62。

④ 陳奇猷:《吕氏春秋新校釋》,上海:上海古籍出版社2002年版,頁1199。

⑤ (清)阮元校刻:《十三經注疏》,頁1866中。

⑥ (魏)王肅注:《孔子家語》,《四部叢刊》影明翻宋本,本卷頁12。

⑦ (元)熊忠、黄公紹:《古今韻會舉要》,北京:中華書局2000年影明嘉靖刻本,頁464下。

⑧ (清)段玉裁:《説文解字注》,頁307下。

所舉"昔"作"昨天"之釋諸例，其文獻時代亦在戰國後期。要之，先秦時期尚未衍生出對"昨天"或者"昨夜"的明確稱謂，則"今"這個時間段上、下之"夕"皆得云"今夕"。則此處所謂"今夕"者，"既今之夕"之謂。

《三國志·魏書·周宣傳》云："嘗有問宣曰：吾昨夜夢見芻狗，其占何也？宣答曰：君欲得美食耳！有頃，出行，果遇豐膳。後又問宣曰：昨夜復夢見芻狗，何也？宣曰：君欲墮車折腳，宜戒慎之。頃之，果如宣言。後又問宣：昨夜復夢見芻狗，何也？"則即皆作"昨夜"，可見至東漢三國時期，時間分段趨於精確，不再以"今夕"爲"昨夜"之稱。正由於"昔"的不確定性，故自"昔"分化出"昨"這一確定標示"前天"與"今天"之間這一時間段的語義書寫形式。

25. 公曰："行也。"

元誥按：行，成也。謂使申生伐東山事成而未能改也。（頁267）

【按】 此處之"行"當爲"令已行"之義。關於本文，《國語》譯注本中的董立章譯爲"讓他出征去吧"，黄永堂譯爲"讓他去"，來可泓譯爲"讓他去吧"，恐皆未確。

26. 好内，適子殆，社稷危。

韋注：好内，多嬖妾也。嬖專寵，故適子殆；國家亂，則社稷危，周幽王是也。

元誥按：適即"嫡"字。本書《傳》、《注》嫡竝作"適"。（頁269）

【按】 審黄刊明道本《周語上》"晉侯非嗣也"、《晉語一》"吾欲作大事"、《晉語四》"使奉匜沃盥既而揮之"、《楚語上》"齊桓晉文皆非嗣也"、"司馬期欲以妾爲内子"等注文以及《吴語》"一介嫡男"、"一介嫡女"、"嫡子死"皆作"嫡"。遞修本等公序本《國語》《周語上》、《晉語一》、《楚語上》1 注文字則作"適"，《晉語四》、《楚語上》2 注文及《吴語》則爲"嫡"。徐説未確。

27. 今嘉其夢，侈必展

韋注：展，申也。

元誥按：嘉，亦賀也，同從加聲，故得通用。（頁284）

【按】　徐氏所言者是，二字既皆從"加"得聲，又義相近，故得同源。《廣雅·釋言》："賀，嘉也。"段注云："有借'賀'爲'嘉'者也。"①皆可爲證。

28. 再拜不稽首，不役爲後也

韋注：役，貪也。

○宋庠本役作"没"，非。（頁297）

【按】　審《通鑒外紀》、《古史》、《通志》引皆作"役"，明清舊籍多引作"没"。王念孫《讀書雜誌·漢書第十三》"以身設利"條、王引之《經義述聞》卷一八"没没"條、郝懿行《證俗文》"乾没"條皆以《晉語》本文"没"字義爲貪，即本韋注。就本文文義而言，恐字以作"没"爲是，以作"役"爲非，徐説非是。

29. 夫子之入，吾謀也，將待也

韋注：言己誤丕鄭，將待禍及也。

元誥按：夫音扶，夫子，猶言此人也，指丕鄭。（頁307）

【按】　徐氏此處釋"夫"字之義是，唯"夫"作遠指。審上文則音"夫"爲"乎"，未如本條音釋確當。

30. 禮兄弟，資窮困

韋注：資，稟也。

---

①（清）段玉裁：《説文解字注》，頁280上。

元誥按:稟即"廩"字。(頁 330)

【按】《晉語四》"資窮困"2 見,下文云:"若資窮困,亡在長幼,還軫諸侯,可謂窮困。"如果按照原文,則"資窮困"之"資"有幫助之義無疑,作"稟"字解亦可通,是否即爲"廩"字,尚可斟酌。

31. 弗殺而反晉國,必懼楚師。

○《方言》:"懼,病也。"(頁 332)

【按】此處"懼"字,恐即爲懼怕、畏懼之義,徐氏引《方言》爲釋没有任何意義,反而將極易解的問題複雜化。

32. 詹固請

元誥按:固,堅也,謂再三請也。(頁 356)

【按】徐元誥釋"固"爲"堅"不誤,此處"固"作副詞,"堅"、"固"皆可爲副詞,功能相同。

33. 自今以往,知忠以事君者,與詹同。

元誥按:知忠,即上文"智忠"。(頁 356)

【按】徐説不確。此處"知"字當作本字解,爲本句之謂語動詞,"忠以事君者,與詹同"是"知"的賓語成分。

34. 若中不濟而外彊之

韋注:謂情不足,而貌彊爲之。

元誥按:不濟,不敬也。(頁 377)

【按】《國語》本章下文韋注云:"濟,成也。"此蓋本句"濟"字之義。徐氏訓"不濟"爲"不敬",恐亦非是。

35. 先難爲免

韋注：免，免於亂。

元誥按：爲，猶以也，見《經傳釋詞》。（頁396）

【按】 《國語》全句爲："凡我宗祝，爲我祈死，先難爲免。""先難"者，"死先於難"之義。徐元誥引《經傳釋詞》以"爲"字此處猶"以"字，"先難爲免"即"先難以免"。這種比況類的訓釋方式本身就有很大的模糊性，關於這一點，我的博士論文《唐宋類書引〈國語〉研究》有較長篇幅探討其中的弊端，可以參看①。如果僅僅從講得通的角度考慮，此處的"爲"替換作"以"、"而"都可以講得通，而且和上下文語義相合。從文本確定性上而言，《國語》各本没有異文，皆作"爲"字，固當從"爲"字本身去探討其語法意義以及功能。此處"爲"字當是謂語動詞，"先難"是該句主語，"免"爲賓語。

36. 抑人之有元君，將稟命焉

韋注：元，善也。稟，受也。

元誥按：稟，疑當爲倉廩之廩，蓋謂人之有元君，猶有倉廩以資生命也，故下即言穀。若讀爲稟受之稟，則下云"焚穀"、"穀不成"，義不相屬矣。（頁402）

【按】 董立章《國語譯注辨析》用徐元誥説，以"稟"通作"廩"。實際上"稟"的本義即是從上天那裏接受穀物或糧食，後引申爲接受抽象事物。則此處之"稟"即受命之義，受天命也。本字即通，不必言通作。

37. 七合諸侯，君之靈也

韋注：靈，神也。

元誥按：《廣韻》："靈，福也。"疑不訓"神"。（頁414）

---

① 拙稿《唐宋類書引〈國語〉研究》，南京師範大學博士學位論文，2013年，頁112—114。

【按】　訓"靈"爲"福"不誤,"神"本乎福民人,故當有"福"義。《管子·内業》:"一物能化謂之神。"《鶡冠子·道瑞》:"莫不受命,不可爲名,故謂之神。"可爲補證。

38. 其或者未舉夏郊邪?
○明道本或作"惑"。(頁437)

【按】《札記》云:"此用'惑'爲'或'字。"[1]汪遠孫《國語明道本考異》云:"公序本'惑'作'或',是也。《説苑》作'或'。《内傳疏》引《國語》正作'或'。"[2]《札記》之説是。審日本國立國會圖書館藏朝鮮經筵校活字本即作"或",未與黄刊明道本同。

39. 今爾以是殃之,不可
韋注:殃,病害也。
元誥按:殃,敗也。(頁524)

【按】　韋注不誤,徐氏彊爲别解,不足取。

40. 不從,遂使爲白公。子高以疾閒居於蔡
韋注:蔡,故蔡國,楚滅之,葉公兼而治焉。
元誥按:以疾,猶言稱疾也。蔡地詳前。(頁531)

【按】徐氏言"以疾,猶言稱疾也"不誤。從語法上講,"以疾"介賓結構作狀語。

41. 又一年
韋注:反國五年,魯哀十年。

---

① (清)黄丕烈:《校刊明道本韋氏解國語札記》,頁259。
② (清)汪遠孫:《國語明道本考異》,頁320。

元誥按：反國之二年，魯哀七年也。（頁 580）

【按】《越語下》"四年"韋注云："四年，魯哀九年。""又一年"韋注："反國五年，魯哀十年。"當然，這裏也有一個問題，即"四年"的時間表述之後，不再言"五年"、"六年"、"七年"，而是言"又一年"、"又一年"。從時間銜接上而言，此"又一年"承上"四年"，則謂"反國五年"者是。

42. 今吾稻蟹不遺種

○明道本吾作"吴"。（頁 587）

【按】"吾"、"吴"字皆通，從上下文語境而言，集體稱謂，以作"吴"字更合。

結　語

綜上，辯證徐元誥《國語集解》42 條，大體包括這樣幾個方面：（一）《集解》所釋有誤，匡正之；（二）《集解》所校未允，補正之；（三）《集解》所釋不誤，而言有未盡者，補充之。近代《國語》研究的三部著作中，徐元誥《國語集解》所出在最後，在當時以及後來一段時間之內的影響也最小，但是《國語》傳世著作除了韋昭《國語解》外，又以對徐元誥《國語集解》的研究較受關注。如本篇引言所述，其學術價值直到二十世紀八十年代纔由王樹民的文章揭示出來。此後，隨著王樹民、沈長雲點校本《國語集解》的出版，《國語集解》纔得到比較廣泛的關注。徐元誥編過《中華大字典》，也有過其他傳統典籍的勘校考釋文字，但其一生亦學亦政，能者多面，故而《國語集解》有很多地方解釋未能深入，有些校釋處理也確實有些草率。或確如王樹民所説是徐元誥的初稿，而非成熟之作。

四、石光瑛《國語韋解補正(卷第一)》辯證

引　言

石光瑛(1880—1943,一作 1879—1948),浙江會稽人,曾中科舉,後任教於南方多所高校,以在中山大學時間最長。根據陳新整理的《新序校釋》前言,石氏一生著述頗豐,計有《新序校釋》、《三國志校釋》、《小學大綱》、《國語韋解補正》、《意原堂日記》、《恨線草廬日記》等。現在所見到的成爲專書出版的則唯《新序校釋》一部。其《國語韋解補正(卷第一)》一文發表於由國立中山大學文學院出版審查委員會在民國二十二年(1933)6 月 1 日編輯刊行的《文學院專刊》(第 1 期)上,在頁 65—69,共補正《周語上》14 條。審其内容,大致包括:(1) 輔證前人之成説;(2) 揭明前人解説之誤;(3) 以《國語》研究證他説。所用方法多爲文字假借、音義系聯等。審其立説,多有前人已經辯證清楚而石氏仍自爲之説者。今依其文章先後次序,迻録如下,並加辯證,以有益於石氏《國語》研究成果以及《國語》之研究云。

1. 觀則玩,玩則無震【解】玩,黷也。震,懼也。

汪氏遠孫曰:震亦威也,對上"動則威"而言。《説苑·指武篇》:"兵不可玩,玩則無威。"正用《外傳》。《内傳·文六年》"其子何震之有"賈逵注云:"震,威也。"(原注見《〈史記·晉世家〉集解》。《國語發正》一)

案:玩謂狎玩。震訓威,賈注是。上言威,下言震,互文耳。凡内、外《傳》"震"字多作威義。《内傳·成二年》"畏君之震"(杜注訓"動",非)、《襄十一年》"則武震以威攝威之"、《外傳·晉語》"君之武震,無乃玩而頓乎",正與此語相發明。彼文韋解亦訓"威"。

【按】 從方法上看,汪遠孫《發正》用外證、古注之法,同時指明上

下互文之例，雖然没有明確説出“互文”二字，但其“對上‘動則威’而言”一語實即互文。石氏比汪遠孫多出的一點是指明了“玩”字之義。此外，對“震”字的解釋上，首先明確了互文，並且指出《左傳》、《國語》“震”字訓“威”具有普遍性，比汪遠孫更進了一步。可是如果從汪遠孫《國語發正》往上推的話，清人王引之《經義述聞》卷二〇即有考釋：

《周語》：“夫兵戢而時動，動則威，觀則玩，玩則無震。”韋注曰：“震，懼也。”家大人曰：震亦威也。上言“威”，下言“無震”，互文耳。下文倉葛曰：“君之武震無乃玩而頓乎?”《晉語》曰：“車有震，武也。”韋注並曰：“震，威也。”文六年《左傳》：“其子何震之有?”賈逵注亦曰：“震，威也。”見《〈史記·晉世家〉集解》。成二年《傳》“畏君之震”、“師徒橈敗”義亦同也。杜注：“震，動也。”失之。《〈商頌·長發〉箋》曰：“震，猶威也。《春秋傳》曰：畏君之震，師徒橈敗。”①

可見，王念孫、王引之父子已先於汪遠孫言之，且考證已經比較精審。

2. 懋正其德而厚其性【解】懋，勉也。

汪氏中曰：性與生通。《内傳》曰：“正德、利用、厚生，謂之三事。”(《國語校文》)

案：汪説是也。《晉語》“以厚民性”同，韋并以“情性”釋之，誤。(詳見七卷)

【按】 明湛若水《格物通》卷五五云：“《書》曰：‘正德、利用、厚生，惟和謀父之言。’蓋本諸此乎？夫民衣食不足，則禮義不興；故利用、阜財，所以厚生而正其德也。”②即以“厚性”爲“厚生”。王引之《經義述聞》卷二〇云：“家大人曰，性之言生也。”③王引之並引《樂記》、《大戴禮

① (清)王引之：《經義述聞》，本卷頁 2。

② (明)湛若水：《格物通》，《景印文淵閣四庫全書》第 716 册，頁 485 上。

③ (清)王引之：《經義述聞》，本卷頁 2。

記》、《史記》、《左傳》等證之，比汪中考校爲詳。汪遠孫《發正》即引汪中爲説。從其"詳見七卷"之語看，石氏的《國語韋解補正》所發表的只是一小部分，至於其餘是否還存留在天壤間，恐需要石氏遺著的進一步整理與發現。

3. 阜其財求【解】阜，大也。大其財求不障壅也。

案：韋注不釋"求"之字義。"求"即"賕"字，賕亦財也，《〈史記·韓世家〉索隱》引《世本》韓萬生賕伯，《〈左氏·宣十二年〉疏》引作"求伯"，是求、賕相通之證。"財賕"與"器用"對文。

【按】　釋"求"爲"賕"，汪遠孫《國語發正》已詳釋之。如下：

"求"，古"賕"字。賕亦財也。馬融本《吕刑》"惟求"云："有求，請賕也。"《釋文》。此古"求"、"賕"相通之證。《漢書·薛宣傳》"賕客楊明"蕭該《音義》引韋昭注云："貨財以有求於人，曰賕。"是"賕"有"用財"之義，"財賕"與下"器用"作對文。韋不解"求"字，"器"爲兵甲，"用"爲耒耜之屬，俱失之。①

唯石氏徵引《史記索隱》，汪氏無。又李笠（1894—1962）《史記訂補》卷一即引汪遠孫《國語發正》爲説，李氏又云："《高祖功臣侯者年表》'潁陰建元格侯賢行賕罪國除'，《札記》引蔡中統游王柯本並作'財'，是'賕'、'財'義同也。"②亦可爲佐證。

4. 而利其器用【解】器，兵甲也。用，耒耜之屬也。

案：僞《大禹謨》襲《左傳》"正德、利用、厚生"之語，僞《傳》云："利用以阜財。"正本《外傳》此文。孔《疏》云："利用者，謂在上節儉，不爲縻費，以利而用，使財物殷阜，利民之用，爲民興利除害，使

---

① （清）汪遠孫：《國語發正》卷一，本卷頁 3。
② 李笠：《史記訂補》，《四庫未收書輯刊》第 6 輯第 5 册，頁 18 下。

不匱乏，故所以阜財。"此解"利用"之義，至爲明晰。韋以"兵甲"、"耒耜"分釋，義反偏滯。

【按】《經義述聞》已謂"利其器用"爲"利用"，如下：

> 云"阜其財求而利其器用"，即"利用"也。成十六年《傳》曰："民生厚而德正，用利而事節。"襄二十八年《傳》曰："夫民生厚而用利，於是乎正德以幅之。"文六年《傳》曰："時以作事，事以厚生。"皆其證也。①

石氏則引《尚書》孔《疏》爲説。

> 5. 昔我先王世后稷【解】后，君也。稷，官也。父子相繼曰世，謂棄與不窋也。
>
> 《補音》本挩"王"字。世后稷謂世爲稷官，詳韋注"父子相繼曰世"，則不以"先"、"世"連文甚明。若挩"王"字，則"我先"二字不成文理。

【按】 有無"王"字是《國語》公序本、明道本的一個區别特徵。自明道本抄本以及黄刊明道本出，學者多以公序本無"王"字者爲誤脱或非是。實際上無"王"字亦可通，唯未如有"王"字更爲通暢。拙稿《李慈銘〈讀國語簡端記〉補箋》對該問題梳理較詳，可以參看②。

> 6. 親戚補察【解】補，補過。察，察政也。《傳》曰："自王以下，各有父兄子弟，以察其過也。"
>
> 案：古無以異姓姻婭爲親戚者。凡親戚皆指同姓，父子兄弟通

---

① (清)王引之：《經義述聞》，本卷頁2—3。

② 拙稿《李慈銘〈讀國語簡端記〉補箋》，《中央大學人文學報》第五十二期，頁1—35。

言之。近儒或以爲父子專稱，亦非。詳予箸《新序校注》中。韋氏尚知古義也。

【按】　清人周壽昌（1814—1884）云："古稱親戚，指父母、兄弟言。錢氏曉徵《史記考異》詳引之，王氏伯申《經義述聞》加證其説……後世借呼姻婭爲親戚，亦有作親親者。"①審石光瑛《新序校釋》有較長篇幅考證，最後結論云："親戚指遠近同族而言。"②今多本《國語》譯注釋"親戚"爲"與天子有親屬關係的人"，與石氏所釋同。

7. 而後王斟酌焉【解】斟，取也。酌，行也。

案：今人用"斟酌"字，多以"裁奪"之義當之。《荀子·富國篇》"明王必謹養其和，節其流，開其源，而時斟酌焉"楊倞注："時斟酌，謂賦斂振恤，豐荒有制也。"（荀子傳左氏學，其用字正本此傳）與近義正合。《淮南子·本經訓》"包裹風俗，斟酌萬殊"、《後漢書·章帝紀贊》"斟酌律禮"、《張奮傳》"猶周公斟酌文武之道"、《仲長統傳》"非能斟酌賢愚之分"、《鄭興傳》"自杜林、桓譚、衛宏之屬，莫不斟酌焉"注："斟酌，猶取其意指也。"以上諸文，皆"消息裁奪"之義，似勝韋注。至《淮南·繆稱訓》"猶中衢而設尊邪，過者斟酌，多少不同"、《後漢書·馬武傳》"每饗勞諸將，武輒起斟酌於前"，則皆云斟酒，與此異矣。（尋"斟酌"二字，本飲者之名稱。當以此爲本義。引申之，凡處事之審察分際者，謂之斟酌。或言酌量，一也。又量本度量之義，飲者量不可踰，故取爲名。而處事之審分際者，亦有商量之目，皆引申義也）

【按】　錢大昕《恒言録》卷二"斟酌"條云：

---

① （清）周壽昌：《思益堂日札》卷五，氏著《周壽昌集》，長沙：岳麓書社2011年版，頁308。

② 石光瑛校釋，陳新整理：《新序校釋》，北京：中華書局2001年版，頁51。

> 《國語》"而後王斟酌焉"注:"斟,取也。酌,行也。"《荀子·明王》"必謹養其和,節其流,開其源,而時斟酌焉"、《淮南·繆稱訓》"猶中衢而致辱過者,斟酌多少不同"、《本經訓》"包裹風俗,斟酌萬殊"、《史記·樂書》"斟酌飽滿"、《後漢書·章帝紀》"贊斟酌律禮"、《鄭興傳》"自杜林、桓譚、衛宏之屬,莫不斟酌焉"注:"謂取其意,精也。"《張純傳》"猶周公斟酌文武之道"、《李固傳》"斗斟酌元氣"、《仲長統傳》"非能斟酌賢愚之分"、《後漢書·馬武傳》"每勞饗諸將,武輒起斟酌於前",謂酌酒也。①

俞樾《群經平議》卷二八云:

> 韋以斟酌爲取而行之,此非古義也。《白虎通·禮樂篇》:"周公曰酌,言周公能輔成王,能斟酌文武之道而成之也。"《説文·女部》:"妁,酌也。斟酌,二姓者也。"然則斟酌乃古時常語,蓋斟酌本雙聲字。《廣雅·釋詁》曰:"斟,酌也。"是二字同義,凡酌酒,不可太過,亦不可不及,貴適其中。孔明《出師表》曰:"斟酌損益。"以"斟酌"與"損益"竝言,最得古人語意。此傳所謂斟酌者,蓋合公卿以下諸人之言而可否之、去取之也。今俗語凡度量事物皆曰斟酌,乃古語之存者。②

審錢大昕、俞樾所釋"斟酌"皆是,石氏則梳理"斟酌"本義與引申義之軌跡。今人齊衝天《聲韻語源字典》考察較詳,謂"斟酌"是同語源的字,"'斟'字的意義引申早在秦時即已開始了"③,可參。

8. 民用莫不震動恪恭於農【解】用,謂田器也。

---

① (清)錢大昕:《恒言録》,陳文和主編《錢大昕全集》第八册,南京:江蘇古籍出版社1997年版,頁59。

② (清)俞樾:《群經平議》,頁455下。

③ 齊衝天:《聲韻語源字典》,重慶:重慶出版社1997年版,頁277—279。

案：用猶因也、以也。因、以、用皆一聲之轉。《書·臯陶謨》（今本作益稷）“書用識哉”與“上侯以明之撻以記之”句法同列。《論語》“不以兵車”，《新序·雜事四》作“不用兵車”。

【按】 清人劉淇《助字辨略》卷四謂《周語上》“用”字猶云“爰”，與石氏所釋同。《馬氏文通》以此“用”字爲介字。《國語》“用”字 162 見，用於“民”字之後者共 4 見，爲《周語上》“民用莫不震動”、“民用和同”、“水土演而民用”、《周語下》“且絶民用以實王府”。審韋注第 2 例無釋，其他 2 例注云“民得用之”、“絶民用，謂廢小錢而鑄大錢也”，審韋注之義，則除了“水土演而民用”之外，其他 2 例“民用”皆爲名詞。然“震動”的主語固當爲“民”不當爲“民用”，且“民用莫不震動”、“民用和同”前句皆有前提條件，故而此二“民用”之“用”當如石氏解爲“因”、“以”，當如《馬氏文通》歸類爲介詞。

9. 司寇行戮，君爲之不舉【解】不舉樂也。

案：《周禮·膳夫》“王日一舉，鼎有十有二物，皆有俎”鄭注：“殺牲盛饌曰舉。”下文“邦有大故則不舉”注引鄭司農云：“大故刑殺也。《春秋傳》曰：‘司寇行戮，君爲之不舉。’”杜預注《左氏》，於莊二十年、文四年、成五年、襄二十六年《傳》皆以“不舉”爲去盛饌，義本先後二鄭，殊勝韋説。請立八證以明之，左莊二十年《傳》“今王子頹歌舞不倦，樂禍也。夫司寇行戮，君爲之不舉，而況敢樂禍乎”，傳文以徹樂則别不舉言，故用“而況”二字形之。若謂盛饌且不敢設，何況用樂。文義至明，若不舉即是徹樂，則本爲一事。何必加意形容？證一也。成六年《傳》“山崩川竭，君爲之不舉，降服，乘縵，徹樂”，以徹樂列於不舉之後。其非一事甚明。證二也。襄二十六年《傳》“將刑爲之不舉，不舉則徹樂”，如韋氏説，則傳文徹樂則徹樂，文義難通。證三也。膳夫王日一舉下，始云以樂侑食，繼言卒食以樂徹於造，則是舉以盛饌言。不指徹樂。尤易明白。證四也。膳夫王齊日三舉，注引《論語》文“齊必變食”釋之，深見經意。夫但言變食，則自與樂無涉。證五也。《楚語》“祀加於舉，天子舉以太牢，祀以會，諸侯舉以特牛，祀以太牢，卿舉以少牢，祀以特牛，大夫舉以特牲，祀以少牢，士食魚炙，祀以特牲，庶人食菜，祀以魚"，尋此諸文，若指樂言，則舉以太牢、少牢之云，皆不可通。證六也。又尊者言舉、卑者曰食，相對爲文，尤足爲去盛饌而言，與諸文稱不舉兼朔望常日言者不同，然皆每日特殺，則同樂也。曰"是亦有故"。左氏昭十七年傳曰："三辰有災，君不舉"、《漢書·五行志》引左氏說曰："不舉，去樂也。"《韓非子·五蠹篇》云："司寇行戮，君爲之不舉樂。"則以不舉爲徹樂。先秦舊義本有此，但不可據以釋諸文耳。夫樂以侑食，膳減而樂徹，事本相因，言去盛饌則徹樂可知。故左氏于文五年、襄二十六年《傳》竝兼言之。韓子及《五行志》皆隨舉一端爲說，非不舉之全義。（莊二十年《傳疏》云："不舉者，貶膳食、徹聲樂也。"）而韋氏欲專據以解此傳，則甚疏矣。

【按】 王引之《經義述聞》已經揭出韋注之誤，石氏所用《周禮》鄭注、《左傳·莊公二十年》杜注、《左傳·成公五年》杜注，王引之《經義述聞》已用之。且王氏引左氏說曰："不舉，去樂也。"並謂："則西漢時已誤解矣。"①石氏所補正似未能超出王氏《述聞》。趙克勤認爲："王引之的這種說法未免失之武斷。""在戰國時代，就已經證明《國語》的'不舉'是'不舉樂'的意思。《韓非子·五蠹》：'司寇行刑，君爲之不舉樂。'所說的事情相同，《國語》作'不舉'，《韓非子》作'不舉樂'，不是很說明問題嗎？"解《國語》本句爲："哀樂失時，必然招禍，司寇行戮，君還爲之不舉樂，更何況竟敢歌舞無度而招禍呢？"因此趙氏認爲《國語》本處的"不舉"就是"不舉樂"。② 趙氏所用的材料已在石氏《補正》中，石氏則認爲雖然《五蠹》有此說，"但不可據以釋諸文耳"。《五蠹》例句，王引之没有用到，石氏雖然用到了，但仍然和王說意見一致。趙氏雖然維護韋注，但所用材料都是王、石已經用過的，其理由不過是以《五蠹》之說爲戰國時代之普遍認識。是否就是如此，恐怕也還需要通過先秦史的深入研

---

① （清）王引之：《經義述聞》，本卷頁7—9。

② 趙克勤：《古漢語詞彙問題》，鄭州：中州書畫社1980年版，頁101—102。

究驗證。就本文而言，去樂、去盛饌二者皆能講通。韋、杜所釋不同，或許是師説的不同，皆有所本，且所釋亦皆合於語境文義。則二書各守其故訓可也，不必以爲是非。

10. 是何故，固有之乎【解】故，事也。固，猶嘗也。

案：何故猶何爲也。問辭，韋訓爲事，非。固訓嘗者，《孟子·盡心下》"若固有之"趙注云："如固自嘗有之。"蓋固有本然之義，與此"嘗"字意同。

【按】 石氏所説非是。"何故"和"何爲"不同，"爲"當爲動詞，實爲"爲何"，屬賓語前置結構。而"何故"之"故"則爲名詞。二者並不相同，韋注不誤。

11. 其君齊明衷正【解】齊，一也。衷，中也。

案：《禮記·中庸上》"齊明盛服"鄭注："明猶潔也。"《釋文》："齊，側皆反。本亦作齋。"又《中庸下》"齊明盛服"孔《疏》云："齊謂整齊，明謂嚴明。"此釋"齊"字與韋同，與陸音異。《荀子·脩身篇》"齊明而不竭"注："齊明謂無偏無頗也。"亦齊一之義。鄭雖不釋"齊"字，然以明訓"潔"，本《〈易·説卦〉傳》曰"齊也者，言萬物之潔齊"，則亦當同韋、孔讀矣。"本作齋"者誤。"衷中也"也者，衷、中古字通。《楚語》"又能齊明衷正"，《周禮·春官·序官》注作"中正"，《中庸》亦有"齊莊中正"之文，其餘以"中"訓"衷"，經典習見。

【按】 石氏本條非補韋注，實以韋注證他説之是非。

12. 誣其王也【解】誣，罔也，誣民民亦將之誣之。

案：《廣疋·釋詁》："誣，欺也。"欺有欺貌、欺罔二義。晉侯拜不稽首，是欺藐其上，非欺罔也。且《傳》言"誣王"，而韋氏以"誣民"釋之。意不可曉。疑上"民"字當作"王"，此句當繫在"誣王無民"句下。錯移於此。

【按】“將之”之“之”或排版誤增。韋注“誣民民亦將誣之”中的“之”實即《國語》本文中的“其王”，故“誣民”不誤，石氏誤會。

13. 樹於有禮，艾人必豐【解】樹，種也。艾，報也。豐，厚也。

案：艾從乂聲，與乂、刈字通用。艾之同刈，見《漢書·五行志》、地理志、賈誼、朱買臣、匈奴各傳注。又《禮記·祭統》“草艾則墨”注：“艾謂艾取草也。”《荀子·王訓篇》“使民有所耘艾”注：“艾讀爲刈。”皆其證也。上言樹、下言刈，義正相應。“人”疑“入”字之僞，謂刈穫所入必豐也。或曰：“艾人者，艾穫之人，不煩改字。”亦通。（左氏襄三十一年《傳》“若不樹焉，使早備魯”、《晉語四》“樹於有禮必有艾”，文意均與此同，韋亦訓“艾”爲“報”，失之。）

【按】“艾”、“刈”、“乂”音同相通之理，清人已多言之。另詳見拙著《〈國語補音〉異文研究》①。

14. 二十一年，以諸侯朝王于衡雍，且獻楚捷，遂爲踐土之盟【解】文公以僖二十八年夏四月敗楚于城濮。城濮，衛也。

案：注“也”字當是“地”字之訛，上文“衡雍、踐土皆鄭地”可證。

【按】從這一條可以看出，石光瑛用的本子是黄刊明道本或其覆刻本。公序本系統中“衛”、“也”之間有“地”字，審日本國立或國會圖書館藏朝鮮經筵校活字本底本爲明道本在元明時期的傳本，其注文作“衛地”。石光瑛的推斷是正確的。

結　語

綜上，辯證石氏14條，大體包括這樣兩個方面：（一）前人已經揭出，石氏仍爲校釋者。包括兩個方面：其一，石氏所校釋較前人有進步；其二，石氏之説未如前人。（二）石氏所釋未允者，予以商補。從以上

---

① 拙稿《〈國語補音〉異文研究》，頁407—408。

石氏所補正的 14 條來看,石氏所補正的一些條目前人已經做過相當程度的研究,且石氏並未勝出古人。另外有些條目對於《國語》的研讀是具有積極影響的。由於石氏個人的著述生前發表有限,其人又逝世較早,資料保存不力,使得石光瑛的《國語》研究成果僅得此吉光片羽。假如將來可以發現石氏《國語韋解補正》的其他部分手稿,當可對石氏的《國語》研究有進一步的深入認識。

五、楊樹達《讀〈國語〉小識》辯證

引　言

楊樹達(1885—1956),字遇夫,號積微,湖南長沙人,曾任教於國内多所高校。楊樹達是著名的史學家、語言學家、古文字學家,生平發表學術論文 300 餘篇,撰著著作二十餘種,較著者有《漢書窺管》、《漢代婚喪禮儀》、《高等國文法》、《詞詮》、《中國修辭學》、《馬氏文通刊誤》、《積微居小學述林》、《積微居小學金石論叢》、《積微翁回憶録》、《積微居甲文説》、《論語疏證》、《古書句讀釋例》、《古書疑義舉例續補》、《中國語法綱要》、《老子古義》、《周易古義》、《春秋大義述》、《淮南證聞》、《中國文字學概要》、《文字形義學》、《古聲韻討論集》等,其主要學術成果已輯爲《楊樹達文集》十九種十七册,由上海古籍出版社於 1983 年—1986 年出版,此後又有重印。楊樹達在《國語》方面有一書一文,書爲《國語集解》,文爲《讀〈國語〉小識》。《國語集解》唯有手稿傳世,且一直秘藏。雷夢水(1921—1994)《古書經眼録》著録,云:"《國語集解》二十一卷,長沙楊樹達撰,底稿本。以紅墨格寫,書口下刊有'長沙楊氏積微居鈔藏',原無序跋,亦無封面。"①根據楊伯峻的目驗,"叔叔遺著散在外者我所見尚有《國語集解》藏民族學院圖書館,僅集鈔前人成説(由鈔手所抄),叔叔僅校閲一紙,未作定稿,故不能出版,亦無從整理。我已複製

---

① 雷夢水:《古書經眼録》,濟南:齊魯書社 1984 年版,頁 45。

一份，交人參考”①。該書今藏在北京中央民族大學圖書館，著録爲 7 册線裝，“20 行 23 字，白口，單魚尾，紅格，四周雙邊，版框高 23.8 cm，寬 17.5 cm”。從楊伯峻的記述，可見楊樹達的《國語集解》只是一個初稿，還主要在集輯前人成説而未有個人獨得之見。其《讀〈國語〉小識》一文收録在《積微居讀書記》一書中。該書爲讀群書之札記。所讀之書包括《尚書》、《左傳》、《國語》、《後漢書》、《莊子》、《商君書》、《晏子春秋》、《吕氏春秋》和《説文》等，其中《讀〈國語〉小識》最短，共 8 條，②包括《周語中》、《晉語三》、《晉語七》、《越語下》各 1 條，《晉語八》、《晉語九》各 2 條。審其内容，主要仍爲探討文字訓詁、辨明韋注。其中既有頗中肯棨之論，亦有可商之處。雖其可商，然微疵未可掩其鴻美。乃逐條箋之，以就教於博雅君子，冀以有益於《國語》之研讀與《積微居讀書記》之正確理解。

1.《周語中》“武不可覿”，樹達按：“覿”當讀爲“黷”，褻也，數也。韋訓見，非是。

【按】《周語上》云：“先王耀德不觀兵。”又云：“夫兵戢而時動，動則威，觀則玩，玩則無震。”“觀”字之義與《周語中》“覿”字之義同。且此文前後句云：“武不可覿，文不可匿。覿武無烈，匿文不昭。”“文”、“武”相對，“匿”、“覿”相對，韋訓“見”不誤。

2.《晉語三》“其靡有徵兮”，樹達按：别本“徵”作“微”，是也。此以懷、歸、微、依、妃爲韻，作“徵”則失韻矣。

【按】 楊所據爲黄刊明道本系統，公序本、經筵校本字作“微”，《札

① 楊伯峻致楊德豫信函，轉引自楊逢彬《楊樹達先生的遺稿》，《東方早報》2014 年 8 月 17 日“筆記”版。

② 楊樹達：《讀〈國語〉小識》，見載於氏著《積微居讀書記》，上海古籍出版社 2006 年版，頁 81—82。

記》云："當依别本作'微'。丕烈案，此以'威'、'懷'、'歸'、'猗'、'違'、'哀'、'微'、'依'、'妃'爲韻。韋《解》'無有微者亦亡，是謂子圉也'，是讀'微'爲'尾'而解之也。微尾古同字，𡥉'尾'爲字'微'，'微生'爲'尾生'，皆其證也。劉向《列女辨通傳》云：'有龍無尾者，無太子也。'亦以'尾'爲'子'，與此同矣。"①汪遠孫《考異》亦云："公序本'徵'作'微'，《注》同。案'微'是也。'微'讀爲'尾'。"②又其《發正》云："《漢書·五行志》：'昌邑王賀爲王時，見大白狗，冠方山冠而無尾，既廢數年，宣帝封之爲列侯，復有辠，死不得置後，犬旤無尾之效也。''無尾'與此'無威義'亦同。"③是楊説之所本。又張以仁亦云："作'徵'不叶，且義不可通。正、解皆宜改從公序。金、秦、董本正、解皆作'微'，《天中記》二三引亦作'微'，蓋據公序本。《〈左·僖十年〉疏》則引作'徵'，蓋後人據誤本《國語》改。又《天中記》引'靡'作'每'，音近之誤。"④審文淵閣四庫本柳宗元《非國語》、宋鄭樵（1104—1162）《通志》卷一八一《藝術傳》第一、宋魏了翁《春秋左傳要義》卷十五、清《佩文韻府》卷九三之七引亦作"徵"。《册府元龜》卷八九四、明馮惟納（？—1572）《古詩紀》卷三、郭子章（1542—1618）《六語》卷一《謡語》、明梅膺祚《皇霸文紀》卷六、《古樂苑》卷四二皆從公序本作"微"。

3.《晉語七》"柳人之有元君"，樹達按："元君"猶《書》言元首，韋訓善，非也。

【按】 "柳"字爲"抑"字之誤，"卯"、"卬"形近，"扌"、"木"形近，故易混同。字作"柳"還是作"抑"，是黄刊明道本的覆刻本内部系統區分的一個重要特徵，詳見本書中編之五"張以仁《國語札記》辯證"。從本條可知，楊樹達所據黄刊明道本之覆刻本爲蜚英館本等一類本子。下

① （清）黄丕烈：《校刊明道本韋氏解國語札記》，頁 253。
② （清）汪遠孫：《國語明道本考異》，頁 303。
③ （清）汪遠孫：《國語發正》卷九，本卷頁 2。
④ 張以仁：《國語斠證》，臺北：臺灣商務印書館 1969 年版，頁 213。

文有“孤欲長處其願，出令將不敢不成，二三子爲令之不從，故求元君而訪焉。孤之不元，廢也，其誰怨？元而以虐奉之，二三子之制也。若欲奉元以濟大義，將在今日；若欲暴虐以離百姓，反易民常，亦在今日”之語，故韋訓“元”爲“善”不誤。又《淮南・時則》“擇元日”高誘注：“元，善也。”①《左傳・文公十八年》“天下之民謂之八元”孔《疏》引《文言》曰：“元，善也。”②《太玄・睟》“元貞無方”司馬光集注、《太玄・守》“守元望”范寧注皆云：“元，善也。”《爾雅・釋詁上》“元，始也”邢《疏》云：“元者，善之長也，長即始義。”③《爾雅・釋詁下》“元，首也”郝《疏》云：“元，善之首也。”④故韋昭前後訓“元”爲“善”者皆有其例。無論從《國語》本文語境還是從韋昭前後故訓言，“元”皆可訓爲“善”。

4.《晉語八》“民志不厭”，樹達按：“不厭”猶今言不滿，訓極非。

【按】“極”與“厭”、“滿”義近，其共同的語義特徵就是極致，亦即“盡”。《詩・齊風・還序》“從禽獸而無厭”陸德明《釋文》云：“厭，止也。”⑤《漢書》顔注多處注云：“厭，滿也。”⑥然《漢書》顔注亦有多處訓“極”爲“止”者，如《漢書・成帝紀》“奢僭罔極”、《漢書・賈誼傳》“遭世罔極”、“孰知其極”、《漢書・司馬遷傳》“澤流罔極”、《漢書・貨殖傳》“僭差亡極”顔注並云：“極，止也。”⑦又《吕氏春秋・先識》“天遺之賢人

---

① (漢)劉安撰、(漢)高誘注：《淮南子》，上海古籍出版社1991年影清莊逵吉校本，頁49下。

② (清)阮元校刻：《十三經注疏》，頁1862上。

③ (清)阮元校刻：《十三經注疏》，頁2568上。

④ 朱祖延主編：《爾雅詁林》，武漢：湖北教育出版社1996年版，頁805上。

⑤ (清)阮元校刻：《十三經注疏》，頁349中。

⑥ (漢)班固撰、(唐)顔師古注：《漢書》，頁3479、頁3488、頁3703、頁4114、頁4170。

⑦ (漢)班固撰、(唐)顔師古注：《漢書》，頁325、頁2223、頁2228、頁2720、頁3682。

與極言之士"、《吕氏春秋·無義》"先王之於論也極之矣"、《吕氏春秋·直諫》"言極則怒"高誘注云:"極,盡也。"①《助字辨略》卷五云:"極,至極也。"②故訓"極"亦不誤。

5.《晉語八》"忠自中而信自身",樹達按:以"中"訓"忠",以"身"訓"信",聲訓也。

【按】 楊説甚當,聲訓且兼教化功能者也。《説文·心部》云:"忠,敬也。从心中聲。"③《新書·道術》云:"愛利出中謂之忠。"《大戴禮記·文王官人》"其言甚忠"清王聘珍《解詁》云:"言忠者,言必由中也。"④《論語·述而》"文行忠信"邢昺(932—1010)《疏》云:"中心無隱謂之忠。"⑤皆以"中"解"忠"者也。《國語·周語下》:"思身能信。"韋注云:"思誠其身,乃爲信也。"又《晉語二》:"定身以行事謂之信。"韋注云:"行事以求安其身曰信。"⑥《國語》本文即已用聲訓。

6.《晉語九》⑦"獻子執而紡於庭之槐",樹達按:"紡"當讀"縛"。

【按】 姜亮夫(1902—1995)《昭通方言疏證·釋器用卷八》引《晉語九》本文並云:"字亦作'方',《孫子》曰:'九戰方馬貍。'曹公曰:'方,

---

① (戰國)吕不韋編、(漢)高誘注:《吕氏春秋》,上海書店1985年影印世界書局《諸子集成》本,頁180、頁287、頁298。
② (清)劉淇著,章錫琛校注:《助字辨略》,北京:中華書局1954年版,頁274。
③ (漢)許慎:《説文解字》,頁217上。
④ 轉引自方師《大戴禮記匯校集解》,北京:中華書局2008年版,頁1061。
⑤ (清)阮元校刻:《十三經注疏》,頁2483中。
⑥ 上海師範大學古籍所整理:《國語》,上海古籍出版社1998年版,頁97、頁298。
⑦《讀書記》誤作"晉書"。

縛馬也。’今昭人謂縛亦曰紡。”①亦即普通話中之“綁”。“縛”字上古音在並紐鐸部,《廣韻》音在並紐藥韻,“紡”上古音在滂紐陽部,《廣韻》音在滂紐養韻合口三等字上聲②,則“紡”字與“縛”字一聲之轉,與“綁”字音同。《正字通·糸部》云:“綁,俗字,今作綁縛字,讀如榜。”③朱駿聲《説文通訓定聲》云:“紡,俗字作綁。”④又黄承吉(1771—1842)《義府》“紡”字注引《晉語九》並云:“紡當讀爲繃,古字通用。”⑤《漢語大字典》收録馬致遠(1251?—1321&1324)《漢宫秋》例,實宋人著作中已見此字,如邵雍(1011—1077)《夢林玄解》卷一即有“綁縛”一條,又宋佚名《庚道集》卷六亦有“鐵線綁定”之句。

7.《晉語九》“魯孟獻子有鬥臣五人”,樹達按:與孟子説近。

【按】《孟子·萬章下》云:“孟獻子,百乘之家也,有友五人焉:樂正裘、牧仲,其三人,則予忘之矣。獻子之與此五人者友也,無獻子之家者也。此五人者,亦有獻子之家,則不與之友矣。非惟百乘之家爲然也。”孟子之説與《晉語九》之説或同一史料來源。

8.《越語下》“日困而還月盈而匡”,樹達按:韋讀“匡”爲“虧”,雙聲可通,愚疑當讀“康”,“漮”,虚也。

【按】就本句而言,“困”、“還”相對,“盈”、“匡”相對。朱駿聲《説文通訓定聲》云:“匡,叚借爲枉。”⑥《周禮·考工記·輪人》“則輪雖敝

---

① 姜亮夫:《昭通方言疏證》,見載於氏著《姜亮夫全集》(十六),昆明:雲南人民出版社2002年版,頁376。

② 郭錫良:《漢字古音手册》(增訂本),北京:商務印書館2010年版,頁176、頁406。

③ (明)張自烈:《正字通》,《續修四庫全書》第235册,頁255下。

④ (清)朱駿聲:《説文通訓定聲》,頁918。

⑤ (清)黄生撰、黄承吉合按,包殿淑點校:《字詁義府合按》,北京:中華書局1984年版,頁157。

⑥ (清)朱駿聲:《説文通訓定聲》,頁907。

不匡”鄭玄注引鄭司農云:“匡,枉也。”①孫詒讓《正義》引吕飛鵬云:“匡,《説文》作軭。”又引江永云:“《輪人》兩‘匡’字皆訓爲枉,後鄭訓刺,刺亦枉也。”②《周禮・考工記・弓人》“則弓不發”王引之《經義述聞》云:“匡亦枉也。”③《廣雅・釋詁四》“軭,輆也”王念孫《疏證》云:“枉謂之匡,故正枉亦謂之匡。”④又李元吉云:“‘匡’無‘虧’訓,或古‘尪’字之别,乃可言虧。”⑤“匡”即可訓“枉”,則不必言“尪”字之别。又朱駿聲《説文通訓定聲》云:“匡,假借爲軭。”《淮南内篇》“不可移匡”俞樾《諸子平議》卷二九云:“匡與軭通。《考工記》‘則輪雖敝不匡’,‘匡’即‘軭’字。不移匡,言不衺曲也。”⑥《説文・車部》云:“軭,車戾也。”段玉裁云:“不專謂輪,凡偏戾皆是。”偏戾即不正,對輪而言即不圓,弧度不在一個圓周上。“枉”即“曲”,《説文・木部》云:“枉,衺曲也。”段注云:“本謂木衺曲,因以爲凡衺曲之偁。”⑦《漢書》卷八五《谷永傳》顏注云:“枉,曲也。”⑧故《越語下》“匡”字實即“枉”字、“軭”字之義。韋釋“匡”爲“虧”,實義釋,非求其雙聲可通也。“匡”即可通,不必改讀。

結　語

綜上,所辯證主要有兩個方面:(一)韋注不誤,楊釋未允,補證之;(二)楊説可從而語簡,進一步申述之。楊樹達爲近現代經史大家,語法、訓詁、文字皆有大著,經學、史學、子學亦自成家。審其所箋《國語》8條,多用聲韻之理,復旁及經史,左右勾稽,其方法規範已足資楷模。此外,其《高等國文法》、《詞詮》、《漢文文言修辭學》等書徵引《國語》例句

① (清)阮元校刻:《十三經注疏》,頁908上。
② (清)孫詒讓撰,王文錦、陳玉霞點校:《周禮正義》,北京:中華書局1987年版,頁3149。
③ (清)王引之:《經義述聞》卷九,本卷頁45。
④ 徐復主編:《廣雅詁林》,南京:江蘇古籍出版社1992年版,頁327上。
⑤ (明)李元吉:《讀書囈語》卷八,《續修四庫全書》第1143册,頁511下。
⑥ (清)俞樾:《諸子平議》,北京:中華書局1954年版,頁598。
⑦ (清)段玉裁:《説文解字注》,頁728下、頁250下。
⑧ (漢)班固撰、(唐)顏師古注:《漢書》,頁3448。

較多，對於相關例句也多有語法、訓詁上的分析，其中意見也很值得參考。

六、金其源《讀〈國語〉》辯證

引　言

金其源(1881—1961)的資料比較少見。《冒鶴亭先生年譜》譜文云："[金其源]一八八一——一九六一，字巨山，江蘇寶山(今屬上海市)人。曾任江蘇省議會議員，後致力教育事業，任羅陽二等學堂、旦華學院校董。建國後，入上海市文史館。與先生相從密。"①又王桐蓀等編注《唐文治文選·泰縣韓公紫石神道碑銘》注云："金其源：字巨山，號亦廬。寶山人，諸生。著有《讀書管見》。"②是今日所見關於金其源的較全面記載。可見金其源一生主要事業也在教育方面，其主要學術成果爲《讀書管見》一書，此外尚有《古文尚書釋疑》、《上海寶山羅溪金氏譜略》等。金氏《讀書管見》，上海商務印書館1948年初版，1955年出版《讀書管見續編》，又有《讀書管見再續編》，1957年又出版合集。其體例與《讀書雜誌》、《群經平議》等類似，所讀之書有《易經》、《尚書》、《尚書大傳》、《毛詩》、《周禮》、《儀禮》、《禮記》、《大戴禮》、《春秋》、《左傳》、《公羊傳》、《穀梁傳》、《論語》、《孝經》、《孟子》、《爾雅》、《春秋繁露》、《國語》、《國策》、《晏子春秋》、《吴越春秋》、《山海經》、《老子》、《管子》、《孔子家語》、《莊子》、《荀子》、《吕覽》、《列子》、《韓非子》、《淮南子》、《墨子》、《論衡》、《新序》、《説苑》、《尸子》、《楚辭》、《説文》等，共38部典籍，涉及各典籍條目多少不一。其中讀《國語》共25條，包括《周語》2條，《魯語》、《齊語》、《越語》各1條，《晉語》15條，《楚語》5條。金氏的有些見解頗具啓發性，但有些見解則頗爲武斷，有些見解則嫌迂曲。故不揣

① 冒懷蘇編著：《冒鶴亭先生年譜》，上海：學林出版社1998年版，頁413。

② 王桐蓀等選注：《唐文治文選》，上海：上海交通大學出版社2005年版，頁510。

淺陋，一一爲辯證疏補，以冀有益于金氏著作之研讀與《國語》之深入研究云。

1. 晉侯爽二

《周語》“晉侯爽二”韋注：“爽當爲喪字之誤也。”竊謂前篇“實有爽德”注：“爽，亡也。”上文“偏喪有咎”注：“喪，亡也。”則“爽”、“喪”義同，不必謂誤。（頁309）

【按】 金氏言是。“爽”上古音在山紐陽部，“喪”上古音在心紐陽部，二字音近義通。

2. 以待不庭不虞之患

《周語》“以待不庭不虞之患”韋注：“庭，直也。虞，度也。不直猶不道也。不度，不億度而至之患。”按《詩·大雅·韓奕》“榦不庭方”《集注》云：“不庭方，不來庭之國也。”《左傳·襄公十六年》“同討不庭”林注：“凡諸侯朝聘，皆成大禮於庭中，故欲同討不來庭服者。”《廣雅·釋詁》：“度，就也。”不庭不虞者，謂不來庭服、不來就王者也。（頁309）

【按】 金氏釋“庭”有其理據，釋“虞”則轉回迂曲，反不如韋注簡明得義。然“庭”本亦有“直”義，洪頤煊（1765—1837）《讀書叢録》卷五即謂“不庭”韋注是，又作“不亭”。關鍵即在於“不庭不虞”的關係。在本句中，“患”爲中心語，“不庭不虞”爲修飾語，但“不庭”和“不虞”之間是什麽關係，關係到理解問題。按照韋注，“不庭”、“不虞”當爲並列關係，是“患”的兩種形態。而金其源的解釋則只能爲一種形態。從本文語境看，韋注似更合。

3. 公父文伯之母兩句

《魯語》“公父文伯之母，季康子之從祖叔母也”韋注：“祖父昆弟之妻。”按《爾雅·釋親》：“父之世母叔母爲從祖祖母，父之從父昆弟之母爲從母，王母父之從父昆弟之妻爲從祖母。”若祖父昆弟之妻爲父之世母叔母，當曰從祖祖母；其或父之從父昆弟之母，當曰從祖王母。今曰從祖叔母者，猶曰從祖母，乃父之從父昆弟之妻，是己之從祖昆弟之母，非祖父昆弟之妻也。然依注中康子世系，文伯之母，穆伯之妻敬姜也。穆伯，悼子子；康子，悼子曾孫。穆伯爲康子從祖祖父，敬姜乃康子從祖祖母，實爲祖父昆弟之妻，豈從祖叔母即從祖祖母之稱乎？待考。（頁 309）

【按】 郝懿行《爾雅義疏》引韋注並云：“準是而言，父之世父當爲從祖伯父，父之叔父當爲從祖叔父。”①梁章鉅（1775—1849）《稱謂録》亦然是説。言“從祖祖母”者，不分伯仲，而此言“叔母”者，則明爲祖父昆弟之妻。則“從祖祖母”爲泛稱，而“從祖叔母”爲確指。

4. 政不旅舊

《齊語》“政不旅舊，則民不偷”韋注：“舊，君之故舊也。偷，苟且也。不以故人爲師旅，則民相與不苟且也。孔子曰：‘故舊不遺，則民不偷。’”按《風俗通》云：“旅，拒也。”謂爲政不拒故舊也。（頁 310）

【按】 韋昭引孔子之言見於《論語·泰伯》。包氏云：“君能厚於親属，不遺忘其故舊行之美者也，則民皆化之，起爲仁厚之行，不偷薄也。”②如按照韋注和包氏對《論語》的解釋來看，二者是衝突的，即孔子所謂“則民不偷”的前提和《齊語》的並不一致，而何以韋昭引孔子之言以爲佐證？如果按照《風俗通》的解釋，則韋昭所引孔子之言恰可相互説明。實俞樾已引《風俗通》之言，謂“旅”當爲“拒”義。

清董增齡《國語正義》亦不從韋注，云：“旅當訓衆，不以故舊與衆人

① （清）郝懿行：《爾雅義疏》，上海古籍出版社 1983 年影郝氏家刻本，頁 598。
② （魏）何晏：《論語集解》，中華書局編輯部《漢魏古注十三經》，北京：中華書局 1998 年版，頁 35 上。

齊等,則民皆歸於厚矣。"①恐亦未能符合文義。就本句而言,似仍以釋"旅"爲"拒"義爲勝。

然釋文和引證之言不能相互説明,亦一問題。從注釋或説理的角度而言,所綴之書證或者通人之説,往往爲輔成己説者。審韋注引"孔子曰"6 處,其他 5 處皆爲輔成己説者,此處亦當是,"政不拒舊"者,亦孔子"故舊不遺"之義。

5. 驪姬請使申生處曲沃以速縣

《晉語》"驪姬請使申生處曲沃以速縣"韋注:"虞御史云:速,疾也。縣,縊也。"竊謂姬雖欲遠太子,何能必其雉經?《淮南子·主術訓》"其於御兵又縣矣"注:"縣,遠也。"速縣者,速之使遠,即《吕覽·上德》云"晉獻公爲驪姬遠太子"也,故下文云:"驪姬既遠太子。"(頁 310)

【按】 清黄模《補韋》云:"速縣,及時舉樂以祭也。曲沃,宗邑,必有桓叔之廟,獻公都絳,不得時祭於曲沃,故請使申生居之以得以時祭。其後晉襄公既祥烝於曲沃,而後出伐衛,則曲沃有祖廟,而晉君不得歲時親祭明矣。(《補正》)模案:韋注引虞説,謂:"速,疾也。縣,縊也。縣,胡鬬切。《補正》依其音而易其義,尚未確。惟孫氏鑛曰:"縣如'楚莊縣陳'之'縣'較妥。觀後篇驪姬賂二五,使言於公曰:'若使太子申生主曲沃,而二公子主蒲與屈,乃可以威民而懼戎,且旌君伐。'使俱曰:'狄之廣莫,於晉爲都,晉之啓土,不亦宜乎?'前後二篇只一意。'速縣'即'啓土'。孫説是也。"②

清王汝璧(? —1806)《芸簏偶存》卷一云:"因語驪姬,請使申生處曲沃以速縣。韋注引虞御史云:速,疾也。縣,縊也。悮甚!方申生爲太子,獻公未即疑忌,姬亦不得猾之,故封之國以伺其間,是時固不能即死之也。按:'速'與'肅'同,'縣'當讀如《周禮》'正樂縣'。太子守宗廟

① (清)董增齡:《國語正義》,成都:巴蜀書社 1985 年影式訓堂本,頁 577。

② (清)黄模:《國語補韋》卷三,本卷頁 2。

而主祭器，故令其居桓叔之墟，肅將廟祀而守其樂縣。尋下文'君之宗也，不可無主'可知，以太子守宗邑，蒲屈備外藩，獻公不得不聽之。女戎之銜骨，可畏也。共君雉經在伐翟以後。始封，安得謂速縊耶？"①

清朱亦棟《群書札記》卷一則謂："此'縣'字當如字，讀與楚莊王縣陳、文王縣申息之義同，即《左・閔元年》士蔿所謂分之都城也。二五言之於外，驪姬請之於内，故公許之，不得以後有新城雉經事，預指申生之死立説也。虞説似誤。"②

俞樾《群經平議》卷二九亦云："此説最爲無理。方驪姬請于公，而使太子居曲沃，必言其當居曲沃之故，豈宜曰如此則太子可速縊乎？'速'當讀爲'束'。以速縣者，以束縣也，使太子約束其所屬之縣大夫也。晉之大邑必有屬縣，昭三年《左傳》曰：晉之别縣不惟州。蓋以州縣舊屬於溫，故云然。然則曲沃爲晉宗邑，亦必有所屬之縣。太子居曲沃，則諸縣皆受其約束，故曰以束縣也。下文曰'宗邑無主，則民不威'，正其義矣。"③

可見，王、朱、俞都不贊同虞翻之説，然三人所釋亦不同。王釋爲"肅懸"，俞則釋爲"束縣"，朱釋爲分置，而金氏以爲"速遠"。是四家皆不同。審《晉語》本句爲"驪姬請使申生處曲沃以速縣"，則"速縣"爲申生所需達到的狀態。金氏所釋似更合驪姬之心與本文語境。另參見拙著《〈國語〉考校——以明本四種校勘條目爲對象》④。

6. 國君好艾

《晉語》"國君好艾"韋注："艾當爲外，聲相似誤。好外，多嬖臣也。"竊謂並非聲誤。《左傳・定公十四年》"盍歸吾艾豭"《釋文》："艾，《字林》作猤。"《廣雅・釋獸》："猤，豭也。"《説文》："豭，牡豕也。"然則"艾"即"猤"，謂牡與外義同。（頁310）

---

① （清）王汝璧：《芸簏偶存》，《續修四庫全書》第1462册，頁73。

② （清）朱亦棟：《群書札記》，《續修四庫全書》第1155册，頁11下。

③ （清）俞樾：《群經平議》，《續修四庫全書》第178册，頁470上。

④ 拙著《〈國語〉考校——以明本四種校勘條目爲對象》，頁180—182。

【按】　韋注唯云國君好嬖臣，若如金氏之釋，則國君好男寵矣。董增齡《正義》云："《韓非·内儲説》引狐突此語作外，韋解所據。"①《翼解》謂艾、外聲相似。黄生《義府》以韋注是。

明顧大韶《炳燭齋隨筆》云："《孟子》'慕少艾'，漢詁讀少爲上聲，訓艾爲刈，固爲牽强。朱注以艾爲美好，字書從無此解，尤爲杜撰。蓋古人呼男色爲艾，《左傳》'既定爾婁豬，盍歸我艾豭'，《國語》'國君好内，適子殆；好艾，大夫殆'、《戰國策》魏牟謂趙王曰'王不以予王而予幼艾'，此數艾字正可解《孟子》少艾之義。蓋凡人既知好色而未有妻子，未免與孌童徵逐。以今證古，此説無疑。《楚辭·少司命》'慫長劍兮擁幼艾'。"②清孫應科《四書説苑》即録顧氏之説。

清周柄中《四書典故辨正續》卷五云："艾訓美好，《集注》本之趙氏。孫季昭《示兒編》駁之云：遍考載籍，並無艾爲美好之説。少當音上聲，艾讀如夜未艾之艾，艾之爲言止也。言人知好色則慕親之心稍止也。此説固不可用。顧仲恭講《四書隨筆》謂古人呼男色爲艾，引《左傳》'既定爾婁豬，盍歸吾艾豭'、《國語》'國君好艾，大夫殆；好内，適子殆'、《戰國策》魏牟謂趙王曰'今爲天下之工而王不以與工乃與幼艾'爲證。愚按：《國策》之幼艾指建信君，此是男色。若艾豭，杜注云：艾，老也。豭，牡豕也。以喻宋朝好艾。韋注云：艾當爲外，聲相似誤也。好外，多嬖臣也。韋、杜去古猶近，若艾爲男色，豈得不知而一以爲老，一以爲誤字，並不作男色解。顧説亦未確。此等但以意會可也。"③

清牟庭相《雪泥書屋雜志》卷二云："按'艾'當讀爲'外'，音近假借，非誤也。《韓非·内儲説》狐突曰：'國君好内，則太子危；好外，則相室危。'此即引《國語》之文。足明'艾'與'外'同讀，艾之言外嬖也。外嬖以童年爲宜。故《孟子》曰：'慕少艾。'《楚詞》曰：'擁幼艾。'艾皆讀爲外也。《左傳》'艾豭'，艾亦讀爲外，言宋朝是外來之豭也。《曲禮》：'五十曰艾。'《詩》'俾爾耆而艾'，《荀子》'耆艾而信'，皆謂五十始衰，禮宜宿

---

① (清)董增齡：《國語正義》，同前，頁 658。

② (明)顧大韶：《炳燭齋隨筆》，《續修四庫全書》第 1133 册，頁 14 下。

③ (清)周柄中：《四書典故辨正續》，《續修四庫全書》第 167 册，頁 674 下—675 上。

外，六十閉房，絕不寢内，故有耆艾之稱。艾皆讀如外也，昔人不知此字假聲，而以艾字訓美好，訓女色，訓老，俱甚不經。丁亥三月清明前日記。"①

朱亦棟則謂："《孟子》'知好色則慕少艾'趙注：'艾，美好也。'朱子《集注》：《楚辭》、《戰國策》所謂'幼艾'，義與此同。則艾字非聲之誤也。至《魯語》所云'好内，女死之；好外士死之'，好外亦不指嬖臣言也。"②

袁枚(1716—1797)《隨園隨筆》卷十一謂："馮山公云：少艾，男色也。《左氏》'盍歸吾艾豭'指宋朝也。《國語》'國君好艾大夫殆'、下文'好内適子殆'，是'艾'指幸臣，此一説也。《國策》魏牟謂趙王曰：'今爲天下之工而王，不與工，乃與幼艾。'指建信君也。趙岐注：'美好也。'似主女子言。此二解也。至於《説文》：'艾，老也，長也。'《曲禮》'五十曰艾'。又一解。"③

韋注之所以以"艾當爲外"，當是受《魯語下》"好外，士死之"的影響。但在《魯語下》，"好外"是積極意義，非如此處"國君好艾，大夫殆"。則此處釋"艾"爲男寵更合乎語境。顧、金之説可從。

7. 利方以求成人吾不能

《晉語》"利方以求成人吾不能"韋注："方，道也。利得道以求成太子，吾力不能也。"按《書》"方命圮族"，《漢書》引作"放命"。《小爾雅·廣言》："放，棄也。"《左傳》"水官棄矣"注："棄，廢也。"是"方"之轉訓爲"廢"。利方即承上廢人以自利言，利方以成人者，謂利廢申生而成奚齊也。吾不能者，《説文》："忍，能也。"言不忍撓志從君也。(頁310)

【按】　審今各譯注本中，秦同培注云："方猶嚮也。人指奚齊。言利君之趨向，以成奚齊之立。"譯作"或利於有道術以成就他人"。薛安

---

① (清)牟庭相：《雪泥書屋雜志》，《續修四庫全書》第1156册，頁487下。

② (清)朱亦棟：《群書札記》，頁12上。

③ (清)袁枚：《隨園隨筆》，《續修四庫全書》第1148册，頁251下。

勤等注作“方:道,此指好處。成人,指成全奚齊。”譯作“或者只顧自己得到好處而成全奚齊”,高振鐸等注爲:“只顧自己的利益去成全别人。”董立章譯作“基於一己私利求促成另一人之美”,鄔國義等譯作“或者利用手段與奚齊妥協”,陳仿麟《中國傳記選》譯作“只顧自己得其所而去成全奚齊”,黄永堂注:“方:道,途徑。人:指奚齊。利方以成人,尋找給自己帶來利益的途徑去成全他人。”譯作“尋求對自己有利的途徑來成全别人當太子”。趙望秦等譯作“或者利用手段來成全他人”,來可泓譯作“或者尋求對自己有利的手段來成全奚齊當太子”,注云:“方:道。引申爲方法、手段。成人:成全奚齊。”尚學鋒等譯作“利用妥當的途徑成全奚齊當太子”,曹建國、張玖青注云:“利方:利用手段。成人:奚齊。”魯竹、劉倩譯作“或者爲了道義而成全太子”,注作“方:道。成人:指成全太子申生”。羅家湘譯作“利用妥當的辦法成全奚齊當上太子”,陳桐生注云:“利用某種途徑而成全奚齊當太子。方,道,引申爲途徑。”①

《晉語》本句爲:“抑撓志以從君,爲廢人以自利也,利方以求成人,吾不能。”“抑”爲選擇連詞,“爲”表判斷,“廢人以自利也,利方以求成人”是對“撓志以從君”的進一步引申説明。“廢人”之“人”即指申生,“成人”之人指奚齊,没有疑問。“自利”即利己亦不容置疑,廢申生本獻公之意,故“廢人”爲“從君”,“從君”則對己有利。廢一人而成一人,亦獻公之意。關鍵在於“利方”二字,各家解釋,多以“利”爲“利用”之

---

① 秦同培:《廣注語譯國語精華》,上海:世界書局1937年第4版,頁87、89。薛安勤、王連生:《國語譯注》,長春:吉林文史出版社1991年版,頁328、331。高振鐸、劉乾先:《國語選注》,成都:巴蜀書社1992年版,頁79。董立章:《國語譯注辨析》,廣州:暨南大學出版社1993年版,頁357。鄔國義等:《國語譯注》,上海古籍出版社1994年版,頁243。黄永堂:《國語全譯》,貴陽:貴州人民出版社1995年版,頁304、307。趙望秦等:《白話國語》,西安:三秦出版社1998年版,頁245。來可泓:《國語直解》,上海:復旦大學出版社2000年版,頁399、401。尚學鋒、夏德靠譯注:《國語》,北京:中華書局2007年版,頁128。曹建國、張玖青注説:《國語》,開封:河南人民出版社2008年版,頁213。魯竹、劉倩:《國語正宗》,北京:華夏出版社2008年版,頁153。羅家湘注譯:《國語》,鄭州:中州古籍出版社2010年版,頁163。陳桐生譯注:《國語》,北京:中華書局2013年版,頁310。

“利”。“利方”之“利”爲動詞無疑，然究竟是否是“利用”之義，則頗值得存疑。審韋注之義，“方”爲“得方”，則“利”爲意動用法，“以得方爲利”。韋注可通，不必爲新解。且金氏輾轉爲訓，反嫌迂曲。

8. 夫二國士之所圖兩句

《晉語》“夫二國士之所圖，無不遂也”韋注：“二國士，里克、荀息也。遂，行也。”竊謂注非。國士謂里克，里克本一心爲三公子者，此丕鄭勸其二於孺子，下故曰我爲子行之，所言我使云云，謂搖動二公子，立力薄之孺子以專國政，迨里克以爲不可，於是始從里克殺奚齊而立公子之在外者，韋注亦皆非也。（頁310—311）

【按】 俞樾《群經平議》、陳偉《愚慮録》則謂二國士一謂里克，一則丕鄭自謂。俞樾詳論云：“按上文里克將殺奚齊，荀息曰：死吾君而殺其孤，吾有死而已，吾蔑從之矣。是里克、荀息初不同謀，乃曰二國士之所圖，何哉？二國士者，其一謂里克，其一丕鄭自謂也。故下文曰我爲子行之，子帥七輿大夫以待我，我使翟以動之，援秦以搖之，立其薄者可以得重賂，厚者可使無入。國，誰之國也？此正與里克共圖之事。蓋里克之意，止欲殺奚齊、卓子，而於重耳、夷吾二公子中擇立一人。丕鄭則并不欲立二公子而别立疏屬以專晉國，故曰立其薄者可以得重賂，厚者可使無入。厚薄喻親疏也。言欲立疏遠者以要重賂，而重耳夷吾可使無入也。及里克不可而丕鄭亦許諾。于是仍從里克之始謀，殺奚齊、卓子而請君于秦矣。韋氏不知丕鄭之意，故誤解二國士爲里克、荀息，而説立其薄者二句亦不了也。”①

里克殺孺子，荀息死之，是謂“二國士之所圖”。三公子者，韋注已釋爲申生、重耳、夷吾，與孺子無關。丕鄭以里克、荀息皆國士，一殺孺子，一死國君，無不順遂，合於國士之爲。然丕鄭於二國士之間擇里克，以助其成事。故韋注此“遂”字或有未當，然“國士”之解則絶無問題。俞樾、陳偉以及金氏皆誤會韋注。

---

① （清）俞樾：《群經平議》，頁471下。

9. 立其薄者可以得重賂

《晉語》"立其薄者可以得重賂"韋注云:"結秦翟之援以立二公子,恩薄者可得重賂也。"竊謂丕鄭所謂厚薄乃能力非恩情,薄指孺子。鄭意欲結秦翟以揺動二公子之徒,已則擁孺子以拒二公子,則賂可得。國可專,故曰我使翟以動之,援秦以摇之,立其薄者可以重賂,厚者可使無入。國,誰之國也。里克則以爲孺子雖未獲罪於民,而姬之成此禍端,百姓方惡,不如殺孺子及姬而立公子之在外者,故曰丕鄭許諾,於是殺奚齊、卓子及驪姬而請君於秦。(頁311)

【按】　俞樾《群經平議》卷二九云:"蓋里克之意,止欲殺奚齊、卓子,而於重耳、夷吾二公子中擇立一人。丕鄭則并不欲立二公子,而别立疏屬以專晉國,故曰'立其薄者,可以得重賂;厚者可使無入'。厚薄,喻親疏也。言欲立疏遠者以要重賂,而重耳、夷吾可使無入也。"①陳偉云:"'立其薄者,可以得重賂;厚者可使無入。國,誰之國也。'按:厚、薄皆指公子德言。德薄者必以重賂求入,我立之而取其賂,因使德厚者不得入,則晉國之權可以專之,與後公子縶同意,解欠明晰。"②陳氏之説可補韋注。金氏之説與俞樾之説近。恐以韋、陳之説更合《國語》原意。

10. 吾誰使先若夫二公子而立之

《晉語》"吾誰使先若夫二公子而立之",韋注以"先"爲句。上句則注"當先立誰",下句則注"若,之也,使之擇所立也",竊謂不當以"先"爲句而以"之"訓"若"。《爾雅·釋詁》:"若,示也。"謂吾使誰先示夫二公子而立之也。(頁311)

【按】　黄模《補韋》引儲欣(1631—1706)曰:"'夫'宜作'擇'。"③實

① (清)俞樾:《群經平議》,頁471下。
② (清)陳偉:《愚慮録》,《續修四庫全書》第1165册,頁687上。
③ (清)黄模:《國語補韋》卷三,本卷頁5。

“若”爲“擇”義，儲氏之説誤。詳見本書上編之一“吴曾祺《國語韋解補正》辯證”。

11. 既里丕死禍公隕於韓

《晉語》“既里、丕死禍，公隕於韓”，韋於“死”下注：“既，已也。”“惠公二年春殺里克，秋殺丕鄭於韓”下注：“禍，謂貪惏之禍也。”秦伐晉，戰於韓，獲惠公以歸，隕其師徒，在魯僖公十五年。似以“既里、丕死”爲句。竊謂“既”字當讀，禍當屬死，里丕死禍，承上“喪田不懲”、“禍亂其興”，“公隕於韓”承上“得國而狃，終逢其咎”。（頁311）

【按】 按照金氏的看法，則該句當斷作：“既，里、丕死禍，公隕於韓。”陳偉云：“《晉語三》‘既里丕死禍，公隕於韓’解：禍，謂貪惏之禍也。按：解以‘死’字句，‘禍’字屬下讀。偉謂似宜讀至‘禍’字絶句。死禍，謂皆殺死，不令終也。下篇以禍爲違，則‘禍’字當貼里丕明矣。”①

審刻本中，各本韋注皆施在兩處，是以後世從韋注以“死”、“禍”斷開者居多。如《叢書集成初編》本、上海古籍點校本、李維琦點校本、薛安勤等、汪濟民等、董立章、鄔國義等、黄永堂、史延庭點校本、焦傑點校本、趙望秦等、來可泓、鮑思陶點校本“禍”字單獨爲句，沈鎔、林泰輔本、桂湖村本、塚本哲三本、大野峻本、葉玉麟、楊樹達《高等國文法》、李維琦《白話國語》、王樹民等點校本《集解》、魯竹等、孫良明則斷作“死禍”。《四部備要》本“禍”下屬於“公”。吴曾祺《補正》未斷在“死”字下，而斷在“禍”字下。“死”、“禍”斷開且“禍”字單獨爲句的大約受韋注及其施注位置的影響，吴曾祺等則不受韋注影響，云：“禍字宜上屬爲句。”②

光裕堂本《評苑》、閔齊伋《裁注》、道春點本、千葉玄之校本、朝鮮經筵校本大約受韋注施注位置的影響，故在“死”字下爲句，“禍”字屬下爲句。秦鼎則把“死”字下韋注移至“禍”字下，引《略説》云：“‘禍’字本屬

① (清)陳偉：《愚慮録》，頁687下。
② 吴曾祺：《國語韋解補正》卷九，本卷頁1。

下，今屬上，是也。”①吴曾祺之説與《國語説略》同。

誤斷者，皆因施注位置的關係。當以“死禍”爲最合文義，金氏言是。

12. 可以戾也

《晉語》“可以戾也”注：“戾，定也。”按《詩·采芑》“其飛戾天”《傳》：“戾，至也。”言可以至其處也。若訓爲“定”，下文“戾久將底”訓“底”爲“止”，《爾雅·釋詁》：“尼，定也。”注云：“止亦定也。”則定久將定，未免不詞。（頁312）

【按】　韋注不誤。“定久將止”亦不誤。金氏求之過深，反嫌迂曲。

13. 商之饗國三十一王

《晉語》“商之饗國三十一王”注：“自湯至紂。”考《史記》及《竹書紀年》，殷之世次，袛有三十。雖《大戴禮·少閒》“成湯卒崩，殷德小破。二十又二世乃有武丁即位，武丁卒崩，殷德大破，九世乃有末孫紂即位”，以二十二世與九世併計，似符三十一世矣。其實武丁上列二十二世，下列九世，一人兩世，仍袛三十。然《漢書·律曆志》謂殷世繼嗣三十一王，《〈史記·殷本紀〉索隱》注亦云譙周曰：“殷凡三十一世。”《漢書·賈山傳》張晏注亦云殷三十一世。豈伊尹攝政，沃丁曾以天子禮葬之，舊時亦稱一世乎？觀於《書·序》，其在《伊訓》曰“成湯既歿，太甲元年”，不曰“湯崩，太甲即位”，明成湯歿後非即太甲矣。然猶曰有外丙之二年，仲壬之四年故也。其在太甲曰太甲既立，則仲壬四年之後，明太甲且有未立之時矣。《汲冢》所載伊尹放太甲於桐，乃自立。沈約雖謂以攝政爲真之誤，然更觀《尚書》“伊尹既復政厥辟”、《孟子》“有伊尹之志則可，無伊尹之志則篡”、《吕覽》“祖伊尹世世享商”之文，其説竝非無自。蓋王位以世及爲常，聖人以天下爲重，伊尹乃聖之任者，湯之子孫可

① [日]秦鼎：《春秋外傳國語定本》卷九，本卷頁1。

輔則輔，不可輔則毅然自任。太甲始不可輔，故伊尹任其重，終於可輔，故伊尹復其政。雖復其政，曾居其位，故沃丁以王禮葬之，後世以王位計之。《汲冢》之説存疑可也。（頁312）

【按】 關於自湯至紂三十一王的質疑，清人即有之，如董增齡《國語正義》、孔廣森（1753—1787）《大戴禮記補注》、簡朝亮《尚書集注述疏》等皆表示過質疑。董增齡亦謂所謂三十一王以"湯之太子太子丁數之也"。

王昶（1724—1806）《春融堂集》卷三十四《外丙仲壬辨》云："《孟子》'外丙二年'、'仲壬四年'趙岐注曰：'外丙立二年，仲壬立四年。'孫奭《疏》無異辭。《史記·殷本紀》：'湯崩，太子太丁未立而卒，立太丁弟外丙。外丙崩，立外丙弟仲壬。仲壬崩，伊尹乃立。太丁之子太甲。'其文本之《世本》，與《孟子》合。劉歆引《殷曆》曰：'凡殷世繼嗣三十一王，六百二十九歲。'班固《古今人表中上》列外丙、仲壬。譙周《古史考》曰：'殷凡三十一世，六百餘年。'《晉語》曰：'商之饗國三十一王。'又韋昭《國語注》曰：'帝甲，湯後二十五世也。'晉世所出《竹書紀年》：'外丙名勝，三年陟。仲壬名庸，四年陟。'《帝王世紀》：'太子早卒，外丙代立。'皇甫謐云：'商之饗國也三十一王。'是見居位者實三十王，而三十一者，兼數太子丁也。並與《孟子》合。自僞孔《傳》有'湯崩踰月，太甲即位'之文，孔穎達附會之，邵康節《皇極經世書》以湯起乙未，太甲起戊申，竟去外丙、仲壬。自是以後，疑信者半。蓋其時皆未知孔《傳》爲僞書故也。然言有外丙、仲壬者，有周、漢、魏、晉經史之文；言無外丙、仲壬者，除僞《傳》外無聞焉。《書序》'成湯既歿，太甲元年'，猶《易·繫辭》'神農氏歿，黄帝、堯、舜氏作'，非指繼世而言，不足援以爲證。無徵不信，亦信其有徵者而已。程子曰：'外丙方二歲，仲壬方四歲。夫外丙兄也，方二歲；仲壬弟也，顧已有四歲乎？湯年百歲而崩，時尚有二歲、四歲之少子乎？或以外丙二歲卒，仲壬四歲卒，是則皆未立也。何于太丁云未立，於外丙、仲壬云二年、四年乎？使外丙果二歲卒，仲壬果四歲卒，是賢愚未可知也。班固《人表》得定爲第四品乎？此尤曲説不攻自破矣。金氏前編不列外丙、仲壬，并載《大紀論》，言殷立弟非正，其舛謬處，如以仲丁爲沃丁，七世爲九世，是皆不信。《孟子》、《史記》、《漢書》、《國語》而襲用《皇極經世書》之病耳。'朱子注《孟子》不多用趙説，惟此引於程子之前，蓋亦以趙説爲是矣。"①王氏雖未最終給出答案，然於其中因果交待頗詳，故值得參照。

14. 公懼乘馹自下脱會秦伯於王城

《晉語》"公懼乘馹自下脱會秦伯於王城"韋注："馹，傳也。自，從也。下，下道。脱會，遁行，潛逃之言也。王城，秦河上邑。"竊謂脱會不當連讀作遁逃之言。《廣雅·釋詁》："脱，離也。"《酉陽雜俎》："人死形如生，目光不毀，頭髮盡脱，皆尸解也。白日去曰上解，夜半去曰下解。"是"上"、"下"即日夜也。乘馹自下脱者，乘傳車自夜離晉也。文公既離晉，乃會秦伯於王城也。（頁313）

【按】 黄模《補韋》云："脱會，《左傳》作'潛會'，《晉世家》乃爲微行，意同。乘馹者，《日知録》謂事急不暇，駕車或是單乘驛馬耳。戴侗曰：'以車曰傳，以騎曰馹。'"②

按照金氏理解，則"脱"字當上屬，"會秦伯於王城"。韋注之所以釋"脱會"爲"潛逃"、"遁行"，或受《左傳》"潛會"的影響。

《國語》各本中，閔齊伋本、道春點本、吴曾祺、《四部備要》本、《叢書集成初編》本、傅庚生、上古點校本、李維琦、薛安勤等、汪濟民等、董立章、鄔國義等、黄永堂、史延庭、焦傑點校本、趙望秦等、來可泓、鮑思陶、王樹民等、尚學鋒等、曹建國等、魯竹等、李德山、羅家湘、陳桐生"脱會"不斷，"脱"字下屬；光裕堂本《國語評苑》、王鐸批校本、林泰輔本、桂湖村本、塚本哲三本、沈鎔、葉玉麟則"脱"、"會"斷開，"脱"字屬上。

《晉語四》本句當斷作："公懼，乘馹自下，脱，會秦伯於王城。""脱"字單獨爲句更合語境。

---

①（清）王昶：《春融堂集》，《續修四庫全書》第1438册，頁38下—39上。

②（清）黄模：《國語補韋》卷三，本卷頁9。

15. 乃出陽人

《晉語》"乃出陽人"韋注:"出,降也。"與其在《周語》"乃出陽民"注"出,放令去也"不同。竊謂"出"承上"圍"言。出者,解圍以出之,當仍前注。(頁313)

【按】 陳偉《愚慮録》云:"《内傳》'乃出其民'杜注:'取其土而已。'則謂聽其民之出徙也。"①宋玉珂認爲:"'出陽人',直譯爲使陽人出。使敵人出來,自然是降服敵人了。"②實際上就本文語境而言,當以金氏所言爲確當,蓋陽樊爲周襄王賜與文公者,故"出"相對"圍"而言,《晉語四》之釋當如《周語中》釋作"放令去也"。今《國語》各譯注本亦多從《周語中》韋注釋《晉語四》文。

16. 此諸臣之委室而徒退者兩句

《晉語》"此諸臣之委室而徒退者,將與幾人"韋注:"徒,空也。與,辭也。幾人言必多也。"竊謂此范文子慮禍及諸臣不克僅以身免之危辭。《楚語》"施二帥而分其室"注:"室,家資也。"與,當從《論語》"吾與汝弗如也"注作"許"解。委室,委棄家資也。徒退,但去職位不加刑戮也。謂諸臣之委棄家資但去職位免於刑戮者,能許幾人乎?(頁313)

【按】 "此"當屬上句,金氏移在本句中,似未當。

按照韋注,"將與幾人"即"將幾人與","與"仍讀作"歟"。審《國語》中"其與幾何"之"與",韋注亦釋爲"辭也",於文義亦甚相協,則"與"爲虚字爲《國語》常見用法。即便"范文子慮禍及諸臣不克僅以身免之危辭",然如此表達亦符合語義語境。

---

① (清)陳偉:《愚慮録》,頁688上。

② 宋玉珂:《語法與訓詁》,見載於張之强、許嘉璐主編《古漢語論集》(2),北京出版社1988年版,頁341。

17. 使臣狃中軍之司馬

《晉語》"使臣狃中軍之司馬"韋注:"狃,正也。"竊謂此魏絳以狃自謙之詞,狃當訓習。《詩·鄭風·太叔于田》"將叔無狃"《傳》:"狃,習也。"(頁 313)

【按】 《説文·犬部》:"狃,犬性驕也。"①《國語》"狃"字 5 見,韋注二處施注,一爲《晉語七》本條,一爲《晉語一》"不足狃也"韋注云:"狃,貪也。"《群經平議》卷二九云:"狃之訓正,未聞其義。狃當讀爲'粈',《廣雅·釋詁》曰:'粈,廁也。'猶曰使臣廁中軍之司馬也。《文選·秋興賦》曰:'攝官承乏,猥廁朝列。'注引《蒼頡篇》曰:'廁,次也。'是其義也。《左傳》作'使臣斯司馬',疑'斯'即'廁'字之誤,古'斯'或作'厮','廁'誤爲'厮',因改爲'斯'矣。"②徐元誥云:"《玉篇》:'狃,就也。'狃中軍之司馬,就中軍之司馬也。俞説不必然。"③董立章即引《玉篇》釋文釋"狃"爲充任。戎輝兵則以俞、徐之説俱不可通,引《爾雅·釋言》"狃,復也"以及《詩》鄭注等,以"狃"訓"復"、"前事復爲"。而且戎氏從前後文出發,謂此次魏絳實復爲中軍司馬,故言④,既有訓詁學的理據,又有文本語境的理據,較爲可信。今審《爾雅》邢《疏》云:"狃,復習也。郭云:'狃,忕,復爲。'孫炎云:'狃,忕,前事復爲也。'《説文》云:'狃,狎也。忕,習也。'《鄭風》云:'將叔無狃。'毛《傳》云:'狃,習也。'桓十三年《左傳》云:'莫敖狃於蒲騷之役。'杜注云:'狃,忕也。'然則狃、忕皆貫習之義,復亦貫習之意也。"⑤是"貫習"爲其義,"習"即"復"也。金氏所言亦是。

18. 魯人食言

《晉語》"魯人食言"韋注:"食,僞也。"竊謂以"僞"釋"食",雖本

---

① (漢)許慎:《説文解字》,頁 204 下。

② (清)俞樾:《群經平議》,頁 477 下。

③ 徐元誥撰,王樹民、沈長雲點校:《國語集解》(修訂本),頁 410。

④ 戎輝兵:《〈國語集解〉訂補(一)》,《古籍研究》2006 年卷下,頁 114—115。

⑤ (清)阮元校刻:《十三經注疏》,頁 2585 中。

《爾雅》,然《書·湯誓》"朕不食言"《傳》云:"食盡其言僞不實。"謂食盡其言故僞,則僞乃食之引申,不若《集傳》云"言已出而反吞之也"爲簡直。(頁313—314)

【按】 俞正燮(1775—1840)《癸巳存稿》卷一"食言"云:"《爾雅·釋詁》:'載、謨、食、詐,僞也。'郭解'食僞'引《書》'朕不食言',《疏》引孫云:'食者,言之僞也。'因以載爲事僞,謨爲謀僞。今案:'詐,僞'自爲一條,'載、謨、食,僞'乃'平秩南僞'之'僞',古言'食'爲用力之辭,'食哉惟時'是也。哀元年《左傳》云:'後雖悔之,不可食已。'《國語》作'不可爲是',此雅訓。其《書·湯誓》云:'朕不食言。'當如'日有食之'之'食',謂消蝕。《左傳·僖十五年》云:'我食吾言,背天地也。'《成十六年》云:'臨事而食言,不可謂暇。'《襄二十七年》云:'食言者不病。'《晉語》云:'虢之會,魯人食言。'《公羊傳·僖十年》'荀息不食其言'注云:'食,受之而消亡之。'《漢書·匈奴傳》云:'約分明而不食言。'注云:'終爲不信,棄其前言,如食而盡,皆消蝕其言。'義'食'爲'消蝕'者,《管子》云:'主德不立,則婦人能食其意;國無常法,則大臣敢侵其勢。'《莊子·列御寇篇》云:'小人罹外刑者,金木訊之;罹内刑者,陰陽食之。'是也。食言,以語久,又生旁義。《左傳·哀二十五年》云:'是食言多矣,能無肥乎?'則就飲食言之。"①然錢大昕、邵晉涵(1743—1796)等則以"食、詐"爲虚僞,郝懿行亦謂"食"自有"僞"義。雖俞氏、金氏所言有據,然"食言"作爲一個結構已經固化爲合成詞,故釋"食言"之"食"爲"僞"實亦常用義,韋注不誤。吴曾祺《補正》云:"言既出而食之,謂之食言。故《爾雅·釋訓》:'食,僞也。'"②是申韋説,汪遠孫《發正》實已先吴曾祺言之。

19. 少懦於諸侯

《晉語》"少懦於諸侯"韋注:"懦,弱也。以諸侯爲弱。"竊謂弱

---

① (清)俞正燮:《癸巳存稿》,《續修四庫全書》第1159册,頁611。

② 吴曾祺:《國語韋解補正》卷一四,本卷頁5。

不當屬諸侯説。《史記・曹相國世家》"豈少朕與"《索隱》曰:"少者,不足之詞。"少懦於諸侯者,不足楚之見懦於諸侯也。承前篇楚人不敢説。(頁 314)

【按】 俞樾《群經平議》卷二九云:"韋注未得傳意。此言令尹之志專在于楚,而於諸侯之事少偷懦也。襄二十五年《左傳》:'齊崔杼帥師伐我北鄙,公患之。孟公綽曰:崔子將有大志,不在病我。必速歸,何患焉?其來也不寇,使民不嚴,異於他日。'正與此文大旨相同。有欲於楚少懦於諸侯,即所謂'將有大志,不在病我'也。"①孫良明根據俞樾的解釋以"有欲於楚,少懦於諸侯"爲轉折復句②。《文選》注、《一切經音義》引賈逵注云:"懦,下也。"③張以仁謂《國語》"懦"字 2 見,韋注皆釋爲"弱"。

茲録《國語》遞修本本段文字如下:

> 虢之會,魯人食言,楚令尹圍將以魯叔孫穆子爲戮,樂王鮒求貨焉,弗與。趙文子謂叔孫曰:"夫楚令尹有欲於楚,少懦於諸侯。諸侯之故,求治之,不求致也。其爲人也剛而尚寵,若及,必弗避也。子盍逃之?不幸,必及於子。"對曰:"豹也受命於君,以從諸侯之盟,爲社稷也。若魯有罪,而受盟者逃,魯必不免。是吾出而危之也。若爲諸侯戮者,魯誅盡矣,必不加師,請爲戮也。夫戮出於身實難,自他及之,何害?苟可以安君利國,美惡一心也。"文子將請之於楚。

該段文字中有兩處的語義關係需要理清。其一爲"有欲於楚"與"少懦於諸侯"的關係,其二爲"求治之"與"不求致"的關係。

先看前者。"夫楚令尹有欲於楚,少懦於諸侯",前後句兩個對象,

① (清)俞樾:《群經平議》,頁 479 上。
② 孫良明:《中國古代語法學探究》(增訂本),北京:商務印書館 2005 年版,頁 422。
③ (南朝梁)蕭統編,(唐)李善注:《文選》,頁 394。

"有欲於楚","少懦於諸侯"。令尹子圍欲替代國君之位,此爲"有欲於楚",既然想在國内有所爲,對於諸侯則"少懦",當非韋注所謂"以諸侯爲弱",而是對諸侯示"懦",俞樾所謂"於諸侯之事少偷懦"稍近之。故而"有欲於楚"與"少懦於諸侯"當爲因果關係,非轉折關係。正因爲"少懦於諸侯",故纔有下文"諸侯之故,求治之,不求致也"。金氏引《索隱》"少者,不足之詞"之言是,則"少懦於諸侯","少"爲副詞,"懦"爲謂語中心詞,賈注"下"亦適用於本語境。

再看後者。後者主要看"治"、"致"的程度。韋注云:"必欲治之,非但求致之而已。"俞樾云:"致之言至也,極也。言求治之而已,不深求也。故又曰:'其爲人也剛而尚寵。若及,必弗避也。子盍逃之?'蓋不逃,則彼及治之,故弗可避。逃,則彼不及治之,即可免矣。此正'求治'、'不求致'之明驗也。"①徐元誥《集解》引俞樾説爲釋,吴曾祺、沈鎔仍從韋注。董立章則謂:"楚令尹對君位懷有野心,注意力在楚國内,對諸侯的管束、態度稍爲寬軟。對於諸侯的違規事件,只求按一般規則懲罰,並不求深追窮究。"②亦從俞説立意。

審今《國語》各譯注本譯注情況。薛安勤等譯爲"楚令尹圍在楚國有野心,認爲諸侯們都很弱小。諸侯會盟的老規矩,是爲求得解決問題,不只是要求都到會就行了",李維琦譯爲"楚令尹對楚國有慾望,以爲諸侯弱小(可欺)。諸侯的老例,要把事情辦好,不是要把大家召集來就算了",趙望秦等譯爲"那楚國令尹圍想得到楚國國君之位,又認爲諸侯們都很弱小。諸侯會盟的老規矩,是要求得解決問題,不是只要求得到會盟就行了"③,黄永堂、來可泓、劉倩等譯文基本與前者同。

羅家湘譯爲"楚國令尹的志向在於楚國,對諸侯之事稍顯懈怠,不很看重。諸侯會盟的成例是只求解決問題,但並不深究",與董立章近似。注"懦"爲"懦:弱,此處有苟且懶惰之意",曹建國等注"懦"爲"懦:

① (清)俞樾:《群經平議》,頁 479 上。

② 董立章:《國語譯注辨析》,頁 551。

③ 薛安勤、王連生:《國語譯注》,頁 593。李維琦:《白話國語》,頁 309。趙望秦等:《白話國語》,頁 427。

弱。引申爲寬鬆”，陳桐生譯爲“楚國令尹公子圍對楚國有很大的慾望，他對諸侯的事少有放鬆”，與曹建國等注近似①。

又汪濟民等譯爲“楚令尹圍想得到楚國，認爲諸侯是懦弱的，對諸侯各國的事，只看懲治，不想給與”②。

各家解“懦於諸侯”之“懦”爲意動用法，然“於諸侯”爲介賓結構，意動用法往往是用爲意動用法的謂語後面直接跟賓語，不加介詞。故此處“懦於諸侯”之“懦”爲一般動詞用法，不必解爲意動用法。“致”、“至”通作，故以俞解爲是。韋注似未妥。

審金氏“少懦于諸侯者，不足楚之見懦于諸侯也”之言，亦與俞樾之説近似，唯語義模糊，不知所指。

20. 啓有五觀

《楚語》“啓有五觀”韋注：“五觀，啓子太康昆弟也。觀，洛汭之地。《書·序》曰：太康失國，昆弟五人須於洛汭。傳曰：夏有扈觀。”注既以“洛汭”釋“觀”，復引《書》傳以言其所以稱五觀也。《史記·夏本紀》“昆弟五人”索隱引皇甫謐云：“號五觀者也。”《漢書·古今人表》：“啓子兄弟五人號五觀。”俱言其稱五觀，不言其所以稱五觀。其言所以稱五觀者，《水經注》：“淇水，又北逕頓丘縣故城西，《古文尚書》以爲觀地矣。蓋太康弟五君之號曰五觀者也。”又：“衞國有觀土，《國語》曰：啓有五觀，謂之姦子。五觀，蓋其名也。所處之邑，其名曰觀。皇甫謐曰：衞也。”似因人以名地者。《路史》則云：“啓有五庶，俱封於觀，是爲五觀。”又似因地以名人者。獨《竹書紀年》則有曰：“帝啓十一年，放王季子武觀於西河。”沈約云：“武觀，即五觀也。”然《竹書》明謂季子，則武觀非五人共稱。又不一其説。按《國語·周語》“使永監焉”注：“監，觀也。”《國語》雖謂姦子，《書》則但稱其怨，安見非因太康之盤遊無度，五子述大禹之

① 羅家湘注譯：《國語》，頁 268—269。曹建國、張玖青注説：《國語》，頁 290。陳桐生譯注：《國語》，頁 522。

② 汪濟民等：《國語譯注》，南昌：百花洲文藝出版社 1992 年版，頁 295。

戒以作歌，堪垂師法，故稱五觀，以爲後王盤遊之監戒？否則，若非五子共名曰觀，斷無五人共一國、五國共一名之理。（頁314）

【按】 黄模《國語補韋》卷四云："趙一清案：所謂觀扈，是'五觀'、《漢志》之'畔觀'與'有扈'同。或曰：'即太康姦子五人。'王應麟曰：'五子述大禹之戒以作歌，豈朱均管蔡比。《水經注》本韋氏之説，非也。'（《水經注釋》）王鳴盛案：《五子之歌》蓋晚晉僞古文也。韋注確不可易。《墨子・非樂篇》云：'於武觀曰："啓子淫溢康樂，野於飲食。"''武五'通'武觀'，即'五觀'，'武觀'即'五子'。以其封于觀，故稱五觀。《水經注》：'淇水又北逕頓邱縣故城西，《古文尚書》以爲觀地矣，蓋太子康弟五君之號曰五觀者也。'《逸周書・嘗麥解》曰：'其在夏之五子，忘伯禹之命，假國無正，用胥興作亂，遂凶厥國，皇天哀禹，賜以彭壽，思正夏略。'五子，武觀也。彭壽，彭伯也。《汲郡古文》云：'帝啓十一年，放王季子武觀于西河。十五年，武觀以西河叛，彭伯壽帥師征西河，武觀來歸。'注云：'武觀，五觀也。國在今頓邱縣。'蓋五子封觀作亂，被伐來歸，其後又導太康以淫樂。故王符《潛夫論・五德志》云：'夏后啓子太康、少康、仲康更立，兄弟五人皆有昏德，不堪帝事，降須洛汭，是謂五觀。'（《尚書後辨》）"①

此一段内容本爲莊王問教太子者。《困學紀聞》卷二云："五子述大禹之戒作歌，仁義之人，其言藹如也，豈朱均管蔡之比？韋氏説非也。"②顧大韶《炳燭齋隨筆》云："啓之不肖子，惟太康耳。厥弟五人徯於洛汭，述大禹之戒以作歌，皆賢人也，安得列於姦子之數耶？注謂觀爲洛汭之地，豈五子皆即畢命於此，後人哀之，而總稱曰五觀耶？然則謂啓有五觀者，謂太康不肖而致有五觀之禍耳，非指五觀爲姦子也。《晉語》稱郤有車轅，趙有孟姬，欒有叔祁，范有函冶，或指人，或指事，或指地。蓋《外傳》句法多如是，讀者當以義求之。"③明周嬰《卮林》卷七

① （清）黄模：《國語補韋》卷四，本卷頁1。

② （宋）王應麟撰，（清）翁元圻等注，欒保群等校點：《全校本困學紀聞》，上海古籍出版社2008年版，頁194。

③ （明）顧大韶：《炳燭齋隨筆》，《續修四庫全書》第1133册，頁30下。

云："韓子亦曰'啓有五觀'云云，武王所誅者皆父子兄弟之親，以其害國、傷民、敗法、圮類也。《古今人表》太康兄弟五人，號五觀。夫此五觀者，由歌詩考之，則賢；由史傳求之，則不肖。且五人中，固應有一人徇義守正者，而胡淪胥以逝耶？《竹書》：'啓十一年，放王季子武觀於西河，謂之季子。'則武觀一人耳。善長《巨洋水注》以五觀爲啓子名。曰名，則非五人矣。且未有五人而并封一邑者也。啓十五年，武觀來歸；間一年，太康畋於洛表。《五子之歌》應在此時，豈三年之内，五人乍悖而乍賢耶？又《墨子·非樂》引武觀曰：'啓乃淫溢康樂，野於飲食，將將銘莧磬以力，湛濁於酒，渝食於野，萬舞翼翼，章聞於天，天用弗式。'此《逸書》也，不知何指矣。"①

金氏引各家説實亦質疑韋注之前後矛盾，然恐韋注之意，"五觀"者即太康昆弟之一，而引《書》序"昆弟五人"蓋在説明觀爲洛汭之地，非説明"五觀"即"昆弟五人"。然審上述黄、周所引述，實古今皆糾亂莫明者，顧氏所疑是矣。

21. 使不規東夏

《楚語》"使不規東夏，則析公之爲也"韋注："規，猶有也。"按《淮南子·主術篇》"是故心知規而師傅諭導"注："規，謀也。"不規東夏者，不克謀夫東夏也。（頁 315）

【按】 韋注用訓詁術語"猶"字，蓋在釋其語境義，非必以"有"釋"規"字。另《周語中》"規方千里"韋注云："規劃而有之也。"《楚語》本處"規"字之義與《周語中》"規方千里"義近，而與金氏所引《淮南子》"心知規"之義遠。故韋注不誤。

22. 夫子不居矣

《楚語》"夫子不居矣，春秋相事，以還軫於諸侯，若資東陽之盜使殺之，其可乎"韋注云："不居，言當奉命於它國。資，賂也。"按

---

① (明)周嬰纂，王瑞明點校：《卮林》，福州：福建人民出版社 2006 年版，頁 199。

《管子・小問》"與若之多虛而少實"注:"若,似也。"夫子不居者,言子木不必居召之之名,但使諸侯春秋相事之自楚返者,揚言楚似因召舉不來,將賂東陽之盜而使殺之,其或畏殺可來乎? 故下文云"不然不來"矣。(頁315)

【按】 《楚語》之"若"與《管子》之"若"不同。《楚語》之"若"爲假設性連詞,而《管子》之"若"爲比況類動詞。又王念孫以《管子》"若"字爲"君"字之誤。

23. 於是乎作懿戒以自儆也

《楚語》"於是乎作懿戒以自儆也"韋注:"三君云:懿戒,書也。昭謂《懿》,《詩・大雅・抑》之篇也。懿讀曰抑,《毛詩序》曰:抑,衞武公刺厲王亦以自儆也。"按《爾雅・釋詁》:"懿,美也。"《詩・假樂》"抑抑威儀"《傳》:"抑抑,美也。"《金縢》"對曰信懿"馬云:"懿,猶噫也。"《詩・小雅・十月》"抑此皇父"《箋》云:"抑之言噫。"是懿、抑義同,古或通用。(頁315)

【按】 此金氏疏證韋注者,言"懿"、"抑"通用者是,言二字義同則非。陳瑑云:"懿、抑雙聲。聲同,故義亦同。《齊風》'抑若揚兮,美目揚兮',揚是顙之别名,抑爲揚之貌,言美之盛也。"①王念孫謂:"'戒'字涉注文'戒書'而衍。懿即《大雅・抑》之篇也,可謂之懿詩,不可謂之懿戒。"②又王引之《經傳釋詞》卷三云:"懿讀之曰抑,是抑、意、噫、億、懿五字竝同也。"③言其音同可通之理。韋注不誤,金氏言"懿、抑義同"誤。

24. 盜賊司目兩句

《楚語》"盜賊司目,民無所放"韋注:"放,依也。"按《廣雅・釋

① (清)陳瑑:《國語翼解》卷五,本卷頁32。
② (清)王引之:《經義述聞》卷二一,本卷頁38。
③ (清)王引之:《經傳釋詞》,頁68。

詁》："司，主也。"《荀子·宥坐篇》"主量必平"注云："主讀爲注。"《詩·小雅·大田》"雨我公田"《箋》云："令天主雨於公田。"《釋文》："主一本作注。"是主、注可通。則司目猶注目也。《説文》："放，置也。"《玉篇》："置，安置也。"言民之財用爲盜賊注目，將無所安置矣。（頁315）

【按】 金氏釋"司"字輾轉爲訓，不足爲據。薛安勤、董立章、尚學鋒等以"司"同"伺"，可從。《楚語下》云："今子常，先大夫之後也，而相楚君，無令名於四方。民之羸餒日已甚矣，四境盈壘，道殣相望，盜賊司目，民無所放。"上文既言"民之羸餒日已甚"、"道殣相望"，則"民"何有財用而爲盜賊注目？"放"釋作"依"者是，不必釋作"置"。"放"、"倣"同。

25. 皆曲相御三句

《越語》"皆曲相御，莫適相非，上下相偷"韋注："御，猶將也。言借曲意取容，轉相將望，無復相非以不忠正者也。偷，苟且也。"按《小爾雅·廣言》："皆，同也。"《論語·子路》"君子和而不同，小人同而不和"集注："同者，有阿比之意。"《獨斷》："御者，進也。"《廣雅·釋詁》："莫，去也。"《説文》："去，人相違也。"《後漢書·荀爽傳》"截趾適屨"注："適，猶從也。"是皆曲猶阿曲，莫適猶從違也。言阿曲相進，從違相非，與"上下相偷"排比爲句者也。（頁316）

【按】 "皆"爲總括類副詞，不可與"曲"相連爲訓，金氏誤。且"皆"與下"莫"反義相對，正可相互説明。

結　語

金氏《管見》考校《國語》25條，其中條目凡涉及訓詁條目者，大多用輾轉相訓之法，轉嫌迂曲，實不足爲訓，且所訓所不合文義語境，有些條目也頗有助於文義理解，確實有其價值。其中緣由，大約主要在於讀書過廣，未能深入而遽下結論。摘録傳世文獻重要字句以爲釋者早就存在，而盛行於清代，其中王念孫《讀書雜誌》、王引之《經義述聞》爲高峰著作，嗣後則俞樾、孫詒讓等亦有相關著作享譽後世。高郵二王的成就自不待言，其終生浸淫於載籍，這種功夫卻不是人人都有這種條件或毅力的。此外，二王恰遇中國古典學術的總結期，個人又能創發新説，確立規範，故而多有高明之論。縱然如此，由於其只是關注載籍疑難生僻字句，有時所論也會偏離語境，理解上造成偏差。後來者學力不逮，識見難以企及，故更難有二王的成就。就金氏一生而言，出入政界、教育界，專心文獻的時間和精力都成問題，而又務於 38 部載籍，故而有些結論值得進一步推敲。清代小學家王筠《覆高子奇書》云："不博覽而專攻一書，則固陋僻謬，其病百出，若作百雜碎，則游騎無歸，終是他人學問，於我何與？"①可見專精與博覽的依存關係與矛盾處境共存。高郵二王則有專有博，其博者如上所云之《讀書雜誌》、《經義述聞》等，其專者如《廣雅疏證》等，正由於專、博相彰，故成就也高。後世學者有專以博覽爲職事者如李慈銘等，讀書過多過快，則有生吞活剝之嫌，雖然也有一定價值，總體上還是遜色不少。金氏《讀書管見》也有此弊。

縱然如此，金氏《讀書管見》一書固有其價值所在，不容抹煞。既其讀《國語》之 25 條，雖多數條目未能深入，而有些條目則頗中肯綮。即便有些條目雖未深入，然其綴輯資料，仍能啓發後學，推動研究，斯可見者。

---

① （清）王筠撰，屈萬里、鄭時輯校：《清詒堂文集》，濟南：齊魯書社 1987 年版，頁 138。

中編　1968—1984年間的《國語》校詁研究

1968年，鄭良樹《國語校證》(上)發表在《大陸雜誌》1968年第7卷第4期，代表著二十世紀《國語》校勘的最新成果。此後，鄭氏的《國語校證》(中)、《國語校證》(下)也在《大陸雜誌》發表，張以仁《國語斠證》於1969年在臺灣商務印書館出版。鄭良樹和張以仁的《國語》勘校是二十世紀《國語》勘校方面的重要成果，是在清代王懋竑、黄丕烈、陳樹華、汪遠孫等校勘之後的重要勘校著作①。本編主要對鄭良樹《國語校證》、張以仁《國語斠證》、《國語虚詞集釋》、《國語集注(周語上、周語中二卷)》、《國語舊注輯校》、《國語札記》進行梳理研究。

---

①《國語》的專門校理工作，清代有王懋竑《國語存校》、陳樹華《春秋外傳考正》、黄丕烈《校刊明道本韋氏解國語札記》、汪遠孫《國語明道本考異》等著作。王懋竑《國語存校》爲專門校理張一鯤覆刻本之著，不參《國語》其他版本。黄丕烈《札記》一般認爲是顧廣圻幫其做成，如楊守敬(1839—1915)即主此説。黄氏刻讀未見書齋本《國語》即爲顧氏幫忙校勘，則《札記》之作自然爲顧氏代筆，顧氏更將《札記序》收録在自己的集子之中，亦可以證明代筆之説無誤。《札記》一卷，以別本與明道本相校讎，參以《舊音》、《補音》、《史記》、《文選》注諸書，並廣引惠棟(1697—1758)、段玉裁等通人之説，辨明甲乙，時加按語斷以己意，在《國語》校理方面有開拓之功。《考異》因《札記》而增廣之，旁引類書、群籍，並參合所見之《國語》金李本、許宗魯(1490—1559)本等爲之讎校，都爲四卷，《國語》校勘可謂大成。至於20世紀60年代，則有鄭良樹《國語校證》、張以仁《國語斠證》二著，爲二十世紀《國語》勘校方面之重要著作。

一、鄭良樹《國語校證》辯證

引　言

鄭良樹(1940—),字百年,祖籍廣東潮安人,出生於馬拉西亞新山。鄭氏求學於臺灣大學中國文學系,從學於王叔岷、屈萬里等。爲馬來西亞華裔漢學家,現任職於馬來西亞南方大學學院華人族群與文化研究所。鄭氏著述頗豐,毛策謂之爲"全能型的學者與文人"①。鄭氏著有《儀禮宫室考》、《商鞅及其學派》、《韓非子知見書目》、《韓非子著述及其思想》、《竹簡帛書論文集》、《戰國策研究》、《續僞書通考》、《古籍辨僞學》、《老子新校》、《辭賦論集》、《商鞅評傳》、《老子論集》、《諸子著作年代考》等學術著作。其在《國語》方面的主要貢獻即是《國語校證》。鄭良樹《國語校證》分上、中、下三篇分别發表於《幼獅學誌》第七卷第四期、第八卷第一期和第八卷第二期,上篇從《周語上》至《齊語》,中篇爲《晉語》,下篇從《鄭語》至《越語下》,總近600條。鄭氏在弁言中云其所據本爲"黄丕烈讀未見書齋本重雕天聖明道本",然觀其文,似據吴曾祺《國語韋解補正》。審其校語體例,與《國語斠證》相近,即先列《札記》、《考異》之説,繼則徵引經傳注疏、類書或《國語》别本以爲按語。其按語絶大多數在明甲乙,有一少部分則辨明所以,另外,亦兼及賈注之引録,凡《御覽》引注與韋注稍有不同者,鄭氏即疑爲賈逵注。所用《國語》版本有"補音本"、"公序本"、"定本"、"别本"之稱謂,除"定本"知爲日本學者尾張秦鼎(1761—1831)《春秋外傳國語定本》外,"補音本"、"公序本"則未知何本。所引類書,多及《太平御覽》,《御覽》而外,旁及《藝文類聚》、《北堂書鈔》、《事文類聚》、《記纂淵海》等。今擷其可商討者37條爲之辯證,俾益於學者對鄭氏《國語校證》之全面認識並助於《國語》之全面整理與研究,每條後注明所在期刊頁碼。

---

① 毛策:《鄭良樹評傳》,馬來西亞:大將事業社2002年版,頁12。

一、國語校證(上)

周語上

1. 棄稷不務

汪遠孫曰:公序本"不"作"弗",《史記》及《索隱》、《詩·緜》疏引皆作"不"。

案:左昭九年《傳》疏引"不"作"弗",與公序本合。不、弗義同。(頁1)

【按】　審鄭氏之"公序本"稱謂,似直承汪遠孫而來,未必真參公序本。各書引作"不"者除汪氏所言外,尚有《通典》卷七、《皇王大紀》卷五、《太平御覽》卷三〇三、《文苑英華》卷三九七、《通鑒外紀》卷二、《稽古録》卷八、《古史》卷五、《册府元龜》卷三二五、《山堂考索》前集卷六三等,他則引作"弗",從公序本。曩據上海古籍出版社點校本統計,點校本《國語》"弗"字95見,"不"字1892見。據王亭統計,《國語》衹有1869見"不"字爲《國語》本文語料且用爲否定副詞,否定副詞"弗"則88見①。劉雲峰則統計《國語》中表一般性否定的"不"1815見,"否(不)"15見,表判斷否定的"不"1見,"弗"字統計89見②。而周廣干則統計爲"不"字副詞用法1817例,"弗"字89例,與劉雲峰統計近似③。各家所據版本相同,但在數據統計上仍然存在差别,可能是在紙質本轉换成電子文本的過程中有文字的訛誤,另外就是語料認定方式上可能也存在差别。如果把公序本、明道本"弗"、"不"差異考慮進去,可能情況就更爲複雜一些。汪遠孫《考異》揭出凡明道本用"不"而公序本用"弗"者21處,明道本用"弗"而公序本用"不"者3處。審汪氏所揭公序本、明道本"不"、"弗"不同之處,"弗(不)"後皆跟不帶賓語動詞與

---

① 王亭:《〈國語〉否定詞研究》,暨南大學漢語言文字學碩士論文,2007年。

② 劉雲峰:《〈國語〉副詞語法研究》,廣西師範大學漢語言文字學碩士論文,2007年。

③ 周廣干:《〈國語〉〈左傳〉副詞比較研究》,北京師範大學漢語言文字學碩士學位論文,2008年。

表狀態詞，除了1見爲“弗(不)”後爲助動詞“能”、1見“弗(不)＋去”作主語外，其他都在謂語位置。就其語法功能而言，二者並無差異，可以替换。但是“弗”、“不”的異同問題一直是古漢語語法中的一個焦點，學者多有研究。如丁聲樹的《釋否定詞“弗”、“不”》(《“中央研究院”歷史語言研究所集刊》1933，頁967—997)、丁聲樹、白滌洲《釋否定詞“弗”、“不”關中入聲之變化》(《“中央研究院”》)、黄景欣《秦漢以前古漢語中的否定詞“弗”“不”研究》(《語言研究》1958年第3期，頁1—108)，子朗《“弗”、“不”區別的最早説明者》(《山東師範大學學報》1993年第3期，頁89)，何樂士《〈左傳〉否定副詞“不”與“弗”的比較》(氏著《古代漢語語法論文集》，北京：商務印書館2000年版，頁13—60)，張華《〈左傳〉否定詞“非”“未”“勿”“毋”“弗”“不”研究》(黑龍江大學碩士學位論文，2003)，寧赫、孫琳《楚簡〈老子〉否定副詞“不”與“弗”的比較》(《長春工程學院學報》2004年第1期，頁24—26)，池昌海《〈史記〉中副詞“弗”修辭功能的計量分析》(《修辭學習》2004年第2期，頁53—55)，張玉金《從出土文獻看〈老子〉〈論語〉中被替换的“弗”》(《文獻》2012年第2期，頁3—11)，王娟《戰國楚簡否定詞“弗”、“不”研究》(《廣州大學學報》2013年第1期，頁82—86)，張玉金《出土戰國文獻中“不”和“弗”的區别》(《中國語文》2014年第3期，頁268—277)。以上屬於專門論文，此外，一些語法學著作中也對於“弗”、“不”問題多有探討研究。從漢語史的角度而言，《國語》中的“弗”、“不”用法還比較單純。

2. 事神保民，莫弗欣喜

汪遠孫曰：公序本“弗”作“不”，《文選》注作“不”。

案：《補音》本、定本“弗”並作“不”，《太平御覽》引同。(頁2)

【按】 鄭氏此處出“補音本”，當公序本中之一本，未知是何本。《國語》版本系統中言補音本，大抵從清人開始，孔繼涵(1739—1783)《雜體文稿》卷二《重栞趙注孟子跋》云：“東原徵赴京師，予走謁諸寓，即出是本，與宋刻《國語》及補音本見付，余喜劇，遂重校授梓。”①盧文弨(1717—1796)《抱經堂文集》卷二二《〈外傳·周語〉“昔我先王世后稷”證(甲寅)》亦云：“吾在京師日，嘗從紀君曉嵐昀處借得影鈔宋本《國語》，與今本多異同，宋公序每謂之俗本。今之所傳皆公序之補音本也。”②此當爲清人文集中“補音本”之較早見者。董增齡《國語正義》即出現“補音本”3次，劉台拱(1751—1805)《國語補校》、阮元(1764—1849)《揅經室集》、趙坦(1765—1828)《春秋異文箋》、周中孚(1768—1831)《鄭堂讀書記》、俞樾《春在堂隨筆》亦皆有“補音本”之稱。此説實混淆《國語補音》與公序本《國語》之界限，非精確可靠之命名。詳參拙著《〈國語補音〉異文研究》③。《通鑒前編》卷九、《太平御覽》卷三〇三、《文苑英華》卷三九七、《文章正宗》卷四、《經濟類編》卷六〇引字亦作“不”，從公序本。且《文苑英華》卷三九七“民”字作“人”，或仍存有唐諱之跡。

3. 衆以美物歸女

案：上文“有三女奔之”，韋解云：“奔，不由媒氏也。”則三女之奔康公，蓋出於己意，無衆人之引進，亦無媒妁之辭，然則，“衆”字疑涉上文而訛也。《太平御覽》三八〇引“衆”作“今”，疑是。《史記》亦作“衆以美物歸女”，則其訛已久乎？(頁4)

【按】 《淵鑒類函》卷二五五從《御覽》引字作“今”。又柳宗元《非國語》、《御覽》、《通鑒外紀》卷三引“女”作“汝”。“今”與“众”形亦近似，《御覽》“今”字或“众”字之訛，因卷一三八亦引《國語》本條，字即作“衆”不作“今”。鄭氏以孤例疑本書之非，恐難以爲信論。另參見拙稿《試論“三女爲粲”之“粲”本字爲“姦”》及本書中編之六“張以仁《國語集證》

① (清)孔繼涵：《雜體文稿》，《續修四庫全書》第1460册，頁426下。
② (清)盧文弨：《抱經堂文集》，上海：商務印書館1935年《叢書集成初編》本，頁318。
③ 見拙著《〈國語補音〉異文研究》，頁381—382。

（周語上、周語中二卷）辯證"①。

4. 使神人百物，無不得其極

案：無不得其極，謂無不得其至極也。上文云"布利於上下神人百物"，故神人百物各得其利而皆有所至極也。韋解訓極爲中，蓋非也。《晉語》："使知其極。"義與此近，韋解正訓作至，是其證。（頁6）

【按】 至者，至其中和之境。"至"爲動詞，非甚詞。

5. 日月底于天廟

案：《北堂書鈔》引此凡五次，"日月"咸作"月日"；疑古本《國語》自作"月日"，不作"日月"。（頁7）

【按】 "日月"、"月日"屬同詞逆序，恐難以此斷古本如何。又今檢《北堂書鈔》，唯卷九一引1次，作"日月"，不作"月日"。又審各書所引，亦皆作"日月"，無作"月日"者，未審鄭氏何據。又"底"字，或作"厎"、"底"、"抵"，字形雖異，音同可通。《詩・大雅・嵩高》云："嵩高惟嶽，峻極於天。""極"之義與"底"同。

6. 夏之興也，融降于崇山

黄丕烈引段玉裁云："《太平御覽》（三九）引此解云：'崇、嵩古通用。'"今各本皆爲淺人刪去"嵩、崇通用"之語。

案：《楚辭・遠遊》補注、左莊三二年《傳疏》、《〈禮記・中庸〉疏》、《事類賦注》七、《太平御覽》三九、八八一、《天中記》八、十引此"融"上並有"祝"字，與下文"回禄"相對，疑是。今本韋解"融，祝融也"四字，疑是後人所補耳。《事類賦注》、《天中記》八引韋解亦有

① 拙稿《試論"三女爲粲"之"粲"本字爲"姦"》，《東南文化》2006年第2期，頁54—56。

“崇、嵩古通用”六字。(頁12—13)

【按】《説苑·辨物篇》“融”上即有“祝”字,又《山堂肆考》卷一四九、《經濟類編》卷九七、《離奇往事》卷三引亦有“祝”字。清康熙年間學者王棠《燕在閣知新録》卷二一“回禄”條云:“《國語》云:内史過曰:‘夏之興也,祝融降於崇山;其亡也,回禄信於聆隧。’《左傳·昭十八年》:‘五月,宋、衛、陳、鄭皆火,子産使禳火於玄冥,回禄祈於四鄘。’注:‘回禄,火神。’《正義》云:‘玄冥,祭修熙。不知回禄祭何人。’按:楚之先吴回爲祝融,或云回禄即吴回也。”①朱亦棟《群書札記》卷一“回禄”條引《周語》則無“祝”字。又《事類賦注》、《天中記》“崇、嵩古通用”六字當即本《御覽》,非必有此六字注文之《國語》别本。

7. 吕甥、郄芮相晉侯

黄丕烈曰:《補音》作“卻”。

案:《太平御覽》二〇二引“郄”亦作“卻”。卻、郄正俗字。(頁14)

【按】“卻”字誤,當作“郤”。審遞修本、許宗魯本、金李本、張一鯤本、《國語評苑》、吴勉學本、閔齊伋本、詩禮堂本、道春點本、千葉玄之本、緑蔭堂本、四庫薈要本、文淵閣本、董增齡本、秦鼎本、《四部備要》本字作“郤”,《百家類纂》本字誤作“卻”,經筵校本、黄刊明道本及其覆刻本、寶善堂本、《補正》、《詳注》、《集解》字作“郄”,《叢書集成初編》本、《國學基本叢書》本本處正文字作“郗”,注及下文字亦作“郄”。今審各書所引多從公序本作“郤”(或誤作“卻”),很少有從明道本作“郄”者。

8. 以教民事君

案:《太平御覽》引此無“君”字,疑是。上文既云“古者先王既有天下,又崇立於上帝、明神而敬事之”(《御覽》引無“於”字,於義

① (清)王棠:《燕在閣知新録》,《續修四庫全書》第1147册,頁89下。

爲長），則此當云“以教民事”，不當云“以教民、事君”明矣。且上文皆云民事，不及事君，如“長衆使民”、“以和惠民”、“長衆使民之道”，此句乃總上文而言之。今本皆作“以教民、事君”，析爲二事，乃與上文不合矣。蓋淺人所妄增也。（頁14）

【按】《記纂淵海》卷七六、《玉海》卷九九、《文章正宗》卷四、《通志》卷一八一、《文獻通考》卷七九、《經濟類編》卷四四引皆與今傳《國語》同，鄭氏所謂“《太平御覽》引此無‘君’字”者未知何指，今檢《太平御覽》並無“以教民事”之語。審《大戴禮記·四代篇》有“興民之陽德以教民事”之語，與《國語》本句句法結構並不相同。《國語》“以教民事君”非二事也，“教”爲教示類動詞，“民事君”爲一事，非二事。且“長衆”、“使民”，而民之能使，衆之可長，故當以教民以事君之道爲前提也。《國語》本文不誤。

9. 設庭燎，解：設大燭於庭，謂之庭燎。

案：燭與燎異，《儀禮》屢以燭與燎分別言之，如《士喪禮》曰：“宵爲燎於中庭，燭俟於饌東。”《既夕禮》曰：“二燭俟於殯門外，宵爲燎於門内之右。”又曰：“滅燎、執燭。”是燎與燭不同之明證。《儀禮》屢言執燭、爲燎、設燎，是燭可執而燎不可執也。甲骨文有尞字，《説文》曰：“尞，柴祭天也。”李孝定先生《集釋》云：“契文象燔柴之形，具義爲祭名，當即燔柴而祭祡之義也。”尞與燎同。設庭燎，蓋即於中庭燔柴以祭天也。“館諸宗廟，饋九牢，設庭燎”，皆所以禮太宰文公及内史過也。《周語中》云：“火師監燎。”此燎字亦非大燭之義（韋解但云“庭燎”），亦設柴於地而燔之，不取祭天之義，但以爲明照耳，其用與大燭同。韋昭於此訓燎爲大燭，既失燎爲尞之義，亦失所以禮周使之義矣。（頁15）

【按】 鄭説似前後矛盾，要之，則本條標點有問題。韋注恐亦據義而言之，未必爲誤。《詩·小雅·庭燎》陸德明《經典釋文》云“庭燎，大燭也。鄭云：‘在地曰燎，執之曰燭。’又云：‘樹之門外曰大燭，於内曰庭燎。皆是照衆爲明。'"①則《釋文》引鄭云者,或韋注所本,則亦未可爲誤。

10. 以諸侯朝王於衡雍

黄丕烈曰:《補音》無"王"字。

汪遠孫曰:公序本無"王"字,有"王"字是也。

案:《定本》、《太平御覽》引亦並無"王"字。(頁15)

【按】《吕氏春秋·簡選篇》云:"尊天子於衡雍。"高誘注云:"文公率諸侯朝天子於衡雍。"②即言《周語上》本文故事。《通志》卷一八一、《經濟類編》卷四四引亦皆無"王"字,與公序本同。有"王"字於語義更明瞭。鄭氏謂定本無"王"字者,是未明定本實屬於公序本系統。

周語中

11. 敬其祓除,解:猶掃除也。

案:祓除,《周禮·春官》曰:"女巫掌歲時祓除。"《説文》曰:"祓,除惡祭也。"《玉篇》曰:"祓,除災求福也。"是祓除乃除惡去災之禮也。《周語上》云:"王其祗祓。"韋解:"祗,敬也;祓,齋戒祓除也。"亦以祓除爲禮之一。此云"敬其祓除",彼云"祗祓",義正相同(《周語上》"故祓除其心,以和惠民",解:"祓,猶拂也。"此處"祓除",但取齋戒之義耳)。韋昭於此訓爲"掃除",似未盡其義。(頁17)

【按】《玉海》卷七三、《皇王大紀》卷四八、《經濟類編》卷四二引同。《左傳·僖公六年》"受其璧而祓之"杜注云:"祓,除凶之禮。"孔《疏》云:"謂之祓除,明是除凶之禮也。"③亦以"除"爲核心義素。又杜

① 陸德明:《經典釋文》,頁302。
② (戰國)吕不韋撰,(漢)高誘注:《吕氏春秋》,頁80。
③ (清)阮元校刻:《十三經注疏》,頁1798中。

佑(735—812)《通典》卷五五云:“周制:春官女巫掌歲時祓除釁浴。後漢三月上巳,官民皆禊于東流水上,曰洗濯祓除,去宿垢疢爲大潔。”①或是韋注釋義爲“掃除”之所本,亦當爲“祓除”之本義。

12. 而盈其願

案:左成十三年《傳疏》引“而”作“且”。(頁19)

【按】“而”、“且”用法相同。然審《〈左傳·成公十三年〉正義》單疏本及《十三經注疏》本引皆作“而盈願”,非爲“且盈其願”,魏了翁(1178—1237)《左傳要義》卷二八亦同。鄭氏或誤。

13. 是以不主寬惠,亦不主猛毅,解:主,猶名也。

案:主,猶尚也。《晉語》曰:“主言而無謀。”又曰:“則剛而主能。”彼云主言、主能,猶此云主寬惠、主猛毅也。“不主寬惠,亦不主猛毅”,蓋不以寬惠爲尚,亦不以猛毅爲尚,故下文云“主德義而已”,言尚德義而已。韋解訓主爲名,似不得其義。(頁19)

【按】《册府元龜》卷七九五引同。鄭說固有理據,韋注亦自有其章法。個人之“主”則尚,國家之“主”則名。《論語·學而》“主忠信”劉寶楠《正義》引韋注並謂《論語》之“主”與韋注之釋可互證,亦可爲佐證。

14. 能獲鄭伯而赦之,仁也。

黄丕烈曰:《補音》作“舍”。

案:《太平御覽》引“赦”作“捨”,與補音本同。(頁20)

【按】柳宗元《非國語》、《册府元龜》卷七九五、《文章正宗》卷六、

① (唐)杜佑撰,(明)王德益、吴鵬同校:《通典》,東京大學東洋文化研究所藏嘉靖十八年西樵方獻夫刊本,本卷頁16。

《通志》卷八九、《經濟類編》卷九二、《文章辨體匯選》卷六〇引字皆作“赦”，審公序本、黄刊明道本及其覆刻本字亦皆作“赦”，又公序本“姦仁爲佻”韋注云：“謂獲鄭伯而舍之。”《補音》亦出“注舍之”條目，而黄刊明道本及其覆刻本韋注字作“赦”，審《札記》、《考異》並出“解赦之”條目，云：“《補音》作‘舍’。”①非於此正文之下言《補音》作“舍”也，鄭氏誤會《札記》，又未能多參《國語》衆本，誤注爲正文。

周語下

15. 陂塘汙庳

黄丕烈引惠棟曰：《補音》作“唐”。

案：《玉海》二一、《天中記》七引“塘”本亦作“唐”，與補音本合。唐、塘正俗字。（頁22）

【按】《一切經音義》卷六七“隄隓”注引《國語》作“陂隓污庳”，《通鑒前編》卷一五、《文章正宗》卷四、《經濟類編》卷七七、《（正德）松江府志》卷一六、《文章辨體匯選》卷五二、《文編》卷三引作“陂塘污庳”，《册府元龜》卷二六一、《通志》卷八九引作“陂塘汙庳”，《玉海》卷二一引作“陂唐污庳”。審《國語》各本中，遞修本、金李本、張一鯤本、《國語評苑》、道春點本、閔齊伋本、四庫薈要本、文淵閣本、緑蔭堂本、董增齡本、秦鼎本作“陂唐污庳”，《百家類纂》本作“陂塘污庳”，黄刊明道本及其覆刻本、寶善堂本、《補正》、《詳注》、《集解》作“陂塘汙庳”，“污”、“汙”字同，詳見拙稿《〈國語・周語下〉〈新書・禮容語〉比勘》。閔注云：“唐，俗本作塘，《説文》無‘塘’字。”②鈕樹玉（1760—1827）《説文新附考》卷六云：“塘通作唐。《玉篇》：‘塘，徒郎切，隄塘也。’按《説文》：‘隄唐也。’（据宋本）《周語》：‘陂唐污庳，以鍾其美。’宋《補音》云：‘唐如字，俗本作

---

① 黄丕烈：《校刊明道本韋氏解國語札記》，頁245。汪遠孫：《國語明道本考異》，頁278。

② （明）閔齊伋裁注：《國語・周》，萬曆四十七年（1619）刊本，本卷頁34。

塘。’又《漢書・楊雄傳》‘醴泉流其唐’、‘踐蘭唐’，並作唐。”①則本字作“唐”，“塘”、“隋”爲後起字。

16. 皇天嘉之，祚以天下，賜姓曰：姒。

案：《〈尚書・甘誓〉疏》、《〈左・隱八年〉疏》引此三句咸作“帝嘉禹德，賜姓曰姒”，與此不同。（頁23）

【按】《〈尚書・禹貢〉疏》、魏了翁《毛詩要義》卷一八中、《尚書要義》卷六、《古今考》卷一、《春秋左傳要義》卷五、朱熹（1130—1200）《儀禮經傳通解》卷五、王樵（1521—1601）《尚書日記》卷五、包世臣（1775—1855）《小倦遊閣集》卷一八《書亭林原姓後》、桂馥《説文解字義證》卷三九“姓”字注引同，王鏊（1450—1524）《震澤長語》卷下引作“帝嘉禹治水功，賜姓曰姒”，《玉海》卷五〇引作“帝胙禹以天下，賜姓曰姒”。陳祥道《禮書》卷六二、《册府元龜》卷二六一、《通志》卷八九、王惲（1228—1304）《玉堂嘉話》卷六引與明道本《國語》同，公序本《國語》字作“胙”，《文章正宗》卷四、《文章辨體匯選》卷五二、《歷代名臣奏議》卷二四九、《文編》卷三、《歷代名臣奏疏》卷一、段玉裁《説文解字注》、《通雅》等引與公序本同。“胙”、“祚”音同義通，拙著《小學要籍引〈國語〉研究》亦有辨，可參②。古人徵引，未必據書直引，多憑記憶爲之，或即復述，求其義是而已，不求文字完全一致，故文字有差池而意義亦相同。

17. 今王作鐘也，聽之弗及

案：《北堂書鈔》一〇八引“聽之弗及”作“德之弗及”，疑非。“聽之弗及”，猶上文“耳弗及也”。（頁25）

【按】 今所參陳禹謨（1548—1618）嘉靖序刊本、文淵閣四庫全書本《書鈔》字皆作“聽”不作“德”，孔廣陶（1851—1874）校本字作“德”，孔

① （清）鈕樹玉：《説文新附考》，嘉慶六年（1801）鈕氏非石居本，本卷頁12。

② 拙著《小學要籍引〈國語〉研究》，頁91。

校云:"陳本及《周語下篇》'德'作'聽'。"①是孔氏已出校語而鄭氏未參《書鈔》多本。蓋"聽"、"德"形近易混,故《書鈔》之本有誤"聽"爲"德"者。

18. 故必聽和而視正,聽和則聰

案:《天中記》二二引此兩"和"字並作"龢",古通。(頁25)

【按】《册府元龜》卷三二五、《經濟類編》卷四六、《文章辨體匯選》卷五二、《格物通》卷一九、《繹史》卷八二、《子史精華》卷一二三引字亦並作"龢",與公序本同;《群書治要》卷八、《樂書》卷一八、《禮記集説》卷九六、《春秋左傳要義》卷一二、《文章正宗》卷四、《通志》卷八九、《儀禮經傳通解》卷二七、《歷代名臣奏議》卷一二七、《右編》卷三五引字作"和",與明道本同。敦煌殘卷本《國語》字亦作"和"。《天中記》據公序本而引,由本條或亦可見出鄭氏唯據《札記》、《考異》爲説,實未參公序本。"和"、"龢"音同義通,另詳見《甘肅藏敦煌寫本殘卷〈國語·周語下〉校記》②。

魯語上

19. 其次用斧鉞

案:《初學記》二十、《太平御覽》六三五引"其次"並作"次刑"。下文"其次用鑽笮",《初學記》引"其次"亦作"次刑"。疑古别本或作"次刑"耳。(頁30)

【按】審《初學記》之宋刻配補本、文淵閣四庫本、排印本皆作"其次",不作"次刑",未審鄭氏所據何本。《山堂肆考》卷八八引作"次刑",與《御覽》引同。又《通典》卷一六三引無"其"字。他書所引皆與今傳

---

① (唐)虞世南等編:《北堂書鈔》,《續修四庫全書》第1212册,頁499上。
② 拙稿《甘肅藏敦煌寫本殘卷〈國語·周語下〉校記》,見刊於《敦煌研究》2009年第3期,頁63—72。復經修訂附諸拙著《小學要籍引〈國語〉研究》,頁359—399。

《國語》同。依《國語》之例，刑分大、中、薄，大、中之中又各分主次者，“次刑”恐亦據《國語》“其次”而變作者，非必古別有本。

20. 小者致之市朝

案：韋解：“其死刑，大夫以上屍諸朝，士以下屍諸市。”是“市朝”當作“朝市”矣。左成十六年《傳疏》、《太平御覽》五七引“市朝”咸作“朝市”，是其明證。今本皆誤倒，當據正。（頁30）

【按】《左傳疏》、《太平御覽》所引可爲佐證，未可以爲信論。今審各書中，《漢書》、《周禮疏》、《尚書疏》、《通典》卷一六三、《北堂書鈔》卷四三、《古今考》卷二五、卷三八、《事類備要外集》卷一八、《儀禮經傳通解》卷三七等俱作“市朝”。又審鄭氏所據《左傳疏》爲阮元《十三經注疏》本，今檢宋慶元六年（1200）紹興府刻宋元遞修本《春秋左傳正義》卷一九、京都大學人文科學研究所藏元刻明修本《附釋音春秋左傳注疏》卷二八、《四部叢刊》影涉園藏日本覆印日本正宗寺本、四庫薈要本、文淵閣四庫本等《左傳》單疏本以及嘉靖中福建刊本、汲古閣本、同治十年（1871）重刊武英殿本等《十三經注疏》本引《魯語》皆作“市朝”，不作“朝市”，阮元《十三經注疏校勘記》、孫詒讓《十三經注疏校記》、北大點校本亦未見有説。則《左傳疏》引作“朝市”，或自阮刻本《十三經注疏》始。韋注先朝後市，循其尊卑内外之序，正文“市朝”，或有其句法韻律存焉，未可以注文之語序改易正文。

21. 諱而惡殺之也

案：鴆衞侯不死，罪在晉人之疏，罪亦在醫者之受賂，此乃晉侯之所諱惡也，故云“諱而惡之也”；蓋言諱此事，而又惡此事之不成。解云：“諱殺衞侯也。”“之”字即指此事，韋解蓋得其意；今本“惡”下皆有“殺”字，則文義不可通矣。《太平御覽》引此正無“殺”字，猶存其真，是其證。今本皆有“殺”字，蓋涉韋解而衍耳。（頁31）

【按】《〈左傳·僖公三十年〉疏》、宋劉敞（1019—1068）《春秋傳》

卷六、蘇轍(1039—1112)《古史》卷一〇引皆有“殺”字。就成書時間上而言,《左傳疏》早於《御覽》,後二種稍晚於《御覽》,記載差池而與原書不同者,不可謂與原書不同者存其真而原書反誤。就本文而言,“之”上有“殺”字,則“之”代指衞侯亦未爲不可,因“殺”爲非延續性動詞,不表結果。非必“之”字代指其事。鄭氏之説未可信從。

22. 法施於民則祀之

案:《太平御覽》六一二、九二五引此“法”咸作“功”,疑是。下文“皆有功烈於民者也”、“夫仁者講功”,亦屢言“功”字,下文又云:“無功而祀之,非仁也。”彼云“無功而祀之”,正與此“功施於民則祀之”義反,字皆作“功”。咸其明證。今本“功”咸作“法”,蓋淺人臆改耳。(頁31)

【按】《漢書》卷二五《郊祀志下》、卷七三《韋賢傳》、荀悦(148—209)《漢紀》卷二九、《後漢書》卷九八《祭祀志》注、宋王益之《西漢年紀》卷二八、真德秀(1178—1235)《文章正宗》卷一一、《通志》卷一〇一引《禮記》字作“功”,《吕氏春秋・正月紀》高誘注亦引本句,雖未言出自何本,然與《漢書》等當同。《册府元龜》卷七九七引《國語》作“功”,蔡邕(133—192)《獨斷》卷上、王充(27—97?)《論衡》卷二五《祭意篇》引則作“法”。又審《四部叢刊》影宋本《禮記》、阮刻《十三經注疏》本皆作“法”不作“功”。王利器(1911—1998)則謂:“法施則有功也,故此云功施。”①王夢鷗(1907—2002)《禮記今注今譯》謂:“‘法’當作‘功’。”②錢玄(1910—1999)亦認爲:“‘法’作‘功’,似較順。”③《荀子・君道篇》云:“法者,治之端也。”《史記・孝文本紀》云:“法者,治之正也。”《新序・善謀篇》云:“法者,所以愛民也。”則“法”字亦適用於本語境。至

---

① 王利器:《吕氏春秋校釋》,成都:巴蜀書社 2002 年版,頁 45。

② 王夢鷗:《禮記今注今譯》,臺北:臺灣商務印書館 1970 年版,頁 602。

③ 錢玄、錢興奇編著:《三禮辭典》“祀典”條,南京:江蘇古籍出版社 1998 年版,頁 420。

於何以有“功”、“法”之異，尚需深入尋索，恐難遽爲結論。前文亦有辨，可參。

23. 所以爲明質。

汪遠孫曰：公序本下有“也”字。

案：“明質”下當有“也”字，乃與下文“所以生殖也”、“所以出財用也”句法一律。《天中記》四二引此“明質”下正有“也”字，是其證。今本皆敓，當據補。（頁32）

【按】 鄭氏未參公序本，而遽言“今本皆敓”，實誤。《春秋臣傳》卷九、《經濟類編》卷四一、《禮書綱目》卷四三、《繹史》卷五三引皆與公序本同。徐元誥《集解》從公序本“明質”後有“也”字。

24. 今茲海其有災乎？

案：《事類賦注》二、《錦繡萬花谷後集》二引此皆作“今茲海鳥有災乎”，《初學記》一、《太平御覽》九引此皆作“今茲海島有災乎”，咸與今本不同。（頁32）

【按】 《〈左傳・文公二年〉疏》、《〈爾雅・釋鳥〉疏》、《文選注》、《北堂書鈔》卷一五一、《御覽》卷六一二、卷九二五、《通鑒外紀》卷五、《春秋臣傳》卷九、《册府元龜》卷七九七、《文章正宗》卷五“海”後皆無“島（鳥）”字，凡有此字者皆涉《魯語上》“海鳥曰爰居”而誤，“島”則“鳥”之誤。另審宋紹興十六年（1146）刻本及明校本《事類賦》卷二引“海”後亦無“鳥”字。另《群書通要》甲集卷二引有“鳥”字，實承《初學記》，恐非別有本。

25. 君議五者以建政，爲不易之故也。

案：《太平御覽》引此“故”作“政”，“君議五者以建政，爲不易之政也”，上下兩“政”字相疊，疑是。（頁33）

【按】《春秋臣傳》卷一〇引"故"作"道"。"故"、"政"字皆從"攵"，形近或易混。張新武云："故，故實也，故事也，舊例也。言此五者爲不可改易之故實也。"①是爲本文"故"字之義，今譯注本亦多含混譯爲"不能隨意變動"，董立章則譯爲："這是不可改易的舊制。"②亦是。

26. 而嘗之寢廟，行諸國

汪遠孫曰：《〈詩·潛〉疏》、《後漢書·馬融傳》注引《國語》無"寢"字。各本皆有"寢"字，當涉注"寢廟"而衍。"嘗之廟，行諸國"相對爲文。

案：《事類賦注》四、《太平御覽》二一、《天中記》五引此"國"下皆有"人"字；"嘗之寢廟，行諸國人"，上下亦相對。疑古一本作"嘗之寢，行諸人"，一本作"嘗之廟，行諸國"，後人合而爲一，或奪"寢"，或奪"人"耳。（頁 34）

【按】《後漢書》卷六〇《馬融傳》注引作"嘗之於廟，行諸國"，《路史》卷三五、《册府元龜》卷七四一、《玉海》卷一二二、《事類賦》卷四、《文章正宗》卷五、《儀禮經傳通解》卷二六、《天中記》卷五、《廣博物志》卷四九、《歷代名臣奏議》卷一九三作"嘗之寢廟，行諸國人"，與公序本同。汪遠孫《考異》云："公序本'國'下有'人'字，非也。《後漢書》注及鈔本《太平御覽·資産部十四》引此皆無'人'字。"③亦難以爲信論。張以仁云："各本既皆作'嘗之寢廟'，而韋注'先薦寢廟'顯承正文而來。且明道本下文'行諸國'，公序本作'行諸國人'，而韋注云：'故令國人取之。'似韋本原有'人'字。'嘗之寢廟'、'行諸國人'正相對文。""金、秦、董本皆有'人'字，有'人'字蓋是也。"④説較圓通，可從。

① 張新武：《讀〈國語〉札記》，《新疆大學學報》2008 年第 6 期，頁 128—133。

② 董立章：《國語譯注辨析》，頁 188。

③ （清）汪遠孫：《國語明道本考異》，頁 289。

④ 張以仁：《國語斠證》，頁 143。

魯語下

27. 魯人以莒人先濟

案：韋解云："以，用也。能東西之曰以。"非也。以，猶與也。左襄十四年《傳》云："魯人、莒人先濟。"是魯人與莒人同濟，非魯人以莒人先濟也。《永樂大典》二二五九引"以"作"與"，是其證。（頁35）

【按】《御覽》卷三〇五引字作"以"而卷九七九引《國語》"以"字作"與"，《玉海》卷一四七、《天中記》卷四六則從《國語》作"以"。《永樂大典》引作"與"或即據《御覽》卷九七九，非必有所本。李丹丹據《左傳》記載，以爲彼時魯、莒尚糾紛不斷，莒未爲魯之附屬國，故以韋注"以，用也"爲不切①，與鄭氏所説同。張以仁《國語虛詞集釋》亦謂韋注不確，謂"以"當釋爲動詞"率領"②。然《左傳》、《國語》各守本書，義皆可通，亦各適其語境，不必是非彼此。

28. 守封嵎之山者也

汪遠孫曰：公序本作"隅"。嵎是也，《説文》作嵎。

案：《〈史記·封禪書〉索隱》、《太平御覽》一七〇引"嵎"並作"禺"，《左傳疏》引作"隅"；禺、隅並嵎之借字。《太平御覽》又引注云："汪芒，長翟國名，封嵎山，在吴郡永安縣。"與韋解略異。（頁39）

【按】《史記·孔子世家》、《通典》卷一八二、《古史》卷三一、《册府元龜》卷七九七、《通志》卷八八、《文獻通考》卷三一八字亦作"禺"，《漢書》卷二五上、《説苑·辨物篇》、《楚辭章句》、《説文解字繫傳》、《御覽》

---

① 李丹丹：《〈國語集解〉獻疑》，陝西師範大學漢語言文字學2008届碩士學位論文，頁27—28。

② 張以仁：《國語虛詞集釋》，臺北："中央研究院"歷史語言研究所專刊55，1968年，頁61。

卷三七七、《通鑒外紀》卷二、《玉海》卷一〇二、《通志》卷三上、《六書故》卷五、《古今運會舉要》卷三、《正字通》卷三、《説文解字注》卷九下字作"嵎"，《通鑒前編》卷三、《天中記》卷二一、《經濟類編》卷五四、《山堂肆考》卷一一四字作"隅"。隅、嵎皆從禺得聲得義。以山名，故字以作"嵎"最適語境。《爾雅·釋地》"齊有海隅"陸德明《釋文》云："隅，本或作嵎。"①是"嵎"、"隅"可混作。拙著《小學要籍引〈國語〉研究》有詳辨，可參②。

國語校證(中)

晉語一

29. 周幽王伐有褒，褒人以褒姒女焉

汪遠孫曰：公序本"褒人"上有"有"字，《〈内傳·昭二十八年〉疏》引《國語》同。

案：上文既云"昔夏桀伐有施，有施人以妹喜女焉"，又云"殷辛伐有蘇，有蘇氏以妲己女焉"，則此"褒人"上當有"有"字，乃與上文句法一律。《左傳疏》、《〈史記·外戚世家〉索隱》、《晉世家正義》引此"褒人"上並有"有"字，可證。韋解："褒人以美女入，謂之褒姒。"亦奪"有"字。（頁 2）

【按】《〈左傳·昭二十六年〉疏》、《〈史記·周本紀〉正義》、《通鑒前編》卷九、《春秋臣傳》卷五、《通志》卷一八一引則與明道本同，審《〈晉世家〉正義》無"有褒人"之句，未知鄭氏何據。"有＋國族名"爲常見用法，但其中的國族名爲單音節，有的會在國族名之後加"氏"字構成"有×氏"，皆爲泛稱。"有×人"結構則較少見。鄭氏根據上文通例判斷本句"褒人"前當有"有"字者是。

審《荀子·解蔽篇》楊注引《國語》即作"有蘇氏"、"有施人"，《〈史記·外戚世家〉索隱》引作"有蘇氏"、"有施人"、"有褒人"，《楚辭章句》

① (唐)陸德明：《經典釋文》，同前注，頁 1649。

② 拙著《小學要籍引〈國語〉研究》，頁 69—70。

引亦作"有施人",《左傳·昭公二十八年》杜注、陸德明《釋文》引作"有施氏",孔《疏》引上亦作"有施氏",《春秋臣傳》卷五引作"有蘇氏"、"有施氏"、"褒人",《册府元龜》卷七三二引上句"有蘇"、"有施"後皆有"氏"字,下則與公序本同。《御覽》卷一三五引《史記》作"有蘇人",《尚史》卷九七引《國語》作"有蘇人"、"有施人"。《皇王大紀》卷六云:"伐蒙山有施氏,有施氏進女妹喜。"①《通鑒前編》卷三云:"伐蒙山有施氏,進妹喜。"注引《國語》與今傳《國語》同。②《古史》卷三云:"伐有施氏,有施以妹喜女焉。"③《後漢書》卷八〇《文苑傳》注云:"末喜,桀妃,有施氏女。"④《集韻》、《類篇》亦謂:"有施氏女名。"⑤又《史記·夏本紀》云:"禹爲姒姓,其後分封,用國爲姓,故有夏后氏、有扈氏、有男氏、斟尋氏、彤城氏、褒氏、費氏。"⑥各書所引"有蘇"、"有施"後"人"、"氏"不一,"褒"前則有無"有"字不一。就一般語言習慣而言,作"有×氏"、"×人"皆通,而"有×人"似未通。"氏"字與"人"字之不一恐亦受唐諱影響,因"氏"、"民"形近且"氏"、"世"音同。

30. 夫齊、楚道遠而望大,解:望大,望諸侯朝貢不恤亡公子也。

案:望,地望也。時齊、楚國大譽高,距晉又遠,故不可以困往也。韋解作"望諸侯朝貢不恤亡公子也",蓋未得"望"字之義。下文"望大難走"、"不可以走望",二"望"字並作齊、楚二國地位名譽而言,與此句"望"字同義。韋昭訓"不可以走望"爲"望,望其力也",尤不得其義。(頁 7)

① (宋)胡宏:《皇王大紀》,《景印文淵閣四庫全書》第 313 册,頁 59 下。
② (宋)金履祥編:《通鑒前編》,《景印文淵閣四庫全書》第 332 册,頁 70 下。
③ (宋)蘇轍:《古史》,《景印文淵閣四庫全書》第 371 册,頁 218。
④ (南朝宋)范曄撰:《後漢書》,北京:中華書局 1965 年點校本,頁 2621。
⑤ (宋)司馬光:《類篇》,上海古籍出版社 1988 年影汲古閣影宋鈔本,頁 174 上。(宋)丁度等:《集韻》,上海古籍出版社 1985 年影述古堂影宋鈔本,頁 56。
⑥ (漢)司馬遷撰:《史記》,頁 89。

【按】 陳偉《愚慮録》卷一云:“望大,謂聞望大也,故亦云望國。如解,則下‘不可以走望’句殊礙,彼解‘望,望其力也’似强。”①今譯中則來可泓注爲:“望大:慾望很大。望諸侯朝貢,稱霸諸侯。”李維琦釋爲“期望值”,黄永堂釋爲“企望”,薛安勤等、董立章、鄔國義等釋爲“奢望”②,皆本韋注爲説。鄭説尤爲得義。

晉語四

31. 愛親、明賢,政之榦也。

汪遠孫曰:鄭注《禮記》云:“明,猶尊也。”《内傳·僖二十四年》:“富辰諫襄王曰:‘暱近尊賢。’”文義與此正合,是明賢爲尊賢也。

案:明賢,謂顯賢也。《周語中》曰:“尊貴明賢。”韋解:“明,顯也。”《晉語四》:“明賢良。”韋解同,是其明證。《周語中》又曰:“尊貴、明賢、庸勳、長老、愛親。”義亦與此合。汪説不可從也。(頁14)

【按】 湛若水《格物通》卷五一云:“親親、賢賢,國之大政也。”③是“尊賢”、“顯賢”,其義一。汪説不誤,韋解亦是。

32. 國君無親,以國爲親。

汪遠孫曰:公序本“以國”作“國以”。

案:“以國爲親”當作“國以爲親”。《左傳》犯舅曰:“亡人無寶,仁以爲寶。”《晉語一》曰:“長民者無親,衆以爲親。”句法並與此同,是其證。(頁14)

---

① (清)陳偉:《愚慮録》,《續修四庫全書》第1165册,頁686下。

② 來可泓:《國語直解》,頁406。李維琦:《白話國語》,頁182。黄永堂:《國語全譯》,頁310。薛安勤、王連生:《國語譯注》,頁336。董立章:《國語譯注辨析》,頁360。鄔國義等:《國語譯注》,頁247。

③ (明)湛若水:《格物通》,頁448下。

【按】 鄭説固有一定道理。然就語境而言，因介賓結構中賓語前置、後置皆屬常態，"以國"、"國以"皆通，不必以爲是非。當然，從語言習慣上而言，以"以國"爲更常見。而此處既然强調國君所親，則"國"字提前表示强調。

晉語七

33. 魏顆以其身

案：《初學記》十六、《太平御覽》五七五引此"身"上咸無"其"字；阮刻《十三經注疏》本左成十八年《傳疏》引此亦無"其"字，阮元《校勘記》云："宋本'身'上有'其'字。"蓋一本《國語》無"其"字耳。(頁 22)

【按】 《禮書》卷一一九、《樂書》卷一一〇、《記纂淵海》卷七八、《事文類聚》續集卷二三、《群書通要》丁集卷三、《山堂肆考》卷一〇二、卷一三〇、明人張一中《尺牘爭奇》卷五、鄭若庸(1489—1577)《類雋》卷二四引亦無"其"字，他書則引有"其"字。今傳《國語》各本俱有"其"字，或古書引省"其"字，未必真有無"其"字之《國語》。今審宋慶元六年本《左傳疏》有"其"字，東方文化學院京都研究所藏元刻明修本、嘉靖中福建刻本、同治重刊武英殿本、四庫薈要本、文淵閣四庫本則無。或《左傳疏》引脱"其"字自六〇卷本始。

晉語九

34. 爾心事君

汪遠孫曰：公序本"心"作"止"，是也。

案：《天中記》引"心"亦作"止"，可補汪説。(頁 29)

【按】 《通志》卷九〇、《文獻通考》卷二六四、《續文獻通考》卷六七引字作"心"，《萬姓統譜》卷一三七、明張時徹(1500—1577)《芝園集》外集卷二二《稽舊林》、《尚史》卷二七、《(雍正)畿輔通志》卷六九、《子史精華》卷八九、《淵鑒類函》卷二七〇引字作"止"，遞修本字即作"止"。瞿中溶《古泉山館題跋・翻宋本國語》以爲金李本異於今本者甚多，即舉"'爾心事君'，'心'作'□'"，"□"處挖黑，或即爲"止"字。王太岳《四庫全書考證》卷四三"文獻通考中"則謂："'爾止事君'，刊本'止'訛'心'，據《國語》改。"①又文淵閣本、光緒四年重刻本《天中記》卷二四引作"爾止是君"，皆誤"事"爲"是"。"心"、"止"形近易混，"止"、"事"爲連續行爲，謂止於此而事。

35. 執而紡於庭之槐

楊樹達曰："紡"當讀"縛"。

案：《事類賦注》、《太平御覽》引此"紡於庭之槐"並作"紡之於庭"。《太平御覽》五四一引此有注"紡，猶懸也；懸於庭之槐也"十字，視韋解爲優。（頁 30）

【按】《御覽》卷五四一引作"執而紡之"，注云："紡猶懸也。懸於庭之槐也。"②卷九五四、《事類賦》卷二五引作"執而紡之於庭槐"。《通鑑外紀》卷七、《册府元龜》卷八五三、卷九三九、《駢志》卷七、《廣博物志》卷一九、《字詁》、《義府》引作"執而紡於庭之槐"，《正字通》卷八、《説文解字注》卷一三上引作"執而紡於廷之槐"。則《御覽》引亦未盡同。"庭"爲"廷"之後起字。"紡之"之"之"爲代詞，"庭之槐"之"之"爲結構助詞，前者指代動作對象，後者助成所屬關係，無亦通。《聘禮》"賓裼，迎大夫賄，用束紡"鄭注云："紡，紡絲爲之，今之縛也。"③或楊説所本。《義府》卷下："'紡'當讀爲'绷'，今俗'綁'字。"④言是。另詳見本書上編之五"楊樹達《讀〈國語〉小識》辯證"。

---

① (清)王太岳：《四庫全書考證》，上海：商務印書館 1936 年《叢書集成初編》本，頁 1794。

② (宋)李昉等：《太平御覽》，《四部叢刊》影宋本，本卷頁 1。

③ (清)阮元校刻：《十三經注疏》，頁 1067 上。

④ (清)黄生撰、黄承吉合按，包殿淑點校：《字詁義府合按》，北京：中華書局 1984 年版，頁 157。

36. 與余以狂疾賞也

汪遠孫曰：公序本"與余"二字作"是"字。

案：《太平御覽》七三九引"與余"亦作"是"，與公序本合。（頁30）

【按】 柳宗元《非國語》、《御覽》卷七三九、《春秋臣傳》卷二七、《册府元龜》卷八〇七、《（嘉靖）河間府志》卷二七、《經濟類編》卷一三、《喻林》卷七六作"是以狂疾賞也"。王引之《經傳釋詞》卷一云："《晉語》曰：'與余以狂疾賞也。'宋本如是。今本作'是以狂疾賞也'，乃後人不曉文義而妄改之。"①"是"爲代詞，同位語，實總結上句。"與余"之"與"，"與其"也，實引起下文，二者句法功能不同。從詞氣角度考慮，"與余"似更勝，然"是"字亦不誤，王説"後人不曉文義而妄改"亦較武斷，明道本、公序本語義俱通，未可爲是非。

37. 美鬢長大則賢，解：鬢，髮類也。

案：《太平御覽》引韋解"髮類"作"髮鬢"。（頁34）

【按】 《三國志》卷四〇《蜀志·劉封傳》"猶皆如斯"注引《國語》、《資治通鑒》卷一、《通鑒前編》卷一八注引《通鑒》、司馬光（1019—1086）《温國文正公文集》卷七〇《才德論》、《通鑒紀事本末》卷一、宋姚勉（1216—1262）《雪坡舍人集》卷八《講義》、《通鑒綱目》卷一上、《高奇往事》卷八、《文章辨體彙選》卷四一三、李贄《藏書》卷一"鬢"作"鬚"，《春秋臣傳》卷三〇、《册府元龜》卷七九六、《經濟類編》卷一五、《子史精華》卷一二四、段玉裁《説文解字注》、桂馥《説文義證》、朱駿聲《説文通訓定聲》引則作"鬢"。其未參公序本系統，不知公序本系統自作"髮鬢"也。章鈺（1864—1934）《胡刻通鑒正文校宋記》卷一云："六葉十一行'美鬢'胡注：《通鑒》俗傳寫者多作'美鬚'，非也。《國語》作'美鬢'，今從之。

① （清）王引之：《經傳釋詞》，頁4。

十二行本正作'鬢',孔本同。乙十一行本作'鬒'。"①審公序本多本、經筵校本韋解作"髮類",黄刊明道本及其覆刻本、寶善堂本、文淵閣本、文津閣本、《四部備要》本、徐元誥《集解》韋解作"髮穎",吴曾祺《補正》、《叢書集成初編》本、沈鎔《詳注》作"髮類",從公序本。則公序本中文淵閣本、文津閣本韋解從明道本,明道本中《補正》、《叢書集成初編》本、《詳注》從公序本。從此例可見,鄭氏《校證》非據黄丕烈讀未見書齋原本,或即據《叢書集成初編》本或吴曾祺《補正》。汪遠孫《考異》云:"'穎',公序本作'類'。《考正》云:'《詩》:實穎實栗。毛《傳》:穎,垂穎也。《正義》曰:穎是禾穗之挺,言其穗重而穎垂也。鬢爲髮之垂者,故曰髮穎。'案:《詩·都人士》'卷髮如蠆'鄭《箋》云:'蠆,螫蟲也,尾末揵然,似婦人髮末曲上卷然。'《正義》云:'禮,斂髮無髢而有曲者,以長者盡皆斂之,不使有餘。而短者若髮傍不可斂,則因曲以爲飾。''髮穎'即所謂'髮末'也。"②汪説是,則韋解字作"髮穎"爲是,"類"、"穎"形近易混。《御覽》注"鬢,髮鬢"義亦通。

結　語

綜上,共辯證鄭氏《校證》37 條,大體分爲這樣幾個方面:(一)鄭氏未據公序本而遽下論斷以爲今傳《國語》皆與類書引不同者;(二)鄭氏未參類書多本而識語有誤者;(三)鄭氏論斷正確而猶有可補者。因爲鄭氏《校證》實爲三篇論文,而非專著,且衹是在黄氏《札記》、汪氏《考異》的基礎上檢尋類書或注疏材料所引《國語》文句進行校理,既没能判然公序本與黄刊明道本的界限,也未能根據真正的黄丕烈讀未見書齋本原刻,又在注疏或類書的版本上亦未能講求古本或版本齊全,有些結論顯得較爲草率。且往往在類書或注疏材料引據不同於今本《國語》者,輒下斷語以爲今本有誤或古有别本,實際上類書或注疏材料引據的《國語》材料衹可以作爲參考材料,除非有充足的證據證明今本《國語》錯誤,否則不足以據類書或注疏材料引據異文推翻今本。因爲引據材

---

① 章鈺:《胡刻通鑒正文校宋記》,《續修四庫全書》第 342 册,頁 144 上。
② (清)汪遠孫:《國語明道本考異》,頁 322。

料本身在類書或注疏材料中是一個相對獨立的單元，有時候爲了服從於其類書體例或者注疏語言的整體特徵，會有增減字句的現象，尤其表現在虚詞或者主語等方面，如本篇第 33 條、第 35 條等即是。另外，類書或者注疏材料引據《國語》尤其是篇幅不長時，未必是直接引用，很多情況下是據意而書，這就和《國語》原本有較大差别，如本篇第 16 條。在圖書文本形態没有刻本的歷史環境下，由於抄寫者的個體因素、時代的用字傾向以及時代的思想觀念等相關社會因素的影響，都會造成文本文字的差異，不僅僅表現在引據材料方面，即便是韋昭《國語解》也存在著諸多文字的差異，其文字差異存在的事實也恰好説明了韋昭《國語解》在流傳過程中疊經傳抄從而形成的韋昭《國語解》文本的文字歧異或語義乖舛是早就已經存在的，並非自公序本、明道本開始，相信在明道本之前就已經存在很大的差異了。也就説，韋昭《國語解》的流傳是一個比較複雜的過程，衹是由於宋以前的《國語》本子流傳較少和宋以來《國語》版本系統相對比較單純而無法考求其詳。當然，鄭良樹的《國語校證》三篇在《國語》校理研究方面還是做出了相當大的成績，是繼清人王懋竑、黄丕烈、汪遠孫之後《國語》校理方面的重要論作，和張以仁《國語斠證》一起成爲二十世紀《國語》校理的雙璧，而且這兩部著作都完成於二十世紀六十年代後期，雖然存在着一些不足之處，但其學術理路以及研究範式仍足以爲今日古籍校理之典範，其所發現以及相關論斷仍爲今日研究《國語》所必需，這是毋庸置疑的。

二、張以仁《國語斠證》辯證

引　言

張以仁（1930—2009），湖南醴陵人。畢業於臺灣大學中文研究所，供職於"中央研究院"歷史語言研究所。生平撰有論文百餘篇，著作數種，其生前身後所輯成出版之著作計有《國語虚詞集釋》、《國語斠證》、《國語左傳論集》、《中國語文學論集》、《春秋史論集》、《花間詞論集》、

《花間詞論續集》、《國語引得》、《張以仁先生文集》、《張以仁先生詩詞集》、《張以仁先秦史論集》、《張以仁中國語文學論集》等。張以仁教授以《國語》爲研究對象寫下了很多論作。由 1958 年完稿的碩士學位論文《〈國語〉研究》到 1990 年《春秋史論集》的出版，其研究《國語》持續 30 餘年。根據"中央研究院"歷史語言所的張氏個人"研究人員著作"①，張氏一共發表《國語》方面研究論文 31 篇，論著並結集著作 5 部，另外編輯《國語引得》1 部，實即著作 6 部。這些研究涉及到《國語》的語言、版本、史學、《國語》與《左傳》關係、《國語》接受史、《國語》舊注整理與《國語》集證等多個方面。其《國語斠證》一書即其諸多《國語》論作之一種，臺北市臺灣商務印書館 1969 年版。根據其《前言》，謂該書以士禮居本爲底本，輔以《國語》他本多種相互讎校。旁采"諸家成説，廣采古注、類書、關係書中材料，以理其訛脱，正其謬誤"，搜求勤苦，排比詳細，可謂精核之作。全書共校理《國語》正文 849 條，韋注 177 條，合共 1026 條，其中《周語上》142（韋注 10）條，《周語中》92（韋注 18）條，《周語下》95（韋注 8）條，《魯語上》74（韋注 3）條，《魯語下》70 條，《齊語》25（韋注 6）條，《晉語一》55（韋注 25）條，《晉語二》27（韋注 7）條，《晉語三》54（韋注 13）條，《晉語四》39（韋注 18）條，《晉語五》53（韋注 17）條，《晉語六》23（韋注 11）條，《晉語七》41（韋注 6）條，《晉語八》83（韋注 20）條，《晉語九》24（韋注 6）條，《鄭語》22（韋注 3）條，《楚語上》17（韋注 3）條，《楚語下》22（韋注 1）條，《吴語》34（韋注 5）條，《越語上》18（韋注 2）條，《越語下》16（韋注 5）條，括弧内爲各語中校理韋注條目。審張以仁《國語斠證》斠證所用材料及内容。材料上：(1) 以世界書局影印黄刊明道本爲底本，公序本中用金李本、董增齡《國語正義》和秦鼎《春秋外傳國語定本》，其他明道本用日本重刊天聖明道本、廣州時務書局重雕天聖明道本、湖北崇文書局重雕天聖明道本；(2) 廣引類書資料，其類書材料一直用到明代；(3) 廣用經、史傳注資料中引文。斠證内容涉及到：(1) 辨正異文，明確文字關係；(2) 運用音韻訓詁語法等

① "中央研究院"歷史語言所/兼任暨通信研究員：http://www.ihp.sinica.edu.tw/people_page/p2_13.htm。

方法進行異文方面的探討;(3) 運用史學方法進行考證。就其大多數條目而言,多爲各本異文的臚列。誠爲20世紀50年代以至於今日之《國語》校理集大成者。然材料檢尋,容有疏失,按斷立論,或有未當。不揣淺陋,擷取84條,以爲辯證,以使有益於《國語》之研究與張氏《國語》研究成就之認識云。凡所摘引條目,悉出頁碼。

一、周語上

1. 使務利而避害

以仁案:《周本紀》"務"下有"之"字。(頁2)

【按】 今檢《周本紀》,作"使之務利而辟害",《皇王大紀》卷二八、《文獻通考》卷二六四引同。是非"'務'下有'之'字"明矣。王叔岷(1914—2008)云:"'之'字疑涉上文'脩之'而衍。《治要》引此作'使務利而避害',與《周語》同。避、辟正假字。"①《史記》引前代之文,往往據漢人習慣而復述之,其義可通,未必以爲衍文,《治要》誤互《周語》與《周本紀》,亦非無可能。今以"辟"、"避"爲古今字。

2. 而自竄于戎狄之間

札記:《補音》作"翟",後同。

考異:公序本作"翟",《舊音》同。案明道本除《晉語》"翟柤"外,皆作"狄"。後放此。

以仁案:《周語下》"且夫長翟之人",明道本亦作"翟",非特"翟柤"一見也。本條金、秦、董正文、韋解皆作"翟",與世界書局影印明道本(以下簡稱"世界本")不同。日、時、崇、《詩·豳譜》疏、《緜》疏、《御覽》三〇三皆作"狄"。《周本紀》凡二見,亦皆作"狄"。狄、翟正假、字。又"于",秦、董、《周本紀》(二見)、《詩·豳譜》疏皆作"於",而金、日、時、崇、《詩·緜》疏則皆作"于"。(頁5)

---

① 王叔岷:《史記斠證》,北京:中華書局2007年版,頁137。

【按】《補音》卷一云:"戎翟,本或作狄,音同。"①《學林》卷六"九夷"云:"變狄爲翟者,假借字也。"②段玉裁云:"翟羽,經傳多假'狄'爲之;狄人字,傳多假'翟'爲之。"③王筠《句讀》引段玉裁爲説。徐復先生亦謂翟、狄通用④。《國語》各本"於"、"于"字用頗不一致,需要輯合各本,在明辨"於"、"于"功能界限的基礎上進行重新釐定。

3. 守以敦篤

札記:《補音》作"惇"。

考異:公序本作"愔",《舊音》同。《史記》作"敦"。

以仁案:金、秦、董、《北堂書鈔》(以下簡稱"書鈔")卷三十六、《御覽》三〇三皆作"惇"。日、時、崇則作"敦"。《説文》:"惇,厚也。""敦,怒也、詆也。"則惇、敦正、假字。守以敦篤者,謂以敦篤守其先王之制度也。(頁6—7)

【按】"享"之别體作"亯",故以"享"爲構件的字,"享"皆可以寫作"亯"。今以"敦厚"爲常見組合方式,在基本古籍庫中輸入"敦厚",得6356條;輸入"惇厚",得706條。"惇厚"爲同義復合結構。"敦"作"怒"、"詆"之義,文獻中用例亦極罕見。審《通鑒前編》、《文章正宗》引字亦作"惇"。

4. 以致戎于商牧

考異:公序本"于"作"於"。凡"于"、"於"錯出,後不載。

以仁案:"于""於"古音有異,關係語法甚巨。瑞典漢學家高本漢《左傳真僞考》一文有極精闢之討論。《考異》尚無此等觀念,但嫌瑣碎而不悉列,然今之校刊先秦古籍者則不可忽略也。下文凡

① (宋)宋庠:《國語補音》卷一,本卷頁6—7。

② (宋)王觀國:《學林》,《景印文淵閣四庫全書》第851册,頁162下。

③ (清)段玉裁:《説文解字注》,頁138下。

④ 徐復:《徐復語言文字學叢稿》,南京:江蘇古籍出版社1990年版,頁105。

遇"于""於"之異，悉列出之，以備參稽。此文秦、董及孔廣陶本《書鈔》三六引也皆作"於"(舊鈔本《書鈔》則作"于")。金、日、時、崇、《周本紀》、《御覽》三〇三引皆作"于"。(頁9)

【按】 拙著《〈國語補音〉異文研究》廣引自高本漢(1889—1978)以來，下至於何樂士、趙大明等關於"於"、"于"的研究成果，以明"於"、"于"二字之異同①，希望將來可以釐定。手頭有兩本《國語》索引，一本爲張以仁《國語引得》，一本爲李波《國語索引》。張以仁《國語引得》以臺灣世界書局影印黄丕烈讀未見書齋重雕天聖明道本爲準，"于"字199見，"於"字853見。李波《國語索引》是先以《四部備要》本爲底本，參照《叢書集成初編》本、上古點校本、崇文書局本、文淵閣四庫全書本、《四部叢刊》本、《國語正義》、林闌堂本《國語注解》、《國語集解》鉛印本、《國語補音》文淵閣本、《札記》、《考異》整理合成的《國語》(閱讀本)，然後以《國語》(閱讀本)爲對象作索引。其凡例中申明録文用《四部備要》本，各本異同之處在相關位置標明，並不直接改字。則李波《國語索引》可以看作以《四部備要》本爲對象的索引。其中"于"字172見，"於"字903見。我自己根據上海古籍出版社點校本統計的結果爲"于"字121見，"於"字954見。張以仁"於"、"于"總數爲1052見，李波總數爲1075見，和我的總數統計相同。鮑吾剛(1930—1997)的《國語索引》檢索非易，故没有參照。但是就"于"、"於"的單獨數量而言，差别都還比較大，可見釐定《國語》本文"於"、"于"的重要性與複雜程度。

5. 陽氣俱蒸

札記:《補音》作"烝"。

以仁案:金、秦、董本，《周頌・載芟》引正、解，《御覽》五三七、《玉海》七六皆作"烝"。日、時、崇、《書鈔》九一、《事類賦》四引皆作"蒸"。烝、蒸正假字。(頁35)

---

① 拙著《〈國語補音〉異文研究》，頁337—340。

【按】《玉燭寶典》卷一引作“烝”,《册府元龜》引有四處,“烝”、“蒸”各2見。《經典釋文》以“烝”、“蒸”字同。《干禄字書》云:“蒸、烝,上衆也,火氣,亦祭名。今並通用上字。”①《五經文字》云:“蒸,《爾雅》以爲祭名,其經典祭烝多去草,以此爲新蒸。”②可見“烝”、“蒸”何者爲正、何者爲假,也並不是一下子可以判定的。二字同源。

6. 王即齋宫

考異:《補音》“齋”作“齊”。案:古多作“齊”,用假借字也。下同。

以仁案:金、秦、董本皆作“齊”,解同。《玉海》一百引《國語》亦作“齊”。日、時、崇本、《禮記・月令》疏、《書鈔》九一(引凡八次)、《肆考・羽集三八》引皆作“齋”。案《補音》作“齊”而云“側皆反”,則亦以“齊”爲“齋”之假字也。(頁36)

【按】《文章正宗》、《儀禮經傳通解》、《通鑒前編》引字亦作“齊”。“齊”當爲“齋”古字,《説文》亦謂“齋”字從示齊省聲。另詳見拙著《〈國語〉動詞管窺》③。

7. 庶民終于千畝

考異:公序本“民”作“人”。案唐諱“民”改“人”。以後民、人襍出,不復諟正。

以仁案:金、秦、董本“民”作“人”。《〈詩・載芟〉疏》、《〈禮・月令〉疏》、《〈周禮・甸師〉疏》、《書鈔》九一、《肆考》三六、《玉海》七六引皆作“人”。按前文屢言“夫民之大事在農”、“民之蕃庶於是乎生”、“咸戒公卿百吏庶民”、“百吏庶民畢從”,下文亦言“司徒省民”、“民用莫不震動”、“民用和同”、“而和於民矣”、“將何以求福用

---

① 施安昌編:《顔真卿書干禄字書》,北京:紫禁城出版社1992年版,頁34。
② (唐)張參:《五經文字》,頁265下。
③ 拙著《〈國語〉動詞管窺》,頁151—154。

民”，諸“民”字未諱何也？又“于”，秦、董作“於”，金、日、時本則作“于”，金李本承公序，而“於”“于”之分甚明，蓋猶存古本舊貌。秦、董不知“於”“于”之别，隨意定之耳。《載芟疏》、《月令疏》、《甸師疏》引亦皆作“於”，而《書鈔》九一、《玉海》七六則作“于”，“於”“于”之亂蓋久矣。（頁39）

【按】　經筵校本、黄刊明道本及其覆刻本、寶善堂本等作“庶民”，明德堂本、許宗魯本、張一鯤本、吴勉學本、詩禮堂本、薈要本、文淵閣本、文津閣本、董增齡本、《國語集解》等作“庶人”，本處公序本與明道本界限分明。按照張氏的意思，“民”、“人”雜出，恐怕作“人”者亦未必避唐諱而改。

8. 盇納王乎

札記：《補音》作“盍”，後同。

考異：公序本作“盍”。盍，盇古字。

以仁案：金、秦本作“盍”，董、日、時、崇本則皆作“盇”。（頁51—52）

【按】　古書中“盇”、“盍”雜出的現象比較多見，不僅僅《國語》各本如此。《五經文字》謂“盍”爲《説文》字，“盇”爲石經字，實是《説文》“𥁋”形的不同隸化形式，以“盍”形更合《説文》原字。

9. 在盤庚曰

札記：《補音》作“般”。

考異：公序本“盤”作“般”。舊者同。

以仁案：金、秦、董本皆作“般”。《御覽》二〇二引作“盤”。般、盤通假字。（頁58—59）

【按】　“舊者”爲“舊音”之誤。吴玉搢（1698—1773）《别雅》卷一云：“般庚盤庚也，《〈尚書·盤庚〉釋文》云：‘本又作般。’《周語》、《石經》、《漢書・扬雄傳》皆作般庚。"①《説文》亦有"盤"字，爲"槃"字之籀文。"般"爲"盤"聲符字。

10. 民之所急在大事

考異：公序本"在"下有"於"。《御覽》無。

以仁案：金、秦、董本皆有"於"字。日、時、崇則無。《御覽》二○二引亦無"於"字。疑無"於"字是。又《御覽》引"民"作"人"。上文"如是則長衆使民不可不慎"，下文"是故祓除其心以和惠民"，"民"亦皆作"人"。蓋所據本避唐諱也。（頁59）

【按】 黄刊明道本《國語》唯一例"在於"，爲《晉語五》"其耳目在於旗鼓"。從音節節奏上看，"民之所急"四字，"在大事"三字，加"於"字似無意義。《晉語五》則"其耳目"三音節，"在於旗鼓"四音節，奇偶亦相協和，是張氏以無"於"字者。

二、周語中

11. 余一人其流辟，旅於裔土

校文："辟"下宋（以仁案：即明道本）空一格，"於"上有"旅"字，並誤。

考異："辟"下空格，公序本不空，無"旅"字。

以仁案：金、秦、董本不空，無"旅"字。日、時、崇本則空格，有"旅"字。韋發注於下文"何辭之有與"下，此空格蓋舊有音讀。韋解云："流，放也。言將辟於荒裔，何復陳辭之有也。"似韋本原無"旅"字也。又"於"，董本作"于"。（頁71）

【按】 《妙絶古今》卷一、《文章正宗》卷一引無"旅"字，基本古籍庫中所收古籍引亦皆無"旅"字。經筵校本無"旅"字，也不空格，或根據公序本而改。張氏"韋本原無'旅'字"之説可爲信論。韋氏釋"流"爲

---

①（清）吴玉搢：《别雅》，《景印文淵閣四庫全書》第222册，頁638下。

"放",未釋"辟"字。本處"辟"與"流"義近。李波《索引》統計"辟"字16見,粗略析分,有如下四個義項:(1) 法;(2) 流,去;(3) 君;(4) 開。

12. 晉人敗諸崤

考異:公序本作"殽"。

以仁案:金、秦、董本皆作"殽",解同。《補音》出"諸殽"云:"或爲崤。今按《内傳》作殽。"《説文》無"崤"字,"崤"字蓋後起字。日、時、崇亦作"崤"。(頁75)

【按】 "崤"、"殽"皆從"肴"字得聲。又顧祖禹(1631—1692)《讀史方輿紀要》卷四一謂"殽山"亦作"效山"、"罩山"、"教山"。名物詞記録形式有些是以音記詞,未必表義,於此可見。

13. 將和協典禮以示民訓則

以仁案:金、秦本"和"作"龢"。下文"和同可觀"同。日、時、崇本則作"和"。和、龢古通。《玉海》七三亦引作"龢"。董本則誤爲"歈"。(頁77)

【按】 張氏言"和、龢古通"者是,《國語》各本中"和"、"龢"錯出,以明道本"和"字、公序本"龢"字爲常見。就《國語》本處而言,遞修本、許宗魯本、張一鯤本、《國語評苑》、胡東塘刻《國語鈔評》、二乙堂本、吴勉學本、閔齊伋本、詩禮堂本、薈要本、文淵閣本、文津閣本等公序本字皆作"龢",經筵校本、黄刊明道本及其覆刻本、寶善堂本等明道本字皆作"和"。

14. 候不在疆

考異:《周禮·候人》注引《國語》"疆"作"竟"。

以仁案:《候人疏》則引作"境"。竟、境古、今字。"境"亦猶"疆"也。皆謂國界也。韋解云:"疆,境也。"則韋本作"疆"無疑。《白帖十》引亦作"疆"。又《考異》引此條"在"誤"出"。《國語》各本無作“出”者。《〈周禮·司關〉疏》引此則作“出”，非是。下文云：“疆有寓望。”韋解云：“境界之上，有寄寓之舍，候望之人也。”又下文云：“候人爲導。”韋解云：“導賓至於朝，出送之於境也。”是知候人迎送賓客，至於邊境，而不得越界出疆也。候不在疆，謂候人疏於職守。《周禮·候人》注云：“候不在竟，譏不居其方也。”是矣。若作“出疆”，則本非其職守所宜有也，奈何責之哉。（頁79—80）

【按】 審《〈周禮·司關〉疏》引作“候不出疆”，宋王與義《周禮訂義》因之，或《考異》因之録文爲“出”，非必據《國語》某本。沈廷芳《十三經注疏正字》卷二六云：“候不出疆，‘候’誤‘侯伯’字。‘出’，《國語》作‘在’。”①已揭出其異。

15. 疆有寓望

札記：《補音》作“畺”。

考異：公序本作“畺”，見《補音》，注同。《説文》畺或作疆。《風俗通義》引《國語》作“畺”。

以仁案：金、秦、董本皆作“畺”，解同。日、時、崇本則正、解皆作“疆”，與此本同。疑作“畺”爲是。前文云：“候不在疆。”解：“疆，境也。”（各本皆同）此云：“畺有寓望。”故韋解云：“畺，境也。”若同一“疆”字，數行之隔，韋無須前後兩皆設解也。疑後人據上文“候不在疆”以改，明道本非是。《天中記》十四、《玉海》三九引皆作“畺”，亦可參證。（頁82）

【按】 張以仁的推斷是有道理的。“畺”、“疆”古今字。《補音》云：“畺，即疆境字。前作疆多矣，音與此同。但傳寫異耳。”②則公序本本處之“畺”、“疆”之異亦“傳寫異”。

---

① (清)沈廷芳：《十三經注疏正字》，《景印文淵閣四庫全書》第192册，頁339上。
② (宋)宋庠：《國語補音》卷一，本卷頁18。

16. 解：早世，早即亡也

以仁案：金、秦、董本二本“早”字皆作“蚤”，日、時、崇則作“早”。案：正文作“蚤”，則韋解作“蚤”者是矣。蚤，假字。早，正字。經籍早晏字多假“蚤”爲之。寫者改爲正字。反失原貌。（頁87）

【按】 張以仁《國語引得》無“蚤”字，“早”字4見，李波《國語索引》同。今檢黃刊明道本“蚤”字7見，與李波統計結果相同。可見《國語》本文“早”、“蚤”錯出。這種正字與假借字出現在同一文本的情況比較多見。如果從出土文獻的角度來看的話，那麽這些文本的早期形式應該是用的假借字，是後世抄寫者改借字爲正字。但是何以未能改盡？尤其《國語》明道本“蚤”字7見、“早”字4見，正字少而假字多。或當爲抄寫者在抄寫時依據當時的正字順手寫成，非必有意改字。

三、周語下

17. 其語迂

述聞：家大人曰：迂，《賈子·禮容語篇》作訏。《說文》：訏，詭訛也。詭訛之言，以無爲有。故曰迂則誣人。《說文》：譁，妄言也。《法言·問明篇》曰：譁言敗俗，譁好敗則。訏、譁、迂聲義並同。《荀子·非十二子篇》：欺惑愚衆，矞宇嵬瑣。矞與譎同，宇與訏同，皆古字假借也。《漢書·五行志》載《周語》亦作迂，顔師古注曰：迂，夸誕也。義長於韋矣。

以仁案：金、秦本作“迃”，《說文》有“迂”無“迃”，《群經正字》據《五經文字》以“迃”爲古字。“迃”則“迃”之小變也。《永樂大典》二九七八引作“迂”。（頁94）

【按】 今審《國語》各本中，遞修本、許宗魯本、金李本、張一鯤本、《國語評苑》、《鈔評》、吴勉學本、二乙堂本、閔齊伋本、詩禮堂本、薈要本、文淵閣本、文津閣本、道春點本、千葉玄之本、緑蔭堂本等公序本作“迃”，董本則作“迂”。《說文》字作“訏”，實其右邊構件作“亏”並非作

“于”。故《正字通》曰:“迂,迂本字。”①所言似更合理。言《説文》作“迂”者,是根據《説文》“䢱”字的隸定字而言。

18. 聽淫日離其名

札記:《補音》作“曰”。

以仁案:微波榭《補音》作“日”,不作“曰”。《肆考·羽集三九》、《永樂大典》二九七八引皆作“日”。(頁95)

【按】　今審《國語補音》之遞修本、明德堂本、微波榭本、文淵閣本、尊經書院本等字皆作“日”不作“曰”。或《札記》誤書,亦或據《補音》别本。

19. 十三年,晉侯弒

札記:《補音》作殺,後同。

考異:《補音》作殺。凡弒,公序本多作殺。傳文箸之在注中者不悉備載。後放此。《史記·周本紀》簡王十三年“晉殺其君厲公”,字亦作“殺”。

以仁案:金、秦、董本皆作“殺”。《永樂大典》二九七八引作“弒”。(頁98)

【按】　公序本作“殺”、明道本作“弒”,這是兩種版本系統的區别特徵之一,而且公序本、明道本各守界域。另詳見《〈國語補音〉異文研究》②。

20. 夫子被文矣

考異:公序本作之。案“之”是也。注云:“晉周則被服之。”此傳作之字之證。

以仁案:韋注云:“質文,其質性有文德也。被,被服之也。言

---

① (明)張自烈:《正字通》,《續修四庫全書》第235册,頁576下。

② 拙著《〈國語補音〉異文研究》,頁370—374。

文王質性有文德，故能得天下。晉周則被服之，可以得國也。"韋注訓釋之詞，難以作正文爲"之"之證。且上文云："經之以天，緯之以地。經緯不爽，文之象也。文王質文，故天祚之以天下。"此云："夫子被文。"正與"文王質文"句相承偶也。疑"之"乃"文"之誤。金、秦、董本皆誤爲"之"。（頁99）

【按】 張説和《考異》意見正好相反，而二者又都依據韋注。從韋注的意思來看，作"被之"是可能的。上文説"文王質文"，此處未必非要説"夫子被文"以承偶，實際上"夫子被之"更通。《考異》之説未可言誤。

21. 單襄公曰：驩此其孫也

札記：當依别本删去"單"字。段云：有單字者誤也。

考異：公序本無"單"字。《御覽・方術九》同。此衍。

以仁案：金、秦、董本皆無"單"字。竊疑"單襄公曰"四字皆爲衍文。前後文既皆爲單襄公語，實無須贅此四字也。豈分簡者附記字羼入乎？（頁100）

【按】 《考異》和《札記》的説法相同，張以仁認爲四字皆爲衍文。筆者個人以爲可以從另外一個角度去考慮，把這四個字看作注文而誤入正文中，也可以。蓋此處單襄公所言過長，故又加注以明。

22. 必早善晉子

考異：公序本早作蚤。蚤、早古、今字。

以仁案：金、秦、董本皆作"蚤"。《御覽》七二八引作"早"。早、蚤蓋正、假字，非古今字也。（頁100）

【按】 《補音》卷二"蚤朝"條云："蚤字從爪從蟲省，跳蟲齧人，今爲蚤虱，古以爲早莫。自有一早字從日從十。古今字並行。"①《考異》所

---

① (宋)宋庠：《國語補音》，本卷頁15。

謂"蚤、早古、今字"之説當本《補音》。《補音》"古今字"是就某一語義的不同文字呈現方式而言,與今日文字學上嚴格意義之"古今字"不同。《考異》之説亦當從這一角度考慮。

23. 有崇伯鮌

札記:《補音》作"崈"。

考異:公序本"崇"作"崈"。《舊音》同。"崈"即"崇"之異體。"鮌"作"鯀",金壇段氏玉裁《説文注》云:"鯀从魚系聲,讀古本切,未詳。禹父之字,古多作鰥,作骸。"案:玄即骸之異體。今禹父字通作鯀。下注同。

以仁案:金、秦、董本皆作"崈""鯀"。《堯典疏》則引作"崈""鯀"。《説文段注》徐灝《箋》曰:"鯀者,鮌之訛體。《廣韻》曰:'鯀,亦作鮌。'是也。蓋弦之本篆作'𢐀',鮌或从糸而訛爲系也。"其説頗爲有見。蓋系聲無由以音古本切也。《國語·吴語》"今王既變鮌禹之功",金、秦、董本亦作"鮌",猶存舊貌。可爲明證。作"鯀"者蓋後人據《説文》改也。(頁 102)

【按】 張氏"玄"字當爲"鮌"字之闕。"崇"、"崈"同體異位。"鮌"、"鯀"、"鰥"、"骸"異形同字,拙著《小學要籍引〈國語〉研究》有詳辨①,可參。

24. 命以侯伯

考異:公序本作爲。

以仁案:金、秦、董本皆作"爲",疑皆非是。"以"猶"爲"也(訓見《經傳釋詞》)。韋注"命爲侯伯",正以"爲"釋"以"。《周語中》:"昔先大夫荀伯自下軍之佐以政,趙宣子未有軍而以政。"二"以"字亦猶"爲"也。故其下文云"若佐新軍而升爲政","爲政"即上文"以政"也。後人不知"以"之訓"爲"而妄改之。《〈左傳·莊二十二年〉

① 拙著《小學要籍引〈國語〉研究》,頁 242—246。

疏》、《襄十四年疏》兩引此文及《〈詩・王風・揚之水〉疏》、《〈大雅・崧高〉疏》引此均作“爲”。《玉海》五十亦引作“爲”，古義蓋淹没久矣。（頁104）

【按】 “命以”、“命爲”義同，但是“以”、“爲”用法不同，“命以”之“以”爲介詞，“命爲”之“爲”爲標記詞，類同於“曰”。

25. 踣斃不振

札記：《補音》作“獘”。

考異：公序本斃作“獘”，獘、斃古、今字。

以仁案：金、秦、董本皆作“獘”。（頁105）

【按】 今審金李本實作“獘”而秦、董本作“弊”。“弊”、“獘”、“斃”三字音同可通。

26. 佐饎者嘗焉

札記：《補音》作“雍”。

考異：公序本“饎”作“雝”，隸變作“雍”。《補音》云“雍，本或作饔。”案饎即饔字。

以仁案：金、秦、董本皆作“雝”，饔（饎）、雍（雝）正、假字。（頁106）

【按】 經筵校本、薈要本、文淵閣本、文津閣本字作“饔”，黄刊明道本及其覆刻本字即作“饎”，“饔”、“饎”爲同構異位異體字。“雝（雍）”爲“饔（饎）”聲符字。

27. 器無彤鏤

考異：《賈子・禮容語篇》作“蟲鏤”。彤、蟲聲近通借。

校文：彤乃彫之誤。《賈誼書・禮容語》正作“雕”。

以仁案：二説引證有異，子彙本《賈子》作“虫”，則校文誤也。

（頁 109）

【按】《考異》、《校文》、張氏各執一本，故所引《禮容語》文字皆不同。另詳見拙稿《〈國語・周語下〉、〈新書・禮容語下〉比勘》。

28. 故曰成。韋解：成，成其王命也

札記：段云：《周頌》正義"故曰成王"（以仁案：謂《昊天有成命》），疑今本正文少"王"，注文衍"成"。

以仁案：《考異》亦云"《詩疏》'成'下有王字"。阮元《毛詩校記》云："閩本、明監本、毛本同。案此不誤。浦鏜云：'王。衍字。'非也。今《周語》脱王字。韋昭注云：'成，成其王命也。'當'成王，成其王命也。'亦誤刪王字。"阮校以爲韋注誤刪"王"字，《札記》則以爲誤衍"成"字，二説皆通，可兩存。（頁 110）

【按】 張氏依違於二者之間，不能決斷。拙稿《〈國語・周語下〉、〈新書・禮容語下〉比勘》曾詳引各家之説，亦難以決斷。審"成"字在《昊天有成命》一詩中共出現 2 例，分别爲"成命"、"成王"。從詩義上而言，"成王"、"成命"中的"成"語義相同。故"故曰成"之"成"即指"成王"之"成"，也指"成命"之"成"，因此《周語下》本文和韋注無脱文，韋注亦無衍文。《周頌》正義之所以引作"故曰成王"，恐以"成王不敢康"之"成王"爲周成王，非以"成王"爲普通的動賓結構。《周語下》本文語義完全通透，未可以《周頌》正義引有"王"字，就認爲《國語》有脱文。《札記》認爲《周頌》正義誤衍"成"字的結論恐怕是正確的。

29. 故君子得以易樂干禄焉

考異：《詩・大雅疏》（以仁案：謂《旱麓》詩《疏》）引《國語》"易樂"作"樂易"，下"易樂"同。

以仁案：韋注亦云："故君子求禄，其心樂易也。"（《旱麓》詩《疏》引韋注同）。然此文及下文"而何易樂之有焉"皆作"易樂"。疑《詩疏》據毛《傳》、韋注而乙改《國語》也。毛《傳》、韋注皆謂：

"愷,樂也。悌,易也。"(頁113)

【按】"愷悌"又作"愷弟"、"豈弟"、"凱弟",朱起鳳云:"豈弟古訓樂易,各家並同,惟《吕氏》獨持異説,蓋本三家詩。"①"悌"、"易"音亦近。

30. 民歆而德之

考異:賈本德作得。

以仁案:作"得"於文費解。(頁114)

【按】"得"、"德"音同義通。無論作"得"、作"德",於義亦通。

31. 景王既殺下門子

以仁案:《〈左傳·昭二十二年〉疏》引"既"作"欲"。(頁120)

【按】沈廷芳謂《疏》"欲"爲"既"字之誤,或是。因爲孔《疏》的引文脱離了《國語》文本語境,故而换爲"欲"字。進諫往往在事件已有動議但是還未發生之前,故而易作"欲"也是通的。

32. 玄王勤商,十有四世而興

以仁案:《〈詩·商頌〉疏》、《〈長發〉疏》、《〈書·胤征〉疏》引皆無"有"字。又《天中記》引"世"作"葉",有注云:"今本作世。"(頁121)

【按】各疏引無"有"字者,或爲省去,非必以之爲《國語》原本無"有"字之根據。《淵鑒類函》卷四八引字亦作"葉"。《詩·長發》"昔在中葉,有震且業"毛《傳》云:"葉,世也。"②段玉裁《説文解字注》"枼"云:

---

① 朱起鳳:《辭通》,頁1330上。

② (清)阮元校刻:《十三經注疏》,頁627中。

"'葉'與'世'音義俱相通。"①今所據《國語》無作"葉"者,未知《天中記》何據。

33. 將天以道補者也

考異:公序本"將"上有"夫"字,無"天"字。《考正》云:"疑當作'天將'。"

以仁案:金、秦、董本皆作"夫將"。(頁122)

【按】 今審陳樹華《春秋外傳考正》云:"宋本作'將夫'(陸敕先校本作'將天'),當仍之。"②汪遠孫《考異》引《考正》與盧文弨鈔本不盡相同。審《考正》之意,當是仍從明道本本文,但是陳氏釐定本句作"夫將以道補者也",又從公序本。從陳樹華釐本句作"夫將"而言,恐亦同意從公序本改字。韋注云:"以道補者,欲以天道補人事。"從韋注來看,正文恐即如公序本作"夫將以道補者也",不當有"天"字。否則,韋注不成立。

四、魯語上

34. 夫惠本而後民歸之志,民和而後神降之福

平議:樾謹案:本乃大之誤。下文:"今將惠以小賜,祀以獨恭。小賜不咸,獨恭不優。"即承此文而言。惠不大爲小賜,民不和爲獨恭也。又曰:"夫民求不匱於財而神求優裕於享者也,故不可以不本。""本"亦"大"字之誤。民求不匱而神求優裕,故不可以不大也。若作本字,於義皆失矣。大與本上半相似,因而致誤。《漢書·董仲舒傳》曰:"元者,辭之所謂大也。"《漢紀·武帝紀》作"元者,辭之所謂本也",是其證。

以仁案:"布德於民而平均其政事",即所謂"惠本"也,下文莊公謂聽獄必以情斷之,曹劌稱之,蓋"中心圖民",近乎"惠本"矣,樾

---

① (清)段玉裁:《説文解字注》,頁269下。

② (清)陳樹華:《春秋外傳考正》卷三,北京:國家圖書館藏盧文弨鈔本,本卷頁19。

擅改爲"大",失傳之深旨矣。《御覽》八八一、《永樂大典》二九四九引皆作"本"。(頁 125—126)

【按】 張説較俞説更爲可信。審傅庚生注云:"本是根本。必須普遍地從根本上施德於百姓,百姓才會從心眼兒裏歸附朝廷。民歸之志是倒裝句,就是民以其志歸之的意思。"①《魯語上》下文云"故不可以不本。"此"本"字正與本處"惠本"之"本"前後呼應。亦可佐證張以仁説法的可信。

35. 君作而順則利之

考異:公序本下有注文"順,順於禮則書以爲故事"十字,此脱。

以仁案:金、秦、董本有。(頁 129)

【按】 朝鮮經筵校本雖然屬於明道本系列,但是有此十字注文,或據公序本補。

36. 室如懸磬

札記:《補音》作"罄"。丕烈案:《内傳》作"罄"。《釋文》:本作磬。罄、磬古通用也。

考異:《補音》作"縣罄"云:"本亦作磬。據注,當作磬。"

以仁案:金、秦、董本"懸"皆作"縣",縣、懸古、今字。"磬"亦作"磬",注同。與《補音》異。(頁 133)

【按】 "'磬'亦作'磬'",前"磬"字當作"罄"。

37. 君今來討弊邑之罪

考異:公序本作"今君"。

以仁案:金、秦、董本皆作"今君"。"弊"皆作"敝"。(頁 133)

---

① 傅庚生:《國語選》,頁 37。

【按】 張以仁《國語引得》“今”字 246 見，“君”作主語者 21 見，“今”置於“君”後者亦唯此 1 見。就 246 見“今”字而言，“今”用於句首者 211 見。可見“今”字用於句首者爲常見。

38. 晉不以故班

札記：别本作“故班”。丕烈案：此淺人改之也。“固”本與“故”通，“掌故”亦作“掌固”。詳盧學士《鍾山札記》。

考異：公序本“固”作“故”，二字通。

以仁案：故、固既通用，則何者爲《國語》原貌，實難論斷。《札記》不得遽以“改字”誚人也。金、秦、董本作“故”。（頁 134）

【按】 有的字恐怕很難得出原本如何，“故”、“固”二字即是。《册府元龜》、《通鑒外紀》引字作“故”，與公序本同。

39. 法施於民則祀之

以仁案：《御覽》六一二、九二五引“法”皆作“功”。蓋誤改也。法有“典範”之義（段玉裁《説文注》：“引伸爲凡模範之偁。”），謂教民稼穡、平土、成物，治曆、明時之類。若作“功”，則下文以死勤事、以勞定國、禦災扞患而莫非功也，豈非文義含混？《天中記》四二、《玉海》一〇二引作“法”，是也。（頁 135）

【按】 《吕氏春秋・正月紀》高注、《漢書》引《禮記》皆作“功”不作“法”，則恐“功”非爲誤改。“功”、“法”義亦相會。

40. 堯能單均刑法以儀民

以仁案：單，《周禮・春官・宗伯・大司樂》鄭注作“殫”。阮元校云：“閩、監、毛本同誤也。余本、岳本、嘉靖本‘殫’作‘禪’。余本、岳本載音義同。葉鈔《釋文》：‘能禪，時戰反。’今通志堂本改作‘殫’，非也。……”則《周禮》鄭注原作“禪”。然作“禪”亦與《魯語》不同。孫詒讓《周禮正義》云：“禪，韋本作單。注云：‘單，盡也。

均，平也。儀，善也。'《祭法》作'賞均刑法以義終'，與此文義並異，非鄭所據。禪、殫聲類同。案《鄭語》又云：'夏禹能單平水土以品處庶類者也。''單均'與'單平'義正同。則今本《魯語》字不誤。《祭法》作'能賞'，鄭注云：'賞，賞善。謂禪舜封禹稷禪等也。'則鄭或讀單爲禪。然非古義也。"（引自《孫籀廎先生集》，藝文印書館印）按，孫説是也。（頁 136）

【按】 高木熊三郎云："單，壹也。"①無論釋"盡"、釋"壹"，其實都具有全然性之義。

41. 冬煖

考異：《舊音》'煖'作'燠'，古通用。

以仁案：金、秦、董本皆作"燠"。左文二年《疏》（宋本）、《爾雅·釋鳥》疏、《御覽》六一二皆引作"煖"。《天中記》二則引作"懊"，蓋與"燠"形義相近而誤也。（頁 137）

【按】 "煖"、"燠"同字。審《左傳正義》、李善《文選》注、《春秋臣傳》引字作"暖"，《文章正宗》、《經濟類編》、《文章辨體匯選》則引作"燠"。

42. 貪無藝也

札記：《補音》作"藝"，後同。

考異：《補音》作"藝"，以今"藝"字爲俗。

以仁案：金、董本作"藝"，注同。秦本作"蓺"，注同。《〈爾雅·釋獸〉疏》、《白帖》二九、《事類賦》四引作"藝"。《御覽》八三四亦引作"藝"，而二一則作"藝"。《天中記》五、五六則引作"蓺"，《山堂肆考·時令十》引作"埶"，《廣博物志》四九引作"執"。按：執、蓺皆字

① （日）高木熊三郎：《標注春秋外傳國語定本》卷四，大阪：松村久兵衛明治十七年（1884）刊本，本卷頁 9。

之誤也。《補音》云:"今按《説文》但作埶,後又加草,以今藝字爲俗。"(頁145)

【按】"埶"、"蓺"、"藝"皆通。"萟"字則誤。另詳見本書上編之一"吴曾祺《國語韋解補正》辯證"。

五、魯語下

43. 土之恠曰羵羊

札記:《補音》作"墳"。

考異:公序本作"墳",見《補音》。云:"本或作羵,非也。《説文》無此字。"案《史記》、《家語・辨物》、《文選・思玄賦》注皆作"墳"。

發正:《淮南子》"井生墳羊"(以仁案:見《氾論篇》),高注云:"墳羊,土之精也。""墳"與"羵"通。

以仁案:金、秦、董本皆作"墳",《孔子世家集解》引唐固亦作"墳"。《事類賦》八、《天中記》十、《山堂肆考・考角集二九》皆引作"墳",《家語・辯物篇》則作"羵"(《考異》誤引爲"墳"),《白帖》二九亦引作"羵"。段玉裁《説文解字注》於"羒"下云:"《國語》土之怪羵羊。"似以"羵"爲"羒"之假字也。又"恠"乃"怪"之俗字。金、秦、董本皆作"怪"。(頁159)

【按】"墳"、"羵"音同可通。"墳"、"獖"、"賁"皆是。《太平御覽》卷六一二引字即作"墳"。審《故訓匯纂》所收"羵"字條目,率因《國語》而立義,如《集韻・吻韻》:"羵,土之怪。"《廣韻・文韻》:"羵,土中怪羊。"《説苑・辨物》:"土之怪,羵羊也。"《廣雅・釋天》:"土神謂之羵羊。"《集韻・文韻》:"羵羊,上神名。"韋注引唐云:"羵羊,雌雄不成者也。"《玉篇・羊部》因之云:"羵,雌雄未成也。"①今檢從"賁"得聲之字。《説文・貝部》:"賁,飾也,从貝卉聲。"《説文・金部》:"鐼,鐵屬。"《廣

① 宗福邦等主編:《故訓匯纂》,頁1809c欄。

韻・文韻》:“鐼,飾也。”《集韻・微韻》云:“蟦,虫名,出北海水上,狀如凝脂。”《説文・土部》:“墳,墓也。”《禮記・檀弓下》“吾聞之古也墓而不墳”鄭玄注:“土之高者曰墳。”《説文・人部》:“僨,僵也。”段玉裁云:“引申之凡倒敗之偁。”《説文・水部》:“濆,水厓也。”《説文・車部》:“轒,淮陽名車穹隆轒。”《説文・肉部》:“膹,腌也。”朱駿聲云:“膹,肉羹之多汁者也。”《説文・艸部》:“蕡,雜香艸。”《玉篇・艸部》:“蕡,草木多實。”①則從“賁”之字有“高起”、“雜”、“多”之義,“雜”、“多”義通,“飾”則雜綴,亦通。從“分”之字亦有“大”、“衆”之義。“墳”爲隆出地面者,故鄭注以釋,引申則爲高,“羵”即可以寫作“墳”,則“羵”亦當作高大講。所謂羵羊即高大之羊。唐固所謂“雌雄不成者”之義是從本文語境類推而來,如“魍魎”、“罔象”皆虚無之物,無雌雄之别,故以羵羊亦雌雄未成。

44. 女知若婦,男知莫若夫

考異:公序本兩“若”字作“如”。《補音》述傳作“如”。

以仁案:《補音》引文在“知也夫”條下。秦、董本皆作“如”。(頁166)

【按】 “女知”後脱“莫”字。“若”、“如”皆爲比況類動詞。秦漢典籍同一個文本中“如”、“若”共用。《國語》“如”141見,“若”376見。“如”不僅僅作比況類動詞,還作一般行爲動詞,表示“到……(地方)”,後面跟地點名詞。雖然在傳世文獻中保留著“若”的一般動詞義,即《晉語二》“若夫二公子而立”的“若”義爲“選擇”,而且目前也僅見此1例。相比於“如”的行爲動詞應用頻率,“若”的行爲動詞應用完全可以忽略

① (漢)許慎:《説文解字》,頁130上、頁294上、頁289下、頁167上、頁232上、頁303上、頁90上、頁24上。(清)段玉裁:《説文解字注》,頁380下。(清)朱駿聲:《説文通訓定聲》,頁805下。(宋)陳彭年等:《宋本廣韻》,頁91。(宋)丁度等:《集韻》,頁59。(清)阮元校刻:《十三經注疏》,頁1275上。(宋)陳彭年等:《宋本玉篇》,頁252。

掉。也就是説,"若"的意義和用法相對更爲單純。這大約是作爲比況類動詞的"若"字比"如"字更常見的原因所在。

45. 守封嵎之山者也

考異:公序本作"隅"。案"嵎"是也。《説文》作"嵎"。

以仁案:金、秦、董本皆作"隅",《史記·孔子世家》則作"禺",《説文》"嵎"下則謂:"封嵎之山,在吴楚之間,汪芒之國。"作"嵎"。隅、禺蓋同音假字也。(頁169)

【按】"嵎"、"隅"音同可通。《非國語》字作"嵎",《左傳正義》引字作"隅"。

46. 在虞夏商爲汪芒氏

札記:鈕樹玉曰:"案《説文》鄋下云:在夏爲防風氏,在殷爲汪芒氏。左文十一年傳《釋文》引'殷'上無'在'。《説苑》'在虞夏爲防風氏,在商爲汪芒氏'。據此,疑《國語》脱'爲防風氏'。"丕烈案:《孔子世家》亦無"爲防風氏"。據《國語》正文及韋解詳此句不當有,《説文》及《説苑》蓋别出,宜各依本書。

以仁案:段玉裁《説文注》亦有説,與鈕樹玉同。又《發正》亦云:"《〈内傳·文十一年〉疏》引與今本同。《史記·孔子世家》、《家語·辨物篇》並無此四字。劉、許或别有所據也。"與《札記》之説同。《御覽》六一二、《天中記》二一、《山堂肆考·考角集十八》引皆無"爲防風氏"四字。(頁170)

【按】《札記》"宜各依本書"的説法實爲達觀之見。何光嶽(1939—2015)認爲:"防風氏之名,含有防禦風夷的侵犯之意,蓋炎黄族東遷至魯西時,遇到東夷系統風夷的强烈的抵抗和反擊,故以高大人種的防風氏部落爲先鋒,恐即防風氏之來由。有謂'防風氏,蓋始作帆者'。亦有道理,因防風氏順黄河以舟東下之故。""所謂汪芒氏,意即防風氏部落爲一高大人種。汪人遷居東夷族勾芒故地,取得了防禦東夷的勝利,後與勾芒人融合,故稱汪芒氏。”①姚寶瑄《樸父、防風考》謂防風爲一種植物,因此認爲防風、汪芒之名“是這一部族原始崇拜的體現。遠古氏族首領與氏族圖騰往往統稱,是防風得名的緣由”②。亦皆可備説。

47. 僬僥氏長三尺

札記:段云:民。丕烈案:見《海外南經》郭璞注也。

考異:案僬當作焦,詳《發正》。

以仁案:《發正》云:“《海外南經》:周饒國,其爲人短小冠帶。一曰焦僥國。在三首東。《大荒南經》有小人名曰焦僥之國。幾姓。嘉穀是食。《説文》僥,南方有焦僥人,長三尺。《淮南·墬形訓》‘西南方曰焦僥’高注云:長不滿三尺。《史記正義》引《括地志》:小人國在大秦南,人纔三尺。其耕稼之時,懼鶴所食,大秦助之。即焦僥國,其人穴居也。段玉裁曰:氏當是民之誤。郭注《山海經》兩引《魯語》,一作民,一作人(一見《海外南經》,一未見),人字唐諱改。案段説非也。《史記·孔子世家》、《家語》、《説苑·辨物篇》皆作‘僬僥氏’。‘僬’當依《説文》、《山海經》、《淮南子》作‘焦’,傳寫者誤涉‘僥’字加人旁。”其説頗可商議。《〈左·文十一年〉疏》、《白帖》七、《御覽》六一二、《天中記》二一、《山堂肆考·考角集十八》(二見)皆引作“僬僥氏”。《晉語四》:“僬僥不可使舉。”亦作“僬僥”。《國語舊音》亦二出“僬僥”,則《國語》自作“僬僥”也。又郝懿行《山海經箋疏》謂郭引《外傳》“民”當爲“氏”,字之訛也。與段玉裁説正相反。按“氏”有國、族等義,僬僥氏猶僬僥族,僬僥國人也(《初學記》十九引作“僬僥國人長三尺”,蓋從其訓解義而誤)。宜《發正》之以段説爲非也。(頁170—171)

---

① 何光嶽:《炎黄源流史》,南昌:江西教育出版社1992年版,頁724—725。

② 姚寶瑄:《樸父、防風考》,見載於劉道鏞主編《東方文化》第二集,南京:東南大學出版社1992年版,頁91—97。

【按】“民”、“氏”形近易誤作，拙稿《〈國語·周語下〉〈新書·禮容語〉比勘》即有“民”、“氏”之辨，可參。“僬僥”即是古國族名，恐亦如“防風”、“汪芒”之類，寫法自然非一種，故“僬僥”又寫作“焦僥”、“僬僚”、“周饒”等，朱起鳳云：“僚、僥音相近，饒、僥同音，周、僬雙聲，故通叚。”①可參。

48. 楛矢貫之

考異：《鄉射禮》注引《國語》作“枯”。《説文》“枯”下《夏書》作“枯”“木名也”。不作“楛”。

以仁案：王筠《説文句讀》以爲“楛”乃“枯”之訛。（見“楛”字條）並云：“陸《疏》云：‘楛形似荊而赤，莖似蓍。上黨人織以爲牛筥箱器。又屈以爲釵。’筠案：可織可屈之木，必不可爲矢。《國語》之楛矢，乃枯之訛。”然諸書引《國語》皆作“枯”，未有作“枯”者。《〈左·襄十年〉疏》、《初學記》二十二、《御覽》三四九、九二六、《玉海》一五〇、一五四，《事類賦》十三、《藝文類聚》九十一、《山堂肆考·考角集二九》引皆作“楛”。《〈書·旅獒〉疏》、《御覽》六一二引“肅慎氏來貢楛矢”句亦作“楛”。又《御覽》六一二引此句誤爲“搭”，而注文則作“楛”，《天中記》五九則誤爲“楉”。（頁172）

【按】“苦”、“古”音同可通，故“楛”、“枯”亦可相通。張氏所據《御覽》、《天中記》恐亦兩部類書諸多版本中之一本，故字作“搭”、“楉”者未必是原書之誤，或是某本之誤。今審《四部叢刊》本《太平御覽》卷六一二字誤作“搭”，《文淵閣四庫全書》本《太平御覽》卷六一二漏鈔本條，日本國會圖書館藏閩中饒世仁、游廷桂整擺、錫山趙秉義、劉冠印行之銅活字本《太平御覽》卷六一二字則皆作“楉”，亦“楛”字之俗誤。日本國會圖書館藏嘉慶十七年(1812)歙鮑崇城校刊仿宋本《太平御覽》卷六一二引字則作“楛”，不誤。

---

① 朱起鳳：《辭通》，頁699上。

六、齊語

49. 解:亦或爲薰

考異:“亦”,公序本作“釁”,“薰”作“熏”。案“釁”從分聲,故通作“熏”。

以仁案:《御覽》三九五引《國語》有注云:“釁,香薰也。”疑是賈注。韋解“亦或爲薰”,疑即取該賈注之義。謂“釁”之義。謂“釁”之義亦或爲“薰”,非謂“釁”之字也。公序衍“釁”字,《考異》則因而謂“釁”“熏”相通,亦可謂善傅會矣。(頁180)

【按】 作“亦”、作“釁”,於義皆通,不必以爲是非。審韋注中“或爲”5見,另外4見“或爲”前不作“亦”字,則或此處亦不當作“亦”字,當以“釁”字爲是。《御覽》引“或爲薰”之“薰”作“堇”。另詳見本書中編之四“張以仁《國語舊注輯校》辯證”。

50. 食必粱肉

以仁案:《御覽》六二五、八一五引“粱”皆作“梁”,俗誤。《天中記》四九引音誤爲“良”。(頁180)

【按】 審《四部叢刊》本《御覽》卷六二五引字作“粱”,卷八一五引字作“梁”,故卷八一五“梁”爲俗誤。

51. 擊菒除田

以仁案:“菒”乃“莫”之誤。韋解作“莫”可證。金、秦、董、日、時、崇本皆作“莫”。(頁181)

【按】 “菒”字確實爲“莫”字之誤,但是崇文本字是誤作“菒”的,張氏所言日本重刊天聖明道本和時務書局重刊天聖明道本未見,不敢斷言。張以仁所據底本爲世界書局影天聖明道本。另詳見本書中編之五“張以仁《國語札記》辯證”。

七、晉語一

52. 殺哀侯

考異:《群書治要》"殺"作"弑"。

以仁案:《國語》各本皆作"殺"。無作"弑"者。《補音》亦出"殺哀"二字。(頁187)

【按】"弑"字用於臣下殺君上之類。此時哀侯爲君,故用"殺"亦是。然而公序本《國語》用"殺"字居多,且"弑"字晚出,《國語》各本亦錯出。詳見拙著《〈國語補音〉異文研究》。

53. 故壹事之

考異:公序本"壹"作"一",注同。《文選·王儉·褚淵碑文》注引《國語》作"一"。

以仁案:《永樂大典》九二一引《國語》亦作"一"。金、秦、日、時、崇本正、解均作"壹",與此世界本同。董本則皆作"一"。(頁188)

【按】汪遠孫所謂公序本當據許宗魯本,因許宗魯本字作"一"。《通鑒前編》卷一〇、真德秀《讀書記》卷一一、卷三三、《儀禮經傳通解》卷九等引字亦作"一","壹"、"一"相會爲義,且"一"書寫更爲簡易。

54. 解:戎,兵也。女兵,言其禍由姬也

考異:由姬,公序本作"猶兵"。

以仁案:金、秦、董本皆作"猶兵"。日、時、崇本則作"由姬"。(頁194)

【按】本書中編之五"張以仁《國語札記》辯證"有辨。就其上下文而言,當從明道本作"由姬"。韋注所釋"戎,兵也"非釋"戎",實釋"男戎"、"女戎"之"戎"。"言其禍由姬"由《晉語》驪姬之亂事實而言之。韋注不誤。此"以"字實介詞,憑藉之義。"以男戎"、"以女戎"之"以"字皆

介詞,表方式。釋作“由”未如釋作“憑藉”更合文義。

八、晉語二

55. 不如鳥烏

以仁案:王師叔岷及韓國漢學家車柱環先生皆疑“不”上有脱字。如“乃”“曾”等字。車氏謂《文心雕龍·明詩篇》以優施此歌爲五言詩,該篇所舉其他五言諸例,皆爲五字一句,此詩僅得四字。劉勰應無以四字句爲五言之理。因疑劉氏所見或爲五字。余衷懷雖韙其説,且於岷師及車氏爲學之精細明察精神,敬佩無似。然苦無確證,未敢遽作評斷。韋解雖亦有“曾”,如、若義同。下有注文“俉俉,疏遠之貌。言其智魯(“曾”字之誤)不如鳥烏。”與韋解不盡合,似非韋注。(頁205)

【按】 僅從《文心》之説即謂此《暇豫歌》爲五言,恐亦未必是。再者,《文心》以之爲五言者,恐也是從整體上考慮,未必即句句是五言。素常稱《詩經》之詩爲四言詩,然《詩》句亦有五言者,然並不因此以《詩經》中五言之句爲五言詩。“言其智魯”恐不誤。

56. 人皆集於苑,己獨集於枯

以仁案:《御覽》四六九引“苑”作“蔚”。《考異》有説,不贅。《御覽》下有注文云:“蔚喻茂盛,枯喻衰落。”與韋解不同。似非韋注。(頁206)

【按】 《御覽》注釋“蔚”爲“茂盛”與韋注釋“苑”爲“茂木皃”同義。《説文·艸部》云:“蔚,牡蒿也。”①邢昺《爾雅正義》云:“即蒿之雄無子者。”②《慧琳音義》卷九八“蔚有”注引《文字典説》云:“蔚,茂也。”③《文

① (漢)許慎:《説文解字》,頁20下。

② (清)阮元校刻:《十三經注疏》,頁2626上。

③ (唐)釋慧琳:《一切經音義》,《續修四庫全書》第197册,頁596下。

選》謝安(320—385)《於安城答靈運》"條繁林彌蔚"張銑注云:"蔚,盛。"①范曄(398—445)《樂遊應詔詩》"原薄信平蔚"劉良注云:"蔚,繁茂也。"②班固(32—92)《西都賦》"茂樹蔭蔚"李賢(654—684)注引《倉頡篇》曰:"蔚,草木盛貌。"③是"蔚"本訓"茂盛"之證。《説文·艸部》:"苑,所以養禽獸也。"④《故訓匯纂》引《字彙》於勿切,讀 yù,引韋注"茂木貌",孔廣森《大戴禮記補注》"苑,茂也"⑤。則讀 yuàn 之"苑"無"茂盛"義可知。按"蔚"(wèi)上古音在影紐物部,《廣韻》音在影母未韻,於胃切,"蔚"(yù)則上古、《廣韻》音俱在影紐物部(韻)。則"蔚"、"苑"皆有二音且同義項之音亦同,而《故訓匯纂》"蔚"字只標一音,審《故訓匯纂》收"苑"(yù),雖引孔廣森《補注》,實爲韋注而設者。蕭旭云:"苑、蔚古字通,字或作菀,《詩·正月》毛傳:'菀,茂木也。'又《桑柔》毛傳:'菀,茂貌。'朱駿聲謂本字爲鬱。《舊音》:'苑音鬱。'甚確。"⑥徐元誥亦云:"苑亦通作'菀'。"⑦則《御覽》所據與今傳《國語》各本異。凡《御覽》5注,張以仁皆以爲賈逵注,或是。又云最後一條汪遠孫《輯存》失收⑧,是。

57. 今夕君夢齊姜

考異:公序本"夢"下有"見"字。

以仁案:金、秦、董本皆有"見"字。《初學記》二六引亦有。疑有"見"字是。又《初學記》引無"夕"字。疑以"夕"字費解而妄刪之,不知"今夕"之義實爲昨夕。《左傳·襄公二十七年》會箋云:

---

① (南朝梁)蕭統編,(唐)李善等注:《六臣注文選》,頁 475。

② 同上,頁 376。

③ (南朝梁)蕭統編,(唐)李善注:《文選》,頁 29 上。

④ (漢)許慎:《説文解字》,頁 24 下。

⑤ 宗福邦等:《故訓匯纂》,頁 1922 左。

⑥ 蕭旭:《國語校補》,見載於氏著《群書校補》,頁 136。

⑦ 徐元誥著、王樹民、沈長雲點校:《國語集解》(修訂本),頁 276。

⑧ 張以仁:《國語舊注輯校》,見載於氏著《張以仁先秦史論集》,上海古籍出版社 2010 年版,頁 262—263。

"昭三十一年'是夜也，趙簡子夢'云云，《晉語》'今夕君夢見齊姜，必速祠而歸福'，並言昨夜也。蓋周以建子爲正月，自子時以前屬前日，故'今夕''是夜也'皆斥前日之夜。自子時以後屬後日，故'是夜也''今夕'皆斥今夕寢後。"其説蓋是。前人不解此義，乃有以"朝"釋"夕"之訓，以求合於文義，如《小雅·白駒》："以永今夕。"毛傳："夕猶朝也。"《洪範·五行》傳注："將晨爲夕。"皆其例。此義不常見，故或以爲誤而刪之，若《初學記》是也。（頁 208）

【按】 公序本"見"字用在"V 見"結構中亦唯此一見，明道本則無。先秦其他傳世文獻中"V＋見"及"夢見"結構亦見，如《墨子·非攻下》"夢見三神"、《論語·述而》"久矣吾不復夢見周公"、《韓非子·難四》"'夢見灶者，爲見公也。'公怒曰：'吾聞見人主者夢見日，奚爲見寡人而夢見灶乎'"、《莊子·田子方》"昔者寡人夢見良人"、《戰國策·趙策三》"謂君曰：'昔日臣夢見君。'君曰：'子何夢？'曰：'夢見灶君。'君忿然作色曰：'吾聞夢見人君者，夢見日。今子曰夢見灶君而言君也，有説則可，無説則死。'對曰：'日，並燭天下者也，一物不能蔽也。若灶則不然，前之人煬，則後之人無從見也。今臣疑人之有煬於君者也，是以夢見灶君。'"等皆是，另如"望見"、"聞見"等結構先秦傳世文獻中亦見。又《吕氏春秋·上德篇》引述驪姬陷害申生故事云：

晉獻公爲麗姬遠太子。太子申生居曲沃，公子重耳居蒲，公子夷吾居屈。麗姬謂太子曰："往昔君夢見姜氏。"太子祠而膳於公，麗姬易之。公將嘗膳，姬曰："所由遠，請使人嘗之。"嘗人人死，食狗狗死，故誅太子。

《吕氏春秋》引述亦作"夢見"，則未可以先秦無"V＋見"結構，後世之"V＋見"結構中"見"字爲補語表結果，作爲"視"的動作義已經不存在。而在先秦傳世文獻所見"V＋見"結構仍當爲聯合結構，"見"前之動詞仍俱一定的語義蘊涵，"見"字亦仍表"視"義。

九、晉語三

58. 解：無有徵者，亦亡。謂子圉

以仁案：金、秦、董本"徵"皆作"微"，是也。說詳上條，不贅。又秦本"無有微"下補"微"字，"亦亡"下補"也"字，秦鼎云："有微者下脱微者二字（以仁案：案所定本，實只補一'微'字於'者'字上），'亡'下脱'也'字，今皆補之。"秦氏蓋以己意補之，各本所無。又金本"圉"作"固"，誤。又金、秦、董本"子圉"下有"也"字，日、時、崇本及此世界本皆無。（頁213—214）

【按】 遞修本、許宗魯本、張一鯤本、吴勉學本、薈要本、文淵閣本、文津閣本、道春點本、千葉玄之本等公序本亦作"微"，遞修本、許宗魯本等公序本"子圉"下亦有"也"字。經筵校本亦無"也"字。

59. 且夫禍唯無斃，足者不處，處者不足

秦鼎：陶望齡以此段爲有誤。今按：禍，罪也。言惠公雖有衆，猶存其身。是未爲大亂。使其罪足以死亡，則不能處國，而今能處其國者，是其罪未至死亡也。陶云：處，謂上處者。謂黨半國，蓋力足出君者，已爲見忌，不能復處。其能處者，力不足出君者。豹避禍之不暇，何能出君？

補正：案謂禍無大於死。

以仁案：三氏於首句皆不得其解。故陶以爲有誤，秦則迂曲解之，吴則妄議之而不顧前後文理。蓋不知"唯無"之猶"若"也。"唯無"一詞，古籍多見。"唯"或作"雖"，或作"惟"。"無"或作"毋"，或作"勿"，皆同。於假設子句中用之，其後果子句每以"則""則必""必""即"等字相承。間亦有省略者。前賢或訓"毋"爲語詞，王念孫是也。或以"毋"爲"務"之假借，蘇時學是也。或説爲省略句，楊樹達是也。皆非也。説詳周法高《上古語法札記》（見《"中央研究院"歷史語言研究所集刊》第二十三本）一文。内子周富美女士《墨子虛詞研究》（《臺大文史哲報》第十五期）亦嘗論及之，並可參。此云且夫禍若及於死（謂若里克、丕鄭、七輿大夫之倫），定當全力以

赴。則力足以出君者將使君不處國，今君既處國矣，則該黨之力實不足以出君也。秦鼎之説，但申韋解，而與上下文義皆不吻合。陶望齡之説亦似是而非，皆不可從。蓋能處國與否，不在出君能力之大小，要在其罪之有無耳。若有叛逆罪，雖力不足出君而亦不能處國耳。（頁 215—216）

【按】　“夫禍唯無斃”之義爲“禍尚未至於斃”。張謂“且夫禍若及於死”則已改字爲釋，恐未爲信説。沈鎔釋爲“禍無大於死”，是從吴曾祺説，亦誤。傅庚生釋爲：“大夫們都怕的是死，雖説被一些禍，只要不至於死，他們終究是要忍耐著的。”①亦含糊爲説。

60. 公子重耳實不肯

以仁案：秦鼎曰：“‘不肯’，盧本作‘不德’，非也。”（頁 220）

【按】　盧本確實爲誤，《國語》其他各本俱作“肯”。

61. 解：何所施爲可以還君

以仁案：金本無“還君”二字，而空兩格，是刊脱也。秦本則“可以還君”作“以可也”。秦鼎云：“按以可也，明本作可以還君。”疑所據本原作“何所施爲可以”，與金本同。傳刻者以爲語意未竟而乙改，又加“也”字以足之。不知下實脱“還君”二字耳。董、日、時、崇本皆有“還君”二字。董本蓋據明道本增。（頁 224）

【按】　金李本“可以”後空二格，遞修本、經筵校本、許宗魯本、薈要本、文淵閣本、文淵閣本、文津閣本、黄刊明道本及其覆刻本、董增齡本、寶善堂本等“可以”後有“還君”二字。張一鯤本、穆文熙本、緑蔭堂本、道春點本、千葉玄之本、秦鼎本“可以”後有“也”字，又秦鼎本“可以”作“以可”，《鈔評》“可以”作“而可”。如無“還君”二字，恐作“以可”、“而

---

① 傅庚生：《國語選》，頁 112。

可"更當。

62. 解:成,平也。與秦始乎而又反之

以仁案:"與秦始乎"不詞,"乎"乃"平"之誤。上云:"成,平也。"正作"平"。金、秦、董本皆作"平"。日、時、崇則皆誤爲"乎"。(頁226)

【按】 審黄刊明道本及其覆刻本"平"皆誤作"乎"。

十、晉語四

63. 解:謂易牙豎貂之屬

札記:《補音》作"刀"。(以仁案:《補音》作"刁",《札記》誤。)

考異:貂,《補音》作"刁",云:"《内傳》作貂,同。"案:刁乃刀之俗。

以仁案:金、秦、董本皆作"刁"。《韓子·十過》亦作"刁",《説文》無"刁"字。雷浚《説文外編》卷八"刁"下云:"案刁不成字,《左傳》作貂……後省豸省口而爲刀。《漢書·貨殖傳》有'刀閒',《匈奴傳》有戊己校尉'刀護'。後又變刀爲刁,故《玉篇》刀下云:'亦姓,俗作刁也。'"朱駿聲《定聲》亦謂"字變作刁"。王鳴盛《蛾術篇》則以爲"刁"是漢俗字。並可參。此《考異》所以云"刁乃刀之俗"也。(頁229)

【按】 "刁"、"貂"音同可通。人名用字不必求其字正,唯求音同即可,是"刀"、"刁"錯出。

64. 解:正天時以夏數,歲在鶉尾

考異:"歲"上公序本有"故"字,無"也"字。

以仁案:金本"夏"下塗墨一字。秦本則"夏"字下有"正"字。董本則作"紀"字。而三本"數"皆作"故",亦皆無"也"字。《考異》之説有未盡者。(頁230)

【按】　童思泉本與金李本同，丁跋本空格，許宗魯本則作"數"字，遞修本、經筵校本、黄刊明道本及其覆刻本亦作"數"。張一鯤本、道春點本則空格，《國語評苑》則不空，緑蔭堂本、董增齡本作"紀"，薈要本、文淵閣本、文津閣本"數"字作"時"，千葉玄之本、秦鼎本作"正"，張以仁謂金李本、董增齡本、秦鼎本三本"數"皆作"故"，誤。"故"字本公序本所有而爲明道本所無者。又審秦蕙田《五禮通考》卷一九一《嘉禮六十四・觀象授時》引韋注作"正"，與秦鼎本同。首先要確認，下注文"歲在鶉尾"前一定有"故"字，明道本無"故"字非是，《詳注》、《集解》從公序本增"故"字。其次，明道本、遞修本"夏"下爲"數"，薈要本、文淵閣本字作"時"，緑蔭堂本、董增齡本爲"紀"，秦蕙田引以及秦鼎本爲"正"，金李本、張一鯤本、穆文熙本、道春點本則無字或空格。審各書引文，如《駢字類編》卷二〇六引則"夏"、"故"之間無字，顯然根據張一鯤本系列。秦鼎云："夏正，一作夏數。"①"天時以"之"以"爲介詞。"天時以夏"者，天時用夏，其義與"天時以夏正"、"天時以夏時"同，然恐注文當避重複，故"夏"下作"時"者未如"正"字更允，要之，"夏"、"夏時"、"夏正"皆名詞，"天時以夏(時、正)"爲主述關係，"天時"爲主語，"以夏(時、正)"介賓結構作述語。"紀"、"數"爲動詞，"天時以夏紀/數"爲主謂關係，即"天時"爲主語，"紀/數"爲謂語動詞，而"以夏"介賓結構作狀語表依據。就文義而言，"夏"下有字更勝。就有字的《國語》各本而言，則"正"字勝於"時"字，而"紀"、"數"二字皆適用於本語境。蓋其所傳非一，皆合於文義協於語言規律，不必强劃爲一。

65. 若無所濟

以仁案：《白帖》六引作"若吾無濟"，疑誤。《國語》各本及《〈左・僖二十三年〉疏》引皆作"若無所濟"。(頁232)

【按】　從意義角度考慮，《白帖》四字亦通，然"若吾無濟"有"吾"字，則與後句"吾"重，不如《晉語四》原文"若無所濟"清通。

---

①（日）秦鼎：《春秋外傳國語定本》卷一〇，本卷頁2。

十一、晋語五

66. 解:冀缺,卻成子

以仁案:金本"卻成子"作"卻之子"。"卻之子"無解,誤。秦、日、時、崇皆作"卻成子"。秦鼎云:"卻成子,舊作卻之子。今從明本。"(頁 240)

【按】 張一鯤本、道春點本、千葉玄之本、緑蔭堂本亦作"卻之子"。"卻"皆"郤"字之俗誤。

67. 敢以告

以仁案:金、董本"敢"皆作"當"。秦、日、時、崇則皆作"敢"。秦鼎云:"敢以,舊作當以。誤也。今從明本。"秦説是也。《類聚》二十、《御覽》二〇二、《〈爾雅・釋詁〉疏》引皆作"敢以告"。(頁 242)

【按】 審《經濟類編》卷四四、《繹史》卷八七上、《淵鑒類函》卷二七六引字亦作"當"。沈廷芳《十三經注疏正字》卷七九云:"'臣得賢人敢以告'是也,敢,《晉語》作'當'。"①則沈廷芳所據《國語》亦金李本、張一鯤本之類。

68. 解:思察之詳熟

以仁案:金本"熟"作"親",誤。"詳親"無解。它本皆作"熟"。(頁 243)

【按】 審張一鯤本、《國語評苑》、緑蔭堂本字亦作"親",遞修本、許宗魯本字則作"孰",朝鮮經筵校本、薈要本、文淵閣本、文津閣本、道春點本、千葉玄之本、秦鼎本、董增齡本等字作"熟"。"孰"、"熟"古今字。"親"也有"熟"的意蘊,但是和"熟"還是不同,不知是否受方音影響還是

① (清)沈廷芳:《十三經注疏正字》,頁 1029 下。

字誤。

69. 解:主,上也。言性剛直而高上其材能

考異:“上”,公序本作“尚”,下“高上”同。

以仁案:金、董本首“上”字仍作“上”。次“上”字則作“尚”。秦本則二“上”字皆作“上”(秦鼎云:“按二尚字,明本皆作上。”)與《考異》所説同。然次“上”字顯承首“上”字爲説,則宜前後一致,疑作“尚”者因涉“高尚”習語而誤也。(頁244)

【按】 丁跋本、《鈔評》“上”誤作“直”。許宗魯本、閔齊伋本、道春點本、千葉玄之本、秦鼎本“高上”之“上”作“尚”。注文後字作“尚”而前字作“上”,實當一律。

70. 解:言問於朝也

以仁案:秦鼎云:“按問,舊作聞,誤也。今從明本。”查金、董、日、時、崇本皆作“問”而無作“聞”者,《考異》亦無説。秦氏所見本蓋傳鈔之誤。(頁248)

【按】 活字本、丁跋本、許本、《鈔評》、薈要本等字亦皆作“問”。審千葉玄之校語云:“注‘聞於’之‘聞’,本作‘問’。”①張一鯤本、穆文熙本、道春點本、千葉玄之本、緑蔭堂本字皆作“聞”。張以仁未見張一鯤本及其覆刻本系列,故所斷亦未盡當。

71. 爾童子而三掩人於朝

考異:公序本下有“何知”二字(以仁案:謂“童子”下),誤衍。《太平御覽·服用部二十》引《國語》無二字。

以仁案:《考異》之説是也。《公孫丑正義》、《白帖》九引皆無“何知”二字。又《天中記》卷十七引有“何知”二字,四九引則無,有

① (日)千葉玄之校刻:《韋注國語》卷一一,本卷頁6。

者，蓋據公序本改者也。(頁 248)

【按】 不能以類書等他書引無“何知”二字，就斷定《國語》原書無此二字。就語氣上而言，有此二字更增辭氣。

十二、晉語六

72. 解：實之不知，華而不實也

秦鼎：趙莊子早死，秀而不實者也。解“不實”當作“未實”，字之誤也。太室云：“知，猶不知其仁之不知。”是也。不然對其子說其父之短，無謂。

以仁案：《國語》各本韋解皆作“不實”，疑韋解原作“不”，非“未”之誤也。然作“不”辭意拙劣，有失武子告掖後進緬懷故主之風度，秦鼎所論甚是。則乃韋氏輕忽於上下文義之過。(頁 254)

【按】 張氏較秦鼎所言更爲詳盡。“不”字未必不通，蓋“不”字是對當下狀態的全然性否定，而非對將來狀態的遷延性否定，故不誤。

十四、晉語八

73. 盍密和和，大以平小乎

以仁案：韋解出於首“和”字下，非是。次“和”字爲邑名，屬下讀則文義乖舛，宜上屬爲句。謂盍密與和成也。秦鼎云：“按密，宥密之密。”是也。又云：“或云，下和字衍，可削。或密下脱與字。《增注》：與龢和也。神氏云：密疑寧訛也。與和寧也。上文云：與和未寧。”雖亦可通。然或增或削或訛，概以意出，毫無佐證，未可輕從也。且原文句讀移於次“和”字下，既可通矣，則無煩增削改字耳。(頁 276)

【按】 王懋竑云：“密猶親也。”①關修齡(1727—1801)云：“密，親密

① (清)王懋竑：《讀書記疑》卷一一，頁 345 上。

也。和，惠和也。大，諸侯也。小，都邑也。言何不以密和之道和諸侯以平都邑乎？”①審《説略》之義，以“密和”爲謂語，恐較張説更爲可通。

74. 置茆蕝，設望表

札記：《補音》作“茅”。惠云：《説文》引曰：致茅蕝表坐，云朝會束帛表位曰蕝。丕烈案：韋與許不同。

以仁案：《考異》亦引《説文》爲説，略與《札記》同，而結論則異，蓋《考異》以公序作“茅”爲是，從許所引也。案：《玉海》一四四引亦作“茅”。（頁281）

【按】　《册府元龜》卷七三二、《六書故》、《正字通》等引文字作“茅”。“茅”、“茆”音同可通。

75. 其宫不備其宗器

考異：公序本“宫”作“官”，《御覽》同。

以仁案：《白帖》十二、《天中記》三九引亦作“官”。（頁288）

【按】　審各書引文中，唯《文章辨體》卷二〇引字作“宫”。“宫”、“官”形近易混用，恐以字作“官”爲是。

十五、晉語九

76. 解：抑，枉也

以仁案：“抑”乃“抑”之誤，金、秦、董、日、時、崇本皆作“抑”。（頁291）

【按】　審《國語》蜚英館本、錦章書局本、掃葉山房本注字作“抑”，是知張氏所據世界書局影印本爲蜚英館本，非黄刊明道本原本。“抑”字亦“抑”字俗誤，“卯”、“卬”形近易混。

① （日）關修齡：《國語略説》，日本政寬四年（1792）刊本，本卷頁36。

77. 以鼓子苑支來

札記:《補音》作"宛"。

以仁案:《考異》説同《札記》。金、秦、董本"苑"亦皆作"宛",注同。《白帖》八、《天中記》二四引皆作"宛"。疑作"宛"是。(頁 291)

【按】 "宛"、"苑"音同可通。苑支,即《左傳·昭公十五年》之"鳶鞮","苑支"、"鳶鞮"古音同,錢大昕等已指出。

78. 臣聞之,委質爲臣,無有二心

以仁案:秦鼎云:"按'委質'上脱'禮曰'二字。"然三禮皆無此文。秦鼎不知何所據云然。(頁 293)

【按】 《左傳·成公三年》有"其竭力致死,無有二心,以盡臣禮,所以報也"之句。秦鼎所謂上脱"禮曰"者,或謂此爲臣禮,故當有"禮曰"二字,非必爲三禮實有之文。

79. 主之既已食

考異:公序本無"已"字。此疑衍。既即已也。

以仁案:秦鼎云:"《評鈔》無'主'字。'之'字屬上句。傳作'及饋之畢',此'王'字衍無疑。"其説蓋是。上云"饋之始至",云"中食",皆與獻子無涉。此亦不宜例外。蓋初則云恐不足,再則云豈有不足,終則云願屬饜。願屬饜者,願已足也。是三歎之意也。(頁 295)

【按】 "既"、"既已"皆可通。黄刊明道本及其覆刻本、寶善堂本、《國語韋解補正》、《四部備要》本、《叢書集成初編》本、上古本"既"後有"已"字,汪遠孫《考異》云:"公序本無'已'字,此疑衍,'既'即'已'也。"[①] 傳世文獻中未見引文有"已"字,《國語詳注》、《國語集解》從公序本。但是先秦時期"既已"連用不乏其例。如《墨子·公輸般》"吾既已言之王

---

① (清)汪遠孫:《國語明道本考異》,頁 321。

矣"、《莊子・逍遥遊》"天下既已治矣"等,楚永安概括爲:"副詞性結構。同義並列關係。一般作狀語,表示行爲動作已經發生或完成。"①如此,則明道本"既已"雖未見其他文獻徵引,亦未可言誤。"既"、"既已"皆可通。關修齡謂:"《傳》作'及饋之畢',與'既食'同。並謂二人食畢然。"②可參。

十九、吴語

80. 天王豈辱裁之

以仁案:金本"天"作"大"。秦、董、日、時、崇皆作"天"。秦鼎云:"天,舊作大,字之誤也。今從明本。"前後文屢作"天王",此當作"天王"明矣。(頁 317)

【按】 "天"、"大"形近,且"天王"、"大王"古書中常見,以《吴語》而言,固當如張氏所言作"天王"。今審丁跋本"大"字旁有"天"字,則是以"大"字或爲模棱兩可,故復書"天"字。又遞修本、許宗魯本、張一鯤本、穆文熙本、吴勉學本、道春點本、千葉玄之本、緑蔭堂本字作"大",經筵校本、閔齊伋本、薈要本、文淵閣本、文津閣本、董增齡本、寶善堂本、《補正》、《詳注》、林泰輔本、《集解》、《備要》本、《叢書集成初編》本、上古本字作"天"。王鐸云:"大王,或'天王'耶?"③亦可爲證。又緑蔭堂本"辱"字誤作"厚"。

81. 今天王既封植越國

札記:《補音》作"殖"。

以仁案:《考異》説同。金、秦、董本皆作"殖",注同。《御覽》四五六引則作"植"。又《御覽》引"天王"誤爲"大王"。(頁 318)

【按】 "殖、"植"音同可通,正當作"植"。今審遞修本、經筵校本、張一鯤本、穆文熙本、吴勉學本、薈要本、文淵閣本、文津閣本、緑蔭堂

① 楚永安:《文言復式虚詞》,北京:中國人民大學出版社 1986 年版,頁 163—164。
② (日)關修齡:《國語略説》,本卷頁 42。
③ (明)王鐸:《王覺斯批校國語讀本》卷十九,本卷頁 3。

本、道春點本、千葉玄之本、《集解》字亦作“殖”。

82. 以伺吾間

考異:《舊音》“伺”作“司”,音“伺”。金本作“司”。

以仁案:秦、董本亦作“司”。《永樂大典》二〇三一一引則作“伺”。(頁 322)

【按】“司”、“伺”音同可通,正當作“伺”。今審遞修本、張一鯤本、穆文熙本、吴勉學本、文淵閣本、文津閣本、道春點本、千葉玄之本、緑蔭堂本字作“司”,經筵校本、許宗魯本、薈要本作“伺”。《舊音》即謂“‘司’音‘伺’,古字通”,則字作“司”恐更近《國語》原本。

二十、越語上

83. 大夫種進對曰

以仁案:《考工記疏》引“種”誤“鍾”。《御覽》七六五引“大夫”上有“王謀臣”三字。無“進對”二字。蓋約而引之也。(頁 326)

【按】《御覽》所引恐亦據義爲文,故張以仁“約而引之”之言甚是。當然類書引文亦往往因缺乏具體語境而增加文字。

二十一、越語下

84. 王召范蠡而問焉曰

以仁案:秦鼎云:“舊脱焉字,今從明本。”查金、董、日、時、崇各本皆未脱此“焉”字。《考異》亦無説,不知秦鼎所見何本。(頁 331)

【按】秦鼎本直承道春點本、千葉玄之本,審道春點本、千葉玄之本皆有“焉”字,高木熊三郎亦無説。或秦鼎本誤識。

結　語

綜上,補箋《國語斠證》84 條,實際爲兩方面内容:(一) 張氏言未當者，疏證之。這裏面包括：1. 張氏言文字關係未當；2. 張氏引文用例未當；3. 張氏言《國語》版本等未當；4. 張氏對於異文判定未當。（二）張氏言未足者，補充之，所補者大體包括：1. 文字之間的音義關係；2. 群書引文例證；3.《國語》相關版本異文情形；4.《國語》研究者的相關論斷。雖然有以上問題的指出，但"微疵不足掩其洪美"，張以仁的《國語斠證》不僅在二十世紀《國語》勘校研究史上具有重要的地位，而且在《國語》研究史上也具有其重要地位和深遠意義。揭其微疵，實欲有利於《國語》研究，有益於張以仁《國語》研究之進一步深入研究，非敢存唐突前輩之想，讀者當自識之。

張以仁《國語斠證》是繼清人《札記》、《考異》以及鄭良樹《國語校證》之後的又一部《國語》校理方面的力作，而且是二十世紀《國語》校理方面的成就最高的著作。其基本操作方法仍然延續黄丕烈《札記》、汪遠孫《考異》以明道本爲底本的傳統，並且參以金李本、董增齡本、秦鼎本等三種公序本和日本重刊天聖明道本、時務書局重刊天聖明道本和崇文本等黄刊明道本的覆刻本。

張以仁《斠證》有些條目因爲所參《國語》版本不全，故而有些判斷未盡妥當。這是時代的因素，在當時的條件下，張氏的《國語斠證》對《國語》的勘校成就實已達到了一個新的高度和深度。

三、張以仁《國語虚詞集釋》辯證

引　言

以《國語》虚詞作爲專門研究對象，最早、最系統的著作當屬張以仁。其論文《〈國語〉虚詞訓解商榷》和專著《國語虚詞集釋》無疑是《國語》虚詞研究方面的開拓之作。《〈國語〉虚詞訓解商榷》一文發表於《"中央研究院"歷史語言研究所集刊》第37本上册，全文共30頁，可以看作其專著《國語虚詞集釋》的先期成果。《國語虚詞集釋》一書由"中央研究院"歷史語言研究所作爲"中央研究院"歷史語言研究所專刊之

55，於1968年出版。該書以《國語》二十一卷分次，對每一卷中涉及到的虚詞進行了解説，總共解説《國語》虚詞105個。從某種程度上講，該書是基於漢語史研究清醒認知基礎上的專書語言研究的第一次成功嘗試，書前的《序言》①實際上就是一篇專書虚詞研究甚至可以説是專書語言研究的綱領。序言開篇對王引之《經傳釋詞》等虚詞研究綜合著作的缺欠進行了總結：(1) 取材太泛；(2) 方法不够嚴謹；(3) 原則上的缺陷②。正是基於虚詞綜合研究具有上述三方面缺憾，故而張氏認爲："綜合研究如不置基於個别研究的成績上，終不免失之浮泛。""任何語法的研究，如果忽視了材料的單元性，勢必很難作任何正確的研判。"這既是張氏《國語虚詞集釋》以及《國語》相關語言研究的動機和目的，而張氏《國語虚詞集釋》以及《國語》相關語言研究成果也是其個别研究或專書研究主張的一次實驗性試探。在中國大陸，何樂士在20世紀60年代由北大中文系畢業進入中國科學院語言研究所之後，即在陸志韋指導下從事《左傳》專書語法研究，並在長期的研究過程中形成了對專書語法研究的系統性看法，她認爲"專書語法研究是漢語史研究的基石"、"專書語法研究是專題語法研究的重要依據"、"專書研究是比較研究的必要條件"、"專書研究是建立新的理論的一個重要途徑"、"專書語法研究的成果是檢驗自己或前人成説的有力武器"③，郭錫良也認爲："古漢語專書語法研究是建立漢語斷代語法和漢語語法發展史的可靠基礎。"④實際上完全可以由語法擴大到語言方面，全面完成漢語史的描寫和傳統漢語理論的建構，專書語言研究是最基礎的，也是最重要的。從某種意義上講，張氏的《國語虚詞集釋》可謂導夫先路，在專書語言綜合研究方面具有開拓之功。

---

① 張以仁：《國語虚詞集釋・序言》，頁1—13。

② 關於張以仁的三點總結，拙稿《张以仁〈国语虚词集释〉补笺》(《學燈》第一輯)專門列有"張以仁《國語虚詞集釋・序言》專書虚詞研究方法之推闡"以爲總結分析，可參。

③ 何樂士：《專書語法研究的幾點體會》，氏著《古漢語語法論文集》，頁360—369。

④ 郭錫良：《古漢語專書語法研究漫談》，氏著《漢語史論集》(增補本)，頁307。

縱觀張氏全書體例，每卷之中先引《國語》本文，然後將欲釋虚詞單獨列出，次列《經傳釋詞》以來各家虚詞訓解以及相關研究成果，最後案下己意。其中周語上27條、周語中30條、周語下27條、魯語上19條、魯語下22條、齊語14條、晉語一32條、晉語二27條、晉語三16條、晉語四46條、晉語五12條、晉語六18條、晉語七7條、晉語八14條、晉語九13條、鄭語10條、楚語上19條、楚語下19條、吴語37條、越語上6條、越語下8條，合共423條。張氏之案語主要包括三個方面：(1) 爲虚詞定性，説明該虚詞之下位分類；(2) 聯繫《國語》全書對該虚詞進行綜合訓解，闡述該虚詞之意義用法；(3) 對所引述各家之説進行評騭。往往引及《馬氏文通》以來之語法書，尤其及周法高等相關語言學著作，既有傳統虚詞訓詁的路數，又頗有現代語法學的觀念。然其中前後未能劃一或所釋未能與文義相合之處亦往往有之。閱覽之下，采擷97條，因所識見，略爲辯證，以有益于張氏著作之研讀與《國語》虚詞之進一步研究云。

一、周語上

1. 其無乃廢先王之訓而王幾頓乎

幾

韋注：幾，危也。

《釋詞》：幾，詞也。頓，猶“廢”也。言荒服者王，先王之訓也。今犬戎氏以其職來王，而天子以不享征之，是廢先王之訓，而荒服來王之禮將從此廢矣。故下文遂云“自是荒服者不至”也。韋注訓“幾”爲“危”，“頓”爲“敗”，則是以王爲穆王矣。下文穆王得狼鹿以歸，未嘗危敗也。韋説失之。

《平議》：“幾”乃語詞。《易・小畜上》：“九月幾望。”虞注曰：“幾，其也。”王幾頓乎，猶言王其頓乎。

《集釋》：幾，猶“則”也。

以仁案：《釋詞》訓“幾”爲語詞，下文復以“將從此廢矣”申述其意，顯與《平議》之説相近。疑皆未允。蓋“其無乃……乎”句式所表示之推測語氣貫徹全句，今復於子句中另加表推測語氣之詞，其

例罕覯。竊以《集釋》之説較善。(頁 2—3)

【按】 幾,庶幾,副詞,此處表程度,即在某種程度上接近於。雖《國語》"其例罕覯",然仍當以表程度之副詞釋之爲當。虚詞用法的經常用法要看其出現情境的經常性與否和其功能的代替性狀況,若一種語言情境經常出現且該情境下所需要的虚詞功能具有不可代替性,則該虚詞一定常見,如"之"作爲結構助詞,該語言情境比較常見且"之"字作爲結構助詞功能的不可代替性,所以"之"作爲結構助詞是常見的。而"幾"作爲程度副詞的語言情境本來就比較少見,且具有程度的副詞非"幾"獨具,故"幾"較爲罕見。《國語》中此類用法者尚有 3 例,侯立睿《國語程度副詞研究》、劉雲峰《國語副詞語法研究》已指出,侯立睿、劉雲峰、周廣干等皆以之爲程度副詞①。又張以仁引《平議》"《易・小畜上》:'九月幾望。'"當作"《易・小畜・九上》:'月幾望。'"

2. 王其祗祓

其

《釋詞》:其,猶尚,庶幾也。

以仁案:《詞詮》、《國文法》用《釋詞》之説而名之曰"命令副詞"。若以今語釋之,頗與"可要"或"可"(下接否定詞時)之義相當。《國語》其例習見。如《周語上》"天子其圖之"、"王其善之",《周語中》"王其不可以棄之"、"王其勿賜",《周語下》"王其圖之"……不煩枚舉。(頁 9—10)

【按】 "其"字用於謂語動詞之前,且不修飾謂語動詞,則表祈使語

---

① 侯立睿《〈國語〉程度副詞研究》,山西大學碩士學位論文,2003 年。劉雲峰《〈國語〉副詞語法研究》,廣西師範大學碩士學位論文,2007 年。周廣干:《〈左傳〉〈國語〉副詞比較研究》,北京師範大學博士論文,2010 年。

氣。楊樹達以之爲“命令副詞”者，實即祈使語氣①。就“其”字出現的語法位置而言，當作副詞，就其辭氣效果而言，當作祈使。

3. 令之不行

之

以仁案：之，猶若也（參《釋詞》）。假設連詞。之用於條件子句中，可表假設。《國語》其例習見。如《周語下》“令之不從，上之患也”，《晉語一》“凶之無有，備之何害？若其有凶，備之爲瘳”、“行之克也，將以害之。若其不克，其因以罪之”，《晉語四》“楚師之懼，我不修也”、“我之不德，殺之何爲”、“天之祚楚，誰能懼之”，《晉語七》“孤之不元，廢也”，諸首句中“之”字，皆謂“若”也。（頁11—12）

【按】“之”爲結構助詞，凡主謂結構之間加“之”字，表明該主謂結構充當一個句法成分，如“令之不從，上之患也”中之“令之不從”充當該句之主語。此在今日已爲語法常識，無須廢詞。訓“若”未當。

4. 政之不立

之

以仁案：之猶則也（參《釋詞》）。承接連詞。“令之不行，政之不立”謂“令若不行，政則不立”也。韋注云：“令不行即政不立。”“即”亦“則”也。《〈史記·魯世家〉集解》引韋注作“則”。（頁12）

【按】“政之不立”之“之”與上“令之不行”之“之”語法功能相同，審《國語》本文全句爲“令之不行，政之不立，行而不順，民將棄上”，“令之不行，政之不立，行而不順”是“民將棄上”的前提與條件，而“令之不行”、“政之不立”、“行而不順”之間亦爲條件關係。審韋注之義，當謂令不行則政不立，政不立則行不順。“之”不當訓作“則”。

---

① 楊樹達：《詞詮》，北京：中華書局1965年版，頁161。

5. 今是何神也

也

以仁案：也，猶邪也。語末助詞。助句，表疑問。相當於口語“呢”或“嗎”。《國語》此例習見。如《周語中》：“其敢自愛也。”《周語下》：“敢問天道乎？抑人故也。”《魯語上》：“抑刑戮也？其夭札也。”《魯語下》：“而何德於君，其予君也。”“主亦有以語肥也。”《晉語三》：“鄭之使薄而報厚，其言我於秦也。”《晉語四》：“不有愈也。”皆是也。（頁15）

【按】 不必“猶邪”，“也”字本身亦表疑問語氣，此在古漢語中本爲慣常用法。

6. 使太宰以祝史帥狸姓奉犧牲粢盛玉帛往獻焉

以

以仁案：以，猶“與”也。介詞。多表“領率”之義（參《詞詮》）。或與口語“領着”“帶着”之義同。《國語》其例多見。如《周語中》：“乃以其屬死之。”“故以其黨啓狄人。”《魯語下》：“魯人以莒人先濟。”《晉語八》：“范宣子以公入于襄公之宫。”《晉語九》：“中行伯既克，以鼓子苑支來。”“鼓子之臣曰夙沙釐，以其孥行。”《楚語上》：“以夏姬行。”《楚語下》：“鄖公以王奔隨。”皆是也。或有異訓，辨見各條下。（頁15）

【按】 “以”作介詞，介賓結構作狀語表憑藉。“與”既可以作連詞，也可以作介詞。

7. 余一人有罪，無以萬夫

以

《釋詞》：以，猶及也。言無及萬夫也。

《詞詮》：介詞，及也。表連及。（《國文法》同）

《集釋》：以，及也。……《吕氏春秋·順民篇》“以”作“及”。

以仁案：諸説相同。此爲《國語》引《湯誓》文。《國語》本書則罕覯同例。（頁16）

【按】 此既《國語》引《書・湯誓》之言，即爲先時語料，可不計在《國語》本體語言考察之中。

8. 猶有散遷懈慢，而著在刑辟，流在裔土

在

韋注：故加之刑辟，流之裔土也。

以仁案：韋注訓"在"爲"之"，爲代名詞，古籍似無同例。而"著"之訓"加"，亦疑未安。竊謂二"在"字並與"於"字同，介詞也（《古書虛字集釋》有例可參）。"在"字介方所。謂"著於刑辟，流於裔土"也。二句句法一律。"著"謂"明書之"也。（《漢書・張湯傳》："而著讞法。"顔師古注："著謂明書之也。"）《墨子・明鬼下》："著在周之春秋。""著在燕之春秋。""著在宋之春秋。""著在齊之春秋。"諸"著在"皆謂"明書之於"也。若訓爲"加之"，則不可通矣。（頁17）

【按】 韋注"之"字猶"諸"，凡兼詞"諸"（於之）字韋注多釋爲"之"，故以韋注此處"在"、"之"相釋，亦非不可。然此處韋注在串講句義，蓋以意釋，非必求其字字對應。訓"著"作"加"者，與"欲加之罪何患無辭"句中"加"字之義同。韋既在"在"的語法位置釋"之"，此"之"字可看作代詞，則亦可通。

9. 館諸宗廟

諸

韋注：舍於宗廟。

以仁案：諸，猶"之於"也。"之"合"於"字疾讀之曰"諸"（《馬氏文通》卷二，孫經世《釋詞補》均有此説）。言舍襄王使者太宰文公及内史興於宗廟也。韋氏訓爲"於"，於義未周。考本書凡言"諸"

字而前有所承者，均當釋爲“之於”。如《周語中》：“夫人奉利而歸諸上。”謂歸之（利）於上也。“秦師還，晉人敗諸崤。”謂晉人敗之（秦）於崤也。此處若但釋爲“於”，則敗者爲晉人矣。“故坐諸門外而使舌人體委與之。”謂坐之（戎狄之人）於門外也。《齊語》“輕過而移諸甲兵”，《管子·小匡篇》“諸”作“之於”，謂移其罰於甲兵也。此例甚多，不遑遍引。略舉一隅，以示通則。（頁17—18）

【按】 關於“諸”字，鄭玄、韋昭、皇侃、李賢等俱釋爲“之”或“於”，至《小爾雅·廣訓》則云：“諸，之乎也。”①王念孫《廣雅疏證》云：“諸者，‘之於’之合聲，故諸訓爲‘之’，又訓爲‘於’。”王引之《經傳釋詞》則謂：“諸，之乎也。急言之曰‘諸’，徐言之曰‘之乎’。”②至楊樹達《詞詮》則謂諸“代名詞兼介詞，‘之於’二字之合聲。”“代名詞兼助詞，‘之乎’二字之合聲。”③裴學海《古書虛字集釋》從之。則“諸”字就其語境可釋爲代詞“之”，亦可釋爲介詞“於”、語氣詞“乎”，以之爲兼類詞亦非不當。然就其語境看，所謂釋爲“代名詞兼介詞”者大體可以直接釋爲“介詞”，凡釋爲“代名詞兼助詞”者，大體可以直接釋爲“助詞”。既然可以釋爲介詞、助詞，則未如單釋爲“之”、爲“於”、爲“乎”更易把握理解。審王念孫之意，既承認“諸”確乎爲合聲字，但是是在某些語境中釋爲“之”，某些語境釋爲“於”，而非處理爲任何語境下皆釋爲“之於”，釋作“之於”的“諸”字更主要强調其引介功能而非指代功能，故可直釋爲介詞“於”，“之乎”者則主要在其疑問語氣而不在其指代，亦可直釋爲語氣詞，不必以爲兼詞。

---

① 黄懷信《小爾雅匯校集釋》云：“淳熙本‘之’下多‘也’字，未可從。”（西安：三秦出版社2003年版，頁305）遲鐸則於“之”下斷開爲句（遲鐸：《小爾雅集釋》，北京：中華書局2008年版，頁206）。若從各家虛字研究之説，則以不斷開、“之”下無“也”字爲當。

② （清）王引之：《經傳釋詞》，頁197。

③ 楊樹達：《詞詮》，頁203。胡適（1891—1962）亦主張“諸”爲“之於”之合聲，當釋作“之於”，且爲魯語之特點。詳見胡適《致陳鐵凡》（《胡適學術文集·語言文字研究》，北京：中華書局1993年版，頁203）。

二、周語中

10. 鄭伯南也，王而卑之，是不尊貴也

而

《再補》：而，猶乃也。詳《釋詞》。下“而蔑”、“而棄”、“而弱”、“而虐”同。

以仁案：《再補》釋“而”爲“乃”，“乃”猶口語“却”也，爲副詞。《再補》於下列諸例“而”字：《周語中》：“而班我先王之大物以賞私德。”又：“而叔父使士季實來修舊德以獎王室。”《周語下》：“王而飾之。”《魯語下》：“而使夫人怒也。”《晉語四》：“子而棄之。”《楚語上》：“女無亦謂我老耄而舍我，而又謗我。”《吴語》：“上帝鬼神而不可以告。”皆以“乃”釋之。然細析其義，或相當於口語之“却”，或“竟”，或“乃是”。而詞性或爲副詞，或爲不完全内動詞。實大有差别。（頁19—20）

【按】 今既以“而”字爲轉折連詞，則不必以之爲“副詞”或“不完全内動詞”。

11. 其叔父實應且憎，以非余一人

其

《集釋》：其，猶在也。

實

《辨略》：實，與寔同。《爾雅》云：“寔，是也。”

且

《辨略》：此且字，語助在句中者，將辭也。

《集釋》：且，而也。

以仁案：韋注云：“應，猶受。憎，惡也。言晉文雖當私賞，猶非我一人也。”則“且”表轉折，爲轉接連詞，猶口語“卻”。《集釋》近是。《晉語八》：“若以君官從子之私，懼子之應且增也。”“且”亦猶“卻”，與此同例。（頁22）

【按】 吴金華（1943—2013）云：“‘實應且憎’是表面上贊同而内心

卻厭惡的意思。"①吴氏的解釋較之韋注更透脱一些。"且"字是連詞，表示轉折。張以仁謂"《集釋》近是"者是。又蕭旭云："以：韋注'猶非我一人也'，徐仁甫以訓猶(尚)，此義張氏未揭。"②實"以"不可訓"猶"，"以"爲表相承結果之連詞，可譯作"來"。"猶"可作副詞、動詞，與"以"語法功能不同。

12. 無禮則脱，寡謀自陷

自

《集釋》：自猶則也。自與則爲互文。

以仁案：自訓爲則，爲承接詞。《國語》别無同例。(頁25)

【按】　"自"即是代詞，無由訓爲"則"。蓋四字成文，而上下成對，故上句"無禮"爲"脱"之條件，而下句"寡謀"爲"自陷"之條件，實省掉"則"字，補足即爲"寡謀則自陷"，非"自"可訓作"則"。

13. 營室之中，土功其始

其

《釋詞》：其，猶乃也。

以仁案：猶今語"這纔"。副詞。(頁28)

【按】　蕭旭云："韋注'土功可以始也'，釋爲'可以'。"③本句之"其"實語助詞，助成語氣。

14. 其貴國之賓室，則以班加一等

其

以仁案：其，猶若也(義見《釋詞》、《衍釋》、《詞詮》、《集釋》諸

---

① 吴金華：《古文獻研究叢稿》，南京：江蘇教育出版社1995年版，頁376。
② 蕭旭：《群書校補》，頁83。
③ 蕭旭：《古書虚詞旁釋》，揚州：廣陵書社2007年版，頁173。

書)。假設連詞也。謂若貴國之賓至,則以班加一等也。(頁29)

【按】 本句之"其"蓋指示代詞,義爲"那些",故可引申。若釋爲"凡"亦通,然不可爲假設連詞。

15. 微我,晉不戰矣

微

韋注:微,無也。

以仁案:《釋詞》、《詞詮》全同。猶今語"没有"。同動詞。《國語》此例習見。如下文:"且夫戰也,微謀。"《晉語六》:"且夫戰也,微郤至,王必不免。"《晉語七》:"微子,寡人無以待戎。"《晉語九》:"微子,吾幾不爲人矣。"《越語下》:"微君王之言,臣故將謁之。"韋皆訓"無",並是也。(頁30)

【按】 今古漢語語法研究者一般認爲,"微"爲帶有假設意味的否定副詞。何樂士則認"微"字用在謂語前,作否定副詞。"微"字另外還可以作爲假設連詞,"常用於假設複句的前面分句之首,表示否定性的假設(事實是這樣,而假設不是這樣);後面分句表示結果。可譯爲'如果没有'、'如果不是'等。"①區分更爲明晰細緻。按照何氏的區分標準,除了"且夫戰也,微謀"之"微"作否定副詞外,《周語中》本句以及張氏所舉其他各句"微"字的語法功能及意義皆當如何氏所解作假設連詞。

16. 棄壯之良而用幼弱

之

韋注:壯之良,謂申叔時也;幼弱,司馬子反也。

《集釋》:之,猶與也。

以仁案:董增齡《國語正義》曰:"成十六年《左傳》:'過申,子反入見申叔時。'杜注:'叔時老在申。'則不得謂之壯。成七年(以仁

---

① 何樂士:《古代漢語虚詞詞典》,北京:語文出版社2006年版,頁406。

案：當作'成九年'）：'鍾儀曰：其爲太子也，師保奉之，以朝於嬰齊而夕於側也。'則十年前子反已在師保之位，不得謂之幼弱。《傳》别有所指，非叔時、子反二人也。"吴曾祺《國語韋解補正》曰："案此二句，謂棄士卒之壯良者不用，而用幼弱。故《内傳》有'舊不必良'語。《注》以分指申叔時、子反，不合。"所駁甚審。成公十六年《左傳》一則曰："王卒以舊。"再則曰："舊不必良。"此"棄壯之良"蓋即指其事耳。《集釋》訓"之"爲"與"，爲連詞。蓋以"壯良"與下文"幼弱"相對也。惟《國語》别無同例可與參比。（頁31）

【按】 陳伯茂謂"之"爲"揚義虚字"，介詞"之"的語法功能中有一種"代替同義介詞'於'、'與'等"①。關於"棄壯之良"，《國語》各譯注本譯爲：薛安勤、王連生"拋棄精明强壯的"；董立章注："之，與；和。"譯爲"棄置體魄健壯、人品優良的"；趙望秦等"拋開壯年良將"等②，皆以"之"爲連詞。但是傅庚生、劉乾先等釋"壯之良"爲"年壯的良才"③，是以"之"爲結構助詞。從"之"字的用法上來看，恐以釋"壯之良"爲"年壯的良才"更爲穩妥。

17. 且夫戰也，微謀。吾有三伐

夫

以仁案：夫，猶彼也，指示形容詞。且猶今語"而且"。謂且彼鄢之戰也。"且夫"連文，《國語》多見。而其義有二：一則文雖連而實爲二詞，此其例也。《周語下》："且夫長翟之人。"《晉語六》："且夫戰也，微郤至，王必不免。"皆屬此類；一則"且夫"合爲一詞，與今語"而且"之義相當。此爲《國語》習見之用法。如《周語中》："且夫

---

① 陳伯茂：《用邏輯代數分析句子結構和漢語虚字》，徐州：中國礦業大學出版社2000年版，頁88—90。

② 薛安勤、王連生：《國語譯注》，頁95。董立章：《國語譯注辨析》，頁79、頁80。趙望秦、張豔雲、楊軍注譯：《白話國語》，頁70。

③ 傅庚生：《國語選》，頁22。劉乾先、高振鐸：《國語選譯》，頁20。

兄弟之怨,不徵於他。""且夫陽豈有裔民哉?""且夫人臣而侈,國家弗堪。"……凡二十三見。

微

韋注:微,無也。言軍無計謀也。

《平議》:樾謹案:韋解"微謀"二字,未得其旨。"謀"即上文五勝五敗之説,乃郤至之謀也。郤至蓋謂是戰也,吾固有謀矣。即無謀,吾尚有三伐。二句承上以起下,"微"字"有"字相應。正見郤至自伐其功,有悉數難終之意。

日儒秦鼎《國語定本牋》:無謀,謂欒、范輩之無策。

以仁案:韋訓微爲無,是也。然申述"無謀"之義,則晦闇費解。秦鼎則增字之足之,似皆未得其旨。三説相較,《平議》之説近是。(頁32)

【按】 楚永安以"且夫"爲"連詞性結構。'且'是個連詞,表示進層;'夫'是個語氣詞,表示要發表議論。'且夫'結合,一般用於一段話的開頭,表示承接上文,引出另一層意思,進一步加以申述"①。較張氏之説更合"且夫"用法及意義。"微"本訓假令性否定,故俞樾之説"即無"更確。

三、周語下

18. 無德之患,何憂於晉

之

以仁案:之,猶是也(參《衍釋》、《集釋》)。語中助詞,外動詞之賓語倒置於外動詞之前時,恒以"是"字居二者之中助之。此"之"之用法與同。謂無德是患也。亦即患無德之義。下文:"古之聖王,唯此之慎。"亦謂唯此是慎也。又下文:"將民之與處而離之。"亦謂將民是與處而離之也。《集釋》有説,詳彼條。(頁36)

【按】 此"之"字解作結構助詞最合語境,"無德之患"中"患"是中心詞,"無德"是限定成分。該句之前句云:"吾聞之,國德而鄰於不修,必受其

---

① 楚永安:《文言複式虚詞》,頁227。

福。今君偪於晉,而鄰於齊,齊、晉有禍,可以取伯,無德之患,何憂於晉?”“無德”即上文“不修”之義,此時“齊”、“晉”相對魯國而言皆是强盛國家且對魯國造成威脅,然“齊”、“晉”對於魯國的威脅,實是“無德之患”,故“無德之患”者,爲“無德之國對魯國造成的憂患”,故下句謂“何憂於晉”,“何憂於晉”對應上文“今君偪於晉”而言。“唯此之慎”爲固定的賓語前置結構,“之”字爲前置標記,“唯……之……”結構是“唯……是……”結構的變體。“民之與處”之“之”爲主謂間的結構助詞,與“德之患”之“之”功能不盡相同。

19. 非此其誰

其

《集釋》:其,猶而也。

以仁案:《衍釋》訓隱公元年《左傳》“其誰曰不然”云:“其,猶有也。……猶有誰曰不是也。”與《集釋》異。疑皆未安。“其誰”猶今語“那一個”。“其”爲助詞,有加强語氣承遞上文之功用。其難强訓以他語。《集釋》訓“而”,《衍釋》訓“有”,反嫌拘執。《國語》“其誰”多有用於句首者。亦有用於句中而上接名詞者,如《周語上》:“王曰其誰受之?”《魯語上》:“諸侯其誰望之?”《魯語下》:“其誰代之任喪?”“其誰曰不如先君?”“其誰曰非侮也?”“其誰由己貳?”“其誰云待之?”“諸侯其誰暱之?”《晉語二》:“其誰云救之?”“其誰不儆懼於君之成而欣喜於君之德?”“晉國其誰非君之群隸臣也?”“不然,夷吾不佞,其誰能恃乎?”《晉語四》:“四方諸侯其誰不愓愓以從命?”……訓爲“而”則皆不可通矣。(頁37—38)

【按】 “其”表祈使語氣,張氏“有加强語氣承遞上文之功用。其難强訓以他語”之論可謂得間。

20. 自我先王厲、宣、幽、平而貪天禍,至於今未弭

而

以仁案:而,猶之也。陪從連詞(義見《詞詮》、《國文法》、《集釋》)。謂自我先王厲、宣、幽、平之貪天禍也。《楚語上》:“吾不服

諸夏而獨事晉何也？""而"亦猶"之"也。（頁41）

【按】"而貪天禍"和"而獨事晉"中的"而"字不同，"而貪天禍"之"而"實表伴隨性，"貪天禍"爲述賓結構，"自我先王厲、宣、幽、平"實爲時間狀語。《楚語上》"而獨事晉"中的"而"字表並列關係，前"不服諸夏"與後"獨事晉"爲同位關係。故二"而"字功能實不相同。

21. 將焉用飾宮？其以徼亂也

其

《集釋》：其，猶而也。

以仁案：其，猶豈也。反詰副詞（參《詞詮》）。《集釋》讀十字爲一句，故誤訓"其"爲"而"也。公序本則脱此"其"字，按"其"之用爲反詰副詞，《國語》習見。《周語中》："不然，其敢自愛也？"韋注云："豈敢自愛而不服乎？"是韋亦以"豈"釋"其"也。參《周語中》第12、13條。本例下文："居儉、動敬、德讓、事咨而能避怨，以爲卿佐，其有不興乎？""其"亦猶"豈"也。（頁42—43）

【按】關於《國語》本句的斷句。兩個標點作"?"、"。"的有上古本、薛安勤等、董立章、李維琦、鄔國義等、黄永堂、來可泓、曹建國等、劉倩等①，兩

① 上古本，指的是上海師範大學古籍整理研究所點校、上海古籍出版社分别於1978年、1988年和1998年出版的《國語》點校本；薛安勤等，指的是薛安勤、王連生《國語譯注》，長春：吉林文史出版社1991年版；董立章，指的是董立章《國語譯注辨析》，廣州：暨南大學出版社1993年版；李維琦，指的是李維琦點校本《國語》（長沙：岳麓書社1988年版）和李維琦《白話國語》（長沙：岳麓書社1994年版）；鄔國義等，指的是鄔國義、胡果文、李曉路撰《國語譯注》，上海古籍出版社1994年版；黄永堂，指的是黄永堂《國語全譯》，貴陽：貴州人民出版社1995年版；來可泓，指的是來可泓《國語直解》，上海：復旦大學出版社2000年版；王樹民，指的是王樹民、沈長雲點校《國語集解》（修訂本），北京：中華書局2006年版；曹建國等，指的是曹建國、張玖青注説《國語》，開封：河南大學出版社2008年版；劉倩等，指的是劉倩、魯竹《國語正宗》，北京：華夏出版社2008年版。

個標點作"?"、"!"的有王樹民①。按照張以仁的解釋,本句的"其"字可助成反詰語氣,故而"徹亂也"之後加"!"或"?"更爲適宜。以"其"字訓作"豈"恐未當,此處的"其"仍然是推度副詞,表揣測,"也"字後宜標問號或歎號。

22. 將民之與處而離之,將災是備禦而召之

將

以仁案:將,猶今語"宜"也,"當"也(義見《衍釋》、《詞詮》)。助動詞。謂應當與民相處而離之,應當備禦災患而召之也。《楚語上》:"夫君國者,將民之與處。"將亦宜也,當也。與此同。(頁44)

【按】 將,打算,欲念。欲也。此處"將"字表示主體的主觀意願或願望,故以釋作"打算"、"想要"等更合文義語境。

23. 令之不從,上之患也

之

以仁案:之,猶若也。謂令若不從也。(頁44)

【按】 "令之不從"中的"之"字是結構助詞,用於主語和述語之間,使主述結構成爲全句的一個句法成分,即慣常所謂的取消句子獨立性。本句中"令之不從"爲主語,"上之患也"爲述語。故而"令之不從"之"之"不當訓作"若"。

24. 且民所曹好,鮮其不濟也。民所曹惡,鮮其不廢也

其

《衍釋》:其,猶有也。有、其互相爲訓。

以仁案:疑此二"其"字爲句中助詞,無義。(參《釋詞》、《詞詮》)。(頁45)

① 徐元誥撰,王樹民、沈長雲點校《國語集解》(修訂本),頁99。

【按】 張氏所言極是,此釋亦可用於《國語》中相同語境相同語法位置、相同功能之其他"其"字。

25. 三年之中,而害金再興焉。懼一之廢也

一

韋注:二金之中,其一必廢也。

《衍釋》:一,猶皆也。……言鑄鐵鑄鐘,害民之事再興,恐晉之廢也。韋注:"其一必廢。"失之。

以仁案:《衍釋》之訓疑是。(頁45)

【按】 徐元誥《集解》亦云:"一,疑當訓皆。"①實誤。這段話是伶州鳩對答周景王的話。伶州鳩所説的話實爲推斷之辭,並非本實有其事而進行的描述。因此,此處"一之廢"之"一"實數詞,"二者中之一"的意思,不當訓爲副詞。

26. 夫子而棄常法

夫

以仁案:夫,指示形容詞。猶"彼"也。"夫子"猶口語"那個人",謂劉子也。(頁48)

【按】 "夫"爲指代詞,張氏之詞類分法與今海内通行之詞類稱謂未盡同。陳望道(1891—1977)《中國文法研究》有説云:"指示形容詞是用來指點事物的地位或範圍的形容詞,和指示代名詞的用法相對應,只是它的後面多著一個所指示的名詞或代名詞。它的種别,也和指示代名詞一樣,可以分做'近指'、'遠指'、'重指'、'泛指'四種。"②可爲説明。

---

① 徐元誥撰,王樹民、沈長雲點校《國語集解》(修訂本),頁112。

② 陳望道:《中國文法研究》,見載於池昌海主編《陳望道全集》第三卷,杭州:浙江大學出版社2011年版,頁222—223。

四、魯語上

27. 曹劌問所以戰於莊公

所

《集釋》:所,猶何也。《左傳·莊公十年》作"問何以戰"。

以仁案:《稱代編》謂"所"乃代詞性助詞,"以"乃介詞,云:"'所以'的本義是表憑藉"(頁三七七)。其説是也。此猶謂"曹劌問莊公所恃以戰者"也。若以《吴語》"敢問君王之所以與之戰者"一例比觀,其義尤顯。《集釋》誤訓以詢問副詞,不知此句之詢問語意乃生於"問"之一詞,與"所"原無關聯。試去《吴語》"敢問"二字,即可證明。《左傳》一例,加"何"字以足詢問語氣,非以"何"代"所"也。且語法有别,不足以證成其説。(頁49)

【按】　今有多家以"所"爲無定指代詞,亦有以之爲小品詞或者標記詞者,蓋"所"字不具體指代任何事物,然"所"字結構則具備名詞性質。張氏所辨析者是。

28. 今將惠以小賜,祀以獨恭

將

《集釋》:將,猶則也。

以仁案:《越語下》:"今將反此義以報此禍。""將"亦"則"也。承接連詞。與此同。(頁49)

【按】　將,欲也,表情態,非則也。和上條"將民之與處"之"將"用法意義同。

29. 故能攝固不解以久

以

《衍釋》:以,猶於也。

以仁案:《國語》罕見同例。又《衍釋》於"解"下注云:"音息。""解"無由音"息"也,當是"音懈"之誤。(頁51)

【按】 介賓結構作補，"以久"是對"攝固不解"的進一步補充説明。"解"即"懈"，"解"、"懈"古今字。

30. 豈唯寡君與二三臣實受君賜，其周公太公及百辟神祇實永饗而賴之

其

《集釋》：其，猶且也。……爲"又且"之義。（頁53）

【按】 "其"當爲表祈使推度之詞，今多以之爲推度副詞。

31. 衛侯聞其臧文仲之爲也

其

《衍釋》：其，猶爲也。爲、其互相爲訓。

《集釋》：其，猶是也。爲"是非"之"是"。

以仁案：《集釋》之"是"，猶《衍釋》之"爲"也。不完全内動詞也。惟"其"訓"爲"訓"是"，《國語》罕覯同例。（頁55）

【按】 "其"爲代詞，可訓爲"彼"，不必非訓爲"是"。"聞"爲心理動詞，後跟小句。"其臧文仲之爲也"中，"其"爲主語，"臧文仲之爲也"爲述語。

32. 抑刑戮也？其夭札也

抑

《集釋》：抑，猶是也。

以仁案："抑"作爲選擇連詞，《國語》例皆居次句之首。如《周語下》："敢問天道乎？抑人故也？"《魯語上》："欲信讓耶？抑知其不可乎？"《晉語一》："牀笫之不安邪，抑驪姬之不存側邪？"《晉語二》："曩而言戲乎？抑有所聞之乎？"《晉語八》："不知人殺乎？抑屬於鬼邪？"《晉語九》："以爲繭絲乎？抑爲保鄣乎？"皆是也。今居前句之首，與他例不合。此所以《集釋》訓爲"是"也。竊疑"抑"，

"其"或互倒。惜無佐證。(頁57)

【按】"抑"、"其"皆爲推度副詞,表推測語氣。古漢語中,"抑"作選擇連詞放在後句,此爲常例,張氏所云者是。張氏疑"'抑','其'或互倒"者亦非不是。然語法分析自當從其顯性形式入手,除非有特別錯誤,不當依其一般規則而改易正文。

33. 其身之不能定,焉能予人之邑

之

《考異》:公序本無"之"字。

《衍釋》:之,且也。言自身且不能定。

以仁案:"之"爲"尚且"義,是爲副詞,《國語》罕見同例。又《衍釋》引此文無"之邑"二字,蓋漏引也。(頁60)

【按】"其身之不能定"之"之"爲結構助詞,舒緩語氣,起凸顯作用。從符合語言規則角度而言,以公序本無"之"字爲最當,因"焉能予人之邑"和"其身不能定"爲兩個語義語氣完足的獨立句子,故"其身不能定"更合。如果從定本角度出發,則當以公序本無"之"字更是。

五、魯語下

34. 魯人以莒人先濟

以

韋注:以,用也。能東西之曰"以"。

以仁案:以,與也。介詞,表"領率"之義。猶口語"領著"。若訓爲"用",則失穆子賦詩之意矣。且參《周語上》第22條。襄公十四年《左傳》:"魯人、莒人先濟。"正謂魯、莒並先濟也。韋説失之。(頁61)

【按】莒爲魯之盟國,魯爲主盟,而莒爲附屬,故韋注"能東西之曰以”不誤,“用”亦“因”、“憑藉”之義,亦通,不必爲誤。張氏釋爲介詞亦是,審韋注之義,實以“用”釋“以”,“以”、“用”皆介詞。

35. 公父文伯飲南宫敬叔酒,以露睹父爲客,羞鼈焉小

焉

《衍釋》:焉,猶而也。謂進鼈而小也。

以仁案:《集釋》説同。《國語》無同例。(頁 68)

【按】 “小”當别自爲句,即該句斷爲“公父文伯飲南宫敬叔酒,以露睹父爲客,羞鼈焉,小”,“焉”字即句末語氣助詞。

36. 自上以下,誰敢淫心舍力

以

《集釋》:以,及也。

以仁案:以之訓及,爲介詞。《國語》罕覯同例。《周語上》第 24 條“余一人有罪,無以萬夫”,以雖訓及,然乃引《湯誓》文而非《國語》本文。(頁 72)

【按】 張氏已區别先時語料與現時語料。然“自上以下”與“無以萬夫”二句中“以”字用法並不相同。蓋“自上以下”之“以”即“從上到下”,因“自”字亦介詞,“自……以……”相當於英語中之“from……to……”而“無以萬夫”之“以”恐以釋爲動詞義更爲合語境,“無”爲否定副詞,“無以萬夫”者,不要牽連、涉及衆人。故楊伯峻謂:“‘以’表連及。這種用法只上古有。”①實“無以萬夫”之“以”爲動詞,與“自上以下”之“以”不同。

---

① 楊伯峻:《古漢語虚詞》,北京:中華書局 1981 年版,頁 262。

37. 陷而入於恭

而

《再補》：而，猶寧也。韋注："如有過失，寧近於恭也。"

以仁案：而訓爲寧，爲助動詞。《國語》罕見其例。（頁 73）

【按】 韋注釋文義，非以"寧"字與"而"字對應，"而"字作連詞表補充，"入於恭"實際上是對"陷"的補充，不必釋出。有以閩南語"陷陷"語出《魯語下》者①，可爲備考。又蕭旭《古書虛詞旁釋》舉本句之例以"'而'猶言'而後'、'然後'也"②，恐非是。

六、齊語

38. 此非欲戮之也，欲用其政也

《衍釋》：其，猶爲也。

《集釋》：其，猶爲也。……爲"作"字之義。……言欲用管仲爲政也。

以仁案：其訓爲"作爲"字，《國語》罕覯同例。《魯語上》"衛侯聞其臧文仲之爲也"，《衍釋》亦訓該"其"爲"爲"，然二例顯非同類，不能牽比。（頁 75）

【按】 "其"爲代詞，"政"爲中心詞，"其政"者，"其政術"也蓋謂齊桓公欲用管仲施政之術。此"其"字與《魯語上》之"其"字亦不同。本句"其"字作限定詞，《魯語上》"其"字爲小句主語，説已見上。

39. 桓公知天下諸侯多與己也

與

韋注：與，從也。

---

① 陳允洛：《閩南詞語考源》，見載於氏著《陳允洛文集》，臺北：廈門英華書院旅臺同學會 1971 年版，頁 137—145。

② 蕭旭：《古書虛詞旁釋》，頁 253。

《集釋》:與,猶從也。隨也。韋注曰:"與,從也。"(頁80)

【按】 此"與"字既釋爲動詞義,則不當入虚字中釋之。這是傳統虚詞訓詁式研究範式的一個通病,即雖然整體上釋虚詞,往往涉及虚詞之實詞義時,亦多訓釋之。該句中,"知"爲心理動詞,故其後所跟賓語"天下諸侯多與己也"爲小句,其中"與"爲小句中之謂語動詞。

七、晉語一

40. 若晉以男戎勝戎,而戎亦必以女戎勝晉

以

以仁案:疑二"以"字,猶"由"也。介詞。《漢書・劉向傳》:"條其所以。"師古注云:"以,由也。"此謂晉由男戎而勝戎,而戎亦必由女戎而勝晉也。韋注"戎"爲"兵",蓋不知"以"之訓"由"而曲爲之解耳。惜《國語》罕覯同例。(頁83)

【按】 張氏《斠證》、《札記》亦並言之。韋注所釋"戎,兵也"非釋"戎",實釋"男戎"、"女戎"之"戎"。韋注不誤。此"以"字實介詞,憑藉之義,"以男戎"、"以女戎"之"以"字皆介詞,表方式,釋作"由"未如憑藉更合文義。另參見本書中編之五"張以仁《國語札記》辯證"。

41. 誰云不從

云

韋注:誰有不從。言必從也。

《釋詞》云:云,猶或也。言誰或不從也。韋注曰:"誰有不從。"有亦或也。

《集釋》云:云,猶能也。《經傳釋詞》訓爲"或",失之。

以仁案:《發正》引《廣雅・釋詁》及應劭《漢書注》謂"云"訓"有",疑皆非是。《集釋》是也。參《魯語下》第3條。又《釋詞》、《集釋》引此文作"其誰云弗從",從公序本。(《考異》云:公序本作

"誰云弗從"五字。)(頁 83)

【按】 "云"字,拙著《國語動詞管窺》曾經全面分析過,《國語》包括本句在内的"誰云 V"形式句子一共 3 見,其中之一即本句,另外 2 例分别爲《晉語一》"誰云不從"和《晉語二》"誰云救之"①。通過考查可以看出,這類的"云"字用法和用作助動詞的"能"相同,表示謂語動詞動作行爲實現的可能性。就《國語》的這三個句子而言,三處"云"字都可以用"能"字進行替代並且不會發生語義問題,裴學海《古書虚字集釋》曾經舉過《離騷》和《九章》中的例子。總之,"云"用於謂語動詞之前表助動詞,其用同"能",只是這種例子比較少見。不知道這類"云"字是不是"能"字的古方音異讀。

42. 夫豈惠其民而不惠於其父乎

夫

《釋詞》:夫,猶彼也。(頁 92)

【按】 本句之"夫"實爲句首發語詞,不必釋作"彼"。

43. 若大難至而恤之,其何及矣

其

以仁案:其,猶則也。

矣

以仁案:矣,猶乎也。謂則何及乎也。(頁 94)

【按】 "其"不訓則,其語法功能與"則"亦不相類,本句的"其"字類於祈使語氣。不必以"矣"字"猶乎也",實全句的疑問語氣由"何"字出,非由"矣"字出。

---

① 拙著《國語動詞管窺》,頁 268—274。

八、晉語二

44. 曰吾固告君日得衆

曰(日)

固

以仁案:"曰"乃"日"之誤,下"日"字則爲"曰"之誤。《考異》云:"公序本曰作日,日作曰,皆是也。《補音》出'日吾'。"是也。上作"曰"則文不可通。作"日",爲時間副詞,表追溯。故韋注云:"日,往日也。"次"日"字固不得訓爲"往日"也(驪姬之意,非謂太子往日得衆而今不得衆也。)固,猶嘗也,相當口語"曾經"。(頁98)

【按】"日,吾固告君曰得衆"之"固",强調確定性和已然性。又審遞修本、經筵校本、許宗魯本、金李本、張一鯤本、穆文熙本、吴勉學本、閔齊伋本、薈要本、文淵閣本、文津閣本、道春點本、千葉玄之本、綠蔭堂本、秦鼎本、高木本、林泰輔本、桂湖村本、塚本哲三本、《詳注》、《集解》、上古本等二字分别作"日"、"曰"。黄刊明道本及其覆刻本、寶善堂本、《補正》、《四部備要》本、《叢書集成初編》本等則仍誤作"曰"、"日"。董增齡本正文"日"字誤作"曰",注文則不誤。吴曾祺《補正》已引《考異》之説出案語,唯未改易正文。

45. 暇豫之吾吾,不如鳥烏

之

《集釋》:之,猶而也。欲閑樂事而不親之也。韋注曰:"吾吾,不敢自親之貌也。"

以仁案:《集釋》蓋以"之"爲轉接連詞,猶口語之"卻"也。然"之"用爲轉接連詞,《國語》罕見其例。(頁99)

【按】關鍵問題不在"之",而在"吾吾"之釋以及"吾吾"與"暇豫"的關係。韋注釋爲"不敢自親之貌",今《國語》譯注本之葉玉麟、秦同培、傅庚生、馬達遠、楊宏文、薛安勤等、高振鐸等、董立章、黄永堂、趙望秦等、來可泓、尚學鋒、陳桐生等皆從韋注爲釋,葉萌、汪啓明等、許威漢等亦並從之①。

從韋注的解釋看，韋昭是把"吾吾"看作狀貌詞的，即"吾吾"是重言。王懋竑以"吾吾"爲"暇豫貌"，陸宗達以"吾吾"爲"寫'暇豫'之狀"②，二説同。這一類看法較爲常見，如下：

(1) 方以智(1611—1671)《通雅》卷一〇云："'㥠㥠'即'與與'，通爲'于于'、'吾吾'，因而有成行之'魚魚'、'衙衙'。《叙傳》曰：'長倩懊懊。'弋於切，《説文》作'㥠'，余吕切，趣步㥠㥠也。丁度作'忬'，故駢字有'忬忬'。黄公紹曰：'與與，如也，舒也，威儀適中也。'《玉篇》曰：'謹謹貌。'智謂：懊懊，舒徐有餘之貌。《郊祀歌》'㝢與萬物'，言開舒也。'黍稷與與'，平聲，謂其舒而有餘也，其聲則與'于于'、'魚魚'、'衙衙'相通。《莊子》'其卧徐徐，其覺于于'注：'自足貌。'又行貌，韓文'于于然而來'，通作'吾吾'，因行貌而成行列者謂之魚魚、衙衙。《左傳》曰：'暇豫之吾吾，不如烏烏。'則'于于'之意也。《九辨》曰：'通飛廉之衙衙。'則謂成行也。故退之用魚魚，皇甫湜爲元次山作詩曰：'石屏大衙衙，溪口揚素瀨。'《説文》曰：'芧猶吁，吁驚辭也。'亦从此聲。"③

雷學淇(1740—1829)《介菴經説》卷一〇"五午同義"條謂"吾吾"實

① 秦同培注譯，宋晶如增訂：《廣注語譯國語精華》，頁 87。葉玉麟：《白話譯解國語》，上海：大達圖書供應社 1935 年版，頁 64。傅庚生：《國語選》，頁 96。馬達遠：《國語故事選譯》，上海古籍出版社 1985 年版，頁 63。楊宏文：《國語國策故事選譯》，北京：中華書局 1961 年版，頁 11。薛安勤、王連生：《國語譯注》，頁 328。高振鐸、劉乾先：《國語選譯》，成都：巴蜀書社 1992 年版，頁 77。董立章：《國語譯注辨析》，頁 355。黄永堂：《國語全譯》，頁 303。趙望秦、張豔雲、楊軍注譯：《白話國語》，頁 243。來可泓：《國語直解》，頁 401。尚學鋒、夏德靠譯：《國語》，北京：中華書局 2007 年版，頁 125。陳桐生譯注：《國語》，北京：中華書局 2013 年版，頁 307。葉萌：《古代漢語貌詞通釋》，濟南：山東文藝出版社 1993 年版，頁 463。許威漢：《訓詁學導論》(修訂版)，北京大學出版社 2003 年版，頁 104。

② 陸宗達：《訓詁簡論》，北京出版社 2002 年版，頁 149。

③ (明)方以智：《通雅》，中國書店 1990 年影印浮山此藏軒本，頁 135 下。

即“支吾”之義①。

(2) 吴汝倫(1840—1903)《尚書故》卷一云:“罔晝夜頟頟,《史記》省此文。《潛夫論》‘頟頟’作‘鄂鄂’。汝綸案:《釋名》:‘額,鄂也。’‘鄂’、‘頟’同聲通訓。‘鄂鄂’猶‘吾吾’,‘吾吾’猶‘語語’。《廣雅》:‘語語,喜也。’‘遻’、‘俉’同字,故‘鄂’通‘吾’、‘語’。《晉語》‘暇豫之吾吾’即此‘鄂鄂’也。‘頟頟’又爲‘高’義,《西京賦》‘鍔鍔列列’注:‘皆高皃。’韓愈《平淮西碑》‘頟頟蔡城’,猶‘鍔鍔’也。”②

(3) 蕭旭《國語校補》云:“《御覽》卷469引‘吾吾’作‘俉俉’,有注云:‘俉俉,踈遠之貌。’吴曾祺曰:‘吾吾即踽踽,與人不相親之貌。’吴説是也,《説文》:‘踽,疏行貌。《詩》曰:獨行踽踽。’《詩·杕杜》毛《傳》:‘踽踽,無所親也。’字或作偊,《列子·力命》:‘偊偊而步。’《釋文》:‘本或作踽,《字林》云:疏行貌。’《正字通》:‘偊偊,獨行貌。’《辭通》卷13云:‘踽字從人作偊,音義同;疏行與獨行義亦合。’字或作瑀,《太平廣記》卷490引《東陽夜怪録》:‘客何故瑀瑀然犯雪,昏夜至此?’字或作衙,《廣韻》:‘衙,語居切,《説文》曰:衙衙,行貌。又音牙。’《玉篇》:‘衙,行貌,又踈遠貌。’《集韻》:‘行衙衙謂之徥。’《楚辭·九辯》:‘通飛廉之衙衙。’朱熹《集注》、洪興祖《補注》並曰:‘衙衙,行貌。’陳第《屈宋古音義》曰:‘衙音御。衙衙,踈遠貌。’字或作與、懙、悆、㥯、邂、䰻,《漢書·揚雄傳》《羽獵賦》:‘遥遥與與,前後要遮。’師古曰:‘遥遥、與與,往來貌。’《文選》‘遥遥’作‘淫淫’,李善曰:‘淫淫、與與,皆行貌也。’‘遥遥與與’即‘猶猶與與’,《淮南子·兵略篇》:‘擊其猶猶,陵其與與。’與與,行步舒徐貌,引伸爲茂盛貌。《詩·楚茨》:‘我黍與與,我稷翼翼。’鄭《箋》:‘黍與與,稷翼翼,蕃廡貌。’又引伸爲恭謹貌,《論語·鄉黨》:‘君在,踧踖如也,與與如也。’何晏《集解》:‘馬曰:與與,威儀中適之貌。’《集韻》:‘懙懙,行步安舒也。或作悆,亦書作㥯。’《説文》、《廣韻》:‘趣趣,安行也。’《集韻》:‘䰻,《説文》:馬行徐而疾。’字或作于,《莊子·應帝王》:‘泰氏其卧徐徐,其覺

① (清)雷學淇:《介菴經説》,《續修四庫全書》第176册,頁233下。
② 吴汝綸:《尚書故》卷一,氏著《吴汝綸全集》,合肥:黄山書社2002年版,頁458。

于于。'成玄英《疏》:'于于,自得之貌。'韓愈《上宰相書》:'于于焉而來矣。'要之,'吾吾'、'俉俉'、'衙衙'、'踽踽'、'偶偶'、'瑀瑀'、'與與'、'懊懊'、'忌忌'、'愳愳'、'趯趯'、'鷽鷽'、'于于'並一音之轉,義爲'獨自緩行、與人踈遠不相親之貌',故《國語》用以形容'暇豫'。王懋竑《國語存校》曰:'吾吾,暇豫貌。言不如烏烏之暇豫也。'近之。李元吉曰:'漢《横吹曲》朱鷺魚以雅,解者謂朱鷺之容安舒閒雅。則此吾吾亦謂里克暇豫而安舒耳。似非不敢自親也。'可謂知二五而不知一十。楊慎《轉注古音略》卷1曰:'吾,借作娱。'徐仁甫曰:'吾吾當分讀。吾,代詞。'並失之。《古樂府·朱鷺曲》:'朱鷺魚以烏,鷺何食,食茄下。'明楊慎《丹鉛總録》卷21云:'烏,古與雅同叶音,作雅蓋古字。烏也、雅也,本一字也。雅與下相叶,始得其音。魚以雅者,言朱鷺之威儀魚魚雅雅也。韓文《元和聖德詩》魚魚雅雅之語本此。茄,古荷字。'楊説甚確,而未詳'魚魚雅雅'之義。韓愈《元和聖德詩》:'駕龍十二,魚魚雅雅。'錢仲聯《集釋》引方世舉曰:'魚有貫,雅有陣,言扈從之象也。'清王應奎《柳南隨筆》卷1:'魚魚雅雅,殆取娖隊之義,言馬之行如魚貫、如雅陣耳。'《漢語大詞典》曰:'【魚魚雅雅】威儀整肅貌。雅,通鴉。魚行成貫,鴉飛成陣,故稱。'恐非確詁。'魚魚雅雅'疑即'吾吾衙衙','衙'讀《廣韻》又音牙,故作'雅雅'。"①

諸説中以蕭旭《校補》討論最爲細緻。

另外,則有以"吾吾"分别屬上下句者,即"吾"爲代詞。亦有幾家,如下。

(1) 吴秋輝(1876—1927)《暇豫歌詞正誤》云:"舊皆從二吾字絶句,或以吾吾爲語助聲。如揚子幼報孫會宗書,所謂'仰天而歌烏烏'之類。然烏烏上加以之字殊不倫。或又以吾吾爲踽踽之假借,而二字之音又不相適合。二説皆不可通。其尤謬者,則並下句鳥鳥亦改爲烏烏,以爲上句吾吾之配。殊不知此鳥鳥字易作歌聲,則下文集苑、集枯字又何自來耶?今按此詞,實當以首一吾字絶句,下吾字則連下成文,意蓋

① 蕭旭:《群書校補》,頁135—136。

謂吾但貪暇豫，而不知改圖，則吾將不如鳥烏，鳥烏尚知集於苑，而己則將獨集於枯也。此優施託爲里克謂其妻之詞，以隱諷里克捨弃其素日之主張，以改爲驪姬也。文本不甚晦澀，乃爲一經句讀錯亂，便覺其難通，實則原文自了了也。”①

（2）徐仁甫《古詩别解》謂：“暇豫是形容詞，本謂吾之暇豫，而言暇豫之吾者，吾與烏，枯韻也。‘吾吾不如鳥烏’，次‘吾’字屬下讀，作下句之主語。文自通順。韋讀吾吾爲形容詞，而以暇豫爲主語，不知形容詞不得爲主語，又一句兩個形容詞，皆不通之讀也。”②又其於《晉語辨正》文中仍主兩“吾”字一屬下讀：“吾吾當分讀。暇豫之吾，言閒暇的我。上文曰：‘我教兹暇豫事君。’故此文曰吾，優施自我也。吾，代詞，受暇豫修飾，代詞受修飾，此乃始見。江有誥《先秦韻讀》於上吾字斷句，吾與烏枯韻。”③

可見徐仁甫説和吴秋輝説的前後繼承性。

無論從本文語境還是從重言詞的一般規則出發，本文的“吾吾”看作重言詞是没有問題的。此外就是“暇豫”和“吾吾”之間的關係問題。“之”作結構助詞是常見的用法，“暇豫”爲限定成分，“吾吾”爲中心詞；或者反之“暇豫”爲中心詞，“吾吾”爲限定成分都是没有問題的。然而“暇豫”和“吾吾”確實爲相對的兩種狀態，則“之”字作結構助詞且表二者的從屬關係爲不辭。則“之”爲動詞，“本當暇豫而之吾吾”之義。其轉折義非由“之”字出，實由本句的語義關係决定，故不可以“之”字爲轉接連詞，《集釋》説誤。我師方先生爲蕭旭《淮南子校補》作序，認爲：“于于，當從李頤的解釋爲聲之相和也，即發出一種自然的聲音，大自然可以唱于，百姓起則于于，皆屬自然狀態。”④從方師的結論推導，則“吾吾”等即義爲自然和諧的狀態，正可以釋《國語》本文。如此，則“暇豫之

① 吴秋輝撰，張乾一輯録：《侘傺軒文存》，濟南：齊魯書社1997年版，頁367—368。

② 徐仁甫：《古詩别解》，上海古籍出版社1984年版，頁72。

③ 徐仁甫：《晉語辨正》，《晉陽學刊》1984年第2期，頁78—82。

④ 方師：《〈淮南子校補〉序》，載於蕭旭《淮南子校補》卷首，新北：花木蘭文化出版社2014年版，序3。

吾吾"之"之"當作結構助詞。

46. 且人中心唯無忌之,何可敗也

唯

《集釋》:唯,是也。(頁101)

【按】"唯"一般情況下爲"僅詞",但在本句中恐亦"唯……是……"之省。"唯無忌之"者,"唯無所避忌"也。

47. 有父忍之,況國人乎

有

《集釋》:有,雖也。見《爾雅》。

以仁案:《國語》罕覯同例。(頁102)

【按】"有"爲動詞,韋注:"有父忍自殺之,況能愛國人乎?"不解爲"雖"。《晉語一》驪姬云:"今君惑於我,必亂國,無乃以國故而行强於君。"公曰:"夫豈惠其民而不惠於其父乎?""有父忍之,況國人乎"這句話是和"夫豈惠其民而不惠於其父乎"相對應的,上言"不惠於其父乎",故此處言"有父忍之"。"有父忍之"者,"自己有父親都能忍心傷害他"之義,王宏等英譯爲:"You have father. Yet you rather murder him."①此譯甚合《國語》本文之文本形式與語義。今《國語》譯注本多意譯"有父忍之"爲"你對自己的父親都忍心傷(謀)害",亦通。《集釋》釋"有"爲"雖",未確。

48. 子惠顧亡人重耳

惠

《詞詮》:表敬副詞。(《國文法》同)。

---

① 王宏、趙峥英譯,尚學鋒、夏德靠今譯:《國語》,長沙:湖南人民出版社2012年版,頁127。

以仁案：下文"君惠弔亡臣"同此。（頁107）

【按】 語法學研究者中很多以"惠"等一類詞爲表敬副詞者，如譚正璧（1901—1991）、顧佛影（1901—1955）、楊伯峻、周秉鈞（1916—1993）、馬忠（？—1972）、王笑湘、李新魁（1935—1997）、康瑞琮、余行達、郭錫良、白兆麟等，楊樹達或其始也①。自楊樹達以來，表敬副詞已成爲古漢語語法學著作中副詞下位分類的一個固定類别。

49. 幸苟君之，子唯其索之也

苟

《補正》案：苟，誠也。

以仁案：苟，若也，如也，假設連詞也（義見《詞詮》）。《補正》訓"誠"，亦假設之詞也。幸，則爲表態副詞。又《補正》從"子"下絶句，非是。夷吾本即君之子也。（頁108）

【按】 "誠"不表假設，唯表確定性。關於本句的斷句，"子"字屬上者有王鐸、道春點本、秦鼎、吴曾祺、林泰輔、塚本哲三本、桂湖村本、沈鎔、吴汝綸、《叢書集成初編》本、秦同培、傅庚生、大野峻本、上古本、彭益林、薛安勤等、汪濟民等、焦傑、劉利、李維琦、黄永堂、史延庭、鄔國義等、趙望秦等、來可泓、李德山、尚學鋒等、梁谷、曹建國等、

---

① 楊伯峻：《文言語法》，北京出版社1956年版，頁104。楊伯峻：《文言文法》，北京：中華書局1963年版，頁96。周秉鈞主編：《古漢語手册》，長沙：湖南人民出版社1985年版，頁248—249。馬忠：《古代漢語語法》，濟南：山東教育出版社1983年版，頁370。王笑湘：《文言語法》，北京：中國人民大學出版社1987年版，頁108。李新魁：《漢語文言語法》，廣州：廣東人民出版社1983年版，頁134。康瑞琮：《古代漢語語法》，瀋陽：遼寧人民出版社1981年版，頁164—165。郭錫良：《古代漢語語法講稿》，北京：語文出版社2007年版，頁75。白兆麟：《文法學及其散論》，北京：九州出版社2004年版，頁85—86。楊樹達：《高等國文法》，上海：商務印書館1955年重印本，頁332。

陳桐生①；"子"字屬下者有徐元誥、裴學海、張以仁、易孟醇、王樹民等、劉倩等、羅家湘等②。審徐元誥云："幸苟，謂苟得爲晉君，子可聽秦之索求也。子，謂夷吾。"③審本文下文云："子盍盡國以賂内外。"則此處亦當以"子"字下屬爲是。則"幸苟君之"之"君"爲名詞活用作動詞。

50. 又重有命

有

《衍釋》：《唐韻正》"有"古讀"以"，是"以""有"二字義同而通也。（頁110）

【按】"有"即動詞，不必改讀。實本句中"又"作副詞，"重"字爲謂

---

① （清）王鐸：《王覺斯批校國語讀本》卷八，本卷頁13。（日）林信勝點校：《道春點國語》卷八，刊刻時、地不詳，和刻本，本卷頁13。（日）秦鼎：《春秋外傳國語定本》卷八，本卷頁12。吴曾祺：《國語韋解補正》卷八，本卷頁5。沈鎔：《國語詳注》卷八，本卷頁6。吴汝綸點勘：《國語》，見刊於宋志英主編《〈國語〉研究文獻輯刊》第一册，北京：國家圖書館出版社2012年版，頁316。（吴）韋昭注：《國語》，上海：商務印書館1937年版《叢書集成初編》本，頁108。傅庚生：《國語選》，頁103。上海師範大學古籍整理研究所點校：《國語》，頁307。彭益林：《〈國語·晉語〉校讀記》，《華中師範大學學報》1986年第5期，頁53—57。薛安勤、王連生：《國語譯注》，頁350。汪濟民、仲坤、徐玉侖、張學賢：《國語譯注》，南昌：百花洲文藝出版社1992年版，頁181。焦傑點校：《國語》，瀋陽：遼寧教育出版社1997年版，頁65。李維琦標點：《國語》，頁82。李維琦：《白話國語》，頁195。黄永堂：《國語全譯》，頁322。史延庭編著：《國語》，長春：吉林人民出版社1996年版，頁158。鄔國義、胡果文、李曉路：《國語譯注》，頁258。趙望秦、張豔雲、楊軍：《白話國語》，頁258。來可泓：《國語直解》，頁422。李德山注評：《國語》，南京：鳳凰出版社2009年版，頁110。尚學鋒、夏德靠譯注：《國語》，頁144。（吴）韋昭注、明潔輯評、梁谷整理：《國語》，上海世紀出版集團2008年版，頁140。曹建國、張玖青注説：《國語》，頁221。陳桐生譯注：《國語》，頁332。

② 徐元誥撰，王樹民、沈長雲點校：《國語集解》（修訂本），頁293。劉倩、魯竹：《國語正宗》，頁164。羅家湘注譯：《國語》，鄭州：中州古籍出版社2010年版，頁172。裴學海：《古書虚字集釋》，上海：商務印書館1932年版，頁195。

③ 徐元誥撰，王樹民、沈長雲點校：《國語集解》（修訂本），頁293。

語動詞,"有命"實爲一結構形式,類於名詞性成分作賓語。其語法關係爲"[又]重有命",其中"有命"爲述賓結構。

九、晉語三

51. 喪田不懲,禍亂其興

其

《釋詞》:其,猶乃也。

《詞詮》:時間副詞,將也。

以仁案:《集釋》説同《釋詞》,非也。"其"表未來,"乃"則表已然。若訓爲"乃",失其預言性質矣。《詞詮》是也。(頁 112)

【按】 本句之"其"爲推度副詞。故張氏所謂"'其'表未來"者具有一定合理性。

52. 昔君之惠也,寡人未之敢忘

之

以仁案:之,語中助詞(義見《釋詞》、《詞詮》、《國文法》),無義。"寡人未之敢忘",猶"寡人未敢忘也"。下文"君入而列未成,寡人未敢忘",句法一例而無"之"字。(頁 116)

【按】 "未之"之"之"爲代詞,否定句中賓語前置,已爲今日古漢語語法一般規則。

53. 若無天乎

若

韋注:云晉所行若言無有天也。(公序本"云"下有"言也"二字。)

《述聞》:秦穆公曰:"殺其内主,背其外賂。彼塞我施。若無天乎云,若有天,吾必勝之。"韋斷"云"字上屬爲句,注曰:"云,言也。晉所行,若言無有天也。"家大人曰:"若無天乎云",文不成義。且與下二句不相聯屬。"云"字當在下文"若"字下,而以"若無天乎"爲一句,"若云有天"爲一句。《魏志·公孫淵傳》:淵令官屬上書自直於魏云:"若無天乎,臣一郡吉凶尚未可知。若云有天,亦何懼焉。""若無天乎""若云有天",皆用《晉語》文,蓋所見本"云"字在"若"字下也。穆公之意以爲若無天,則勝負尚未可知。若有天,則吾必勝之也。"若無天乎"之下,不更贅一語者,下文明言:"若云有天,吾必勝之。"義見於下,故文省於上也。《晉語》記申生之言曰:"伯氏不出,奈吾君何?伯氏苟出而圖吾君,申生受賜以死(今本'死'上衍'至於'二字,辨見《國語》),雖死何悔?"《檀弓》記其言則曰:"伯氏不出而圖吾君,伯氏苟出而圖吾君,申生受賜而死。""伯氏不出而圖吾君"之下,不更贅一語,亦是義見於下而文省於上也。

劉台拱《國語補校》:案"云"當是注中詮字,淺識者以"云"爲大字,大於注增"言也"二字,抑或下文"若云有天""云"字脱於彼而衍於此。

以仁案:《考異》云:"公序本'乎'下有'云'字,此本脱。"下引《述聞》之説,蓋以《述聞》之説爲是也。細味韋注"若言"二字,有"云"字蓋是也。劉説疑非。且似韋氏所見本"云"字原居首句"若"字下,爲"若云無天乎",故韋注云:"若言無有天也。"與王氏所謂《魏志》所見本在次"若"字下者不同。又韋訓"若"爲比喻連詞,若今語"好像"之義。王訓爲假設連詞,若今語"如果"之義。若以省文之例觀之,王説似得之也。(頁116—117)

【按】 此文若斷作:"秦穆公曰:'殺其……若無天乎?'云:'若有天,吾必勝之。'"是一人之言而二句,後者表强調,皆可通。又關修齡《略説》云:"《〈儀禮·士相見禮〉疏》云:'若者,不定之辭也。言若無天道,則云不勝矣。'下文可見。"①亦可參。

① (日)關修齡:《國語略説》三,本卷頁14。

54. 穆公歸,至于王城。合大夫而謀曰:殺晉君與逐出之與以歸之與復之,孰利

與

以仁案:諸"與"字皆猶"或"也。謂殺晉君或逐出之或以歸之或復之孰利也。《鄭語》"夏后卜殺之與去之與止之,莫吉",亦其例也。(頁118)

【按】 雖然張氏釋"與"爲"猶'或'",但是"與"和"或"用法不同。"或"是連詞,表示選擇關係。而此處的"與"應該是介詞,和"孰"共同構成比較關係。

55. 比其和之而來,故久

比

《集釋》:比,及也。

之

《集釋》:之,猶"也"也。(頁120)

【按】 "之"爲代詞,不訓作"也",此處可不釋出。《集釋》説誤。

十、晉語四

56. 有此,其以戍申乎

以仁案:以,猶於也。介詞,表時間。下文"將以己丑焚公宫。"亦謂將於己丑焚公宫也。(頁122)

【按】 張氏以"於"釋"以"字,是。"戍"字誤,當爲"戊"。徐仁甫謂本句"其猶當也"①,"其"字實亦推度副詞,徐氏釋作"當"是可以的。

① 徐仁甫:《廣釋詞》,成都:四川人民出版社1981年版,頁175。

57. 況其順身縱欲懷安，將何及矣

其

矣

以仁案：其，句中助詞。附於轉接連詞"況"無義。猶"若其"、"抑其"、"如其"之"其"之附於"若"、"抑"、"如"也。此謂何況順身縱欲懷安也。《集釋》非是。《稱代編》(頁一〇七)以"其"爲代詞，亦非。蓋如此"其"，實無名可代也。《楚語下》："況其下之人，其誰敢不戰戰兢兢以事百神?"釋與此同。又案：矣，猶乎也。(頁 123)

【按】 "其"爲代詞，非助詞。"何"表疑問，"矣"爲終了義，本句疑問語氣實出"何"出，非由"矣"字出。

58. 楚師之懼，我不修也

之

以仁案："之"，猶"若"也。詳《周語上》第 15 條。謂楚師若懼，我不修也。下文"我之不德"、"天之祚楚"，二"之"字皆訓"若"，與此同。(頁 129)

【按】 此處以及張氏列舉之"之"皆爲結構助詞，不訓"若"。

59. 今將婚媾以從秦，受好以愛之，聽從以德之，懼其未可也。又何疑焉

將

《集釋》：將，若也。若爲"若或"之義。

以仁案：下文："質將善而賢良贊之，則濟可俟。"《集釋》亦訓"將"爲"若或"，與此同。

其

《集釋》：其，猶且也。爲尚且之義。(又卷二"焉"字條及卷八"將"字條下引此並云："其，尚也。")(頁 132)

【按】“將”,將要,時間副詞。“其”爲代詞,代秦。

60. 其何實不從

實

韋注:言實從也。

《集釋》:實,猶爲也。爲,故字之義。

以仁案:《吴語》:“雖四方之諸侯,則何實以事吴?”與此同例。《辨略》訓爲語助,無義。蓋是。此宜從之。(頁132)

【按】傅庚生釋“其何實不從”云:“意謂實不相從。”①高樹認爲:“用在疑問句中,‘實’和疑問代詞‘何’相結合,以反問的語氣表示肯定的意思。”②可從。此處“實”字應是表確定性的副詞,李新魁稱之爲表確定的“狀態副詞”,王笑湘、張文國等稱之爲“表示深信不疑”的“情態副詞”,楊伯峻、何樂士稱之爲“表示對事態、行爲的肯定推度或判斷”的“推度副詞”,李佐豐稱之爲“決斷副詞”③,總之,皆以“實”爲表確定性的副詞。

61. 怨其多矣

其

《集釋》:其,猶則也。

以仁案:其訓爲則。(頁133)

【按】“其”表推度語氣,爲推度副詞,訓爲“則”恐未允。

① 傅庚生:《國語選》,頁141。

② 高樹:《〈左傳〉的“實”》,《新疆大學學報》1992年第2期,頁94—100。

③ 李新魁:《漢語文言語法》,頁126。王笑湘:《文言語法》,頁101。張文國、張能甫:《古漢語語法學》,成都:巴蜀書社2003年版,頁153。楊伯峻、何樂士:《古漢語語法及其發展》(修訂本),北京:語文出版社2003年版,頁347—348。李佐豐:《古代漢語語法學》,北京:商務印書館2004年版,頁187—190。

62. 除君之惡，唯力所及

所

《集釋》：所，猶是也。爲是非之是。《左傳·僖二十四年》作“唯力是視”。

以仁案：如《集釋》所說，豈“及”亦猶“視”乎？此濫用異文之失也。所，疑仍當釋爲助動詞。（頁133）

【按】 “唯……所”爲“唯……是”的變形。就本句而言，“唯力所及”當是“唯力所及是……”之省，“所”非“是”，《集釋》誤。張氏言是。

63. 豈不如女言，然是吾惡心也

然

《釋詞》：然，猶乃也。言乃是吾惡心也。

以仁案：《國語》只此一例。（頁134）

【按】 “然”字表轉接，與“乃”字語法功能不同。林序達（1925—1993）明確指出《釋詞》的不足，以“然”字爲連詞①。俞敏（1916—1995）直接改句讀爲“豈不如女言？然，是吾惡心也”②，俞敏的這種處理亦極精當。

64. 陽人未狎君德，而未敢承命

而

《衍釋》：而，猶故也。

以仁案：疑“而”猶“乃”也，副詞。若口語“纔”。（頁135—136）

【按】 “故而”、“而”語義功能近同，《衍釋》所釋未誤，張氏説誤。

---

① 林序達：《林序達漢語史論集》，成都：巴蜀書社2009年版，頁480。

② 俞敏：《經傳釋詞札記》，長沙：湖南教育出版社1987年版，頁125—126。

65. 是楚一言而有三施，子一言而有三怨

是

《集釋》：是，猶夫也。爲提示之詞。（頁136）

【按】“是”爲代詞，表同位作主語，與“夫”字語法功能、意義皆不同。

66. 質將善而賢良贊之，則濟可矣。若有違質，教將不入，其何善之爲

將

《集釋》：將，猶如也，若也。若爲若或之義。下將字訓必。

以仁案：將訓若。（頁140）

【按】“將”非訓“若”，實仍爲時間副詞，“將善”者，將及於善也。

十一、晉語五

67. 今君之所聞也

今

《釋詞》：今，指事之辭。猶言是君之所聞也。

《集釋》：今，此也。

以仁案：《釋詞》所謂“指事之辭”，即指示代名詞。是猶此也。二説相同。疑皆非是。此“今”仍當釋爲時間副詞。猶今語“現在”之義。此句蓋起下文，謂齊桓公親舉管仲事，乃君今日親所獲聞之事也。《釋詞》、《集釋》蓋以此句結上文，乃有此誤也。（頁142）

【按】“今”爲時間詞，張氏言是，《釋詞》、《集釋》皆誤。

68. 子大夫莫之能對也

之

以仁案：之，語中語助。無義。謂大夫莫能對也。（頁144）

【按】 "之"爲代詞作賓語，爲否定句中代詞賓語前置，此爲常見用法，不當釋爲"語中語助"。

69. 病未若死

若

《釋詞》：若，猶及也。至也。成二年《左傳》作"病未及死"。

以仁案：《集釋》同。若訓爲至，其例《國語》罕見。（頁144）

【按】 "若"可訓作"如"，"若"、"如"亦爲動詞，作"之"、"至"等義。《晉語五》本句，《左傳》作"病未及死"，王引之《經傳釋詞》因謂："若猶及也，至也。《書·召誥》曰'越五日甲寅，位成，若翼日乙卯'，言及翼日乙卯也。《吴語》'越大夫種曰：王若今起師以會'，言及今起師以會戰也。故成二年《左傳》'病未及死'，《晋語》作'病未若死'。"秦鼎亦謂"若猶及也，傳作及"①。徐仁甫則云："若，猶及，連詞。訓見《經傳釋詞》。《周禮·地官·媒氏》：'中春之月，令會男女，於是時也，奔者不禁，若無故而不用令者罰之。'宋魏了翁云：'若'字當讀如'子若孫'之'若'，謂使媒氏會合婚嫁，苟有奔者而不爲之禁，若元無喪而不用此令者，則皆寘之罰，非謂權許其奔也。元熊朋來亦云：《媒氏》'若無故'之'若'，猶言'及'也。"②又蕭旭《古書虚詞旁釋》亦補例多條，云："《老子》第13章：'寵辱若驚，貴大患若身。'言至身也。《吕氏春秋·貴直》：'士之速斃，一若此乎？'按《知士》：'靜郭君之於寡人，一至此乎？'是其比。《戰國策·齊策一》：'徐公不若君之美也。'按上文'徐公何能及君也？'正作及字。《莊子·秋水》：'不知論之不及與？知之弗若與？'若、及互文。成玄英疏：'豈直議論不如，抑亦智力不逮。'釋若爲逮、及爲如，逮、如亦及也。《晏子春秋·諫下》：'吾勇不子若，功不子逮。'若、逮互文，逮亦及也。《列子·力命》：'愧其不若黄帝而哀不己若者。'張湛注：'慚其道之不及聖，矜其民之不逮

① （日）秦鼎：《春秋外傳國語定本》卷一五，本卷頁6。

② 徐仁甫：《廣釋詞》，頁325—326。

己。'張氏分釋兩'若'字爲'及'、'逮'。《劉子·适才》:'非子貢不及馬圉,吹籟不若野聲。'若、及互文。"①這裏牽涉到兩書内容基本相同、語義基本相同而相同語法位置上用字不同,二者是否可以互换的問題,同時牽涉到傳統虚詞研究著作中用訓詁訓釋模式"×猶×也"進行虚詞訓釋是否可以準確標示虚詞的語法義及其語法功能的問題。故不憚煩,引述各書如上。首先是對《晉語五》"若"和《左傳》"及"的詞類歸屬認定,根據趙大明《〈左傳〉介詞研究》,《左傳》"及"字共出現 725 次,可作動詞、連詞和介詞,其中動詞義之"及"409 次,介詞"及"191 次,連詞 125 次②,"病未及死"之"及"實當爲動詞,和"流血及屨"、"矢貫余手及肘"的"及"意義用法是相同的,即"及"字是"到達"之義,就本句而言,"及"前還有否定副詞"未"修飾,就更彰顯其動詞類屬。《晉語五》的"若"本義爲動詞義,《説文·艸部》:"若,擇菜也。"③"擇"這一動作本身具有遷延性,即把甲事物從乙事物中選擇出來,乙事物是甲事物存在的一個更大集合,甲事物是"擇"的對象與結果,實際上也體現一個由此及彼這樣一個過程,在這一點上和"及"類似。《説文·又部》:"及,逮也。"④動作本身也具有遷延性。因此,"若"和"及"具有類同性。此外,"若"和"如"聲同義通,"如"有比況義、到義,故"若"字亦有之。故張以仁云:"《集釋》同,若訓爲至,其例《國語》罕見。"⑤罕見之説恐受"例不十,法不立;例外不十,法不破"之説的影響。實際上有些用法或意義在某部專書甚至某一斷代語言史中出現頻次很低,有的甚至就是一次,但是卻無法否定其存在。如《晉語二》"吾誰使先若夫二公子"之"若"、《吴語》"將夾溝而廖我"之"廖",非惟《國語》僅 1 見,甚至放在整個漢語史中也不多見,尤其"若"作擇取講,現傳文獻中恐也祇有《國語》1 例。因爲虚詞的語法化過程是漸進性的,故一部專書甚至一個時代,該詞的虚

① 蕭旭:《古書虚詞旁釋》,頁 257。
② 趙大明《〈左傳〉介詞研究》,北京:首都師範大學出版社 2007 年版,頁 309。
③ (漢)許慎:《説文解字》,頁 24 下。
④ (漢)許慎:《説文解字》,頁 64 下。
⑤ 張以仁:《國語虚詞集釋》,頁 144。

詞用法、實詞用法都會出現，訓詁學家往往因其有虚詞用法，故釋之爲虚詞，然而亦常常見虚詞訓詁中釋之爲實詞義者，即在於該詞爲兼類詞。實際上王引之釋“若猶及也，至也”之中的“及”與“至”皆當爲實詞義，非爲虚詞，其所引三例，《書・召誥》之“若”字可訓作“及”，亦可訓作“至”，至其所舉《吴語》“若”字本假設連詞，即爲“如果”，不煩訓作“及”。故王氏《釋詞》三例中2作動詞，唯1見作連詞。徐仁甫《廣釋詞》引《媒氏》“若”字實亦假設連詞，其所引魏了翁等説未可爲確解。蕭旭所舉諸例中，所舉《老子》、《吕氏春秋・貴直》、《齊策一》、《莊子》、《晏子春秋》、《列子》、《劉子》之“若”字皆爲比況動詞。所舉可證以“及”字代之諸例，實“及”字爲一般動詞。“若”、“及”雖皆動詞，然下位類屬並不相同，固“若”或比或況，義爲“好像”、“似乎”、“比……”，而“及”作爲一般動詞則義爲“趕得上”、“追得上”。就動作的指向性上而言，“及”比“若”字指向性强。以上諸家虚詞訓釋爲傳統訓詁學方法，固有勝義。然詞類分析固屬模糊，往往實、虚不别，往往於虚詞訓釋之中見實詞義，誠然，漢語中的副詞、連詞、介詞等絶大部分由實詞虚化而來，然就虚詞訓釋而言，即言爲詞，自當守其界域。古人語法觀念並不嚴密，固難苛求，今則語法學已有百年，於虚詞訓釋自有其更精密之方式與方法，自當借鑒以求其確解。楊樹達《詞詮・序例》云：“凡讀書有二事焉：一曰明訓詁，二曰通文法。訓詁治其實，文法求其虚。”①楊氏所謂的“文法”固指王引之《經傳釋詞》②，與後日語法學上之“文法”不盡同。實際上楊樹達在虚詞訓釋中已經采用詞類分析而非僅僅停留在傳統訓釋手段上，則其所謂“文法求其虚”即在講求傳統訓詁方法的同時通過對具體語詞的語法功能、語法意義的分析以求最大程度的文本還原。就求意義而言，由於漢語的同義現象比較複雜，故“×猶×也”可以把很多本來具有較大差

---

① 楊樹達《詞詮・序例》。

② 陸宗達、俞敏《現代漢語語法》（上册）即認爲《經傳釋詞》“把古漢語的虚詞講的很好。直到現在還有人學他。這種功夫當然不能説就是全部語法學，可是是漢語學家成績最好的那部分。”（北京：東方書店1954年版，頁37）

别的詞通過類比進行訓釋，由於“猶”這一訓詁術語本身的模糊性①，故而被訓詞和訓釋詞之間的關係反而複雜化。就以“若猶及也，至也”這一條而言，由於“及”爲連詞、介詞和動詞，故“若猶及也”之“若”要通過對“及”字的具體分析纔能明確其具體語境意義及用法，而“若”字本身亦兼連詞、動詞、助詞等多個類屬。因此語法分析實際上使虚詞訓釋更精確精密。此外，訓詁學所訓釋之義多爲語境義，語境義實即言語義，而非語言義，固一字之訓因語境不同，而釋義至十幾條甚至幾十條，並非其義項或用法確實多至如此。實各訓詁皆隨文釋義，而所釋之義往往針對具體語境，故不具備概括性與穩定性。故虚詞訓釋或詞語訓釋當在吸收前人訓詁成果的基礎上通過現代詞彙學、詞典學以及語法學的基本理論進行合理概括歸納。又點校本徐元誥《集解》作“病若未死”，當係誤倒。

十二、晉語六

70. 華則華矣，實之不知

之

《釋詞》：之，亦則也。互文耳。

《詞詮》：句中助詞，無義。（《國文法》同）。

以仁案：《衍釋》、《集釋》訓與《釋詞》同，蓋是。（頁147）

【按】《詞詮》説是，此處“之”字實爲結構助詞，取消句子獨立性。

71. 范文子不欲，曰：若以吾意，諸侯皆叛，則晉可爲也

以

《集釋》：“以”，猶“如”也。此“如”字與《列子·力命篇》“四人相與遊於世，胥如志也”之“如”同義。“如”，“隨”也。見張注。……“以吾意”即“如吾志”。《左傳》成十六年作“若逞吾願，諸

① 如周大璞《訓詁學要略》把“猶”的功能分爲四種：（一）意義相近的字來解釋；（二）引申義釋本字；（三）本字釋借字；（四）今語釋古語。（武漢：湖北人民出版社1984年版，頁129）

侯皆叛”。“逞願”即“如志”之意。(頁148)

【按】 “以”爲介詞,根據、按照之義,“以吾意”,按照我的意思、想法。《集釋》説非是。

十三、晉語七

72. 祁奚辭於軍尉

於

《衍釋》:於,猶其也。

以仁案:此“於”疑爲句中助詞,無義。謂祁奚辭軍尉之職也。上文:“臣誅於楊干。”亦謂臣誅責楊干也。與此同例。(頁157)

【按】 “於”爲介詞,起引介作用,此處表强調。張氏所舉“誅於楊干”之“於”字與此處“於”字用同。

73. 子教寡人和諸戎狄而正諸華

而

《釋詞》:而,猶以也。襄十一年《左傳》:“和諸戎狄以正諸華。”(頁158)

【按】 “而”爲順接連詞,與“以”部分功能同。

十四、晉語八

74. 耻爲後世之見之也

爲

韋注:爲,使也。

《辨略》:《魯語》“其爲後世昭前之令聞也”、《晉語》“爲後世之見之也”並注云:“爲,使也。”宋庠《補音》作平聲。

以仁案:明道本《國語》“爲”上之“耻”字,公序本作“止”。《札記》曰:“别本作‘止’。段云:‘止字勝。’”《補正》云:“案公序本作

'止'字，止其爲讎也。"蓋是也。又《魯語》《晉語》二處，宋庠《補音》皆未及"爲"字，《辨略》失檢。（頁164—165）

【按】"爲"爲被動標記。今審遞修本、許宗魯本、金李本、張一鯤本、穆文熙本、閔齊伋本等公序本系統以及經筵校本、《詳注》、《集解》、上古本等字皆作"止"。從上下文語境看，字以作"止"爲是，且單獨爲句。黄刊明道本及其覆刻本等"耻"字恐誤。《補正》雖然没有改字，但是於案語中出校，且釋文義，恐怕也是讚同公序本"止"字的。

75. 國無道而年穀龢熟，鮮不五稔

鮮

以仁案：《集釋》卷八"斯鮮"字下引此條云："斯，猶乃也。字或作鮮。……《左傳・僖二年》：'不可以五稔。'與此同義。"其説可通。鮮借爲斯，《國語》不乏同例。（頁165）

【按】"鮮"爲否定義詞，故"鮮不"實爲雙重否定表肯定。五稔而末，非謂不可以五稔，張氏説誤。

76. 八年之謂多矣，何以能久

之

韋注：已爲多也。

《集釋》：之，猶已也。"已"與"以"同音。"之"訓"以"，故亦訓"已"。……韋注曰："已爲多也。"是韋注正訓"之"爲"已"。

以仁案：《周語下》："守府之謂多。"與此同例。（頁165）

【按】"之"爲結構助詞。"謂"爲動詞，稱得上。關於"之謂"與"謂之"，何樂士有《論"謂之"句和"之謂"句》專論①，可參。

---

① 何樂士：《論"謂之"句和"之謂"句》，見載於氏著《左傳虚詞研究》（修訂本），北京：商務印書館2004年版，頁24—44。

十五、晉語九

77. 則何良之爲

何……之爲

《釋詞》:爲,猶有也。言何良之有。

以仁案:《釋詞》是也。(頁171)

【按】“何……之爲”爲固定結構。關於該固定結構中“爲”字的用法及意義,説法不盡一致。審韓崢嶸(1934—2011)《古漢語虛詞手册》、中國社會科學院語言研究所編《古漢語虛詞詞典》等皆把句尾“爲”字處理爲語氣詞表示感歎或者疑問語氣①。此外,尚有以“何……之爲”爲賓語提前的反問句者,以“爲”爲動詞。如黎千駒即認爲“何……之爲”與“何……之有”語法結構一樣。實際上,無論“何……之有”還是“何……之爲”都是一種固定的反問語氣結構,其中“爲”、“有”的動詞藴涵已經弱化,主要功能只是一種標記,可以看作語氣詞。

十六、鄭　語

78. 周亂而弊,是驕而貪,必將背君

是

《集釋》:是,則也。見《爾雅》。

以仁案:下文“若更君而周訓之,是易取也”,《釋詞》與《集釋》並訓爲“則”,與此同。(頁173)

【按】“是”代詞,同位語,復指上文,作主語。張氏所舉“是易取也”之“是”同。

---

① 韓崢嶸:《古漢語虛詞手册》,長春:吉林人民出版社1984年版,頁372—373。中國社會科學院語言研究所古代漢語研究室編:《古代漢語虛詞詞典》,北京:商務印書館1999年版,頁215—217。

79. 若更君而周訓之,是易取也
是
《釋詞》:是,猶則也。韋注云:"更以君道導之,則易取。"
以仁案:《集釋》説同。(頁175)

【按】 此處"是"爲代詞,主語,見上。

80. 褱人褱姁有獄而以爲入於王
爲
《集釋》:爲,猶以也。訓見《經傳釋詞》。"以爲"是複詞。
以仁案:"爲"字如此用法,甚爲罕見。誌此存疑。(頁177)

【按】 前既有"以"字,則此處"爲"固不當爲"以",且"以爲"亦非複詞。"以"爲介詞,後面省略了賓語。這裹的"爲"字用於動詞"入"字之前,但是又不類於被動標記。本句的"爲"字類似于英語中的"do",用在動詞之前表示强調。

十七、楚語上

81. 莊王既以夏氏之室賜申公巫臣,則又畀之子反,卒於襄老
於
《集釋》:於,猶與也。訓見《經義述聞·通説》"於"字條。
以仁案:韋注亦以"卒與襄老"説之,可補《集釋》之説。(頁179)

【按】 "於"爲介詞,此無疑問。唯在於强調最終歸屬,故用"於"字。韋注釋義,不可以爲韋注言"於"爲"與"。

82. 夫君國者,將民之與處
將
之
以仁案:將,猶當也。之,猶是也。(頁182)

【按】 蕭旭謂“之”下省“是”，亦非。“之”爲結構助詞，延緩語氣，表强調。其正常語序當爲“將與民處”，此處“與”爲介詞，“民”作介詞“與”的賓語，前置。

83. 楚其殆矣

矣

《集釋》：矣，猶哉也。爲疑而兼歎之詞。《楚語》又曰：“楚其難哉。”文例同此。

以仁案：矣自可通，似不煩另訓爲“哉”也。（頁 182）

【按】 張説是。“矣”本表動作或狀態之終了或結果。

84. 是知天咫，安知民？則是言誕也

咫

韋注：咫，言少也。此言少知天道耳，何知治民之法？

《釋詞》：咫與只同。只，猶耳也。韋注：“咫，言少也。此言少知天道耳，何知治民之法？”失之。（《述聞》卷三十二“語詞誤解以實義”條説同。）

《詞詮》：語末助詞，與“耳”同。（《國文法》同。）

以仁案：《集釋》亦有説，與《釋詞》、《詞詮》同。是也。下文右尹子革曰：“民，天之生也。知天必知民矣。”所謂“知天”，即承此“是知天咫”而來。若楚王謂其少知天道，右尹子革不當出此言矣。“咫”之爲語末助詞，又見《晉語四》第 40 條。

則

《平議》：樾謹按：“咫”與“則”并語辭。王氏引之《經傳釋詞》曰：“咫與只同。”是也。然王氏知“咫”爲語辭，而不知“則”爲語辭，故其説猶未盡。今按“則”亦與“只”同，“始知天咫，安知民則”猶言“是知天只，安知民只”。《楚辭·大招篇》每句末皆用“只”字，蓋楚語然也。“咫”與“則”古通用，《賈子·連語篇》：“牆薄咫亟壞，繒薄咫亟裂，器薄咫亟毀，酒薄咫亟酸。”《新序·襍事篇》“咫”并作

"則",是其證也。"咫"可讀爲"只",故"則"亦可讀爲"只"矣。其下曰:"民,天之生也。知天,必知民矣。"但言"知民",不言"知民則",可見"則"爲語辭矣。下文"昭王問於觀射父"章"神狎民則","則"亦與"只"同,"神狎民只"謂"神與民狎"也。注曰:"則,法也。"亦失之。

《集釋》:則,猶哉也。古音"則"與"哉"同。《群經平議》云:"咫與則並語詞。咫與只同,則亦只也。"按俞君訓"則"爲"知",未允。

以仁案:如《平議》之説,"咫"已假爲"只"矣。"則"復爲"咫"之假字又轉借爲"只",是假借中再假借也。竊疑上下兩句,同爲語末助詞,用字不當差别迥異若此也。《集釋》已疑其説,故别訓則爲"哉"。然此文"則"字,自可屬下爲句讀爲"則是言誕也",而其義亦順。(《詞詮》、《國文法》即如此讀)。"則"爲承接連詞,不必改訓他義也。又《楚語下》"神狎民則"一例,"則"亦可下屬爲"則不蠲其爲",而其義不變。韋注訓爲"法",《平議》借爲"只",並失之也。(頁 183—185)

【按】 韋注或未誤,亦不必改句。關於此句,前人頗有討論,王引之《經義述聞》卷三二云:"言是知天耳,安知民則也。"《經傳釋詞》卷九則云"咫"與"只"同。黄模《補韋》云:"'咫'當作'只',亦楚言也。"俞樾《群經平議》卷二九則進一步云:"然王氏知'咫'爲語辭,而不知'則'爲語辭,故其説猶未盡。今按:'則'亦與'只'同,'是知天咫安知民則'猶言'是知天只,安知民只'。"董立章從俞樾釋"咫"、"則"爲楚方言。段德森則謂"則"字用在句尾,用同"哉",表示疑問語氣①,王海棻、韓崢嶸等並有此説。張以仁《虚詞集釋》"咫"字從王引之等諸説,"則"字則屬下爲句。易孟醇以此"咫"字用同"只",爲表示停頓的助詞。趙平安從古文字的角度認爲"只"是"也"的訛字,用亦同"也"②,從虚詞的角度而

① 段德森:《實用古漢語虚詞詳釋》,太原:山西人民出版社 1986 年版,頁 448。
② 趙平安:《對上古漢語語氣詞"只"的新認識》,見載於氏著《新出簡帛與古文字古文獻研究》,北京:商務印書館 2009 年版,頁 267—275。

言,頗可信從。朱亦棟《群書札記》卷一則申韋注之義爲"言少知天道耳,何知治民之法",並謂:"《酉陽雜俎》有《天咫篇》,本此。"王紹蘭(1760—1835)《讀書雜記》云:"天咫與民則對文。咫亦則也。古多以咫爲則。是天咫猶云天則,《易·文言》所偁'乃見天則'是也。楚靈王因將言民則,故變文爲咫。因范無宇言天有晦明,民有君臣,故即以天咫、民則對舉。若云是知天耳,則但云安知民可矣,何必贅言則乎? 下文偁知天不連咫,猶偁民不連則,更可爲咫、則對文之證。韋固失之,王亦未爲得也。"①石光瑛《新序校釋》説與朱亦棟、王紹蘭同,李素琴也主是説。

85. 民,天之生也

之

以仁案:之,猶所也。(義見《衍釋》、《集釋》。)謂民天所生也。(頁 185)

【按】 就語法結構而言,完整形式爲"民,天之所生也",或省"所"字,未必釋"之"爲"所"。

86. 唯政之恭

之

以仁案:之,猶是也。參《周語下》第 2 條及本卷第 9 條。(頁 187)

【按】 張説是。"唯……之……"是"唯……是……"結構的變體,"之"和"是"在該類結構中充當賓語提前的標記。

十八、楚語下

87. 夫人作享,家爲巫史

夫

韋注:夫人,人人也。

---

① (清)王紹蘭:《讀書雜記》,北京:中華書局 1988 年版,頁 146—147。

以仁案:《釋詞》、《詞詮》,皆同韋注。(頁189)

【按】 "夫"表凡是。

88. 是之不恤,而蓄聚不厭,其速怨於民多矣

之

以仁案:之,猶而也。(頁191)

【按】 "之"爲賓語前置的標記。"是之不恤"中,謂語動詞是"恤","是"是代詞賓語,"之"作結構助詞,起否定句中賓語前置標記的作用。

89. 其獨何力以待之

獨

《釋詞》:獨,猶將也。

《集釋》:獨,猶乃也。

以仁案:揆以前文,《釋詞》較順。(頁191)

【按】 "獨"即爲僅詞,俞敏《經傳釋詞札記》已言之。

90. 縱臣而得以其首領以没

而

《再補》:而,猶或也。言或得如是也。(頁195)

【按】 《國語》本句,《文選》李善注引"其"前有"全"字,有無"全"字皆可通。解惠全等謂:"訓'而'爲或,證據不足。"①觀全句爲:"縱臣而得以其首領以没,懼子孫之以梁之險,乏臣之祀也。"該句的主語是"臣",謂語動詞是"没"和"懼","得以其首領以没"實際上是前提條件,其重點在下句。《古代漢語虚詞詞典》謂:"'而'用於主語、謂語之間,表示强調或

① 解惠全等:《古書虚詞通解》,北京:中華書局2008年版,頁148。

轉折的語氣，它所在的句子常用作表條件或假設的分句。"①審《國語》本句所在語境爲："縱臣而得以其首領以没，懼子孫之以梁之險，而乏臣之祀也。"《國語》本處"而"字所在的分句就是表示假設的句子。

91. 是六德者，皆有其華而不實者也，將焉用之

有

不

《衍釋》：有，猶爲也。

以仁案：不，猶無也。同動詞。謂有其華而無實者也。《晉語五》第4條"不本而犯"，《釋詞》、《詞詮》並謂"不"爲"無"，即其比。如此則"有"不必訓爲"爲"矣。（頁196）

【按】"有"爲動詞，"具備"，張説"不必訓爲'爲'"者是。"實"，形容詞。"不"爲否定副詞，非同動詞，與"無"不同。

92. 今壹五六而必欲用之

壹

《釋詞補》：一字或作壹，猶乃也。《釋詞》引高誘《吕氏春秋·知士篇》注。

以仁案：壹，猶聚也。外動詞也。謂王孫勝聚五六不義於一身也。《禮記》卷三十《玉藻篇》："壹食之人，一人徹。"注云："壹，猶聚也。爲赴會聚食也。"是其證。《釋詞補》非是。（頁197）

【按】張説亦誤。"壹"當爲副詞，"表示所述事實出乎意料。可譯爲'竟然'、'竟'等。"②此處之"壹"與《玉藻》之"壹"不同。故《釋詞補》釋"壹"爲"乃"者是。劉利認爲："'五六'就是五六點不義。這裏'不義'承上'有一不義'而省略。需要説明的是，'五六'與'壹'相連較爲費解。

① 中國社會科學院語言所古漢語教研室：《古代漢語虚詞詞典》，頁121。
② 中國社會科學院語言所古漢語教研室：《古代漢語虚詞詞典》，頁701。

初看上去，'壹'與'五六'是以數詞連用的形式表示概數，而實際上'壹'在這裹是個副詞，意思相當於'竟'，可以認爲'壹'和'五六'之間省略了動詞'有'。"①劉氏把"壹"字看作副詞是正確的。

十九、吴語

93. 雖四方之諸侯則何實以事吴

雖

《衍釋》：雖，猶若也。（見卷八"則"字"則，猶將也"條下）。

以仁案：此"雖"疑爲承接連詞，猶"則"也。參《晉語》第8條。《衍釋》疑非。（頁199）

【按】 "雖"當如本字之釋，張以仁説是。

94. 吾道路悠遠，必無有二命，焉可以濟事

焉

《釋詞》：焉，猶乃也，於是也。言必無有二命，乃可以濟事也。

《詞詮》：承接連詞。乃也，則也。（《國文法》同。）

以仁案：焉爲承接連詞，《國語》習見。（頁205—206）

【按】 "焉"字的句讀在《國語》各點校本中並不相同，有與張以仁句讀同者，如楊樹達、周法高、薛安勤等、汪濟民等、董立章、鄔國義等、黄永堂、趙望秦等、鮑思陶、來可泓、尚學鋒、劉倩等、曹建國等②；有

① 劉利：《〈國語〉的稱數法》，《徐州師範學院學報》1993年第4期，頁69—76。

② 楊樹達：《高等國文法》，上海：商務印書館1955年版，頁421。薛安勤、王連生：《國語譯注》，頁769。汪濟民、仲坤、徐玉崙、張學賢：《國語譯注》，頁377。董立章：《國語譯注辨析》，頁728。鄔國義、胡果文、李曉路：《國語譯注》，頁568。黄永堂：《國語全譯》，頁685。趙望秦、張豔雲、楊軍注譯：《白話國語》，頁555。鮑思陶點校：《國語》，濟南：齊魯書社2005年版，頁296。來可泓：《國語直解》，頁855。尚學鋒、夏德靠譯注：《國語》，頁337。李德山注評：《國語》，頁233。劉倩、魯竹：《國語正宗》，頁337。曹建國、張玖青注説：《國語》，頁351。

"焉"字上屬者如《叢書集成初編》本、秦同培、李維琦、史延庭、焦傑、劉利等①。殷孟倫等《古漢語簡論》等以"焉""用於句首,相當於作'這纔'或'就'講的'就是'"②,凡"焉"字在"可以"前者皆當如殷氏之釋;凡"焉"字在"二命"末尾者皆當作語氣詞。從語義的完足性而言,當以"焉"字在"可以"前最佳。

95. 危事不可以爲安,死事不可以爲生,則無爲貴智矣

爲

《釋詞》:爲,猶用也。言無用貴智也。

以仁案:《國語》無同例。(頁 206)

【按】 "爲"是動詞,没有疑問,有"化作"之義,義謂"危險的事情不能化作安全的,陷入死境的事情不能化作起有生機的,那就稱不上貴智了"。《釋詞》以"爲猶用",恐非是。

二十、越語上

96. 乃必有偶

乃

《釋詞補》:乃,猶其也。本《釋詞》。……乃必,其必也。(頁 215)

【按】 方有國以爲本句"'乃'字在句中用作連詞,意爲'那麽'、'於是'等,古人所謂'繼事之辭'"③,可從。《釋詞補》以"乃"爲"其",實亦推度之義。

---

① (吴)韋昭注:《國語》,《叢書集成初編》本,頁 220。秦同培譯注、宋晶如增訂:《廣注語譯國語精華》,頁 184。李維琦標點:《國語》,頁 173。李維琦:《白話國語》,頁 405。史延庭編著:《國語》,頁 349。焦傑點校:《國語》,頁 140。劉利:《從〈國語〉的用例看先秦的"可以"》,《中國語文》1994 年第 5 期,頁 382—387。

② 殷孟倫等:《古漢語簡論》,濟南:山東人民出版社 1979 年版,頁 192。

③ 方有國:《古代詩文今注辨正》,成都:巴蜀書社 2005 年版,頁 114。

97. 其達士絜其居，美其服，飽其食，而摩厲之於義

於

《集釋》：於，猶以也。訓見《詞詮》。

以仁案：《國語》罕見同例。（頁216）

【按】“於”爲介詞，起引介的作用，强調對象。

結　語

綜上，辯證張以仁《國語虛詞集釋》一共97條，主要包括這樣幾個方面：(1) 張氏説有可商者，予以正之；(2) 張氏引舊説可商者，予以正之；(3) 張氏説不誤，而今語與昔語不同者，以今通行觀念補之。

張以仁《國語虛詞集釋》應該是漢語學界第一次以公開出版的形式，對專書虛詞的全然性研究。衆所周知，無論是《馬氏文通》以前的傳統虛詞研究，還是《馬氏文通》出版以及此後一個階段的語言研究，漢語史的研究始終以綜合研究爲主要方面。這種綜合性最突出地表現在對於漢語研究的階段分析比較籠統，比如《馬氏文通》的語法研究對象從先秦一直到韓愈(768—824)，吕叔湘(1904—1998)的《中國文法要略》也是從先秦到唐宋，另外的一些著作也莫不如此。虛詞研究方面除了單篇論文外，著作方面基本上是綜合研究，即面對多個時代、多個地域的語料進行的總結研究，如裴學海的《古書虛詞集釋》、楊樹達的《詞詮》、王叔岷的《古書虛詞廣義》、周法高(1915—1994)的《中國古代語法研究·構詞編》等。

就整體而言，臺灣的古漢語虛詞研究尤其是專書虛詞研究比大陸要早一些，張氏《國語虛詞集釋》出版前有周富美《墨子虛字研究》(《臺灣大學文史哲學報》第15本，1966年)，張氏《集釋》出版之年有劉德漢《史記虛詞集釋》(臺灣大學中國文學研究所碩士論文，1968年)，此後則有：朱庭獻《尚書虛字集釋》，臺灣商務印書館，1969年版；左松超《左傳虛字集釋》，臺灣商務印書館，1969年版；許壁《史記代詞與虛詞研究》，臺灣師範大學國文研究所博士論文，1974年；黄啓原《杜甫詩虛字研究》洙泗出版社，1977年版；謝德三《〈吕氏春秋〉虛詞用法詮釋》，文史哲出版社1977；倪志僩《論孟虛字集釋》，臺灣商務印書館，1981年版；謝德三《墨子虛詞

用法詮釋》,學海出版社 1982 年版;謝德三《墨子虛詞用法研究》,學海出版社 1984 年版。皆在張氏《集釋》出版之後。這一批專書虛詞研究的成果,代表著當時漢語語法方面專書虛詞研究的最高水平。

張氏《集釋》是對此前虛詞研究成果的繼承與革新。此前的虛詞研究,如裴學海、王叔岷等人,仍然沿用傳統的訓釋方式,從語境入手,隨文釋義。張氏既繼承了這些研究成果,同時也吸收了語法研究的合理成分,比如楊樹達《詞詮》、《高等國文法》等早期的漢語語法學的成果以及周法高的語法研究成果,張氏《集釋》皆有采信。周法高的漢語語法研究在當時的臺灣應該代表著古漢語語法方面的最高成就。《集釋》在吸納前此研究成果的基礎上,通過對具體虛詞在《國語》相關篇章的具體分析,從語法、語義等方面對《國語》的虛詞進行了較爲細緻的分析,也是當時《國語》虛詞研究甚至是先秦專書語言研究方面的高水平的成果。

四、張以仁《國語舊注輯校》辯證

引　言

"中研院"史語所張以仁,治《國語》有年,撰爲《國語斠證》、《國語虛詞集釋》、《國語左傳論集》等著,復旁采衆書,爲《國語舊注輯校》,且爲《〈國語〉舊注的範圍界定及其佚失情形》和《〈國語〉舊注的輯佚工作及其産生的問題》①以爲總結。《國語舊注輯校》稿分六篇刊布於《孔孟學報》第 21 期—第 26 期,臺海阻隔,得見非易,上海古籍出版社 2010 年

① 張以仁《〈國語〉舊注的範圍界定及其佚失情形》,刊於《屈萬里先生七秩榮慶論文集》(臺北:東昇出版事業公司 1978 年版,頁 129—139),收入氏著《國語左傳論集》,東昇出版事業公司 1980 年版,頁 163—182;張以仁《〈國語〉舊注的輯佚工作及其産生的問題》,刊於《"中央研究院"國際漢學會議論文集》(臺北:"中央研究院"1981 年版,頁 543—570),收入《張以仁語文學論集》,上海古籍出版社 2012 年版,頁 203—227。

出版之《張以仁先秦史論集》收録《國語舊注輯校》全帙①，使得此一著作廣布於宇内，乃得瞻觀。《國語舊注輯校》備收清人《國語》舊注輯佚成果而增廣之，誠20世紀《國語》舊注輯録之總結。惜乎未見王仁俊(1866—1913)與新美寬(1905—1945)之輯佚資料，故於慧琳《音義》所引賈逵舊注以爲首發，於《玉篇殘卷》引述資料則闕如②。後陳鴻森撰作《〈國語三君注輯存〉摭遺》，蓋即依傍汪遠孫《輯存》，故復以慧琳《音義》、《玉篇殘卷》爲主要輯録材料，又旁采敦煌殘卷《周語下》寫本，則《國語》舊注輯佚可稱完備。審張以仁《國語舊注輯校》於《國語》舊注輯佚得失，總爲八事，幾乎於每條之下都加有案語，案語大體包括：(1)輯録材料不同版本的文字異同，如《北堂書鈔》，既用舊鈔本，又用孔廣陶、陳禹謨之本，衆本互參，不同者則指出其異並辨析是非；(2)《國語》舊注清人輯佚情況及其得失，如清人在輯録時有多引或少引的現象，爲之辨析並指明是非；清人參據資料的可信度方面也多爲辨析，如王謨徵引不注篇名卷數，乃一一翻檢，未得者存疑；清人輯佚措置是非合適，凡其不合適者乃一一爲之探討，辨析《國語》本文之義與舊注之相合不相合，

---

① 張以仁：《張以仁先秦史論集》，上海古籍出版社2010年版，頁154—365。

② 根據歷代《藝文志》及諸家考訂，知《國語》注除韋昭《國語解》流傳至今爲完本外，尚有鄭衆(？—83)、賈逵、服虔、唐固、虞翻(164—233)、王肅、孔晁等爲之解，惜皆未能傳世，零珠碎玉，散見於類書及傳注資料之中。清代學術大興，輯佚亦盛，馬國翰(1794—1857)、黄奭(1809—1853)、王謨(1731—1817)、蔣曰豫(1830—1875)等皆廣蒐群籍，輯佚舊文，於《國語》舊注亦多所措意。又汪遠孫鋭意《國語》，撰《國語三君注輯存》，於前代載籍引述之《國語》舊注一一輯録，勒爲一編，以嘉後學。逮至近代，敦煌卷子出，王仁俊承馬國翰餘緒，復爲《續編》、《三編》，以鈔本《玉篇》及《姓解》所引《國語》舊注又輯録得106條。劉師培(1884—1919)復有《國語賈注補輯》之作，未見傳本，僅餘《自序》。自其《自序》觀之，知所輯全采唐釋慧琳《音義》，此前儒未能見者，發凡起例，頗見章法。又日本學者新美寬、鈴本隆一(1904—2005)於彼邦所庋資料，撰爲《本邦殘存典籍による輯佚資料集成》，於《國語》舊注亦復輯録不少，王仁俊所參據之《玉篇》亦復參據之，又旁采慧琳《音義》、《玉燭寶典》、《漢和年號字抄》等，頗有規模。此清代及近世《國語》舊注輯録之大端。拙著《小學要籍引〈國語〉研究》引言中有較爲詳盡的統計分析，可參看。

繫於何處亦詳明理由。(3) 舊注本身的文字訓詁問題,古書所引述舊注其文字未能與今傳《國語》本文相合,則詳細辨明,揭明其正俗、通假等等之理。另則引述史料以爲佐證。就其所輯録《國語》舊注,賈逵注481條,唐固注73條,虞翻注25條,孔晁注46條,鄭衆7條,服虔10條,王肅1條,三君注12條,無注者署名之注140條,總795條。所輯唐固、虞翻、孔晁條目,皆較清人爲少,將别有文述之。就其總量而言,可謂《國語》舊注之集大成者。今就其案語之可商者22條,略爲辯證,以就教於博雅君子,冀有益於《國語》之研讀云。

1. 女三爲粲。(《御覽》380引"粲"作"燦"。按"燦"字不見於《説文》,蓋後起字。見拙著《國語斠證》。)(頁163)

【按】 《御覽》三引此文,唯卷三八〇有賈注,亦唯卷三八〇"粲"字作"燦",或《御覽》三八〇誤書。又拙撰有專文以"女三爲粲"之"粲"本字當爲"姦"①,可參。

2. 唐固:農祥,房星也。晨正,謂晨見南方,謂立春之日。(《初學記》3、《御覽》20、《天中記》4、《翰苑新書後集》2。又王謨據《藝文類聚》引"日"下有"也"字。王氏書不注卷數,而手頭資料並無此條,復按爲難,誌此待證。)

以仁案:《天中記》引"立"上無"謂"字,"日"下有"也"字,《翰苑新書》則"晨正"誤"農正","晨見"誤"麗見"。又二書皆未引注者姓名。(頁168)

【按】 今以王謨所輯唐固注任一字段輸入基本古籍庫,《藝文類聚》唯出現"立春之日"3次,未見有唐固注語,恐王氏記誤。《玉燭寶典》卷一引唐固注云:"農祥,房星也。晨正,晨見南方,謂立春之日也。"

---

① 拙稿:《試論"三女爲粲"之"粲"本字爲"姦"》,《東南文化》2006年第2期,頁54—56。

《事類備要》前集卷十五“農祥正”條、《錦繡萬花谷後集》卷四“立春”條引《國語》注與《玉燭寶典》同，衹是未言是唐固注。又《淵鑒類函》卷十三引唐固注“星”後無“也”字，他與《玉燭寶典》同。董增齡《國語正義》云《太平御覽》二十引唐固注：“農祥，房星也。晨正，謂晨見東方立春之日也。”①與宋本《太平御覽》所引不盡同。《故訓匯纂》則用《國語正義》引唐固以爲條目②。

3. 賈逵：蒸，升也。（《文選》注）

以仁案：諸家無此條。王謨不言《文選》篇名，經遍查《文選》注，未見此條，姑存疑。韋注訓“升”。（頁174）

【按】 今以“蒸升”作爲檢索字串録入古籍庫，《文選》李善注、六臣注《文選》卷十二郭璞《江賦》“協靈通氣，濆薄相陶，流風蒸雷，騰虹揚霄”、卷十三賈誼（B. C. 200—B. C. 168）《鵩鳥賦》“雲蒸雨降兮糾錯相紛”各1見，明注爲韋昭《國語》注。此爲王氏誤記無疑。

4. 熙，廣也

鄭、虞：廣當爲光。（《韋解》）

以仁案：韋《解》云：“鄭司農云：廣當爲光。虞亦如之。”公序本“鄭司農”作“後鄭司農”，是以馬輯鄭衆《國語章句》未録此文。而汪則僅言“虞曰”。黄未輯鄭衆注，收此入虞翻注。王皆不收。今按明道本既作“鄭司農”，與韋序“鄭大司農爲之訓注”相應（韋序未及鄭玄），因暫定爲鄭衆之注，以待後證。蔣氏亦收以爲鄭、虞二氏之注。惟黄丕烈《札記》云：“當依别本作‘鄭後司農云’。丕烈案：謂《毛詩箋》。”《詩·周頌·昊天有成命》“於緝熙”毛《傳》：“緝，明。熙，廣。”鄭玄《箋》云：“廣當爲光。”黄氏謂此。（頁208）

---

① （清）董增齡：《國語正義》卷一，本卷頁22。

② 宗福邦等主編：《故訓匯纂》，頁1029b欄。

【按】 黄氏之説可從。韋昭叙雖未及鄭玄,然據公序本,韋注中引鄭後司農者凡7處,如《魯語下》"懷和爲每懷"韋昭注引鄭後司農云:"'和'當爲'私'。"固不能以其序中未及鄭玄就認定非鄭玄注。另外,韋昭於鄭玄注當比較熟悉,據《隋書·經籍志》載,韋昭還撰有《毛詩答雜問》七卷,此處引《詩經》鄭《箋》之説亦非無據。且《詩經》傳注中未見有先於鄭玄言"廣當爲光"者。又張以仁所云公序本爲金李本,或以其爲明本而無據,然今檢遞修本亦作"鄭後司農",是宋本《國語》中即有作"鄭後司農"者,明道本作"鄭司農"者或脱"後"字,故汪遠孫云:"'鄭'下公序本有'後'字,是也。"①此處之鄭爲鄭玄無疑。

5. 於是乎有母權子而行

以仁案:蔣氏於此文繫有賈注一條云:"賈逵注:母,重也。重大倍,故爲母。子,輕也。其輕小,故曰子。"謂本於韋《解》,然遍查各本韋《解》,皆無此注。馬、王、汪諸家皆未收此條。蔣氏不知何據,誌此存疑。(頁210)

【按】 蔣氏所云賈逵注者出《初學記》卷27"寶器部",引《國語》曰:"周景王二十一年,將鑄大錢,以振救人,於是乎有母權子而行。"下引注曰:"母,重也。重大倍,故爲母。子,輕也,其輕小半,故爲子。"未言爲賈逵注。《初學記》所引後爲《錢通》卷3、《淵鑒類函》卷362備引之,皆未言何氏之注。審《漢書·食貨志》"民患輕,則爲之作重幣以行之,於是有母權子而行,民皆得焉"顔師古注引應劭(約153—196)曰:"母,重也,其大倍,故爲母也。子,輕也,其輕少半,故爲子也。民患幣之輕而物貴,爲重幣以平之,權時而行,以廢其輕。故曰母權子,猶言重權輕也。民皆得者,本末有無皆得其利也。"則蔣氏所謂"賈逵注"云者,本《漢書》應劭注也。又仇兆鰲(1638—1717)《杜詩詳注》卷二五"夫時患錢輕,以至於量資幣、權子母"注云:"朱注:《國語》景王將更鑄大錢,單穆公曰:'不可。古者天降災戾,於是乎量資幣、權輕重以救民,民患

---

① (清)汪遠孫:《國語明道本考異》,頁281。

輕，則爲之作重幣以行之，於是乎有母權子而行，民皆得焉；若不堪重，則多作輕而行之，亦不廢重，於是乎有子權母而行。大小利之。'應劭曰：'母，重也。其大倍，故爲母。子，輕也，其輕小半，故爲子。"①此則明徵《國語》正文而繫以應劭注者。觀《輯校》亦未引爲正文，似未以之爲《國語》舊注也。如此，則此注當爲應劭注。

6. 田疇荒蕪。（《文選》曹子建《送應氏詩》注及《玄應》1引同）

賈逵：一井爲疇。九夫一井也。

以仁案：又王氏誤"一井"爲"二井"。蔣氏謂"《文選·送應氏詩》注作'二'"。今查重雕宋淳熙本《文選·送應氏詩》注仍作"一"，胡克家《考異》亦未提及。王、蔣所據，不知何本也。（頁211）

【按】 今檢《文選》之重刊明道本、《四部叢刊》影宋本、影宋六臣注本、日本寬永十二年本等各本，字皆作"一"不作"二"，恐王、蔣誤記，亦或其所據之本誤。

7. 是以日爲之惕

賈逵：怛，懼也。（《文選·魏都賦》注。）

以仁案：《文選》注未引正文。汪氏云："案韋《解》：惕，懼也。疑韋本作'惕'，賈本作'怛'。"姑從汪氏繫於此……《慧琳音義》卷五十七、七十八皆引賈逵注《國語》云："惕，疾也。"是賈本自有"惕"字。此處作"怛"，特出於汪氏之臆想也。而"怛"古籍無用作恐懼義者（《説文》："怛，憯也。"傷痛之義），亦無假借之例。此二不可解者。疑"惕"或壞爲"怛"，傳抄者遂沿其誤也。（頁219—220）

【按】 《故訓匯纂》收録"怛"字故訓33條，其中6條有驚懼之義，

① (唐)杜甫著，(清)仇兆鰲注：《杜詩詳注》，北京：中華書局1979年版，頁2204。

如《廣雅·釋詁一》:“怛,驚也。”《莊子·大宗師》“斥避,無怛化”陸德明《釋文》云:“怛,驚也。”《文選·潘嶽·寡婦賦》“怛驚悟兮無聞”劉良注:“怛,驚皃。”《禮記·儒行篇》:“大讓如慢,小讓如僞。”鄭玄注云:“如慢、如僞,言之不愊。”陸德明《釋文》云:“怛,驚怛也。”柳宗元《佩韋賦並序》“恟驚怛而躑躅兮”蔣之翹輯注云:“怛,驚懼也。”《詩·檜風·匪風》“中心怛兮”孔《疏》云:“怛者,驚痛之言。”《資治通鑒·漢紀二十三》“怛然傷心”胡注云:“怛,懼也。”①且《寡婦賦》、《佩韋賦》正文中“驚”、“怛”連用,當與“驚”義近。根據郭錫良《漢字古音手册》,“惕”字上古音在透(t')紐錫(ek)部,“怛”字上古音在端(t)紐月(at)部②,端、透聲亦近。就“惕”與“怛”之右邊構件而言,“易”字中“日”字僅占上小半部分,而“旦”字中“日”字則占比例較大。我們將“易”字和“旦”字從上到下五等分,如下:

從上面的圖示可知,“日”在“旦”字中占 3/5 空間,在“易”字中占 2/5 空間,而“一”在“旦”字中占 1/5 空間,“勿”在“易”字中占 3/5 空間,“旦”字中“日”與“一”之間有大約 1/5 空間。從楷書字形來看,“易”書壞作“旦”的可能性極小。但是“昜”字和“易”字形近,如上圖,“昜”字中“旦”和“勿”字各占空間一半。然“愓”字與“懼”義絶不相關,形誤的可能性更小。“怛”既可釋爲“懼”,則汪説未可爲誤。

8. 賈逵:𨷋,闢也。(《慧琳》19、54)

以仁案:《説文》“𨷋”字云:“闢門。”疑“門”字許氏所加,非賈注原貌。蓋若“𨷋”訓“闢門”,則與下文“門”字義復。韋昭亦云:“𨷋,

① 宗福邦等主編:《故訓匯纂》,頁 781。

② 郭錫良:《漢字古音手册》(增訂本),頁 5、頁 128。

闢也。"蓋從賈氏舊注。（頁241）

【按】　賈、韋之訓與許並不矛盾。蓋賈、韋隨文釋義，而許慎則因形釋義，以"闟"字從門，故訓爲"闢門"也。固不可以許氏之訓繩《國語》，亦不必以賈、韋之注標《説文》。即如今"檐"字釋爲"屋檐"，在具體行文中固可以與"屋"組合作"屋檐"並不嫌義複，此詞典義與語境義之區别也。

9. 三釁三浴之。（《御覽》395引同。）

釁，香薰也。（《御覽》395。）

以仁案：韋注曰："以香塗身曰釁，亦或爲薰。"與此注異。然《御覽》引此無注者名，當是《國語》舊注。（頁246）

【按】　宋本《太平御覽》卷三九五引注作"釁，香堇也"。《國語》遞修本"釁"作"釁"，韋注云："以香塗身曰釁，釁或爲熏。"汪遠孫云："'釁'從分聲，故通作'熏'也。"①有學者據韋注認爲"熏"爲"釁"之引申②。經筵校本、黄刊明道本及其覆刻本字則作"釁"，與《御覽》引同，注云："以香塗身曰釁，或爲薰。"許宗魯本、張一鯤本、金李本與遞修本同。《説文・爨部》："釁，血祭也。象祭竈也。"《周禮・春官・大祝》"隋釁"鄭玄注云："凡血祭曰釁。"又《龜人》"上春釁龜"鄭注又云："釁者，殺牲以血之，神之也。"朱駿聲云："假借爲熏，又假借爲薰。"《周禮・春官・宗伯・女巫》"女巫掌歲時祓除釁浴"鄭玄注云："釁浴，謂以香薰草藥沐浴。"孫詒讓云："蓋讀釁爲薰也。"③《故訓匯纂》引《文選》陸機《豪士賦》序"一簣之釁"舊校云："善本釁作釁。"孫詒讓云："釁即釁之變體。"又

① (清)汪遠孫:《國語明道本考異》，頁294。

② 徐雲震、徐梅編著:《錯别字考辨》，上海人民出版社1998年版，頁76。

③ (漢)許慎:《説文解字》，頁60上。(清)朱駿聲:《説文通訓定聲》，頁779上。(清)阮元校刻:《十三經注疏》，頁811上、頁804下、頁816下。孫詒讓撰，王文錦等點校:《周禮正義》，頁2076。

云:“舋者,釁之俗。”因“舋”字不見於《説文》,或宋人每好用之,汪遠孫引《補音》云:“舋字俗。”①宋刻中多見。姚鼐(1732—1815)云:“韋注以香塗身曰釁。按周禮鬯人,大喪之大湎設斗,共其釁鬯。凡王之齋事,共其秬鬯。注云:‘給淬浴。’然則釁浴止是一事。三,以秬鬯使之三浴耳。略如《楚辭》所云‘浴蘭湯沐芳華’之意,以香塗身見之佛戒,似始於西域,未必中國有之也。”②姚云韋注誤,然所説亦未爲洽。孫詒讓云:“《齊語》釁、浴對文,韋注訓爲以香塗身,則釁與浴小異。”③《御覽》引注“堇”或爲“熏”字之訛,張以仁以此即賈逵注,云:“《御覽》引此無注者名,當是《國語》舊注。汪氏亦收此條,他家皆未收。”④《説文·堇部》:“堇,黏土也。”徐鍇《繫傳》云:“今人謂水中泥黏者爲堇。”《玉篇·堇部》:“堇,草也。《禮》堇塗,塗有穰草也。”《説文·土部》:“墐,涂也。”段注云:“墐當爲堇。”王筠云:“墐乃堇之分别文。堇本静字,可以用爲動字。”《詩·豳風·七月》“塞向墐户。”《説文·艸部》:“堇,草也,根如薺,葉如細柳。蒸食之,甘。”《説文·中部》:“熏,火煙上出也。”《説文·艸部》:“薰,香草也。”《廣韻·問韻》:“薰,薰香。”⑤根據郭錫良《漢語古音手册》,“釁”上古音在曉紐文部,中古在曉紐震韻,“堇”上古在群紐文部,中古在群紐諄韻,“熏”上古、中古皆在曉紐文韻,則“釁”、“熏”上古同音,“釁”、“堇”疊韻。就語義上而言,“釁”、“堇”可通,因“釁”之義本是縫隙,由縫隙到彌縫也就是堵住也叫“釁”,堵上實際上就是用膠泥或者泥抹上。“塗抹”是其動作表徵,無論是釁鼓還是釁何物,其動作表徵爲塗抹,“堇”爲黏土,是彌縫或者塗抹所用材料裏面粘合力比較好的一種,故“墐户”是以黏土塗抹門縫使之密合無間。從“堇”之字亦多有此語義特徵。而“熏”則無此動作表徵,“熏”的語義表徵是狀態義,即彌

---

① (清)汪遠孫:《國語明道本考異》,頁 294。

② (清)姚鼐:《國語補注》,見載於省心閣本《惜抱軒全集》,本書頁 2。

③ 孫詒讓撰,王文錦等點校:《周禮正義》,頁 2077。

④ 張以仁:《〈國語〉舊注輯校》,頁 246。

⑤ (漢)許慎:《説文解字》,頁 15 上、頁 16 上、頁 26 上、頁 287 上、頁 290 上。(清)段玉裁:《説文解字注》,頁 694 上。(宋)陳彭年等:《宋本玉篇》,頁 33。(宋)陳彭年等:《宋本廣韻》,頁 376。

漫，是煙氣或者香料的彌漫擴散，和塗抹的動作義不同。故此處韋注"或爲"當作"堇"，非作"熏"、"薰"，《御覽》所引"堇"字是。《敦煌俗字典》所收録"董"①爲"薰"之俗字，與"堇"近似。又孫詒讓引《吕氏春秋・贊能篇》云："管仲至齊竟，桓公祓以爟火，釁以犧豭。"并云："與《本味篇》説湯祓伊尹事略同。"②高誘注云："殺牲以血塗之爲釁。"如按照高注，則"釁"、"浴"本爲二事，而韋注所以釋"香塗"者，以《周禮》"釁浴"故，然《周禮》之"釁浴"實一詞。要之，"釁"或作"堇"，非或作"熏"(薰)。

10. 且夫挾小鯁也

賈逵：梗，猶害也。(《慧琳》50、83、92)

以仁案：按《説文》："骾，食骨留咽中也。"訓"害"者由此義引申而來，故朱駿聲《説文通訓定聲》以爲"骾"是正字而"鯁"是假字。鯁是魚骨；梗則木名，皆假字也。韋本有"鯁"無"梗"，鯁訓"害"者尚有《晉六》"除鯁而避彊"一處。(頁257)

【按】 審郭錫良《漢字古音手册》，見紐陽部從"更"得聲之字有"梗"、"鯁"、"骾"、"埂"、"哽"、"浭"、"郠"③。凡從"更"得聲之字，皆有阻滯義，《方言》卷13云："凡草木刺人自關而西或謂之梗。"《爾雅・釋詁》云："梗，直也。"《説文・魚部》云："鯁，魚骨也。"《説文・骨部》："骾，食骨留咽中也。"《説文・土部》："埂，秦謂阬爲埂。④"故"鯁"、"骾"皆當同源字。

11. 焉作轅田

賈逵：轅，易也。爲易田之法。賞衆以田。易者，易疆界。或云：轅田，以田出車賦。(《韋解》)

① 黄征：《敦煌俗字典》，上海教育出版社2005年版，頁469。

② 孫詒讓：《周禮正義》，頁2077。

③ 郭錫良《漢字古音手册》(增訂本)，頁419。

④ (漢)許慎：《説文解字》，頁244下、頁86下、頁288下。

以仁案：馬氏未引“或云”以下。王氏《文選》注賈逵《國語》注“爰易也”謂“轅爰字通”，以爲即此條之注，是也。《國語》“爰”字但“爰居”一條，爲鳥名，不能解作“易也”。（頁 269）

【按】 所引賈注繫於“焉作轅田”處固是。然言“爰居”鳥名不能解作“易也”恐亦未盡然。關於“爰居”的解釋，韋昭云：“爰居，雜縣也。”《故訓匯纂》收有訓釋 7 條，《左傳》文公二年“祀爰居”，杜注據《魯語上》釋爲“海鳥曰爰居”。陸德明《釋文》云：“爰居，海鳥也。”《爾雅·釋鳥》云：“爰居，雜縣也。”此韋注所本。郭璞《爾雅注》云：“漢元帝時，琅琊有大鳥如馬駒，時人謂之爰居。”邢昺雜合以上二種説法，《疏》云：“爰居，海鳥也，大如馬駒，一名雜縣。”陸德明《釋文》又引樊光云：“爰居，似鳳皇。”郝懿行《爾雅義疏》云：“爰居，《廣雅》作延居。”①又顔師古注《急就篇》云：“乘風一名爰居一名雜縣。”《論衡》卷一六《講瑞篇》云：“春秋之時鳥有爰居，不可以爲鳳皇。”《莊子·至樂篇》：“昔者海鳥止於魯郊。”此最爲得義，即爰居是一種海鳥。且爲當時之魯人不識，故以“爰居”名。“爰居”之“爰”義爲“易”，同於《晉語》“焉作爰田”之“爰”，“易居”者，因海有災，故去海而居於魯東門外，此海鳥名爲“爰居”之由。王念孫以“延居”即“爰居”，“延”上古音在余紐元部，“爰”上古音在匣紐元部，二字音近，義亦相通。②《爾雅新義》云：“魯君悦之而雜之以縣，是所謂以己養養鳥也。”《爾雅集解》云：“陳鐘鼓以祀之，故曰褋縣。”③此名雜縣之所由。所謂似鳳皇，大如馬駒云云，不過形容其體形龐大之辭。因不能明，故《廣雅》以“怪鳥”釋之。則“爰居”之“爰”作“易”字解亦通，非“爲鳥名，不能解作‘易也’”。

---

① 宗福邦等主編：《故訓匯纂》，頁 1385d 欄。

② 又靖江蕭旭云：《詩·邶風·擊鼓》“爰居爰處，爰喪其馬”，此中“爰居”或爲《魯語上》“爰居”命名之所據，毛傳云：“有不還者，有亡其馬者。”鄭箋云：“不還，謂死也，傷也，病也。今于何居乎？於何處乎？于何喪其馬乎。”毛、鄭之釋亦頗合於《魯語上》海鳥事情，亦通。

③ 朱祖延主編：《爾雅詁林》，頁 4202。

12. 唯有諸侯,故擾擾焉

賈逵:擾,攘㪍也。肆志從欲之皃也。(《慧琳》95)

以仁案:《慧琳音義》未引正文。"擾"字《國語》凡四見,其他三處皆與此義甚遠,因暫繫於此。馬、王、汪、蔣皆未收。"㪍"字從文義觀之,可能是"敵"字,敵俗原有作"敌",作"㪍"疑從作"敌"變來也。陳定民《慧琳〈一切經音義〉之異體字》(《中法大學月刊》第三卷第一——五期)及劉復《宋元以來俗字譜》(史語所單刊之三)皆未及此字。(頁289)

【按】 "317擾"字《國語》實共8見,其中"擾擾"結構6見,皆在"唯有諸侯,故擾擾焉!凡諸侯,難之本也"句中且皆在《晉語六》。審其他四處"擾"字分別爲《晉語二》"國亂民擾,得國在亂,治民在擾,子盍入乎"、"國亂民擾,大夫無常,不可失也"、"方亂以擾,孰適禦我",此四處"擾"皆"亂"義。"㪍"字《中華字海》未收,其他字書亦未見收録。慧琳《一切經音義》卷二二"無躁競心"注、卷五五"煩躁"注引賈逵注《國語》曰:"躁,擾也。"卷六六"輕躁"注引賈逵注《國語》曰:"擾也。"審《一切經音義》卷九五"擾攘"注:"上饒沼反,下如掌反。賈逵注《國語》云:'擾攘,㪍也,肆志從欲之皃也。'《説文》云:'擾,煩也。''攘,推也。'二字并從手,夒、襄亦聲。夒音乃刀,襄音相。"則"擾攘"二字連文爲訓,《故訓匯纂》引《一切經音義》、徐時儀《一切經音義三種校注》即"擾攘"連文而釋作"擾攘,㪍也",是張氏斷句誤。《文選·孫楚·爲石仲容與孫皓書》"遭時擾攘"吕向注云:"擾攘,亂也。""㪍"字爲左右結構,由"舌"、"皮"構成。"舌"字是"𤔔"的俗字,顔之推(531—595?)《顔氏家訓·書證篇》既已指出:"亂'旁爲'舌'。"今"舌"已成爲"𤔔"的簡化偏旁。審黄征《敦煌俗字典》"亂"字俗字有"⿰𤔔攴"①,其中"⿰𤔔攴"字右邊結構"攴"頗與"皮"字相近,如果我們把左邊"𤔔"字替换作"舌",則字形就成爲"敌",楷化

① 黄征:《敦煌俗字典》,頁259、頁260。

作“敨”,“亂”字即俗作“敽”①,當亦有俗體作“敨”之可能,此與“皷”形則十分接近。再看“皮”字之敦煌俗字字形“[illegible]”、“[illegible]”②,與“攴”、“支”字形亦頗近似。故“皷”字有可能是“亂”字俗體“敽”的形訛。但是目前並無實際證據,衹是一種推測。如推斷不誤,則“皷”字實是“亂”字的一個訛寫,並非“敵”的俗字。則古書所謂“擾擾,亂也”與賈逵注“擾攘,皷也”義同而字異,“亂”、“皷”實亦可當作異體看。

13. 略則行志

賈逵:略猶簡也。(《文選·恨賦》注、《笙賦》注。)

以仁案:《文選》注未引正文。“略”字《國語》二見,首出於《齊語》“犧牲不略則牛羊遂”,該文訓“簡”義不可通,因從汪氏繫於此。(頁300)

【按】《恨賦》注引作“略,簡也”,《笙賦》注引作“略猶簡也”,徐元誥《集解》在韋注後引《恨賦》引賈注作“略猶簡也”。原句上下文云:“及桓子驕泰奢侈,貪欲無藝,略則行志,假貸居賄,宜及於難,而賴武之德,以没其身。”韋注云:“略,犯也。”則賈注繫於此處亦未通。

14. 合十數以訓百體

賈、唐:十數,自王以下,位有十等。王臣公、公臣大夫、大夫臣士、士臣皂、皂臣輿、輿臣隸、隸臣僚、僚臣僕、僕臣臺。百體,百官各有體屬也。合此十數之位,以訓導百官之體。(《韋解》)

以仁案:“位有十等”,馬、王、蔣皆作“位可十等”,不知所據何本。明道本固皆作“有”,即公序本如明金李刊本亦作“有”也。又三氏又引“十數之位”作“十數之名”,“之體”下有“也”字,金李本正

---

① 臺灣國語推行委員會編制之《異體字字典》收有“亂”的異體字字形70個,收有右邊構字部件爲“攴”者2個,爲“敽”和“敿”,亦無“敨”。見《異體字字典》網絡版,http://dict.variants.moe.edu.tw/yitia/fra/fra00045.htm。

② 黄征:《敦煌俗字典》,頁303、頁304。

如此。然汪氏《考異》云："位，公序本作名，非也。"上文"位有十等"，此云"合此十數之位"，正相承應也。宜從明道本。（頁 309—310）

【按】 不惟金李本如此，遞修本亦如此。又檢張一鯤本、穆文熙《評苑》本、四庫薈要本、文淵閣四庫本、黄刊明道本亦皆作"位有十等"，或三者一本誤作，後則輾轉鈔誤，未必真有所據。又《册府元龜》卷七九五引注與公序本亦同，"名"者謂王、公、大夫、士、皂、輿、隸、僚、僕、臺之屬也，十數之名以攝百官，義亦通。作"名"不誤。

15. 其不賓也久矣

賈逵：賓，伏也。（《〈史記・司馬相如傳〉索隱》）

以仁案：汪氏收有此條。查《索隱》出"故遣中郎將往賓之"下，無"國語"字樣。然檢《左傳》，"賓"字凡五十餘見，除專名外，其他三十九見皆"賓客"之義，無作"賓伏"義者，汪氏蓋因之而以此爲《國語注》乎？姑存之以待後證。（頁 312）

【按】 清胡紹煐《文選箋證》卷二九"故遣中郎將往賓之"云："《史記索隱》引賈逵曰：'賓，伏也。'按'伏'與'服'通，《楚語》'其不賓也久矣'韋注：'賓，服也。'《禮記・樂記》'諸侯賓服'，賓亦服也。古人自有複語耳。"①各本中皆以此賈注與韋注義同，故以爲賈注即爲《國語》注也。

16. 左史謗之。（《慧琳》27，《玄應》6 引同。）

賈逵：對人道其惡曰謗也。（《玄應》6。《慧琳》16、27、31。）

以仁案：《玄應音義》卷六"惡"下有"曰謗"二字，馬、汪從之。然《慧琳》三引皆無此二字，疑後人所加，誌此存疑。又《慧琳音義》卷十六引"道"作"説"，蓋涉義同而誤。（頁 316）

---

① (清)胡紹煐：《文選箋證》，頁 343 下。

【按】 小學書引書，求其義，未必文字全同，故"説"、"曰謗"皆以義爲之，不必求一律也。且"曰謗"恰符合訓詁體式上之"×曰×也"，亦不誤。

17. 祀加于舉。(《御覽》525 引同)

舉，人君朔望之盛饌也。(同上)

以仁案：韋注云："加，增也。舉，人君朔望之盛饌。"與此同，然《御覽》同條有與韋異者，此疑亦非韋注。(頁 320)

【按】 鄭良樹云："與韋解略不同，疑是賈注。"①審《御覽》五二五所引《楚語下》文與注，其注文絶大多數與韋注相同，有些條目在具體文字上偶有參差，差異較大者兩條。宋本《御覽》與黄刊明道本《楚語下》注文如下：

宋本《御覽》卷五二五引楚語下部分	黄刊明道本《楚語下》正文及注
子期祀平王，祭以牛俎於王。子其，楚平王之子結也。牛俎，致俎於王也。王問於觀射父曰："祀牲何及？"對曰："祀加于舉，舉，人君朔望之盛饌也。天子舉以太牢，祀以會，太牢，牛羊豖也。會亦太牢。舉，西方之貢。諸侯舉以特牛，祀以太牢；卿舉以少牢，祀以特羊；大夫舉以特牲，祀以少牢；特牲，豖也。士食魚炙，祀以特牲；庶人食菜，祀以魚。上下有序，則民不慢。"王曰："其小大何如？"對曰："禘郊不過璽	子期祀平王，子期，楚平王之子結。平王，恭王之子、昭王之父。祭以牛俎於王，致牛俎於昭王。王問於觀射父，曰："祀牲何及？"王惑俎肉，而問牲用所及。對曰："祀加於舉。加，增也。舉，人君朔望之盛饌。天子舉以大牢，祀以會；大牢，牛羊豖也。會，會三大牢。舉，四方之奠。諸侯舉以特牛，祀以太牢；特，一也。卿舉以少牢，祀以特牛；少牢，羊豖。② 大夫舉以特牲，祀以少牢；特牲，豖也。士食魚炙，祀以特牲；庶人食菜，祀

① 鄭良樹：《國語校證》(下)，《幼獅學誌》第 8 卷第 2 期，頁 11—12。

② 鄭良樹云："既云'少牢'，但有羊、豖二牲，不得有牛矣；此'牛'字當是'羊'字聯想而誤也。《大戴禮·曾子天圓篇》：'大夫之祭牲，羊曰少牢。'《公羊傳·桓八年》'多曰烝'何休注云：'禮，天子諸侯卿大夫，牛、羊、豖凡三牲曰大牢，天子元士、諸侯之卿大夫，羊、豖凡二牲曰少牢。'《楚語上》亦云：'大夫有羊饋。'韋解：'羊饋，少牢也。'皆其證。少牢而言羊者，蓋舉羊以賅豖也，故韋解云：'少牢，羊、豖。'《太平御覽》引此'牛'正作'羊'，猶存其真。各本皆誤，當據正。"(鄭良樹：《國語校證》(下)，《幼獅學誌》第 8 卷第 2 期，頁 12)是鄭氏以"舉"、"祀"爲一事矣，所説未當。凡"舉"者少於"祀"者，此本文之例，《御覽》以"牛"作"羊"本誤。

续表

宋本《御覽》卷五二五引楚語下部分	黄刊明道本《楚語下》正文及注
粟，烝嘗不過握把。"王曰："何其小也？"對曰："天神以精明臨下民，故求備物，不求豐大。是故先王之祀也，以一純、二精、三牲、四時、五色、六律、七事、八種、九祭、十日、十二辰以致之，純，心純一也。二精，玉帛也。三牲，牛羊豕也。四時，春秋冬夏也。五色，五采服也。六律，黄鍾、太簇、姑洗、蕤賓、夷則、無射也。七事，天、地、人、四時之物也。八種，八音異種也。九祭，九州之助祭也。十日，甲至癸也。十二辰，子至亥也。百姓、千品、萬官、億醜、兆民經入畡數以奉之，百姓，百官受民姓也。千品，姓有徹品十爲千品，五物之官陪屬萬爲萬官，官有十醜爲億醜。天子之田九畡，以養兆民，王取經入以食萬官也。明德以昭之，和聲以聽之，以告遍至，遍至，光被四表格於上下也。明無不受休。天子禘郊之事，必自射其牲，王后必自親舂其粢；諸侯宗廟之事，必自射牛羊繫豕，夫人必自舂其盛。況其下之人，其誰敢不戰兢以事百神？"①	以魚。上下有序，則民不慢。"王曰："其小大何如？"對曰："郊禘不過繭栗，角如繭栗。郊禘，祭天也。烝嘗不過把握。"把握，長不出把。王曰："何其小也？"對曰："夫神以精明臨民者也，故求備物，不求豐大。備物，體具而精絜者。是以先王之祀也，以一純、二精、一純，心純一而絜者。二精，玉帛也。三牲、四時、五色、六律、七事、八種、七事，天、地、民、四時之務。八種，八音也。九祭、十日、十二辰以致之，九祭，九州助祭。十日，甲至癸。十二辰，子至亥。擇其吉日令辰，以致神。百姓、千品、萬官、億醜，兆民經入畡數以奉之，百姓，百官受氏姓也。千品，姓有徹品，十爲千品。五物之官，陪屬萬爲萬官。官有十醜，爲億醜。天子之田九畡，以養兆民，王取經入，以食萬官。明德以昭之，昭，昭孝敬也。和聲以聽之，中和之聲，使神聽之。以告遍至，則無不受休。至，神至也。休，慶也。天子禘郊之事，必自射其牲，牲，牛也。王后必自舂其粢；粢，器實也。諸侯宗廟之事，必自射牛、刲羊、擊豕，刲，刺也。擊，殺也。夫人必自舂其盛。在器曰盛。上言粢，此言盛，互其文也。況其下之人，其誰敢不戰戰兢兢，以事百神！"②

---

① 文淵閣四庫全書本《太平御覽》"牛俎於王"、"王問於觀射父"之"於"作"于"，注同。"子其"之"其"作"期"。無"楚平王之子"中"之"字。"西方之貢"作"四方之貢也"。"卿舉以少牢，祀以特羊；大夫舉以特牲，祀以少牢；特牲，豕也。士食魚炙，祀以特牲"誤作"卿舉以少牢，祀以特牲"。"庶人食菜"之"菜"誤作"采"。"三牲，牛羊豕也"之"豕"作"豚"。"四時，春秋冬夏也"作"四時，春夏秋冬也"。無"八音異種也"之"異種"二字。誤"爲萬官"之"萬"爲"官"字。"以告遍至"下無注。"明無不受休"之"明"從今本《國語》作"則"。

② 遞修本"之子結"、"四時之務"、"九州助祭"、"甲至癸"、"子至亥"、"以食萬官"後有"也"字，無"昭王之父"中之"之"字，"父"後有"也"字。"惑"作"感"，當依明道本作"惑"，有"惑"，故問於管射父也，作"感"則不通。"太牢"之"太"作"大"，審明道本上下文也作"大"，唯此作"太"，是未能貫徹體例如一，當作"大"，"太"古字也。"四方之賁"之"賁"作"貢"，汪遠孫以爲公序本是，確然。"則民不慢"之"則民"作"民則"。"把握，長不出把"作"握，長不出把者"，公序本是，明道本注前"把"字當屬衍誤。"精絜"之"絜"作"潔"，下同。"以養兆民"之"養"作"食"。"和聲以聽之"之"和"作"龢"。"粢，器實也"作"器實曰粢"。"必自射牛"作"必自射其牛"。"此言盛"之"此"作"下"。金李本、張一鯤本與遞修本同。

《御覽》所引注文與黄刊明道本《楚語下》注文相比較，除了脱字以及注文條目少之外，另外比較明顯的有這樣幾處：(1)“其”、“期”之異；(2)“亦”、“三”之異；(3)“西”、“四”之異；(4)黄刊明道本注無“三牲”、“四時”、“五色”、“六律”注文；(5)《御覽》引注“遍至，光被四表格於上下也”，明道本《國語》作“至，神至也”。現逐條辨析之。(1)“其”當爲“期”字誤脱，正文作“期”，注文反作“其”，覺絶無其理，衹能是“月”字誤脱或誤書作“其”。(2)頗疑“亦”亦“三”之訛字，審“亦”之俗字有“[illegible]”、“[illegible]”、“[illegible]”之形①，其形與“三”易相混，故訛“三”爲“亦”，審文義，所祀者依次爲會、太牢、特牛、少牢、特牲、魚，數量、等級呈遞減趨勢。“會”字故訓中没有與祭祀用品有關之訓詁。就《國語》本文而言，作“亦”字亦通，因爲“亦”字在於明確“會”的性質，而非關注其數量。而今傳《國語》“會，會三太牢”之兩“會”字，似將“會”字看做動詞，或有未當，疑其中一“會”字衍。(3)“西”爲“四”之訛字，天子自然享四方之貢，豈獨西方可爲貢哉？(4)審今本《國語》全書韋昭注文，確無“三牲”、“四時”、“五色”之訓，雖然韋昭注中兩次與及“五色”，但是並没有具體地訓詁。“六律”則在《周語下》中有比較詳盡解釋。實際上就理解上言，“三牲”、“四時”、“五色”、“六律”乃古人耳熟能詳之事，根本不需要下注。《御覽》引《楚語下》衹所以施注在於前“一純”、“二精”，後“七事”、“八種”、“九祭”皆有注，求其注文順序井然故。故疑“三牲”、“四時”、“五色”、“六律”注文乃《御覽》引時所加，未必真另有所本。(5)“光被四表格於上下”爲《書·堯典》正文，僞孔傳云：“光，充。格，至也。既有四德，又信恭能讓，故其名聞充溢四外，至于天地。”大約《四庫全書》纂修者以爲與今注不合因而不録。汪遠孫云：“‘神’作‘備’。”②“遍”即“備”之義也，今傳《國語》作“神”字誤，此或宋本《御覽》引《堯典》之文故也。就《御覽》與明道本《楚語下》注之五點異處而言，是否他注賈注恐難斷定。

審本段文字明道本與公序本之比較，差别也比較大，但是我們因爲兩種版本的注都有韋昭的確解不曾發生過懷疑。則對於有一些差别分歧而

① 黄征：《敦煌俗字典》，頁495。

② 汪遠孫：《國語明道本考異》，頁332。

大多數注文都與今本韋注相同的引文，即認爲其非韋注，恐亦未可爲據。故我們認爲《御覽》所引注文仍是韋注，不過在抄寫輯纂時經過編纂者的一些改竄而已。

18. 百姓，百官受氏姓也。(《御覽》525)

以仁案："氏姓"，新興本作"民姓"，"民姓"於此文無解，因從鮑本改爲"氏姓"。(頁321)

【按】 《四部叢刊》本、《文淵閣四庫全書》本《御覽》卷五二五亦作"民姓"。遞修本《周語中》"百姓兆民"韋注云："百姓，百官也。官有世功，受氏姓也。"①《御覽》此處引文韋注亦云此。《國語》各本皆作"氏姓"而無異文，則《御覽》本處釋"百姓"者或移《周語中》韋注以繫於此也，未必他注，且"民"字當爲"氏"字之訛，二字形近。張氏改從"氏"字者是。

19. 苟國有釁

賈逵：(釁)，兆也。(《慧琳》1)

以仁案：《慧琳音義》未引正文。《國語》"釁"字凡八見，多訓"兆"、"隙"之義，惟本文勉强可合，因繫之。(頁324)

【按】 張氏此文義頗費解。審明道本《國語》"釁"字10見，《魯語上》"惡有釁"、"若鮑氏有釁"韋注云："釁，兆也。"《晉語一》"聲章過數則有釁，有釁則敵入"、《晉語二》"寇知其釁而歸圖焉"、《楚語下》"苟國有

① 許宗魯本、薈要本、文淵閣本、文津閣本、董增齡本與遞修本同。金李本、張一鯤本、穆文熙本、《國語鈔評》、詩禮堂本、緑蔭堂本注"百官"作"直官"。道春點本、千葉玄之本、秦鼎本作"百官"而無説，日本的公序本系統的源本是劉懷恕校刻本，而劉懷恕校刻本的底本是張一鯤本，或劉懷恕本已據别本改"直"作"百"，故道春點本、千葉玄之本、秦鼎本等皆承劉懷恕校刻本字皆作"百"，因未見劉懷恕刻本，故未敢斷言。檢經筵校本、黄刊明道本及其覆刻本、吳曾祺《補正》、《集解》俱作"百官"。是金李本等誤"百"作"直"。各校勘俱未及。

釁”韋注云：“釁，隙也。”《晉語四》“久約而無釁”、《晉語五》“離則有釁”韋注云：“釁，瑕也。”《齊語》“三釁三浴之”韋注：“以香塗身曰釁。”《晉語九》“昔先主文子少釁於難”韋注云：“釁，猶離也。”如果按照韋注的解釋，則賈注繫於《魯語上》二處最合適，他處皆不合適。

20. 一介嫡女執箕箒以晐姓於王官

賈逵：該，備也。（《慧琳》16、24 二見、30、39、49、60、80、90、91、100。）

以仁案：《慧琳音義》未引正文。《説文》“該”字作“晐”，“該”則假字。“該”字《國語》罕見，“晐”則此爲僅見。（頁 326）

【按】 《説文・日部》云：“晐，兼晐也。”《説文・言部》云：“該，軍中約也。”《説文・土部》：“垓，兼垓八極地也。國語曰：天子居九垓之田。”①章太炎（1869—1936）云：“晐與該同。”②許釋“該”字亦非本義，蓋該者言語兼備，故可爲約。凡從“亥”得聲，皆有有兼該之義。正假之分，未可爲據。《説文・亥部》：“亥，荄也。十月微陽，起接盛陰。从二，二，古文上字。一人男，一人女也。乙，象裹子咳咳之形。《春秋傳》曰：亥有二首六身。凡亥之屬皆从亥。十古文亥爲豕，與豕同。亥而生子，復從一起。”③徐復先生引林義光（？—1932）《文源》云：“按説不可曉。亥，荄也。古作，作。一象地，象根荄在地下形。或作，象根自種出，又變作，二亦象地。”④連許慎與林義光共同言之，則十月微陽之際，植種於地下，萌生成芽苗之狀，雖未出地面，然其形性質已備，即具備生根出苗之條件，故謂之“亥”，或寫作“亥”。言語規則已成，雖未

---

① （漢）許慎：《説文解字》，頁 139 下、頁 57 下、頁 286 上。

② 章太炎講授，錢玄同等記録：《章太炎説文解字講授筆記》，北京：中華書局 2008 年版，頁 285。

③ （漢）許慎：《説文解字》，頁 314 上。

④ 徐復、宋文民：《説文五百四十部首正解》，南京：江蘇古籍出版社 2002 年版，頁 440、441。

能示之於人，然其意義效能已兼備，故謂之“該”。“垓”、“晐”皆大數。審張説，凡聲符相同之字，以《説文》標識語源義之字爲正字，而標識以屬性義之字爲假字。

21. 而囷鹿空虛。(《書鈔》156引同)

賈逵：廘，庾也。(《廣韻一》“屋”)

以仁案：“鹿”是“簏”之假字，“廘”則後起字也。(頁336)

【按】　就造字而言，“⿱𤰔比”當爲動物名詞“鹿”之本字。此從甲骨文“”、“”、“”金文字形“”、“”、“”上可知①。今楷書字形“⿱𤰔比”中的“𤰔”就是甲金文中鹿的頭部標誌符，“比”則是鹿腳的標誌符，故而“⿱𤰔比”字纔是“鹿”這一動物名詞的本字，一直到《睡虎地秦墓竹簡》中的“鹿”字還寫作“”，至漢印中則寫作“”，即在其頭部標誌符的左側向下衍生出“丨”這一筆。“丨”的添加弱化了“鹿”古字的象形功能。按照“鹿”古字的這一演化脉絡，則今楷書“鹿”字當解構作“丿”和“⿱𤰔比”兩部分，“⿱𤰔比”纔應該是“鹿”古字形的正確楷化形式。

如果從不産生新字借音表義的角度看，作倉庾義的“鹿”實際上衹是一個表音符號，無論在這個表音符號上添加怎樣的形符，這個記音符號和添加了形符或者叫做義符的字之間的關係應該是古字和後起字(即古今字)之間的關係，不應該稱作假字。

22. 將免者以告。(《御覽》637引“免”作“勉”。)

勉，乳。(同上)

以仁案：韋注云：“免，免乳也。”如此注“勉”上省略一“勉”字，則“勉乳”連讀，與韋注同。然《御覽》同條下引注文有異於韋注者，則此疑亦非韋注。(頁340)

---

① 李圃主編：《古文字詁林》第8册，上海教育出版社2004年版，頁513、514。

【按】《御覽》卷三六一引《風俗通》曰："生三子不舉。俗説生子至於三子，似六畜，言其妨父母，故不舉之也。謹按《春秋國語》：'越王勾踐令民生三子者與之乳母，生二子者與之餼。'三子，力不能獨養，故與乳母。所以人民繁息，卒滅强吴，雪會稽之耻，行霸於中國者也。"又《御覽》卷六三七引《國語》曰："越王勾踐令民壯者無娶老婦，老者無娶壯婦。女子十七不嫁，丈夫二十不娶，其父母有罪。將勉者（勉，乳。）以告公，令醫守之，（醫，乳醫也。）生男二壺酒、一犬；生女二壺酒，一豚；生三人，與之乳母；生二人，與之餼。（三子力不能獨養，故與乳母。）"①則知"三子力不能獨養，故與乳母"爲《風俗通》之言，非韋注言也。而"勉（免）乳"、"乳醫"固皆韋注言也。不可因彼而疑此。

結　語

以上自《輯校》中擷得22條，略爲之辯證，大體包括這樣幾個方面：（一）類書以及他書徵引注文不明出處，爲詳明之；類書徵引失據，爲辨别之；（二）張氏案斷未當或言有未盡者，爲進一步辨明之；（三）張氏所參據《國語》諸本，除了金李本爲《四部叢刊》影明本外，其他皆爲清代刻本，今補以遞修本以及明刊本多種；（四）以舊注爲綫索，辯證具體語詞訓詁。或有益於張氏《輯校》與《國語》之研讀。另外，"天道盈而不溢"條當在《越語下》，而此印本繫在《越語上》最後，或亦排印者之誤。《輯校》排印誤有多處，今就隨手所及，擷出幾處以正之，如"嵇叔夜"之"嵇"誤作"稽"（頁257，第11行），"一切經音義"之"經"誤作"注"（頁289，第14行），"教之樂以疏其穢"之"教"誤作"效"（頁313，第6行），"倚几有誦訓之諫"、"書之於几令誦習之"之"几"誤作"儿"（頁316，第23、24行），"近，犬雞之屬"之"犬"誤作"尤"（頁322，第6行）等，未知是原印本之誤或新印本之誤。《國語》舊注輯佚，至張以仁，已經達到了一個新的高度，所輯數量最大，校勘也最精審。當然，由於時代和資料的局限性，張以仁没有能够參考到王仁俊的輯佚，並一直引以爲憾。新美

① （宋）李昉等：《太平御覽》卷637，上海商務印書館輯印《四部叢刊》影宋配補本，本卷頁1。

寬、鈴木隆一的輯佚材料，張以仁、陳鴻森也都没有參考到。將來，《國語》舊注的進一步輯佚工作當是在張以仁輯佚的基礎上，增補入王仁俊、新美寬和鈴木隆一的輯佚條目，同時增入敦煌殘卷本的條目，然後在此一前提下，利用現代電子數據庫和古書版本易於檢尋的便利條件，進一步進行全面輯佚與整理的工作。

五、張以仁《國語札記》辯證

引　言

張以仁爲20世紀《國語》研究之重鎮，不僅有《國語斠證》、《國語左傳論集》、《國語集證》等專著傳世，還有論文數十篇，其研究幾乎涉及到《國語》研究的各個方面。張以仁《國語》校詁論文未能成集者有三篇：《國語札記》，刊於《大陸雜誌》第30卷第7期(1965年4月)，頁27—30；《國語札記》，刊於《慶祝李濟先生七十歲論文集》(下)，清華學報社1967年版，頁905—916；《國語韋解商榷》，刊於《孔孟月刊》第23卷第3期(1984年11月)，頁36—37①。《大陸雜誌》所發表《國語札記》一共28條，自《周語上》始，至《晉語四》止。其中《周語上》8條，《周語中》、《周語下》各5條，《魯語上》3條，《魯語下》、《晉語二》各2條，《齊語》、《晉語一》、《晉語四》各1條。發表在《慶祝李濟先生七十歲論文集》上之《國語札記》至《楚語上》止，共52條。其中《周語上》9條，《周語中》、《鄭語》各3條，《周語下》、《晉語一》、《晉語四》各5條，《魯語上》、《晉語五》、《晉語七》、《晉語八》各1條，《魯語下》、《齊語》、《晉語二》各4條，《晉語三》、《晉語六》、《楚語上》各2條。其中有些條目收入《國語斠證》一書，有些條目在《國語集證(周語上、周語中二卷)》中又進行了更詳盡

① 張以仁教授的三篇論文大陸頗不易得，今所參據者，爲"中央研究院"歷史語言研究所研究員陳鴻森教授函賜複印件，謹致謝忱！2012年上海古籍出版社出版《張以仁語文學論集》，合成《國語札記》一篇予以收入，在該書頁253—269。

的論述。發表在《孔孟月報》上的《國語韋解商榷》一文唯商榷《周語上》韋解者，總共 6 條。就其文章看，即便《周語上》也未能盡爲商榷，衹至“宣王不籍千畝”章。三篇論文各有側重，皆有勝義，於《國語》之研讀與韋注之理解頗多裨益，然百密一疏或見仁見智之處亦有存焉者，今總名之爲《國語札記》，就其中可商者 20 條爲之辯證，以有益於《國語》之研究與張氏著作之研讀云。凡所補箋，一依其論文發表之時間爲序，後注明在該期刊中頁碼。

一、《國語札記》(見刊於《大陸雜誌》)辯證

1. 晉侯爽二

韋昭注：爽當爲喪，字之誤也。

以仁案：爽假爲喪，非字誤也。上文“言爽日反其信”，爽亦假爲喪，謂言失日反其信也。韋注訓爲貳，蓋自差失之義引申來。爽無差失義，實假喪爲之也。下文“經緯不爽，文之象也”，韋注云：“爽，差也。”差即差失也。(頁 29)

【按】　張氏《斠證》引汪遠孫《發正》“爽、喪形聲義並相近”與金其源《讀書管見》“爽、喪義同，不必謂誤”之語，復加案云：“疑皆未善。此自是習見假借字。喪，正字。爽，假字。不遑以義近或字誤説之。”①仍以二字爲正字、假借字關係爲正解。簡朝亮《尚書集注述疏》卷三〇云：“‘爽’與‘喪’皆言乎其失也，蓋聲近而義通焉。”孫詒讓《古籀拾遺》卷下云：“爽、喪音近，古多通用。”吴曾祺云：“爽，差也，義自可通不必改。”②審王懋竑云：“‘爽’即差失之差，不必改。”③則吴氏用王説。

---

① 張以仁：《國語斠證》，頁 96。

② (清)簡朝亮：《尚書集注述疏》，《續修四庫全書》第 52 册，頁 618 上。(清)孫詒讓：《古籀拾遺》，《續修四庫全書》第 243 册，頁 563 上。吴曾祺：《國語韋解補正》，本卷頁 1。

③ (清)王懋竑：《讀書記疑》，頁 342 上。

2. 單襄公曰:驩此其孫也

以仁案:黄丕烈《札記》云:"當依别本删去單字。段云:有單字者誤也。"竊疑"單襄公曰"四字皆爲衍文。前後文既皆爲單襄公語,實無須贅此四字。(頁29)

【按】 黄丕烈《士禮居藏書題跋記》云:"明道本〈周語〉單襄公曰:驩,此其孫也。注曰:'此周子者,晉襄公之孫也。''襄'字上應無'單'字,以公序本爲正。"楊紹和(1830—1875)《楹書隅録》説同。汪遠孫《考異》亦云:"公序本無'單'字,《御覽·方術九》同,此衍。"[①]《詁訓柳先生文集》本柳宗元《非國語》有"單"字,宋刻本《河東先生集》本《非國語》則作"晉襄公"。《册府元龜》卷七九五、《通志》卷八九、《經濟類編》卷四引亦皆無"單"字,今傳公序本《國語》各本皆無"單"字,"驩"爲晉襄公之名,故宋刻本《非國語》"襄公"前加"晉"字,亦是。審《周語下》下文又有"爲令德孝恭,非此其誰"、"必驩之孫,實有晉國",上文有"三而畀驩之孫",則當以"襄公曰驩,此其孫也"爲是。張以仁以"'單襄公曰'四字皆爲衍文"之説未爲信論。吴曾祺《補正》正文仍從明道本而注則引黄丕烈《札記》爲訓,沈鎔《國語詳注》、徐元誥《國語集解》"襄公"上則從公序本無"單"字。

3. 放上而動

韋昭注:放,依也。

以仁案:放無依義,蓋假爲傍字也。《説文》:"傍,附行也。"謂依附而行也。(頁29)

【按】 "放"讀去聲,故無"依"義。"放"讀上聲,則故訓中多訓作"依"、"效"、"法"、"學"等義[②],古書中亦多有以"放"爲"仿"者,故韋注不誤,不煩假借。今譯注本多釋"放"爲"依據"、"仿效"等,皆是。

---

① (清)汪遠孫:《國語明道本考異》,頁280。

② 宗福邦等主編:《故訓匯纂》,頁956a—b欄。

4. 作而不衷

韋昭注：衷，中也。

以仁案：衷謂善也。韋注疑非。《廣雅·釋詁一》："衷，善也。"《書·皋陶謨》："和衷哉。"《傳》曰："善也。"是其證。（頁29）

【按】 韋注蓋用聲訓，釋本義也。此在韋注中亦非一例，可看作韋注訓詁之條例，不必以爲非是。又《爾雅·周南·關雎序》"哀窈窕"鄭玄《箋》："愛當爲衷。"孔《疏》云："衷與忠字異而義同。"①故從語境義上言，《魯語下》此處"衷"字義實爲"忠"，訓爲善不合本文語境。

二、《國語札記》(刊於《慶祝李濟先生七十歲論文集》)辯證

5. 大惡於民

韋昭注：大惡，大爲民所惡也。

以仁案：大惡於民，謂大爲民所惡也。《史記會注考證》(以下簡稱"考證")《周本紀》引俞樾云："大惡於民，猶云大虐於民。"甚是。故下文云："庶民不忍。"庶民不忍者，謂庶民不堪忍受也。若如韋注，下當云帝辛不忍矣。（頁905）

【按】 張氏《國語集證》中亦及此條，觀點與本條同。韋注所釋之"惡"爲心理動詞，且爲被動用法，此古書中習見者。而俞樾所釋爲行爲動詞，爲一般用法，二者固不同，不當言彼此是非。民惡其上者，古有其例，如《書·湯誓》："時日曷喪？予及汝皆亡。"即夏之民惡帝桀之言也。又《周語上》周厲王弭謗故事，厲王使巫監謗者，民道路以目，在民則惡其上之暴虐矣，終則不能忍，"三年，流王於彘"，是皆其例。故韋注言"大爲民所惡"不誤，帝辛"大爲民所惡"，故周武可興而德民。俞樾所釋亦不誤，然韋注既可通，則不必另立新説。

---

① (清)阮元校刻：《十三經注疏》，頁273上。

6. 猶曰怵惕，懼怨之來也

以仁案：曰，《補音》云："或本作日。"或本是也。猶日怵惕謂猶日日怵惕也。黄丕烈《札記》引惠棟云："《史記》曰。"《史記》作曰亦日之誤也。《考證》謂《史記正義》、古鈔本、中彭本、中韓本、陳仁錫引古本、《群書治要》引皆作日，可證。（頁906）

【按】《國語斠證》引《補音》作"本或作'日'"，復引《考異》"重刻本作'日'，依或本改也"、《補正》"'曰'字依公序本作'日'"爲説，並加案云："《補音》既作'曰'，則安得云公序本作日？《補正》妄説耳。金、秦、董本皆作'日'。"①遞修本《國語》本文字形亦作"日"。審《補音》作"本或作"，不作"或本作"，張氏引誤。又審《册府元龜》卷五三四、《通鑒前編》卷九、《文章正宗》卷四、《經濟類編》卷九二引字作"日"，從公序本；宋劉荀《明本釋》卷中引字則作"曰"，從《補音》及明道本。就本文語境而言，以"日"字更能表達情境。沈鎔《國語詳注》、徐元誥《集解》改從公序本作"日"，又徐元誥云："日，宋庠本作'曰'，《史記》同。《考正》云：'當作日月之日。'今從之。"②徐氏所謂"宋庠本"者實爲宋庠《補音》。又《補音》自爲著作，而公序本自爲宋庠校訂之本，二者容有不同，蓋著《補音》之本未必即宋庠已校成之本。拙稿《宋刻宋元遞修本〈補音〉、〈國語〉比勘》對勘遞修本《補音》、《國語》400餘條，即在證《補音》自爲專著，而公序本自爲公序本，二者容有不同，前人之稱公序本爲補音本者實混淆作者個人著作與其校訂之書二者之界限，實有未當，張氏亦不審，故有疑《補正》爲"妄説"，《補正》或未必思及《補音》與公序本之不同，然其説不誤。

7. 其后稷省功

以仁案：當從"后"字一逗。"后"即今之"後"字。謂庶民終耕之後也。（頁906）

---

① 張以仁：《國語斠證》，頁28。

② 徐元誥撰，王樹民、沈長雲點校：《國語集解》（修訂本），頁14。

【按】 張氏《集證》亦及之,云:“當從‘后’字一逗,‘后’即今之‘後’字,謂庶民終耕之後也。若‘后稷’連讀則文不可解矣。《唐類函·北堂書鈔》卷八十四引《北堂書鈔》以‘后稷’連讀,誤甚。又省,察也,謂視察省覈也。微波榭本《舊音》作‘小井反’,音雖無殊而用字不同,蓋版本之故乎?”①《國語》有點斷之本以及今點校本中,固無“后”字點斷者。視張氏之意,似以“后稷”爲《周語上》“昔我先世后稷”以“后”字爲“君”,則爲周先祖。“后”字實即“司”之反書,此許慎《説文》所云而經文字學家論證者,“后稷”亦即“司稷”,掌農事之官。則非必周先祖所職。徐復觀(1903—1982)云:“或稱‘稷’,或稱‘后稷’,皆指‘田正之官’而言。”並引《周語上》本句云:“據此,則稷與后稷之爲田正,可謂皎然明白。”②亦可爲佐證。既言“終於千畝”,則省功自爲後續性行爲,不必言“其後”。又下文“農師一之,農正再之,后稷三之”,亦作“后稷”,“后”字絶不可點斷,故此處“后稷”連讀不誤。又《集證》“微波榭本《舊音》作‘小井反’,音雖無殊而用字不同”之言未審何義,或即指微波榭叢書本《舊音》字雖音“小井反”而用非“省”字也,今見《湖北先正遺書》據微波榭叢書影本字作“省”,遞修本《補音》、文淵閣四庫本《補音》亦皆作“省”。

8. 不蔑民功

韋昭注:蔑,求也。

《考異》:求,公序本作“棄”。棄作弁,因誤作求。

以仁案:蔑無由訓求,且求義亦不可通。《考異》是也。(頁907)

【按】 審《考異》“棄作弃”,非作“弁”,張氏引誤。吳曾祺《補正》

---

① 張以仁:《國語集證》(〈周語〉上、中二卷),氏著《張以仁先秦史論集》,頁460—461。

② 徐復觀:《有關周初若干史實之考證》,收録於《中國思想史論集續篇》,時報文化事業出版公司1982年版,頁223。

云:"蔑,棄也。不訓求。"①沈鎔亦訓"棄",《集解》字作"弃"②,即皆本公序本爲説。又《册府元龜》卷二五四引有注云:"蔑,未。"③或竟編纂者隨文爲義,未可爲本文之訓。又審朱熹《儀禮經傳通解》卷二二引注云:"蔑,棄也。"④江永《禮書綱目》卷六二、姜兆錫(1666—1745)《儀禮經傳》内編卷一二引與朱熹同。就筆者對朱熹《儀禮經傳通解》引《國語》考察而言,其所引《國語》爲明道本系統,而引注與公序本同,可見朱熹所見明道本《國語》與今傳之明道本《國語》不同。"弃"、"求"形遠,恐難以爲誤,《碑别字新編》引《唐李表墓誌》"棄"字作"㚊",引《魏魏靈藏造象》"求"字作"汞"⑤,二形近似,或因而致誤。公序本、明道本韋注多有不同,或亦各據所本。

9. 堯用殛之於羽山

韋昭注:殛,誅也。舜臣堯殛鮌於羽山……

以仁案:據《尚書·堯典》,殛鮌於羽山者乃舜也。惟舜用事時堯尚在位,故《國語》言堯殛之亦不誤。然韋注謂"舜臣堯",則太顛倒,當改曰"堯臣舜"。(頁907—908)

【按】 韋注不誤。此句當斷作"舜臣堯,殛鮌於羽山",審《國語評苑》、道春點本、《四部備要》本、《叢書集成初編》本、《補正》、《詳注》、上古本、《集解》韋注在"堯"字下斷開。"舜臣堯"爲一小句,"舜"爲主語,"臣"爲謂語動詞,"堯"爲賓語,義爲"舜爲堯之臣",此秦漢文獻中固有

---

① 吴曾祺:《國語韋解補正》卷二,本卷頁6。

② 沈鎔:《國語詳注》卷二,本卷頁7。徐元誥撰,王樹民、沈長雲點校:《國語集解》(修訂本),頁66。

③ (宋)王欽等編:《册府元龜》,《景印文淵閣四庫全書》第906册,頁491下。宋本《册府元龜》同。

④ (宋)朱熹:《儀禮經傳通解》,收録於朱傑人、嚴佐之、劉永翔主編《朱子全書》第2册,上海:上海古籍出版社;合肥:安徽教育出版社2002年版,頁806。東洋文化研究所藏宋嘉定中刊元明遞修本同。

⑤ 秦公輯:《碑别字新編》,北京:文物出版社1985年版,頁207、頁41。

句式。若從張氏理解，則以“舜臣堯”爲同位語結構，即“舜臣”爲“堯”，韋注恐不至不經至此。《國語》既言“堯殛之”，故韋注用《書·堯典》以釋之。韋注不誤，張氏誤解。

10. 以其寶來奔

韋昭注：……來奔，奔魯也。或有魯字，非也。此《魯語》，不當言其魯也。

以仁案：前文“海鳥曰爰居，止於魯東門之外三日”，“齊孝公來伐魯”，“魯饑”，皆言魯。則有魯字未必非是。（頁909）

【按】 各語即各守本文，即在周不言周，在魯不言魯，在齊不言齊，在晉不言晉，在鄭不言鄭，在楚不言楚，在吴不言吴，在越不言越。在魯自當不言魯。各本言者，或流傳集匯，自亂其例，非必有者是。就張氏所舉三例而言，除“魯饑”不當省之外，“齊孝公來伐魯”之“魯”字固當省去，審《國語》“來＋V”結構中，動詞“V”後俱不跟賓語，以其所來者即吾之地也。另參見拙著《〈國語〉動詞管窺》①。而“魯東門”之“魯”當即指魯國都而言，非指魯國而言，故韋注云：“東門，城東門也。”蓋各國國名非僅指國家而言，亦時指國都，不可作同等論。范仲淹《岳陽樓記》猶云“去國懷鄉”，其“國”仍作“都城”、“國都”解，可爲佐證。

11. 長者不過十

以仁案：公序本“十”下有“之”字。《考異》謂有之字是，云：“《御覽》同。《史記·孔子世家》及《〈内傳·十一年〉疏》引《國語》竝有之字。”則有之字是。衛聚賢《山海經的研究》據郭璞《山海經注》引作“十丈”。疑郭注有誤，不可從。十之，謂三尺之十倍。故韋注云：“計之三丈。”《〈孔子世家〉集解》引王肅亦云：“十之，謂三丈也。”皆可以爲證。（頁909）

---

① 拙著《〈國語〉動詞管窺》，頁114—117。

【按】 郭注並引《河圖玉版》等以自申説，郝懿行《箋疏》則引《〈孔子世家〉集解》爲義，以郭注引《外傳》“‘十丈’當爲‘十之’之訛”①，袁珂從之②。郭璞(276—324)雖後於韋昭，然與韋昭生活時間相銜接，或所見《國語》之本自作“十丈”亦未可知，今《國語》舊本俱亡，唯韋昭注本存世，未可以韋注易郭注，亦未可以郭注易韋注，即各自爲注，則各守本書，非有確鑿證據，不必據彼此而爲是非。又蓋古人注書引述，憑意而非據書，或有誤記，以“之”爲“丈”，亦有其可能。“長者不過十之”者，十倍於僬僥氏也，故韋注云：“十之，三丈，則防風氏也。”《説苑》、《家語》無“之”字，則“長者不過十”之“十”，當理解爲十尺，於義亦通。又鄭良樹云：“‘長者不過十’當作‘長者不過十之’。上文云‘僬僥氏長三尺’，此云‘不過十之’，謂十倍於三尺，故韋解云‘十之，三丈’也(今本韋解‘十’皆誤作‘計’)。左文十一年《〈傳〉疏》、《〈楚辭·天問〉補注》、《太平御覽》六一二引此皆作‘長者不過十之’，《史記·孔子世家》同。是其明證。《初學記》十九引作‘長者不過十丈’，‘之’作‘丈’誤，‘十’下有一字必不誤。亦其證。《説苑》無‘之’字，蓋傳鈔者奪耳。韋解‘計之’當作‘十之’。上文既云‘三尺’，此云‘十之’，故韋解云：‘十之，三丈。’《楚辭補注》、《太平御覽》引韋解皆作‘十之，三丈’，是其明證。今本正文皆奪‘之’字，韋解‘十’又訛作‘計’字，乃不可通矣。各本皆誤，當據正。”③鄭氏未見公序本，故有是説，實誤。張氏云“不可從”郭璞注者當是。

12. 擊菒除田

以仁案：菒乃槀之誤。各本均作菒，韋注亦作菒。《管子·小匡篇》則作槀。吴曾祺謂菒即槀字。(頁910)

---

① (清)郝懿行：《山海經箋疏》卷一四，成都：巴蜀書社1985年影郝氏遺書本，本卷頁2。

② 袁珂：《山海經校注》(增補修訂本)，成都：巴蜀書社1993年版，頁393。

③ 鄭良樹：《國語校證》(上)，《幼獅學誌》第7卷第4期，頁40。

【按】　此亦見《國語斠證》，唯《斠證》未引吴曾祺説。云："'菒'乃'莫'之誤。韋解作'莫'可證。金、秦、董、日、時、崇皆作'菒'。《管子·小匡篇》則作'槀'。《補音》謂'菒通作槀'。"①根據張氏《國語斠證》前言，張氏所用《國語》衆本爲世界書局影印嘉慶庚申讀未見書齋重雕天聖明道本(也是《國語斠證》的底本)、微波榭本《國語補音》、涵芬樓影印金李本、日本秦鼎《國語定本》②、日本重刊天聖明道本(當即日本文化元年葛氏上善堂刻本)、廣州時務書局重雕天聖明道本、湖北崇文書局重雕天聖明道本和清中期南潯學者董增齡《國語正義》。據查，宋本《太平御覽》卷八二二引《齊語》本句作"擊槁除田"，遞修本、《四部叢刊》影明金李澤遠堂本、明張一鯤刻本、明穆文熙本、吴勉學本、道春點本、閔齊伋《國語裁注》本、緑蔭堂本、清文淵閣四庫本、清《四庫薈要》本、清董

① 張以仁:《國語斠證》，頁181。
② 日本學者秦鼎《國語定本》，全稱《春秋外傳國語定本》，秦鼎《定本》於日本文化六年(1806)年刊行，此後文化七年(1807)、文政二年(1819)、文政六年(1823)、天保十三年(1842)、嘉永七年(1854)、明治十七年(1884)續有刊行，多爲日本大阪、名古屋等地的書鋪刻本，皆依據秦氏滄浪居原刊翻刻。據筆者看到的三種本子而言，文政二年刊本每册卷數與文化七年、嘉永七年等本不同，這個區别乃本於明清《國語》刻本册卷之例，内容則無異。北京中國國家圖書館普通古籍閲覽室收有三種，其一爲日本嘉永七年(1854)刊行本，每半葉10行20字白口四周單邊單魚尾，有朱筆校注，索書號爲70467;其二爲日本文化七年(1810)刊行，書名頁及書簽題春秋外傳國語定本，10行上下兩欄上欄小字雙行6字下欄20字小字雙行同白口四周單邊單魚尾，索書號爲70428;其三標注爲日本嘉永七年(1811)刊行本，敘録題國語補音;10行20字小字雙行同白口四周單邊單魚尾，鈐"村山文庫"印，索書號爲4545。第一種和第三種頗爲矛盾，同爲嘉永七年，何以一在1854一在1811? 案日本嘉永年號在弘化之後安政之前，弘化年號自1844年到1847年，安政年號自1855年到1859年，弘化5年2月28日(陽曆1848年4月1日)新皇登基改元爲嘉永，嘉永7年11月27日(陽曆1855年1月15日)改元爲安政。由此可知國家圖書館網站標注爲"嘉永七年(1811)"是錯誤的。又關於日本學者秦鼎，黄遵憲(1848—1905)《日本雜事詩》自注有載，云:"餘外則林孺(字長孺，號鶴梁，江户人)……秦鼎(字士鉉，號滄浪，尾張人)……"(黄遵憲著、吴振清等編校整理:《黄遵憲集》，天津人民出版社2003年版，頁34—35)此亦當是秦鼎名字在華人著述中首見。

增齡《國語正義》、日本秦鼎《國語定本》、清鈔本洪邁(1123—1202)《經子法語》等《國語》公序本系列版本字作"菒",許宗魯本誤作"蔈",千葉玄之本則誤作"菓"。

《説文·木部》:"槀,木枯也。"唐釋玄應《衆經音義》卷一五"槀草"注云:"《説文》:槀,稈也。即乾草也。"唐釋慧琳《一切經音義》卷三六"槀稈"注引顧野王(519—581)云:"槀即禾槀草也。"又引《考聲》云:"槀,禾黍莖也。"宋王觀國《學林》卷九云:"亦枯槀也,後世移其木於旁爲槁。"①審《故訓匯纂》"槁"字故訓,唯多訓作"木枯"、"葉落",不及草。"菒"字不見於《説文》,《故訓匯纂》唯録韋注、《廣韻》、《類篇》②,《國語》韋昭注云:"枯草也。"《廣韻·皓韻》云:"菒,乾草。"《類篇·艸部》云:"菒,稈也。"《集韻·皓韻》云:"槀藳菒蒿,《説文》稈也,或作藳菒蒿。"又"槀"字注云:"《説文》木枯也,或書作槁。"③《集韻》引《説文》"稈也"之釋出《説文·禾部》"稾"字之注,非爲"槀"字注文,玄應《衆經音義》亦引誤。就"槀"、"藳"、"菒"、"蒿"這幾個字而言,其共同義素皆表乾枯,四者同源。"菒"字則唐以前文獻中似唯《齊語》有之,各書亦唯引《齊語》。敦煌文獻之斯3880號《二十四氣時令詩》中有"菒"字,云:"□菒邀□客。"④則"菒"字晚出,而《御覽》引用"槁"字,今傳公序本《國語》皆用"菒"字,或其所據本本不同。

再看黄刊明道本各本,黄丕烈讀未見書齋刻本、上海博古齋1913年影本、《四部備要》本皆作"菒"不作"菓",審汪遠孫《國語發正》之道光丙午(1846)本與《續清經解》本、湖北崇文書局同治己巳(1869)重雕天聖明道本本、上海蜚英館光緒三年(1878)影《士禮居叢書》本、上海錦章書局影天聖明道本、《叢書集成初編》本、《國學基本叢書》本則字皆作

① (漢)許慎:《説文解字》,頁119下。(唐)玄應:《衆經音義》,《續修四庫全書》第198册,頁175上。(唐)慧琳:《一切經音義》,《續修四庫全書》第197册,頁43下。(宋)王觀國:《學林》,《景印文淵閣四庫全書》第851册,頁218上。

② 宗福邦等:《故訓匯纂》,頁1943。

③ (宋)陳彭年等:《宋本廣韻》,頁283。(宋)司馬光編:《類篇》,頁27上。(宋)丁度等:《集韻》,頁400。

④ 黄永武主編:《敦煌寶藏》第32册,臺北:新文豐出版公司1982年版,頁106。

“菓”不作“菓”。非如張氏所云崇文本作“菓”。新出之《士禮居叢書》，以上海蜚英館石印本流通最廣，故世界書局影印本、上海古籍出版社1992年《四部精要》所影《國語》、揚州廣陵書社2010年影印《士禮居叢書》本、瀚堂典藏所收録之士禮居本實皆蜚英館石印本，非黄氏原本。汪遠孫《發正》刻在道光丙午，爲作“菓”字之始。然看《發正》以及《考異》等汪氏著，是汪氏以其爲“菓”字無疑。黄丕烈《札記》作“菓”，引惠棟(1697—1758)云：“《管子》‘稾’。”①汪遠孫《考異》亦不云黄氏作“菓”，徑云：“《舊音》：菓音杲。《補音》云：通作稾。按《管子》正作稾。”②徐元誥云：“菓即稾，《管子·小匡篇》正作‘稾’。”③是黄、汪并以字作“菓”字之明證。《發正》之所以誤作“菓”字，實刻工誤書，崇文本不審，沿襲《發正》之誤。遂使蜚英館本亦沿誤。(經筵校本正文字亦作“菓”，注文又誤作“果”，但是其音訓作“古老反”，可證作“果”或“菓”是刻工誤書。)即便是同作“菓”字的黄氏讀未見書齋本、博古齋本以及同一版本系統的蜚英館本其字體亦有不同之處，僅就三者題名作比較如下：

第一張圖片爲黄氏原刻，第二張圖片爲博古齋影本，第三張圖片爲蜚英館石印本，三張題款完全相同，但是把字體放大就可以看出三者的區别，以“見”、“書”、“齋”、“雕”四字爲例，先看“見書齋”三字：

---

① (清)黄丕烈：《國語明道本札記》，頁250。黄氏讀未見書齋刊本、蜚英館本、博古齋本、錦章書局本、崇文本《札記》並同。

② (清)汪遠孫：《國語明道本考異》，頁294。道光丙午振綺堂刻本同。

③ 徐元誥撰，王樹民、沈長雲點校：《國語集解》(修訂本)，頁221。

（黃氏原刻）

（博古齋本）

（蜚英館本）

第一行的“見書齋”三字爲黃氏原刻所有，第二行三字則是博古齋影本所有，第三行三字爲蜚英館石印本所有，三者並不完全相同。再看三種刻本的“雕”字，排序與上三字相同：

三種刻本的“雕”字亦不一樣，前二者的形似度更大一些。張氏所謂世界書局影嘉慶庚申黃氏讀未見書齋刻本實是蜚英館本的影本，非真黃氏讀未見書齋本。頗懷疑蜚英館石印本實際是覆刻自崇文本，而非真根據黃氏讀未見書齋本。審《中國叢書綜録》，黃丕烈士禮居叢書之後世刻本有光緒十三年(1887)上海蜚英館影本、民國四年(1915)上海石竹山房影本、民國十一年(1922)上海博古齋增輯影本三種①。黃氏之叢書嘉慶道光年間刻成，耗時較久，依據時間先後爲嘉慶五年

① 上海圖書館編:《中國叢書綜録》(一)，上海古籍出版社1982年版，頁964—966。

(1800)刻《國語》和《汲古閣珍秘書目》①、嘉慶八年(1803)刻《戰國策》、嘉慶九年(1804)刻《博物志》、嘉慶十年(1805)刻《延令宋板書目》和《百宋一廛賦》、嘉慶十一年(1806)刻《梁公九諫》、嘉慶十三年(1808)刻《焦氏易林》、嘉慶十六年(1811)刻《藏書紀要》、嘉慶二十年(1815)刻《儀禮》、嘉慶二十一年(1816)刻《汪本隸釋刊誤》、嘉慶二十二年(1817)刻《船山詩草選》、嘉慶二十三年(1818)刻《周禮》、嘉慶二十四年(1819)刻《洪氏集驗方》、道光元年(1821)刻《夏小正戴氏傳四卷校録一卷》和《夏小正經傳集解》、道光三年(1823)刻《傷寒總病論六卷傷寒論音訓一卷修治藥法一卷札記一卷》、道光四年(1824)刻《同人唱和詩》,《宣和遺事》無具體刊刻年代,據該書後附學山海居主人所撰〈重刊宋本宣和遺事跋〉,此書得之於戊辰冬,己巳春遊杭州又得一本,因動開雕之想②,己巳爲 1789 年,此書之刻或亦當在嘉慶年間,檢繆荃孫《士禮居藏書題跋記書後》標注爲庚午,則《宣和遺事》之刊刻爲嘉慶十五年(1810)。從嘉慶五年(1800)到道光四年(1824)計 25 年爲士禮居叢書的刊刻時間。

---

① 黄刊明道本《國語》書端明題爲"嘉慶庚申",嘉慶庚申明爲嘉慶五年,而姚伯嶽《黄丕烈評傳》則爲"嘉慶四年",未知何據。姚説見其著《黄丕烈評傳》,南京大學出版社 1998 年版,頁 216。

② 據博古齋影《士禮居叢書》本《宣和遺事》後附。按:此跋未見收於黄氏《士禮居藏書題跋記》與《黄氏士禮居藏書題跋記續》。審學山海居主人有二,一爲明人李開先(1502—1568),一爲黄丕烈自號。黄氏自號甚多,繆荃孫(1844—1919)《藝風堂文續集》卷六〈士禮居藏書題跋記書後〉記云:"先生别號曰蕘夫,曰蕘翁,曰老蕘,更號復翁,曰復初氏,曰宋廛一翁,曰求古居士,曰求古居主人,曰讀未見書齋主人,曰聽擬軒主人,曰秋清逸士,曰廿止醒人,曰見獨學人,曰陶陶軒主,曰復見心翁,曰學山海居主人,曰抱守老人,曰長梧子,曰知非子,曰半恕道人,曰民山山民,曰民山一民,曰員嶠山人,曰佞宋主人。"(繆荃孫:《藝風堂文續集》,《續修四庫全書》第 1574 册,頁 250 上)又江標(1860—1899)《黄蕘圃先生年譜》云:"(十三年戊辰)冬,得《宣和遺事》二册,係述古舊藏物。""(十四年己巳)春,游杭州,登城隍山,於坊間又得《宣和遺事》,遂校付刊。"([清]江標撰,王大隆補、馮惠民點校:《黄丕烈年譜》,北京:中華書局 1988 年版,頁 48—49)所言二事即根據〈重刊宋本宣和遺事跋〉。可見學山海居主人即黄丕烈自號,《重刊宋本宣和遺事跋》亦爲黄氏之文,《士禮居藏書題跋記》當補入此文。

既然博古齋可以補輯，説明黄氏生時尚無一個叢書的整體觀念，尤其是《國語》和《戰國策》並不署士禮居而是署讀未見書齋，可見其亦未要求一致，則行世亦非一時而是逐漸。後世輯印，因目尋書，而非以黄氏原刻全部叢書影印，故有以崇文書局本《國語》代士禮居原本者如蜚英館刻本即是。

觀黄氏讀未見書齋嘉慶庚申（1800）刻本、崇文書局同治八年（1869）重雕本、上海蜚英館光緒三年（1878）石印本、上海博古齋 1913 年石印本、上海錦章圖書局石印本、上海鴻寶齋 1912 年石印本、上海掃葉山房 1924 年石印本《國語》文本基本能守黄氏讀未見書齋刻本之舊。或據“菓”、“菒”之異與“抑”、“柳”之異可分黄刊明道本版本系統爲兩個分支：其一即爲崇本書局本系列，如崇文本、蜚英館本、錦章書局本、掃葉山房本即是；其二即謂黄氏原刊系列，如黄氏讀未見書齋刻本、博古齋本、吴曾祺《國語韋解補正》、《四部備要》本即是。其祖本皆爲黄丕烈讀未見書齋刻本。“抑”、“柳”、“抑”之異，本書上編之五“楊樹達《讀〈國語〉小識》辯證”、中編之二“張以仁《國語斠證》辯證”皆有辨，可參。張以仁《國語斠證》所參據之時務書局本與日本重刊本皆未見，疑亦博古齋本之類。

又《管子·小匡》字作“槀”，《孝經·庶人章》注作“稿”，《春秋戰國異辭》卷一五引作“槀”，陸佃（1042—1102）《增修埤雅廣要》卷七、焦竑（1541—1620）《國朝獻徵録》卷五七、陳立（1809—1869）《公羊義疏》卷五〇引作“草”，唐仲友（1136—1188）《帝王經世圖譜》卷一二、《玉海》卷一八八、《通志》卷九二、《儀禮經傳通解》卷二九、《六書故》卷二二、馮復京（1573—1622）《六家詩名物疏》卷三〇、《經濟類編》卷一四、《文章辨體匯選》卷四九三、卷七四〇、熊明遇（1580—1650）《文直行書詩文》卷五、《格物通》卷五五、《授時通考》卷六引作“菒”，元梁益《詩傳旁通》卷九、明人黄學海《筠齋漫録》卷三引《管子》作“菒”。“草”字或當爲“菒”之誤。

13. 有罪二焉

《考異》：公序本罪二作二辠，是也。注作二罪，可證。

以仁案:《〈史記·晉世家〉正義》引《國語》亦作"二罪"。(頁911)

【按】 此亦見《斠證》。云:"《考異》是也。金、秦、董本正、解皆作'二辠'。《〈晉世家〉正義》引《國語》亦作'二罪'。《説文》'罪'下云:'捕魚竹網,從網非。秦以罪爲辠字。'段玉裁注云:'《文字音義》云:始皇以辠字似皇,乃改爲罪。'"①審《國語》中"有+名詞"中的數詞位置,如爲單數,則放置在名詞之前,如名詞前有限定詞,則數詞在名詞之後。如數詞後面有名量詞或者數詞爲整數,則亦放在名詞之後。按照此一規則,則此處作"有二罪"是。然"有罪二"亦未可言誤,韋注以"二罪"釋,固當以其時之常言釋之,不必因注文而改正文。《補正》、《詳注》、《集解》皆守黄刊明道本之舊,今上古本等多本並作"有罪二",從公序本矣。審各書引《晉語》無從明道本者,《册府元龜》卷七三二引作"二罪",《文章正宗》卷六、《通志》卷一八一、《經濟類編》卷五七引作"二辠",皆與公序本同。

14. 有男戎必有女戎。若晉以男戎勝戎,而戎亦必以女戎勝晉

韋昭注:戎,兵也。女兵,言其禍由姬也。

以仁案:戎疑即上文驪戎之戎。韋注釋兵,似因下文費解而曲爲之説。案下文"以"當訓爲"由"(《漢書·劉向傳》注:"以,由也。"以之訓由,爲常語)。謂晉由男戎而勝戎,而戎亦必由女戎而勝晉也。下文"亂必自女戎",韋亦釋爲"女兵",其失同此。(頁911)

【按】 此亦見於《斠證》,引《考異》云:"由姬,公序本作'猶兵'。"復加案云:"金、秦、董本皆作'猶兵'。日、時、崇則作'由姬'。"②就其上下文而言,當從明道本作"由姬"。韋注所釋"戎,兵也"非釋"戎",實釋"男

---

① 張以仁:《國語斠證》,頁193—194。
② 張以仁:《國語斠證》,頁194。

戎”、“女戎”之“戎”。“言其禍由姬”由《晉語》驪姬之亂事實而言之。韋注不誤。此“以”字實介詞,憑藉之義,“以男戎”、“以女戎”之“以”字皆介詞,表方式,釋作“由”未如釋作“憑藉”更合文義。

15. 重耳處蒲城,夷吾處屈,奚齊處絳,以儆無辱之故

韋昭注:言出此三子。爲鎮於外,以儆備戎狄無耻辱於國也。

以仁案:晉時都絳。奚齊處絳,不得謂“以儆無辱之故”。此《國語》文章之失,韋注不辨而含混釋之,亦云漏矣。(頁911)

【按】 張氏引述不全,《晉語一》文云:“驪姬請使申生主曲沃以速縣,重耳處蒲城,夷吾處屈,奚齊處絳,以儆無辱之故。”重耳、夷吾、奚齊處三地實亦驪姬之請也,實驪姬爲奚齊得晉君之位而作準備,然表面上則籠統言之,云“以儆無辱之故”,實亦可通,《國語》文章並無問題,韋注實亦依驪姬之行而爲釋,從軍事上言,“奚齊處絳”,可看作“以儆無辱之故”,然不得謂之“鎮於外”,故此處韋注所云“三子”者,實指申生、重耳、夷吾,並不包含奚齊在内。

16. 公今閹楚刺重耳

以仁案:今乃令之誤。各本皆作令。(頁912)

【按】 審黄刊明道本及其覆刻本中,黄刊明道本、崇文本、博古齋本、蜚英館本、錦章書局本、《國語韋解補正》字作“令”、“剌”,重刻本中則寶善堂本、《四部備要》本、《國語詳注》等字作“令”、“刺”。則明道本各本字亦作“令”不作“今”,未審張以仁據何本録文?公序本系統字作“奄楚”、“刺”。“刺”、“剌”形近易混,刻本中容易混同。《札記》云:“閹楚,《補音》作‘奄楚’。”①《考異》云:“公序本‘閹’作‘奄’。”②《左傳》亦作“奄楚”,明道本下文“使奄楚以環釋言”,亦作“奄楚”,則明道本本身

① (清)黄丕烈:《校刊明道本韋氏解國語札記》,頁252。

② (清)汪遠孫:《國語明道本考異》,頁301。

用字亦前後不一。"奄"、"閹"字通,爲社會身份用名,後世"閹"爲常用,明道本或因而改作。《列女傳·孽嬖傳》、《通鑒外紀》卷四作"使"、"閹","使"、"令"義同,《御覽》卷八〇四引作"令"、"閹",《經濟類編》卷一六引字作"奄",與公序本同。

17. 於是吕甥冀芮畏偪,悔納文公,謀作亂

韋昭注:比二人本惠公黨……

以仁案:比乃此之誤。各本皆作此。(頁914)

【按】 黄刊明道本及其覆刻本字皆作"比",寶善堂本、《四部備要》本、《補正》改作"此"。審遞修本《國語補音叙録》有"唯比本",《金石文字辨異·紙韻》引《漢郙閣頌》"聞比爲難"①,以"比"爲"此"異形,則"比"、"比"皆當爲"比"之變體。又《漢隸字源·紙韻》引《漢郙閣頌》字作"比",《異體字字典》隸作"比"②,與"比"形更近,然仍是"此"字之異形,未可以爲誤。又張氏録韋昭注"比二人"之"人"爲"子"字之誤,經筵校本、黄刊明道本及其覆刻本、公序本等字皆作"子"不作"人"。

18. 然戰而擅捨國君,而受其問,不亦大罪乎

韋昭注:問謂弓也。

以仁案:韋注詞義含混,不可從。前文"王使工尹襄問之以弓"下韋注、《左》成十六年《傳》"問之以弓"下杜注並云:"問,遺也。"此亦當云:問,遺也,謂遺之以弓也。(頁915)

【按】 審遞修本前文云:"鄢之戰,郤至以韎韋之跗注,三逐楚平卒,見王必下奔退戰。王使工尹襄問之以弓,曰:'方事之殷也,有韎韋

① (清)邢澍:《金石文字辨異》卷七,劉世珩(1875—1926)輯印《聚學軒叢書》本,本卷頁7。

② 臺灣國語推行委員會編:《異體字字典》網路版,http://140.111.1.40/yitia/fra/fra02068.htm。

之跗注，君子也，屬見不穀而下，無乃傷乎？'郤至甲冑而見客，免冑而聽命。"在本句中，"問"爲謂語動詞，故韋注釋爲："問，遺也。"而在"受其問"中，"問"雖然仍是動詞，但承擔中心詞功能，"其問"作賓語，具有名詞性質。既然上文已言楚王贈送給郤至的是"弓"，故而在"受其問"中，韋注直釋爲："問，謂弓也。"語義明瞭，並無含混之感，不必以杜注繩韋注。

19. 於是乎作懿戒以自儆也

韋昭注：……昭謂懿，《詩·大雅·柳》之篇也……

以仁案：柳乃抑之誤。各本皆作抑。（頁916）

【按】 汪遠孫《考異》引《述聞》云："'戒'字涉注文'戒書'而衍。《〈説命〉正義》、小大《雅》譜、《正義》、《〈大雅·抑〉正義》、《北堂書鈔·藝文部》六并引《國語》無'戒'字。"①可備説。各本中唯遞修本韋注"雅"誤作"冞"。審公序本各本、黄刊明道本及其覆刻本博古齋本、崇文書局本、《四部備要》本、《補正》字皆作"抑"，而蜚英館本、掃葉山房本、錦章書局本、寶善堂本字作"柳"，又寶善堂本"雅"字誤作"推"。則黄刊明道本覆刻本之誤自蜚英館本始，於此亦可以見黄刊明道本及其覆刻本内部版本之承襲，黄刊明道本系統内"抑"、"柳"異同的情況和上述"菓"、"菒"異同的情況完全相同，可以見出因爲字誤而形成的黄刊明道本系統内部的版本分界。"柳"、"抑"二字形近，又"抑"之異形有作"抑"、"抑"者，則與"柳"字形更近，更易相混。楊樹達《讀〈國語〉小識》印本即以《晉語七》"抑人之有元君"之"抑"字誤作"柳"②，可爲補證。

三、《〈國語〉韋解商榷》辯證（刊發於《孔孟月報》）

20. 耨穫亦如之

韋解：如之，如耕時也。

① （清）汪遠孫：《國語明道本考異》，頁330。
② 楊樹達：《讀國語小識》，見前注，頁81—82。

以仁案：韋解意義含混，此謂耨穫之禮，亦於耕籍之處行之，非謂耨穫之禮如耕籍之禮也。否則耨穫何有於一發之耕邪？下文料民章云："王治農於籍……耨穫亦於籍。"可以爲證。（頁37）

【按】 張氏《國語集證(《周語》上、中二卷)》亦及本條，引《吕氏春秋·辯士篇》"苗，其弱也欲孤，其長也欲相與居，其熟也欲相扶。是故三以爲族，乃多粟。凡禾之患，不俱生而俱死。是以先生者美米，後生者爲秕。是故其耨也，長其兄而去其弟。樹肥無使扶疏，樹墝不欲專生而獨居……不知稼者，其耨也，去其兄而養其弟，不收其粟而收其秕"並云："可見耨之重要。故耨時之禮亦如耕時，穫時亦然。"①則彼時尚從韋注立意而未嘗疑之，以耨禮、穫禮如耕籍之禮也，新譯注本中董立章亦主此説。張氏《商榷》則謂非程序同，乃處所同，理由爲耨、穫和耕籍無區别。春耕開犁，民間有之，此與農業活動中間之鋤草耘作與收穫勞作固不相同，故皆可以爲禮，非必處所同，此處實當强調程序、規則同耳，張氏原説不誤，新説則似可商榷。

結　語

所辯證張氏三篇論文中20條可分爲這樣幾個方面：(一) 韋注不誤，張氏誤以爲誤而别自爲説者，共7條。第4條韋注"衷"字爲"中"用聲訓，屬於釋語源，此亦爲韋注之條例，韋注不誤；第5條韋注"大惡於民"爲"大爲民所惡"，"惡"爲心理動詞，俞樾等以"惡"爲一般行爲動詞，韋注本不誤，不必爲新説；第9條韋注"舜臣堯"實爲"舜臣於堯"之義，"舜臣"與"堯"非同位語結構；第14條、15條、第18條、第20條韋注亦並不誤。(二) 原字可通，不必以爲通借，共2條。第1條"爽"、"喪"音近可通義通，不必以爲通假；第3條"放"字本有依據之義，不必以爲"徬"之借字。(三) 張氏對《國語》本文的校理可商，共5條，如第2條"襄公曰驩"當屬正文，義即可通，不必爲衍；第7條"后稷"不誤，不必以"后"爲"後"且斷開爲句；第10條所議爲各語通例，張氏以"有魯字未必

① 張以仁：《國語集證(《周語》上、中二卷)》，頁466。

非是”，亦未可爲信論；第13條“二罪(辠)”、“罪二”皆可通，不必以爲是非；第17條“比”爲“此”字之俗，未可爲誤字。（四）張氏校理不誤，然猶有可補者，共4條，爲第6條、第8條、第11條、第16條。（五）通過張氏校理以及各本比勘可以確立黄刊明道本内部版本系統者，共2條，即第12條和第19條。

就目前所見《國語》研究資料而言，鄭衆、唐固已經對《國語》作過校理，可知其時《國語》就已經存在著異本、異文的問題。明道本韋昭《國語解》一共5629條，其中校勘條目23條。至於唐人《舊音》則參合賈逵、唐固、虞翻、孔晁各本進行校理，宋庠《國語補音》則對韋昭注《國語》各本進行校理，凡此，拙稿《〈舊音〉〈補音〉所據〈國語〉各本考實》皆有詳細論述，可參。清人王懋竑《國語存校》則專門對張一鯤覆刻本進行校理，得375條。汪中《國語校文》以公序本校理影鈔明道本得63處，劉台拱《國語補校》以公序本校明道本，得44條，開啓以公序本校明道本之端緒。此後黄丕烈《校刊明道本韋氏解國語札記》以《補音》、公序本校明道本，得678條，汪遠孫《國語明道本考異》在黄氏基礎上以金李本、許宗魯本並引類書以及各書校明道本，增廣較多，《國語》正文及注共得3198條。20世紀專門做《國語》校理者爲鄭良樹《國語校證》與張以仁《國語斠證》，鄭氏所校較簡，唯以所據吴曾祺《國語韋解補正》與類書引《國語》相校，偶及秦鼎《春秋外傳國語定本》，得近600條；張以仁《國語斠證》則以明道本各本、公序本各本以及群書所引《國語》相校理，得1026條。《國語》校理越來越趨於細緻，爲《國語》版本系統的進一步整理與研究提供了可靠的前提。在《國語》韋昭注方面，我們一般明晰地分爲公序本和明道本兩個版本系統，《國語》公序本系統内部情況比較複雜，拙撰《〈國語補音〉異文研究》、《〈國語〉金李本、張一鯤本、穆文熙本、秦鼎本的關係》、《〈書目答問〉史部“國語類”補證：以現行三種匯補著作爲主》皆有論析，可參①。《國語》明道本的内部版本系統，則尚未得到進一步系統地整理，但是有一點可以確認，即從天聖七年的本子

① 拙稿《〈書目答問〉史部“國語類”補證：以現行三種匯補著作爲主》，《圖書資訊學刊》2014年第2期，頁161—179。

到明道二年的本子肯定會有一些不同,而從明影鈔明道本到黄丕烈寫刻明道本也會有一些變化。雖然黄丕烈號稱佞宋,但古書覆刻本畢竟不是影印,這一點在後來黄刊明道本的覆刻本中體現得尤爲明顯。本書所檢到的"菓"與"菒"、"抑"與"柳"就是兩個明顯的例子,通過這兩個明顯的異點,黄刊明道本系統内部可以分爲兩個版本。張以仁爲二十世紀《國語》研究之重鎮,在《國語》校理、韋注研究、《國語》與先秦史、《國語》舊注輯校、《國語》訓詁、《國語》虚詞、《國語》與《左傳》、《國語》作者等各個方面都有貢獻,其《國語札記》三篇論文雖非鴻篇巨制,然對於《國語》研究以及瞭解張以仁《國語》研究成就仍具有重要意義。

六、張以仁《國語集證(《周語》上、中二卷)》辯證

引　言

張以仁《國語集證》(《周語》上、中二卷)初以單篇論文形式發表,分爲三篇。其中《周語上》部分分爲兩篇分别發表於《"中研院"史語所集刊》第 44 本第 1 分册和第 2 分册上,《周語中》一部分發表在《"中研院"史語所集刊》第 51 本第 4 分册上①。後來收入上海古籍出版社 2010 年版的《張以仁先秦史論集》中的《國語集證》(《周語》上、中二卷)即是這幾篇文章的合集。張以仁《國語集證》是一部未完稿,但從其周語上及周語中集證可以見出,其後面的有些部分已經在撰作中,衹是未能刊布,如其《周語中》"令聞不忘"集證云:"《述聞》訓《周語下》'萬年也者,

---

① 張以仁:《國語集證卷一上》,《"中央研究院"歷史語言研究所集刊》第 44 本第 1 分,頁 89—151。張以仁:《國語集證卷一下》,《"中央研究院"歷史語言研究所集刊》第 44 本第 2 分,頁 153—226。張以仁:《國語集證卷二上・周語中卷第二》,《"中央研究院"歷史語言研究所集刊》第 51 本第 4 分,頁 593—606—226。《國語集證》(《周語》上、中二卷),見收於《張以仁先秦史論集》,上海古籍出版社 2010 年版,頁 366—557。

令聞不忘之謂也’之‘忘’爲已(卷五)，疑非，詳彼文集證。”①就其已經發表的《國語集證》(《周語》上、中二卷)而言，共集證 361 條，其中《周語上》集證 344 條，《周語中》部分集證 17 條，此外凡引述《國語》正文、韋注中尚加有案語多條，可謂引證宏富，涉及到《國語》的文字考校、語詞訓詁、地理沿革、制度考訂以及史實證據等多個方面，廣引古今中外相關著作予以佐證。今擷其可商者 42 條以爲辯證，凡引原文，悉以上海古籍出版社 2010 年出版之《張以仁先秦史論集》頁碼爲據，凡引用衹出本文涉及之處，無關本文者省去。

周語上卷第一

1. 穆王將征犬戎

解：穆王，周康王之孫，昭王之子，穆王滿也。征，正也。上討下之稱。犬戎，西戎之别名也。在荒服之中。【嘉靖重刊公序本(以下簡稱“公序本”)無“之中”二字。汪遠孫《國語明道本考異》(以下簡稱《考異》)有説。】(頁 367)

【按】 汪遠孫《考異》云：“嘉靖重刊宋公序本無‘之中’二字，許宗魯、金李皆嘉靖重刻本也。許、金兩本間有異同，不復悉載。”②則張氏録汪氏文也。今檢金李本無“之中”二字，審遞修本、許宗魯本、張一鯤本、穆文熙本、道春點本、千葉玄之本、緑蔭堂本、文淵閣本、四庫薈要本、文津閣本、董增齡《正義》俱無“之中”二字，秦鼎本有“之中”二字，云：“‘荒服’下舊脱‘之中’二字，今從明本。”③荒服等既爲五服之制，則“在荒服”三字亦通，未必明道本必是，公序本必非。

2. 先王耀德不觀兵

解：耀，明也。觀，示也。明德，尚道化也。不示兵者，有大罪

① 張以仁:《國語集證》(《周語》上、中二卷)，《張以仁先秦史論集》，頁 557。
② (清)汪遠孫:《國語明道本考異》，頁 267。
③ (日)秦鼎:《春秋外傳國語定本》卷一，本卷頁 1。

惡然後致誅，不以小小示威武也。

集證：……又按公序本"不以小小示威武也"作"不以小小而示威武"，然"小小"同樣難以解釋。日本秦鼎《國語定本》作"小事"，則意義明朗。秦鼎所據者亦公序本，有此不同而無隻字解説，歷來研讀是書者亦了無意見，殊難理解。姑誌於此以待後證。……（頁 372）

【按】 前拙撰《〈國語〉金李本、張一鯤本、穆文熙本、秦鼎本之關係》已言之，秦鼎本自道春點本出①，觀道春點本字即作"小事"，而金李本、張一鯤本、穆文熙本字仍作"小小"。今檢《國語》各本中，弘治壬戌（1502）刊本、許宗魯本、葉邦榮嘉靖丙申（1536）刊本、樊川别業藍格鈔本、《國語鈔評》、孔氏詩禮堂康熙間刊本、孔氏詩禮堂乾隆丙戌（1766）校樣本、緑蔭堂本等刊本作"不以小小而示威武"，李克家本、二乙堂本、孔氏詩禮堂本乾隆丙戌刊本、薈要本、文淵閣本、文津閣本、道春點本、千葉玄之本、秦鼎本、高木本作"不以小事而示威武"。又彭益林《〈國語·周語〉校讀記》云："小小似不詞也。王念孫據殘宋本校云：'小小作小事。'明嘉靖陸奎刻本、日本人秦鼎《國語定本》、中山大學圖書館藏明刻本同。北圖藏宋刻元修本、今本、公序本、《四部叢刊》本、《四部備要》本均作'小小'，誤。當作'小事'，於義爲長。"②瞿冕良編著《古籍版刻辭典》有"陸奎"條目云："陸奎，或署六奎，明嘉靖間蘇州人，住吴趨坊，刻字工人。參加刻過《韓詩外傳》、《論衡》（皆通津草堂本），《國語解》（半頁 10 行，行 20 字），《唐文粹》（萬竹山房本）……"③又審北京歌德拍賣公司 2009 年所拍《國語》二十一卷附説明云："鈐印：别下齋印、光煦之章、别下齋藏書、章氏元起、貞知印。吴韋昭解，明嘉靖間仿宋本白棉紙，金鑲玉裝，六册一函，提要：此本半頁十行，行二十字，注小字雙行同。白口，單魚尾，左右雙欄。序第一頁版心下有'陸奎刻'三字。查

---

① 拙撰《〈國語〉金李本、張一鯤本、穆文熙本、秦鼎本之關係》，《長江學術》2012 年第 2 期，頁 138—141。

② 彭益林：《〈國語·周語〉校讀記》，《華中師範大學學報》1985 年第 5 期，頁 97—102。

③ 瞿冕良編著《中國古籍版刻辭典》，濟南：齊魯書社 1999 年版，頁 315 左欄。

《中國古籍善本總目》P303—304，惟明嘉靖七年（1528 年）金李澤遠堂刻本與此行款格式相同，考李國慶《明代刊工姓名索引》P306 著録 150 條，注：張振鐸《明代刻工名録》38 條有刻工'陸奎'，則此本當爲金李澤遠堂刻本，乃明代名刻。案陸奎，明嘉靖間蘇州人，住吴趨坊，刻字名匠。除本書外，還參加刻過通津草堂本《韓詩外傳》、《論衡》、萬竹山房本《唐文粹》、九洲書屋本《初學記》、十行十八字本《唐宋白孔六帖》、胡纘宗本《藝文類聚》、清平山堂本《六臣注文選》、儼山書院本《古今説海》、如隱堂本《都公譚纂》、鐘鳴鳴陛白文本《史記》、南監本《史》、《漢》、世德堂本《六子》、東雅堂本《昌黎集》、世德堂本《王子年拾遺記》等書，是明中期蘇州地區的名刻工。此本避宋諱極嚴，如'殷'、'敬'、'讓'、'恒'、'玄'、'境'、'徵'等字皆不成完字，是嚴格照宋刻十行二十字本翻雕。経蔣氏别下齋、章元起遞藏。蔣光煦，字曰甫，一字愛荀，號生沐，浙江海寧人。"①如果陸奎刻本即是金李本的話，則彭説陸奎刻本實與《四部叢刊》影金李本爲同一版本，審《四部叢刊》影金李本版心下亦有"陸奎"字樣，又二者行數、字體、版式全同，可證確爲一本（詳見下圖，上中剪切之圖即爲"陸奎刻"三字），皆作"小小"不作"小事"。又彭氏所云中山大學圖書館藏明刻本未知是何本，中國古籍聯合目録亦未見録，或即鍾惺評本。又彭氏所云"王念孫據殘宋本校云：'小小作小事。'"未知何據。另"小小"亦非不辭，日本學者諸橋轍次（1883—1982）《大漢和詞典》"小小"條列 3 個義項，第 1 義項云："極めて小さい。僅かばかり。"引例爲《晉書・庾翼傳》"豈以小小計之"、司馬相如（？ B. C. 179—B. C. 127）《子虚賦》"臣之所見，蓋特其小小耳"、范仲淹（989—1052）《與韓魏公書》"三州各有小小結構"、歐陽修（1007—1073）《題唐人帖文》"雖小小轉寫失真，不害爲佳物"②，《中文大辭典》"小小"亦列 3 個義

① 見孔夫子舊書網→拍賣聯盟→北京歌德拍賣有限公司→北京歌德 2009 春季拍賣會・古籍文獻→國語二十一卷，網路路徑爲：http://pmgs.kongfz.com/detail/19_80673/，下圖見同一網頁。

② （日）諸橋轍次：《大漢和詞典》（修訂版）第四卷，東京：大修館書店昭和 61 年（1985）版，頁 70。

項，第1即謂“小小”爲“小之甚也”之意①。又《辭源》亦引司馬相如賦文釋“小小”爲“極小，少許”②。以此義釋韋昭“小小”，形容詞作名詞用，因句中“以”字爲介詞，其後當跟名詞性成分，即謂爲瑣屑之事，亦通。道春點本、秦鼎本改爲“小事”殊無必要。

國語解敘　　韋昭
昔孔子發憤於舊史垂法於素王左丘
明因聖言以攄意託王義以流藻其淵
源深大沈懿雅麗可謂命世之才博物
善作者也其明識高遠雅思未盡故復
采錄前世穆王以來下訖魯悼智伯之

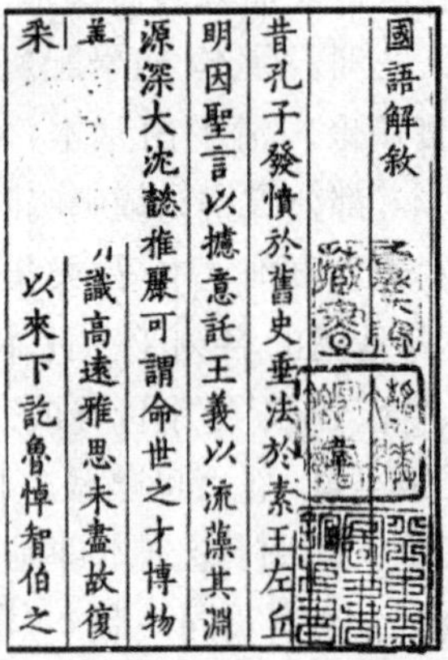
國語解敘
昔孔子發憤於舊史垂法於素王左丘
明因聖言以攄意託王義以流藻其淵
源深大沈懿雅麗可謂命世之才博物
義……識高遠雅思未盡故復
采……以來下訖魯悼智伯之

周語上第一　國語　韋氏解
穆王將征犬戎（穆王周康王之孫昭王之子穆王滿也征正也上討下之稱犬戎西戎之別名在荒服）
祭公謀父諫曰不可（祭畿內之國周公之後爲王卿士謀父字也）
先王耀德不觀兵（耀明也觀示也明德尚道化也不示兵者有大罪惡然後致誅不以小小而示威武）
夫兵戢而時動動則威（戢聚也時動謂三時務農一時講武守則有財征則有威）
觀則玩玩則無震（玩黷也震懼也）
是故周文公之頌曰（文公周公旦之諡也頌時邁之詩也武王既伐紂周公爲作此詩巡守告祭之樂歌）
載戢干戈載櫜弓矢（戢聚也櫜韜也言天下已定聚斂其干戈韜藏其弓矢示不復用）
我求懿德肆于時夏（懿美也肆陳也時是也夏大也言武王常求美德陳其功於是夏而歌之樂章大者曰夏）
允王保之

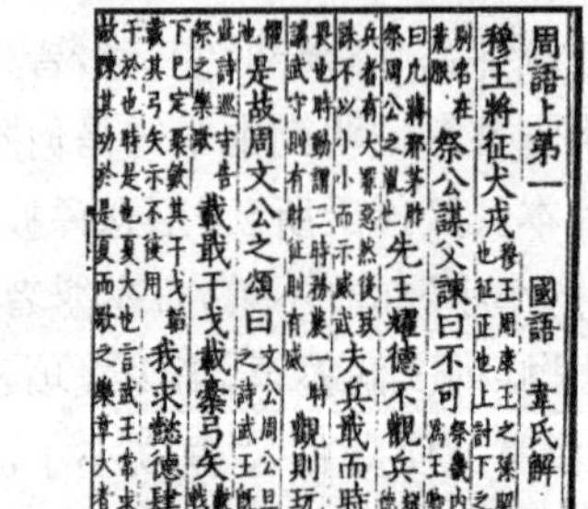
周語上第一　國語　韋氏解
穆王將征犬戎（穆王周康王之孫昭王之子穆王滿也征正也上討下之稱犬戎西戎之別名在荒服）
祭公謀父諫曰不可（祭畿內之國周公之後爲王卿士謀父字也）
先王耀德不觀兵（耀明也觀示也明德尚道化也不示兵者有大罪惡然後致誅不以小小而示威武）
夫兵戢而時動動則威（戢聚也時動謂三時務農一時講武守則有財征則有威）
觀則玩玩則無震（玩黷也震懼也）
是故周文公之頌曰（文公周公旦之諡也頌時邁之詩也武王既伐紂周公爲作此詩巡守告祭之樂歌）
載戢干戈載櫜弓矢（戢聚也櫜韜也言天下已定聚斂其干戈韜藏其弓矢示不復用）
我求懿德肆于時夏（懿美也肆陳也時是也夏大也言武王常求美德陳其功於是夏而歌之樂章大者曰夏）
允王保之

---

① 林尹、高明主編:《中文大辭典》(普及本)，臺北:中國文化大學出版部1990年第八版本，頁4164。

② 辭源修訂組、商務印書館編輯部編:《辭源》(建國60周年紀念版)，北京:商務印書館2009年版，頁966.1。

3. 阜其財求

解：阜，大也。大其財求，不障壅也。

集證：……是則《周語》之求爲賕之假字，訓爲財貨，汪氏之説是矣。……（頁380）

【按】 黄丕烈、汪遠孫大率以今之所謂古今字爲假字處理之，此在張以仁《國語斠證》中亦然。然今日既以通假字、古今字、正俗字爲文字探討之分類，當遵此以行。觀《集證》後文亦頗言古今字，則此處亦當一律，是“求”、“賕”爲古今字。

4. 昔我先王世后稷

解：后，君也。稷，官也。父子相繼曰世。謂棄與不窋也。

集證：……窋，《舊音》中律反，《經典釋文》音“知律反”（《左·文二年》“文、武不先不窋”下），《漢書·古今人表》顔師古注音“竹出反”，皆同。今當音zhuó。（頁383）

【按】 “窋”，審《漢語大字典》、《漢語大詞典》、《中華字海》諸辭書，“窋”字現代漢語拼音讀zhú與kū，《故訓匯纂》則衹讀zhú，《辭源》（修訂版與60周年紀念版）則唯讀zhuó，審臺灣《重編國語辭典修訂本》在線版標注國語注音字母爲ㄓㄨˊ，漢語拼音讀音亦爲zhú。此由張氏所引《經典釋文》及《舊音》反切可知。審《集刊》第44本第1分國語注音本作“ㄓㄨˊ”，即漢語拼音之zhú，則上海古籍排印本誤排。

5. 奕世載德，不忝前人

解：奕，奕前人也。載，成也。忝，辱也。

集證：……諸家訓釋，亦不外此二義：一爲“光大”，本於《説文》、《爾雅》（《釋詁》），董增齡《正義》云：“傳言周家恢大前人之業而成其功也。”一爲“累世”，謂不窋之後皆能成德而不忝前人也。吴曾祺《補正》即持此説，與徐灝箋同。……然細玩文義，若謂不窋之後，累世載德，則宜有類似“不窋之後”字樣以轉承，今既無此，則

訓“光大”爲宜也。謂不啻能光大前世之餘業，成其功績，不忝前人也。（頁 390—391）

【按】 若釋爲“光大”，則“奕世載德”爲聯合結構，“奕世”、“載德”各自爲動賓結構；若釋爲“累世”，則“奕世載德”爲狀中結構，似以後者爲更得當。

6. 則增修於德，而無勤民於遠

解：勤，勞也。

集證：勞民於遠謂遠征蠻夷，承前文“不觀兵”。增修於德則承“耀德”也。收結主題，前後照應，可謂滴水不漏，誠巨筆也。（頁 408）

【按】 清乾隆間學者高嵣《國語鈔》卷上於此評云：“勒筆勁。”①可與張説呼應。

7. 予必以不享征之，且觀之兵

解：享，賓服之禮，以責犬戎而示之兵法也。（公序本“法”作“非”，《考異》云：“《御覽》亦作非，義俱通。”愚案：“且觀之兵”即上文耀德不觀兵，謂示之以武力，以兵革征伐也。於“法”無涉，疑公序本是。）（頁 409）

【按】 “予必以不享征之，且觀之兵”乃祭公謀父模仿周穆王之辭，因本句前有“天子曰”三字，又文首即云：“周穆王欲征犬戎。”又祭公謀父云：“先王耀德不觀兵。”而周穆王之行明與先王之旨相悖，“謂示之以武力，以兵革征伐也”亦即“以責犬戎而示之兵法也”，“法”字不誤，公序

---

① (清)高嵣集評：《國語鈔》卷上，黄香文、吴平主編《華東師範大學圖書館藏稀見叢書匯刊》第十七册影乾隆五十三年（1788）廣郡永邑培元堂楊氏刊本，北京圖書館出版社 2006 年版，頁 305。

本韋注作"非",則是以祭公謀父之意言之。二本皆通,未可遽爲是非。《玉燭寶典》引韋昭注亦有與今本不同處,然亦通。則韋昭《國語解》之流傳還有必要進行全面深入考察。

8. 吾聞犬戎樹惇

解:樹,立也。言犬戎立性惇樸。(《周本紀正義》引韋注"惇樸"作"敦篤"。)(頁409)

【按】 朱起鳳《辭通》云:"篤者,厚也。敦篤猶言敦厚。敦字古亦作惇,又作涫,亦通用。"①是形異而義同。

9. 其有以禦我矣

解:禦猶距也。

集證:《翼解》云:"以距訓禦,爲扞拒之義。距與拒通。《釋名》:距,拒也。"以仁案:黄丕烈《札記》謂韋解"别本'猶'下有'應也'二字",《考異》亦云:"'距也'上,公序本有'應也'二字。"《補音》謂"應"乃"應對之應"。韋解既以應、距同訓"禦"字,則"距"似非"扞拒"之義。下文穆王勝犬戎以狼鹿歸,亦可證犬戎無扞拒之力。《翼解》之説非是。此"禦"字當如《論語》"禦人以口給"之"禦"。謂師出無名,犬戎有辭以禦我矣。故下文以"自是荒服者不至"承之,脉絡可尋也。(頁412)

【按】 《論語·公冶長》皇侃(488—545)《疏》云:"禦,對也。"朱熹《集注》云:"禦,當也,猶應答也。"②則其核心義素亦爲"對"、"應",《吕氏春秋·恃君》"肌膚不足以扞寒暑"高誘注云:"扞,禦也。"③《文選》卷

---

① 朱起鳳:《辭通》,頁2291上。

② (南朝梁)皇侃:《論語義疏》,上海:商務印書館1937年版《叢書集成初編》排印本,頁55。(宋)朱熹:《四書章句集注》,北京:中華書局1983年點校本,頁76。

③ (漢)高誘注:《吕氏春秋》,頁255。

四九干寶(？—336)《晉紀總論》"是以扞其大患而不有其功,禦其大災而不尸其利"劉良注:"扞亦禦也。"干寶文亦互文爲釋也①。如此,則"扞拒"亦通,未必爲誤。

10. 自是荒服者不至

解:穆王則犬戎以非禮,暴兵露師,傷威毀信,故荒服者不至。(頁413)

【按】 "則"爲"責"字之誤,黄刊明道本字本作"責",審張氏刊發於《"中央研究院"歷史語言研究所集刊》上的文本作"則",是上海古籍出版社本沿襲《集刊》排印之誤。

11. 其母曰:必致之於王。(《周本紀》無"於"字,疑是。)(頁415)

【按】 《列女傳》卷三《仁智傳》、《詩·唐風·綢繆》孔穎達(574—648)《正義》引、柳宗元《非國語》、黄震(1213—1280)《黄氏日抄》卷六〇、鄭樵《通志》卷三下、明郭良翰《問奇類林》卷二、清徐文靖(1666—1756)《竹書統箋》卷八引亦皆無"於"字。有"於"字亦非不是,"致"本雙賓語動詞,既可接雙賓語,也可接單賓語。此處"於"字在語法功能上爲引介賓語之用,實具强調功能,實有"於"字更符合語境。

12. 人三爲衆,女三爲粲

解:粲美貌也。

集證:《説文》:"三女爲奻。奻,美也。"《發正》以爲:"奻,正字。粲,假借字。"以仁案:賈逵曰:"粲,美也。"(《文選》注及《御覽》引,參拙著《國語舊注輯校》。)許慎蓋用師説,而韋昭亦本之也。然《周本紀正義》引曹大家云:"群、衆、粲,皆多之名也。"訓粲爲多,與賈

① (南朝梁)蕭統編,(唐)李善等注:《六臣注文選》,見前注,頁928下。

不同，而頗合文理。夫三句一例，其訓宜亦相當，若"粲"訓美，美在貌而不在多，則何有乎"三"？此皆誤讀下文"夫粲，美之物也"而然也。下文"夫粲"，即謂此三女，謂此三女者，實美貌之物也。若粲訓美，則無煩重美字而云"美之物也"已。（高本漢《詩經注釋》亦云："《國語注》誠然説'粲，美貌'，可是從上下文看'粲'是指'美女之群'。……這個字有時候也有個特别的用法，指'美好的一套'，如三個同類的美的事物，特别是三個美女。"和陋見有不謀而合之處，然仍不能盡棄"美好"一概念，則仍受下文影響。）是則粲非姣之假字。《穀梁》昭四年《傳》"軍人粲然皆笑"注："盛笑貌。"《詩·羔裘》"三英粲兮"鄭《箋》："粲，衆意。"是粲訓衆、盛，古不乏其例也。（頁415—416）

【按】　拙稿《試説"三女爲粲"之"粲"本字爲"姦"》從三體等位會意字的角度，認爲"粲"的屬性義素爲多、盛，粲的特徵意義爲美，此並不矛盾。"夫粲，美之物也"爲密康公母强調之辭，重複之功效在於突出"爾何德以堪之"、"小丑備物終必亡"之結論。非"無煩重美字而云'美之物也'"。高嵣謂"夫粲，美之物也"爲"提筆"，亦即强調。亦可爲佐證。故高本漢不誤。又"一族"注，公序系本作"一族，一父子也"，黄刊明道本作"一族，父子也"，汪遠孫云："'父子'上，公序本有'一'字。"①秦鼎在"子"上復加"之"字，並云："'一父之子'，舊脱'之'字，今從陳卧子本。"②曩在拙著《小學要籍引〈國語〉研究》中云："秦鼎所云陳卧子不知云何？陳卧子爲陳子龍（1608—1647）之字，查《明史》陳氏傳以及今人所爲陳子龍年譜等，皆未著陳氏有《國語》刊刻本行世，頗疑秦鼎'陳卧子本'之'陳卧子爲陳仁錫（1581—1636）之誤記，因世有陳仁錫、鍾惺（1574—1624）評本《國語》二十一卷行世。"今見《新刻陳先生選釋國語辯奇旁訓評林》二卷，爲明建陽楊居寀清白堂天啓元年（1621）刊本，首頁題"華亭陳子龍卧子父選輯，婁東張溥天如父注釋，臨川陳祭泰大士

① （清）汪遠孫：《國語明道本考異》，頁268。
② （日）秦鼎：《春秋外傳國語定本》卷一，本卷頁5。

父評林，潭陽楊居宷素卿父繡梓”，普林斯頓大學亞東圖書館即藏有此本。知前説誤，此處正之。

13. 衆以美物歸女，而何德以堪之。（頁418）

【按】《集證》於“以”字無説，拙舊作《〈國語〉“衆以美物歸女”正詁》小文一篇，尚未發表，全文引録如下：“衆以美物歸女”一句，《國語》舊注無釋，今譯本多種，所釋有三種：第一種把本句看做“主語＋介賓結構＋謂語＋賓語”的句法結構，如葉玉麟譯作：“人以最美之物歸之於你。”鄔國義、胡果文、李曉璐《國語譯注》云：“人們把美好的事物歸之於你。”黄永堂《國語全譯》翻譯爲：“三個人都同時獻美物給你享用。”趙望秦等和蕭漾的譯文與黄永堂近似：“三個人同時貢獻美物給你。”來可泓譯作“三個美好的尤物都獻給了你”。而汪濟民等《國語譯注》譯作“萬物將它歸三女”，實際上也是這種語法結構，不過所譯亦越發離奇。第二種則把“衆”和“美”看做並列結構作定語修飾“物”，如李維琦《白話國語》：“衆多的美女歸你。”第三種情況則爲脱字而釋，如薛安勤、王連生則翻譯爲：“美好的事物歸到你這兒。”①直接忽略掉“衆”字與“以”字。

從語法方面分析，給這句話劃分句子成分，則這句話的句子成分應該是“(衆以美)物歸女”，“衆以美”聯合結構作定語，物是本句的主語，“歸”是本句的謂語，“女”爲本句的賓語。“以”在本句中作並列連詞，連接“衆”和“美”兩個形容詞作爲聯合定語結構，即“衆而美”，也就是李維琦所翻譯的“衆多的美”，因爲上文言“兽三为群，人三为众，女三为粲”，“獸三爲群”、“人三爲众”，可見形三以示其多之義，而“女”是“人”之一種，類屬於“人”，故“女三爲粲”中即已包含“人三爲众”的意義蘊含，則

① 分别見葉玉麟選譯《白話譯解國語》，上海：大達圖書供應社1935年版，頁5。黄永堂《國語全譯》，頁9。蕭漾《國語故事》，頁5。鄔國義、胡果文、李曉璐《國語譯注》，頁5。李維琦《白話國語》，頁4。薛安勤、王連生《國語譯注》，頁8。來可泓：《國語直解》，頁11。趙望秦、張豔雲、楊軍：《白話國語》，頁6。汪濟民、仲坤、徐玉俞、張學賢：《國語譯注》，頁5。

"粲"有"衆"義，這也是所有三體等位會意字的外在表徵；然"女"雖然類屬於"人"，作爲"人"之一種，既有"人"的普遍共性，又有"女"的特性，是《國語》又云："粲，美之物也。""美"是"女"的屬性義，故"粲"兼有"衆"、"美"二義，下文云"衆以美物"即參合"人三"、"女三"之義而言之，這是《周語上》本章對於"粲"字的訓釋。後世作訓，或衹突出其中一點，如韋昭注云："粲，美貌也。"《文選·陸雲·爲顧彦先贈婦》"灼灼懷春粲"李善注引賈逵曰："粲亦美貌。"①《詩·鄭風·羔裘》"三英粲兮"鄭玄《箋》："粲，衆意。"②《史記·周本紀》"兽三为群，人三为众，女三为粲"張守節《正義》引曹大家(？49—？120)曰："群、衆、粲，皆多之名也。"③或并用二義，如《詩·唐風·綢繆》"見此粲者"孔穎達《疏》云："粲者，衆女之美稱也。"④在《國語》本文語境當中，"三"是實指，不是概數。

再看"以"字用法，王啓俊《國語虚詞研究》在並列連詞部分中提到了"以"⑤，但是没有舉例，張以仁認爲"以"可以作連詞，舉4例《國語》皆作順接連詞用法，無並列連詞⑥。裴學海《古書虚字集釋》云："以猶'且'也。"舉《晉語四》"惠以有謀"爲例⑦，王叔岷《古籍虚字廣義》云："《書·周書·金縢篇》：'天大雷雨以風。'《金樓子·説審篇》'以'作'且'。即'以'、'且'同義之證。"又云："《老子》二十章：'而我獨頑似鄙。'閔本'似'作'且'。案帛書甲、乙本《老子》'似'作'以'。"⑧又《吕氏春秋》中之"安以乐"、"怨以怒"、"悲以哀"，謝德三称作关系词，连系二

① (南朝梁)蕭統編，(唐)李善注：《文選》，見前注，頁354上。

② (清)阮元校刻：《十三經注疏》，頁340上。

③ (漢)司馬遷撰、(南宋)裴駰、(唐)張守節、(唐)司馬貞：《史記》，見前注，頁140。

④ (清)阮元校刻：《十三經注疏》，頁364下。

⑤ 王啓俊：《國語》虚詞研究，合肥：安徽大學漢語言文字學專業2007届碩士學位論文，頁51。

⑥ 張以仁：《國語》虚詞集釋，頁106。

⑦ 裴學海：《古書虚字集釋》，上海：商務印書館1932年版，頁18。

⑧ 王叔岷：《古籍虚字廣義》，北京：中華書局2007年版，頁13。

等立之形容词①,再如《禮記》中之"密以栗"、"直以方"、"容以远"、"敬以欲"、"安以乐"、"怨以怒"、"哀以思"、"敬以和"、"发以散"、"易以思"、"易以敬"、"疏以达"等,施銘燦(1939—1993)稱這些"以"字爲等立連詞②,等立連詞的名稱在楊樹達的《詞詮》中即已出現,並舉《論語》、《左傳》之例以說明③,實即今所謂表並列關係之連詞。古注中已經注意到了"以"字的這種用法,如《詩・大雅・桑柔》"朋友已譖,不胥以穀"鄭《箋》云:"胥,相也。以猶與也。穀,善也。……皆不相與以善道。"④可見,在先秦"以"字作爲並列連詞的用法是比較普遍的。退一步講,即便是可以把本句中的"以"看做介詞,那麼作爲主語的"衆"指代的是什麼,其具體的語義指向在哪兒?從這段文字,我們無法看出"衆"字所指代的具體意義,僅憑這一點就不能把"衆"看做主語的。衆多譯本把"以"字看做介詞有兩個原因,其中之一是囿於"以"字之常見用法,不知"以"字在此可以作並列連詞;另外就是對於本段文字没有把握好前後關係,最主要的就是没有理解"粲"的意義,以爲粲僅僅是美物,不知粲實是衆而美之物,兼具衆、美兩層含義。

另外,本句中的"歸"字絶大多數《國語》譯注本釋作"歸於"、"歸之於",這是不確切的。"歸"在本句的意思並非是歸屬。《谷梁傳・隱公二年》云:"婦人謂嫁曰歸。"⑤又成公五年:"婦人之義,嫁曰歸。"何休注云:"婦人生以父母爲家,嫁以夫爲家,故謂嫁曰歸。"⑥《説文・止部》:"歸,女嫁也。"⑦《禮記・禮運》"女有歸"孔穎達《疏》云:"女謂嫁爲歸。"⑧又《易・漸》"女歸吉"孔《疏》云:"女人生有外成之義,以夫爲家,

① 謝德三:《吕氏春秋虚詞用法詮釋》,臺北:文史哲出版社中華民國 66 年版,頁 81。
② 施銘燦:《禮記虚詞用法釋例》,臺北:文史哲出版社中華民國 63 年版,頁 89。
③ 楊樹達:《詞詮》,見前注,頁 354。
④ (清)阮元校刻:《十三經注疏》,頁 50 上。
⑤ (清)阮元校刻:《十三經注疏》,頁 2367 上。
⑥ (清)阮元校刻:《十三經注疏》,頁 2418 下—2419 上。
⑦ (漢)許慎:《説文解字》,頁 214 上。
⑧ (清)阮元校刻:《十三經注疏》,頁 1414 中。

故謂嫁曰歸也。”①這纔是《國語》本句“歸”的真正含義。“三女奔之”之“奔”，韋注云：“奔，不由媒氏也。”《禮記·内則》云：“奔則爲妾。”朱彬(1753—1834)《訓纂》引江永曰：“不以禮爲奔。”②總而言之，“奔”是没有經過當時規定的正式嫁娶的禮節和程序，但是其結果仍然是出嫁了，這三個女子嫁給了密康公，故杭世駿(1695—1773)《訂訛類編》引《堅瓠集》云：“古有聘則爲妻，奔則爲妾之言，以奔對聘，是明有奔之一例矣。意奔也者，當是草率成婚，若今鄙野小家之爲，不能如聘者之六禮全備耳。”③又董家遵(1910—1973)引邵文莊云：“聞名而趨，不待六禮，故謂之奔。”又云：“是故嫁女有二道焉，有聘而嫁者，有奔而嫁者。”④則“歸”在本句的意思應該是“嫁”，董立章《國語譯注辨析》即釋“歸”爲“嫁”，但在譯文中把“歸”字又譯爲“私奔”，仍於文義未恰，因爲“奔”是非延續性動詞，没有明確的動作指向，而“歸”則動作指向明確。實際上整句話的意思應該是：“三個美女(一起)嫁給了你。”

14. 國人莫敢言，道路以目

解：不敢發言，以目相眄而已。(眄，或作眄、盻、盼。以仁案：作“眄”字是，參拙著《國語斠證》。)

集證：道路以目，謂國人於道中相值，但以目衺視，用相告誡也。《説文》：“眄，目遍合也。一曰衺視也。”(頁420)

【按】 “丏”、“丐”形近易混，辨詳見拙著《〈國語補音〉異文研究》⑤。又《集證》謂“道路以目，謂國人於道中相值，但以目衺視”則可，謂“用相告誡也”則或亦未必。金聖嘆(1608—1661)云：“(道路以目)四

① (清)阮元校刻：《十三經注疏》，頁63中。

② (清)朱彬撰，饒欽農點校：《禮記訓纂》，北京：中華書局1996年版，頁441。

③ (清)杭世駿：《訂訛類編》卷二，北京：中華書局1997年版陈抗点校本，頁59、頁60。

④ 董家遵：《中國古代婚姻史研究》，廣州：廣東人民出版社1995年版，頁217。

⑤ 拙著《〈國語補音〉異文研究》，頁345—346。

字，寫愈不堪，愈益謗，如畫。"①正如杜牧(803—852)《阿房宫賦》中所云"使天下之人，不敢言而敢怒"，亦可爲《周語上》本文之意。又王先謙(1842—1917)《釋名疏證補》引王啓原曰："《周語》'國人莫敢言，道路以目'韋注：'不敢發言，以目相眄而已。'是目有默意。"②以證《釋名》"目，默也，默而内識也"之訓，"默而内識"語義範圍亦較"用相告誡"爲廣。

15. 庶人傳語

解：庶人卑賤，見時得失，不得達，傳以語士也。(公序本"士"作"王"，《〈周本紀〉集解》引亦作"王"。《考異》未及此字。《左》襄十四年《傳》云"士傳言"杜注："士卑，不得徑達，聞君過失，傳告大夫。"士之意見不得上達，由大夫傳言。庶人意見不得上達，由士傳言。則韋解作"士"，與杜注正復相當。疑韋解此文原即作"士"，後人不知此義而妄改。《史記集解》亦後人據誤本《國語》改。惟明道本猶存其原貌耳。)(頁426—427)

【按】　公序本韋解與杜注雖異，未可互爲是非。就《周語上》本文與《左傳・襄公十四年》語境而言，則無異，前者爲召康公進諫厲王之辭，後者爲師曠進諫晉平公之辭。杜注之釋强調各階層之人進諫的層級性，而韋注之釋在明進諫的最終歸屬。韋注"不得達"者，即不得達於王也，故藉傳以語王，其所藉者爲士以及士之上一層級人物，此可以言。故"傳以語士"、"傳以語王"均適合於本語境，"王"字似更契合，《〈周本紀〉集解》、公序本《國語》未可言誤。

16. 若壅其口，其與能幾何

解：與，辭也。能幾何，言不久也。

集證：若，孫經世《經傳釋詞再補》訓爲轉語詞，楊樹達《詞詮》

---

① (清)金聖嘆選批，李鎮、何宗思、李佳俊點校：《金聖嘆批才子古文》，北京：中國國際廣播出版社1997年版，頁55。

② 王先謙：《釋名疏證補》卷二，本卷頁15。

訓爲轉接連詞，皆未妥。此"若"當釋爲假設連詞，與今"如果"之意相同。與，句中助詞，無義。幾何，相當於今語"多少"，在此表時間之短暫，謂壅防不久也。詳拙著《國語虛詞集釋》。（頁 431）

【按】 "其與能幾何"之義，學者頗討論之。潘玉坤《也說"其與幾何"》[①]概括爲五種意見：（一）"與"猶"能"也，王叔岷首倡；（二）"與"猶"又"，徐仁甫首倡，楚永安與之近，蕭旭贊同徐說；（三）"與"是語助詞，韋昭首倡，王引之等與之同；（四）"與"是前置的疑問語氣詞，《馬氏文通》主之，楊伯峻《春秋左傳注》從之；（五）"與"爲名詞，意爲"追隨者"、"支持者"，代表人物爲王泗原（1910—2000）。實際上潘氏所概括的五種可以進一步概括爲兩種，即以"與"爲實詞或虛詞，虛詞方面大體如潘氏所述，實詞方面則還有動詞一說，如吴小如則認爲"其與能幾何"意爲"又有多少人能贊助或聽從你呢（也可解爲'對你又有多少幫助呢'）！這裏的'與'有贊助、聽從的意思。舊説以'與'爲'歟'，作語尾助詞用。但以句法結構言，似不宜把語尾助詞前置，故不從"[②]。南京師範學院《古漢語基礎知識》編寫組編《古漢語基礎知識》釋云："贊助的人能有幾個？其，那。與，親附的人[③]。所釋與王泗原近同，戎輝兵以爲"與"當訓"親"、"助"，與吴說同。觀《國語》著作中釋"與"字爲虛詞者，無非二種，其一即"與"爲句中語氣助詞，其二則謂本句爲倒裝，前者如吴曾祺云："辭也，謂語助辭也。《内傳》'其與幾何'義同。"[④]沈鎔同，秦同培、葉玉麟譯本亦同，實皆本韋注之義。今譯本中如汪濟民等《國語譯注》（頁 7），董立章《國語譯注辨析》（頁 13），鄔國義、胡果文、李曉璐《國語譯注》（頁 7），李維琦《白話國語》（頁 5），黄永堂《國語全譯》（頁 12、

---

① 潘玉坤：《也說"其與幾何"》，《中國文字研究》2009 年第 1 輯，頁 158—163。

② 吴小如：《讀〈國語・召公諫厲王弭謗〉》，見載於西渡編《名家讀古文》（上），北京：中國計劃出版社 2005 年版，頁 20。

③ 南京師範學院《古漢語基礎知識》編寫組編：《古漢語基礎知識》，南京：江蘇人民出版社 1980 年版，頁 90。

④ 吴曾祺：《國語韋解補正》，本卷頁 3。

13),趙望秦、張豔雲、楊軍《白話國語》(頁 8、9),來可泓《國語直解》(頁 14、15),蕭漾《國語故事》(頁 7),丁守富譯注《國語》(頁 8),曹建國、張玖青注説《國語》(頁 103),劉倩、魯竹《國語正宗》(頁 6)等亦皆主此義,又富金璧認爲“與”爲句中語氣助詞,意爲“那能維持多久呢”①,富氏之説與張説亦無異。後者則如徐元誥則謂:“僖二十三年《左傳》:‘其人能靖者與有幾。’顧氏《補正》曰:‘邵氏云:此倒語也,若曰其有幾人能靖者與?’此句法相同。‘與’乃咏歎之辭也。”②徐氏所謂“咏歎之辭”仍語助辭,釋此句爲倒裝則爲首見,與潘氏概括之第四種近。又苗文利《“其與能幾何”注釋質疑》以爲:“‘其與能幾何’即‘其能幾何與’之倒裝,意思是‘又能維持多久呢’。其:將,時間副詞。與:語氣助詞,一般都在句尾。此處提於疑問詞‘幾何’之前,起加强反問語氣的作用。幾何:多久。”③謂“‘其與能幾何’即‘其能幾何與’之倒裝”實《馬氏文通》之説。主張“與”字爲名詞的如薛安勤、王連生《國語全譯》(頁 10、11)以“與”爲“黨羽,同盟者”,譯爲“參與國事的人能有多少呢!”主張“與”字爲動詞的,如尚學鋒、夏德靠譯注《國語》(頁 12、13)訓“與”爲贊同,譯爲“還有多少人能够擁護您呢”。傅庚生《國語選》云:“其與能幾何,與是語助辭,能幾何就是將怎樣的意思;也有解作不久的。另外,與有偕或從義,意思是説你若還這樣地壅民之口,老百姓誰能够從你呢? 也可以講得通。”④是傅氏注仍從韋注,然認爲以“與”字爲動詞者亦可通。個人以爲韋説既可通,且既有語言學上的理據,古文獻材料中又有相關用例,則不煩另立新説,故從韋解。

17. 王不聽。於是國莫敢出言。三年,乃流王於彘。(公序本

---

① 富金璧:《“其與能幾何”與“吾與誰歸”》,見載於王天新主編《語言學論文選集》,哈爾濱:黑龍江教育出版社 2001 年版,頁 336—340。

② 徐元誥撰,王樹民、沈長雲點校:《國語集解》(修訂本),頁 13。

③ 苗文利:《“其與能幾何”注釋質疑》,《臨沂師專學報》1990 年第 3 期,頁 102—104。

④ 傅庚生:《國語選》,頁 8。

“國”下有“人”字。)

解:流,放也。彘,晉地,漢爲縣,屬河東,今曰永安。

集證:……又崔述云:“按厲王之在彘,《左傳》稱‘居’,《國語》稱‘流’。王,天子也,豈可言流!云‘居’是也。《國語》不及《左傳》,此其一端。”(《豐鎬考信録》卷七)以仁案:孟子猶曰“聞誅一夫紂矣”,崔氏安得以後世之迂腐觀念以汚古人哉!且《國語》此文,通篇取喻於水,文勢所成,“流”字實有點睛之妙,崔氏不知也。(頁431)

【按】 張説是。《國語》中有天子被逐不云“奔”而云“出居”者,《周語中》云:“狄人遂入周,王乃出居於鄭,晉文公納之。”拙著《〈國語〉動詞管窺》已指出①。崔氏之説雖以經學家觀念言前代事,亦非不通,蓋《詩・小雅・北山》有“普天之下莫非王土”之句。我們如認定本詩確實爲先秦時代的詩歌,則此觀念在先秦時代當具有一定人群。此處厲王之出而云“流”者,固有張氏所謂“通篇取喻於水,文勢所成,‘流’字實有點睛之妙”之由,亦當由於厲王暴政,以“流”字而不以“居”字,或亦表明《國語》輯纂者之態度。另,各説中“居”之主語肯定爲“王”,而此處“流”之主語實爲“國人”,動作發出者不同,則動作認定亦不同,此或亦一緣由。

18. 猶曰怵惕,懼怨之來也。(曰,《補音》同,而云:“或本作日。”重刻本作“日”,依或本改也。當作“日”,見《斠證》。)

解:怵惕,恐懼也。

集證:猶日怵惕,謂猶日日恐懼也。怵,《舊音》謂“音黜”,黜、怵《廣韻》同音(今亦同音 chù),丑律切。《補音》作“敕律切”,亦同。惟《周本紀正義》作“人質反”,與“日”同音,聲韻兩乖。按“日”字《史記》及《國語》皆有作“曰”者,《補音》時代已如此,可見其訛混已久,豈《正義》時亦如此而張守節特爲“日”字作音以辨正乎?後

① 拙著《〈國語〉動詞管窺》,頁118—120。

世傳刻者不知是“日”字之音二有所改竄乃誤繫於“怵”字也。又疑“人”是“彳”之誤。彳,徹母字也。然“彳”用爲反切上字,甚爲罕見。終不能明也。(頁435—436)

【按】 張説爲區别而作音者甚是,即《正義》實爲“日”字作音而非“怵”字也。古音韻書因係字書,凡識與不識,皆與標注音讀,此固其體。然專書之音義著作,於頗易辨識之字亦標注讀音,無非二者:(一)該字爲多音字,具體語境讀音不同,故每每標出之,以使音義相符,如《國語補音》多處標注“難”字音讀者即是;(二)古寫本較多見而刻本尚少時,形近字易混同爲用,爲求區别,故標注音讀,使讀者因音以定形,無使混淆。如《集證》所云《正義》標“日”字音讀以與“曰”字相别,《補音》多處標“告”字讀音以與“吉”字相别。凡古音義書中易識之字而標注音讀者大體如此。

19. 彘之亂,宣王在邵公之官。(“彘之亂”,公序本别行,是也。)

解:宣王,厲王之子宣王靖也。在邵公之官者,避難奔邵公也。(靖,《周本紀》作“靜”。而《竹書紀年》、《漢書·人表》、《帝王略論》皆作“靜”。靜、靖古字通也。)(頁438)

【按】 汪受寬《謚法研究》“靜”字條中引多家字作“靖”,並云“靜”、“靖”古通①,可爲佐證。

20. 今殺王子,王其以我爲懟而怒乎?(明道本“爲懟”下有“音墜”二小字,《考異》以爲據《舊音》增入。下文他處亦間有之。)

解:殺王子,命國人得殺之也。(公序本“命”作“令”,義同。)

集證:懟,《舊音》“音墜”,而《補音》作“直類反”。按《廣韻》“墜”、“懟”皆音“直類切”,然“墜”今音與“懟”不同音。疑後世誤讀

---

① 汪受寬:《謚法研究》,上海古籍出版社1995年版,頁432。

"對"音(所謂"讀半邊字"也),而生歧異。查《集韻》"懟"字已有"徒對"一讀,則其誤也久矣。《周語中》"王其以我爲懟乎",陳瑑《翼解》云:"《爾雅·釋言》:'懟,怨也。'《説文》:'懟,恚也。'"(頁439)

【按】 雖"'墜'今音與'懟'不同音",根據郭錫良《漢字古音手册》,"墜"、"懟"上古音在定紐物部,《廣韻》音在澄紐至韻。"隊"上古音在定紐物部,《廣韻》音在定紐隊韻,"對"則上古音在端紐物部,《廣韻》音在端紐隊韻。是"對"、"隊"二聲符字古今音近同,而"墜"、"懟"則古今音俱同,恐非誤讀。

21. 宣王即位,不籍千畝。(籍,公序本作"藉",古字通。然若訓"借",則皆"耤"之假字。若訓蹈籍,則籍正字,藉假字矣。參拙著《斠證》。)(頁446)

【按】 《説文·耒部》:"耤,帝耤千畞也。古者使民如借,故謂之藉。"①金文字形爲""、""、"",徐中舒云:"像人側立推耒,舉足刺地之形。"②陳戍國《中國禮制史》(先秦卷)即作"耤田禮"③,字即作"耤",金景芳和沈文倬都認爲"耤"是集體耕作之義④。拙著《小學要籍引〈國語〉研究》頗討論之,可參。

---

① (漢)許慎:《説文解字》,頁93下。

② 李圃主編《古文字詁林》第4册引《金文編》,頁593—594。

③ 陳戍國:《中國禮制史》(先秦卷),長沙:湖南教育出版社2002年版,頁292—293。

④ 金景芳(1902—2001)云:"藉之得名,當取於集體勞作。"(金著《論井田制度》,濟南:齊魯書社1982年版,頁54)沈文倬(1917—2009)云:"把大批奴隸趕到大面積的公田上或私田上迫使其從事農業勞動,在卜辭裏叫作(《後》下28.16)……余永梁和郭沫若同志隸定爲耤,是也。"(沈著《宗周禮樂文明考論》,杭州:浙江大學出版社1999年版,頁556)亦皆可參。

22. 上帝之粢盛於是乎出

解：出於農也。器實曰粢，在器曰盛。

集證：《北堂書鈔》卷九十一引賈逵注與韋解全同。《左·桓六年》杜注云："黍稷曰粢，在器曰盛。"竹添《會箋》云："粢是諸穀之總號，亦爲黍稷之別名。故《説文》云：'齋，稷也。'又云：'齋，或从次作粢。'齍、齋、粢三字古通用，爲祭祀之黍稷。餈、粢二字同用，爲《周禮》之紛餈。凡經傳言粢盛，皆粢盛之誤。盛謂盛於器也。"（頁447）

【按】 清孫經世（1783—1832）《惕齋經説》卷三《釋齍》云："'齍盛'之'齍'，《周禮》作'齍'，《左》、《國》、《公》、《穀》、《孟子》作'粢'（今經傳中'粢'皆訛爲'粢'，'粢'乃'粉餈'之或字耳。），《詩經》作'齊'，又作'齋'，又作'齍'（見《〈楚茨〉釋文》，今本《釋文》'齋'誤'齎'。），《禮記》作'粢'（《郊特牲》、《祭統》），又作'齊'，又作'齍'（《祭義》、《祭統》）。其作'齍'者，以'齍'本實穀器，因引伸之，謂其穀爲齍也。其作'粢'者，目粢爲稷別號，而稷實穀長，故即目概六穀也。（段氏云：'周禮齍字，注多作粢，齍、粢古今字。'）其作'齊'者，齊即齍之省借。其作'齋'者，'齋'乃'粢'之本字也。（《禹廟殘碑》作'資'，蓋又以聲同借用。）以其穀言，則曰齍。目實於器言，則曰盛。（經傳中或渾言之，或析言之，又或互言之。）"①或竹添光鴻（1842—1917）之所本。段注云："考《毛詩·甫田》作'齊'，亦作'齍'，用古文。《禮記》作'粢盛'，用今文。是則齍粢爲古今字憭然。"《集韻·脂韻》云："粢，或作齋、粢、齊。"②又孫詒讓云："據許書，則齍爲齍盛正字，粢爲粢稷字，粢爲餈贊或體，三字迥别。"③然從"米"之字每可作從"禾"，如"穀"與"穀"之類，則"粢"與"粢"亦或如是，未必非以誤字視之。

---

①（清）孫經世：《惕齋經説》卷三，《續修四庫全書》第176册，頁43下。

②（清）段玉裁：《説文解字注》，頁322上。

③（清）孫詒讓撰，王文錦、陳玉霞點校：《周禮正義》，頁289。

23. 王即齋宫,(公序本"齋"作"齊",齊、齋正、假字。)
解:所齋之宫也。(頁456)

【按】 "齊"、"齋"當爲古今字關係,非正假字。《漢語大字典》云:"秦漢以前的古籍中,此字多作'齊',漢唐以後,多作'齋'。"①拙著《〈國語〉動詞管窺》亦有考辨,可參。

24. 百吏庶民畢從。及籍,后稷監之
解:監,察也。
集證:從,《補音》"才用反",今讀 zòng。

【按】 此"從"即一般動詞義"隨從"、"跟從",故當讀"cóng",不當讀"zòng",國語注音字母作"ㄘㄨㄥˊ",審《集刊》音即作"ㄗㄨㄥ",此爲《集證》音誤。

25. 其后,稷省功
集證:當從"后"字一逗,"后"即今之"後"字,謂庶民終耕之後也。若"后稷"連讀則文不可解矣。《唐類函·北堂書鈔》卷八十四引《北堂書鈔》以"后稷"連讀,誤甚。又省,察也,謂視察省覈也。微波榭本《舊音》作"小井反",音雖無殊而用字不同,蓋版本之故乎?(頁460—461)

【按】 《國語》有點斷之本以及今點校本中,固無"后"字點斷者。視張氏之意,似以"后稷"爲《周語上》"昔我先世后稷"以"后"字爲"君",則爲周先祖矣。"后"字實即"司"之反書,此許慎《説文》所云而經文字學家論證者,"后稷"亦即"司稷",掌農事之官。則非必周先祖所職。既言"終於千畝",則省功自爲後續性行爲,不必言"其後"。又下文"農師

① 漢語大字典編委會:《漢語大字典》,第一版,成都:湖北、四川辭書出版社1990年版,頁4785;第二版,武漢:四川辭書出版社、湖北崇文書局2010年版,頁5100。

一之，農正再之，后稷三之”，亦作“后稷”，“后”字絶不可點斷，故此處“后稷”連讀不誤。又《集證》“微波榭本《舊音》作‘小井反’，音雖無殊而用字不同”未審何義，或即指微波榭叢書本《舊音》字雖音“小井反”而用非“省”字也，今見《湖北先正遺書》據微波榭叢書影本字作“省”，遞修本、文淵閣四庫本亦皆作“省”。

26. 耨穫亦如之

解：如之，如耕時也。（頁 466）

【按】 王懋竑《國語存校》云：“則先王不特親耕，耨穫亦親之矣。仲山父亦云：‘耨穫亦於籍。’”①“耨”本爲名詞，此處用爲動詞義，又《晉語五》“見冀缺耨”韋昭注云：“耨，茠也。”此處亦同。

27. 修其疆畔，日服其鎛，不解于時

解：疆，境也。畔，界也。鎛，鋤屬。

集證：《補正》：“案解即懈字。”（頁 467）

【按】 《舊音》音“古賣反”，《補音》云：“文意以謂不懈于時，則解當音佳賣反，借此懈字，從去聲。作古買者，從上聲。音義俱别矣。”②段玉裁《説文解字注》云：“懈，古多叚解爲之。”③“解”、“懈”實亦古今字關係。

28. 是時也，王事唯農是務

集證：賈逵注：“唯，獨也。”（《慧琳音義》卷二及《文選·别賦、琴賦》注引。）（頁 467）

---

① （清）王懋竑：《讀書記疑》，頁 341 下。

② （宋）宋庠：《國語補音》卷一，本卷頁 10。

③ （清）段玉裁：《説文解字注》，頁 509 下。

【按】“唯……是……”爲古漢語一固定結構，是單純以“是”爲賓語前置標記的賓語前置形式的變體。“唯”字突出了動詞所表動作行爲對賓語的限定性，是對動詞動作行爲指向的進一步確定與限定，即動詞動作行爲衹能作用於該賓語所代表的事物而不能及其他。另詳見拙著《〈國語〉動詞管窺》①。然在統計《國語》例句時未能統計到該條例句，實爲疏漏，當補。

29. 夫出王而代其位，禍孰大焉。臨禍忘憂，是謂樂禍，禍必及之，蓋納王乎？虢叔許諾

集證：蓋，何不也。（頁496）

【按】“蓋”字當爲“盍”字誤排。黃刊明道本系統字作“盍”，公序本系統字作“盇”，無作“蓋”者，且作“蓋”亦不合語境。審《集刊》原文即作“蓋”，字誤。

30. 曰：是何故？固有之乎？（《考異》云：“《説苑·辨物篇》無‘固’字，疑今本衍。古故、固通用。”以仁案：若無“固”字，文晦澀不暢，當據韋解有“固”字是。詳《斠證》。）

解：故，事也。固，猶嘗也。

集證：石光瑛《韋解補正》云：“何故猶何爲也，問辭。韋訓爲事，非。”（頁498）

【按】“故”者，緣由之謂；“固”者，本來之謂。“故”爲名詞，“固”謂副詞。韋注不誤，石説亦非。

31. 其刑矯誣，（《玄應音義》十二引“矯”作“撟”。）

解：以詐取詐曰矯，加謀無罪曰誣。（公序“謀”作“誅”，是也。）

集證：賈逵注曰：“行非先王之正法曰撟，加誅無罪曰誣。”（參

① 拙著《〈國語〉動詞管窺》，頁61—63。

拙著《國語舊注輯校》。除《華嚴音義》引作"矯"外，他如《玄應音義》、《慧琳音義》皆引作"撟"，慧苑云："字宜從才。"）賈注乃謂施刑而不合先王之正法曰撟也。法則先王之法，而行之以詭譎欺枉之道，則不得曰"正法"，亦猶韋注"以詐用法"之義也。韋蓋襲賈義而變其文焉。（頁501）

【按】 所云《華嚴音義》爲慧苑《新譯大方廣佛華嚴經音義》卷上"不矯威儀"條，注云："矯，居夭反。賈注《國語》曰：'行非先王之法曰矯。'《玉篇》曰：'矯，假也，詐也。'今言威儀真實不詐，現異相也。字宜從才，經本從矢。王逸注《楚辭》曰：'直也。'《邇雅》云：'勇也。'《蒼頡篇》曰：'正也。'此乃並非經意也。"①"才"實"扌"之形訛，磧砂藏本《華嚴經音義》字即作"扌"。

32. 商之興也，檮杌次於丕山

解：檮杌，鮌也。過曰次。丕，大邳山，在河東。

集證：……按《尚書釋文》"四"訓"丕"字(《大禹謨》、《禹貢》、《太甲》、《金滕》)，皆音"普悲反"……（頁504）

【按】 "四"字謂四次，似不當加引號。另"滕"字誤，《尚書》篇名字當作"縢"。

33. 實有爽德，協於丹朱

解：爽，貳也。協，合也。丹朱，堯子也。（公序本"貳"作"亡"，蓋"貳"或書作"二"，因誤爲"亡"也。《周語下》"言爽日反其信"韋注：'貳也。'公序本同，可證。）

集證：爽猶喪也，二字通假。《周語下》云："晉侯爽二。"韋昭注："爽當爲喪，字之誤也。"今按實爲假借，而非字誤。上文"言爽

① (唐)慧苑：《新譯大方廣佛華嚴經音義》卷上，《中華大藏經》第59册，北京：中華書局1993年版，頁432上。

日反其信”亦謂言失日反其信。韋訓爲貳，蓋自差失之義引申而來，爽無差失義，實假喪爲贅也。下文“經緯不爽，文之象也”韋注曰：“爽，差也。”差即差失。左暄《三餘偶筆》曰：“竊謂房爲丹朱後，故内史過云爾。謂房后有爽敗之德，協於其祖丹朱也。不然，語亦不倫矣。”其説是也，爽敗亦猶敗失也。（頁 508）

【按】 “爽”、“貳”當爲同義詞，而非假借。汪遠孫《發正》云：“‘爽’、‘喪’形聲義竝相近。《墨子·非命上篇》引《仲之誥》‘龔喪厥師’，《下篇》及《僞古文》皆作‘爽’，楚人謂‘羹敗’爲‘爽’，見《一切經音義》。此皆‘爽’、‘喪’古通之證。《補音》云：‘爽亦喪之意也。’韋氏以上有‘偏喪’，故改此字，似失之。”①金其源云：“前篇‘實有爽德’注：‘爽，亡也。’上文‘偏喪有咎’注：‘喪，亡也。’則‘爽’、‘喪’義同，不必謂誤。”②皆言是。

34. 淫而得神，是謂貪禍

解：以貪取禍也。

集證：俞樾《群經平議》云：“如韋義，則與上文‘道而得神，是謂逢福’不一律矣。‘貪’當讀爲‘探’，《釋名·釋言》：‘語曰：貪，探也。’是‘貪’與‘探’聲近而義通。《後漢書·郭躬傳》‘捨狀以貪情’章懷注曰：‘貪與探同。’是其證也。《爾雅·釋詁》曰：‘探，取也。’‘探禍’猶言取禍也。韋不知‘貪’爲‘探’之叚字，其義即爲‘取’，乃曰‘以貪取禍’，失之矣。”以仁案：《發正》亦訓“貪”爲“探”，與俞樾同。（頁 510）

【按】 蕭旭云：“汪遠孫曰：《釋名》：‘貪，探也。’探，取也。是貪有取義，韋注非是。俞樾説同。韋注釋爲‘貪取’，正以‘取’釋‘貪’，何故

---

①（清）汪遠孫：《國語發正》卷三，本卷頁 1。

② 金其源：《讀書管見》上海：商務印書館 1957 年版，頁 309。

謂韋注非是?”①審韋注之釋與汪氏之言,則或汪氏以爲韋注“以貪取禍”之“貪”字即正文“貪禍”之“貪”也,韋注“以貪取禍”之“貪”實釋“淫”字,韋注不誤。

35. 今虢少荒,其亡乎? 王曰:吾其若之何? 對曰:使太宰以祝史帥狸姓奉犧牲粢盛玉帛往獻焉

解:太宰,王卿也。掌祭祀之式,玉幣之事。祝,太祝也。掌祈福祥。史,太史也。掌次主位。狸姓,丹朱之後也。神不歆非類,故帥以往也。純色曰犧。

集證:……檗庵師曰:“案祈、狸音近字通,或曰祈,或曰狸,一也。”以仁案:祈,古音 * g'jəd,狸作 * ljəg,聲韻兩皆不同,不可謂音近也。……(頁511)

【按】《集證》所用古音爲李方桂(1902—1987)擬音。

36. 虢公亦使祝、史請土焉

解　祝、史,虢之祝、史。祝應、史嚚。(頁513)

【按】“解”中“史”後句號錯誤,當以不斷開爲是,“祝應、史嚚”本即“虢之祝、史”,上海古籍出版社之點校本斷開作逗號,亦可,然不可施以句號。

37. 如是則長衆使民,不可不慎也。民之所急在大事

解:大事,戎,祀也。(董氏《正義》“祀”爲“事”,音近之誤也。)

集證:《左》成十三年《傳》:“國之大事,在祀與戎。”

【按】《解》“戎,祀也”之“,”當爲“、”,審上海古籍出版社點校本《國語》正作“、”。

---

① 蕭旭:《群書校補》,頁80。

38. 於是乎有朝日夕月以教民事君

……

集證:……又朝音 zhāo,陽平調。《舊音》作陟遙反,説見拙著《國語舊音考校》。(頁523)

【按】 既云"陽平調",則不得云"朝音 zhāo"。今現代漢語拼音音讀有二,一爲 zhāo,一爲 cháo,前者爲陰平調,後者方爲陽平調,國語注音字母分别爲"ㄓㄠ"和"ㄔㄠˊ"。

39. 晉侯納之

解:納王於周而殺子帶,在魯僖二十四年。

集證:帶是名。……反《左傳》晉侯納王而殺王子帶事在僖公二十五年夏四月。《周語中》"晉文公納之"下章解云:"文公納之,殺子帶,在魯僖公二十五年。"是也。(頁539)

【按】 "反"當是"觀"字之誤,爲誤排。

周語中卷第二

40. 古人有言曰(《考異》:"公序本無古字。"今檢金、秦、董本皆無。日、時、崇則有):兄弟讒鬩,侮人百里

解:鬩,很也。(金李本誤"很"爲"侮",蓋涉正文"鬩侮"連問而誤。韋解下文"兄弟雖以讒言相違很",金李本"很"作"狠",正承此解而來。《補音》出"很"字,"佷"即"很"之俗體,云:"本或作'恨'者非,下注並同。"皆可證金李本作"侮"者非。朱駿聲《説文通訓定聲》"鬩"字下録此"侮也"一訓,失之疏矣。又《考異》謂:"《補音》作'狠',《説文》从彳。"今查微波榭本《補音》作"很"不作"狠",《考異》失檢,金李本則次"很"字及下文引《詩》注皆作"狠"。查《説文》違戾之字作"很",爭鬬之字作"狠",郭慶藩《説文解字正誼》有説。參韋解下文,實爲違戾之義,故《考異》謂"《説文》从彳"也。則金李本作"狠"亦誤。)兄弟雖以讒言相違很,猶以禁禦他人侵侮己者。(公

序本無“以”字。他作它。按它、他古今字，公序本皆作它，明道本則作他，下同。）百里，喻遠也。

集證：鬩，音 xi，正體應从鬥从兒作“鬩”，从門者俗誤。……（頁 549）

【按】 遞修本亦無“古”字，字作“鬩”、“侮”、“很”，經筵校本、文津閣本“很”作“狠”，疑爲“很”之形誤，因“彳”、“犭”形亦近。張一鯤本、穆文熙本、道春點本、緑蔭堂本、詩禮堂本與金李本同，作“侮”。薈要本、文淵閣本、陳抄本、董增齡本、秦鼎本、高木本則“侮”字改作“很”，“狠”字作“很”。陳樹華曰：“元明諸本“很”作“侮”，非。宋本、許本與《補音》合。”①《册府元龜》卷五三五引注字作“恨”，今本無作“恨”字者，或《補音》時有之，是《册府元龜》之所據而《補音》以爲非者。《集證》即云“‘佷’即‘很’之俗體”，則字作“很”、“佷”者皆是。然下條“周文公之詩曰兄弟鬩于牆，外禦其侮”解“言雖相與佷於牆室之内”《集證》云：“公序本佷作‘很’，誤，參前文。”（頁 550）若以前文證之，則正字當作“很”，“佷”唯俗體，前後矛盾。又閔齊伋云：“它，古文他字。”②

41. 若是，則鬩乃内侮，而雖鬩不敗親也

解：雖内相恨，（《考異》：“内作己，狠作很。”金李本“内”作“己”，“恨”作“狠”。董本則“内”仍作“内”，而“恨”作“很”。《考異》所見不知何本。）外禦他人，故不敗親也。

集證：内侮，指内相爭訟違戾。（頁 552）

【按】 經筵校本“很”字處空白無字，當係漏刻。許宗魯本、金李本、叢刊本、張一鯤本、穆文熙本、《國語鈔評》、二乙堂本、詩禮堂本、道春點本字作“己”、“狠”。又文津閣本、千葉玄之本字亦作“狠”，黄刊明道本及其覆刻本作“恨”。叢刊本“己”本誤作“巳”，然古書中“巳”、

---

① (清)陳樹華：《春秋外傳考正》，本卷頁 1。

② (明)閔齊伋裁注：《國語》卷一，本卷頁 15。

"己"、"已"三字由於字形相近多混用不别，具體是哪個字，要根據具體語境去分析。遞修本、薈要本、文淵閣本、秦鼎本與董增齡本同，張一鯤本、穆文熙本、道春點本、緑蔭堂本與金李本同作"己"字。秦鼎云："'内'舊作'己'，誤也，今從明本。"①經筵校本注文句末也有"也"字。

42. 王其不可以棄之。王不聽。十七年，王降狄師以伐鄭

解：降，下也。

集證：用降字蓋取上討下之義。此等用法，《國語》僅見，《左傳》則無。（頁 557）

【按】 "伐"字即爲討伐之義，則"降"字非"上討下"可知。《左傳·昭二十六年》"秦人降妖"孔穎達《疏》云："降者，自上而下之言。"②是亦本句"降"字之義。

結　語

今所擷出之 42 條中，有屬於兩説並通而唯采其中之一者，有沿襲舊説而未能進一步申述者，有兩字形體不同表義無别而以之爲有别者，有兩字本爲古今字關係而以爲正假字者，有因所見《國語》版本有限而未能盡論者，另有多條如注音、文字實屬於排印之誤者，凡此皆一一標出而爲申説，以冀有益於《國語集證》（《周語》上、中二卷）之研讀與《國語》之研究云。

中國 20 世紀的《國語》研究，以 1909 年吴曾祺《國語韋解補正》在上海商務印書館的出版和孫詒讓遺稿《〈國語〉"九畡"義》（刊佈於鄧實（1877—1951）主編《國粹學報》第 57 期，頁 6—7）的發表爲開端，此後沈鎔、徐元誥、石光瑛、楊樹達、金其源等皆有相關研究著作，一本清儒訓詁之跡；又有張心澂（1887—1973）、顧頡剛（1893—1980）、衛聚賢（1899—1989）、馮沅君（1900—1974）、劉節（1901—1977）、童書業

① （日）秦鼎：《春秋外傳國語定本》卷二，本卷頁 1。
② （清）阮元校：《十三經注疏》，頁 2114 下。

(1908—1968)、孫海波(1911—1972)、楊向奎(1910—2000)、卜德(1909—2003)等別闢路徑,各自爲《國語》之版本、真僞、歷史、《國語》與《左傳》之關係、《國語》與相關典籍之比較等具體方面之深入研究作出貢獻。至1958年,張以仁的碩士學位論文《〈國語〉研究》完成,意味著《國語》由傳統的文獻訓詁考訂進入《國語》專書的綜合研究階段。1962年,張以仁在《"中央研究院"歷史語言研究所集刊》第33本發表《論國語與左傳的關係》一文,在《"中央研究院"歷史語言研究所集刊》第34本上發表《從文法語彙的差異證國語左傳二書非一人所作》。自此之後,則《國語》之論作不斷發表,審其發表之年份與該年發表之篇數爲:1962年2篇,1964年1篇,1965年2篇,1967年2篇,1968年1篇並於本年度出版《國語虛詞集釋》一書,1969年2篇並於本年度出版《國語斠證》一書,1971年4篇,1972年4篇,1973年3篇,1974年1篇,1975年1篇,1976年1篇並於本年度出版《國語引得》一書,1978年1篇,1980年2篇並於本年度出版《國語左傳論集》一書,1981年2篇,1984年1篇,1985年1篇,1990年出版《春秋史論集》一書,2009年辭世,2010年出版《張以仁先秦史論集》一書,2012年出版《張以仁語文論集》。則其研究《國語》歷時二三十年,發表論文30餘篇,出版著作7部,就二十世紀單個作者發表《國語》論作數量及研究範圍而言,至今尚無出其右者。即便就整個《國語》研究史而言,亦罕有其匹。其《國語集證》(《周語》上、中二卷)所集證361條之中亦勝義紛然,有功於《國語》及韋注者甚鉅。

下編　1985—2013 年間的《國語》校詁研究

近百年的《國語》校詁，二十世紀六十年代至八十年代前期，以臺灣研究成果豐碩，而臺灣的研究又主要集中在鄭良樹和張以仁兩位學者的身上。自二十世紀八十年代中期以後，大陸的古典研究開始逐漸興旺，包括《國語》校詁類論文在内的《國語》研究論文逐年增多。而且還出版了幾部《國語》研究方面的專著。徐仁甫爲文史研究大家，在《國語》方面也有相關校詁論文，彭益林針對上海師範大學古籍整理研究所點校的《國語》進行了校讀。此後，俞志慧、蕭旭、戎輝兵等辨正韋注，亦及《國語》勘校，在《國語》校詁方面做了很多工作。本編主要就徐仁甫、彭益林、蕭旭、俞志慧的《國語》校詁進行辯證。

一、徐仁甫《晉語辨正》辯證

徐仁甫（1901—1988），名永孝，以字行，晚號乾惕翁、樸學室主。四川大竹人。終生從事教育工作，歷任國内各中學、大學教職。爲現代著名文史專家，撰有學術論文數十篇，專著十餘部，其專著有《左傳疏證》、《廣釋詞》、《廣古書疑義舉例》、《古詩別解》、《杜詩注解商榷》、《杜詩注解商榷續編》、《史記注解辯正》、《諸子辨正》、《古書引語研究》、《古書屬讀研究》等行世。2014 年 7 月，北京中華書局出版《徐仁甫著作集》10 册，收入徐氏生平著作及論文。徐仁甫《晉語辨正》一文發表於《晉陽學刊》1984 年第 2 期，頁 78—82。其中《晉語一》、《晉語三》、《晉語八》各 5 條，《晉語二》4 條，《晉語四》10 條，《晉語五》2 條，《晉語六》8 條，《晉語七》3 條,《晉語九》7 條,合共辨正《晉語》49 條。其辨正所用方法多種:1. 分析字形;2. 分析語法;3. 辨明詞例;4. 語義訓詁。時引他書以爲佐證。多有創發,信然爲研讀《國語》必不可少的文獻。當然其中有些條目還是值得商榷或者補充的。今擷得可商條目 25 條,仍然采用傳統訓詁學的方式方法,予以辯證,以有益於徐氏論文之研讀與《國語》研究之深入。

1. 隸農　韋注:隸,今之徒也。

按:隸農爲農奴。農奴,奴隸之耕田而不自由者。徐元誥謂猶庸耕者,非也。庸耕尚有自由,農奴則失自由者。故下文曰,"雖獲沃田而勤易之將不克饗,爲人而已。"豈非不自由乎!(《晉語一》)

【按】 《辭海》等大型辭書釋"隸農"爲"農業奴隸",亦引《晉語一》爲例證。一些學者也認爲"隸農"爲一種社會身份,如徐氏。趙伯雄《〈國語〉"隸農"解》(《歷史教學》1989 年第 5 期,頁 52)是專門探討《國語》"隸農"意義的一篇文章。該文則認爲"隸農"爲主謂結構而非一個名詞,即"隸農"爲"隸從事耕作"之義。如果趙氏分析正確的話,那麽"隸"是一種身份没有問題,即韋注的解釋是正確的。但是從《晉語一》全句來看,"其猶隸農也","猶"是副詞,也可以作比況類動詞,"猶"既可以修飾謂語中心詞,也可以作謂語。無論"猶"作甚麽成分,"隸農"作爲一個結構是没有問題的。如果按照韋注的解釋,則"隸農"是"大共名+小别名"的關係,"隸"是統稱,是身份區别;"農"是"隸"的二級分類,是職業區别。解釋爲"農奴"肯定受近代西方史學"隸農"概念的影響。但是"隸農"作爲一個名詞結構應無問題。

2. 曰君以驪姬爲夫人

按:曰君,曰爲日字之誤,日謂往日。(《晉語一》)

【按】 從徐氏《辨正》本條可知,徐仁甫所據《國語》底本爲黄刊明道本或黄刊明道本之覆刻本。黄丕烈《札記》云："曰君，别本作'日君'。"①汪遠孫《考異》云："公序本'曰'作'日'，是也。《補音》出'日君'。"②審朝鮮經筵校活字本字作"日"。此處之"日"爲時間狀語，徐氏所釋是。

3. 辱之近行

按：近猶必也。下文"甚精必愚"，韋解，"精鋭近愚。"是近猶必也，二字互通。《鄭語》："夫國大而有德者近興。""近"亦當訓"必"。(《晉語一》)

【按】 關於用"猶"進行訓釋的方式方法，我在我的博士論文《唐宋類書引〈國語〉研究》中已經作了比較詳細的辨析，認爲這種訓釋方法存在着不够精密、謹嚴的缺陷，前文已經引述，此處不贅。這種以對文爲訓釋的方式，張以仁已經在其《國語虚詞集釋》序言中作了檢討。就徐氏本條所舉例句而言，"近"和"必"並不相同。"必"爲副詞，而"近"爲動詞，"必"和其後成分構成狀中關係，而"近"和其後成分構成動賓關係。就語義上而言，"必"表示最大可能性的推測，帶有主觀判斷意味；而"近"則表示在程度、狀態、距離上和某事物接近，是客觀陳述。

4. 國君好艾大夫殆，好内適子殆。

按：下句承國君而言，皆七字句，第四字與第七字爲韻。即艾與殆韻，内亦與殆韻。如此韻例，始於《詩》："君子陽陽左執簧，君子陶陶左執翿。"漢人七字謡所由始也。(《晉語一》)

【按】 本句一般點斷爲"國君好艾，大夫殆；好内，適子殆"，此亦屬於格言之類。審郭錫良《漢字古音手册》"艾"上古音在疑紐月部，"殆"上古音在定紐之部，"内"上古音在泥紐物部。三字音近，可以爲押韻之證。

---

① (清)黄丕烈：《校刊明道本韋氏解國語札記》，頁 252。

② (清)汪遠孫：《國語明道本考異》，頁 298。

“國君”是整句的主語,“好艾大夫殆”與“好内適子殆”並列作述語成分,就語言習慣上言,“好内”前無由補上“國君”二字,故“七字句”之説恐未允。至於韻例始於《詩》之説亦未必然,格言的産生未必比《詩》晚。

5. 我教兹暇豫事君

按:教,非教訓之謂。《廣雅·釋詁三》:“教,效也。”《曲禮上》注:效,呈見也。謂以歌舞表見之也。故下乃歌曰。(《晉語二》)

【按】 徐氏以下文“歌曰”斷定此處“教”爲“呈現”之義,非是,且迂迴爲釋,反嫌啰嗦。從下文所歌之義而言,非以“歌舞表見”,實以歌喻之。故“教”字實即“教訓”、“教誨”之義。

6. 死民之思。　韋注:死民之思,爲民所思也。

按:韋訓“之”爲“所”。《詩·都人士》:“萬民所望”,賈子《新書·等齊篇》引作“之望”。《韓非·十過》:“寡人之好者音也”,《史記·樂書》作“所好”。下文“且以監諸侯之爲”,韋點以“所”易“之”,是“之”猶“所”也。(《晉語二》)

【按】 從語法形式上而言,“死民之思”爲動賓形式,“死”是謂語動詞,“民之思”爲定中關係短語作“死”的賓語。韋注“爲民所思”並非一一對應,實是串講句義,蓋謂死且爲民所思,並非釋“之”爲“所”。“之”爲結構助詞,而“所”爲所字結構標記詞,“民所思”爲主述關係,“所思”爲述語成分。

7. 是之不果奉而暇晉是皇　韋注:暇,謂不暇以晉爲務也。

按:之猶尚也,暇借爲瑕,何也(訓見《經傳釋詞》)。言是尚不克奉而何晉是匡乎。《管子·大匡篇》曰:“糺之不死而説君乎”(況猶何也,訓見《虚字集釋》)此句法正與彼同。韋注未達。(《晉語二》)

【按】 “是之不果奉而暇晉是皇”爲賓語前置句。“是之不果奉”中的“之”是賓語前置標記,結構助詞。“暇晉是皇”中的“是”爲賓語前置標記。該句的正常語序爲"不果奉是而暇皇晉"。徐氏用《經傳釋詞》"之猶尚也，暇借爲瑕，何也"之説，不確。"尚"爲副詞，"之"爲結構助詞，二者的語法功能並不相同。王引之以"是皇"後爲問號没有問題，以"暇借爲瑕，何也"則不妥。語氣的疑問並非一定要有明顯的疑問詞，尤其是設問句或者反問句即使不出現疑問詞也可以看作疑問語氣。本句即是如此。如果用標點符號來標識，即"是之不果奉，而暇晉是皇?"故"暇"字即作本字解，不必假借輾轉爲義。

所引《管子》"説"爲"況"字之誤，其語義、語境與《晉語二》都不相同，不當簡單比附，以《大匡》之文作爲認定《晉語二》本文的標準。王引之、裴學海理解皆有偏差，韋注非不達。

8. 今若休憂于狄。

按：休憂猶紓憂。《吴語》曰"以休君憂"韋注：休，息也。《左傳・成公十六年》范文子曰："我僞逃楚，可以紓憂。"與此言"休憂於狄"意同。(《晉語三》)

【按】《説文・人部》："休，息止也。"①有停歇、停止之義。韋昭不釋《晉語》此處"休憂"，而於《吴語》中釋之，亦頗可思忖。

9. 知而背之不信

按：不信當作不仁。孟子曰，知而使之不仁，與此意同，可以爲證。且丕鄭已死，非有約當守，何必言信。不然，當作"言而背之不信"。(《晉語三》)

【按】 徐氏認爲《晉語三》本文和《孟子》"知而使之不仁"意同。審《孟子》文在《公孫丑》"知而使之，是不仁也，不知而使之，是不智也"，該"知"字爲"瞭解"之義，是對周公用管叔認識問題的評斷。而《晉語三》本文，丕鄭聽取了共華的意見回到晉國，結果被殺。人勸共華逃走，共

---

①（漢）許慎：《説文解字》，頁125下。

華因而説了這樣的話，一些《國語》的譯注本釋“知”爲“相契”，是有道理的。《論語》上有一句話：“與朋友交而不信乎？”“非必有約當守”，然而朋友之交確是要守的，故言“知而背之不信”。又徐氏謂“不然，當作‘言而背之不信’”也不妥當。昔日之言，是共華給丕鄭的建議，並不是兩個人的信約，故談不上“背”。要之，《晉語三》原文不誤，徐氏誤會。

10. 雖微秦國，天下孰弗患。 韋注：微，無也。

按：雖訓豈，見《廣雅》。微訓惟，但也。雖微即豈但。（《晉語三》）

【按】 王叔岷謂“雖微”猶“豈特”，這和徐氏釋“雖微”爲“豈但”是相同的，張以仁《國語虚詞集釋》贊同王叔岷説，以韋注爲非。實韋注訓“微”爲否定詞是正確的。“雖微”和“豈但”不同，“雖微”表達的是“即便没有”，而“豈但”則是“豈只是”。“雖微”後面的成分以及小句表示的是即便没有這樣的一種事物或狀態，仍然……而“豈但”表示的是不只是這樣一種事物或狀態，還有……二者語法功能、意義不相同，恐不能作相同處理。

11. 臣故云。君其圖之。

按：“臣故云”猶“臣是以云”，此結上文之詞。“君其圖之”此句起下文，下文“君弗蚤圖”正承此“君其圖之”而言。舊讀此七字爲一句，大誤。（《晉語四》）

【按】 “臣故云君其圖之”七字皆爲總結上文之詞，故當作一句讀。這是寧莊子因衛文公不禮重耳而發的議論。其上文云：“夫禮，國之紀也；親，民之結也；善，德之建也。國無紀不可以終，民無結不可以固，德無建不可以立。此三者，君之所慎也。今君棄之，無乃不可乎！晉公子善人也，而衛親也，君不禮焉，棄三德矣。”這是從反方面來説明衛文公當“禮”重耳，所以纔有“臣故云君其圖之”的話，至於下文，則是進一步論證。下文“弗蚤圖”確實也和本句“君其圖之”相呼應。但是“臣故云”三字語義未盡，作爲一個表述單位是不完整的，不能因爲下文有“君弗蚤圖"四字就把這七個字割開。

12. 非此則無故、不敢以禮致之歡之故也。　韋注：非有此，則無他故。

按：無猶何也。（詳《廣釋詞》）（《吴語》："則無爲貴智矣"韋注以"何"易"無"，可證"無"猶"何"也）

非此則無故，謂除此之外又何故，不敢以禮致之歡之故也。二"故"字自相問答。《禮記·禮運》："則是無故，先王修禮以達義，體情以達順故。"正與此文法相同。（《晉語四》）

【按】 "無"爲否定副詞，"何"爲疑問代詞，二者詞類不同，語法功能也不相同。《廣釋詞》未用《吴語》例，審《吴語》韋注："言人之不能以危易安，以死易生，則何贵于智。"韋注實際上串講句義，非以"何"、"無"相易爲訓，《吴語》本文的陳述句到了韋注成了反問句而已。

非此則無故，實即義爲"除此之外别無他故"。今諸多標點本本處文字分屬於上下文，不在一起。二"故"字皆爲名詞，"原因"、"緣故"。前句的"此"爲"欲以成昏，而懼其惡名"，"歡之故"的"故"即爲"歡之"。前者"故"字和後者"故"字所言不完全相同，恐非自相問答。

13. 聞其骿脅　韋注：骿，并榦。

按：韋注骿下當有脅字，《左傳》杜注胼脅合榦，《正義》引《説文》骿脅并榦也，可證。

【按】 今本《説文·骨部》："骿，并脅也。"段注本則作"骿脅，并榦也。"段玉裁云："依《左傳正義》訂。肉部：'脅，膀也。''肋，脅骨也。'《廣雅》：'榦謂之肋。'是脅骨一名榦。故韋注《國語》云：'骿，并榦也。'杜注《左傳》云：'駢脅，合榦也。'其字《左傳》、《史記》作'駢'，《國語》、《吴都賦》作'骿'。"①徐氏則以杜注、《正義》引《説文》來斷定韋注脱字，恐非。

① （漢）許慎：《説文解字》，頁86下。（清）段玉裁：《説文解字注》，頁165上。

“骿”既然作爲一個單音節詞存在,自然有其獨立的語義。“骿”、“駢”、“胼”、“跰”都應當是同源詞。韋昭不釋“骿脅”、單釋“骿”字無可厚非,且所釋也正是“骿”字之義。

14. 吾不能行也咫聞則多矣。　韋注:咫,咫尺間。

按:咫猶袛也,袛猶但也,蓋文公讀書三日曰,吾不能行也,但聞則多矣。韋氏誤虚字爲實詞。(《晉語四》)

【按】 王引之《經義述聞》即作此説。《述聞》卷三二云:

只,耳也。或作“咫”。《晉語》曰:“吾不能行咫,聞則多矣。”言吾不能行耳,所聞則已多矣。而解者訓“咫”爲“咫尺閒”。《楚語》曰:“是知天咫,安知民則。”言是知天耳,安知民則也。而解者云:“咫,少也。”則失之矣。①

徐氏和王引之的解釋當無二致,楊樹達《詞詮》謂“咫”與“耳”同,爲句末助詞,亦本《經傳釋詞》之説,張以仁《國語虚詞集釋》贊同楊説。此處“咫”作實詞解實可通。蓋古人謂行萬里路,可廣見聞。足不出户而知天下,則讀書是其促成條件。晉文公所言即在講讀書的妙處,即未行一步而廣見聞。該句當斷爲“吾不能行也咫,聞則多矣”。此處“聞”作主語,起名詞作用。

15. 夫教者因體能質而利之者也。　韋注:能質,性質。

按:能當訓及,謂因體及質而利之也。體、質義同,中用連及之詞。《淮南·修務訓》,“不能被德承澤”注:能猶及也,是“能”字有連及之義。韋氏誤虚字爲實詞。(《晉語四》)

【按】 就《晉語四》本文而言,“體”、“能”、“質”皆爲名詞,同作“因”的

---

① (清)王引之:《經義述聞》,本卷頁22。

賓語。"體"即指身體條件,即前文所言八疾;"能"指的是材能、所長,即上文所云"所材";"質"即上文"文益其質"、"質將善"之"質"。審公序本韋注原文爲"能,才也",明道本韋注原文爲"能質,性能",非"性質"。可見,"能"當爲實詞,非虚字。如果按照這個理解,黄刊明道本韋注當作"能質,能、性",不當作"性能"。審朝鮮活字本從公序本亦作"能,才也"。公序本韋注比黄刊明道本韋注似更清通。陳偉《愚慮録》謂"能"當訓"順",恐亦非。

16. 梁山崩,以傳召伯宗,遇大車當道而覆。

按:"遇大車"上當重"伯宗"二字。謂襄公與傳召伯宗,伯宗遇大車當道而覆也。若不重伯宗二字,則似以傳來時遇大車矣。《左傳》作"晉侯以傳召伯宗,伯宗辟重",正重"伯宗"二字,可據補。此宗因兩句相連而誤脱,古書往往有之。(《晉語五》)

【按】 徐氏所見甚是。但是先秦文獻語言中,後句主語蒙前句省的現象常見,在承上句省略的語法現象中,其中一種即承上句的賓語省①。此亦語法通例,未必因此而以《國語》原本有脱誤,亦不必以《左傳》文句作爲判定標準。

17. 厲公將代鄭,范文子不欲曰,若以吾意,諸侯皆叛,則晉可爲也。

按:"若以吾意","意"字疑當作"悳",形近而誤也。吾晉也,猶下文"今我寡德"我晉也。(韋注)下章"稱晉之德,諸侯皆叛,國可以少安",亦文子之言,此文義與之相同,"若以吾德"即稱晉之德也。(《晉語五》)

【按】 此字不誤。"意"者,想法。"若以吾意"即"按照我的想法"之義。又"代"爲"伐"字誤排。

18. 其産將害大。　韋注,産生也,言其法變,將害大臣。

---

① 見易孟醇《先秦文法》(修訂本)。

按：大臣大事，均不得但稱大，疑當作其産害將大，謂其生害將大也。將害二字誤倒耳。（《晉語六》）

【按】 “其産將害大”句法結構爲，“其大”主語，“將”副詞作狀語，“害大”作述語。而“害大”亦爲主述關係，非動賓關係。韋注實將“害大”解作動賓關係。徐氏把“害大”看作主述關係，是正確的，但是不必改動“將”、“害”的詞序。

19. 夷竈滅井，非退而何。　韋注：使晉軍塞井夷竈示必死，不復飲食。非退而何，言楚必退也。

按：非退而何，何讀爲可，言不退而可也。蓋荆壓晉軍而陣，晉軍吏患無陣地。范匄建議，自己夷竈滅井，則有陣地。故曰不退而可。韋言楚必退，非也。（《晉語六》）

【按】 俞樾《群經平議》卷二九即主張此説，如下：

韋氏所説，非范匄之意也。夷竈堙井，乃因楚壓晉軍而陳地勢迫狹，故平塞井竈以爲戰道。《左傳》所謂“將塞井夷竈而爲行也”，非示必死不復飲食也。其解“非退而何”更爲不了。夫晉人平塞井竈，楚人何以必退？即謂畏其致死，不敢與戰，亦當云“楚師必退”，文義方明。安得云“非退而何”也？然則“非退而何”當作何解？曰：楚壓晉而陳地勢迫狹，無以爲戰道。軍吏患之，將謀者蓋將謀退也，非畏楚而欲逃，乃欲少退，使有戰地耳。然軍勢一動，不可復止，必有潰敗之憂。故范匄爲夷竈堙井之策，如此則不必退而自有戰地，乃不退之退也。故曰“非退而何”。傳文不叙軍吏之謀，而但載范匄之策於是，讀者不得其解矣。所宜以意逆志，而善會之也。①

審徐氏的意見和俞樾的説法毫無二致，但是俞樾於“何”字並不改

---

① （清）俞樾：《群經平議》，頁476—477。

讀,則勝於徐氏。

20. 苗賁皇曰,善逃難哉。　韋注,文子欲匄讓大臣,不掩蓋人,是爲避難。

按:善逃難,此苗賁皇讚美范匄之計。"夷竈滅井,非退而可",爲善逃難。韋氏誤爲指文子欲匄讓大臣,不掩蓋人是爲避難,非也。(《晉語六》)

【按】 從《晉語五》、《晉語六》所記文子之事看,文子確實是爲了家族避難,本章中范匄出謀而文子執戈逐之,實際上即不欲范匄出頭。韋氏理解不誤,徐氏誤會。

21. 軍無秕政。　韋注,秕以穀喻也。

按:秕當爲稗之借,秕之通稗,猶庇之通稗也。稗又借爲敗,故《晉語八》作"軍無敗政"。(《晉語七》)

【按】 "秕"、"敗"義通,不煩假借。詳見拙著《小學要籍引〈國語〉研究》①。

22. 且吾子之心有出焉可徵訊也。

按:且猶若也,猶如也,假設之詞。(《吕氏春秋·知士篇》:"且靜郭君聽辨而爲之也。"《戰國策·齊策》且作若。《史記·齊世家》"君且欲霸王",《列子·力命篇》且作如。)謂如吾子之心有出軍之事,可召而問之。吴曾祺説得之。而未訓"且"爲"若"爲"如",故補之。(《晉語八》)

【按】 審吴曾祺釋文云:"謂己主外事,若有出軍之事,可召而問之,他非所知也。"②根據吴氏串講句義的意思看,其實亦認爲"且"當訓

① 拙著《小學要籍引〈國語〉研究》,頁144。

② 吴曾祺:《國語韋解補正》卷一四,本卷頁2。

“若”。張以仁《國語虚詞集釋》謂吴説是,“且訓爲若,爲假設連詞(義見《釋詞》、《詞詮》)。謂若有出軍之事也。《國語》只此一見,别無同例。”①徐仁甫《廣釋詞補遺》則補充了《史記》、《戰國策》的例子。韓崢嶸《古漢語虚詞手册》、中國社會科學院語言研究所編《古代漢語虚詞詞典》皆收“且”的此一用法。

23. 鮮不五稔。　韋注:鮮,少也。

按:鮮當讀爲斯,韋訓少,非也。鮮與斯古音相近,説詳《晉語一》“鮮有慢心”俞氏説。(《晉語八》)

【按】“鮮”字和“微”字一樣,都是否定副詞,韋昭所釋不誤。“鮮不”爲雙重否定表肯定。俞樾、徐仁甫説有誤,不可從。

24. 叔向曰:子不欲也若欲之肸也待交捽可也。

按:欲當訓好,言好勇士則勇士至也。古欲好二字通用。《孟子》:“所欲有甚於生者。”《中論》引作所好。《荀子》:“欲利而不爲所非。”《韓詩外傳》作“好利”。(《晉語九》)

【按】“欲”與“好”義並不同,“欲”是心理動詞,“好”是帶有情感傾向的動詞。

25. 吾主以不賄聞於諸侯,今以梗陽之賄殃之不可。　韋注:殃猶病也。

按:《廣雅》殃,敗也。《月令》曰:“冬藏殃敗。”殃敗義同,此殃亦當訓敗。(《晉語九》)

【按】“病”、“敗”義亦相會,韋注以“猶”字術語爲訓,明在比附,非直釋義。

---

① 張以仁:《國語虚詞集釋》,頁160。

結　語

綜上,辯證徐仁甫《晉語辨正》25 條。大體包括這樣幾方面内容:(一) 對徐氏辨正進行補充輔證,既包括徐氏言有未盡者,也包括徐氏對《晉語》句法和虚詞的解釋;(二) 徐氏所辨義有未允,予以辯説。徐仁甫是現代文史大家,撰有語言文字專著以及古書疏證訓解之作多種,《國語》方面論作較少。觀其方法,仍然是以傳統的訓詁考據爲主要手段與方法。如其《廣釋詞》一書,通過其書名就可以看出,是一部仿《經傳釋詞》之作,而其虚詞訓釋方法和方式,也仍然是循著王引之等前輩學者的路數。有些訓釋堪稱精到,但是有些虚詞的理解仍有未盡妥當之處,固然有識見的問題,但恐怕主要原因還是受方法的影響。2014 年,《徐仁甫著作集》10 册由北京中華書局出版。除了收録了其各種專書之外,還有一部論文集《乾惕居論學文集》。這部論文集中收録了《晉語辨正》之外,還收録了另外幾篇《國語》方面的論作,包括《〈國語〉以發言分國説》、《韋昭〈國語解〉凡所發正考》、《書吴曾祺〈國語韋解補正〉後》、《陳聘侯〈國語翼解〉跋》、《書徐元誥〈國語集解〉後》等五篇,此外還有《左丘明是〈左傳〉還是〈國語〉的作者》和《與顧頡剛先生論〈左傳〉〈國語〉往還書》兩篇論文也涉及到《國語》的相關論文。尤其對吴曾祺《補正》、陳瑑《翼解》、徐元誥《集解》的題跋,應該算作這三部著作最早的研究論作,具有開拓之功。其《國語》研究既涉及到《國語》性質、《國語》與《左傳》關係、《國語》韋注辨正、《國語》研究著作研究、《國語》文法等諸多方面。凡所考論,對於《國語》研讀仍然具有很大的意義。

二、徐仁甫《廣古書疑義舉例》中《國語》條目辯證

引　言

徐仁甫《廣古書疑義舉例》一書始分若干篇在《詞典研究叢刊》1981 年第 2 期、1981 年第 3 期、1985 年第 6 期上連載,後集成一帙由北京中

華書局 1990 年出版。其書仿照俞樾《古書疑義舉例》，撰成八卷一百二十例，其中用《國語》條目有 41 條 28 處，其中涉及到：(1)《國語》的性質及相關問題；(2)《國語》語句中句法義例；(3)《國語》具體語詞名物的訓詁。其中疏解多利於《國語》之研讀與研究，也有一些條目存在不盡妥當的地方。故不揣淺陋，擷其 30 條爲之辯證，以有益於《國語》的深入研究與徐著的研讀。凡所辨條目，按照 1990 版本《廣古書疑義舉例》原書次序，後標卷次、頁碼，原書小字注文以括號標出。

1.《吴太伯世家》："余讀春秋古文。"(此指《國語》。《國語》是古文字體。)(卷一/一"同名異實例"，頁 1)

【按】　俞正燮《癸巳存稿》卷七"《〈史記・十二諸侯年表・序〉索隱》書後"謂古文亦指《春秋國語》。皮錫瑞(1850—1908)《經學通論・二・詩經・論先魯後殷新周故宋見樂緯三頌有〈春秋〉存三統之義》云："《毛詩》與《國語》皆古文。"《經學通論・三・三禮・論經學糾纏不明，由專據〈左傳〉〈周禮〉二書輕疑妄駁》云："《國語》與《左氏》皆古文而不盡同。"①二氏皆謂《國語》爲古文。但是"古文"和"古文字體"並不完全相同。

2. 按"夙夜"一詞，連讀爲一義，平列又爲一義。至于《國語・周語》中的"夙夜，恭也"，那就是連讀的引申義了。(卷一/一"同名異實例"，頁 2)

【按】　平列，即爲兩個單音節詞。連讀，則爲一個合成詞。就"夙夜"而言，恐怕不存在"連讀爲一義，平列又爲一義"的問題，只有語境義和基本義的問題。《周語》此處指明"夙夜"的語境義。

3.《國語・周語上》："昔夏之興也，祝融降于崇山；其亡也，回

① (清)皮錫瑞：《經學通論》，北京：中華書局 1954 年版，本卷頁 48、本卷頁 84。

禄信于聆隧。"韋昭注:"融,祝融也;回禄,火神。"按"回禄"本名"吴回",即"祝融",也是異名而同實。下文"檮杌"與"夷羊"對文,"鸑鷟"與"杜伯"對文,所以這裏就用"回禄"與"祝融"對文。

又《晉語六》:"楚恭王帥東夷救鄭。"韋注:"東夷,楚東之夷。"又郤至曰:"夫南夷與楚來。"韋注:"南夷,據在晉南。"按"東夷"、"南夷"所指爲一,也是異名而同實。(卷一/二"異名同實例",頁4)

【按】 言對文只是就其句法形式而言,因此對文只能作爲相同句法結構中的兩個詞意義相當的一個必要條件,而非充要條件。審韋昭未言回禄即祝融,只言回禄爲火神。《大戴禮記·帝繫篇》:"老童産重黎及吴回。"《山海經·大荒西經》"有人名曰吴回"郭璞(276—324)注:"吴回,祝融弟,亦火正也。"①徐氏以"祝融"即"吴回"恐亦臆斷,非必真有所據。"檮杌"與"夷羊"對文,"鸑鷟"與"杜伯"對文也没有問題,關鍵是"檮杌"、"杜伯"皆實有其人,而"夷羊"、"鸑鷟"皆爲神物,也還不相同。恐怕還不好説成"異名而同實"。"南夷"、"東夷"所指亦恐非一。

4.《國語·周語上》:"厲王説榮夷公,芮良夫曰,夫榮夷公好專利而不知其難,以事教王,王其能久乎?……今王學專利,其可乎?"按"學"字承上"教"字來,謂榮夷公以臣教君專利,而厲王則以君學臣專利也。"教"字也是古語上下同詞。

又,三年,"乃流王于彘。"後世認爲"流"字亦不宜用于下對上。崔述還因此説《國語》不如《左傳》。其實,是他不瞭解古書多此例,就是《左傳》也有很多上下同詞的例子。(卷一/三"上下同詞例",頁6)

【按】 這是基於一定的動作當由一定身份或地位的人纔能發出這一理念而來,但是具體語境下的具體詞語的用法還應該考慮到具體對

---

① (晉)郭璞注,(清)畢沅校:《山海經》,上海古籍出版社1989年版,頁113上。

象的不同。專利爲榮夷公的特性而以之教厲王，故厲王"學"。這是具體行爲在具體對象身上的具體反映。説明語詞運用還是要考慮具體的語境語義，不能拘泥於詞例。

5. 唐李涪《刊誤》曰："'繕完葺牆'，文理不達，所疑字誤，遂有繁文。予輒究其義，是'繕宇葺牆，以待賓客'。此則本書'宇'誤爲'完'。《書》曰：'峻宇雕牆。'足以爲比。"段玉裁曰："古三字重疊者時有，安可以後人文法繩之？下文'無觀臺榭'，豈非三字重疊耶？"王引之曰："上三字平列而下一字總承之者，内外傳中亦往往有之。桓六年《傳》云'嘉栗旨酒'，（《正義》曰：所祭之酒，栗善味美。）文十六年《傳》云'賦斂積實'，（注：實，財也。）《齊語》云'論比協材'，《晉語》云'假貸居賄'，《楚語》云'蓄聚積實'，（注：實，財也。）文義並與此同。而李以爲繁複，自未曉古人屬文之例耳。"（《經義述聞》卷十九）按《楚語》云："富都那豎。"也是上三字平列，下一字總承，所以也是實詞複用。段、王説得對，李氏不知此例，臆改古書，不可信從。（卷一/卷七"實詞複用例"，頁11）

【按】 段玉裁、王引之之義，即是三個單音節詞可以並列作主語或賓語，這種現象在《國語》中比較常見。如《周語上》"守終純固"也是這一類型，"終"、"純"、"固"三字並列作述語成分。《楚語上》"富"、"都"、"那"三字並列作"豎"的限定成分。就《國語》本文而言，"都"、"那"字作"美"義亦僅《楚語上》1見。"都"字之義爲引申得來，錢鍾書《管錐編》亦有論説，可參。清人厲荃《事物異名録》收"那豎"，是以"富都"爲"那豎"的限定詞，未確。蕭旭謂"那"讀爲"㚷"，或寫作"娜"①，可從。而謂"富"修飾"都那"，亦未允。

6.《國語·晉語五》："是故舜之刑也殛鯀，其舉也興禹；今君之所聞也。齊桓公親舉管敬子，其賊也。"按以通常文法來説"今君

① 蕭旭：《國語校補》，氏著《群書拾補》，頁187。

之所聞也”句,當在“齊桓公親舉管敬子,其賊也”下,總上舜與齊桓兩事而言。《史記·趙世家、扁鵲傳》“此子之所聞”,總上獻公、文公、襄公三事而言,可以爲證。現在介在舜與齊桓之間,是總詞在中。(卷一/九“總詞在中例”,頁12—13)

【按】《晉語五》原文云:

既復命,而進之曰:“臣得賢人,敢以告。”文公曰:“其父有罪,可乎?”對曰:“國之良也,滅其前惡,是故舜之刑也殛鯀,其舉也興禹。今君之所聞也。齊桓公親舉管敬子,其賊也。”公曰:“子何以知其賢也?”

《左傳·僖公三十三年》文云:

公曰:“其父有罪,可乎?”對曰:“舜之罪也殛鯀,其舉也興禹。管敬仲,桓之賊也,實相以濟。”

《國語》和《左傳》文字基本相同,唯《左傳》無“今君之所聞也”一語,徐仁甫《左傳疏證》以《左傳》此處襲用《晉語五》。《國語》、《左傳》前文“其父有罪,可乎”,是一樣的。而對語首言“舜之刑也殛鯀,其舉也興禹”正對應文公之問,蓋鯀有罪而用禹,正聖人之道。故加“今君之所聞也”以爲總結。而後面的“齊桓公親舉管敬子,其賊也”實際上是進一步説明,説明不僅僅其父有罪其子可用,即便和國君有罅隙的人前此賢君都可以起用他,以此説明冀缺當用。“今君所聞”爲上古之事,而齊桓公則爲近時之事,且爲進一步説明。恐難以爲總辭在中。

7.《國語·吴語》:“若余嘉之。”韋昭解:“我心誠嘉之。”按“若”字當“誠”字講,韋氏依魏時詞序,“誠”在“嘉”前;而《國語》原文,“若”在句首。這裏可以看出古人詞序與後世不同。(卷一/十“古人詞序與今不同例”,頁15)

【按】　王念孫謂"若,詞之惟也"①,按照王念孫的解釋,韋注"若余嘉之"釋文中"心誠"二字實增字爲訓,並非對應"若"字而發,那麽該句仍然是正常語序。

8.《周語下》:"下及夏商之季。"韋注:"夏商之季謂桀紂,湯、武滅之也。"按"夏商之季"是時間,而指"桀紂",也是以時間代人。(卷二/二十"以時間代人物例",頁32)

【按】　就《國語》本文而言,"及"後面所跟的是時間詞,没有任何疑問。韋注是用歷史事件而非用人物進行解釋。"夏商之季"指的是時間没有問題,而指的是"桀紂,湯武滅之也"歷史事件,非僅對應"桀紂"二人。

9.《國語·晉語一》:"且夫口,三五之門也,是以讒口之亂,不過三五。"韋昭解"三五之門"曰:"口所以紀三辰五行,故謂之門。"又解"不過三五"曰:"少則三君,多則五君。"可見《國語》上文"三五"代表事物,下文"三五"代表人君。這是以數目代人物的證明。(卷二/二十九"以數目代人物例",頁44)

【按】　就《晉語一》本文而言,本處"三五之門"承上文"夫三季王之亡也宜"、"雖驟立,不過五矣"。"三五之門"的"三五"雖然和上文不同,但是二者之間確是具有連帶關係的。審《國語》研究著作中,董立章釋"三五之門"的"三五"爲"三田五臟"②,和韋注不同。就《國語》本文以"口"爲"門"而言,似董説亦頗合理,未知其所本。

10. 歇後詞較早出現在春秋時代。《國語·周語下》:"柯陵之會,(公元前五七四年。)魯成公見,單子(單襄公。)曰:'夫長翟之

---

① (清)王引之:《經傳釋詞》,頁155。
② 董立章:《國語譯注辨析》,頁321。

人，利而不義，其利淫矣，流之若何？'魯侯歸，乃逐叔孫僑如。"韋昭《解》曰："長翟之人，謂叔孫僑如也。僑如之父得臣，敗翟於鹹，獲長翟僑如，因名其子爲僑如。"按單子本以長翟僑如代叔孫僑如。但不説"僑如"，只説"長翟"，歇去後一詞，而魯侯聽得明白。就因爲叔孫僑如之命名，是由長翟僑如來的，這是當時人所共知的。所以單子只説一半，這樣既隱約又委婉，歇後語的妙處就體現出來了。（卷三/三十"歇後語例"，頁 46）

【按】 一些先秦人性論研究者認爲，先秦的戎狄、夷狄等是無禮儀道德可言的。這一點，在《國語》本文中也多有反映，如《周語中》謂翟"封豕豺狼"、"貪没輕儳"。長翟也是夷狄之一，叔孫僑如以長翟僑如之名命名，故單襄公以"長翟之人"稱之，非僅取其名合，實欲揭出其本性之惡，擬之雙關，或稍近之。但這是否可以算作"歇後"，恐還需進一步斟酌。

11. 考《晉語》"秦客庾辭于朝"，當周襄王時，至少在公元前六一九年；"楚莊王好讔語"，當頃、匡王時，在公元前六一三年。那麽，雙關語在庾辭、讔語之後產生是無疑的了。（卷三/三十一"雙關語例"，頁 49—50）

【按】 審周峰、郝建傑等編《國語文系年注析》並未繫《晉語》本條，但是該書繫"敬承君命以止亂論"於公元前 592 年。該篇簡析經過多方推比，認爲范文子的父親公元前 632 年—前 589 年在世，范文子父親公元前 592 年致仕。① 如果郝氏的推斷正確，則徐氏所謂"至少在公元前六一九年"則值得商榷。

12.《國語・晉語五》："以傳召伯宗，遇大車當道而覆。"是説

---

① 周峰、郝建傑等編《國語文系年注析》（上），桂林：廣西師範大學出版社 2011 年版，頁 210。

伯宗遇大車。《左傳・成公五年》:"晉侯以傳召伯宗,伯宗辟重。"正是重了"伯宗"二字,可見《國語》"遇大車"上,因爲承前句的賓語而省了"伯宗"二字。(卷三/三十八"分句省主語例",頁58)

【按】《晉語五》"遇大車"的動作發出者實爲伯宗,故此處爲蒙前省。

13.《國語・周語下》:"齊其有乎?"韋注:"言無也。""有"而言"無",也是相反爲訓,句意實爲否定。(卷三/三十九"反詰句相反爲訓例",頁60)

【按】"齊其有乎"實爲設問句,設問句實表否定,非反訓。韋注在釋句義,非釋詞義。徐氏誤斷。

14.《國語・周語下》:"高高下下,疏川導滯。"韋昭曰:"高高,封崇九山也;下下,陂障九澤也。"又,《吴語》:"高高下下,以罷民于姑蘇。"韋昭曰:"高,高起臺榭;下,下深汚池。"顧炎武説:"此語同而意則異。"(《日知録》卷二十七。)按這就是同一個句子,意義不同的例子。(卷三/四十"同句異義例",頁62)

【按】金口專門有《"高高下下"解》論文一篇,也認爲雖然同爲"高高下下",但是前後句因爲語境不同,故而語義也不一致。

15.《國語・周語上》:"然則長衆使民之道,非精不和,非忠不立,非禮不順,非信不行。"據《逸周書・度訓解》:"夫力竟非衆不尅,衆非和不聚,和非中不立,中非禮不慎,(順之假字。)禮非樂不履。"可見《周語》這段文字就猶如:"衆非精不和,精非忠不立,忠非禮不順,禮非信不行。"《周語》的原文,形式是等立的,而意思是層遞的。(卷四/四十五"數語似等而實遞例",頁71)

【按】　湛若水《格物通》卷五十引此並釋之曰："故君子使民，如承大祭，而不敢忽焉。精以和之，忠以立之，禮以順之，信以行之。夫然後得其心，而得其民，以之圖事，何事不濟哉。"①從語義上看，"不和"、"不立"、"不順"、"不行"的主語都是"長衆使民之道"，而非徐氏所謂"形式是等立的，而意思是層遞的"。

16.《周語下》："大昭小鳴，和之道也。和平則久，久固則純，純明則終，終復則衆，所以成政也。"韋昭《注》云："固，安也，可久則安，安則純也。終復，終則復奏，故樂也。"按韋氏讀"久則固，固則純；終則復，復則樂"。以此類推，原文就該這樣："和則平，平則久，久則固，固則純，純則明，明則終，終則復，復則樂"，共八個遞句。從這裏可以看出王引之訓"明"爲"成"，謂"純成則終"是不對的。"明"應與"皦"的意思相同。《論語》："孔子曰：'縱之純如也，皦如也，繹如也以成。'""皦"在"純"、"終"之間。何晏注："言其音節明也。"這裏作"明"，放在"純"、"終"之間，（終即成也。）與孔子論樂相合。王氏不瞭解這是層遞句，所以就弄錯了。（卷四/四十五"數語似等而實遞例"，頁71—72）

【按】　本段大約有兩點要重新討論：1.《國語》原文句式及其句法關係究竟是怎樣的。2. 韋注所釋是否就像徐氏所云。審前文單穆公曰："夫政象樂，樂從和，和從平。"則"平"是臻於"和"的一個重要條件，無"平"則無"和"。假如按照單穆公的説法延伸，則伶州鳩的話應該是"和從平則久，久從固則純，純從明則終，終從復則衆"。從語義和語法形式來看，"和平"、"久固"、"純明"、"終復"實皆小句，"平"、"固"、"明"、"復"是"和"、"久"、"純"、"終"的前提條件和應該達到的期望狀態，因此還不是徐氏所謂之"和則平，平則久，久則固，固則純，純則明，明則終，終則復，復則樂"。

---

① (明)湛若水：《格物通》，頁435上。

17.《晉語三》:“失刑亂政不威。”韋《注》曰:“失刑則政亂,政亂則威不行。”按“失刑、亂政”也似等立而實層遞。(卷四/四十五“數語似等而實遞例”,頁72)

【按】 多數點校本斷句爲“失刑亂政,不威”,因上下句也皆爲這種類型的句子。“不威”顯然爲狀中關係,韋注釋爲主謂關係,亦是以意逆志,非釋詞語的方式。“失刑”是“亂政”的一種狀態,又是“亂政”的前提條件,二者關係確實如徐氏所云在顯性層面上看似乎是等立的,但是之間確實是遞進關係。

18.《晉語四》:“可以戾也,今戾久矣,戾久將底,底著滯淫,誰能興之?”按此文,由上面三句類推,“底著滯淫”,謂“底久將著,著久將滯,滯久將淫。”(《魯語下》“逸則淫”,義與此同。)“底著滯淫”四詞,也好像是等立的,但實際上是層遞。《楚語下》:“夫民氣縱則底,底則滯,滯久而不振。”句型完全是層遞,可以爲證。(卷四/四十五“數語似等而實遞例”,頁72)

【按】 “底”、“著”、“滯”義同,“淫”、“久”義同。

19.……不僅《左傳》有這種情況,《國語》也有這種情況:《晉語》二卷,本記獻公事,而卷末云:“二十六年,獻公卒,秦公子縶對穆公曰,‘仁有置,武有置,仁置德,武置服,是故先置公子夷吾’,實爲惠公。”這是爲《晉語》三卷記惠公事而發端于前的作法。又《晉語》三卷,本記惠公事,而卷末云:“十五年,惠公卒,懷公立,秦乃召重耳于楚而納之。晉人殺懷公于高梁,而授重耳,實爲文公。”這又是爲《晉語四》記文公事而設下的鋪墊。

王引之曰:“《國語》雜記晉事,不皆以年之前後爲次。狐突杜門不出,事在前而文在後;伯氏不出,奚齊在廟,事在後而文在前。猶上文公將黜太子申生而立奚齊,亦事在後而先言之也。”(《經義述聞》卷二十。)(卷四/四十八“事在後而發端於前例”,頁76—77)

【按】　這是《國語》爲文重視鋪墊的地方。當然，這首先是由《晉語》前後叙事的連貫性所決定的。徐氏此處説法本王引之。

20.《國語·晉語二》卷末云："是故先置公子夷吾，實爲惠公。"這是卷末結語，用來開啓下文。但是又有"穆公問冀芮曰，'公子誰恃于晉？對曰……夷吾不佞，其誰能恃乎？'君子曰，善以微勸也"一條。按這條是冀芮勸秦穆公置惠公，這件事本在秦公子縶置惠公之前，而記者補記在後的。

又，《晉語四》卷末云："文公即位二年，欲用其民，子犯曰……于是乎遂伯。"按此卷記晉文公事，前及清原之蒐，在文公八年，而這裏追叙即位二年事，也是事在前面補記在後的。故韋昭曰："更言此者，述初也。"（卷四/四十九"事在前而補記於後例"，頁77）

【按】　《國語》重"言"不重"事"，而且每一章各自獨立，恐未必是補記。倒像是總結惠公所以得位、文公所以伯諸侯的根本原因所在。雖然前邊有"文置德，武置服"之類的話，但是晉惠公之得位、晉文公之伯諸侯，都因爲有大臣的佐助，前者即爲冀芮之言，後者則爲子犯之言。整部《晉語》不僅僅展示自獻公以來的晉國幾代君主以及相關臣子之事，就《晉語二》、《晉語三》、《晉語四》而言，主要是重耳和夷吾的比照。二者自出亡始，即時時處於相互比照的境地，二者出亡首至，二者大臣之謀等不同；冀甥、子犯在夷吾和重耳面對秦國大臣的弔唁和國内大臣的許諾時所做出的不同的反映；以及重耳、夷吾回到晉國之後和秦國之間關係的差别等等。凡此，皆在一一對照之中。

21.《晉語二》，優施曰："吾來里克，一日而已。"韋昭《解》："一日言其易也。"《晉語五》："其主朝升而暮戮其車。"韋昭《解》："朝暮喻速也。"這就説明不可拘泥虚時。（卷四/五十二"虚時不可拘泥例"，頁82）

【按】　"一日"也罷，"朝暮"也罷，都形容時間比較短暫。既然是比擬，則本體容有不同。

22.《左傳·僖公二十六年》：展喜對曰，昔周公太公"股肱周室，夾輔成王"，成王勞之而賜之盟曰："世世子孫，無相害也。"察《國語·魯語上》，展喜使乙對曰："昔者成王命我先君周公及齊先君太公曰，女股肱周室，以夾輔先王，賜女土地，質之以犧牲，世世子孫，無相害也。"按《左傳》根據《國語》而作，以《國語》證《左傳》，可知《左傳》"股肱周室，夾輔成王"（成當作先。）兩句，原是成王的盟辭，《左傳》故意提前，中插"成王曰"。（卷四/五十七"引語將某曰插在中間例"，頁97）

【按】　本條徐氏以《國語》證《左傳》。認爲《左傳》的一些材料采録自《國語》，是徐仁甫《左傳疏證》的觀點之一。

23.《國語·魯語上》："吾聞之'不厚其棟，不能任重'，重莫如國，棟莫如德。"按引語"棟"、"重"爲句末韻。申加語"重"、"棟"爲句首韻，"國"、"德"爲句末韻。讀者若不細加分辨，一概當作引古，就不對了。（卷四/五十九"引文于韻語之後自加韻語例"，頁100）

【按】　按照徐氏的理解，"不厚其棟，不能任重"兩句纔是所引古語，而"重莫如國，棟莫如德"是子叔聲伯在引用古語之後加上的話。今《國語》點校本、各種名言詞典率以四句皆爲古語。徐氏所言，發人所未發，可謂得間。

24.《史記·十二諸侯年表序》："于是譜十二諸侯自共和訖孔子，表見《春秋國語》，學者所譏盛衰大指著于篇。"康有爲《新學僞經考》卷三上云："《史記·五帝本紀、十二諸侯年表》，皆云《春秋》、《國語》。蓋史公僅采此二書，無《左氏傳》也。"按，《漢書·藝文志·春秋類》：《國語》二十一篇，左丘明著。加上"春秋"二字，即爲《春秋國語》。《藝文志》有書名冒下例，（見余《藝文志補注補正》。）

許慎《説文解字》、應劭《風俗通義》引《國語》皆稱《春秋國語》。説明《春秋國語》即《國語》一書,康氏誤讀爲兩書。(卷七/八十七"誤讀書名例",頁137)

【按】《釋名疏證補》云:"畢沅曰:《説文》引《國語》文,輒稱《春秋國語》,以《國語》爲《春秋》外傳故也。王啓原曰:《説文》及《風俗通》幷稱《春秋國語》,至《釋名》則言'又曰《外傳》',蓋漢時二名幷稱。《隋志》:《春秋外傳國語》二十卷,賈逵注。是《外傳》之名已舊,不得以《漢志》無《外傳》之名而疑之。惟其爲《春秋外傳》,故《蜀志·陳震傳》震即以《國語》爲《春秋》也。蘇輿曰:《漢書·律曆志》引《國語》少昊之衰、九黎亂德等語稱《春秋外傳》,此舊以《國語》爲《外傳》之證。又《論衡》云:《國語》,左氏之《外傳》也。《内傳》詞語有詳亦有略,故復選録《國語》之辭以補之。"①對於司馬遷"春秋國語"的看法,實際上也是"春秋"、"國語"的關係問題,即二者是並列關係還是所屬關係。(1)如看作並列關係,則"春秋"、"國語"爲二書名,"春秋"、"國語"是否即爲傳世之《春秋》、《國語》似仍值得討論;(2)如看作所屬關係,則"春秋"爲限定詞,"國語"爲中心詞。則只存在"國語"的定性問題,即此"國語"爲一書之名,抑或爲一種文類之總名。

由於"春秋"、"國語"定性不同,故標點斷句者則亦有異,大抵三種:(1)春秋國語;(2)春秋《國語》;(3)《春秋》、《國語》。尤以第3種爲最多。各種史學史、史料學著作頗及《史記·五帝本紀》之語,然於"春秋國語"則未專門討論,羅根澤《諸子考索》亦引《五帝本紀》、《報任安書》之説以爲"國語"之名較早出現之證。陳松青《〈史記〉所言"春秋國語"系指〈國語〉小考》②認爲《史記》所言"春秋國語"即爲《國語》,理由有三:(1)發明《五帝德》、《帝系姓》的是《國語》而非《春秋》;(2)《十二諸侯年表》是根據《國語》等書寫成,很難説是以《春秋》或《春秋左傳》爲最

① 王先謙:《釋名疏證補》,本卷頁14。

② 陳松青《〈史記〉所言"春秋國語"系指〈國語〉小考》,《婁底師專學報》1994年第1期,頁83—87。

後依據;(3)以《說文》、《風俗通義》爲例證漢人明言引自"春秋國語"的文字,皆見於《國語》,不見於《春秋》。如果陳氏之說成立,則"春秋國語"爲《國語》之又名,究其本始,當與《國語》一書所記絶大多數爲春秋時期之事有關,故"春秋國語"仍爲所屬關係,然爲一書之專稱而非一種文類之總名。從陳文所列三條論據而言,以第3條爲最能說明問題且無異議。第1條則梁啓超(1873—1929)《要籍解題及其讀法》已言之,謂:"似司馬遷所見而據爲資料者,只有一部《國語》。"①而其最終結論則仍舊康有爲(1858—1927)之論,謂《國語》、《左傳》本爲一書。至其《古書真僞及其年代》中則一改前說,又謂《國語》、《左傳》本爲二書,《左傳》非劉歆(B. C. 50—23)自《國語》中割裂出來者,且又據《墨子·明鬼篇》引魯春秋、燕春秋、齊春秋與宋春秋而謂:"可見,在孔子以前,周、晉、魯、燕、齊、宋諸國都有《春秋》。"②綜合各家,鄙意以爲,"春秋國語"初當爲類名,非專書之名,至少在司馬遷《史記》中是如此。至於劉向(?B. C. 77—B. C. 6)整理中府秘書之後,則《國語》當爲專書之名,而許慎(?58—147)、應劭稱之"春秋國語"者,襲舊名以爲專書名耳。

另外,《史記自序》和《報任安書》中的"左丘失明,厥有國語"一句,是目前所見《國語》作者的最早記録,也是後世學者以《國語》爲左丘明所纂輯的主要證據,還是後世以左丘爲復姓還是以左爲單姓之爭端所始。後世學者以《國語》、《左傳》關係紛紜複雜,莫衷一是者,此亦其肇其端緒。

又范曄《後漢書·班彪傳》記載班彪(3—35)略論云:"魯君子左丘明論集其文,作《左氏傳》三十篇。又撰異同,號曰《國語》二十一篇。由是乘、檮杌之事遂闇,而《左氏》、《國語》獨章……孝武之世,太史令司馬遷采《左氏》、《國語》,删《世本》……夫百家之書猶可法也,若《左氏》、《國語》、《世本》、《戰國策》、《楚漢春秋》、《太史公書》,今之所以知古,後

① 梁啓超撰,陳引馳編校:《梁啓超國學講録二種》,上海:華東師範大學出版社1997年版,頁54。

② 同上,頁241。

之所由觀前，聖人之耳目也。”①晉袁宏（？328—？376）《後漢紀》卷十三亦載班彪此文。班彪本段文字中談到了三個方面：一、《國語》的作者及其篇數；二，《國語》爲司馬遷的史料來源之一；三、《國語》等書和諸子之書不同，可藉以探究歷史演變的。班彪的這一思想爲韋昭《國語解叙》所繼承。

25. ……《晉語》“焉作轅田”、“焉作州兵”。《左傳·僖十五年》作“晉於是乎作爰田”，“晉於是乎作州兵”。可見這個“焉”當於是講。舊讀屬上，错了。（卷七/九十二“誤讀‘焉’字例”，頁142）

【按】 惠棟（1697—1758）《九經古義》卷十二云：“《外傳·晉語》曰‘焉作轅田’、‘焉作州兵’，皆訓爲‘於’，言於是始作轅田、州兵也。”②段玉裁《説文解字注》“焉”字注云：“自借爲詞助而本義廢矣。古多用‘焉’爲發聲，訓爲‘於’，亦訓爲‘於是’，如《周禮》‘焉使則介之’、《晉語》‘焉作爰田’、‘焉作州兵’。”③王念孫、王引之亦謂“焉”用於句首作“於是”。徐養原（1758—1825）、郭嵩燾（1818—1891）、郭慶藩（1844—1896）等頗從二王之説。今則以爲信論。徐氏之説可謂有自。

關修齡《國語略説》只出“作轅田”三字，可見關修齡所據《國語》以及關修齡個人都是把“焉”字屬上的。又王鐸批點本、道春點本二“焉”字皆屬上，千葉玄之本“焉作州兵”之“焉”屬上，“焉作轅田”之“焉”與前後皆不斷開。秦鼎本“焉”字則皆屬下。

26.《國語·越語》：“死生因天地之刑。天地形之，聖人因而成之。”“刑”與“形”同義。也因避複而改易了偏旁。説明不僅韻文這樣，散文也有這種情況。（卷八/一〇三“文因避複而變易偏旁例”，頁152—153）

---

① 宋人陳鑒編《東漢文鑒》著録班彪文名《明前支得失論》，“二十一篇”作“二十篇”。
② (清)惠棟：《九經古義》，《景印文淵閣四庫全書》第191册，頁468上。
③ (清)段玉裁：《説文解字注》，頁157下。

【按】《六韜·軍勢第二十六》即作“因天地之形”，王念孫《讀書雜誌·荀子第八》即因《六韜》、《越語》之異而言“刑即形也”。王引之《經義述聞》卷二一亦云：“形、刑古多通用。”①但是一個文段中上下用字不同，究竟是其他原因還是徐氏所云“因避複而改易了偏旁”，恐怕還需要進一步深入研究。

27. ……古籍中“乏”多誤爲“正”。《國語·楚語上》：“不知其以匱之（當作乏。）也。若君謂此臺美而爲之正。”按，“爲之正”，“正”字無義。“正”當作“反正爲乏”之“乏”。這是承上句匱乏爲言，言若君謂此臺美而爲之乏也。乏誤爲正，就講不通了。（卷八/一〇四“古籍中文字因形體相反而混例”，頁155）

【按】此句徐氏講得極通。王念孫《讀書雜誌·管子第十一》“正食”條亦論證《管子》“正”字爲“乏”字之誤，可以輔證徐氏之説。

28.《國語·魯語上》：“吾屬欲美之。”韋昭《解》：“屬，適也，適欲自美之，非先君意也。”吴曾祺曰，“屬”謂臣屬。蓋吾欲委過于下，故下云“無益于君”，“君”字也是對“臣下”言。（《國語韋解補正》）按，韋解“屬”爲虚詞，吴氏以實詞正之，是對的。

《魯語下》：“若欲犯法，則苟而賦，又何訪焉？”韋《解》：“苟，且也。”陳瑑曰，《説文》，苟，自急敕也。苟急聲相近，此傳當以苟急爲義。（《國語翼解》）按，“苟且”虚詞，“苟急”實詞，韋氏也誤實詞爲虚義。

《晉語二》：“吾使誰先若夫二公子而立之？”《韋解》：“若，之也，使之二公子擇所立也。”察《説文》，若，擇菜也。段玉裁《注》曰：“《晉語》秦穆公曰，夫晉國之亂，吾誰使先若夫二公子而立之，以爲朝夕之急？此謂使誰先擇二公子而立之。‘若’正訓‘擇’，擇菜引伸之義也。”汪遠孫《國語發正》引段説，俞樾《國語平議》亦訓“若”

---

① (清)王引之:《經義述聞》，本卷頁51。

爲“擇”。訓“若”爲“擇”，就是當作實詞的，韋氏誤爲虛義了。（卷八/一一二“實詞誤解爲虛義例”，頁167—168）

【按】“吾屬”如果作爲複數，“屬”字類於“儕”、“輩”、“倫”等。但是《魯語上》“吾屬”是魯莊公所説的話，則“吾屬”作複數解釋是不通的，故韋注所釋不誤。吴氏、徐氏誤解文本。

“苟”、“茍”形近易混。《説文·艸部》：“苟，艸也。從艸句聲。”《玉篇·艸部》：“苟，菜也。”《説文·茍部》：“茍，自急敕也。口猶慎言也。”《玉篇·茍部》：“茍，急也，自急敕也，亦作‘亟’。”①陳立《句溪雜著》卷五有《釋茍》一篇，如下：

《説文》：“茍，自急敕也。从羊省、从包省，从口，口猶慎也。”（段改爲从勹、口，勹口猶慎言也）从羊與義、善、美同意，凡茍之屬皆从茍。又：“敬，肅也。从攴、茍。”又：“葡，具也。从用茍省。”此字不見於經，惟《爾雅·釋詁》：“亟，速也。”《釋文》：“亟字又作茍，居力反。經典亦作棘。”通志堂本改作“急”，已誤以“茍”爲从草之“苟”改之矣。《説文》以“急”詁“茍”，雙聲爲訓。②

陳氏言“茍”、“急”義通者是，可見陳瑑的解釋更符合《國語》文義。

關於“若夫二公子”之“若”的歷代解説，拙稿《李慈銘〈讀國語簡端記〉補箋》等有詳説，可參。釋“若”爲“擇”字固當，但是徐氏認爲韋注釋“若”爲“之”是以實詞誤作虛義。實際上韋昭這裏所釋的“之”爲動詞義，非爲虛詞義，徐氏誤會韋注。

29.《國語·越語上》：“與其殺是人也，寧其得此國也？其孰利乎？”按，“與其”、“寧其”是比較問句，“其孰利”是選擇問句。一

---

① （漢）許慎：《説文解字》，頁26上、頁188上。（宋）陳彭年等：《宋本玉篇》，頁255、頁508。

② （清）陳立：《句溪雜著》，《續修四庫全書》第176册，頁595上。

般只能用一種問句，這兩種問句連用，意思就冗贅了，應刪。韋昭《注》，寧，安也。言戰而殺是萬人，與安而得越國，二者誰爲利乎？這樣既誤虛詞爲實詞，又混兩種問句爲一種問句，這就因爲不知道這是古人的語病，而隨意講解。（卷八/一一五“複語義贅而失刪例”，頁 174）

【按】　徐氏本條誤解《國語》本文。“與其……寧其……”格式爲選擇複句，且爲限選，“寧其”後面的結果或狀態爲説話者著力主張所在。“得此國也”後加問號固然可以，加逗號或者句號也是正確的。“其孰利乎”是反問句。“寧其”作爲一個選擇複句中限選項的固化結構存在没有問題，“寧”作爲連詞也無可非議。韋注釋“寧”爲“安”或有未當。然本處確非故人語病。

30.《國語・周語下》：“昭顯文德。”韋昭《解》：“文，文王也。”王念孫曰，此泛言周之文德，不專指文王。下文“宣三王之德”，就是證明。昭三十二年《左傳》：“昔成王合諸侯城周以爲東都，崇文德焉。”也是泛指周的文德。杜《注》云：“崇文王之德。”錯得和這一樣。（劉炫已辯之，見《經義述聞》卷二十。）

又，《周語下》：“引《詩》曰，昊天有成命，二后受之，成王不敢康。而釋之曰，是道成王之德也，成王能明文昭，能定武烈者也。……故曰成王。”韋昭《解》曰：“成其王功，非謂周成王身也。”鄭玄、賈逵、唐固的説法都一樣。但是賈誼《新書・禮容篇》云：“成王者武王之子，文王之孫也。”就誤認爲是成王誦了。又韋解“是道成王之德”云：“是詩道文武能成其王德。”宋儒反根據“是道成王之德”三句，把《昊天有成命》定爲祀成王的詩。都是誤泛言爲專指，我們不能不搞清楚。（卷八/一一六“誤泛言爲專指例”，頁 176）

【按】　今多本皆謂“昭顯文德”之“文”爲“周文王”。此處“文德”確實爲泛稱。今《漢語大詞典》收録“文德”詞條釋爲“禮樂教化，與武功相對”。

關於《周語下》"叔向説《昊天有成命》"篇，拙稿《〈國語·周語下〉〈新書·禮容語下〉比勘》有詳細辨析，可參。拙稿亦以爲賈誼把"成王"理解爲"成王誦"開啓後世以"成王"爲"成王誦"之先河。

結　語

綜上，徐仁甫《廣古書疑義舉例》一書共涉及到《國語》28處30條，今所辯證主要涉及兩個方面：(一) 徐説言有未盡者，補證徐説；(二) 徐説義有可商者，商榷之。發古書之疑義，勒而成書，自俞越《古書疑義舉例》始，此後劉師培、楊樹達、馬叙倫、姚維鋭(1899—1935)在俞氏基礎上皆有續補。徐仁甫《廣古書疑義舉例》則在俞氏基礎上進一步增廣，規模超邁前人，識見亦頗可謂爲深宏。唯所執不同，故所見間有可商，也屬正常。又徐氏爲近代著名經史專家，於典章制度、名物訓詁皆擅勝場，故能發前人未發，頗可得間。當然，由於徐氏志不在《國語》一書，故有些地方理解或未能得其肯棨，亦所在難免。

三、彭益林《〈周語〉、〈晉語〉校讀記》辯證

引　言

彭益林(1949年生)，筆名陳實，湖北省隨縣人。1979年考取華中師範學院(今華中師範大學)張舜徽的碩士研究生，畢業後留校任教。彭氏撰有論文十數篇，此外還與人合作編譯有《後漢書選譯》等。彭氏在20世紀80年代中發表了好幾篇關於《國語》方面的論文，在中國知網中搜索到的有：(1)《晉作轅田辨析》，《華中師院學報》1982年第1期，頁132—160；(2)《〈國語·晉語〉"女工妾"補證》，《晉陽學刊》1983年第2期，頁76—78；(3)《晉文公"請隧"辨正》，《晉陽學刊》1983年第5期，頁97—105；(4)《〈國語韋注〉試論》，《史學史研究》1984年第2期，頁20—24；(5)《〈國語·周語〉校讀記》，《華中師範大學學報》1985年第5期，頁97—103；(6)《〈國語·晉語〉校讀記》，《華中師範大學學

報》1986 年第 5 期，頁 53—90。前四篇應該算作專論，即對於《國語》或涉及到《國語》的某一方面問題進行專門論述。其前三篇，拙著《小學要籍引〈國語〉研究》、拙稿《〈白石六帖事類集〉引〈國語〉校證》、《〈周語〉匯校集解輯評》中已經采擷各家進行辨析。其第四篇是關於《國語》韋昭注的研究專論，在《國語》韋注專論研究方面也是比較早且比較系統的一篇。後兩篇則是彭氏對上海師範大學古籍整理組整理校點的《國語》進行校讀的札記。《〈周語〉校讀記》一共校讀 28 條，《〈晉語〉校讀記》一共校讀 22 條，總共 50 條。中國大陸地區《國語》校讀札記類的研究成果，從 20 世紀五六十年代金其源《讀書管見》、楊樹達《積微居讀書記》出版之後即絕跡，一直到了 20 餘年之後彭氏以及其他一些學者的相關文章出來，纔算又有了《國語》校讀類的研究成果問世。筆者在拙著《小學要籍引〈國語〉研究》結語部分曾經做了一個表格，以 10 年爲一個單位，進行《國語》研究成果的統計，1962 年之後至 1978 年之間的十幾年大陸没有一篇《國語》研究論文。20 世紀 80 年代以來的《國語》研究得益於上海師範大學古籍整理組點校本《國語》的出版發行，該書 1978 年發行，幾年内刊行數萬册，影響很大。後來的新譯新注以及各類點校本基本以這個本子作爲底本或者重要參考本。因此，也出現了專門針對上古本的校讀文章。彭氏的文章衹是諸多此類文章中的兩篇，當然也是比較全面的兩篇，就其整體而言，大體包括三方面内容：(一) 正韋注之失；(二) 今本標點或者字誤；(三) 今本體例貫徹未能始終。多能發微抉奥，足資參證者。其文每條之後標注上古本頁碼，上古本稱之爲“今本”，今一仍其舊，每條後標注在該文之頁碼。其《〈周語〉校讀記》得 10 條，《〈晉語〉校讀記》得 1 條，合共 11 條以爲辯證，以有益於《國語》之進一步研讀。

一、《〈周語〉校讀記》辯證

1. 先王耀德不觀兵。

韋注：有大罪惡然後致誅，不以小小示威武也。(第 1 頁)

謹案：“小小”似不詞也。王念孫據殘宋本校云：“小小作小事。”明嘉靖陸奎刻本，日本人秦鼎《國語定本》，中山大學圖書館藏

明刻本同。北圖藏宋刻元修本、今本、公序本(四部叢刊本)、四部備要本均作"小小",誤。當作"小事"於義爲長。(頁97)

【按】 張以仁《集證》云:"公序本"不以小小示威武也"作"不以小小而示威武",然"小小"同樣難以解釋。日本秦鼎《國語定本》作"小事",則意義明朗。秦鼎所據者亦公序本,有此不同而無隻字解説,歷來研讀是書者亦了無意見,殊難理解。"①觀道春點本字即作"小事",而金李本、張一鯤本、穆文熙本字仍作"小小"。詳見本書中編之六"張以仁《國語集證》(《周語》上、中二卷)辯證"以及拙稿《〈書目答問〉史部"國語類"補證:以現行三種匯補著作爲主》。

2. 商王帝辛,大惡於民

韋注:帝辛,紂名。(第2頁)

謹案:紂之名爲"辛",非"帝辛"也。《史記·殷本紀》云:"帝乙少子辛……辛立,是爲帝辛,天下謂之紂。"梁玉繩《志疑》云:"紂有二名,曰辛者,殷以生日名子也。"考之甲文,梁説是也。帝乙、帝甲……帝辛冠以"帝"者,蓋即位之王號,非其名也。準此,今本及明道本"帝"字當爲衍文,公序本、明嘉靖陸奎刻本及日人《國語定本》均無"帝"字,是其明證。(頁97)

【按】 公序本、明道本之不同,汪遠孫《考異》已經揭出。彭氏云明道本爲衍文者或是。

3. 夫先王之制,邦内甸服,邦外侯服,侯衛賓服,戎狄荒服。甸服者祭,侯服者祀,賓服者享,要服者貢,荒服者王。日祭,月祀,時享,歲貢,終王,先王之訓也。有不祭則修意,有不祀則修言,有不享則修文,有不貢則修名,有不王則修德,序成而有不至則修刑。(第4頁)

---

① 張以仁:《國語集證(周上、周中二卷)》,頁372。

謹案：今本標點可商。"先王之訓也"不當上屬，此乃啓下文之語，與上文"夫先王之制"例同。不然，以"夫先王之制"發端，以"先王之制也"結尾，則重複冗雜矣。《史記·周本紀》載此，當即太史公轉録《國語》文，而顧頡剛先生標點爲："夫先王之制……日祭、月祀、時享、歲貢、終王。先王之順祀(即《國語》"先王之訓也")，有不祭則脩意……"以"先王之順祀也"下屬，至確。(頁97—98)

【按】　審王鍔批校本，"先王之訓也"屬上不屬下。葉玉麟、傅庚生也屬上，"夫先王之制"下施冒號，"先王之訓也"下施句號。秦同培注譯本雖衹點斷，就其譯文來看，則與葉、傅同。是上古本之所本，而爲後之點校本所從。

審楊鍾賢等、吴兆基等《史記·周本紀》亦從中華點校本《史記》"先王之順祀也"屬下，楊鍾賢等並以"祀"爲衍文。

就《國語》本文而言，先以"先王之制"開端，而以"先王之訓也"結尾，正首尾呼應，並不嫌重複。《周本紀》之"先王之順祀也"亦當上屬，不當屬下。"日"、"月"、"時"、"歲"、"終"，是所以言"順"也，時間詞後所跟動詞，是所謂"祀"，故《周本紀》"先王之順祀也"亦爲總結上文，非爲引起下文者。彭氏之説未允。

4. 韋注：其見也，必以所貢助祭於廟。(第5頁)

謹案："必以"，明嘉靖陸奎刻本作"皆以"，公序本同。作"皆"是也。上注包舉甸圻、男圻、采圻、衛圻，下引《孝經》所謂"四海之内，各以其來祭"，是其證。(頁98)

【按】　汪遠孫《考異》已揭出公序本字作"皆"。遞修本韋注字作"必"，許宗魯本、金李本、《國語評苑》、道春點本、詩禮堂本、文淵閣本、文津閣本、千葉玄之本、秦鼎本、董增齡本字作"皆"。遞修本與經筵校本、明道本及其覆刻本同。又"於"字，詩禮堂本、薈要本、文淵閣本、文津閣本、董增齡本作"于"。董增齡本"以所"作"所以"。"必"和"皆"雖皆爲副詞，然所表語法意義並不相同，"必"表示對謂語動詞所標示行爲的確定性推測，而“皆”則爲範圍副詞，二者命義不同。審上注實亦隨文引之，未必即全然包舉，所引《孝經》實亦强調行爲，非强調“各”也。

5. 韋注：月祀於曾高也。（第 6 頁）

謹案：“曾高”，各本同；唯《文獻通考》卷九六引作“高曾”，朱熹所引與《通考》同。今録之備考異。（頁 98）

【按】“曾高”者協於句法之韻律，“高曾”者合於所指之順序。《國語》各本即作“曾高”，自以從《國語》本文爲是。

6. 夫獸三爲群，人三爲衆，女三爲粲。（第 8 頁）

韋注：粲，美貌也。

謹案：韋注可商。此處“粲”字，依文意及句式，有衆多之義，如韋注則不倫矣。《史記·周本紀》轉録《周語》此文，張守節《正義》摒韋注而用曹大家説云：“群、衆、粲，皆多之名也。”至確。劉向《列女傳》義亦同。此皆漢人舊訓。韋注蓋涉下傳文“夫粲，美之物也。衆以美物歸女（你）”而至，而未深究“粲，美也”爲“衆”字之引申義。如《詩·羔裘》：“三英粲兮。”鄭《箋》云：“粲，衆意。”孔《疏》云：“《周語》稱‘三女爲粲’，是粲爲衆意。”馬瑞辰《毛詩傳箋通釋》：“三英之美爲粲，與三女之美爲粲義同。三女爲粲，猶人之成衆，箋訓爲衆也。”即以美爲衆之引申義。揚雄《太玄》：“美厥尋根。”注：“美，茂也。”茂亦枝繁也，葉大也，即衆也。故草木茂盛爲“茂美”，美爲引申義也，派生義也。皆足證美爲衆之引申義。故韋注“粲，美也”大乖於原文之意矣。（頁 98）

【按】賈注即云：“粲，亦美貌。”則韋注本賈。訓“粲”爲“美”不誤，唯釋其屬性義，未釋其特徵義，所釋未能完整。詳見拙稿《試説“三女爲粲”之“粲”本字爲“姦”》及拙著《小學要籍引〈國語〉研究》。

7. 韋注：言德小而物、終取之必以亡。（第 9 頁）

謹案：今本標點可商。“終取之”當自爲句，即“終取之，必以

亡"。此句是謂：德小而有其不當備有之物，卒取之，必因此而亡也。（頁98）

【按】 審上古本文作："言德小而物備，終取之必以亡。"《國語》各刻本同，彭氏當引脱。彭氏言"終取之"當自爲句者是。

8. 韋注：鬯人掌祼器。（第18頁）

謹案：今本"祼"字乃"裸"字之訛。傳文"王祼鬯"，韋下注均爲"祼"，不誤。諸本皆作"祼"，是。（頁99）

【按】 此因"礻"、"衤"形近，而"祼"字不常見，故誤爲"裸"字。諸刻本中唯道春點本、千葉玄之本凡從"礻"之字多誤作從"衤"，此處亦誤。

9. 考中度衷以涖之。（第35頁）

謹案："涖"，明道本作"莅"，注同。《考異》云："莅俗。"故今本據公序本改。然下文"太宰莅之"（第41頁）"則皆官正莅事"及韋注，（第71頁）"使奚齊莅事"及韋注（第265頁），"死又不敢涖喪以重其罪"及注，均未改。此皆今本爲例不純也。（頁100）

【按】 審上古本凡改從公序本之處，皆引《考異》爲説。此處未引《考異》，或亦未必據公序本而改。公序本、明道本皆存在同字異形現象。今檢博古齋覆黄刊明道本，同字異形同現或異字同義同用者有：

晳——晢、對——對、參——叅、迫——廹、稻——稲、穀——榖（穀）、凶——㐫、俱——倶、椒——椒、軍——軍、寢——寑——寖、策——筞——筞、蔑——篾、發——癹、獸——獣、嫡——適、差——𢀩、孽——孼、譬——辟、微——徴、隙——隟、諫——諌、句——勾、內——納、豺——犲、久——乆、隱——隠、雋——儁、規——䂓、收——収、校——挍、藏——藏、間——閒、伯——佰、蒙——蒙、勢——势、薛——薛、柏——栢、抑——抑、榮——栄、富——冨、頃——頃、謁——謁、彊——彊、陶——陶、叔——叔、恐——恐、歿——没、賴——頼、御——禦、喻——諭、捷——捷、賁——贲、笑——笑、麻——曆、麻——歷、晉——晋、鼓——鼓、突——突、蒲——蒲、踈——疏(蹠)、分——兮、巡——廵、繇——繇、唯——唯、裔——裔、仇——讎、雙——雙、景——㬌、肉——宍、冒——冐、濵——濵、攘——攘、整——整、擔——檐、明——眀、尼——尼

這是對博古齋覆刻黄刊明道本魯語下及其以後各語的統計，這種同字異形同現或異字同義同用現象在遞修本、金李本以及《國語》的其他刻本中也同樣存在，尤其遞修本更多一些，詳見拙著《〈國語補音〉異文研究》。相信在其他傳世刻本文獻中也存在這種現象。當然，就印刷本而言，確實應該字求一律，上古本也確實没有做到字形一律，仍然保留了黄刊明道本及其覆刻本的一些用字特徵。

10. 晉文公既定襄王于郟，王勞之以地，辭，請隧焉。(第 54 頁)

謹案：晉文公請隧，自漢以來有“周禮隧道説”、“周禮六隧説”等。余曾據先秦墓葬制度及考古學發掘報告駁“隧道説”，認爲請隧實質當以韋昭“留隧説”近是，並申説之。詳見《晉陽學刊》一九八三年五期。(頁 100)

【按】 關於“請隧”的文章，先儒多從賈、杜。目前所見關於“請隧”論文有 6 篇，唯許子濱《〈左傳〉“請隧”解》辨析云：“楊伯峻謂‘隨葬與六遂，兩義一貫’，此説實承章炳麟之説而來。章氏因爲看到《遂師》的職分，關涉王之葬禮，於是就説‘六遂之遂，取名于葬之遂’。這種糅合‘六遂’與‘葬隧’的做法，並非章氏獨創。其實，陳瑑《國語翼解》在這方面也作出了嘗試，按照他的想法，晉文公的原意是想在六遂之地修築一條通向墓穴的道路，方便六遂之民挽引載柩之車。這種説法殊爲牽强。章氏之説雖較陳瑑細密，但同樣不能成立。韋昭之説，後世研究《國語》

者大多不以爲然,孫詒讓試圖以《韓非子》之異文證成韋説,誤。董增齡之議極爲明辨,足砭韋氏之弊。近年,彭益林重申晉文公'請隧'爲六隧之説,只要仔細分析他所提出的論據,不難看出,那些論點都没多大的説服力。'六遂説'不可信。而前人的'墓隧説'也有重新探討的必要。以'隧'爲'墓隧'之説,始見於賈誼的著作。這種説法在漢儒之間廣泛流傳,如賈逵、唐固、虞翻等人就有同樣的意見。可是,這些人都只説'開地通路曰隧',至於這種墓道的具體現象,則付闕如。後來杜預注云:'闕地通路曰隧,王之葬禮也。諸侯皆縣柩而下。'杜氏第一次區分了王與諸侯葬禮。杜預除了重申墓隧是天子獨有的葬禮外,又説明了諸侯下葬的方法。從"縣柩而下"可見,杜氏認爲諸侯葬禮是不築墓道,而是把棺柩直接放入墓穴。章太炎、楊伯峻所提出的'隧葬與六遂兩義一貫'之説實難以成立,至若釋'遂'爲'六遂'亦不可信。故筆者認爲,此三説中,僅'隧葬'之説可從,'請隧'即請用王之葬禮"①。是許氏仍從王葬禮之説。其他則皆另立新説。鄙意以從賈説爲近故實。

二、《〈晉語〉校讀記》辯證

11. 韋注:曲沃甚疆。(第251頁)

謹案:疆當作彊。下文云"昭侯微弱",上"强"下"弱",正爲對文。諸本及今本(1978年第一次印刷本)均作"彊",並其證。今本1982年印刷本誤作"疆",當據改。(頁53)

【按】 審上古本"甚"作"盛",是彭文録文有誤。就本處而言,遞修本、經筵校本、許宗魯本、金李本、張一鯤本、穆文熙本、薈要本、文淵閣本、文津閣本、道春點本、千葉玄之本、黄刊明道本及其覆刻本、秦鼎本、緑蔭堂本、董增齡本、寶善堂本、《四部備要》本、《叢書集成初編》本、《補正》、《國語集解》作"彊",上古本1988年3月第1版、1998年3月第1版字亦作"疆"。是《國語》之刻本字皆作"彊"。《國語》"疆"、"彊"混用

① 許子濱:《〈左傳〉"請隧"解》,見載於單周堯、陸鏡光主編《語言文字學研究》,北京:中國社會科學出版社2005年版,頁81—89。

現象比較常見，而且二字本可通用，拙著《〈國語補音〉異文研究》有辨，可參①。《春秋左傳異文釋》卷二："莊廿八年《傳》'鬬御疆'，《石經》作彊。"②《爾雅・釋詁下》："疆，垂也。"郝懿行《義疏》云："疆又通作彊。《賈子・審微篇》云：'啓彊辟彊，天子之號也。''彊'即'疆'字。《史記・越世家》云'越王無彊'，《越絶書》作'無疆'。"③因字本作"畺"，"弓"、"土"形符，二字同源。

結　語

所辯證11條，主要包括兩方面：（一）彭益林主要針對上古本進行校讀，雖參校刻本，然多有未盡周全之處，故於其所校讀，多徵引刻本予以補證；（二）彭益林於校讀之外，亦於典章制度等多有考校，雖未必爲信論，要亦爲一家之言。今復徵引多家以補證之。以傳統考據之法對經傳典籍進行考辨，一直是中國歷來經史考據的一個重要方面。由於時代的影響，這一學術風尚在中國大陸的一定時期幾乎堙没，在《國語》這部典籍方面則表現得尤爲明顯。徐仁甫《晉語辨正》以及彭益林《周語》、《晉語》的校讀論作，無疑對以傳統考據方法研究《國語》起了某種引領作用。徐仁甫、彭益林之後，一定數量的學者也以傳統考據方法方式對《國語》進行具體考辨，推動了《國語》具體問題研究的深入。

四、俞志慧《國語韋昭注辨正》辯證

引　言

俞志慧（1963年生），浙江新昌人，紹興文理學院人文學院教授，主要從事先秦兩漢文學與文獻研究，撰作論文數十篇，並有《古語有之：先

① 拙著《〈國語補音〉異文研究》，頁269—272、頁299—300。

②（清）李富孫：《春秋三傳異文釋》，《續修四庫全書》第144册，頁412上。

③（清）郝懿行：《爾雅義疏》，頁243。

秦思想的一種背景與資源》、《君子儒與詩教：先秦儒家文學思想考論》、《國語韋昭注辨正》等書出版。20世紀後半葉的《國語》研究，以樸學方法爲之者不多，成專書者就更少。“中央研究院”歷史語言所張以仁可謂一枝獨秀，有《〈國語〉斠證》、《〈國語〉虚詞集釋》等《國語》研究專著傳世。近則有靖江蕭旭爲《〈國語〉校補》①10餘萬字，收入其《群書校補》中，於《國語》、韋注頗多精義；又有南京師範大學泰州學院戎輝兵的博士論文《〈國語集解〉訂補》②用力亦勤。俞志慧的《〈國語〉韋昭注辨正》先以單篇論文發表於《古籍整理研究學刊》、《齊魯學刊》、《長江學術》、《淮陰工學院學報》、《勵耘學刊》、《文史雜誌》、《紹興文理學院學報》、《語文知識》等海内外刊物上，後集成一帙，由北京中華書局於2009年出版③。該書辨正《國語》及韋注凡339條，其中包括《周語上》25條，《周語中》、《晉語一》各20條，《周語下》19條，《魯語上》、《魯語下》、《晉語三》、《晉語五》各13條，《齊語》27條，《晉語二》18條，《晉語四》24條，《晉語六》17條，《晉語七》7條，《晉語八》22條，《晉語九》、《楚語下》各14條，《鄭語》、《楚語上》、《越語下》各12條，《吴語》16條，《越語上》8條。既有樸學的方法，又旁采出土及傳世文獻、前哲時賢的既有成果，精思覃構，考辨精微，信然佳作，誠《國語》之功臣，韋昭之諍友。其書内容大致包括這樣幾個方面：(1) 辨明文字正誤通借；(2) 辨明語義訓詁；(3) 辨正史實。然其間魯魚豕亥固所難免，見仁見智或言猶未盡者亦偶有見，乃不揣淺陋，擷得30條，略爲辯證，以有益於《國語》之進一步整理與研究。

---

① 蕭旭的《〈國語〉校補》一文分爲三部分分别發表在韓國忠州大學東亞文獻研究所的《東亞文獻研究》第1、第2和第5輯，後結集收入其《群書校補》一書中。

② 戎輝兵的博士論文部分成果已經發表，爲：《〈國語集解〉訂補(〈楚語〉部分)》，《古籍整理研究學刊》2009年第3期；《〈國語集解〉訂補(〈越語〉部分)》，《文教資料》2009年第18期；《〈國語集解〉訂補(〈魯語〉部分)，《古文獻研究集刊》第3輯；《〈國語〉流布、研究及版本概述》，《唐山師範學院學報》2009年第6期；《〈國語集解〉訂補(〈周語〉部分)》，《東亞文獻研究》第5輯。其博士論文《〈國語集解〉訂補》已由新北花木蘭文化出版社2013年出版。

③ 俞志慧：《〈國語〉韋昭注辨正》，北京：中華書局2009年12月版。

1.《周語上》"荒服　終王"條俞云:"珤,秦鼎本同,明道本作'寶',珤,古'寶'字。"(頁 2)

【按】 此説無據。"珤"字晚出,不當爲"寶"之古字,《古文字詁林》所録甲骨文、金文字形中皆有"宀"形,"王"右亦非"缶"字,《包山楚簡文字編》中始有構字部件爲"缶"字之"寶",至《汗簡》始收"珤"字並云:"並見《尚書》。"①《説文·宀部》云:"寶,珍也,從宀,從王(玉),從貝,缶聲。𡧖,古文寶,省貝。"②所引各家云"寶"字有多種省寫形式,卻未見收録"珤"字之省寫形式。或後世爲了書寫方便,減省筆劃而改作者。

2.《周語上》"及藉,後稷監之"條俞云:"知'耤'、'藉'爲本字,'籍'爲借字。公序本多用本字,明道本多用借字,本字作'藉'者,明道本每改用'籍'。"(頁 11)

【按】 "公序本多用本字,明道本多用借字"之説與前言"公序本多存借字,明道本多改從本字"(俞著頁 64 亦言此)之説相違。漢字發展到宋代,各種字形基本齊備,若非作者有意爲之,一般不會存在本字與借字的問題,且所用借字只是承擔記音的功能,當比本字更爲簡便易寫,不當字形更加複雜,另外就是這種同音替代現象應該不多見纔對,不可能俯拾皆是,可這種現象在古刻本中常常存在。《國語》中"藉"、"籍"的换用更主要原因在於公序本和明道本刻工的用字習慣。"艸"部與"竹"部形近,由於"竹"是"一種多年生的禾本科木質常緑植物",與草本相類,古人多以爲草,如《説文·竹部》:"竹,冬生草也。"③《集韻·屋韻》:"竹,萹竹,草名。"④而《爾雅》則直接把"竹"字收在《釋草》一篇中。

---

① 李圃主編:《古文字詁林》第 6 册,頁 808。
② (漢)許慎:《説文解字》,頁 151 上。
③ (漢)許慎:《説文解字》,頁 95 上。
④ (宋)丁度等:《集韻》,頁 644。

又王筠云:"竹、艸二篆,顛倒即是,故謂之艸。"①故古籍中從"竹"與從"艸"之同聲符字形符亦多混同,如"著"與"箸"、"答"與"荅"、"纂"與"纂"、"萐"與"篓"、"簿"與"薄"、"萁"與"箕"、"篾"與"蔑"、"簕"與"葎"等,尤其在宋刻中更是如此,當是刻工習慣所致,未必是"借字"與"本字"之别。今天我們俗常寫字,還會寫"答"爲"荅"、寫"篇"爲"萹",即在於"艸"、"竹"義相類、形近似,在行文中不會出現混淆之故。

3.《周語上》"田於圃"韋注:"《周春秋》曰:宣王殺杜伯而無辜,後二年……"俞云:"無辜,秦鼎本同,明道本作'不辜',宋元遞修本此處同明道本。後二年,秦鼎本同,明道本及《集解》作'後三年',《墨子·明鬼下》亦作'三年',不知何者爲是。"(頁17)

【按】《法苑珠林》卷六七引《墨子》亦作"不辜"。本句中"無辜"的"無"是"有無"之"無",非"勿"字之借,因爲"勿"作爲否定副詞本身具有比較强烈的祈使語氣,與本句語氣不諧。就整個句子看,宣王既是"殺杜伯"的主動者,也是"不辜"的主動者,"不辜"和"殺杜伯"作"宣王"的聯合謂語,則"辜"在本句當中是動詞用法,所謂"不辜"就是"不定杜伯的罪",也就使杜伯死得不明不白。《説苑·立節篇》云:"宣王將殺杜伯而非其罪也。"恰與《周語》本句句式相同,"非其罪"即"不辜"。公序本之"無"字不如明道本"不"字更能確切表達文義。向宗魯(1895—1941)《説苑校證》引顔之推《還冤志》引《周春秋》則無《國語》本句②。

4.《周語上》"爽德"條俞云:"爽,亡也,秦鼎本同,明道本、《補正》、《正義》、《集解》作'爽,貳也',宋元遞修本則作'二也',三説於文義與訓詁皆無不合,不妨並存之。"(頁18)

【按】"爽"與"亡"同在陽部,"二"、"貳"音同義近,《禮記·王制》

---

① (清)王筠:《説文句讀》卷九,《續修四庫全書》第217册,頁235。
② 向宗魯:《説苑校證》,北京:中華書局1987年版,頁92。

“喪不貳事”鄭玄注:“貳之爲言二也。”①《詩·大雅·大明》“無貳爾心”王先謙(1842—1917)《三家詩義集疏》:“《齊》‘貳’亦作二。”②又趙翼(1727—1814)《陔餘叢考》卷三〇“數目多用筆字”條云:“《孟子》‘市賈不貳’趙岐云:‘無二價也。’本文用大貳字,注用小二字。二與貳通也。”③則“爽,貳也”、“爽,二也”也實爲一説,與“爽,亡也”爲二説,非三説也。《晉語一》第1條“一”與“壹”之例亦同於“貳”、“二”之例。

5.《周語上》“奉禮義成”條俞云:“韋昭釋爲‘訓也’,則‘導’爲本字,‘道’爲借字,或古本作借字,明道本改從本字。”(頁20)

【按】 又俞著《晉語八》“行權”條云:“三‘道’字,明道本皆作‘導’,二字古代常相假借。”(俞著頁185)亦誤。《説文·辵部》:“道,所行道也。”④此是“道”之本義,進一步引申爲抽象義,《書·大禹謨》“反道敗德”孔疏云:“道,物所由之路也。”⑤由“物所由之路”謂之“道”引申“道”即“由”,《禮記·禮器》“禮不虚道”鄭玄注:“道,由也。”⑥唯有循路而行纔可稱作“由”,故“道”亦可訓作“順”,王引之《經義述聞》卷二一“道逆”條云:“道,猶順也。”⑦郭沫若(1892—1978)等《管子集校》引丁士涵(1828—1890)云:“道,順也,從也。”⑧俞樾《群經平議》卷二六“公薨於路寢言道也”條云:“道與順同義。”⑨“順釋而教之”即爲“訓”,《荀子·大略篇》“所以道之也”楊注:“道,謂教道之也。”⑩“教導道”即“訓”之

---

① (清)阮元校刻:《十三經注疏》,頁1334下。
② 王先謙撰,吴格點校:《詩三家義集疏》,北京:中華書局1987年版,頁832。
③ (清)趙翼:《陔餘叢考》,上海:商務印書館1957年版,頁617。
④ (漢)許慎:《説文解字》,頁42上。
⑤ (清)阮元校刻:《十三經注疏》,頁137上。
⑥ (清)阮元校刻:《十三經注疏》,頁1442下。
⑦ (清)王引之:《經義述聞》,本卷頁26。
⑧ 郭沫若:《管子集校》,北京:科學出版社1956年版,頁759。
⑨ (清)俞樾:《群經平議》,頁420上。
⑩ (戰國)荀卿著,(唐)楊倞注:《荀子》,盧文弨《抱經堂叢書》本,本卷頁9。

義。因此"訓"本"道"本義之引申。故"道"爲本字,"導"爲後起分化字,二字實是古今字之關系,非本字與借字之關系。

6.《周語中》"内利外利"條俞云:"辟,明道本系列及秦鼎本作'僻',二字古通。"(頁23)

【按】 二字確實古通,因"辟"與"僻"本古今字關係,故陸德明《經典釋文》卷二七云:"僻,本又作辟。"①"僻"是"辟"的後起分化字。其意義之引申關係錢穆(1895—1990)解之最有味②。

7.《周語下》"十五王"條俞云:"世修其德,公序本同,明道本系列作'循',二字形體相類,義亦可通,典籍多互用。"(頁44)

【按】 實際上典籍中"修"、"脩"常混用,《説文·肉部》"脩,脯也"段注云:"經傳多假借脩爲修治字。"③在公序本與明道本中亦經常見二字混用之例,如本書下一條即云"修,明道本同,宋元遞修本作'脩'"(俞著頁45)者即是。實際上"脩"(《説文》篆書作"")與"循"(《説文》篆書作"")形相近。"循"訓"順"、"從"、"行"、"因"等義,而"修"訓"飾"、"治"、"設"、"爲"等義,二者詞義之間差别還是比較大的,云"義亦可通"未爲允妥。

8.《周語下》"天地所胙,小而後國"條俞云:"韋注'小則得國,大則得天下'與原文'小而後國'文義不甚密合,疑今本原文有脱

---

① (唐)陸德明:《經典釋文》,頁1460。

② 錢穆《師友雜憶》云:"一夕深夜,月光照床而醒。一足觸帳外牆壁,忽念臂與壁皆形聲字,辟屬聲,但臂在身旁壁在室旁,凡辟聲皆有旁義,如避乃走避一旁,璧乃玉懸身旁,嬖乃女侍在旁,譬乃以旁言喻正義,癖乃旁疾非正病,躄,乃兩足不正常,分開兩旁,盤散而行,劈乃刀劈物分兩旁。如是凡辟聲皆有義,此即宋人所謂右文也。"見北京三聯書店2005年版,頁89。

③ (清)段玉裁:《説文解字注》,頁174上。

誤。惟各本皆然，文獻不足征，姑且存疑。”（頁 40）

【按】 “疑今本原文有脱誤”固有道理，當然也可以做另外一種推測，即“後”字或是“得”字之訛，因二字篆書字形“後”、“得”頗爲相近①。又，在漢籍全文數據庫（第 2 版）先秦部分中輸入“得國”，得 27 篇 40 次，《國語》本文“得國”結構即 8 見，輸入“後國”，得 4 篇 4 次，而此 4 次往往是“而後”結構，屬於時間詞，“後”與“國”並無語義上的關聯，此或亦可以爲“後”是“得”字之形訛做一注脚。

9.《周語下》“魁陵”條俞云：“生之良材，公序本系列同，明道本系列及《集解》‘之’作‘是’，《考異》以爲‘古是、之通用’，張以仁《斠證》‘疑之乃是之壞字’，壞字之説不敢必，從文法上論，似以作‘是’者爲優。”（頁 48）

【按】 從整個小句結構上看，是“謂語動詞＋近指代詞＋賓語”的形式，“文法上論”者，“是”和“之”亦並可通，因“是”、“之”皆可作近指代詞。“之”的用例如“鄭人醢之三人也”（《左傳・襄公十五年》）、“公行之計，是其於主也至忠矣”（《戰國策・韓策三》）、“均之二策，寧許以負秦曲”（《史記・廉頗藺相如列傳》）②等句，這幾個句子中的“之”字語法功能與“生是良材”句中的“是”字的語法功能完全相同，張以仁“壞字”之説未必是，“以作‘是’爲優”之説似亦缺乏足够根據。

10.《魯語上》“五年四王一相朝”條俞云：“班，明道本作‘斑’，‘班’正字，‘斑’借字。”（頁 50）

【按】 “斑”當是“班”的訛字，未必就是“借”字，或系刻工之誤。如

① 説詳見拙著《〈國語〉動詞管窺》，頁 213。

② 例句采自中國社會科學院語言研究所古代漢語研究室編：《古代漢語虚詞詞典》，頁 837—838。

《唐碑俗字録》即載《邢德弼墓誌》把"班"字寫作"玜"①，另《中華字海》引齊《高獻國妃墓志》"班"字寫作"玟"②，凡此皆和"斑"字字形已極爲相似，訛作"斑"字當有可能。傳世文獻在傳抄刊刻過程中，其用字比較複雜，有正字和借字、俗字的現象，也有本字與通假字的現象，這些都是建立在古書用字基本認識和文字學基礎上的提法，不爲無據。但是還要考慮到刻工的文化素養與當時時代的一些用字習慣。就"班"字和"斑"字的意義和用法而言，二者之間發生混用或者通借的幾率應該比較低。

11.《魯語上》"成命百物　三辰"條俞云："治曆，明道本作'治歴'，'曆'爲本字，'歴'爲借字，乾隆(1736—1795)以後，因避皇上名諱始合'曆'爲'歴'。"(頁 52)

【按】 此説未可信。凡靜態者以"曆"，動作或者動態者字爲"歴"，金文明③則認爲先秦有"歴"無"曆"，東漢末年"曆"字纔開始出現。《説文・止部》："歴，過也。"《玉篇・止部》："歴，歴遠也。"《説文新附・日部》："曆，厤象也。"《玉篇・日部》："曆，象星辰分節序四時之逆從也。"④"曆"字在字書中的出現時間確實比較靠後，而且二字在表意上是有區别的，非本字與借字之别。遞修本《國語補音》"注治曆"之"曆"，文淵閣四庫本《補音》、尊經書院本《補音》作"歴"，湖北遺書本《補音》作"歴"。今審《國語》各本中，遞修本、經筵校本、許宗魯本、金李本、張一鯤本、詩禮堂本、道春點本、千葉玄之本、緑蔭堂本、秦鼎本、高木本、《國語集解》字作"曆"，文津閣本、董增齡本、寶善堂本、《補正》作"歴"，薈要

① 吴大敏編、吴鋼輯：《唐碑俗字録》，西安：三秦出版社 2004 年版，頁 117。

② 冷玉龍編：《中華字海》，北京：中華書局 1996 年版，頁 725a 欄。

③ 金文明：《"歴"、"曆"二字分合源流考》，《中華文化論叢》2009 年第 1 期，頁 365—373。

④ 分别見於(漢)許慎：《説文解字》，頁 38 上、頁 140 上。(宋)陳彭年等：《宋本玉篇》，頁 200、頁 374。

本、文淵閣本、崇文本、《叢書集成初編》本、《詳注》字作"歷",黄刊明道本、蜚英館本、博古齋本、錦章書局本、鴻寶齋本、掃葉山房本、《四部備要》本、上古本字作"厤"。緑蔭堂本是清同、光間刊本,字則作"曆"不作"歷",説明清代雖然也避弘曆偏諱①,但並没有嚴格到二字相合的地步,二字的區别還在一些刻本中保留。韋注所云"治歷明時"之言本出《易·革卦》"象曰",古今注疏多言"治歷"之"歷"爲"曆法",亦訓爲"歷數"。若訓爲"曆法",則字當從"日",若訓爲"歷數",則字當從"止",是四庫本《補音》、遺書本《補音》以《易》之文改《補音》。

12.《魯語上》"君人者其威大"條俞云:"韋注'其威大矣',公序本系列同,明道本作'其威大也',試玩本句語氣,有判斷而無感歎,故當以明道本爲是,疑公序本襲正文感歎語氣而誤。"(頁61)

【按】 這裏面存在如何句讀的問題,如果我們把公序本韋注句讀爲:"君,天也,故'其威大矣'。"則"其威大矣"不過是韋昭複述《國語》本文之辭,於理可通,不必以公序本韋注爲誤。

13.《齊語》"業用"條俞云:"'業'、'嚴'古音同在疑母,或爲同聲假借。"(頁89)

【按】 蕭旭《〈國語〉校補》引明人劉績《管子補注》曰:"業、嚴,皆敬也。"《廣韻·業韻》云:"業,敬也,嚴也。"②《詩·商頌·殷武》"下民有嚴"毛《傳》云:"嚴,敬也。"③《國語·楚語下》:"無有嚴儀"韋昭注:"嚴,敬也。"義既相通,不煩假借。

---

① 王彦坤《歷代避諱字匯典》引《諱字譜》述説清代避乾隆皇帝偏諱的情況,見該著第399條,鄭州:中州古籍出版社1997年版,頁276。

② (宋)陳彭年等:《宋本廣韻》,頁525。

③ (清)阮元校刻:《十三經注疏》,頁628中。

14.《齊語》"辟耳之溪拘夏"條俞云:"縣,秦鼎本同,明道本作'懸',係改借字爲本字。"(頁 97)

【按】 "縣"、"懸"實古今字關係,非本字與借字之關係。作者在《晉語一》"使申生處曲沃以速縣"條云:"正文與韋注之'縣',明道本、《補正》皆作'懸','縣'爲初文,'懸'爲後起字。"(俞著頁 110)又《晉語九》"紡"條韋注:"紡,縣也。"俞云:"縣,公序本同,明道本作'懸',縣、懸爲古今字,公序本多用初文,明道本多用後起字,此其一例。"(俞著頁 199)這兩處所言"縣"、"懸"之關係甚是,而在《齊語》中則反爲本字與借字之關係,是自亂其例。另,忽而"初文"忽而"本字",前後所用術語亦未盡一致。

15.《晉語一》"其入也必甘受"條俞云:"攜,明道本作'攜',注同。《説文・心部》:'攜,有二心也。'但無'攜'字,則是明道本改從後起常用字。"(頁 104)

【按】 "攜",韋注云:"攜,離也。"《左傳・襄公二十九年》"遠而不攜"杜預注、《玉篇・手部》並云:"攜,貳也。"①"貳"爲動詞,《左傳・隱公元年》"命北鄙西鄙貳於己"中已見用。《資治通鑒》卷一一一"若見與無貳"胡注:"心持兩端爲貳。"又卷九四"永等更貳於峻"胡注云:"貳者,其心攜而兩向。"②《説文・心部》"攜,有二心也"段注云:"攜,古多叚借攜爲之。"③《説文通訓定聲・解部》:"攜,叚借爲攜。"④《慧琳音義》卷一三"而攜"注云:"攜,俗作攜。"⑤則是"攜"之正字當爲"攜"(或作

① (宋)陳彭年等:《宋本玉篇》,頁 115。

② (宋)司馬光撰,(元)胡三省注:《資治通鑒注》,北京:中華書局 1956 年版點校本,頁 3502、頁 2960。

③ (清)段玉裁:《説文解字注》,頁 510 下。

④ (清)朱駿聲:《説文通訓定聲》,頁 521 下。

⑤ (唐)釋慧琳:《一切經音義》,《續修四庫全書》第 196 册,頁 36 上。

“儁”)，心理動詞，之所以寫作“攜”，當因爲“攜”比“懏”更爲常見，因此造成形體上的訛誤。實際上“攜”爲具體行爲詞，與“懏”不同。① 明道本改誤。

16.《晉語一》“有施”條俞云：“宋庠《補音》曰：‘妹，音莫撥反。’文獻中‘妹’字並未見此音讀。”(頁105)

【按】 “妹嬉”，本又作“末喜”、“妹喜”。周祖謨(1914—1995)輯《唐五代韻書集存》一音“莫曷反”，其它皆音“莫割反”。《廣韻·末韻》則音“莫撥切”②，宋庠(996—1066)《補音》音讀當本《廣韻》。

17.《晉語一》“口三五之門也”引《晉語五》云：“范文子莫(暮)退於朝，武子曰：‘何莫也？’對曰：‘有秦客廋辭於朝，大夫莫之能對也，吾知三焉。’”(頁109)

【按】 本段有三個“莫”字，前兩個都是“暮”的本字，只有第三個作否定詞，作者只是在第一個“莫”字後面加注“暮”字，而第二個“莫”字後面則無注明，恐易造成一定的誤解，應求前後體例一致。

18.《晉語二》“主孟啖我”條俞云：“盇，秦鼎本同，明道本作‘蓋’，公序本作‘盇’者，明道本皆作‘蓋’，‘盇’正字，‘盍’俗字。”(頁114)

【按】 明道本本作“盍”，作“蓋”則不可通。張以仁《國語斠證》以“盍”篆書作“”，從皿從大，隸變作“盍”。“字形因時因體而變，故楷棣多異於篆古，篆古復别於金甲。在校刊而言，其間無所謂是非也。”③

① 此並見拙著《〈國語〉動詞管窺》，頁76—77。
② (宋)陳彭年等：《宋本廣韻》，頁465。
③ 張以仁：《國語斠證》，頁205。

《周語上》“盍納王乎”，宋庠《補音》作“盇”，汪遠孫《考異》即云：“‘盍’、‘盇’古今字。”①《説文》有“盇”無“盍”，《血部》云：“盇，覆也，從血大。”②段注以“大”後當有“聲”字，並云：“其形隸變作‘盍’。”③《玉篇·皿部》收“蓋”與“蓋”，“蓋”字注云：“同‘蓋’。”收“盍”，不收“盇”。④《開成石經》字亦作“盍”⑤，《龍龕手鑒》亦收“盍”無“盇”⑥，則後世字書不收“盇”字由來已久，文獻當中亦以“盍”字爲最常見。其實無論作“盇”作“盍”，其文字構成都已經是從“皿”部，和從“血”部的原字形“[大/血]”相比，都是一種訛變。至於這兩個字何者爲正，何者爲俗，就不太容易講。根據正字的標準，“自《説文》以下，多數字書中列爲字頭的一體，即所謂正字。”⑦由這個標準來看“盍”與“盇”的話，那麽“盍”應該是正字。

19.《晉語三》“得國而狃”條俞云：“則‘大’乃‘犬’之省。”（頁130）

【按】 此説無據，《説文·犬部》所釋爲“狃”，犬性“忕”，未必“忕”字之“大”即是“犬”，因“忕”義只是一種狀態，亦非犬所獨具。從音讀上看，“忕”在《集韻》去聲祭韻禪紐，屬月部；而“犬”則在《廣韻》上聲銑韻溪紐，屬元部。二字絶無可通之理。不可以“大”、“太”之古今字關係可通而推及到“大”乃“犬”之省。

20.《晉語四》“畏威如疾等”條俞云：“下欲辟罪，明道本‘辟’作其本字‘避’。”（頁140）

---

① （清）汪遠孫：《國語明道本考異》，頁300。
② （漢）許慎：《説文解字》，頁105上。
③ （清）段玉裁：《説文解字注》，頁214下。
④ （宋）陳彭年等：《宋本玉篇》，頁302。
⑤ 施安昌：《補〈幹禄字書〉表》，《顔真卿書干禄字書》後附，頁87。
⑥ （遼）釋行均：《龍龕手鑒》，臺北：新文豐文化出版公司版《叢書集成新編》第36册影光緒壬午刊本，頁44上。
⑦ 馬文熙、張歸璧主編：《古漢語知識詳解詞典》，北京：中華書局1996年版，頁62。

【按】 "避"和"辟"是古今字的關係,"辟"是古字,"避"是後起區別字,非本字,與前者"辟"、"僻"關係同。

21.《晉語四》"子女玉帛"條韋注:"子女,美女也。"俞云:"釋'子女'爲美女,於古未聞。'子女'一詞,除今天使用的'兒子與女兒'這一常用義外,還有男和女之意。……又有少女之義,如《漢書·武帝紀》'朕飾子女,以配單於'。雖説美女與'少女'義有交集,但以'子女'爲美女,畢竟外延過窄。"(頁145)

【按】《漢語大詞典》"子女"條收有三個義項:① 男和女;② 美女,青年女子;③ 兒女。① 我們看義項②的幾個例句,《漢書·韓安國傳》:"朕飾子女以配單於,幣帛文錦,賂之甚厚。"《周書·宣帝紀》:"纔及踰年,便恣聲樂,采擇天下子女,以充後宫。"宋王讜《唐語林·企羨》:"文宗爲莊恪太子選妃,朝臣家子女悉令進名,中外爲之不安。"《三國演義》第五五回:"劉備起身微末,奔走天下,未嘗受享富貴。今若以華堂大廈,子女金帛,令彼享用,自然疏遠孔明、關、張等。"《三國演義》的例句和《晉語四》同,其它幾個例句中的"子女"作"美女"或"青年女子"解釋無疑,語義解釋不可以外延寬窄爲限,而當以適合語境、符合文本原意爲旨歸。《國語》本句"子女"釋作"美女"也最合語境,韋注不誤。

22.《晉語四》"僬僥不克使舉侏儒不可使援"條韋注:"侏儒,短者,不可使抗援。"俞云:"釋'援'爲抗援也不很貼切,當釋作'攀援',蓋侏儒身短,不便攀援。"(頁155)

【按】 "抗"本有"高"、"舉"之義。《淮南子·説山篇》"而溺者不可以爲抗"高誘注、《文選·繁欽·與魏文帝箋》"大不抗越"張銑注並云:

---

① 羅竹風主編:《漢語大詞典》第四卷,上海:漢語大詞典出版社1989年版,頁165。

"抗,高也。"①"抗援"者即是"攀高"之義,韋注不誤。

23.《晉語五》"國之良也滅其前惡"條俞云:"辠,明道本作'罪','辠'爲初文,'罪'爲秦以後的後起字,公序本多存古貌。"(頁156)

【按】 "罪"之義本與"辠"絶不相涉,《説文·网部》云:"罪,捕魚竹網,從网非。秦以'罪'爲'辠'字。"②陸德明《經典釋文》云:"罪,本或作辠。辠,正字也,秦始皇以其似皇字,改爲罪也。"③是"罪"本早有,至秦時始記録"辠"之義,則"罪"非"秦以後的後起字"至明。

24.《晉語八》"無厭"條韋注:"厭,極也。"俞云:"韋注釋厭爲'極'未安,'厭'有飽足之義,觀下文叔魚母謂叔魚'溪壑可盈,是不可饜也'之語,'饜'與'盈'對文,而'厭'、'饜'又常相假借,又俱有飽足之義,可知此'厭'實即知足、飽足。楊樹達《讀〈國語〉小識》云:'不厭,猶今言不滿,訓極非。'其説是,當依改。"(頁184)

【按】 "極"可訓爲"盡",《淮南子·精神篇》"澹然無極"高誘注、《漢書·董仲舒傳》"施之罔極"顔注並云:"極,盡也。"④《爾雅·釋詁上》"極,至也"邢《疏》:"極,窮盡之至也。"⑤"無厭"即"不滿",即"不足",也即"無盡",皆可通,韋注未誤。

25.《晉語八》"榣木不生危"條俞云:"榣木,公序本系列正文

---

① (漢)劉安等撰,(漢)高誘注:《淮南子》,頁175上。(南朝梁)蕭統編,(唐)李善等注:《六臣注文選》,頁749上。
② (漢)許慎:《説文解字》,頁157下。
③ (唐)陸德明:《經典釋文》,頁840。
④ (漢)劉安等撰,(漢)高誘注:《淮南子》,同上,頁70下。(漢)班固撰,(唐)顔師古注:《漢書》,頁2496。
⑤ (清)阮元校刻:《十三經注疏》,頁2568下。

與韋注皆同，明道本則皆作'拱木'……'榣'、'櫾'實一字之異構，簡繁不同故也，《國語》多用古字，疑'拱木'係後人依常用字改。"（頁 194）

【按】 "榣"音 yáo，《廣韻》平聲宵韻以紐，在宵部，"櫾"音 yòu，《廣韻》平聲尤韻以紐，在幽部，二字雙聲。"拱"、"栱"則《廣韻》上聲腫韻見紐，在東部，音與"榣"、"櫾"差別較大，無改寫之理。《四部叢刊》本《説文解字繫傳》字即作"櫾"①，引《國語》作"栱木"，祁刻本《繫傳》又根據公序本《國語》改"栱木"作"榣木"。《六書故》卷二一、《古音略例》、《繹史》卷七八、《升庵集》卷六〇、《古詩紀》卷一五六引《晉語》即從公序本作"榣"，《喻林》卷一一九、《經濟類編》卷九七、《廣博物志》卷二二引作"摇"，"摇"或"榣"之誤。黄刊明道本及其覆刻本作"拱木"，張以仁謂《永樂大典》二〇三一一作"拱木"，②今查《永樂大典》卷二〇三一一引《國語》作"栱木"，張氏言誤。黄刊《札記》則引作"栱木"③而無任何説明。段注云："《晉語》一本作拱木，非。"④由此知徐鍇（920—974）引《國語》所據本當爲和明道本有淵源關係的《國語》版本，然《繫傳》字頭作"櫾"、引《國語》正文例句卻作"栱"，後又云"言櫾皆木高大之名"，實自亂例。《文選·謝朓·酬王晉安詩》"南中榮橘柚"李善注："列子曰：吴越之國有木焉，其名曰櫾，碧樹而冬生。櫾則柚字也。"⑤桂馥《説文解字義證·木部》："櫾，通作榣。"⑥又韋注亦云："大木也。"《山海經·西山經》"榣木之有若"郭璞注亦云："榣，大木也。"⑦《爾雅·釋宫》："樴謂

① （南唐）徐鍇：《説文解字繫傳通釋》，上海商務印書館《四部叢刊》本，頁 109。

② 張以仁：《國語斠證》，頁 286。

③ （清）黄丕烈：《國語明道本札記》，頁 259。

④ （清）段玉裁：《説文解字注》，頁 248 下。

⑤ （南朝梁）蕭統編，（唐）李善注：《文選》，頁 370 下。

⑥ （清）桂馥：《説文解字義證》，頁 481 下。

⑦ （晉）郭璞注，（清）郝懿行箋疏：《山海經箋疏》，成都：巴蜀書社 1985 年影《郝氏遺書》本，卷二頁 20。

之杙，大者謂之栱，長者謂之閣。”①《太平御覽》卷三三七引張揖《埤蒼》曰：“拱，大弋也。”②《左傳·襄公三十一年》“拱璧”陸德明《釋文》云：“拱璧，大璧也。”③徐鍇云：“凡言櫾皆木高大之名。”④則“栱(拱)”、“櫾(榣)”其義實一，皆有“大”義。王力(1900—1986)《同源字典》引《說文》“搖，動也”、“榣，樹動也”以爲“‘搖、榣’實同一詞”。⑤《說文》釋“榣”恐非本義，段注云：“許謂櫾爲長木，榣爲樹動。他書則櫾爲橘柚，榣爲長木。用字之不同也。”⑥今考察《廣韻·宵韻》中以“䍃”爲聲符的詞語如“遥”(遠、疾行)、“媱”(美好)、“瑤”(美玉)、“鷂”(大雉名)、“蘨”(草茂)、“䌛”(利弓)，其共同的意義蘊涵即程度高，則“榣”字本義亦當爲“大木”，而非《說文》所謂“樹動”。

26.《晉語八》“殛”條韋注：“殛，放殛而殺之。”俞云：“明道本韋注作‘殛，放而殺也’。二本都有‘放’字，但‘殛’字並無‘放’義。《說文·歺部》云：‘殛，誅也。’知‘放’字係韋昭據文義誤增。《周語下·大子晉諫靈王壅穀水》‘堯用殛之(鯀)於羽山’韋注正引《說文》云：‘殛，誅也。’亦無‘放’字，當依彼處改。”(頁197)

【按】 關於“殛”字，拙著《〈國語〉動詞管窺》曾約略辨之⑦，楊端志《訓詁學》云：“《尚書·舜典》：‘流共工於幽州，放驩兜於崇山，竄三苗於三危，殛鯀於羽山。’僞孔傳：‘殛、竄、放、流，皆誅也；異其文，述作之體。’‘皆誅也’不確。流、放，放逐。竄，《說文·穴部》：‘匿也。從鼠，在穴中。’‘竄三苗於三危’，逐去之，令自匿。殛，借爲極，鄭玄《儀禮·大射義》注：‘極，猶放也。’‘殛鯀於羽山’，也是放逐鯀於羽山。此四句句

---

① (晉)郭璞注：《爾雅》，《四部叢刊》本。
② (宋)李昉等編纂：《太平御覽》，上海商務印書館《四部叢刊》本，本卷頁4。
③ (唐)陸德明：《經典釋文》，頁1061。
④ (南唐)徐鍇：《說文解字繫傳通釋》，同上，頁109。
⑤ 王力：《同源字典》，北京：商務印書館1982年版，頁214。
⑥ (清)段玉裁：《說文解字注》，頁248下。
⑦ 拙著《〈國語〉動詞管窺》，頁125。

式相同，流、放、竄、殛意義相近，這四句的大意是：流放共工於幽州，流放驩兜與崇山，流放三苗於三危，流放鯀於羽山。"[①]楊釋"殛"字至當，而言僞孔《傳》"皆誅也"亦未爲允妥，陳衍(1856—1937)云："誅字從言，責讁之詞，非殺也。《漢書·鮑宣傳》云：'昔堯放四罪，而天下服。'是'殛'即'放'也。"[②]另，宋子然《古漢語詞義叢考》有"殛鯀於羽山"條，認爲訓"殛"爲"放逐"的理由有四：(1)《爾雅·釋言》："殛，誅也。""誅"有二義，一曰責罰；二曰殺戮。(2) 如果因文爲訓，就史料的記載而言，文章内部没有殺死的意思，而是放逐。(3) 舜是一位英明的首長，他以流放的辦法取代五刑，不事殺戮。而鯀以"治水無狀"便處以死刑，不合情理。(4) 郭沫若《中國史稿》記述這件事爲："舜把鯀殛死，即放逐而死了。"[③]將"殛"與"死"作了區分。許威漢引王筠《説文句讀》云："《左傳》曰：'流四凶族'，《尚書》'流'、'放'、'竄'、'殛'同意。變詞以成文耳。"並説："這裹的四個詞都是流放的意思，其所以不同用一個，是爲避免重複，不使單調。"[④]至於"流四凶族"之"流"，日本學者滋賀秀三(1921—2008)認爲："不能聯想爲後世的流刑。後世的流刑，是統治天下的專制君主，把版圖内人民中的犯罪者，强制遣送遷移到同版圖中的另一指定地點居住。上古的'放'、'流'，應看成是依據絶交之盟，把受到衆人一致非難的爲惡者驅逐到共同體之外。"[⑤]則此處韋注訓"殛"有"放"義亦未可言誤。

27.《吴語》"心孤句踐　緊"條韋注："緊，是也。"俞云："此'緊'非判斷詞，而係語助詞，在此表强調語氣。"(頁234)

---

① 楊端志：《訓詁學》(上)，濟南：山東文藝出版社1991年版，頁347。

② (清)陳衍：《陳石遺集》，福州：福建人民出版社2001年版，頁722。

③ 宋子然：《古漢語詞義叢考》，成都：巴蜀書社2000年版，頁17—20。

④ 許威漢：《訓詁學導論》(修訂版)，北京大學出版社2002年版，頁50。

⑤ (日)滋賀秀三：《中國上古刑罰考》，見載於《日本學者研究中國史論著選譯》第八卷，北京：中華書局1992年版，頁8。

【按】“緊”既可作助詞，又可作副詞，用在謂語之前“表示對所述事實的强調，兼起系接作用。可譯爲‘才是’、‘就是’、‘那是’等。”而“是”字用在謂語之前“複指上文所及的事物、對象，表示對該對象的類别、歸屬進行論定”①，實際上即加强强調語氣。韋注釋“緊”爲“是”，可通。

28.《吴語》“五方五色五行”條俞云：“赤常，明道本作‘常’作‘裳’，公序本多襲用借字，明道本多改從本字，此是一例。”（頁238）

【按】《説文・巾部》：“常，下帬也，從巾尚聲。裳，常或從衣。”段注云：“今字裳行而常廢矣。”②然《説文・衣部》未收“裳”字。《玉篇・巾部》：“常，下帬也，今作裳。”③《爾雅・釋詁上》“典，常也”郝懿行《義疏》云：“常，《説文》以爲裳本字，經典借爲久長字。”④從“衣”從“巾”，形符不同，而其表義皆一，二者本異體字關係，無所謂“本字”、“借字”。如果按照《説文》，則先秦“常”字似乎更爲通行。

29.《越語上》“越君其次也”俞云：“殘女社稷，滅女宗廟，公序本系列同，《補音》並在‘次，舍也’之上保留有‘女，音汝’的韋注，明道本系列二‘女’字皆作‘汝’，‘女’初文，‘汝’後起字。”（頁251）

【按】向熹云：“‘汝’與‘女’音義並同，是同詞異字。”“在先秦典籍裏，金文、《詩經》、《論語》、《左傳》用‘女’，《尚書》用‘汝’，《孟子》、《荀子》、《莊子》兩字並出。漢以後一般用‘汝’不用‘女’。大約因爲婦女的

① 中國社會科學院語言研究所古代漢語研究室編：《古代漢語虚詞詞典》，頁708、頁515。
② （清）段玉裁：《説文解字注》，頁358下。
③ （宋）陳彭年等：《宋本玉篇》，頁498。
④ （清）郝懿行：《爾雅義疏》，頁40。

‘女’是常用詞，爲求區别，故借用汝水的‘汝’來代替，一直沿用到中古以後。”①凡像代詞，意義本比較虚化，其記録形式本就是記音符號的性質。

30.《越語下》“十年謀之”條俞云：“此中之‘十年’與‘一朝’皆極言其時間之久暫耳，並非實指。……自句踐戰敗（魯哀元年，前494）到事吴，再到返國（魯哀公五年，前490），到魯哀十七年（前478）敗吴於囿，再到當下魯哀二十二年（473），很難指實‘十年謀之’是哪十年，故爲泛指無疑。”（頁258）

【按】 俞説是。王引之《經義述聞》已對韋注質疑，並云：“《越語》之文，本不與《左傳》相當，無事規規求合也。”②吴曾祺、徐元誥皆引王氏之説。③ 作者此處説“再到當下魯哀二十二年（473）”，而在後面的“《越語下》及韋注所載句踐伐吴時序表”的“備注”最後卻説：“綜合吴殺子胥、稻蟹不遺種、北征、黄池會盟等史實及《吴語》、《左傳》等記載，這‘玄月’應是魯哀公十二年九月。”（俞著頁259）《左傳・哀公二十二年》云：“二十二年夏四月，邾隱公自齊奔越，曰：‘吴爲無道，執父立子。’越人歸之，大子革奔越。冬十一月丁卯，越滅吴。請使吴王居甬東，辭曰：‘孤老矣，焉能事君？’乃縊。越人以歸。”準此，則“備注”中“魯哀公十二年九月”當是“魯哀公二十二年九月”也，“觀表中‘（魯哀公十三年，前482年）前，越已敗（吴）王子友’之語”（俞著頁259），疑爲手民之誤。又該表引韋注云：“謂魯哀十六年九月至十七年三月，越伐吴也。”（俞著頁259）“九月”之後當施句讀，否則易造成誤解。

結　語

綜上，對俞著《國語韋昭注辨正》中的30條進行了辯證，大體包括

---

① 向熹：《簡明漢語史》（下册），北京：高等教育出版社1993年版，頁52。
② （清）王引之：《經義述聞》卷二一，本卷頁52。
③ 徐元誥撰，王樹民、沈長雲點校：《國語集解》（修訂本），頁583。

這樣幾個方面：1. 文字之間的關係混亂；2. 訓詁不明；3. 古音不明；4. 句讀不明。當然，該書的可商榷之處還不止這 30 條，拙稿《〈國語・周語下〉〈新書・禮容語下〉比勘》也對俞著中的一些條目進行過辨析，讀者可參。但是，俞著是中國大陸地區較早且較系統地探討《國語》以及韋昭注解的一部著作，這是毋庸置疑的。其所討論，無論是非，都會對《國語》文本以及韋昭注解的進一步深入整理與研究起到助益作用，這也是可以想見的。

五、蕭旭《國語校補》辯證

引　言

蕭旭（1965 年生），江蘇靖江人。踵武乾嘉戴盧段王之後，長於經史訓詁考據，其學以"考本字、探語源、尋語流、破通假、徵方俗、系同源"爲旨歸。至今撰作有文史考據論文七十餘篇，發表於《中國語文》、《古漢語研究》、《語言研究》、《文史》、《江海學刊》、《東亞文獻研究》、《中國語開篇》、《敦煌學輯刊》、《中國文字研究》、《古籍整理研究學刊》、《古籍研究》、《書目季刊》、《文史雜誌》等國内外學術刊物，又有《古書虛詞旁釋》、《群書校補》、《淮南子校補》、《群書校補（續）》、《韓非子校詁》等著作出版，各種撰述都凡五六百萬言。其《國語校補》校補《周語上》31 條、《周語中》39 條、《周語下》75 條、《魯語上》29 條、《魯語下》60 條、《齊語》74 條、《晉語一》35 條、《晉語二》34 條、《晉語三》23 條、《晉語四》59 條、《晉語五》24 條、《晉語六》33 條、《晉語七》23 條、《晉語八》52 條、《晉語九》43 條、《鄭語》24 條、《楚語上》68 條、《楚語下》39 條、《吴語》104 條、《越語上》25 條、《越語下》27 條，總 921 條，誠爲大觀。其所校補，内容有二：（一）考校異文，《國語》不同版本之異文以及傳世文獻或出土文獻中有與今傳《國語》不同者，悉出以爲考校，觀其緒論，云以《四部叢刊》影印明金李澤遠堂本爲底本，於各條中多證明道本如何云云，又引證《史記》、《吴越春秋》、《説苑》、《孔子家語》、《列女傳》等與《國語》有相同内容之著,復用慈利竹簡等出土文獻以爲證;(二) 辨析語義,凡《國語》正文歷來無釋或韋昭以來《國語》研究者語義不明甚或有舛訛者一一爲之辨析。語義辨析之方法大體有四:(1) 借他書之例以證本書;(2) 舉對文之理以協語境;(3) 引證方言以證;(4) 尋本字以證。一如黄征、華學誠在爲蕭著《群書校補》序言中所提及者①。其著始分三篇,連載於韓國忠州大學校東亞文獻研究所之《東亞文獻研究》第2、3、5輯,後重經董理,收入其《群書校補》一書中,2011年2月由揚州廣陵書社出版。洵爲研讀《國語》之津梁,文獻考校之典範。然所涉條目衆多,言有未盡;持論不同,義或可商。今就其中177條,略爲辯證,以有益於《國語》之研讀云。凡涉及條目,僅標注《群書校補》頁碼。

《周語上》第一

1. 時序其德,纂修其緒

按:《書·舜典》:"百揆時叙。"王引之《述聞》曰:"時叙者,承叙也、承順也。""時序"同"時叙"。(頁76)

【按】 "時序其德"中,"序"爲謂語中心詞,其後帶賓語。而"百揆時叙"中,則"叙"雖亦爲謂語中心詞而不帶賓語。"時"皆作狀語。

2. 其無乃廢先王之訓而王幾頓乎

韋注:幾,危也。頓,敗也。

按:頓,委頓。幾,猶口語"幾乎"。王引之《經傳釋詞》曰:"幾,詞也。"裴學海《古書虛字集釋》曰:"幾,猶則也。"俞樾曰:"幾,語詞。頓,勞罷之意。《戰國策·秦策》:'吾甲兵頓。'高誘注:'頓,罷也。'"李元吉曰:"幾訓近,頓訓罷。"吴曾祺曰:"《内傳》:'甲兵不頓。'注:'頓,壞也。'"諸説並未允。"甲兵頓"、"甲兵不頓",頓當讀爲鈍,尋《史記·賈生傳》:"莫邪爲頓兮。"《索隱》:"頓,鈍也。"《漢書》正作"鈍"字。"鈍"非此文之誼,俞、吴二君所援失當。(頁

① 黄征、華學誠之序皆刊於《群書校補》卷首。

76—77)

【按】 韋注似未誤。《爾雅・釋詁》云:“幾、烖、殆,危也。”又《詩・大雅・瞻卬》“維其幾矣”毛《傳》云:“幾,危也。”①則韋注所本。“王幾頓”即下文“其有以禦我”,此處從周天子言之,下文“其有以禦我矣”則從犬戎言之,犬戎有以應對周天子,故周天子權威陷於危敗,韋注亦可通,不必以爲非。

3. 彘之亂,宣王在邵公之宫,國人圍之

按:在,《史記・周本紀》作匿。(頁77)

【按】 《説文・土部》:“在,存也。”②普通性動詞,無傾向性。而“匿”則是爲某一目的而存身之義,具有傾向性。則或由此亦可見《國語》之微言,《國語》體現在宣王上面仍是“溥天之下莫非王土”的觀念,至於司馬遷(B. C. 145—B. C. 90)《史記》則這種觀念和意識就比較淡薄了。

4. 道而得神,是謂逢福;淫而得神,是謂貪禍

韋注:逢,迎也。以貪取禍也。

按:逢,《説苑・辨物》作豐,借字。汪遠孫曰:“《釋名》:‘貪,探也。’探,取也。是貪有取義,韋注非是。”俞樾説同。韋注釋爲“貪取”,正以“取”釋“貪”,何故謂韋注非是?(頁80)

【按】 審韋注之釋與汪遠孫之文,或汪氏以爲韋注“以貪取禍”之“貪”字即正文“貪禍”之“貪”,韋注“以貪取禍”之“貪”實釋“淫”字。

5. 爲班爵、貴賤以列之

按:列,當作“别”,形之訛也。《御覽》卷202、《文章正宗》卷4

---

① (清)阮元校刻:《十三經注疏》,頁578下。
② (漢)許慎:《説文解字》,北京:頁287下。

引並作“别”字。(頁80)

【按】《文選》李善注、王應麟(1223—1296)《玉海》卷八六、鄭樵《通志》卷一八一、馮琦(1559—1603)《經濟類編》卷四四、唐順之(1507—1560)《文編》卷二一、明王錫爵(1534—1614)《王文肅公文集》卷三、清李清(1602—1683)《歷代不知姓名録》卷三引字作“列”,又明賀復徵《文章辨體彙選》卷五八引字亦作“别”。又審嘉靖序刊本《文章正宗》卷四引字作“列”不作“别”,文淵閣本則字作“别”。審《國語》各本字皆作“列”。《説文·刀部》云:“列,分解也。”段注云:“引申爲行列之義。”《冎部》云:“𠛱,分解也。”①則“列”、“别”本義同,故其引申義亦可相通也,故《篆隸萬象名義·另部》云:“别,分,券書,明,列,鮮。”②又審各書引字中作“列”字亦多見,未可因《御覽》、《文章正宗》引字作“别”即以《國語》“列”字爲誤。

《周語中》第二

6. 余安能知之

韋注:所不敢禁也。

按:知,讀爲折、制,《韓詩外傳》卷4:“無術法以知奸。”亦其例。故韋解以“禁”釋之。(頁84)

【按】“知”即知道、瞭解之義。晉文公請隧,周天子不許而語此,謂晉文公私下在晉國施隧,初則不知,既知而亦不可禁。此韋注釋“所不敢禁”之義,非“知”讀爲折、制。韋注釋句,非釋某詞。且所釋句義,有由字面語義呈現之狀態而直接言其結果者,此即其例。

---

① (漢)許慎:《説文解字》,頁91下、頁86上。(清)段玉裁:《説文解字注》,頁180上。

② (日)空海:《篆隸萬象名義》,北京:中華書局1995年影日本《崇文叢書》本,頁113下。

《周語下》第三

7. 夫子被之矣，其昭穆又近，可以得國

按：被之，當從明道本作“被文”，張以仁謂與上文“文王質文”相承偶，是也。下文“被文相德，非國何取”尤爲明證。《通志》卷89作“被文”。《册府元龜》卷795、《春秋臣傳》卷12誤作“被之”。汪遠孫、徐元誥並謂作“被之”是，傎矣。（頁90）

【按】《通鑒外紀》卷六約略本處云：“此十一者夫子皆有焉，其昭穆又近，可以得國。”①又《經濟類編》卷四、馬驌（1621—1673）《繹史》卷六四、清吴士玉（1665—1733）《駢字類編》卷二、清吴襄（1661—1735）《子史精華》卷八七引字作“之”。審“夫子”上文云：“經緯不爽，文之象也。文王質文，故天祚之以天下。”又前文多及“文”，此處以“之”字代之，未爲不可。又公序本、黄刊明道本韋注云：“被，被服之也。言文王質性，有文德，故能得天下。晉周則被服之，可以得國也。”從韋注看，公序本《國語》正文作“之”字不誤，明道本作“文”反顯拘泥。“之”、“文”形近易混。前文有詳辨，可參。

8. 守終純固，道正事信，明令德矣

按：道，行也、爲也，與“事”同義。徐元誥曰：“道，由也。”未允。（頁90）

【按】“守終純固”結構《國語》2見，另見《周語上》。按本處上下文云：“立無跛，正也；視無還，端也；聽無聳，成也；言無遠，慎也。夫正，德之道也；端，德之信也；成，德之終也；慎，德之守也。守終純固，道正事信，明令德矣；慎成端正，德之相也。”“正”、“端”、“成”、“慎”既是“立”、“視”、“聽”、“言”四種外在表徵的深層内涵，爲表性狀之詞，又是“道”、“信”、“終”、“守”的前提條件，故“道”、“信”、“終”、“守”語法義亦

① （宋）劉恕：《資治通鑒外紀》，《四部叢刊初編》影明本，本卷頁23。上海古籍出版社1987年影點本同。

當一致。審韋注釋後三者皆爲動詞,則"道"亦當爲動詞,故韋注"德之道"爲:"德之道路。"恐亦未盡允當。又從本文順序上看,"慎成端正"是逆序,因前文順序爲"正端成慎","守終"亦是"終"、"守"之逆序,則"道正事信"亦當逆序爲符合本文語序。"守終純固"中,"守終"爲主語,"純固"爲謂語,是對"守終"的性狀説明,則"道正事信"亦當達到"守終純固"的表達效果,故"正"是對"道"的性狀説明,而"信"應當具有相應的説明詞語,其結果應該是"道正信×"而非"道正×信",如果從逆序的段落結構看,則應該"信"在前而"道"在後。從語義上言,徐元誥釋"道"爲"由"不誤。這一段話中,衹有"事"字没有著落,當然,由於"純固"在前文中也没有出現,故此處"事"字即便没在前文出現也未嘗不可作爲對"信"的説明。頗疑"道正事信"爲"道正信事"之倒,"事"或本當作"是",確定性。也就是説"道正"是主謂結構,並非動賓結構,"信事"亦然。

9. 作又不節,害之道也

按:又,猶若也,假設之詞,訓見劉淇《助字辨略》。王引之、張以仁謂"又"通"有",失之。(頁94)

【按】 審其語境云:"夫事大不從象,小不從文。上非天刑,下非地德,中非民則,方非時動而作之者,必不節矣。作又不節,害之道也。""必"字爲推斷確定性之詞,前文已完成推斷,則此處不必再作假設。何樂士等《古代漢語虚詞詞典》云:"表示遞進,可譯爲'而且'、'還'。"①於此處亦通。審黄珊《〈荀子〉虚詞研究》認爲"又"作關聯副詞,"關聯兩個有進層關係的成分,强調後者在語義上是前者的深入鋪叙。"②以之準《國語》此處之"又",亦通。審清劉淇《助字辨略》云:"又《君奭》:'惟文王尚克修和我有夏;亦惟有若虢叔,有若閎夭,有若散宜生,有若泰顛,有若南宫括。又曰:無能往來,兹迪彝教,文王蔑德降於國人。'此又字,設辭,猶云若也。言文王修和有夏者,賴此五臣往來迪教也。若謂此五

① 中國社會科學院語言研究所古漢語研究室:《古代漢語虚詞詞典》,頁757。

② 黄珊:《〈荀子〉虚詞研究》,開封:河南大學出版社2005年版,頁50。

臣不能往來迪教，文王亦無德以降於國人矣。又得爲設辭者，抑之轉也。"①孔穎達《正義》云："文王既有賢臣五人，又復言曰，我之賢臣猶少。"②明釋"又"爲"復"。蔡沈(1167—1230)《書經集傳》卷五引夏氏曰："周公前既言文王之興本此五臣，故又反前意而言曰。"③宋陳經《尚書詳解》卷三六云："又曰，文王之辭也。文王雖有此五人，文王之心常有歉然不自足之意，且曰，無人能往來爲我道常教于天下，無其德以降下于國人。"④魏了翁《尚書要義》卷一六云："'無能往来'一句，周公假爲文王之辭，言文王有五賢臣，猶恨其少，又復言曰。"⑤皆爲"復"、"又"、"且"，假設者篇章之義，非"又"字之義，劉淇之說未允。關於虛詞訓釋，郭錫良《古漢語虛詞研究評議》云："(訓詁)研究的對象是經書典籍，爲這些言語作品釋詞解句，要解決的是言語範圍的問題。因而它研究虛詞時，著眼於一個個虛詞在具體語句中表達什麼意思，然後采取翻譯、互訓的方式作出解釋。解句要串講，串講即翻譯，翻譯是只能存其意而不能存其詞的，通過翻譯來理解虛詞的語法意義、語法作用，没有不失真的。""因爲虛詞是語法成分，每個虛詞都是處在語言的語法系統之中，有其特定的位置和特定的語法意義和語法作用，它的演變也是有規律可循的。"⑥這是現代語言學和傳統訓詁學在虛詞研究方面的不同。

10. 古者，天災降戾

韋注：降，下也。戾，至也。災，謂水旱、蝗螟之屬。

按：天災降戾，當據《漢書·食貨志》作"天降災戾"，《通典》卷8、《玉海》卷180、《册府元龜》卷499並同。《長短經》卷3、《治要》

---

① 劉淇撰、章錫琛校注：《助字辨略》，頁233—234。
② (清)阮元校刻：《十三經注疏》，頁224下。
③ (宋)蔡沈：《書經集傳》，上海古籍出版社1987年影世界書局據武英殿本圈點本，頁109。
④ (宋)陳經：《尚書詳解》，《叢書集成新編》第106册，頁838上。
⑤ (宋)魏了翁：《尚書要義》，《景印文淵閣四庫全書》第60册，頁136上。
⑥ 郭錫良：《古漢語虛詞研究評議》，《語言科學》2003年第1期，頁87—98。

卷8作“天灾降戾”，《御覽》卷835、《事類賦注》卷10、《通志》卷89、《册府元龜》卷325、《文章正宗》卷4並作“天災降戾”，則其誤久矣。《通典》引注曰：“戾，惡氣也。一曰：戾，至也。”一説非是。《後漢書·殤帝紀》亦有“天降災戾”語，可爲佐證。《墨子·尚同中》：“疾菑戾疫。”孫詒讓《閒詁》曰：“戾疫，即《兼愛下篇》之‘癘疫’。戾、癘一聲之轉。”此文戾亦讀爲癘，災戾，即《左傳·哀公元年》“天有菑癘”之“菑癘”，杜預注：“菑癘，疾疫也。”（頁95—96）

【按】　金李本字作“灾”不作“災”，遞修本、四庫薈要本、文淵閣本與金李本同，張一鯤本、穆文熙本、道春點本、閔齊伋本、緑蔭堂本、董增齡本、秦鼎本字作“災”。公序本注不作“蝗螟”而作“蟲螟”，明道本字作“災”、“蟲螟”。《國語》、《漢書》之異，徐元誥《集解》已言之，謂《通志》注與韋注亦不同，審《通志》所引，實雜合《國語》、《漢書》而成之，故其注依《漢書》顔注而非從《國語》韋注。若從《國語》作“天灾降戾”，則自當從韋注作“至”，若從《漢書》作“天降災戾”，則自當從顔注作“惡氣”，未必因《漢書》而廢《國語》，蓋此“戾”字，在《國語》中爲動詞作謂語，在《漢書》中爲名詞作賓語，句法位置不同，釋義自當有别，不必强求一律。

11. 是去其藏而翳其人也

韋注：善政藏於民。翳，猶屏也。奪其資，民離叛，是遠屏其民也。一曰：翳，滅也。

按：翳訓屏，是“屏蔽”、“保護”之義。《説文》：“屏，蔽也。”下文：“所以藩屏民則也。”韋注亦云：“屏，蔽也。”《玉篇》：“翳，屏薆也。”言去其藏，則無所遮蔽其民矣。董增齡曰：“翳有屏去之義。”《漢語大字典》釋爲：“摒棄、除掉。”韋注“遠屏”，皆誤以“屏”爲“摒”。俞樾曰：“當從‘一曰：翳，滅也’之訓。翳通作殪。”汪遠孫説同，二君説誤，已爲高本漢所駁；而高氏釋爲“埋葬”，亦失之。（頁96）

【按】　敦煌寫本"藏"作"臧",注云:"臧,府實也;翳,猷屏也;人,民;言重幣之離民,所以去其府臧、自遠屏其民人也。"①與韋注同。蕭説似亦未允,詳見拙稿《甘肅藏敦煌寫本殘卷〈國語·周語下〉校記》。

12. 夫耳内和聲,而口出美言

按:《説文》:"内,入也,自外而入也。納,絲濕納納也。"經傳多以納爲内。徐元誥謂"内爲納之借字",失之。(頁97)

【按】　《説文·内部》:"内,入也。从口,自外而入也。"《糸部》:"納,絲溼納納也。从糸内聲。"②《説文》段注云:"古多假'納'爲'内'字。"③因"納"本義偏廢故以"納"爲"内"之常形。

13. 王弗聽,問之伶州鳩。對曰:"臣之守官弗及也。"

韋注:弗及,弗及知也。

按:及,知也。《新序·雜事二》:"以謂設以辭,鄒忌不能及。"下文"三知之",及、知異字同義。《韓子·外儲説右上》:"孔子曰:'由之野也,吾以汝知之,汝徒未及也。'"亦及、知異字同義。《説苑·指武》:"孔子曰:'賜也,非爾所及也。'"皆其例。(頁97)

【按】　"及"非"知"義。《説文·又部》:"及,逮也。"④《篆隸萬象名義·又部》:"及,至,連,辞,達。"⑤則"及"是具有指向性之動詞,故在很多語境中其後之具體動作詞可省去,可隨文釋義爲語境動作,然"及"無具體動作義。韋注之"弗及知"後之"知"即隨文所釋之語境動作,然此

① 段文傑主編:《甘肅藏敦煌文獻》第二卷,蘭州:甘肅人民出版社1999年版,頁164下。
② (漢)許慎:《説文解字》,頁190上、271下。
③ (清)段玉裁:《説文解字注》,頁645下。
④ (漢)許慎:《説文解字》,頁64下。
⑤ (日)空海:《篆隸萬象名義》,頁59下。

“知”義非“及”所有。如《晉語二》“往言不可及也”韋注云:“及,追也。”①《吕氏春秋·懷寵》“故克其國而不及其民”高誘注:“及罪。”②“及”字固無“追”、“罪”之義,唯因其指向性,故可隨文作“追”、“及罪”之釋。

14. 是以金尚羽,石尚角,瓦、絲尚宫,匏、竹尚議,革、木一聲

韋注:議,從其調利也。

按:《初學記》卷15引作“金尚羽,石尚角,竹尚商,絲尚宫,匏土尚徵”。《御覽》卷565、《記纂淵海》卷78引宫作商,議作徵。《樂書》卷9、《玉海》卷110、《廣博物志》卷33引議作徵。(頁98)

【按】 隋蕭吉《五行大義》卷三《論配聲音》引《國語》曰:“瓦絲琴瑟尚宫鍾,金尚羽,石尚角,匏竹尚徵,革木尚商,吕以和樂,律以平聲。金石以動之,絲竹以行之,歌以咏之,匏以宣之,瓦以贊之,革木以節之,物得其常曰樂,所奪曰擊,相保曰和,細大不踰曰平。瓦絲皆大也,故尚宫;子母相應之道。鍾:金尚羽亦然。石尚角者,石金也,與角爲牝杜相和之義。匏,土也;竹,木也;尚徵,亦子母相應也。革、木俱角,尚商,亦以牝杜相和也。宫聲和以舒,其和博以柔,動脾;商聲散以明,其和温以虚,動肺;角聲防以約,其和静以清,動肝;徵聲敗以疾,其和平以均,動心;羽聲疾以虚,其和短以散,動腎。”③宋黄倫《尚書精義》卷四引胡氏曰:“金尚羽,石尚角,土絲尚宫,匏竹尚徵,革木尚商。”④宋章如愚《山堂考索》前集卷五三引《三山要會》,宋劉恕(1032—1078)《通鑒外紀》卷一六、明陳耀文《天中記》卷四二、明董斯張(1587—1628)《廣博物志》三

① (吴)韋昭注:《國語》卷八,北京:國家圖書館出版社2006年影宋刻宋元遞修本,本卷頁2。

② (漢)高誘注:《吕氏春秋》,頁73。

③ (隋)蕭吉:《五行大義》,日本林衡編《佚存叢書》,光緒壬午(1882)滬上黄氏刻本,本卷頁6—7。

④ (宋)黄倫:《尚書精義》,上海:商務印書館1937年版《叢書集成初編》本,頁48。

三引字作"徵",清桂馥《説文解字義證》卷八"音"字注、清張英(1637—1708)《淵鑒類函》卷一八四從《初學記》引《國語》"議"作"徵",而《山堂考索》卷五一引則作"議"。《儀禮經傳通解》卷二七引注云:"議,議從其調和。"①清胡彦昇《樂律表微》卷七、清秦蕙田(1702—1764)《五禮通考》卷七四注並從之。清蔡孔炘《經學提要》卷八引《國語》並注云:"議取其和,無偏向也。"②義亦同。

15. 聲以和樂,律以平聲

韋注:聲,五聲也,以成八音而調樂也。

按:《初學記》卷15、《御覽》卷565引聲作吕。律、吕對舉成文。(頁98)

【按】 輯佚本隋蕭吉《五行大義》卷三、《天中記》卷四二、桂馥《説文解字義證》卷八、張英《淵鑒類函》卷一八四引亦作"吕",或皆本《初學記》,未必真有所據。觀《國語》文字,"對舉成文"非爲規則,蓋即後人據文總結者。今多書引字作"聲"不作"吕",未可以類書引述而輕改本書。

16. 今三年之中,而害金再興焉,懼一之廢也

韋注:二金之中,其一必廢也。

按:下"之"字,猶必也,參見拙著《古書虛詞旁釋》,韋注甚確。言有其一必敗,況二乎? 吴昌瑩《經詞衍釋》、徐元誥並謂"一"訓皆,張以仁從之,未得。"懼皆之廢也",不辭甚矣。(頁98)

【按】 根據上文"又"字的訓釋,我們認爲此處"之"字的看法也未爲允當。"之"字作爲結構助詞。"懼"是心理動詞,"一之廢"是"懼"的賓語,"一之廢"實際上是主謂結構主語"一"和謂語"廢"的組合,整體作

① (宋)朱熹:《儀禮經傳集解》,上海、合肥:上海古籍出版社、安徽教育出版社2002年版點校本《朱子全書》第2册,頁980。

② (清)蔡孔炘:《經學提要》,道光七年(1827)江州蔡氏刊本,本卷頁15。

爲心理動詞“懼”的賓語,故主謂之間加結構助詞“之”取消獨立性。前有“再興”,故此處之“一”是兩者之一,不是“皆”的意思。前文亦有辨,可參。

17. 所以宣養六氣、九德也

韋注:宣,遍也。

按:宣,散布也。下文“所以宣三王之德也”。(頁99)

【按】“宣養”爲定中結構當無異議,“宣”作狀語。《國語》中“宣”爲兼類詞,既可作形容詞,亦可作動詞。“宣三王之德”,“宣”作謂語動詞,當釋爲“布”;此處則固當作“遍”解,作狀語。二者語法功能不同,所釋固當不同。未可以彼而繩此。

18. 以遺後之人,使永監焉

韋注:監,觀也。

按:《魯語下》:“以示後人,使永監焉。”韋注:“監,視也。”並失之。監當讀爲鑒,借鑒。字或作鑒,不煩舉證。(頁100)

【按】《説文·卧部》:“監,臨下也。”“臨,監臨也。”①僞孔《傳》、毛《傳》、鄭《箋》多有“監,視”之注,或韋注之所本。“借鑒”等等當爲“監視”之引申義,然“監視”之義在《廣韻》亦爲去聲字,與“借鑒”之“鑒”音同,不必改讀。下《魯語上》“使長監於世”同。

《魯語上》第四

19. 固國之艱急是爲

韋注:艱,難也。是爲,爲難急也。

按:爲,動詞,讀平聲,救治。不可誤以爲介詞而讀去聲。下文:“固民之殄病是待。”待,防備。(頁101)

---

① (漢)許慎:《説文解字》,頁170上。

【按】 審韋注之義,未必以之爲介詞。"固國之艱急是爲"本來就有兩種看法,其一,"是"爲賓語前置標記詞,其二,"是"作代詞復指賓語。審韋注之義,實以"是"爲代詞,復指"艱急",故注"是爲,爲難急也",即把賓語前置語序還原爲正常語序而已,"爲"在韋注中仍是動詞而非介詞,"艱急"爲聯合賓語,則韋注之"難急"亦聯合賓語,不當解釋爲"[爲難]急"。

20. 豈其貪壤地,而棄先王之命

按:其,猶敢也,參拙著《古書虛詞旁釋》。(頁102)

【按】 何樂士認爲:"(其)位於動詞謂語(或其他謂語)前作狀語,配合文義表示對動作行爲或情況的不十分肯定的估計或推測。"①"猶敢"之釋不準確,説詳見前文。

21. 薄刑用鞭扑

韋注:鞭,官刑也。扑,教刑也。

按:扑,《御覽》卷635引《國語》、卷341引《漢書》、《晉書・刑法志》並作朴,古字通用。取誼乎打擊,故擊之之物亦名扑(朴)。本字爲攴,《説文》:"攴,小擊也。"(頁103)

【按】 天明本《群書治要》卷一四、《通典》卷一六三、《北堂書鈔》卷一三、《山堂肆考》卷八八、明丘濬(1418—1495)《大學衍義補》卷一二〇、明王鳴鶴《登壇必究》卷一一引《漢書》,《唐律疏議》卷一《杖刑五》、《儀禮經傳通解》卷三七引《國語》,《晋書》卷三〇《刑法志》、宋程公説(1171—1207)《春秋分記》卷三九、《文苑英華》卷七三五引《唐律疏議》、南宋謝維新《事類備要》外集卷一八引、明薛岡(1561—?)《天爵堂文集》卷五《大理素中房公擢都御史巡撫江西序代作》作"扑",《周禮・掌戮》疏、《初學記》卷二〇、竇儀(914—966)《刑統》卷一、宋

① 何樂士:《古代漢語虛詞詞典》,北京:語文出版社2006年版,頁298。

魏了翁《古今考》卷三八、《元典章·刑部》卷一典章三九、馮琦《經濟類編》卷七一、明王志長(1585—1663)《周禮注疏刪翼》卷二四引《魯語》,《文章辨體彙選》卷六二〇、明劉春(？—1521)《東川劉文簡公集》卷三《送憲副黄君時濟任雲南序》引《漢書》,宋李覯(1009—1059)《直講李先生文集》卷一八《安民策第八》、宋留正(1129—1206)《皇宋中興兩朝聖政》卷一〇、羅願(1136—1184)《爾雅翼》卷四、明陳絳《金罍子下篇》卷三作"朴"。此各本"扑"、"朴"之大略。從"扌",示動作;從"木",示器質。又"扌"、"木"本亦形近易混。審《御覽》卷六三五引《書·舜典》"朴則教刑"注云:"扑,夏楚也,不勤道業則撻之。"①是"扑"、"朴"同用。錢大昕《十駕齋養新録附餘録》卷二云:"瞿中溶云:《禮》經'朴'字,《鄉射篇》凡十五見,'取朴'一。'倚朴'一,'去朴'六,'搢朴'六,'與朴'一;《大射篇》凡廿一見,'取朴'一,'去朴'七,'搢朴'九,'倚朴'三。石經初刻,並從'木',後磨改从'扌',其有未經磨改而作'扑'者,皆朱梁補刻。案:古無'扑'字,《説文·木部》'朴'訓'木皮',鄭注'取朴'云:'朴,所以撻犯教者。'蓋古人止用木皮撻人,以爲教學之刑,其物即名之曰朴。《虞書》所謂'朴作敎刑'是也。後人緣'朴'有撻意,遂改从'手',張參知'朴'不从'手',故《五經文字·手部》不收此字,(《木部》亦不收'朴'字,則其遺漏也。)《九經字様》乃收之,則此磨改之弊,或即出於唐玄度之手。今本皆沿其謬矣。(石經《周禮·司市》'大刑朴'、'罰朴'字尚从'木'旁,此元刻之僅存者。)"②《説文·支部》云:"支,小擊也,从又卜聲。"戴家祥(1906—1998)云:"卜亦形符,表示敲擊的工具,如杖杸之類。"③亦可備參。又拙著《〈國語〉考校——以明本四種校勘條目爲對象》亦有辨,可參④。

① (宋)李昉等:《太平御覽》,《四部叢刊》影宋本,本卷頁 1。文淵閣本注字作"朴"、"椱",《景印文淵閣四庫全書》第 898 册,頁 742 下。

② (清)錢大昕:《十駕齋養新録附餘録》,《皇清經解》卷四三九,頁 19。

③ 戴家祥:《金文大字典》,上海:學林出版社 1995 年版,頁 1983。

④ 拙著《〈國語〉考校——以明本四種校勘條目爲對象》,頁 116—117。

22. 夏之興也，周棄繼之，故祀以爲稷

韋注：夏之興，謂禹也。棄能繼柱之功，自商已來祀也。

按：興，當從《禮記・祭法》、《論衡・祭意》作衰。《〈書・湯誓〉正義》引此文，並云："興當爲衰字之誤耳。"（頁 103）

【按】 拙稿《〈國語・魯語上〉"海鳥曰爰居"篇、〈禮記・祭法〉比勘》認爲未可以《祭法》之"衰"言《魯語上》"興"字之誤，即《祭法》"衰"字亦未可遽爲的論，可詳參①。

23. 黄帝能成命百物，以明民共財

韋注：命，名也。

按：成，定也。成命，《禮記・祭法》、《論衡・祭意》並作"正名"。（頁 103）

【按】 審先秦傳世文獻，"成命"作"正名"解者唯《國語》此一處，是《祭法》改作之由。"成命"、"正名"在本語境中作爲一個動詞性結構並且其後帶賓語用例也唯此一處，其他文獻中的"正名"都作爲動賓結構，"成命"則作定中結構。詳參拙稿《〈國語・魯語上〉"海鳥曰爰居"篇、〈禮記・祭法〉比勘》。

24. 帝嚳能序三辰以固民

韋注：固，安也。

按：固民，《禮記・祭法》、《論衡・祭意》、《路史》卷 18 並作"著衆"，《潛夫論・五德志》作"周民"。著，亦安定也。周爲固字形誤，汪繼培《潛夫論箋》失校。（頁 103）

【按】 從《國語》者多作"固民"，從《禮記》、《論衡》者多作"著衆"，

---

① 拙文《〈國語・魯語上〉"海鳥曰爰居"篇、〈禮記・祭法〉比勘》，《古文獻研究集刊》第 6 輯，頁 260—276。

因《國語》之“三辰”,《禮記》、《論衡》亦作“星辰”,陳奐《詩毛氏傳疏》卷一五《破斧》注引《國語》則作“星辰”,是誤互《國語》與《禮記》、《論衡》之别矣。董增齡《正義》卷四云:“《路史・後紀》‘僑極取陳豐氏,曰裒,履大跡而儚,生嚳,方頤龐覭珠庭仳齒,戴於厥德,神靈厥行,祇肅□日月而迎送之,以順天之則,謂寅賓出日,寅餞納日,教民稼穡,以固民也,揖其民力,更相爲師,因其土宜以爲民,於是盡地之制,受少昊、高陽之經理,卒創九州,以統理下國。’此序三辰以固民之事也。《漢書・律曆志》:‘日合於天統,月合於地統,斗合於人統,此日、月、星爲三辰之事也。”①清諸可寶(1845—1903)《疇人傳三編》卷四《朱駿聲》云:“又讀《周語》‘帝嚳能序三辰’,知十二次名義,當爲所定,然今時實測與古不同。”②“周語”爲“魯語”之誤。“著”字不見於《説文》,《廣韻・御韻》云:“著,明也,處也,立也,補也,成也,定也。”③則“著”、“固”義同。審《祭法》前後,除下文“舜勤衆事”而外其他各處亦皆作“民”字,則此處亦當做“民”字。詳參拙稿《〈國語・魯語上〉“海鳥曰爰居”篇、〈禮記・祭法〉比勘》。

《魯語下》第五

25. 若從君而走患,則不如違君以避難

韋注:走,之也。

按:走,《説苑・正諫》作致。(頁107)

【按】 趙生群、蘇芃合寫之《〈國語〉疑義新證》以爲“走患”與“避難”相對成文④。就本文語境而言,“患”、“難”義同,“走”、“避”反向。《國語》“走”字共15見,跟賓語者4見,分别爲《魯語下》本句,《晉語二》

---

① (清)董增齡:《國語正義》,本卷頁17。

② (清)諸可寶:《疇人傳三編》,南菁書院叢書本,本卷頁9。

③ (宋)陳彭年等:《宋本廣韻》,頁342。

④ 趙生群、蘇芃:《〈國語〉疑義新證》,《古籍整理研究學刊》2007年第2期,頁41—44。

“走之易達”、“不若走梁”、《晉語九》“乃走晉陽”,《晉語》中帶賓語“走”字具有“奔赴”之義,故韋注釋“走”爲“之”者是。審《説文·走部》即云:“走,趨也。”①《説苑》以“致”字轉述,亦是。

26. 若無其心,而敢設服以見諸侯之大夫乎

按:吴昌瑩《經詞衍釋》曰:“而,猶豈也。”竊謂“而”訓“何”,亦可。(頁 108)

【按】“而”爲連詞,不當解作“豈”、“何”。審上下語境云:“今大夫而設諸侯之服,有其心矣。若無其心,而敢設服以見諸侯之大夫乎?將不入矣。”二“而”字中,前者表轉接關係;後者表順承關係,“無其心”表示條件,後句“敢設服以見諸侯之大夫”爲動作結果。

27. 對曰:“吾能老而已,何以語子。”

按:能,讀爲乃。句言我乃年老而已,没什麽可對你説。于鬯謂老讀爲勞,附會爲下文“君子能勞,後世有繼”之“能勞”,不可信從。(頁 109)

【按】“能”字爲能願動詞,不必改讀。在本語境中“能”即“能够”,劉利把《國語》、《左傳》中有“能够”義的“能”字分爲四種:(1) 客觀條件許可;(2) 事理上許可;(3) 推論的許可;(4) 能力上許可。② 本處之“能”字屬於第四種用法。“老”字在本句中則具有動詞作用,作謂語。

28. 以露睹父爲客

按:露睹,《列女傳》卷 1 作“露堵”,《白帖》卷 15 作“路睹”,《儀禮·燕禮》鄭注、《左傳·襄公二十七年》孔《疏》引《國語》並作“路堵”,《蒙求集注》卷上引作“路都”,《御覽》卷 932、《記纂淵海》卷 99

① (漢)許慎:《説文解字》,頁 35 下。
② 劉利:《先秦助動詞研究》,北京師範大學出版社 2000 年版,頁 109—122。

引並作"露賭"。宋庠曰:"善本多從日作'睹'。"未知所據。(頁110)

【按】"睹"、"堵"、"賭"、"睹"皆從"者"字得聲,人名用字轉寫有時候唯求音同,未必字形完全一致。拙著《〈國語補音〉異文研究》有詳辨,可參①。宋庠據《説文》:"從目者,見也。""從日者,旦明也。"而又認爲:"然畫易爲相亂,諸書又無引證,未知孰是。今從多本。"②如據《説文》之釋言,則或字本當從"日"作"睹"。宋庠亦云"未知所據",則宋庠之時即"未知所據",則可見其形不定、其義不明久矣。

29. 自庶士以下,皆衣其夫

按:皆,猶各也,參見拙著《古書虚詞旁釋》,《家語·正論解》正作"各"。(頁113)

【按】"皆"、"各"皆範圍副詞,"皆"强調整體性,而"各"强調整體中的個體性,《國語》之"皆"在强調整體,即所有的"庶士以下"如何;《家語》强調個體,即所有的"庶士以下"每個人都如何。不必因彼而易此。

30. 社而賦事,蒸而獻功,男女效績,愆則有辟,古之制也

韋注:冬祭曰蒸,蒸而獻五穀、布帛之功也。績,功也。辟,罪也。

按:蒸,《家語·正論解》、《列女傳》卷1並作烝。愆,《列女傳》、《蒙求集注》卷下作否。《家語》王肅注:"辟,法也。"尋下文"其何以避辟"與此相應,韋注是也,王注失之。(頁113)

【按】韋注與王注皆是。《説文·辟部》:"辟,法也。从卩,从辛,

① 拙著《〈國語補音〉異文研究》,頁310—312。

② (宋)宋庠:《國語補音》卷二,本卷頁3。

節制其辠也。"①鄭注、韋注多處亦訓"辟"爲"罪",亦可通。"罪"由"法"制,"法"爲"罪"立。

31. 朝夕處事,猶恐忘先人之業

按:忘,讀爲亡,失也。下文"無廢先人",廢亦失也,正與此相應。(頁113)

【按】《說文·心部》:"忘,不識也。从心从亡,亡亦聲。"②"其仁可以利公室不忘"俞樾《平議》云:"忘與亡義通。"③《國語》"業"字30見,韋昭多處注謂"業,事也"。改讀爲"亡",是以"業"爲"基業"。《國語》"忘"、"業"連用者非僅一處,如《魯語下》"使無忘職業",此"職業"即謂所司之職、所事之事,是韋注釋"業"爲"事"之義,"猶恐忘先人之業"即謂"猶恐忘先人之所事",故《國語》"忘"字不誤,不必改讀爲"亡",釋義爲"失"。

32. 客執骨而問曰:"敢問骨何爲大?"

按:爲,猶最也,參見拙著《古書虛詞旁釋》,《史記·孔子世家》、《說苑·辨物》並作"骨何者最大"。(頁115)

【按】"敢問骨何爲大"爲動賓結構,"問"爲謂語動詞,"骨何爲大"爲小句作賓語,該小句爲主謂結構,"骨"爲主語,"何爲大"爲述語。"何爲大"中,"何"爲主語,"爲"爲動詞,具有判斷意味。"爲"無"大"義。不可因《史記》、《說苑》作"骨何者最大"即以《國語》之"爲"爲"最"。"爲"、"最"語法作用、語法意義及語義皆不同,無可通之理。

33. 有隼集于陳侯之庭而死,楛矢貫之,石砮,其長尺有咫

韋注:砮,鏃也,以石爲之。

---

① (漢)許慎:《說文解字》,頁187下。
② (漢)許慎:《說文解字》,頁220下。
③ (清)俞樾:《群經平議》,《續修四庫全書》第178册,頁478上。

按：砮，《類聚》卷60、《御覽》卷926引作弩，借字。（頁115）

【按】 從“石”者示材質，從“弓”者示功能，恐非可以“借字”釋之。“楛”字之辨詳見拙稿《〈藝文類聚〉引〈國語〉斠正四則》①。

《齊語》第六

34. 鮑叔對曰：“夫爲其君動也。”

按：夫，猶彼也，《管子·小匡》作“彼爲其君動也”。動，發也，言爲其君發射也。《〈左傳·莊公九年〉疏》引《管子》、《通志》卷92“動”作“勤”，洪頤煊曰：“‘勤’字是，《僖二十八年左傳》注曰：‘盡心盡力，無所愛惜曰勤。’”王念孫、張以仁皆從之，徐元誥《集解》本據洪説徑改作“勤”，失之。于省吾《管子新證》謂“金文‘動’字作‘童’，童、重古本同字，‘彼爲其君動’即‘彼重爲其君’之倒文。”似爲迂曲。俞志慧指出“動”字不誤，宋·范浚《用人》引作“動”字，可從。《册府元龜》卷737、《春秋臣傳》卷3並作“動”。（頁118）

【按】 “夫”爲發語詞，非遠指代詞“彼”，何樂士謂爲“語首助詞，常用於句首，表示一種要作出判斷或議論的語氣。”②可從。又《通鑒前編》卷一〇引《國語》亦作“動”。宋魏了翁《春秋左傳要義》卷一〇、《通志》卷九二、明潘游龍《康濟譜·任賢卷一》下，清王念孫《讀書雜志·史記第二》、清王引之《經傳釋詞》卷一〇“夫”字注引《齊語》，清佚名《史記疏證》卷二五引《小匡》皆作“勤”。“勤”(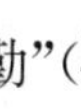)、“動”()形亦近。

35. 四民者，勿使雜處，雜處則其言哤，其事易

韋注：哤，亂貌。易，變也。

按：哤，指語言雜亂也，《文選·長笛賦》李善注引作庬，《通鑒》

① 拙稿《〈藝文類聚〉引〈國語〉斠正四則》，《鹽城師範學院學報》2012年第2期，頁97—101。

② 何樂士：《古代漢語虚詞詞典》，頁127。

卷139胡三省注引作厖，並爲借字。《册府元龜》卷41注引哤作怓，則爲臆改。易，《管子·小匡》作"亂"。戎輝兵謂易讀爲弛，訓"廢"。（頁120）

【按】 遞修本、許宗魯本、金李本、薈要本、文淵閣本、文津閣本韋注作"哤，亂皃。易，變易也"，經筵校本、張一鯤本、穆文熙本、道春點本、千葉玄之本、黄刊明道本及其覆刻本、綠蔭堂本、董增齡本、秦鼎本字作"貌"。汪遠孫謂明道本注脱"易"字，今檢黄刊明道本及其覆刻本、寶善堂本、《四部備要》本、《補正》、《叢書集成初編》本、上古本注文"變"後確實無"易"字。《集解》注文則作"哤，亂貌。易，易變也"，恐爲"變易"之倒。朱熹《儀禮經傳通解》卷二九引注云："易，變易也。"①從公序本。因上文云"定民之居"、"成民之事"，故欲使士、農、工、商各行業保持行業的恒定性。明湛若水《格物通》卷五五云："夫先王之處民也，士、農、工、商各有其地，所以專其業也。地壹則事專，事專則業專，業專則志定矣。民志定，則天下治矣。"②事不專即變易，則韋注可通，不必改讀。

36. 相語以利，相示以賴，相陳以知賈

韋注：賴，贏也。

按：賴，猶言利潤。《管子·小匡》"賴"作"時"，義别。（頁121）

【按】《説文·貝部》："贏，有餘，賈利也。""賴，贏也。"③或韋注所本。《太平御覽》卷八二九引《齊語》注誤作"嬴"。又宋陸佃撰、明牛衷

---

① （宋）朱熹：《儀禮經傳通解》，頁1033。
② （明）湛若水：《格物通》，《景印文淵閣四庫全書》第716册，頁487。
③ （漢）許慎：《説文解字》，頁130下。

增輯《增修埤雅廣要》卷七引《管子》"令"皆誤作"今","時"作"貨"①,作"貨"字則與《齊語》"賴"字義近。

37. 修舊法,擇其善者而業用之

韋注:業,猶創也。

按:修,當作"循",古書每多相混。循舊法,即《詩》"率由舊章"之誼,鄭玄箋:"率,循也。"《荀子·王霸》:"循其舊法,擇其善者而明用之。"尤爲確證。《管子·小匡》作"修舊法,擇其善者舉而嚴用之","修"字亦誤。劉績《管子補注》曰:"業、嚴,皆敬也。"劉説是也,《廣韻》:"業,嚴也、敬也。"《荀子》作"明",明猶尊也,三書正同義。俞志慧謂"業、嚴或爲同聲假借",王引之、俞樾、陳偉並谓"業有次第之義",失之。(頁122)

【按】 各本引《國語》亦多作"修"。審薈要本、文津閣本字作"脩","修"、"脩"音同可通。《玉篇·彡部》:"修,治也。"《廣韻·尤韻》:"修,理也。"②《齊語》"教不善則政不治"韋注云:"治,理也。"下文即云"擇",則需先對舊法進行梳理,方可知舊法之善否,故"修"字亦通,未必爲"循"字之誤。

38. 是故卒伍整於里,軍旅整於郊

按:《漢書·刑法志》作"是故卒伍定於里,軍政成於郊"。(頁123)

【按】 《管子·小匡》作"是故卒伍政定於里,軍旅政定於郊",《太平御覽》卷二九八引《漢書》,卷六二五引《國語》,《通典》卷一四八引《管子》。宋程公説《春秋分記》卷三九、金履祥《通鑒前編》卷一〇、吕祖謙

---

① (宋)陸佃撰、(明)牛衷增輯:《增修埤雅廣要》,《續修四庫全書》第1271册,頁320上。

② (宋)陳彭年等:《宋本玉篇》,頁110。(宋)陳彭年等:《宋本廣韻》,頁185。

《歷代制度詳説》卷三、宋唐仲友(1136—1188)《帝王經世圖譜》卷一二、《玉海》卷一三六、《通志》卷九二、《儀禮經傳通解》卷三六、《文獻通考》卷一四九、元趙汸《春秋左氏傳補注》卷二、《經濟類編》卷一四、《文章辨體彙選》卷四九三引《國語》。劉績《管子補注》卷八云:"《齊語》'政'作'正'字。"①王念孫《讀書雜誌·管子第四》云《漢書》"政"爲"旅"字之誤,又謂:"'政'即'正'字也,'正'與'定'古字亦通。今'政'、'定'竝出者,一本作'政',一本作'定',而後人誤合之也。《齊語》作'整','整'與'正'、'定'聲亦相近。"②《管子》之"政"恐非"正"字,實即當作本字讀。"卒伍政、""軍旅政"皆爲定中結構,"政"爲名詞,"政事"。

39. 設之以國家之患而不疚

韋注:患,難也。疚,病也。豫設以國家之患難問之,不病不罷也。

按:疚,《管子·小匡》作"肉",肉當爲久之形誤,久爲疚省借。尹知章注:"其人既可將立之,又時設問國家之患,以知智謀之深淺,不直相其骨肉而已。肉者,所謂皮相也。"失之。韋注"不罷",明道本作"不能"。(頁124)

【按】　劉績《管子補注》謂:"'肉'乃'疚'之誤。"③因"肉"字亦寫作"冎"、"內","冂"内之字即爲"久(乆)",《金石文字辨異》收"宊"字,《説文·宀部》云:"宊,貧病也。"④《詩經》"煢煢在宊"毛《傳》釋爲貧病,段玉裁云:"謂'宊'爲'疚'之叚借也。"⑤"宊"與"冎"、"內"形近。郭沫若認爲"宊"與"究"通,"不宊"謂不窮⑥。汪遠孫已揭出《舊音》、金李本與黄

① (明)劉績:《管子補注》,《景印文淵閣四庫全書》第729册,頁361上。
② (清)王念孫:《讀書雜誌·管子第四》,北京:中國書店1985年版,頁98。
③ (明)劉績:《管子補注》,同上,頁362上。
④ (漢)許慎:《説文解字》,頁151下。
⑤ (清)段玉裁:《説文解字注》,頁341下。
⑥ 郭沫若:《管子集校》,頁338。

刊明道本注“罷”、“能”之異。審本文語境,“有人居我官,有功休德,惟慎端愨以待時,使民以勸綏謗言,足以補官之不善政,桓公召而與之語桓公召而與之語,訾相其質,足以比成事,誠可立而授之”,“訾相其質”爲考察能力,故“不疚”當爲“不病不能”,非“不病不罷”,《舊音》、公序本“罷”字或爲“能”字之誤,秦鼎本從明道本作“能”。郭沫若謂“不宊”謂不窮者亦恐非是。

40. 輕過而移諸甲兵

韋注:諸,之也。移之甲兵,謂輕其過,使以甲兵贖其罪也。

按:移讀爲弛,蠲免。諸,猶以也。移諸甲兵,謂以甲兵免其罪也。(頁126)

【按】《太平御覽》卷三五七引賈逵注云:“輕過,輕罪也。移諸甲兵,以甲兵贖罪也。”又卷六五一引韋注云:“諸,之也。謂輕其過,使以甲兵贖罪。”①蓋賈、韋以義釋整句,非以“贖”釋“移”也。《管子》“諸”作“之於”。《玉篇・禾部》:“移,易也。”②《齊語》“則民不移”韋注云:“移,徙也。”上文桓公云:“齊國寡甲兵,爲之若何?”故管子語此以應之。治罪本以刑,而此不用刑而易以兵甲。下文“制重罪贖以犀甲一? ”、“輕罪贖以韇盾一? ”、“小罪讁以金分”爲“輕其過而移諸甲兵”之具體措施,《管子》三“贖”字皆作“入”。故“移”字可通,不必改讀。

41. 遂北伐山戎,𠝏令支、斬孤竹而南歸

韋注:𠝏,擊也。斬,伐也。

按:𠝏,《管子・小匡》作“制”,形近致誤。斬,讀爲踐,實爲翦。《史記・始皇本紀》:“斬華爲城。”《史记・陳涉世家》、《漢書》、《文選》斬作踐,是其相通之證。《書・蔡仲之命》:“遂踐奄。”孔《疏》:

① (宋)李昉等:《太平御覽》,《四部叢刊》本影宋本,頁3—4;《景印文淵閣四庫全書》第896册,頁283上;《景印文淵閣四庫全書》第898册,頁846上。

② (宋)陳彭年等:《宋本玉篇》,頁287。

“鄭玄讀踐爲翦。翦，滅也。”《吕氏春秋·古樂》：“王命周公踐伐之。”韋注斬訓伐，義相合。《史記·齊世家》：“北伐山戎離枝孤竹。”尤爲確證。（頁126）

【按】 前用“剬”而後用“斬”，“斬”、“制”義同，此處皆用爲討伐之義，不必改讀。“孤竹”又作“觚竹”，“令支”又作“離支”、“泠支”，詳見前文。清吴卓信（1755—1823）《漢書地理志補注》卷七三引《大清一統志》：“令支故城在今永平府遷安縣西，孤竹山在盧龍縣西，孤竹國城在其陰。”①《説文·刀部》云：“制，裁也。”②則《管子·小匡》“制”字亦可通，未必爲“剬”字之誤。

42. 二君殺死，國絶無嗣

按：無嗣，《管子·小匡》作“無後”。徐元誥《集解》本脱“絶”字。（頁127）

【按】 經筵校本、黄刊明道本及其覆刻本、寳善堂本、《補正》、《四部備要》本、《叢書集成初編》本、《詳注》、《集解》、上古本“殺”字作“弑”，《〈左傳·僖公十九年〉正義》、宋魏了翁《春秋左傳要義》卷一六引《齊語》與明道本同，明清人引《齊語》則皆從公序本作“殺”。循例，字或當作“弑”，詳見拙著《〈國語補音〉異文研究》。

43. 軍譚、遂而不有也，諸侯稱寬焉

韋注：軍，謂以軍滅之。不有，以分諸侯也。

按：軍，《管子·小匡》作伐。《説文》：“軍，圜圍也。”《廣雅》：“軍，圍也。”（頁128）

【按】 韋注此處隨文釋義，亦可通。古文字學家以爲“軍”爲止車

① （清）吴卓信：《漢書地理志補注》，道光二十八年（1842）刊本，本卷頁5。
② （漢）許慎：《説文解字》，頁92下。

自圍之義，止車自圍實即屯軍，故“軍”亦訓“屯”。由後文“不有”可知，“軍譚、遂”之“軍”絶非“屯”、“圍”之義，實滅其國，如楚莊王之滅陳而不有然。

44. 所以示權於中國也

按：權，《管子・小匡》作勸。（頁129）

【按】　清王太岳《四庫全書考證》卷四九云：“‘所以示權於中國也’，刊本‘權’作‘勸’，並據《國語》改。”①趙守正《管子通解》徑據《國語》改爲“權”字。《管子》多本亦皆引劉績《補注》“《齊語》作‘權’”爲説，或不出注。按《管子》之“勸”或即“權”之俗體，從權音。不得以“勸勉”之義釋之。蓋“權”本從“木”，用作“權力”之義，亦借字，《説文》、《篆隸萬象名義》皆釋作“黄華木”，而《五經文字》則釋作“拳握”。字從“力”，則或彰顯其語義，或作“勸”。然“權”字常用，“勸”則遂唯“勸勉”義顯，“權力”義微。

《晉語一》第七

45. 抑君亦樂其吉而備其凶

按：亦，猶其也，命令副詞，參見裴學海《古書虛字集釋》。（頁130）

【按】　何樂士以“亦”爲判斷副詞，“用於動詞謂語前作狀語，表示對動作行爲或事態的判斷，兼有限制之意。”②“其”在該語境和該語法位置上一般作推度副詞，表示推斷，和“亦”字用法未盡同。

46. 今晉國之方，偏侯也

韋注：方，大也。偏，偏方也，乃甸内偏方小侯也。

---

① 清王太岳：《四庫全書考證》，頁2064。

② 何樂士：《古代漢語虚詞詞典》，頁508。

按：俞樾曰："訓'方'爲'大'，則與下文'其土又小'義不相屬矣。古建國者……皆以開方計之，故四竟謂之四方，竟内謂之方内。晉國之方，蓋舉晉之四竟言之。"于鬯又駁俞氏，以"今晉國之方偏侯也"8字一句讀，謂"之"訓"則"，"方"訓"始"。竊謂諸説並非，方，類也、輩也。（頁130）

【按】《左傳·桓公二年》："今晉，甸侯也。"審文義，俞樾所述是。然韋注之"大"蓋統括大小方圓而言之，即謂晉國之疆域而統言之，即"大"之上位義，非形容詞之"大"。蕭説亦可通，然韋注可通，不必別立新解。

47. 多而驟立，不其集亡

韋注：驟，數也。集，至也。

按：其，猶必也。不其，猶口語曰"不會"。《廣雅》："集，取也。"亦通。（頁131）

【按】 清戴鈞衡（1814—1855）《書傳補商》卷二引王引之"其猶之也"並云："《國語·晉語》'多而驟立，不其集亡'，言不之集亡也。"①又何樂士以"不其"爲復音虚詞，"否定副詞，用於動詞謂語前作狀語，表示否定。"②恐亦皆未允。"其"本推度副詞，與否定副詞"不"構成復合副詞表示對謂語動詞所表動作或狀態的一種肯定性推測，而非否定。審《晉語一》下句云："雖驟立，不過五矣。"也就是説，"亡"是必然的結果，那麽説"不其"是對"集亡"的否定，於語境未協。中國社會科學院語言研究所編《古代漢語虚詞詞典》認爲："'不其'與語氣詞前後呼應構成反詰句，以反問的語氣表達肯定的内容。"③《晉語一》此處雖無語氣詞，但仍表肯定語氣。今有俗成語"果不其然"，其中"不其"用法與《晉語一》

① （清）戴鈞衡：《書傳補商》，《續修四庫全書》第50册，頁49下。
② 何樂士：《古代漢語虚詞詞典》，頁38。
③ 中國社會科學院語言研究所古代漢語研究室：《古代漢語虚詞詞典》，頁41。

本處亦近似。

48. 今君滅其父而畜其子，禍之基也

按：畜，讀爲蓄，《册府元龜》卷795正作蓄。（頁132）

【按】　各書引《國語》中，亦唯《册府元龜》引作"蓄"。按本句上文云："伐木不自其本，必復生；塞水不自其源，必復流；滅禍不自其基，必復亂。"亦即斬草須除根之義。今滅驪戎卻立驪姬爲夫人，類乎殺其父而養其子。故"畜"字不誤。《釋名・釋言語》："畜，養也。"毛《傳》、鄭《箋》多處亦釋"畜"爲"養"，《晉語六》"昔者我畜於趙氏"韋注云："畜，養也。"亦本處"畜"字之義。審郭錫良《漢字古音手册》（增訂本），"畜"上古二音，透紐覺部者爲"牲畜"之"畜"；曉紐覺部者爲"畜養"之"畜"。不必改讀。《説文・田部》："畜，田畜也。"段注云："田畜，謂力田之蓄積也。"又《説文・艸部》："蓄，積也。"故段注云："'畜'與'蓄'義略同，'畜'从田，其源也。'蓄'从艸，其委也。俗用'畜'爲'六嘼'字，古叚爲'好'字。"①

49. 是故先施讒於申生

按：《資治通鑒外紀》卷4作"優施先讒太子"，此文"先施"疑誤倒。施，優人之名。（頁133）

【按】　《晉語一》之"施"爲動詞，故當爲"施行"之義，非優人施。《通鑒外紀》固屬復述，義亦可通，然不可因《資治通鑒外紀》作"優施先讒太子"就改易《國語》本文。《經濟類編》卷一六引省"先"字。"施讒"與"行戮"之"行"語法功能意義皆相類。

50. 若不勝狄，雖濟其罪，可也；若勝狄，則善用衆矣，求必益

① (漢)許慎：《説文解字》，頁291上、頁27上；(清)段玉裁：《説文解字注》，頁697下、頁47下。

廣，乃可厚圖也

韋注：濟，渡也。以不勝罪之。

按：其，猶於也。濟，讀爲擠。《廣雅》："擠，推也。"《〈莊子·人間世〉釋文》："擠，陷也。"尋《吕氏春秋·離俗》："君子濟人于患。"高誘注："濟，入也。"亦讀爲擠。韋注失之，吴曾祺、徐元誥並訓"成"，亦非。（頁133）

【按】 "其"爲代詞，指代太子申生。審《周語中》"若能有濟也"、《晉語五》"今陽子之貌濟"、"以濟蓋也"、《晉語六》"事君必濟"、《楚語上》"若是而不濟"、《楚語下》"是故得民以濟其志"、《吴語》"焉可以濟事"韋注俱訓作"成"。此處"濟"字亦當訓作"成"，吴、徐不誤，蕭説未允。

51. 衣之偏裻之衣

韋注：裻在中，左右異色，故曰"偏裻"。

按：吴曾祺曰："《説文》裻訓背縫，則當云在後，不當云在中。"汪遠孫曰："裻與督同，《〈莊子·養生主〉釋文》引李頤云：'督，中也。'據此，裻在中明矣。"汪説是也，《文選·魏都賦》李善注引韋昭注，亦作"中"字。（頁133）

【按】 王煦云："《禮記·深衣》'負繩及踝以應直'注：'繩謂裻與後幅相當之縫。'《正義》曰：'衣之背縫與裳之背縫上下相當，如繩之直也。'曰偏裻，則左右異矣。《史記·佞幸傳》'顧見其裻'注：'裻，衫襦之横者。'與《深衣》不合，非也。"①《史記集解》引服虔曰："偏裻之衣，偏異色，駮不純，裻在中，左右異，故曰偏衣。"②裁布爲衣，則必有縫，這個縫一定是在衣服的後背，到今天依然如此，而且這個背縫一定位居整個衣服圓周的正中，此其常理，"偏裻"，也就是本來應該在衣服正中的背縫

---

① （清）王煦：《國語釋文》卷三，浙圖藏觀海樓刊本，本卷頁6。

② （漢）司馬遷撰：《史記》，頁1664。

卻没有在正中，不在正中也就不符合常理，那麽晉獻公賜給申生的這個衣服的背縫也就偏離了其正中位置，所以下文纔有僕人贊"君賜之奇，奇生怪，怪生無常，無常不立。使之出征，以先觀之，故告之以離心"，"離心"恰恰和"偏裻"相呼應。

《晉語二》第八

52. 公祭之地，地墳

韋注：將飲先祭，示有先也。墳，起也。

按：《左傳・僖公四年》同，韋注："墳，起也。"未晰。《集韻》："墳，土起。"《穀梁傳・僖公十年》作"覆酒於地而地賁"。范寧注："賁，沸起也。"則有二説，一以爲土高起，吴曾祺曰："地隆起若墳然。"從此説。一以爲酒沸湧，朱駿聲曰："墳叚借爲濆，注失之。"從此説。（頁137）

【按】 韋注"墳，起"者，以"墳"爲狀態動詞；范寧（339—401）"賁，沸起"者亦以"賁"爲狀態動詞，然"沸"者摹狀，"起"者結果。前者衹强調最終結果狀態，後者尤重視結果狀態之描摹，蓋毒酒覆地，汁液腐蝕泥土如水沸然。"墳"、"賁"二字皆可通。

53. 神曰："無走！帝命曰：'使晉襲於爾門。'"

韋注：帝，天也。襲，入也。

按：命曰，《説苑・辨物》誤作"今日"，當據此訂正。《唐開元占經》卷113、《御覽》卷881引《國語》並同今本；《御覽》卷400引作"命"，脱"曰"字。（頁138）

【按】 《説苑・辨物》誤作"今日"，"今日"或當作"令曰"，古書中"令"與"今"、"日"與"曰"形近易混。《經濟類編》卷九七、《山堂肆考》卷一四九從《説苑》作"今日"。盧文弨（1717—1796）《群書拾補》從《晉語二》改"今日"爲"命曰"。《説苑校證》云："此當是'令曰'，'令'與'命'

同。作‘命’則無由誤爲‘今’矣。”①言是。

54. 夫齊侯將施惠如出責，是之不果奉，而暇晉是皇

韋注：暇，不暇。謂不暇以晉爲務也。

按：而，猶何也，訓見裴學海《古書虛字集釋》。而暇，猶言何暇，與“不暇”同義。韋注：“暇，不暇。”無理。徐仁甫謂暇借爲瑕，犹何也，亦未確。黄模曰：“皇，匡也。”（頁139）

【按】《非國語》、黄刊明道本無“如”字，汪遠孫謂明道本脱，言是，無“如”字則不辭。《詩·豳風·破斧》“周公東征，四國是皇”《傳》曰：“皇，匡也。”②陳偉《愚慮録》卷一即引毛《傳》以證韋注之非。陳奂《疏》卷一五云：“《晉語》‘是之不果奉，而暇晉是皇’，言不暇匡晉也。亦假‘皇’爲‘匡’，‘匡’讀如‘一匡天下’之‘匡’，《爾雅》：‘皇、匡，正也。’”③汪遠孫《發正》引陳奂之説而爲證，徐元誥《集解》亦引陳奂爲説，實本汪遠孫，拙著《〈國語〉動詞管窺》已揭出，可參看。“而”作連詞，本處表順接關係，不訓作“何”。審文義，“而暇晉是皇”當是反詰語氣，義爲“還有時間匡復晉國嗎”，故韋注“暇”爲“不暇”，隨文釋義，不誤。“謂不暇以晉爲務也”者，變本文反詰語氣爲肯定語氣。

55. 且入河外列城五

按：且，猶請也，參見拙著《古書虛詞旁釋》。《史記·晉世家》作“請以晉河西之地與秦”。正作“請”字。《戰國策·楚策一》：“請效列城五。”亦其比。（頁140）

【按】“且”爲連詞，表遞進。因本文上句云：“君實有郡縣。”本句即緊接上句而來。《史記》上句則爲“即得入”，實與“請以晉河西之地與

① (漢)劉向撰，向宗魯校證：《説苑校證》，頁466。

② (清)阮元校刻：《十三經注疏》，頁398中。

③ (清)陳奂：《詩毛氏傳疏》，本卷頁23。

秦”構成假設關係,《戰國策》上句爲“王苟無以五國用兵”,亦與“請效列城五”爲假設關係。《晉語二》本文上下句爲遞進關係,而《史記》、《戰國策》皆爲假設關係,固不相同。不可因内容大體相同就把具體語詞功能簡單類同。

《晉語三》第九

56. 孰是人斯,而有是臭也

韋注:孰,誰也。斯,斯世子也。

按:王引之《經傳釋詞》:“孰,猶何也。斯,詞也。”斯,用法同“兮”。而,猶當也,訓見裴學海《古書虚字集釋》。(頁 141)

【按】 “孰”,疑問代詞,韋注不誤。《文選》李善注引脱“孰”字。下既謂“是人”,則“孰”當從韋注釋作“誰”。《馬氏文通・實字卷二》引《晉語三》本句並云:“‘孰’爲表詞,猶云‘是人誰也,而有此也’。”①王念孫、王引之皆謂“孰”訓作“何”,恐非。“而”爲連詞,表順接關係。韋注引賈、唐云:“謂惠公欲以正禮改葬世子,而不獲吉報也。孰,誰也。斯,斯世子也。誰使是人有是臭者,言惠公使之也。或云:貞謂申生,與下相違,似非也。”明方弘静(1516—1611)《千一録》卷五云:“共世子之改葬也,臭達於外,國人悲之而誦之也。蓋曰:彼人也而生,斯人也而死乎?悲死者,惡生者也。故曰:貞之無報也,孰是人斯,而有是臭也。夷吾之無禮,於改葬無與焉。改葬禮也,而達是臭,何爲哉?注未得記者之旨。”②然從下文郭偃所云“甚哉,善之難也。君改葬共君,以爲榮也,而惡滋章。夫人美於中,必播於外,而越於民,民實戴之。惡亦如之,故行不可不慎也,必或知之”來看,韋注亦頗得本書之旨。

57. 大命其傾

韋注:大命將傾。

---

① (清)馬建忠:《馬氏文通》,北京:商務印書館 1983 年版,頁 72。

② (明)方弘静:《千一録》,《續修四庫全書》第 1126 册,頁 180 上。

按：其，韋氏訓"將"，張以仁從之，是也。裴學海曰："其，猶以也。"未允。（頁141）

【按】 "其"、"將"用於謂語動詞之前，皆可爲推測副詞，表示對謂語動詞所示動作狀態可能實現的肯定性推斷。

58. 君輯大夫就車，君鼓而進之

按：輯，明道本作"揖"，《資治通鑒外紀》卷5同。董增齡曰："輯、揖古字通。"《書·堯典》："輯五瑞。"《史記·五帝本紀》、《漢書·郊祀志》輯作揖，亦其例。（頁142）

【按】 明何楷（？—1645）《詩經世本古義》卷五《螽斯》"螽斯羽揖揖"注云："'揖'通作'輯'。《晉語》：'君輯大夫就車。''輯'或爲'揖'，故知二字通也。"①明朱朝瑛（1602—1684）《讀詩略記》卷一亦引《晉語》本句以"揖"、"輯"通。清惠棟《九經古義》卷三云："'輯五瑞'，《史記》作'揖'，《魏脩孔子廟碑》亦云'揖五瑞'，《秦本紀》曰'心揖志'，義作'輯'，漢碑皆以'揖'爲'輯'。馬融曰：'揖，斂也。'與孔訓同而字異（古'揖'字有作'輯'者，《晉語》曰：'君輯大夫就車。'舊訓'輯'爲'揖'）。"②則或明人尚見《國語》明道本③。董增齡謂："蓋言畢而別有揖臣之禮。"④亦可參。

59. 慶鄭曰："釋，來救！"亦不克救，遂止於秦

按：明道本"救"下衍"君"字，《册府元龜》卷845無"君"字。于

---

① （明）何楷：《詩經世本古義》，《景印文淵閣四庫全書》第81册，頁97上。
② （清）惠棟：《九經古義》，上海：商務印書館1937年版《叢書集成初編》本，頁29—30。
③ 今見日本國會圖書館所藏朝鮮活字本《國語》，爲朝鮮經筵在正統夏校訂之本，審其本文特徵，雖然有些地方與《國語》公序本相近，然整體爲明道本無疑。則明代的中國本土能够見到明道本《國語》也屬正常。
④ （清）董增齡：《國語正義》卷九，本卷頁9。

譽謂"君"字屬下句,非是。(頁143)

【按】 今審"明道本'救'字下衍'君'字"爲徐元誥《集解》案語,是蕭氏引其言而未審辨其說。明郭禮延《史通評釋》卷一六引有"君"字,審《册府元龜》卷八四五引亦有"君"字。《國語》各本中,遞修本、許宗魯本、金李本、張一鯤本、穆文熙本、吴勉學本、道春點本、千葉玄之本、緑蔭堂本、薈要本、文淵閣本、文津閣本、董增齡本、桂湖村本、林泰輔本、塚本哲三本、《集解》、大野峻本、上古本"不克救"下皆無"君"字,經筵校本、黄刊明道本及其覆刻本、寶善堂本、《四部備要》本、《叢書集成初編》本、《補正》、《詳注》"不克救"下有"君"字。又蕭文録文於"來救"下誤脱"君"字,則其"明道本'救'字下衍'君'字"恐非僅對"不克救"後之"君"字而言。然"來救"後之"君"字,《國語》各本皆有且非衍文,"救"字當有其明確對象,故"君"爲其賓語,無"君"字則稍欠明晰性。

60. 君其不然

按:《左傳・僖公十五年》作"秦不其然"。林注:"秦穆公之志,必不肯如此。"疑此文"其不"誤倒。其,必也。不其,猶口語曰"不會"。然,如此。《左傳・襄公二十六年》亦有"秦不其然"之語。(頁143)

【按】 審上下文爲:"曰:'吾君之入也,君之惠也。能納之,能執之,則能釋之,德莫厚焉,惠莫大焉。納而不遂,廢而不起,以德爲怨,君其不然。'秦君曰:'然。'乃改館晉君。""其"爲表推度副詞。"不然"者,不以"納而不遂,廢而不起,以德爲怨"爲然。語序未倒。清沈廷芳《十三經注疏正字》卷六五則云:"'秦不其然','不其'字誤倒。"①清陳樹華《春秋經傳集解考正》卷一八云:"'秦不其然',高麗一本作'秦其不

① (清)沈廷芳:《十三經注疏正字》,《景印文淵閣四庫全書》第192册,頁857下。

然'。"①清洪亮吉《春秋左傳詁》云:"諸本作'秦其不然',今从定本改正。"②可見《左傳》本身是非亦尚未定,未可以彼而繩此。

《晉語四》第十

61. 日,吾來此也,非以狄爲榮,可以成事也

按:日,《册府元龜》卷732引誤作"自"。(頁144)

【按】"狄",《國語》公序本系統字皆作"翟",明道本系統字作"狄"。《册府元龜》、邢昺《爾雅疏》、何楷《詩經世本古義》卷二三下引字作"翟",宋金履祥《通鑒前編》卷一一、明沈朝陽《通鑒紀事本末前編》卷七引字作"狄"。

62. 有此,其以戊申乎

韋注:有此五鹿,當以戊申日也。

按:韋氏以"當"釋"其"。其,猶當也,參見徐仁甫《廣釋詞》。(頁145)

【按】"其"爲推度副詞。下"得晉國而討無禮,曹其首誅也"之"其"字同。韋注釋作"當",即以"其"爲推度之義。

63. 子犯知齊之不可以動,而知文公之安齊而有終焉之志也

按:下"知"字,《資治通鑒外紀》卷5作患。(頁145)

【按】審《列女傳》卷二《賢明傳·晉文齊姜》後亦作"知"字。《〈左傳·僖公二十三年〉正義》以及明清人著作引皆與《國語》同,宋金履祥《通鑒前編》卷一一未引後句。審劉恕《通鑒外紀》唯約略《左傳》與《國語》之文,也没有明確標出自《國語》、《左傳》,是唯求其義之可通,未求

① (清)陳樹華:《春秋經傳集解考正》,《續修四庫全書》第143册,頁73。

② (清)洪亮吉撰,李解民點校:《春秋左傳詁》,北京:中華書局1987年版,頁584。

字字忠守原文。

64. 懷與安，實疚大事

韋注：疚，病也。

按：疚讀爲久，《公羊傳·莊公八年》注："久，稽留之詞。"《孟子·公孫丑上》趙岐注："久，留也。"（頁 145）

【按】《左傳·僖公二十三年》有"懷與安，實敗名"，《禮記》鄭玄注引《左傳》語。《〈詩·小雅·皇皇者華〉正義》引《晉語》西方之書有之云："懷與安實病大事。"①董增齡《正義》即引爲説。又宋史繩祖（1192—1274）《學齋占畢》卷三《逸書與今古文之異》即云："《毛詩》'駪駪征夫，每懷靡及'《注》、《疏》引《國語》齊女告重耳云：'西方之書有之曰：懷與安，實病大事。'《國語》正文作'實疚大事'，且注云：'西方，謂周也。'凡此，或與今文差字脱文，或不全載，即是《書序》所謂錯亂磨滅及五十九篇之外《逸書》可也。"②《皇王大紀》卷四二引與今《國語》同。明殷奎（1331—1376）《强齋集》卷三《與崑山諸生書》云："古人所謂'懷與安，甚害事'，生於憂患、死於安樂者，非虛言也。"③亦本句之遺意。韋注義即可通，不煩改讀。

65. 君國可以濟百姓

韋注：濟，成也。

按：濟，救也、助也。（頁 145）

【按】《國語》"百姓"共 41 見。《楚語下》云："王公之子弟之質能言能聽徹其官者，而物賜之姓，以監其官，是爲百姓。"此《國語》中絶大多數"百姓"之義，非今所謂人民群衆。"濟百姓"者，濟百姓之事。

---

① （清）阮元校刻：《十三經注疏》，頁 407 中。

② （宋）史繩祖：《學齋占畢》，上海：商務印書館 1939 年版《叢書集成初編》本，頁 41。

③ （明）殷奎：《强齋集》，《景印文淵閣四庫全書》第 1232 册，頁 419 下。

“救”、“助”的最終狀態仍爲“成”,故韋注不誤。

66. 諜其將浴,設微薄而觀之

韋注:諜,候也。微,蔽也。薄,迫也。

按:諜,明道本誤作“謀”。……(頁 145—146)

【按】 黄刊明道本並不作“謀”,其字實作“諜”,與“謀”字形極相似,實並不同。實沿唐人避唐太宗李世民“世”字之諱遺跡。《〈原本玉篇殘卷〉引〈國語〉例辨正》以李慈銘引公序本作“謀”字,實不審,今正之。王念孫《讀書雜志》第十六《餘編上》“諜士”條云:“‘諜’旁‘世’字,唐人避諱作‘廿’,遂與‘謀’相似而誤。”①是“諜”誤作“謀”字之由也。拙稿《李慈銘〈讀國語簡端記〉補箋》有詳辨,可參。

67. 公子曰:“所不與舅氏同心者,有如河水。”

韋注:如,往也。言若不與舅氏同心,不濟此河,往而死也。

按:有如河水,《左傳·僖公二十四年》作“有如白水”,杜預注:“言與舅氏同心之明,如此白水。”如,猶言此,參見吴昌瑩《經詞衍釋》,另參張世超《也釋“有如”》。《史記·晉世家》作“河伯視之”。汪遠孫引梁氏《左通補釋》:“如,若也。與‘有若大川’同意。”若,亦此也。(頁 148)

【按】 審張世超文中所言,“有如”(或作“若”),皆釋爲“有此”,以“如(若)”爲近指代詞。其所釋爲“此”者,實皆可釋作比況類動詞“似”。“有如”結構中,“有”字表確定性、進一步强調,類似於代動詞的作用。張氏引方平權之説以方爲誤,實方的結論頗值參考。

68. 實沈之墟,晉人是居

按:是,猶所也,訓見王叔岷《古籍虚字廣義》。(頁 148)

---

① (清)王念孫:《讀書雜志》第十六《餘編上》,頁 44。

【按】《注釋音辯柳集》注、元胡一桂(1274—?)《周易本義啓蒙翼傳》下篇引《晉語》云:"實沈之墟,晉人所居,所以興也。"清陸奎勳(1663—1738)《陸堂易學》卷一引《國語》與胡一桂引同,當即本胡書所引。《〈左傳・襄公九年〉正義》、《路史》卷四三、《玉海》卷二、元趙汸《春秋左氏傳補注》卷六、《左傳紀事本末》、《尚史》、《繹史》、《禮書綱目》等引字作"虚"。審《國語》各本中,遞修本、經筵校本、許宗魯本、金李本、張一鯤本、穆文熙本、吴勉學本、道春點本、千葉玄之本、緑蔭堂本、薈要本、文淵閣本、文津閣本、董增齡本、秦鼎本、高木本、《集解》字作"虚",而黄刊明道本及其覆刻本、實善堂本、《補正》、《詳注》、上古本字作"墟","虚"、"墟"古今字。"晉人是居"爲賓語前置句,"是"爲代詞。"晉人所居"中,"所"與"居"構成所字結構,在本小句中作名詞性謂語。"是"與"所"的語法功能不同,"是"是句子中的語法成分,而"所"只是構成結構的元素;另外,"是"字可以獨立運用於句中,"所"字作爲"所"字結構構成元素不能單獨使用。故而"所"和"是"不同,不可互訓。

69. 且不見我,君其無悔乎

按:且,猶今也,訓見王引之《經傳釋詞》。《資治通鑒外紀》卷5且作君,臆改。(頁149)

【按】本文上句云"余罪戾之人也,又何患焉",故此"且"字爲連詞,表轉折。《資治通鑒外紀》作"君"字於義亦通,唯未守《國語》之舊。

70. 舉善援能,官方定物

韋注:方,常也。物,事也。立其常官,以定百事。

按:官方定物,《晉語七》:"定百事,立百官。"是其誼也。《御覽》卷625引援作授,援、授形近,義並可通,疑《國語》舊本作"授",《御覽》所引是也。《楚辭・離騷》:"舉賢而授能兮。"《禮記・禮運》:"選賢與能。"《後漢紀》卷3:"辨物設位,官方授能。"正本《國語》。《文選・求自試表》:"簡良授能。"《禮記・儒行》:"其舉賢援能有如此者。"援、舉,並訓選拔。今本《國語》作"援",疑後人據《禮

記・儒行》改之。（頁 149）

【按】宋金履祥《通鑒前編》卷一一、清高士奇《左傳紀事本末》卷二五、清江永《禮書綱目》卷六二引亦作“授”。《禮記・儒行》本中又有“其舉賢授能有如此者”，實該篇“援”、“授”亦未能一致。《莊子・庚桑楚》“任知則民相盜”成《疏》云：“夫舉賢授能，任知先善，則爭爲欺侮。”①審各書所用，以“援能”爲常見，“授能”較爲少見。又凡用“援能”者，“援”前之字爲“善”居多；凡用“授”字者，則“授”前之字以“賢”爲常見，或其中亦有成句之韻律在焉。蓋詞語搭配，亦求其語音之和協，未必是彼非此。

71. 愛親戚，明賢良，尊貴寵，賞功勞

韋注：明，顯也。

按：明，亦尊也。（頁 150）

【按】《説文・頁部》：“顯，頭明飾也。”②《易・繫辭上》“顯道”韓注、《詩・大雅・抑》“無曰不顯”鄭《箋》並訓：“顯，明也。”③《吕氏春秋・仲夏》“可以居高明”高注：“明，顯也。”是“明”、“顯”互訓。又《吕氏春秋・長攻》“顯未至於此”高注：“顯，榮也。”④今詞有“尊顯”，是“顯”亦有“尊”義。

72. 公説，是故以曹田、衛田賜宋人

按：是故，猶言乃也、於是也。下文“公説，是故拘宛春於衛”《左傳・僖公二十八年》“是故”作“乃”。以，介詞，口語曰“把”。徐元誥曰：“能左右之曰以。”失之。（頁 150）

---

①（清）郭慶藩集釋，王孝魚點校：《莊子集釋》，頁 776。

②（漢）許慎：《説文解字》，頁 184 上。

③（清）阮元校刻：《十三經注疏》，頁 80 下、頁 555 下。

④（漢）高誘注：《吕氏春秋》，頁 45、頁 148。

【按】“是故”爲連詞復合結構，楚永安以之爲復式虚詞，本文語境表示承接關係，與“於是”用法同。介詞“以”同於今日之“把”，而其所彰顯的語義效果恰恰即是徐元誥所云“能左右之”，古漢語語法學把這種句式看作處置式的萌芽，“以”字爲早期處置式標記①，亦即此，處置式之得名蓋即源於主語對“把”字後面所跟事物“能左右之”。

73. 文公誅觀狀以伐鄭，反其陴

韋注：反，撥也。陴，城上女垣。

按：反，俗作翻字，《吕氏春秋·簡選》：“反鄭之埤。”高誘注：“反，覆也。”韋注訓“撥”，未晰。《〈左傳·僖公二十九年〉正義》引作“及”，形誤。（頁150—151）

【按】宋魏了翁《春秋左傳要義》卷十七、元李廉《春秋諸傳會通》卷十一、明胡廣《春秋大全》卷十六、清張玉書《佩文韻府》卷四九之一引字亦作“及”，元趙汸《春秋左氏傳補注》卷三則引字作“反”。董增齡《正義》云：“《吕氏春秋·簡選篇》：‘晉文公造五兩之士五乘，鋭卒千人，先以接敵，諸侯莫之能難，反鄭之埤。’高注：‘反，覆，反鄭城埤而取之。’是説此事也。”②頗疑“撥”爲“拔”字之誤，因“犮”、“發”音同，故换聲符以表音。《吕氏春秋·慎行》“拔之”高注：“覆取之曰拔。”③亦可爲佐證。

74. 天降鄭禍，使淫觀狀，棄禮違親

韋注：淫，放也，放曹國不禮於君。

按：淫，柳宗元《非〈國語〉》、《御覽》卷417引誤作“滛”。（頁151）

① 杜敏：《早期處置式的表現形式及其底藴》（《陝西師範大學學報》1996年第4期）“早期處置式語法描寫”第二類即與本句同。

② （清）董增齡：《國語正義》卷一〇，本卷頁45。

③ （漢）高誘注：《吕氏春秋》，頁287。

【按】 字書中無"滛"字獨屬之義,形又作"滛"、"滛",《中華字海》謂"滛"見於《五經文字》,爲"淫"之訛字。審文淵閣本《五經文字·水部》云:"久雨曰淫,从爪从壬,作滛訛。"①早稻田大學圖書館藏本同。《俗書刊誤·侵韻》云:"淫,作'滛'、'媱'竝非。'㸒'與'䍃'不同,㸒從爪從壬,'浸淫'之'淫'、'婬逸'之'婬'從此;'䍃'從肉從缶,'逍遥'之'遥'從此。"②黄刊明道本、文淵閣本等字亦作"滛",陳耀文《天中記》卷二四、《繹史》卷五一下、《淵鑒類函》卷二六九引字亦作"滛"。審文淵閣本《柳河東集》字作"滛",文淵閣本《柳河東別集注》字則作"淫"。另詳見拙著《〈國語補音〉異文研究》。

75. 是,則文王非專教誨之力也

按:"是"字上明道本有"若"字,《通志》卷 90,《册府元龜》卷 732、卷 740 同。《玉海》卷 128 無"若"字。(頁 151—152)

【按】 《經濟類編》卷十五、賀復徵《文章辨體彙選》卷五六、唐順之《右編》卷十一、湛若水《格物通》卷三六、《尚史》卷四三、《繹史》卷五一下等引俱無"若"字。《國語》各本中,遞修本、許宗魯本、金李本、張一鯤本、穆文熙本、吴勉學本、閔齊伋本、道春點本、千葉玄之本、緑蔭堂本、董增齡本、秦鼎本、高木本、《集解》無"若"字,經筵校本、薈要本、文淵閣本、文津閣本、黄刊明道本及其覆刻本、寶善堂本、《補正》、《詳注》、上古本有"若"字。我在拙稿《〈舊音〉、〈補音〉所參據〈國語〉各本考實》中通過對比發現文淵閣本、薈要本有與遞修本等公序本不同而依從明道本的地方,薈要本實開公序本《國語》采納明道本《國語》合理成分的先河,此亦是一例。若無"若"字,則"是"字當連下爲句,不當獨立爲句。

《晉語五》第十一

76. 今宋人弑其君,是反天地而逆民則也,天必誅焉

---

① (唐)張參:《五經文字》,頁 281 上。
② (明)焦竑:《俗書刊誤》,頁 548 上。

按：是，《韓詩外傳》卷 1 作“所以”。“是”猶言“是以”、“是故”、“所以”。（頁 153）

【按】 金李本字作“殺”不作“弒”，公序本系統他本亦皆作“殺”不作“弒”，黄刊明道本及其覆刻本等則字作“弒”。又“是”字爲代詞，爲“今宋人弒其君”之同位語，在“是反天地而逆民則也”小句中作主語，非表因果。

77. 爾童子何知，而三掩人於朝

按：童，徐元誥《集解》本作僮，無據。明道本無“何知”二字，汪遠孫曰：“誤衍，《御覽》引無二字。”張以仁曰：“《考異》之説是也。《公孫丑》《正義》、《白帖》9 引皆無‘何知’二字。又《天中記》卷 17 引有‘何知’二字，卷 49 引則無。有者，蓋據公序本改者也。”尋《三國志・王昶傳》：“若范匄對秦客，至武子擊之，折其委笄。”裴松之注引《國語》，正無“何知”二字，《資治通鑒外紀》卷 6、《皇王大紀》卷 49 同，汪説是也。《書鈔》卷 133，《册府元龜》卷 816，《記纂淵海》卷 41、卷 45，《春秋臣傳》卷 14，《廣博物志》卷 18 皆誤衍“何知”二字。戎輝兵引《晉語六》“童子何知焉”，謂“何知”未必衍，恐未確。蓋此文不必同彼，而裴松之所見較早版本無此二字也。（頁 154）

【按】 《國語》傳本雖版本系統明顯，然就其早期而言，恐文字亦頗參差。《國語》韋昭注本自身文字既已參差如是，賈、孔、唐、虞本又如何，則難以斷言。即以敦煌殘卷本與韋注本相較，其文字差别亦頗有之。固雖裴注早出，其所參《國語》亦爲衆本中之一本，以裴注所引無“何知”二字即斷定今傳《國語》及各書引有二字者爲衍，亦恐未爲定論。各本即皆可通，可兩存之，不必是彼非此。

78. 郤獻子請以徇

按：請，《左傳・成公二年》作“使”。請，猶使也、令也，參見拙

著《古書虛詞旁釋》。(頁 154)

【按】《古代漢語虛詞詞典》以"請"爲副詞,"用在動詞謂語前,表示要求對方允許自己實施某一動作行爲。"①具有祈使意味者,韓崢嶸《古漢語虛詞手册》釋同。殷國光云:"在古代漢語中,有些'請'字句主要表達施事者自己的意願,施事者並非真要求對方允許,在這種情況下,'請'的請求義已經虛化,'請'的作用主要是表達敬意。"②然殷仍處理爲動詞,不以之爲虛詞。車淑婭則認爲既然虛化,則"'請'的動詞義就不再存在,'請'就虛化成了副詞。"③總之"請"字表施事者主觀意願則一。審蕭著《旁釋》"請,猶使也、令也"條引 7 例,分别爲:(1)《吕氏春秋・博志》:"荊王請養由基射之。"(2)《吕氏春秋・審己》:"魯君請於柳下惠。"(3)《韓非子・説林下》:"魯君請樂正子春。"(4)《吴越春秋・夫差内傳》:"子貢曰:君按兵無伐,請爲君南見吴王,請之救魯而伐齊,君因以兵迎之。"(5)《戰國策・秦策五》:"文信侯因請張唐相燕,欲與燕共伐趙。"(6)《戰國策・魏策二》:"扮之請焚天下之秦符者,臣也;次傳焚符之約者,臣也;次使五國約閉秦關者,臣也。"例(7) 即爲《晉語五》本條。④ 其每條之下皆引他書語法位置爲"使"、"令"之句以證之,例(6)則自爲證。例(1)、例(2)、例(3)、例(5)之"請"皆爲謂語,固當爲動詞;例(4)、例(7)"請"字位於謂語動詞之前,皆當作副詞,如《詞典》之所云者。《説文・言部》:"請,謁也。"⑤《漢語大字典》"請"字列八個義項:① 謁見;② 請求;③ 詢問;④ 告訴;⑤ 召,邀請;⑥ 願意;⑦ 敬辭。用於希望對方做某事;⑧ 表示恭敬,代替某些動詞。⑥ 義項②⑤即爲蕭著所舉 7 例之義。

---

① 中國社會科學院語言研究所古代漢語研究室:《古代漢語虛詞詞典》,頁 434。

② 殷國光:《古漢語中的"請"字句》,見載於氏著《上古漢語語法研究》,北京:中國大百科全書出版社 2002 年版,頁 76。

③ 車淑婭:《古代漢語語法語義發展專題研究》,成都:巴蜀書社 2008 年版,頁 326。

④ 蕭旭:《古書虛詞旁釋》,頁 296。

⑤ (漢)許慎:《説文解字》,頁 51 上。

⑥ 漢語大字典編輯委員會:《漢語大字典》(第二版),頁 4241—4242。

79. 雖必及子乎

按：此從明道本。乎，公序本作"子"，則屬下讀。《通志》卷90作"乎"。（頁156）

【按】 明周聖楷《楚寶》卷三二引亦作"乎"，與黄刊明道本及其覆刻本同。汪遠孫《考異》即云："公序本'乎'作'子'，屬下讀。"①《集解》用汪遠孫之説而從黄刊明道本。經筵校本則"乎"作"子"，與公序本同。

80. 畢陽實送州犁于荊

按：實，《列女傳》卷3作"乃"，實猶乃也、於是也，參見拙著《古書虚詞旁釋》。劉淇《助字辨略》謂："此'實'字，猶云果也。果，木實也，故'實'得爲'果然'之辭。"張以仁謂"表態副詞"。副詞"果然"與名詞"木實"，真所謂風馬牛，劉説非是。（頁156）

【按】 《通鑒外紀》卷九引省"實"字，"荊"作"楚"。宋王當《春秋臣傳》卷一三引亦省"實"字，"州"前有"伯"字，"荊"字亦作"楚"。周聖楷《楚寶》卷三二引字亦作"楚"。《通志》等引與《國語》同。"荊"、"楚"一國而異名，《國語》八語亦"荊"、"楚"同現。《古代漢語虚詞詞典》謂"實"之副詞義由實詞義"充實"虚化而來，《説文·宀部》："實，富也。"②蓋器空而實之，"實"即爲最終之狀態，故表確定性，又《説文·木部》："果，木實也。"③故"果"亦得爲副詞，"果"亦經開花長成，爲凡木結子者之最終狀態，亦具飽滿之義，故引申之爲食飽曰"果"，與"實"之實詞義義近，二者虚化之副詞語法意義及用法並同，劉説亦頗有理，未可爲非。《古代漢語虚詞詞典》以"果"爲副詞乃借字，與"果"之實詞義無關，恐非。凡副詞，大率由實詞義虚化而成，故今語法學家有歸副詞入實詞者，亦有稱副詞爲半實半虚詞者。

---

① （清）汪遠孫：《國語明道本考異》，頁313。
② （漢）許慎：《説文解字》，頁150下。
③ （漢）許慎：《説文解字》，頁118下。

《晉語六》第十二

81. 若以吾意，諸侯皆叛，則晉可爲也

按：裴學海《古書虚字集釋》曰："以，猶如也。如，隨也。《左傳·成公十六年》作'若逞吾願'，'逞願'即'如志'之意。（頁157—158）

【按】"以"介詞，非實詞，故不可釋作"如"、"隨"。猶今人言"照我的意思（想法）"、"根據我的意思（想法）"。前文亦涉及到此類情況，可參看。

82. 夫王者成其德，而遠人以其方賄歸之，故無憂；今我寡德而求王者之功，故多憂

按：成、寡對舉，成當讀爲盛。《説苑·貴德》正作"盛"字。求，《説苑》作"有"。（頁158）

【按】"夫王者成其德"中"成"爲一般性動詞，若改讀作"盛"，則"成"不得爲動詞。審"盛德"結構中"盛"爲形容詞，若解作形容詞活用作使動用法，亦可通。然審下文"遠人以其方賄歸之"的前提在"成德"，衹有成就德行，遠人方可歸順，這是必要條件。雖"無憂"、"多憂"相對，然"成其德"、"寡德"之語法作用未同，未必非以《説苑》而易此，即"成"字不改讀，二者亦相反之狀態。凡先秦兩漢典籍内容相同相似而文字有異者多見，各書義皆可通，則各有其獨立性，未必要以此易彼。

83. 君人者刑其民

韋注：以刑正其民。

按：俞樾曰："當作'刑其内'，下文'内猶有不刑，而況外乎'，正承此文而言。韋解曰：'以刑正其民。'則所據本已誤。按下文曰：'今吾司寇之刀鋸日弊，而斧鉞不行。'然則文子之意，欲以刑正其臣，非欲以刑正其民。"徐元誥《集解》本據俞説徑改，未得。《册府元龜》卷732、《春秋臣傳》卷14並作"刑其民"。民，上古指臣，在

官位者,參見《漢語大詞典》。(頁158—159)

【按】 根據郭沫若對甲骨文分析,“臣”、“民”皆爲奴隸,《漢語大字典》已據之爲釋。而據寒峰《商代“臣”的身份縷析》一文,商代的“臣”的總來源當爲羌人俘虜,後之各個類别皆從此轉化。① 審《漢語大詞典》引《易·繫辭下》“陽,一君而二民,君子之道也;陰,二君而一民,小人之道也”韓康伯注:“《經》云民而注云臣者,臣則民也。《經》中對君故稱民。”《墨子·尚賢》:“今王公大人,亦欲效人,以尚賢使能爲政,高予之爵而禄不從也。夫高爵而無禄,民不信也。”②審王弼注云:“陽,君道也。陰,臣道也。君以无爲統衆,无爲則一也;臣以有事代終,有事則二也。故陽爻畫奇以明君道必一,陰爻畫两以明臣體必二,斯則陰陽之數、君臣之辨也。以一爲君,君之德也。二居君位,非其道也。故陽卦曰君子之道,陰卦曰小人之道也。”③審王注,唯以“君子之道”爲君道,以小人之道爲臣道,未釋“民”爲臣者,王注中之“衆”更似釋“民”之字,韓《疏》未確,且審其他《周易》古注亦未云“民”當訓作“臣”,恐仍當理解爲被統治者。《墨子·尚賢》“民”字亦然。又李富孫《異文釋》云:“一君而二民,《後漢·仲長統傳》‘二民’引作‘二臣’。”④此或漢人之觀念,故釋“民”以“臣”,實“民”字亦可通。《故訓匯纂》收“民”字故訓74條,無釋作“臣”者。

84. 夫戰,刑也,刑之過也

韋注:刑殺有過者也。

按:之,猶有也,訓見裴學海《古書虚字集釋》。王引之謂下句“過”字衍,以“刑之過也由大”連文。俞樾曰:“之,猶其也。”張以仁

① 寒峰:《商代“臣”的身份縷析》,見載於胡厚宣編《甲骨文與殷商史》,上海古籍出版社1983年版,頁36—59。

② 羅竹風主編:《漢語大詞典》第6卷,頁1420。

③ (清)阮元校刻:《十三經注疏》,頁87中。

④ (清)李富孫輯:《易經異文釋》,《續修四庫全書》第27册,頁707上。

曰:“此‘之’用爲指示形容詞,相當於口語‘那些’。”並未得。(頁159)

【按】 據韋注釋文,則“刑”爲動詞,審《國語》本文,“過”即爲有過錯者,故韋注之“有過者”實釋“過”字,非以“有”字釋“之”字。從語法分析上看,“刑之過”爲動賓結構,“刑”爲動詞,“過”爲賓語,則“之”作代詞可知。俞、張之説皆不誤。

85. 晉國固有大耻三

按:明道本“晉國”下衍“之政”二字,《册府元龜》卷732、《文章正宗》卷5無此二字。(頁159)

【按】《經濟類編》、《文章辨體匯選》、《尚史》、《繹史》、《左傳紀事本末》引亦皆無“之政”二字,是皆與公序本同。

《晉語七》第十三

86. 文子勤身以定諸侯,至於今是賴

按:是,猶且也,訓見裴學海《古書虚字集釋》,今語曰“尚且”、“仍然”。(頁162)

【按】“至於今是賴”一句中,“是”爲代詞,在該句中作動詞“賴”的賓語,構成賓語前置句。“是賴”者,賴是。在這類句式中,“是”字具有兩種功能:一種是作代詞,充當謂語動詞的賓語構成賓語前置,例如本句中的“是”作代詞復指文子;另外一種是充當標記詞,作爲賓語前置的標記出現,不充當句子的任何成分。在這種情況下,該句子中是有充當賓語的詞語存在的,如“唯余馬首是瞻”中“馬首”是動詞“瞻”的賓語,“是”字僅作爲賓語前置的標記出現。

87. 公謂羊舌赤曰:“寡人屬諸侯,魏絳戮寡人之弟,爲我勿失。”韋注:屬,會也。戮,辱也。爲我執之勿失。

按：屬，《左傳·襄公三年》作"合"，韋注與《傳》相合。爲我勿失，《傳》作"必殺魏絳，無失也"。韋注言"執之"，與《傳》"殺"不合。（頁163）

【按】 韋注言"執之"，雖與《傳》"殺"不合，然義亦可通。"殺"爲最終動作，"殺"必先執之，而後方可殺之。即先抓起來然後可以施行"殺"的動作，故韋注"執"字不誤。

88. 戎、狄事晉，四鄰莫不震動

韋注：震，懼也。

按：震亦動也，《左傳·襄公四年》震作振。震、振並讀爲踬，《說文》："踬，動也。"（頁164）

【按】 公序本字作"翟"不作"狄"。《爾雅·釋詁》云："戰、慄、震、驚、戁、竦、恐、慴，懼也。"戎、狄事晉，則晉國力量更爲强大，故四鄰惶恐。《左傳》"戎狄事晉，四鄰振動，諸侯威懷"林注云："四方諸侯皆畏威而懷德。"①明馮夢龍（1574—1646）《新列國志》第六〇回："戎狄事晉，四鄰震動，諸侯畏服。"亦可爲佐證，且與語境相合。不必改讀訓作"動"。金元好問（1190—1257）《唐詩鼓吹》卷六、馬端臨（1254—1323）《文獻通考》卷二六四、清曹基《左氏條貫》卷一三引《左傳》字作"震"。又清錢綺（？—1858）《左傳札記》卷六云："四年《傳》'四鄰震動'，原刻如此，後改'震'作'振'，各本作'振'。按'震動'是'恐懼'意，當依石本。"②清王昶（1724—1806）《金石萃編》卷一一一亦引石經字作"震"，云："石本原如此，後人磨改'震'作'振'，各本同。"③是《左傳》早期本中

① （明）王道焜、林如源編：《左傳杜林合注》，《景印文淵閣四庫全書》第171冊，頁595上。

② （清）錢綺：《左傳札記》，《續修四庫全書》第128冊，頁369下。

③ （清）王昶：《金石萃編》，見載於《歷代碑誌叢書》第六冊，南京：江蘇古籍出版社1998年版，頁408下。

亦有作"震"字者。

89. 夫絳之智能治大官,其仁可以利公室不忘

韋注:不忘利公室。

按:《晉語二》:"可以利公室,力有所能,無不爲,忠也。"可以互證。忘,猶言懈怠,即"力有所能,無不爲"之誼。字或作荒,《大戴禮記·投壺》:"無荒無慠。"孔廣森《補注》:"怠曰荒。"《漢書·元帝紀》:"不敢荒寧。"顔師古注:"荒,廢也。"俞樾曰:"忘當讀爲亡,亡猶絶也。"俞説迂曲不可取。(頁164)

【按】 審《國語》各本中,遞修本、許宗魯本、金李本、張一鯤本、穆文熙本、吴勉學本、閔齊伋本、文淵閣本、薈要本、文津閣本、道春點本、千葉玄之本、緑蔭堂本、董增齡本、秦鼎本等公序本皆作"知",而經筵校本、黄刊明道本及其覆刻本等字則作"智"。宋陳騤(1128—1203)《文則》卷下引字作"智",《册府元龜》卷八一四引誤作"志"。而明陳耀文《天中記》卷三三、清高士奇《左傳紀事本末》卷二九、清李鍇《尚史》卷四三、馬驌《繹史》卷六四皆引作"知",與公序本同。

90. 夫和戎、狄,君之幸也。八年之中,七合諸侯,君之靈也。二三子之勞也,臣焉得之

韋注:焉得專也。

按:得,猶有也,《左傳·襄公十一年》作"臣何力之有焉"。參見拙著《古書虚詞旁釋》。韋注增字爲釋,失之。(頁165)

【按】 公序本"狄"作"翟"。又"君之靈也"後亦當施逗號,"二三子之勞也"後當施句號,於文義更相協也。王樹民與沈長雲點校本《國語集解》、李維琦《白話國語》、黄永堂《國語全譯》、趙望秦等《白話國語》、來可泓《國語直解》"君之靈也"、"二三子之勞也"皆下施逗號,亦可。蓋"臣焉得之"對上總言之也,不當與他句混爲一體,上古本標點未當,各譯注本亦多依上古本標點,皆誤,董立章《國語譯注辨析》"勞也"改施句

號。"臣焉得之"中,"焉"表疑問,作狀語修飾謂語中心詞"得","之"爲代詞,代指"和戎、狄"、"八年之中,七合諸侯"之事。《説文・彳部》云:"得,行有所得也。"《玉篇・彳部》云:"得,獲也。"①此本文"得"字之義,不必訓"有"。韋注增字爲釋,爲串講整句之義,審魏絳之義,謂功成得賴於晉悼公與群臣之力,己身不敢專有其功而受賞,故有是言。韋注所釋於義相合,未爲不妥。

《晉語八》第十四

91. 公曰:"子實圖之。"

按:實,猶其也,命令副詞。參見裴學海《古書虛字集釋》。(頁165)

【按】 何樂士亦引《國語》本句謂"實"爲"勸令副詞,多用於主謂之間,表示祈請或期望對方切實進行某一動作行爲"。②

92. 自文公以來有力於先君而子孫不育者,將授立之

按:育,《册府元龜》卷252同;明道本作"立",《資治通鑒外紀》卷7同。張以仁謂作"立"涉前後文而誤,作"育"之例《國語》多有,可參。竊疑"育"缺訛爲"立"。(頁166)

【按】 清嚴可均(1762—1843)《全上古三代秦漢三國六朝文》、廖平(1852—1932)《穀梁春秋經傳古義疏》卷八引亦從明道本作"立"。《册府元龜》引"來"後有"之"字,"力"作"功"。審此文"育"、"立"義同。秦鼎云:"育,遂也。"③《國語》明道本"育"字8見,公序本9見,分别爲:

---

① (漢)許慎:《説文解字》,頁43下。(宋)陳彭年等:《宋本玉篇》,頁187。

② 何樂士:《古代漢語虛詞詞典》,頁358。

③ (日)秦鼎:《春秋外傳國語定本》卷一四,本卷頁3。審關修齡《國語略説》"而子孫不育者"注云:"前篇注云:'育,遂也。'言功臣子孫廢絶無位於朝者也。"(本卷頁35)是秦鼎注文之所本。

(1) 子孫蕃育之謂也(《周語下》,韋注:育,長也);(2) 必有章譽蕃育之祚(《周語下》);(3) 其畜散而無育(《齊語》,韋注:育,養也);(4) 官方定物,正名育類(《晉語四》,韋注:育,長也);(5) 定百事,立百官,育門子,選賢良(《晉語七》,韋注:育,長也);(6) 至於今不育,其子不可不興也(《晉語七》,韋注:育,遂也);(7) 不夫而育,故懼而棄之(《鄭語》,韋注:育,生也);(8) 堯復育重、黎之後(《楚語下》,韋注:育,長也)。又《晉語四》有"黷則生怨,怨亂毓災,災毓滅姓"(韋注:毓,生也)一句。例(1)、例(2)、例(3)、例(4)、例(5)、例(7)、例(8)義同。則合明道本8例之中,7例"育"字俱訓生養之義,而不訓作"立",唯"至於今不育"訓作"遂",此秦鼎釋《晉語八》"育"字訓作"遂"之所本。審《晉語七》上下文云:"使戠恭子將新軍……使令狐文子佐之,曰:'昔克潞之役,秦來圖敗晉功,魏顆以其身卻退秦師於輔氏,親止杜回,其勳銘於景鐘,至於今不育,其子不可不興也。'"韋注:"文子,魏犨之孫、顆之子魏頡也。"例(6)"育"字與公序本《晉語八》"育"字意義用法並同。"育"字在《國語》中爲多義詞,而訓爲"遂"者公序本僅2見,審韋注釋"遂"爲"行"、"順"、"申"、"育"、"長"等,於本文語境,實即"授官而立之",或明道本因改作"立"字,亦通。

93. 叔魚生,其母視之,曰:"是虎目而豕喙,鳶肩而牛腹。"

韋注:鳶肩,肩井升出。牛腹,脅張也。

按:升,當從明道本作"斗"。《後漢書·梁冀傳》:"冀字伯卓,爲人鳶肩豺目。"李賢注:"鳶,鴟也。鴟肩,上竦也。""斗"同"陡",陡出,即形容上竦之狀。俞志慧謂"斗出"不辭,"升"與"竦"、"騰"義近,未得。張,明道本作"脹",後起俗字,俞志慧已及。(頁167)

【按】 遞修本字作"斗"不作"升",董增齡本、秦鼎本、高木本已改從明道本作"斗"。黃征《敦煌俗字典》"斗"字俗字有作""、"","升"之俗字有作""、""、""、""等,注云:"'升'、'斗'形近,P. 3742《二教論》:'受其道者輒出米五斗,故世謂之米

賊。’其字作‘廾’。‘五斗米道’起於東漢張陵，其事《後漢書·孝靈帝紀》‘張修反’下李賢注：‘時巴郡巫人張修療病，愈者雇以米五斗，號爲五斗米師。’故此字爲‘斗’而非‘升’。”①則或公序本多本作“升”者亦“斗”字之誤。

94. 曰：“其聲，豺狼之聲，終滅羊舌氏之宗者，必是子也。”

按：《列女傳》卷3作“今將滅羊舌氏者，必是子也”。終，猶將也，訓見王叔岷《古籍虛字廣義》。（頁167）

【按】 審《四部叢刊》影葉氏觀古堂藏明刊本、《古書叢刊》本《列女傳》作：“豺狼之聲也，狼子野心，今將滅羊舌氏者，必是子也。”崇文書局叢書本、文淵閣四庫本字則作“滅”。《左傳·宣公四年》云：“初，楚司馬子良生子越椒，子文曰：‘必殺之，是子也，熊虎之狀而豺狼之聲，弗殺，必滅若敖氏矣。諺曰：狼子野心。是乃狼也，其可畜乎？’子良不可。”又《左傳·昭公二八年》：“姑視之，及堂，聞其聲而還，曰：‘是豺狼之聲也，狼子野心，非是莫喪羊舌氏矣。’遂弗視。”王充《論衡·本性篇》云：“羊舌食我初生之時，叔姬視之，及堂，聞其啼聲而還，曰：‘其聲豺狼之聲也，野心無親，非是，莫滅羊舌氏。’遂不肯見。”范曄《後漢書》卷七五《吕布傳》引《左傳》曰：“伯石之生也，叔向之母視之，曰：‘是豺狼之聲也，狼子野心。’”②又白居易《白氏六帖事類集》卷六“叔向母”條云：“叔向欲娶申公巫臣氏，其母止之，曰：‘甚美，必有甚惡。’叔向懼，不敢娶，平公彊使娶之，生子伯石，其母將視之，及堂，聞其聲而還，曰：‘豺狼之聲，是必喪羊舌氏。’遂不視之。”③宋祝穆（1210—？）《事文類聚》前集卷三九引與《白氏六帖》同。可見該故事在流傳中情節之漸次豐富。《通鑑外紀》卷八引《國語》省“其聲”、“者”字，明陳禹謨《駢志》卷一三引“之聲”

① 黄征：《敦煌俗字典》，頁532。

② （南朝宋）范曄撰，（唐）李賢注：《後漢書》，頁2449。

③ （唐）白居易：《白氏六帖事類集》，北京：文物出版社1987年影宋刊本，本卷頁25。

後有“也”字。各書引文大率據《左傳》故事，故少有及《國語》者。審《國語》各本中，遞修本、許宗魯本、金李本、張一鯤本、穆文熙本、吴勉學本、閔齊伋本、薈要本、文淵閣本、道春點本、千葉玄之本、緑蔭堂本、董增齡本、秦鼎本“之聲”後俱有“也”字，經筵校本、黄刊明道本及其覆刻本則無“也”字。“終”，時間副詞，表結果。就本句而言，整體意思是對未來結果的一個推測，這是就文義以及事實本身而言，非“終”字所有之義，訓“將”實誤。

95. 待吾爲子戮之

按：戮，《册府元龜》卷 732 同；明道本作“殺”。（頁 167）

【按】 他書引《國語》字亦作“戮”不作“殺”。

96. 夫樂以開山川之風也

韋注：開，通也。故八音以通八風。

按：開，《御覽》卷 569 引誤作“間”。（頁 168）

【按】 鮑崇城刊本《太平御覽》“開”字作“閒”，“川”字誤作“用”。徐堅《初學記》卷一五引《國語》曰：“晉平公既作新聲，師曠曰：‘夫樂，風德以廣之，山川以達之。’”賈逵注曰：“樂所以通山川之風類以達其德。”①又審《國語》各本中，遞修本、許宗魯本、金李本等公序本系統、經筵校本皆無“也”字，黄刊明道本及其覆刻本則有“也”字。《北堂書鈔》卷一〇五、《通鑒外紀》卷七、《春秋臣傳》卷十八、《册府元龜》卷七九五、《天中記》卷四一、卷四二、《廣博物志》卷三三、《經濟類編》卷四六、《左傳紀事本末》卷三三、《禮書綱目》卷八五、《尚史》卷四六、《繹史》卷七八、《淵鑒類函》卷一八四、《佩文韻府》卷三八之一、卷四三之一引與公序本同，《通志》卷一八一引與明道本同。審本句上下文云：“夫樂，以開山川之風也，以耀德於廣遠也。”頗意唯保留後一“也”字爲是。審金李

---

① （唐）徐堅：《初學記》，北京：中華書局 1962 年版，頁 368。

本之版刻文字佈局，或明道本因注文中“也”而誤入正文也。

（金李本）

（黃刊明道本）

97. 使豎襄搏之，失

按：搏，《御覽》卷355、卷890，《資治通鑿外紀》卷7誤作“摶”。（頁168）

【按】　審《御覽》引四處，宋本卷三五五、卷四五六引字作“搏”，卷八九〇、卷九二一引字作“摶”，而文淵閣四庫本《御覽》卷三五五引作“使堅衰持之，逸”，卷四五六引作“使堅襄搏之，失”，卷八九〇引與《國語》同，卷九二一引字作“襄”。《經濟類編》卷二六、明郭良翰《問奇類林》卷六引字作“摶”。清武億《群經義證》引“失”字作“逸”。“搏”與“摶”、“堅”與“豎”皆形近易混誤，“衰”爲“襄”字之誤，因“襄”之俗體有作“褱”、“襃”、“褎”、“褰”①者，與“衰”形亦近。“持”或“摶”字右上構件脱訛。“逸”、“失”義同。

98. 昔吾先君唐叔射兕于徒林

按：《御覽》卷921有注云：“徒林，園中地也。言唐叔有才藝，封於晉。”（頁168）

① 見秦公輯：《碑别字新編》，頁394。

【按】《御覽》引"徒林"前有"注賈逵解曰"五字。明彭大翼《山堂肆考》卷一六八引《晉語八》本文並引注云:"鴳,扈,小鳥也。'聞之,夕',言夕至于朝也。一發而死曰殪。甲,鎧也。封于晉,言有才藝得受封也。"①汪遠孫《國語三君注輯存》輯之。

99. 自此其父之死,吾蔑與比而事君矣

按:此,此人,代司馬侯之子。徐元誥據《治要》卷8引删"此"字,未得。《文選·廣絶交論》、《夏侯常侍誄》李善注、《册府元龜》卷792、《通志》卷90、《古今事文類聚》前集卷24並有"此"字。《類聚》卷35、《御覽》卷488、《册府元龜》卷732、《資治通鑒外紀》卷7脱"此"字。《治要》"蔑"作"莫"。(頁168)

【按】《治要》卷八引正文作:"叔向見司馬侯之子,撫而泣之,曰:'自其父之死,吾莫與比而事君矣。昔者,其父始之,我終之。'"注作:"謂有所造爲及諫爭,相爲終始,成其事也。"②《國語》"泣之"下有"撫,拊也(明道本"也"上有"之"字)"注,《治要》省去。"其父"上有"此"字,"莫"作"蔑",注"造"作"建","成"上有"以"字,黄刊明道本注無"也"字。《後漢書》卷二八《馮衍傳》章懷太子注引亦無"此"字,然字作"蔑"不作"莫"。《文選》卷五五《廣絶交論》李善注引無上"其"字,"矣"作"也"。《藝文類聚》卷三五引無"此"字,"矣"作"也"。《太平御覽》卷四八八引無"此"字、無"死"上"之"字,"矣"作"也","撫而泣之"作"撫之而泣"。《通鑒外紀》卷七引無"此"、"矣"、"者"。《册府元龜》卷七三二引無"此"字,"比而事君"作"北面而事君",又卷七四一引無"此"字,"泣"後無"之"字,又卷七九二引"叔向"後多"晉大夫也"四字,他與《國語》同。《事類備要》前集卷三五、《事文類聚》前集卷二四引"死"下有"也"字,"矣"作"也",又《類聚》引"比"下無"而"字。《春秋臣傳》卷二〇"君"下多"者"字。《通志》卷九〇引作"司馬侯卒,叔向見其子,撫而泣之曰,自

① (明)彭大翼:《山堂肆考》,《景印文淵閣四庫全書》第977册,頁393。
② (唐)魏徵等:《群書治要》,《四部叢刊》影日本天明本。

此其父之死也，吾無與比而事君者矣，昔者其父始之，我終之”。明李樂《見聞雜紀》卷一〇、李贄《初潭集》卷一九引無上“其”、“比”下之“而”字，“矣”作“也”。明黄道周《易象正》卷二引作“自而父之歾吾蔑與比而事君矣”，未知所本。宋段昌武《毛詩集解》卷二〇、《吕氏家塾讀詩記》卷二一、真德秀《讀書記》卷一四引與《國語》同。作“矣”字强調動作或行爲狀態的終結，“也”字無此語法意義。“莫”、“蔑”義同，然當依《國語》作“蔑”。諸家文字異同者，或亦隨文就境，未必忠於原書，如黄道周之引者尤甚。

100. 吾以爲能其德矣

韋注：能行其德。

按：“能”字下脱“修”字，上文“而修武之德”，是其證。《類聚》卷35、《白帖》卷22引正有“修”字。下文“若不憂德之不建”，“建”字義亦相會。《類聚》卷35引“建”作“修”，《御覽》卷484引“建”作“脩”，脩、修通用，亦其旁證。《御覽》卷484、《春秋臣傳》卷17、《文章正宗》卷5並作“能其德”，則宋代已有脱誤。（頁172）

【按】 韋注即作“能行其德”，則正文原無“修”字至明。此類句式文獻中多有，如《子夏易傳》卷六《未濟》云：“柔得中，不當位，未能濟也，而能其變矣。”《左傳・昭公九年》：“蔡侯獲罪於其君，而不能其民。”《管子》：“君臣各能其分，則國寧矣。”《韓非子》：“民信其相下，不能其上。”“故其任官者當能其賞罰無私。”《商君書》：“故聖人明君者，非盡能其萬物也，知萬物之要也。”《尉繚子・攻權第五》：“凡將能其道者，吏畏其將也。”《書》“六卿分職，各率其屬，以倡九牧，阜成兆民”僞孔《傳》：“六卿各率其屬官……皆能其官，則政治。”《禮記》：“明其義者，君也；能其事者，臣也。不明其義，君人不全；不能其事，爲臣不全。”《晉語四》：“能其官，有賞。”故此“能其德”亦不誤。

《晉語九》第十五

101. 且夫狄之憾者，以城來盈願

按：盈讀爲逞。盈願，猶言逞願、如願。《左傳・成公十六年》："若逞吾願。"《小爾雅》："逞，快也。"（頁 173）

【按】 《周語中》："若貪陵之人來而盈其願，是不賞善也。"王引之《經義述聞》卷二〇引王念孫云："'不賞善'，《〈左傳・成十三年〉正義》引作'賞不善'，是也。貪陵之人，不善之人也。而如其願，以子之，則是當不善也。今本'賞不'二字倒轉，則義不可通。"[①]《正義》引作"盈願"。其他文獻中也有，如《戰國策》："臣苟得見則盈願。"《説文・皿部》："盈，滿器也。"[②]"滿"即足。本字可通，不必改讀。

102. 鼓子之臣曰夙沙釐

按：夙，《白帖》卷 25 引作"宿"，古字通用。（頁 173）

【按】 遞修本、經筵校本、許宗魯本、金李本、《百家類纂》本、張一鯤本、穆文熙本、吴勉學本、閔齊伋本、薈要本、文淵閣本、文津閣本、道春點本、千葉玄之本、黄刊明道本及其覆刻本、秦鼎本、高木本字皆作"夙"，李元度題署緑蔭堂本《國語》、光緒辛巳緑蔭堂刻本《重訂國語國策合注》本字作"處"，緑蔭堂的這個本子傳播範圍極廣，爲張一鯤本的重刻本，拙稿《〈國語〉金李本、張一鯤本與秦鼎本之關係》已指出，張一鯤本的重刻本在明末清初很多，如維揚文盛堂既有《國語》單行本，也有《國語國策合注》本等，今所見有乾隆壬午（1763）重刻者。文盛堂是明中後期就已興起的一家書坊，今見有其萬曆九年（1581）刻本《戰國策》，題爲"戰國策注"，審其乾隆壬午重刊《戰國策》，亦爲張一鯤本校本之

---

① （清）王引之：《經義述聞》，本卷頁 15。

② （漢）許慎：《説文解字》，頁 104 下。

翻，故有理由認爲“夙”而爲“處”，或自文盛堂本始①。王懋竑(1668—1741)《讀書記疑》卷一一《國語存校》所用《國語》已作“處”字，可見其早，王並云：“後作‘夙’，二字未詳孰是，當作‘夙’。”②審董增齡《正義》字作“處”，李貽德(1783—1832)《春秋左氏傳賈服注輯述》卷七引《晉語》字亦作“處”，則董、李或皆據文盛堂本或其翻刻本。

103. 穆子召之，曰：“鼓有君矣，爾止事君，吾定而禄爵。”
按：止，明道本誤作“心”，《通志》卷90亦誤。(頁173)

【按】 馬端臨《文獻通考》卷二六四、明王圻《續文獻通考》卷六七引亦作“心”。《春秋臣傳》卷二三、《天中記》卷二四、《經濟類編》卷八五、明凌迪知《萬姓統譜》卷一三七、明張時徹《芝園集外集》卷二二、《繹史》卷八五、清吴襄《子史精華》卷八九引則作“止”。審“止”之俗字有作

① 辛德勇《盛大士〈靖逆記〉版本源流之判别》(《故宫博物院院刊》2006年第2期)一文通過比較其所見《靖逆記》家刻本與文盛堂本認爲，後者是翻刻自前本，並云：“盛大士仕職的山陽縣，是淮安府的治所，即現在的江蘇淮安，位於淮河南岸的運河邊上，地當南北交通孔道。由山陽循運河南下，經過的第一個都會，便是揚州。揚州是通往江南的門户之地，也是清代具有全國影響的文化中心，刻書業相當發達。檢楊繩信編著《中國版刻綜録》，著録清代嘉慶年間有‘維揚文盛堂’書坊。‘維揚’即揚州雅稱，所以，翻刻《靖逆記》的文盛堂，很可能就是這同一家書坊。正因爲揚州與淮安山陽密邇相鄰，才會在嘉慶二十五年春，盛大士家刻本剛一印出，這家文盛堂書坊便得以用近乎同步的速度，立即翻版牟利。由於揚州在文化信息的傳播上，比山陽有更强的輻射力，文盛堂翻刻本的流行，一方面立即覆蓋了相當一大部分社會需求，影響了盛氏原刻本的刷印數量，這應是盛氏原刻本流傳至今極其鮮少的主要原因；另一方面，它的出現，也進一步增大了《靖逆記》在社會上的傳播速度和擴散範圍，而對於此書的社會需求，則會隨著信息的廣泛傳播而進一步增多，這樣又會促使新的翻刻本出現，於是，像《靖逆記》丙本這樣的翻刻本，便又應時而生。可以推論，當時也可能另有一些類似丙本這樣的翻刻本，這還有待於花功夫查找。”文盛堂《國語》的出現，也是這樣一種行爲。鑒於翻刻本主要以牟利爲主，故翻刻時出現“夙”誤作“處”的錯誤也在所難免。後來者校審未嚴，故有沿襲其誤者，如董增齡《國語正義》等。

② (清)王懋竑：《讀書記疑》，《續修四庫全書》第1146册，頁345上。

“止”，其形與“心”近似，或因此而誤作“心”。經筵校本、《詳注》、《集解》字作“止”不作“心”。

104. 魯人以其鄉對

按：鄉，柳宗元《非〈國語〉》引作“鄙”。（頁 173）

【按】《〈左傳・桓公六年〉正義》引同。《非國語》本子不一，文淵閣本《柳河東集》卷四五作“鄙”，宋刻本、文淵閣本《柳河東別集注》卷下作“鄉”。又鄭良樹謂《禮記疏》引作“以其鄉名對”，增“名”字爲了表義準確，恐未必真據有“名”字的《國語》之本。

105. 是以狂疾賞也，不如亡

按：是，柳宗元《非〈國語〉》、《御覽》卷 739、《册府元龜》卷 807、《春秋臣傳》卷 7 並同；明道本作“與余”二字，《資治通鑒外紀》卷 8 同。徐仁甫《廣釋詞》：“余，猶其也。”（頁 174—175）

【按】《經傳釋詞》卷一“與”字條引作“余”，云：“（與其）或但謂之‘與’，《晋語》曰：‘與余以狂疾賞也，（宋本如是，今本作‘是以狂疾賞也’，乃後人不曉文義而妄改之）不如亡。’《孟子・萬章篇》曰：‘與我處畎畝之中，由是以樂堯舜之道，吾豈若使是君爲堯舜之君哉？吾豈若使是民爲堯舜之民哉？’《吕氏春秋・貴直篇》曰：‘與吾得革車千乘也，不如聞行人燭過之一言。’《史記・魯仲連傳》曰：‘吾與富貴而詘于人，寧貧賤而輕世肆志焉是也。’閔元年《左傳》曰：‘猶有令名與其及也。’王肅注曰：‘雖去，猶有令名，何與其坐而及禍也。’”①審何樂士《古代漢語虛詞詞典》收固定搭配“與……寧……”、“與……不如……”、“與……無寧……”，“與”字皆相當於“與其”之用，王引之舉例已如上，各虛詞著作中亦有相應舉例，固非罕見者。故徐説“余，猶其也”實誤。明道本之“余”實爲第一人稱代詞，爲董安于自指。公序本“是以狂疾賞也，不如

---

① （清）王引之：《經傳釋詞》，頁 4。

亡”中,“是”作代詞,指前所言者,實具同位語性質,在“是以狂疾賞也”中作主語,“不如亡”省略主語,即二句爲兩個單句。而黄刊明道本之“與余以狂疾賞也,不如亡”則是一個選擇復句,“與……不如”爲其搭配式。

> 106. 基於其身,以更復其所
>
> 韋注:基,始也。始更修之於身,以能復其先。
>
> 按:更,當从明道本作“克”。韋注以“能”釋之,可見韋本作“克”字。《册府元龜》卷901、《資治通鑒外紀》卷6、《文章正宗》卷5並作“克”字。(頁175)

【按】　遞修本、金李本作“克”,《百家類纂》本、許宗魯本、《集解》作“更”,張一鯤本、穆文熙本、道春點本、閔齊伋本、崇禎永懷堂葛鼐輯本《國語》、薈要本、文淵閣本、文津閣本、董增齡本、緑蔭堂本、秦鼎本字作“克”,審經筵校本、黄刊明道本及其覆刻本、《四部備要》本、《補正》、《詳注》、上古本字亦作“克”。“克”爲“克”之異形,拙稿《宋刻宋元遞修本〈補音〉、〈國語〉比勘》已辨之,可參見。審徐元誥云:“明道本‘更’作‘克’。”①汪遠孫《考異》則云:“公序本‘克’作‘更’。”②是汪遠孫據許宗魯本爲説,徐元誥據汪遠孫説而改字。則本書所參據《國語》各本中,唯許宗魯本、《百家類纂》本、徐元誥《集解》字作“更”。又明樊深《(嘉靖)河間府志》卷二七、清吴襄《子史精華》卷一〇四引字亦作“更”,則明本中當有與許宗魯本、《百家類纂》本同作“更”字者。審許宗魯宜静書堂嘉靖四年(1525)刊本在《百家類纂》本之前,或《百家類纂》本據宜静書堂本而亦作“更”字。審徐元誥《叙例》云:“傳文以明道、《補音》二本爲據,則其是者從之。其疑異脱衍,胥注句下。有依他説訂正者,仍列原文於《集解》,證以他説。”③未能説明具體是哪一本,故不能遽下結論,

---

① 徐元誥撰,王樹民、沈長雲點校:《國語集解》(修訂本),頁449。
② (清)汪遠孫:《國語明道本考異》,頁321。
③ 徐元誥撰,王樹民、沈長雲點校:《國語集解》(修訂本),頁593。

然其亦有所據。是公序本系統中尚有字作“更”字者，可是很少見。從韋注“以能復其先”之語看，正文似作“克”字更勝。

107. 吾兩鞁將絶

韋注：鞁，靷也。

按：鞁，《御覽》卷746引作“鞅”，有注：“鞅，引也。”《左傳·哀公二年》作“靷”。（頁175）

【按】 《册府元龜》卷八四五引字亦作“鞅”，《釋名·釋車》：“鞅，嬰也。喉下稱嬰，言纓絡也。”“鞅”、“鞁”形近易混，不同的駕具。陳瑑《翼解》卷五云：“《内傳》作‘兩靷’，《説文》：‘鞁，車駕具也。’‘靷，引軸也。’《詩·秦風》‘陰靷鋈續’，所以引也。《疏》曰：‘《左傳》注：在胷曰靷。然則此皮約馬胷而引車軸也。’”①方以智《通雅》卷三五云：“鞁具，猶駕具也。……‘鞁’通作‘犕’，《説文》引《易》‘犕牛乘馬’。《國語》‘兩鞁將絶’，猶今言雙肚帶也。”②可以備説。

108. 襄子將食，尋飯，有恐色

按：朱駿聲曰：“尋，叚借爲燂。字或作燖。”朱説是也。王念孫據《吕氏春秋·慎大》作“摶飯”，校“尋”爲“專”，未得。徐元誥《集解》本據王説徑改，疏矣。本書不必與《吕》同。（頁176）

【按】 清黄以周《禮書通故》第二十二云：“摶飯者，取而摶之，不食。《吕氏春秋·慎大篇》‘襄子將食，摶飯，有恐色’，謂取飯不食而有憂也。《國語》作‘尋飯’，‘尋’，古‘撏’字。《方言》：‘撏，取也。’字亦作‘摯’，‘撏飯’、‘摶飯’一義。”③説較王、朱皆爲清通，既非如王説之“尋”爲“專”字形誤，亦非如朱説假借爲“燂”、“燖”。王説字形之誤較爲迂

---

① (清)陳瑑：《國語翼解》，本卷頁12。

② (明)方以智：《通雅》，頁422下。

③ (清)黄以周：《禮書通故》，《續修四庫全書》第111册，頁562下。

遠，而朱説古人將食而温飯，恐亦未必。

109. 智宣子將以瑶爲後

韋注：智宣子，晉卿，荀躒之子甲也。

按：甲，當從《〈史記・趙世家〉索隱》引《世本》作"申"。《通鑒》卷 1 胡注引韋昭曰正作"申"字。（頁 176）

【按】 公序本系統"智"作"知"，唯經筵校本、黄刊明道本及其覆刻本字作"智"。審遞修本、經筵校本、金李本、張一鯤本、穆文熙本、薈要本、文淵閣本、文津閣本、道春點本、千葉玄之本、緑蔭堂本、秦鼎本、黄刊明道本及其覆刻本字皆作"甲"，而許宗魯本、董增齡本、吴曾祺《補正》、沈鎔《詳注》字作"申"。就董增齡《正義》而言，恐非真參許宗魯本，其"申"字或即據《世本》而改，吴曾祺據《正義》改字，而《詳注》從之。清陳逢衡《竹書紀年集證》卷四二、清徐文靖《竹書統箋》卷十一引《國語》韋注字亦作"申"。"甲"、"申"字形相近，易混同。《太平御覽》卷四〇二引字作"智"，注云："宣子，荀寅。瑶，宣子之子智伯也。"①據《左傳》杜注，荀寅爲中行文子。《淮南子・主術篇》云："昔者，豫讓，中行文子之臣（文子，晉大夫中行穆子之子荀寅也。）智伯伐中行氏，并吞其地，豫讓背其主而臣智伯。"②則明荀寅非智氏，是《御覽》注誤。又宋王當《春秋臣傳》卷三〇云："荀瑶，荀躒之孫知襄子也，是曰知伯父。荀申曰知宣子。"③而明王圻《續文獻通考》卷一三五《謚法考・晉臣謚》則云："智宣子，失名。"④明嚴衍《資治通鑒補》卷一云："荀躒，智文子也。定十四年，智文子猶見於《傳》。智宣子之事，《傳》無所考，立瑶之議當在元王五年之前。"⑤則亦僅據《左傳》爲説。

① （宋）李昉等：《太平御覽》，《四部叢刊》影宋本。

② 張雙棣：《淮南子校釋》，北京大學出版社 1997 年版，頁 946—947。

③ （宋）王當：《春秋臣傳》，《四庫全書薈要》第 13 册，頁 342 上。

④ （明）王圻：《續文獻通考》，《續修四庫全書》第 746 册，頁 524 上。

⑤ （明）嚴衍：《資治通鑒補》，《續修四庫全書》第 336 册，頁 537 上。

110. 宵也很

韋注：很，很戾，不從人也。

按：很，明道本作“佷”，《三國志・劉封傳》裴松之注、《御覽》卷402引並同；《白帖》卷50、《册府元龜》卷796並作“狠”。《説文》：“很，不聽從也。”佷、狠爲借字。宵，《三國志》裴松之注、《御覽》並作“霄”。（頁176）

【按】　審宋刻本《白氏六帖事類集》卷十四引字作“很”不作“狠”。又宋蘇轍《古史》古史卷十七、《正字通》、《繹史》卷八七下引字作“很”。遞修本、金李本、董增齡本、秦鼎本、徐元誥《集解》、沈鎔《詳注》作“佷”，然經筵校本、許宗魯本、《百家類纂》本、張一鯤本、穆文熙本、吴勉學本、閔齊伋本、薈要本、文淵閣本、文津閣本、道春點本、緑蔭堂本字作“狠”。王當《春秋臣傳》卷三〇、馮琦《經濟類編》卷一五、明嚴衍《資治通鑒補》卷一、清李鍇《尚史》卷四一、《佩文韻府》卷四三之三引字作“狠”。清俞正燮《癸巳類稿》卷一三《原相上篇》云：“《晋語》稱知瑤美鬢長大，狠在心。”①“很”、“佷”、“狠”音同可通。清梁履繩《左通補釋》卅二云：“哀廿三，‘晉荀瑶伐齊’解：‘荀瑶，荀躒之孫，知伯襄子。’躒生三子，曰徐吾，無後，見昭廿八。曰瑕，曰申。（《晉語九》注：‘知宣子，荀躒之子甲也。’《〈越世家〉索隱》引《世本》作‘申’。）瑕生霄，申生瑶。（《春秋分記・世譜六》）案：《晉語》：‘知宣子將以瑶爲後，知果曰：不如宵也。’注：‘宵，宣子之庶子。’古‘宵’、‘霄’通。（《三國・蜀志・劉封傳》注引作‘霄’。）據此，霄亦申之子，與《程譜》不合。”②亦可備説。又鄭良樹《國語校證》字作“霄”。“宵”、“霄”皆從“肖”得聲，故音同可以通借，古書中有“霄”字借作“宵”字之例。且人名用字，若有名無字，則其義既不可知，記載唯求其音同。故“霄”、“宵”皆可通。

111. 美鬢長大則賢

韋注：鬢，髮類也。

---

① (清)俞正燮：《癸巳類稿》，《續修四庫全書》第1159册，頁538上。
② (清)梁履繩：《左通補釋》，《續修四庫全書》第123册，頁662下。

按：鬢，《三國志·劉封傳》裴松之注引作"鬚"。《御覽》卷402引注作："鬢，髮鬢也。"（頁176）

【按】 清梁章鉅（1775—1849）《三國志旁證》卷二四云："殿本《考證》云：'宋本鬚作鬢。'"①清趙一清（？1724—1795）《三國志注補》卷四〇云："何云：'鬚字，以《國語》校作鬢，宋本同。'"②則《三國志》各本亦"鬚"、"鬢"不同。《淮南子·泰族篇》"知伯有五過人之材"《要略閒詁》注作"美鬚長大"，又《資治通鑒》卷一、司馬光《温國文正公文集》卷七〇《才德論》、宋姚勉《雪坡舍人集》卷八、《通鑒前編》卷一八、宋袁樞《通鑒紀事本末》卷一、宋朱熹《通鑒綱目》卷一上、李贄《藏書》卷一、清傅恒《通鑒輯覽》卷八、清葉澐《綱鑒會編》卷七、清武億《三禮義證》卷一〇、清俞長城《俞寧世文集》卷四《難智果五賢一不仁説》字亦作"鬚"，明何鏜《高奇往事》卷八字作"䰅"，"須"、"湏"異體字，故"鬚"得爲"䰅"。賀復徵《文章辨體彙選》卷四一三引司馬光《才德論》同。明馮夢龍《新列國志》第八十四回亦云美鬚。《左傳·宣公二年》"於思於思"杜注："於思，多鬢之貌。"陸德明《釋文》云："鬢，一作鬚。"③《皇王大紀》卷七三、《春秋臣傳》三〇、《册府元龜》卷七九六、《經濟類編》卷一五、明嚴衍（1575—1645）《資治通鑒補》卷一④引亦作"鬢"。《釋名·釋形體》云："在頰耳旁曰髯，其上連髮曰鬢。鬢，濱也；濱，厓也，爲面額之厓岸也。"《説文·禾部》："穎，禾末也。"⑤即爲面額厓岸所生，故爲髮之末也。又

---

① （清）梁章鉅撰，楊耀坤校訂：《三國志旁證》，福州：福建人民出版社2000年版，頁609。

② （清）趙一清撰，陶元珍補：《三國志注補》，《續修四庫全書》第174册，頁275下。

③ （唐）陸德明：《經典釋文》，頁960。

④ 《資治通鑒補》注云："鬢綱目作鬚。"又章鈺（1864—1937）《胡刻通鑒正文校宋記》卷一云："'美鬢'，胡注《通鑒》俗傳寫者多作'美鬚'，非也。《國語》作'美鬢'，今從之。十二行本正作'鬢'，孔本同，乙十一行本作'鬚'。"是《資治通鑒》各本亦"鬢"、"鬚"不同。

⑤ （漢）許慎：《説文解字》，頁145上。

《慧琳音義》卷七五“猛鬢髮”注引《説文》云:“鬢,頰耳間髮也。”①亦可爲證。又遞修本、經筵校本、許宗魯本、金李本、張一鯤本、穆文熙本、道春點本、薈要本、緑蔭堂本、董增齡本、秦鼎本、高木本、吴曾祺《補正》、沈鎔《詳注》“穎”字俱作“類”,而文淵閣本、文津閣本、黄刊明道本及其覆刻本、《集解》、上古本字作“穎”。汪遠孫《考異》已指公序本誤,並引陳樹華《考正》云:“髮穎即所謂髮末也。”②可從。又鄭良樹《國語校證》云據黄刊明道本而字亦誤作“類”。又清黄式三(1789—1862)《周季編略》卷一“美鬢長大則賢”注云:“《國語》古本作‘鬢’,今本作‘鬚’。”③未知何據。是“鬢”、“鬚”二字皆可通。甲骨文、金文中唯見“須”字,無“鬢”字。

112. 伎藝畢給則賢

韋注:給,足也。

按:畢,《御覽》卷402、《册府元龜》卷796並作“必”,借字。《漢語大詞典》:“畢給,猶畢具。”(頁177)

【按】　藝,許宗魯本作“埶”,遞修本、金李本、張一鯤本字作“蓺”,實即“蓺”字,《百家類纂》本、閔齊伋本、薈要本、文淵閣本、董增齡本正作“蓺”。穆文熙本、吴勉學本、道春點本、千葉玄之本、緑蔭堂本、秦鼎本字誤作“藝”。經筵校本、黄刊明道本及其覆刻本、《補正》、《詳注》、《集解》、上古本字作“藝”。《説文·丮部》:“埶,種也。”段注云:“唐人‘樹埶’字作‘蓺’,‘六埶’字作‘藝’,説見《經典釋文》。然‘蓺’、‘藝’字皆不見於《説文》。周時‘六藝’字蓋亦作‘埶’,儒者之於禮、樂、射、御、書、數,猶農者之樹埶也。”④審《説文》卷一五下云:“藝,本只作‘埶’,後

---

① (唐)慧琳:《一切經音義》,《續修四庫全書》第197册,頁422下。

② (清)汪遠孫:《國語明道本考異》,頁322。

③ (清)黄式三:《周季編略》,《續修四庫全書》第347册,頁8下。

④ (清)段玉裁:《説文解字注》,頁113下。

人加艸云。義無所取。"①又《三國志》裴注、《册府元龜》卷七九六、《通鑒前編》卷一八、《資治通鑒》卷一、司馬光《温國文正公文集》卷七〇《才德論》、王當《春秋臣傳》卷三〇、宋袁樞《通鑒紀事本末》卷一、宋李樗《毛詩集解》卷九、宋朱熹《通鑒綱目》卷一上、明何鏜《高奇往事》卷八、李贄《藏書》卷一、《通鑒輯覽》卷八、清林春溥《戰國紀年》卷一、清葉澐《綱鑒會編》卷七引字作"藝",賀復徵《文章辨體彙選》卷四一三引司馬光《才德論》同。《皇王大紀》卷七三、清黄式三《周季編略》卷一引字則作"蓺"。《淮南子·泰族篇》"知伯有五過人之材"《要略閒詁》注作"材藝畢給","才"、"材"同。

113. 巧文辯惠則賢

按:徐元誥曰:"《淮南·泰族篇》高注'惠'作'慧',古字通。"《皇王大紀》卷70、《通鑒》卷1亦作"慧"。(頁177)

【按】《三國志》裴注、宋姚勉《雪坡舍人集》卷八引與《國語》同。《淮南子·泰族篇》"知伯有五過人之材"《要略閒詁》注作"功文辯慧","功"當爲"巧"字之誤,又《通鑒前編》卷一八、司馬光《温國文正公文集》卷七〇《才德論》、宋袁樞《通鑒紀事本末》卷一、宋朱熹《通鑒綱目》卷一上、明何鏜《高奇往事》卷八、李贄《藏書》卷一、《通鑒輯覽》卷八、清黄式三《周季編略》卷一、清林春溥《戰國紀年》卷一、清葉澐《綱鑒會編》卷七引字亦作"慧",賀復徵《文章辨體彙選》卷四一三引司馬光《才德論》同。王當《春秋臣傳》卷三〇、《册府元龜》卷七九六引作"辨"、"慧",董增齡《正義》則作"辨"、"惠"。"惠"與"慧"、"辨"與"辯"皆音同可通。

114. 志有之曰:"高山峻原,不生草木;松柏之地,其土不肥。"

韋注:志,記也。峻,峭也。原,陸也。

按:志,《御覽》卷174、卷458引作"記",《説苑·貴德》同。峻原,《説苑》作"浚源",借字,《御覽》卷953引《説苑》正作"峻原"。

① (漢)許慎:《説文解字》,頁321下。

土,《御覽》卷 954 引作“草”。肥,《御覽》卷 174 引作“植”。(頁 177)

【按】 “柏”亦作“栢”。《説文通訓定聲・乾部第十四・邊一名》引誤作《魯語》。湛若水《格物通》卷七八解云:“言其高險不安,故不生草木。松柏上茂盛,冬夏有廕,故土不肥。”①明王同軌《耳談類增》卷四〇《産錫地不宜生植》云:“天地精華,此聚彼耗,物無兩大,事不雙美,茂樹之下,其艸不肥,理固然耳。”②亦可備説。

115. 吾不幸有疾,不夷於先子

韋注:夷,平也。疾,病也。言己行有闕病,不及先子。

按:夷,猶言及也,參見拙著《古書虛詞旁釋》。于鬯謂夷訓悦,疾爲疾病,並未得。(頁 177)

【按】 韋注訓“夷”爲“平”不誤。“不夷於先子”,即言自己德行有虧,號召力不能和自己的先人持平,也即趕不上自己的先人。從語義上言,即“不及先子”,韋注乃串講,非以“及”字釋“夷”字。“夷”在本句中爲動詞,“於先人”介賓結構作補語。

116. 罷民力以完之,又斃以守之,其誰與我

韋注:斃,踣也。誰與我,誰與我同力也。

按:明道本作“民罷力以完之,又斃死以守之”。《通鑒》卷 1 同。《册府元龜》卷 732 作“罷民力以困之,又斃死以守之”。與,猶從也。(頁 178)

【按】 遞修本、許宗魯本、張一鯤本、穆文熙本、吴勉學本、閔齊伋本、道春點本、千葉玄之本、緑蔭堂本、董增齡本、徐元誥《集解》與金李

---

① (明)湛若水:《格物通》,頁 709 下。

② (明)王同軌:《耳談類增》,《續修四庫全書》第 1268 册,頁 250 上。

本同，薈要本、文淵閣本、文津閣本、秦鼎本、高木本“斃”後有“死”字，秦鼎謂舊本“斃”下脱“死”字，是薈要本等改從明道本。又《皇王大紀》卷七三、《通鑒前編》卷一八、宋袁樞《通鑒紀事本末》卷一、朱熹《通鑒綱目》卷一上、《通志》卷九〇、黄淮《歷代名臣奏議》卷二二六、李贄《藏書》卷一、湛若水《格物通》卷九五、明周鑒《金湯借箸》卷一三、清胡林翼《讀史兵略》卷二、黄式三《周季編略》卷一、林春溥《戰國紀年》卷一引亦與明道本同。《經濟類編》卷四、《文章辨體彙選》卷五七、李鍇《尚史》卷四五、卷四八、《繹史》卷八七下、閻鎮珩《六典通考》卷一七〇、金正煒《戰國策補釋》卷四等引與公序本同。各本與明道本同者，或多據《資治通鑒》，未必真據明道本也。四庫薈要本、文淵閣本開以明道本校改公序本之先例，此亦一佐證。又“斃”字本由“敝”、“死”二字上下結構，“死”字易單出，亦易重出。《册府元龜》即作“困”字，則解自不當與“完”同。

117. 乃走晉陽

按：走，《御覽》卷949引作“守”，臆改。

【按】 《事類備要》别集卷九〇、《事文類聚》後集卷五〇、《淵鑒類函》卷四四八亦作“守”。凡類書引書，往往求其義達，未必文字與原書完全一致，所在多有。

118. 沈竈産鼃，民無叛意

韋注：沈竈，懸釜而炊也。産鼃，鼃生於竈也。鼃，蝦蟆也。

按：《韓子・難一》：“臼竈生鼃。”《戰國策・趙策一》：“臼竈生鼃。”《説文》：“臼，舂[臼]也，古者掘地爲臼，其後穿木石。象形，中象米也。”“臼”即舂米之器，以石爲之，中間凹下以盛稻穀。此文作“沈”，《御覽》卷949引作“沉”，當爲“抌”。“抌”即“舀”字或體，《説文》：“舀，抒臼也。抌，舀或從手從冘。”“舀”爲“臼”字形誤，此歧之又歧者也。《類聚》卷2引成公綏《陰霖賦》亦有“沈竈生鼃”語，則所誤甚早。陳偉曰：“按竈沈于水故産鼃，解義須一轉。”强護韋注，未得。俞樾曰：“沈，當讀爲煁。《詩・白華》毛《傳》曰：‘煁，烓竈也。'"俞説雖辯,然不合《韓子》等書記載,當非確解。《辭通》卷19云:"臼爲舊,舊爲蘢字之訛,壠字作沈,亦草書相涉爾。"朱氏謂"蘢竈"即今之地竈,尤不可信。(頁178)

【按】 "沈"、"沉"同字,文獻中恒見混用,辨詳見《小學要籍引〈國語〉研究》。《説苑》用《戰國策》故事,亦作"臼竈"。《大漢和辭典》收"臼竈"詞條,《中文大辭典》云:"臼竈,即龔竈,亦即蘢竈。"①當即本《大漢和辭典》。《漢語大詞典》未收。又楊堃(1901—1998)《灶神考》云:"最初的司灶者或灶之發明者,恐屬於以蛙爲圖騰之民族。……'臼灶'二字,一般認爲臼與灶,系指二物而言。然余個人之愚見,則認爲臼系一形容詞,臼灶乃指臼形之灶而言。蓋古時之臼與灶,皆掘地而爲之,而灶形如臼,故曰臼灶,换言之,臼灶乃灶類中之一種,亦即最古式之土灶也。至所謂'臼灶生鼃'者,此在余看來,乃臼形之土灶,忽而生蛙之謂也。蓋臼形之土灶本系挖地而爲之,故有生蛙之可能。"②則可對《戰國策》及各書"臼竈"理解頗有助益。然《國語》固自作"沈(沉)竈",不必强求與《戰國策》"臼竈"一律。"鼃"亦作"蛙",如《十一家注孫子》、宋汪應辰(1119—1176)《文定集》卷二、《册府元龜》卷三九九、《事類備要》别集卷四、卷九〇、元陰時夫《韻府群玉》卷六、明鄭若庸《類雋》卷一二、清顧景星(1621—1687)《白茅堂集》卷二八《隋論一》字皆作"蛙"。《舊音》云:"鼃,蛙,同。"《補音》引史游《急就章》:"蛙,蝦蟆。"③審遞修本、許宗魯本、金李本、張一鯤本、穆文熙本、閔齊伋本、吴勉學本、薈要本、文淵閣本、文津閣本、道春點本、千葉玄之本、緑蔭堂本、董增齡本、秦鼎本、徐元誥《集解》字作"畔",《册府元龜》卷三九九、《文章辨體彙選》卷五七、清姜炳璋《詩序補義》卷一〇、《尚史》卷四五、卷四八、《繹史》卷八七下、《駢字類編》卷二二〇、《六典通考》卷一七〇與公序本同。"叛"、

---

① 林尹等主編:《中文大辭典》(普及版),頁11933中。

② 楊堃:《灶神考》,見載於氏著《楊堃民族研究文集》,北京:民族出版社1991年版,頁164—165。

③ (宋)宋庠:《國語補音》卷三,本卷頁10。

“畔”音同可通。王太岳《四庫全書考證》卷五二“習學記言”云:“卷十二‘沈竈産鼃,民無畔意’,原本脱‘産鼃’二字,據《國策》增。”①“國策”當爲“國語”之誤。又宋紹興本《白氏六帖事類集》卷三引《戰國策》“鼃”字作“鼆”。

《鄭語》第十六

119. 唯是可以少固

按:唯,《册府元龜》卷795作“惟”。明道本脱“唯”字。(頁179)

【按】 審《〈詩·鄭譜〉正義》、《太平寰宇記》卷九、《册府元龜》卷七九五、魏了翁《毛詩要義》卷四中、宋王應麟《詩地理考》卷二、宋嚴粲《詩緝》卷八、《繹史》卷一〇六、《子史精華》卷七、《佩文韻府》卷三四之五引字作“惟”,《〈左傳·襄公二十九年〉正義》、《北堂書鈔》卷五五、《通鑒前編》卷九、《經濟類編》卷五、《通鑒紀事本末前編》卷六、《尚史》卷一五、卷二六、《繹史》卷二九、《駢字類編》卷一二七、卷一九三、《佩文韻府》卷一一之六、卷二四之二引字作“唯”。《通志》卷一九一引無“唯”字。“唯”、“惟”作爲僅詞,可通用不别。今審經筵校本有“唯”字,或據公序本補。

120. 夫成天地之大功者,其子孫未嘗不章

按:大,明道本誤作“火”。《文選·幽通賦》、《晉紀總論》、《齊故安陸昭王碑文》李善注、柳宗元《非〈國語〉》引並作“大”。《潛夫論·忠貴》:“成天地之大功者,未嘗不蕃昌也。”正本此文,可爲旁證。(頁179)

【按】 汪遠孫《考異》、徐元誥《集解》已揭出明道本“火”字之誤。審黄刊明道本字形作“火”,與同面之“火”字字形不盡同。如金州軍宋

① (清)王太岳:《四庫全書考證》,頁2193。

刻本《集韻・曷韻》"大"字即作"**大**"，覆元泰定本《廣韻・泰韻》字作"**大**"，其横並非平行，而是上斜 15—30 度角。"大"字一横的書寫，本就開始頓筆，中間中鋒運筆，最後頓筆，刻工刻字時亦如此行刀，則即成"火"形而與"火"近似，再經影鈔，再經摹刻，或本來未必與"大"形遠，後來爲明顯計，則成此形，與"火"形近而與"大"形遠。

121. 計億事，材兆物

韋注：材，裁也。

按：材，《皇王大紀》卷 32 作"裁"。（頁 180）

【按】 宋李昉(925—996)《文苑英華》卷九四二引常衮(729—785)《御史大夫王公墓誌》有"裁兆物，計億事"之句，或亦化用《鄭語》之句。

122. 檿弧箕服，實亡周國

韋注：山桑曰檿。弧，弓也。箕，木名。服，矢房。

按：檿弧箕服，《金樓子》卷 1 作"嗷嗷白服"，未知何據。（頁 181）

【按】 《〈左傳・昭公二六年〉正義》、《周禮注疏》卷四二、明馮夢龍《新列國志》第三回引作"服"作"箙"，《漢書》卷二七之下、宋趙禎(1010—1063)《洪範政鑒》卷一一下、明嚴衍《資治通鑒補》卷九七、清杜文瀾(1815—1881)《古謠諺》卷一〇〇引"箕"作"萁"。《史記・周本紀》、《〈毛詩・白華〉疏》、柳宗元《非國語》、《文選》李善注、《北堂書鈔》卷一二六、《黄氏日抄》卷五二、《通鑒前編》卷九、《太平御覽》卷一三五、卷三四七、《通鑒外紀》卷三、《古史》卷五、《學林》卷三、《册府元龜》卷七九五、《事類賦》卷一三、卷二八、《錦繡萬花谷後集》卷七、《大學衍義》卷三七、《通志》卷三下、卷一八一、《通鑒綱目》卷二〇、《六書故》卷一一引與《國語》同，《楚辭章句》、《北堂書鈔》卷四二引"實"作"寔"。"服"、"箙"可通，"實"、"寔"亦可通用。顔注釋"萁"爲："萁，草，似荻而細，織之爲服也。”①與韋注釋“箕”不同。《玉燭寶典》卷一云《國語》一本“箕”作“核”。《經典釋文》則云“萁”又作“箕”。王筠《句讀·竹部》:“《爾雅翼》:‘箕草似荻,而細織以爲矢服。’是或用皮,或用草,不必用竹也。”②清盛百二(1720—?)《柚堂筆談》卷四云:“《國語》云:‘檿弧箕服。’‘檿弧’即‘桑弧’也。注云:‘箕,木名。’初未詳其何木,按《本草綱目》:‘桑爲箕宿之精。’則知箕亦桑之别名耳。按《漢書》作‘萁’,顔師古云:‘萁草似荻而細。’恐非。”③唯可備説,難爲是非。詳見拙稿《〈玉燭寶典〉引〈國語〉校證》④。清俞樾《茶香室叢鈔》卷四亦云《金樓子》所載與《史記》所載異。清陳逢衡《竹書紀年集證》卷三四云:“《金樓子》云……此語似妄。夫果宣王末年有伯服亡周之謡,不應幽王取以名子,‘皦皦伯服’當爲‘檿弧箕服’之訛。”又卷五〇云:“‘楚矢箕服,是喪王國’,衡案:《北堂書鈔》四十二有此八字,下注云《璅語》,當亦‘檿弧箕服,寔亡周國’之謡而少變耳。”⑤可備説。

123. 龍亡而漦在,櫝而藏之

按:藏,《漢書·五行志》作“去”。顔注:“去,藏也。”去讀爲弆,《玄應音義》卷13引《通俗文》:“密藏曰弆。”《列女傳》卷7作“藏漦櫝中”。(頁181)

【按】《史記·周本紀》亦作“去”,無注。《文選·運命論》李善注、蘇轍《古史》卷五、何楷《詩經世本古義》卷一八上、明陸深《儼山集》卷五七、《尚史》卷二六、《繹史》卷三〇即引《史記》爲説,宋吴淑《事類賦》卷二八、《山堂肆考》卷二二三、明夏樹芳《詞林海錯》卷一六引《史記》約略爲“龍亡而漦在櫝”。又班固《幽通賦》李善注雖標明引《史記》而字則作

---

① (漢)班固撰,(唐)顔師古注:《漢書》,頁1466。
② (清)王筠:《説文句讀》,《續修四庫全書》第217,頁257。
③ (清)盛百二:《柚堂筆談》,《續修四庫全書》第1154册,頁39下。
④ 拙稿《〈玉燭寶典〉引〈國語〉校證》,《中國俗文化研究》第8輯,頁6—33。
⑤ (清)陳逢衡:《竹書紀年集證》,《續修四庫全書》第335册,頁439上、頁666下。

"藏"不作"去"。《漢書·五行志》作"龍亡而漦在,乃匱去之",宋趙禎《洪範政鑒》卷一一下、《文獻通考》卷三一三、《尚史》卷九五、《繹史》卷一五四引《漢書》爲説。宋高承《事物紀原》卷八、祝允明(1460—1526)《祝子罪知録》卷一〇引《國語》約略爲"龍亡而漦在櫝",他書引多同《國語》。唐釋湛然(711—782)《輔行記》引《國語》則作"龍亡而漦在,櫃而韞之","韞"亦"藏"也。清錢大昕《三史拾遺》卷一云:"'龍亾而漦在,櫝而去之',去,藏也,俗作'弆'。"①清王應奎《柳南隨筆》卷二云:"《史記·周本紀》'龍亡而漦在,櫝而去之','去'與'弆'同,蓋古人謂'藏'爲'去'也。按《左傳》昭十九年'紡焉,以度而去之'杜注云:'因紡纑連所紡以度城而藏之也。'《漢書·蘇武傳》'掘野鼠,去草實而食之'顔注云:'去謂藏之也。音邱吕反。'《陳遵傳》'與人尺牘,主皆藏去以爲榮'顔注云:'去亦藏也,音邱吕反,又音舉。'《三國志·華佗傳》'何忍無急,去藥以待不祥'裴注云:'按古語以去爲藏也。'而《周本紀》'去'字,古人獨無注釋,故引諸書以證之。"可爲佐證。臧琳《經義雜記》卷八云:"以'去'爲'藏',此古訓也。《史記》亦作'櫝而去之',《國語》作'櫝而藏之',蓋後人私改。"②蓋各書自有來歷,未必皆同,且"藏"字古亦爲用,故臧亦未可爲信説。又清邵泰衢《史記疑問》卷上云:"三代建都異地,且經遠歷千年,寶鼎尚難稽問,矧兹木櫝漦函,既非世重珍,何爲藏勿敢發?卜云其吉,竟得亡周之姒,玄黿新化,觸非宜孕之人,吐沫幾何,千年始變,七齡童妾,難與黿交,左右思之,殊增迷惑。"③崔述(1740—1816)《考信録》亦疑其事之非,古史傳説,本自適其語境,求其靈異應驗,未必確有其事其實,此或一例。

124. 傳郊之

韋注:傳祭之於郊。

---

① (清)錢大昕:《三史拾遺》,《續修四庫全書》第454册,頁883上。

② (清)王應奎撰,王彬、嚴英俊點校:《柳南隨筆》,北京:中華書局1983年版,頁40—41。

③ (清)邵泰衢:《史記疑問》,《景印文淵閣四庫全書》第248册,頁685上。

按:《列女傳》卷7作"乃置之郊。"此文"郊之"誤倒,當據乙正。傳,讀爲轉,移也。置,置放。于鬯謂傳、置並訓驛傳,失之。(頁182)

【按】 臧琳《經義雜記》卷八云:"《史記》作'夏亡,傳此器殷,殷亡,又傳此器周',《國語》作'傳郊之',當有誤字。《詩·白華》正義引無此三字。韋注云:'傳祭於郊。'可疑。"①審《國語》下文有"及歷殷、周,莫之發也"句,又卜之吉而布幣策告,則祭之亦非爲不可,故《國語》不誤。清王照圓《列女傳補注》卷七云:"'置之郊',《鄭語》作'傳郊之',蓋言傳祭之於郊也。"②王說較圓通。疑《國語》之"郊"即郊祭之義,非僅地點,故"傳郊"爲聯合謂語動詞,"之"作賓語。《列女傳》之"置之郊","郊"則爲名詞,地點,"置"爲雙賓語謂語動詞。二者固不同,不必因彼而易此。

125. 及殷、周,莫之發也

按:之,猶敢也,參見拙著《古書虛詞旁釋》。《御覽》卷135引作"三代莫敢發",《楚辭·天問》王逸注作"比三代莫敢發也",《金樓子》卷1作"三代莫敢視"。此句型完整式爲"莫之發之也",省略了賓語"之",《戰國策·韓策三》:"則人莫之爲之也。"是其比。"莫之"之"之"是助動詞,而非前置賓語。《列女傳》卷7作"莫之敢發也",《史記·周本紀》作"莫敢發之",正其完整句式,《列女傳》賓語"之"前置了。(頁182)

【按】 "莫之發也","之"字爲代詞賓語,否定句中代詞賓語前置,非可訓作"敢"。"之"作代詞賓語前置,在金文當中就已經出現,且有否定詞爲"莫"者。③《御覽》、《天問》王注、《金樓子》作"莫敢"者,固不與本句同。"敢"爲情態動詞,固用於謂語中心詞之前,"之"字無此之用。

---

① (清)臧琳:《經義雜記》,《續修四庫全書》第172册,頁98下。

② (清)王照圓:《列女傳補注》,《續修四庫全書》第515册,頁731下。

③ 張玉金:《西周金文代詞研究》,北京:商務印書館2004年版,頁168—169。

審《旁釋》"之猶敢也"所舉《晏子春秋・雜下》"而國莫之服"、《漢書・賈山傳》"而莫之告也"及其"之猶肯也,願也"、"之猶能也"也所舉諸例,實皆爲否定句中代詞賓語前置,其中否定詞爲"莫"者22見,其中1見"莫知之"蕭謂"當乙作'莫之知'",不確,否定代詞賓語前置爲普遍現象,而亦有不前置之例,此在甲骨文中即已出現①,固未可以通律律之。否定詞爲"不"者1見,否定詞爲"匪"者1見。另引《詩・秦風・駟驖》"公之媚子"之"之"爲結構助詞,毛《傳》"能以道媚於上下者也"實釋"媚"字,與"之"無涉。② 至蕭舉《戰國策・韓策三》"則人莫之爲之也"之例,繆文遠(1930—2012)《新校注》謂:"莫之爲之,猶言無肯爲之。"③他本無説。審《韓策三》上下文:"人之所以善扁鵲者,爲有臃腫也。使善扁鵲,而無臃腫也,則人莫之爲之也。""莫之"之"之"當爲動詞,訓作"往"、"如"而非訓作"肯"、"敢",該文義爲:人們之所以稱善扁鵲,因爲人們有毒瘡。假如要人們稱善扁鵲,可人們没有毒瘡了,那麽没有人去稱善他了。王守謙等《戰國策全譯》即云:"莫之爲之,没有誰去做它。"④可謂至當。

126. 府之童妾未既齔而遭之

韋注:既,盡也。遭,遇也。毁齒曰齔。未盡齔,毁未畢也。女七歲而毁齒。

按:未既齔,《列女傳》卷7作"未毁",《説文》:"齔,毁齒也。"《史記・周本紀》作"既齔",脱"未"字。(頁182)

【按】 明嚴衍《資治通鑒補》卷三五引《國語》亦無"未"字,卷八一

---

① 張桂光《"受""壱"類卜辭否定句中賓語對"不""弗"選擇的考察》一文中即有"弗受朕又(《合》8426)"句,爲否定句代詞賓語不前置之例。張文見載於曾憲通主編《古文字與漢語史論集》,廣州:中山大學出版社2002年版,頁173—179。

② 蕭旭:《古書虚詞旁釋》,頁335—336。

③ 繆文遠:《戰國策新校注》,成都:巴蜀書社1987年版,頁1009。

④ 王守謙等:《戰國策全譯》,貴陽:貴州人民出版社1992年版,頁877。

引《國語》"既"誤作"笄"。《經濟類編》卷二一引"齔"誤作"亂"。朱亦棟《群書札記》卷一云:"孔《疏》引《帝王世紀》以爲幽王三年嬖褒姒,褒姒年十四。若然,則宣王立四十六年崩,是先幽王之立十二年而生,其生在宣王三十六年也。厲王流彘之歲,爲共和十四年,而後宣王立,自宣王三十六年,上距流彘之歲爲五十年。流彘時童妾七歲,則生女時母年五十六,凡在母腹五十年。其母共和九年而笄,年十五而孕,自孕後尚四十二年而生,作爲妖異,故不與人道同,此亦無稽之言,不足信也。"① 崔述《考信録》説同。或《史記》因而用"既齔"而不與《鄭語》之"未既齔",徐灝《通介堂經説》卷三一謂:"《史記》作'既齔而遭之',長於《國語》。"②可爲補證。又清徐芳《懸榻編》卷一引《史記》省"既齔"二字。

127. 褒人褒姁有獄,而以爲入於王,王遂置之

韋注:置,赦褒姁。

按:爲,猶之也,代詞。裴學海《古書虛字集釋》曰:"爲,以也。'以爲'是複詞。"失之。置,《列女傳》卷7作"釋",與"赦"同義。(頁182)

【按】 "爲"當爲被動標記,"以爲入於王"實爲"以之爲入於王"之省。省掉的"之"既是介詞"以"的賓語,又是"入"的主語,然"入"非其所施爲,乃受動,故"入"前加"爲"字以明確動作關係。裴訓"以爲"爲復詞固不當,訓"爲"猶"之"亦未允。《通鑒外紀》卷三引省"以爲",《册府元龜》卷七九五、《通鑒前編》卷九、《通志》卷一八一、《經濟類編》卷五、《右編》卷二一、明周嬰《卮林》卷二、杜文瀾《古謠諺》卷一七、清林春溥《古史紀年》卷一四、《繹史》卷二九引與《國語》同。明馮復京《六家詩名物疏》卷三八引《鄭語》作"褒人褒姁有獄,而以爲女入于王",未通,"女"字當置於"以"字之下。清崔述《考信録》卷七即引《鄭語》作"而以女入於王"。《列女傳》卷七作"褒人姁有獄,獻之以贖,幽王受而嬖之,遂释褒

① (清)朱亦棟:《群書札記》,《續修四庫全書》第1155册,頁14下。

② (清)徐灝:《通介堂經説》,《續修四庫全書》第177册,頁289下。

姁”,《史記·周本紀》作“褒人有罪,請入童妾所棄女子者於王以贖罪”,可備參證。

《楚語上》第十七

128. 是五王者,皆元德也

按:明道本“皆”下有“有”字,《通志》卷92無。(頁182)

【按】 《困學紀聞》卷二引《楚語》亦無“有”字,元明清各書引亦無。公序本中無從明道本者,審下句云“而有姦子”,故此處“有”字當省。

129. 教之《世》,而爲之昭明德而廢幽昏焉,以休懼其動

韋注:休,嘉也。動,行也。使之嘉顯而懼廢也。

按:王懋竑曰:“休懼其動,未詳。”休,《周禮·瞽矇》鄭注、《通志》卷92引作怵。王念孫謂休訓喜,朱駿聲、朱起鳳謂休爲怵之誤字,吴曾祺謂作“怵”語意較順。張以仁謂“休、懼”分承上文“昭、廢”而言,作“休”於義爲長,“休”訓美。張説是也。(頁183)

【按】 《四部叢刊》本《周禮·瞽矇》鄭注、宋王與之《周禮訂義》卷四四、《通志》卷九二、明賀復徵《文章辨體彙選》卷五六、明王志長《周禮注疏删翼》卷十四、清蔣載康《周官心解》卷十四、清李光坡《周禮述注》卷十四、清李鍾倫《周禮纂訓》卷十二、孫詒讓《周禮正義》卷四五引《國語》“休”作“怵”,《十三經注疏》本改作“休”。清劉青芝(1675—1755)《周禮質疑》卷四作“休”。辨詳見本書上編之一“吴曾祺《國語韋解補正》辯證”。

130. 教之《詩》,而爲之道廣顯德,以耀明其志

韋注:道,開也。

按:道,明道本作“導”。道廣,《賈子·傅職》作“廣道”,方向東曰:“廣道顯德,言廣顯道德,即大顯道德。疑‘道廣’二字互倒。”耀,《賈子》作馴,方向東引劉師培曰:“假‘馴’爲‘訓’。”(頁183)

【按】《楚辭章句》、《通志》卷九二、清江永《禮書綱目》卷六八引字作"導",朱熹《儀禮經傳通解》卷一八引字作"導",點校本《朱子全書》字定作"導"①,他則引字作"道"。《碑别字新編》引《漢繁陽令楊君碑》作"導"②,爲"導"之異體字。

131. 攝而不徹,則明施舍以導之忠,明久長以導之信

韋注:施己所欲,原心舍過,謂之忠恕。

按:施舍,偏義指施,《賈子》作"惠施"。久長,《賈子》作"長復",方向東引盧文弨曰:"'長復'謂久要不忘踐言也。俗間本作'長短',訛。"(頁184)

【按】公序本字作"道"不作"導",經筵校本、黄刊明道本及其覆刻本字則作"導",下文皆同,蕭著皆從黄刊明道本作"導",非守金李本原本。《通鑒外紀》卷六、《通志》卷九二、《禮書綱目》卷六八、清姜兆錫《儀禮經傳》内編卷二三引字作"導",《經濟類編》卷一五、《文章辨體彙選》卷五六、《右編》卷一一、《格物通》卷三七、《楚寶》卷二一、《尚史》卷五七、《繹史》卷五七、《古文淵鑒》卷六引與公序本同。

132. 體貌以左右之,明行以宣翼之

韋注:宣,遍也。

按:宣,協調、協和。參《漢語大詞典》。(頁184)

【按】王念孫《廣雅疏證》卷六上云:"《楚語》'明行以宣翼之',宣翼,皆明也。"《中文大辭典》釋"宣翼"爲"宣揚輔翼"③,審《漢語大詞典》義項⑨"協調、協和"所引書證《書·盤庚》"宣乃心"、《長笛賦》"以宣八

① 朱傑人等主編:《朱子全書》(二),上海、合肥:上海古籍出版社、安徽教育出版社2002年點校本,頁594。

② 秦公輯:《碑别字新編》,北京:文物出版社1985年版,頁347。

③ 林尹等主編:《中文大辭典》(普及版),頁3955。

風”恐尚有别義，即其可以成立，亦未適應於本文語境。且《漢語大詞典》收“宣翼”詞條，唯釋爲“輔佐”①，可知“協調、協和”義不適於本處。韋注之釋作“遍”可通，董立章釋爲“時時處處加以輔佐”②，可謂得義。

133. 不穀不德，失先君之業

韋注：業，伯業也。

按：業，《後漢書·劉梁傳·辨和同之論》引作“緒”，李賢注：“緒，業也。”（頁185）

【按】《後漢書》作“不穀不德，少主社稷，失先君之緒”，《長短經》卷八引同，《經濟類編》卷三三、《文章辨體彙選》卷四〇六引省“少主社稷”。《左傳·襄公十三年》云：“楚子疾，告大夫曰：‘不穀不德，少主社稷，生十年而喪先君，未及習師保之教訓，而應受多福，是以不德而亡師于鄢，以辱社稷，爲大夫憂，其弘多矣。”或雜合《國語》、《左傳》而爲之者。毛《傳》、鄭《箋》多處訓“緒”爲“業”，或李注所本。劉作“緒”者，或竟如顧炎武《日知録》所云“已成者謂之功，未竟者謂之緒”。

134. 召其宗老而屬之

按：《類聚》卷82、《御覽》卷525引並有注：“屬，託也。”（頁185）

【按】黄刊明道本韋注唯云：“家臣曰老，宗老謂宗人也。”審《類聚》卷八二唯引《楚語上》原文，無注。《御覽》卷三八九、卷五二五、卷九七五並引之，唯卷五二五注云：“屈到，楚卿屈蕩之子也。芰，菱也。宗老，宗臣。屬，託也。”③卷三八九引“芰”誤作“艾”。審公序本韋注唯秦鼎本改從黄刊明道本作“也”，其他俱作“者”，《册府元龜》卷九二八注

① 羅竹風主編：《漢語大詞典》（第四卷），頁1403、頁1417。

② 董立章：《國語譯注辨析》，廣州：暨南大學出版社1993年版，頁617。

③（宋）李昉等：《太平御覽》，《四部叢刊》影宋本，本卷頁5。

云:“家人曰老,爲人宗者。”①“人宗”當爲“宗人”之倒。江永《禮書綱目》卷四六、《六典通考》卷六引韋注從公序本作“者”。又秦蕙田《五禮通考》卷一一三引“屬”作“囑”。

135. 夫子承楚國之政

韋注:承,奉也。

按:《左傳·哀公十八年》杜注:“承,佐也。”字或作丞,《廣韻》:“丞,佐也。”(頁185)

【按】《説文·手部》:“承,奉也,受也。”②是韋注所本。《匡謬正俗》卷三云:“奉者,皆謂恭而持之。”③又《左傳》:“天子有命,敢不奉承,以奔告於諸侯。”是“奉”、“承”義同。不誤。

136. 夫子不以其私欲干國之典

韋注:干,犯也。

按:干,《御覽》卷389引作“奸”,注云:“言不犯常法。”(頁185)

【按】《御覽》卷三八九、卷九七五、宋陳景沂《全芳備祖》後集卷二、《通鑒外紀》卷七、《記纂淵海》卷九二、《春秋臣傳》卷二〇、《事類備要》别集卷四四、《事文類聚》後集卷二六、《群書通要》卷六、《山堂肆考》卷二〇八引無“其”字,《御覽》卷九七五引字則作“干”。《御覽》卷五二五、司馬光《易説》卷二、《通志》卷九二、《類林雜説》卷一五、《天中記》卷四二、卷五三、《經濟類編》卷四五、《楚寶》卷一、《尚史》卷五六、《繹史》卷六九引與《國語》同。

---

① (宋)王欽若等:《宋本册府元龜》,北京:中華書局1989年版,頁3696下。

② (漢)許慎:《説文解字》,頁253上。

③ (唐)顔師古:《匡謬正俗》,陝西通志舘印《關中叢書》本,本卷頁1。

137. 子牟有罪而亡

按:有,猶得也,訓見裴學海《古書虚字集釋》。《左傳·襄公二十六年》作"得戾",本書下文作"得罪"。《廣韻》:"戾,罪也。"(頁185)

【按】 《玉篇·有部》:"有,得也。"①"子牟有罪而亡"爲《國語》編纂者叙述語言,下文"子牟得罪而亡"爲蔡聲子對令尹子木之言。《國語》"有罪"21 見,其中引《湯誓》"有罪"2 見,唯《鄭語》無,其他語皆有之;"得罪"7 見,其中《晉語一》1 見,《楚語上》1 見,《吴語》3 見,《越語下》2 見,周、魯、齊、鄭四語中無之。

138. 寔讒敗楚,使不規東夏,則析公之爲也

韋注:規,猶有也。

按:《周語中》:"規方千里以爲甸服。"韋注:"規畫而有之。"金其源謂規訓謀。竊謂規讀爲窺,《過秦論》:"以窺周室。"亦通。俞志慧引《晉語八》:"直不輔曲,明不規闇。"韋注:"言文子不能以明直規輔平公之闇曲。"謂此文"規"訓"規輔",失之。彼文"規、輔",猶言矯正。(頁186)

【按】 俞説固誤,蕭説亦未允。此楚臣蔡聲子對楚令尹子木之言也,且"規"之主語即爲"楚",何得自言"窺"。且韋昭引《傳》曰:"繞角之役,晉將遁矣。析公曰:'楚師經窕,易震蕩也,若多鼓鈞聲以夜軍之,楚師必遁。'晉人從之,楚師宵潰。晉人遂侵蔡,襲沈,獲其君。鄭於是不敢南面,楚失諸華。"蔡國、沈國本是楚的屬國,由於析公幫助晉國,故楚國慘白,從而使蔡、沈歸屬晉,故謂"不規東夏"。又李玉潔《楚國史》云:"繞角之役,楚國損失慘重,使晉國能够侵蔡、襲沈,敗申、息之師,鄭國不敢再南面朝楚,楚從而失去了華夏諸國。"②亦可佐證。故韋注不誤,

① (宋)陳彭年等:《宋本玉篇》,頁377。
② 李玉潔:《楚國史》,開封:河南大學出版社2002年版,頁212。

俞樾《群經平議》卷二三云："韋注曰：'規，猶有也。'其實規亦言規度也。"①與韋注"規畫"同。

139. 瘠墝之地

韋注：墝，确也。

按："确"同"埆"。墝，《册府元龜》卷 742、《玉海》卷 162 作"磽"。"磽"、"墝"正俗字。（頁 188）

【按】 審遞修本、許宗魯本、金李本、《百家類纂》本、張一鯤本等公序本系統、經筵校本、黄刊明道本及其覆刻本等字皆作"瘠磽"，注字皆作"确"。秦鼎云："确，一作埆。"②此用《舊音》"注墝埆"，《補音》無説，或以宋庠校訂本字作"墝埆"。汪遠孫《考異》云："《補音》作'墝'。""《補音》作'埆'。"③徐元誥《集解》作"瘠墝"者，或亦本此。各書亦無引作"瘠墝"者。

140. 吾不服諸夏而獨事晉，何也

韋注：不服，心不服也。

按：王懋竑曰："吾不服諸夏，謂不能服諸夏也。而獨事晉，謂諸夏獨事晉也。注未然。"王説失之，韋注不誤。張以仁曰："而，猶之也。"句言楚靈王心不服諸夏事晉。王引之曰："'而'者，連及之詞。當作'諸夏不服吾而獨事晉'，傳寫者誤倒其文耳。"徐元誥《集解》本據王説徑改，失之。《册府元龜》卷 735 同今本。（頁 188）

【按】 審上下文語境爲："靈王城陳、蔡、不羹，使僕夫子晳問於范無宇曰：'吾不服諸夏而獨事晉，何也？唯晉近我遠也。今吾城三國，賦皆千乘，亦當晉矣。又加之以楚，諸侯其來乎？'"靈王發問是在"城陳、

① （清）俞樾：《群經平議》，《續修四庫全書》第 178 册，頁 377 上。

② （日）秦鼎：《春秋外傳國語定本》卷一七，本卷頁 9。

③ （清）汪遠孫：《國語明道本考異》，頁 329。

蔡、不羹”之後，這三個國家皆爲諸夏之國，而楚已服之。“吾不服諸夏而獨事晉，何也”之義當爲：“我不是不能臣服諸夏之國可是這些國家偏偏去依附晉國，爲什麽呢？”下句給出原因，即由於地緣關係（晉近我遠）。進言之，現在已經臣服諸夏三國，使爲“楚之别都”，言下之意，即楚的勢力範圍已至諸夏之地，無論從空間上還是從勢力上，這三個楚之别都和晉國相當，再加上楚國本身（已經遠遠超過晉國），故纔有下文之問“諸侯其來乎”。若解作“靈王心不服諸夏事晉”，則“何也”無著，下文亦無所屬。

140. 唯子老耄，故欲見以交儆子

韋注：交，夾也。

按：交儆，即下文“朝夕以交戒我”之“交戒”，《類聚》卷18、《事文類聚》前集卷46引“交戒”並作“警戒”。于鬯謂“交”讀爲“教”，是也。《周禮·秋官·司寇》：“歸脤以交諸侯之福。”《大戴禮記·朝事》“交”作“教”，是其證。（頁189）

【按】 韋注釋“交”爲“夾”三處，另二處爲《晉語三》“齊、楚又交輔之”、《晉語七》“士魴、張老交止之”注。鄙意以爲韋注釋“交”爲“夾”最爲得義。凡主體對客體之動作行爲，非由客體主觀意願而産生者，對客體起輔助作用，故謂之“夾”，故訓中往往以“傍”、“輔”、“在兩邊”、“在左右”、“近”等釋“夾”，引申而爲皆、俱。“交儆”、“交戒”之“交”爲副詞作狀語，“警戒”則爲同義復合結構。《事文類聚》“警戒”或即本《藝文類聚》，未必真有所本。且《大戴禮記》亦“教”、“交”未一，且此“教”字或爲“效”字别體，非必爲“教訓”之“教”。下“交修”同。

141. 於是乎作《懿》以自儆也

韋注：三君云：“懿，戒書也。”昭謂：懿，《詩·大雅·抑》之篇也。懿，讀曰抑。

按：明道本“懿”下有“戒”字，王引之曰：“‘戒’字涉注文‘戒書’而衍。”甚確。《中論·虚道》引懿作抑，無“戒”字。金其源曰：“懿、

抑義同，古或通用。"《册府元龜》卷901、《玉海》卷55、《資治通鑑外紀》卷4並衍"戒"字。（頁190）

【按】 審遞修本、經筵校本、許宗魯本、金李本、《百家類纂》本、張一鯤本、穆文熙本、閔齊伋本、薈要本、文淵閣本、文津閣本、道春點本、千葉玄之本、緑蔭堂本、董增齡本、秦鼎本、黄刊明道本及其覆刻本、《補正》、《詳注》、《四部備要》本等"懿"下皆有"戒"字。徐元誥《集解》則因王引之、沈鎔之説改"戒"爲"詩"，又謂："明道本'懿'下衍'戒'字。"①則"詩"字爲《集解》新增。

142. 文王猶不敢惰

按：惰，《册府元龜》卷901同，明道本作"驕"。（頁190）

【按】 《文章正宗》卷五、《妙絶古今》卷一、《經濟類編》卷二七、《文章辨體彙選》卷五八、《楚紀》卷九、《文編》卷四五、《楚寶》卷一九、《左傳紀事本末》卷四七、《尚史》卷五七、《繹史》卷七六引俱從公序本。審文義，當以作"惰"字爲是。經筵校本從公序本作"惰"。

143. 子亹懼，曰："老之過也。"

按：明道本脱"懼"字，《册府元龜》卷901有"懼"字。（頁190）

【按】 沈鎔《詳注》、徐元誥《集解》俱補"懼"字。《北堂書鈔》卷一〇〇、《妙絶古今》卷一、《春秋臣傳》卷二三、《文章正宗》卷五、《天中記》卷三九、《經濟類編》卷二七、《文章辨體彙選》卷五八、《文編》卷四五、《左傳紀事本末》卷四七、《繹史》卷七六、《古文淵鑒》卷六、《佩文韻府》卷三五引皆有"懼"字，又經筵校本、《詳注》、《集解》、上古本有"懼"字，與公序本同。《通鑑外紀》卷八、《楚紀》卷九、《楚寶》卷一九引無"懼"字，與明道本同。又《尚史》卷五七引徑作"史老曰"。又遞修本"曰"字

① 徐元誥撰，王樹民、沈長雲點校：《國語集解》（修訂本），頁502。

誤作"曰"。《國語》上句爲"楚其難哉",黄刊明道本及其覆刻本"哉"、"子"之間有空格,公序本有注"難以爲治",汪遠孫已揭出。

144. 若天旱,用女作霖雨

按:天,《書·説命》、《潛夫論·五德志》作"大",《册府元龜》卷742同。(頁191)

【按】 《文章正宗》卷五、《文編》卷三、《右編》卷七、《繹史》卷七六、明梅鷟《尚書考異》卷三、清揆叙《隙光亭雜識》卷五、清毛奇齡《古文尚書冤詞》卷六、《古文淵鑒》卷六、嚴可均《全上古三代秦漢三國六朝文》引字作"大",又《隙光亭雜識》誤作"晉語"。公序本中之許宗魯本、閔齊伋本、薈要本、文淵閣本、文津閣本字俱作"大"。審公序本中"天"字頂格的幾種本子(如下圖),尤其張一鯤本"天"字上之"一"與書頁欄框正好重合,又因《書》本作"大"或引録者不審,乃以《國語》之"天"爲"大"字。

(遞修本)(金李本)(張一鯤本)(道春點本)

145. 心類德音,以德有國

韋注:類,善也。

按：王引之謂類之言率、循，是也。高本漢申韋注，釋爲"嘉許"、"贊許"；吴曾祺謂類訓比，並未確。下"德"字，讀爲得，動詞。《册府元龜》卷742、《文章正宗》卷5作"得"。有國，據有其國也。《左傳·昭公四年》："先王務修德音以享神人"，文例相同。徐元誥曰："有國，爲國也。"失之。（頁191）

【按】《詩·小雅·鹿鳴》"德音孔昭"鄭《箋》云："德音，先王道德之教也。"①本句上下文云："齊桓、晉文皆非嗣也，還軫諸侯，不敢淫逸，心類德音，以德有國，近臣諫，遠臣謗，輿人誦，以自誥也。"就語境而言，韋注釋"類"爲"善"不誤，正因爲嚮往先王道德之教，所以纔"以德有國"，"以德"爲介賓結構作狀語。"有國"既爲"據有其國"，則"德"不當改讀作"得"。審文獻中"德音"前可加多詞，非僅"修"字。

146. 對曰："賴君用之也，故言。"

韋注：賴，恃也。

按：《廣雅》："賴，善也。"（頁191）

【按】《廣雅》之釋未合於本語境。此"賴"字爲動詞。審《故訓匯纂》"賴，善也"條所引《孟子·告子》"子弟多賴"趙注、《吕氏春秋·離俗》"則必不之賴"高注俱釋爲"善"②，或《廣雅》、《廣韻》之所本。《孟子》上下文云："富歲，子弟多賴；凶歲，子弟多暴。""賴"爲狀態詞，在本句中作述賓結構中的賓語，具有名詞性質。《吕氏春秋》之"賴"字爲謂語動詞，高注云："不之賴，不賴之也。賴，利也。一曰善也。"③一曰之説恐亦未符合語境。即以"賴"爲謂語動詞，然其義與《楚語》本文之義亦未盡同。實韋注最合，不必别自立義。

① （清）阮元校刻：《十三經注疏》，頁406上。

② 宗福邦等主編：《故訓匯纂》，頁2195a欄。

③ （漢）高誘注：《吕氏春秋》，頁237。

147. 故進退周旋,唯道之從

按:之,《渚宫舊事》卷 2、《册府元龜》卷 901 同;明道本作“是”,《皇王大紀》卷 64 同。(頁 192)

【按】 《皇王大紀》卷六四引字作“惟”。又《白石六帖事類集》卷五、《格物通》卷二二引字亦作“惟”,且與《北堂書鈔》卷一〇〇、《楚紀》卷九、《楚寶》卷一九、《尚史》卷五七、《淵鑒類函》卷二九六引皆與公序本同。又經筵校本字亦作“之”,與公序本同。“是”和“之”字都可以作賓語前置標記。“唯……之……”是“唯……是……”的變種。

148. 吾子經營楚國

按:經營,《渚宫舊事》卷 2、《册府元龜》卷 901、《資治通鑒外紀》卷 8 並同;明道本無“營”字。(頁 192)

【按】 審遞修本、許宗魯本、金李本、張一鯤本、薈要本、文淵閣本、文津閣本、道春點本、千葉玄之本、秦鼎本、董增齡本等公序本及經筵校本、《詳注》皆無“營”字,唯黄刊明道本及其覆刻本有“營”字。徐元誥《集解》從公序本並謂:“明道本‘經’下衍‘營’字。”①汪遠孫《考異》云:“案注,無‘營’是也。”②因韋注唯釋“經”字,無“營”字之釋。《皇王大紀》卷六四引亦有“營”字。《北堂書鈔》卷一〇〇、《天中記》卷一九、《楚紀》卷九、《楚寶》卷一九、《尚史》卷五七、《繹史》卷七六、《駢字類編》卷一八五、《淵鑒類函》卷二九六、《佩文韻府》卷一四之二引俱與公序本同。

《楚語下》第十八

149. 民之羸餒,日已甚矣

韋注:羸,瘠也。言日日又甚。

---

① 徐元誥撰,王樹民、沈長雲點校:《國語集解》(遞修本),頁 506。

② (清)汪遠孫:《國語明道本考異》,頁 331。

按:《册府元龜》卷795餒作餧,重"日"字,《文章正宗》卷6亦重"日"字。《説文》:"餧,飢也。"餒同餧。(頁195)

【按】 審遞修本、許宗魯本、金李本、張一鯤本、穆文熙本、吴勉學本、閔齊伋本、薈要本、文淵閣本、文津閣本、道春點本、千葉玄之本、緑蔭堂本、董增齡本字作"餧",並重"日"字,秦鼎本字作"餒",然亦重"日"字,云:"餧、餒通用。"①汪遠孫《考異》字作"餧",云:"公序本'餧'作'餒',《補音》作'餧'。"②然審經筵校本、黄刊明道本及其覆刻本、《補正》、《詳注》、《四部備要》本、徐元誥《集解》字俱作"餒",且不重"日"字。或汪遠孫誤互明道本與公序本。《妙絶古今》卷一、《文章正宗》卷六、《文章辨體彙選》卷六〇、《文編》卷二一引字作"餒",且重"日"字。《經濟類編》卷九二、《楚寶》卷二一、《左傳紀事本末》卷五〇、《説文解字義證》"餧"字注、《尚史》卷五六、《繹史》卷八九、《古文淵鑒》卷六引與公序本同。《楚紀》卷一三引作"民之羸餒日甚",《正字通》"餧"字注引《國語》"民之羸餧日甚"。《説文解字義證》"羸"字注引《楚語》亦本公序本,然脱"餧"字。審文獻中表示動作連續或狀態漸進,名詞作狀語,往往以單字表重疊,不重。如《詩經·周頌·日將》"日靖四方"、《詩經·小雅·小宛》"而月斯征"、《老子》"爲學日益,爲道日損"、《商君書·慎法》"人主莫能世治其民"、《莊子·天運》"夫鵠不日浴而白,烏不日黔而黑"、《韓非子·外儲説右上》"秦昭王右病,百姓里買牛而家爲王禱"等皆屬此類。則《楚語》當以明道本不重"日"字爲是,且若正文重"日"字,則韋注不必出注爲釋。

150. 夫民心之慍也

韋注:慍,怒也。

按:《册府元龜》卷795注作:"慍,怨也。"(頁195)

---

① (日)秦鼎:《春秋外傳國語定本》卷一八,本卷頁8。

② (清)汪遠孫:《國語明道本考異》,頁333。

【按】《楚語》上下文云:"是之不恤,而蓄聚不厭,其速怨於民多矣。積貨滋多,蓄怨滋厚,不亡何待?夫民心之慍也,若防大川焉,潰而所犯必大矣。"《説文·心部》:"怨,恚也。""怒,恚也。"①則"怨"、"怒"皆通。俞樾謂"慍"當讀爲"蕰",非是。

151. 夫差先自敗也已,焉能敗人

按:夫,竊謂當從明道本作"夫差"。《〈左傳·哀公元年〉釋文》云:"或作'夫差',非。"竊謂有"差"字是,《説苑·權謀》、《御覽》卷450引《戰國策》、又卷290、卷493引《左傳》並作"夫差"。(頁196)

【按】《左傳》正文本無"差"字,洪亮吉用《釋文》之説。又李富孫《春秋三傳異文釋》卷一〇云:"上文已偁夫差,則此'差'字當衍。"②審《楚語》前文亦云"今吾聞夫差",則此處即不言"夫差"而所論亦夫差矣,且"先自敗"爲結論性語言,前有"夫"字引出固屬語言慣例,公序本無"差"字更合語言習慣。《通鑒外紀》卷八引省"夫"字,《文章辨體彙選》卷六〇、《駢字類編》卷一八引與公序本同,無引明道本者。審王引之《經傳釋詞》"夫"字注亦引本句爲例,是亦以"夫"爲虚字,其後不當有"差"字。

152. 又有左史倚相,能道訓典,以叙百物

韋注:叙,次也。物,事也。

按:道,《記纂淵海》卷56作"通"。(頁196)

【按】 審《文苑英華》卷八四〇權德輿(759—818)《贈司空李揆謚議》作"通",此在權德輿《權載之文集》卷二九中文題作"故銀青光禄大夫尚書左僕射姑臧縣開國公贈司空李公謚議",字作"道"不作"通",《唐

---

① (漢)許慎:《説文解字》,頁221下。

② (清)李富孫:《春秋三傳異文釋》,《續修四庫全書》第144册,頁516下。

文粹》卷四一、《全唐文》卷四八八引權文亦作“道”。《記纂淵海》卷五六引作“通”而卷七三引省“又”字而作“道”。《漢書・楚元王傳》“不敢不通所聞”王念孫《讀書雜誌》云：“通猶道也。”①“通”、“道”亦形近，或易混訛。

153. 又能上下説於鬼神，順道其欲惡

按：道，讀爲導。（頁 196）

【按】 遞修本、金李本、《百家類纂》本、張一鯤本作“説乎”，穆文熙本、閔齊伋本、道春點本、緑蔭堂本、四庫薈要本、文淵閣本、董增齡本、秦鼎本字改作“説”。柳宗元《非國語》作“説于”，黄刊明道本及其覆刻本字作“説于”，《補正》、《詳注》作“説于”，《四部備要》本、徐元誥《集解》改作“説於”。《文選》李善注、《群書治要》卷八引作“悦”，沈鎔《詳注》云：“説，通悦。”②《春秋臣傳》卷二三、《經濟類編》卷三一、明顧夢麟《四書説約》卷一、《楚紀》卷三一、《楚寶》卷二〇、陳奂《詩毛氏傳疏》卷二三、《尚史》卷五九、《馬氏文通》卷五、《繹史》卷八九、《駢字類編》卷一二九、《拾雅》卷一二、《古文淵鑒》卷六、《説文通訓定聲》“説”字注引與公序本同。《文章正宗》卷六、元許謙《讀大學叢説》、元張存中《四書通證》、明樊深《(嘉靖)河間府志》卷二七、《文編》卷四五、明吴訥《文章辨體》卷一五引與明道本同。“乎”、“于”(“於”)作介詞語法作用相同。

154. 若夫白珩，先王之玩也，何寶焉

按：明道本作“何寶之焉”，《治要》卷 8、《御覽》卷 802、《玉海》卷 86 同。《記纂淵海》卷 56、卷 63、《春秋臣傳》卷 23 作“何寶之爲”，“爲”、“焉”形近致訛。（頁 197）

---

① (清)王念孫：《讀書雜誌・五・漢書第八》，頁 40。

② 沈鎔：《國語詳注》，本卷頁 6。

【按】 汪遠孫云:"公序本無'之'字,《治要》同。"①"《治要》卷8、《御覽》卷802、《玉海》卷86同"者,與公序本同也。真德秀《西山文集》卷一八《講筵卷子·大學平天下章》、《文章正宗》卷一、《(嘉靖)河間府志》卷二七、《經濟類編》卷三一、顧夢麟(1585—1653)《四書説約》卷一、焦竑《養正圖解》、《文編》卷四五、《文章辨體》卷一五、《楚寶》卷二〇、明朱瞻基(1398—1435)《五倫書》卷四一、清弘晝(?—1765)《稽古齋全集》卷一《不貴異物賤用物論》、《尚史》卷五九、《繹史》卷八九、孫詒讓《周禮正義》卷一二、清吴昌宗《四書經注集證》、《古文淵鑒》卷六、清葉澐《綱鑒會編》卷七、《淵鑒類函》卷三六一引與公序本同。元詹道傳《四書纂箋》卷一、元張存中《四書通證》、焦竑《焦氏四書講録》卷一引與明道本同。《經傳釋詞》、《馬氏文通》並引作"之爲",王云:"宋明道本作'何寶之焉','焉'乃'爲'字之誤。上篇'胡美之爲',宋本'爲'誤作'焉',即其證。今本作'何寶焉',删去'之'字,尤非。"張以仁謂《尚書》疏即引作"之焉",又謂"無'之'字亦通,且其例《國語》習見。"②本句既有一"之"字,雖詞性、語義功能未盡同,然不宜重,故以無"之"字更合語境。

155. 毅貪無厭

按:毅貪,猶言毅於貪。毅,果毅、堅決。《漢語大字典》引此例釋云:"毅,義同極、甚。"無據。(頁197)

【按】 遞修本、許宗魯本、金李本、張一鯤本、穆文熙本、吴勉學本、道春點本、千葉玄之本、緑蔭堂本作"毅貪而無猒",閔齊伋本、薈要本、文淵閣本、文津閣本、董增齡本、秦鼎本字作"厭"。經筵校本、黄刊明道本及其覆刻本、《補正》、《詳注》、《四部備要》本、《集解》俱無"而"字。《通志》卷九二引無"而"字,與明道本同。《經濟類編》卷三三、《楚寶》卷一、《左傳紀事本末》卷四八、《繹史》卷九七、引與閔齊伋本同。董立章

① (清)汪遠孫:《國語明道本考異》,頁333。

② 張以仁:《國語斠證》,頁315。

斷爲“毅、貪無厭”，釋爲“他爲人剛毅，貪得無厭”①，以“毅”字單獨屬句。以“貪而無”爲檢索項，輸入基本古籍庫，得470條記録，絶大多數以“貪而無×”爲句，以“×貪而無×”爲句者僅2見，《韓非子·亡徵》：“饕貪而無厭、近利而好得者，可亡也。”清陸世儀（1611—1672）《桴亭先生詩文集》文集卷五《姑蘇錢糧三大困四大弊私言》：“賢者屏息不敢出。其奸貪而無耻者，知當今世界，惟有吏胥可以做事，遂委身下交。”此2例“貪”前之字與“貪”平列作狀貌詞。又明徐師曾（1510—1574）《今文周易演義》卷六云：“上九陽剛，其性務進，又居益極貪而无厭者也。”470條中唯有這幾例。《漢語大詞典》釋“饕貪”爲“貪婪，貪圖”，釋“姦貪”爲“邪惡貪賄”。② 陸文“奸貪而無耻”之“而”爲並列連詞，而“無厭”前之“而”字爲順承連詞，“無厭”是對前邊狀貌詞程度的補充説明。《韓非子》“饕貪”如可視作一個合成詞的話，則其構成方式爲狀中結構，“饕”字作狀語修飾“貪”。《國語》本文中，如《周語》“貪而不讓”、《鄭語》“其民遝貪而忍”中“而”字亦表並列，且“遝”、“貪”表兩種狀貌，非合成結構，與《楚語》本句不同。本文語境爲：“彼其父爲戮於楚，其心又狷而不絜。若其狷也，不忘舊怨，而不以絜悛德，思報怨而已。則其……蔑不克矣。夫造勝之怨者，皆不在矣。若來而無寵，速其怒也。若其寵之，毅貪(而)無厭……苟國有釁，必不居矣。非子職之，其誰乎？彼將思舊怨而欲大寵，動而得人，怨而有術，若果用之，害可待也。”頗疑此“毅”當作“益”。

156. 思舊怨以修其心

韋注：修其報讎之心。

按：修，戒也。俞樾曰：“修，勉也。”亦可。（頁197）

【按】 遞修本、金李本、張一鯤本、穆文熙本、吴勉學本、薈要本、文

---

① 董立章：《國語譯注辨析》，頁697。

② 羅竹風主編：《漢語大詞典》第12卷，頁585；第4卷，頁353。其“姦貪”收兩個義項，第二個義項“指邪惡貪賄的官吏”實爲語境義，不當作爲義項列出。

淵閣本、道春點本、緑蔭堂本、秦鼎本、桂湖村本、林泰輔本、塚本哲三本字作"脩",經筵校本、許宗魯本、閔齊伋本、文津閣本、黄刊明道本及其覆刻本、董增齡本、《補正》、《詳注》、《集解》、上古本字作"修"。《通志》卷九二、《智囊補》卷五、《經濟類編》卷三三、《楚寶》卷一、《左傳紀事本末》卷四八、《繹史》卷九四與明道本同。《尚史》卷五九與公序本同。王引之《經義述聞》卷二一"既得而入"條、俞樾《群經平議》卷二九引字亦作"脩",蓋以文獻中多以"脩"借爲"修"字故,非爲守公序本。

《吴語》第十九

157. 天王親趨玉趾,以心孤句踐,而又宥赦之

韋注:孤,棄也。

按:朱駿聲謂孤假借爲辜,則此句謂本歸罪之,而又宥赦之。俞樾謂孤訓顧念,亦通。汪遠孫、劉台拱、于鬯謂孤訓弱,失之。(頁198)

【按】　真德秀《進故事》注云:"孤,猶外也。"亦排斥不納之義。拙稿《〈國語·吴語〉韋昭、真德秀注比較》有詳辨,可參①。

158. 今王非越是圖,而齊、魯以爲憂

按:《御覽》卷303引無"以"字。(頁200)

【按】　《御覽》卷三〇三引省"王"、"以"二字。

159. 乃築台於章華之上,闕爲石郭,陂漢,以象帝舜

韋注:闕,穿也。陂,壅也。

按:闕讀爲撅、掘。另參下文"闕爲深溝"條。《水經注·沔水》引此文,趙一清《水經注箋刊誤》云:"漢當作溪,即所謂靈溪也。"

---

① 拙稿《〈國語·吴語〉韋昭、真德秀注比較》,見刊於《逢甲人文社會學報》第23期(2011年12月),頁1—27。

（頁200）

【按】 《水經注·沔水》："《國語》所謂楚靈王闕爲石郭，陂漢，以象帝舜者也。"明朱謀瑋（1564—1624）箋云："今《國語》無此'石郭'、'象舜'語。"①趙一清、沈炳中從之。董斯張（1586—1628）《吹景集》卷十四《離湖》已指朱謀瑋失檢。

160. 昔吾先王體德聖明，達於上帝

按：《吴越春秋·夫差内傳》作"吾前王履德，明達於上帝"。前，讀爲先。體，讀爲履。"聖明"屬下句。（頁200）

【按】 經筵校本、黄刊明道本及其覆刻本"聖明"作"明聖"，各書所引皆從公序本，徐元誥《集解》從公序本。《禮記疏》引鄭序云："禮者，體也，履也。統之於心曰體，踐而行之曰履。"②"體"字可通，不必改讀。

161. 譬如農夫作耦，以刈殺四方之蓬蒿

按：刈，《吴越春秋·夫差内傳》作"艾"，借字。（頁200）

【按】 石光瑛云："艾从乂聲，與'乂'、'刈'字通用。'艾'之同'刈'，見《漢書·五行志》、《地理志》、賈誼、朱買臣、匈奴各傳注。"③可從。

162. 小則嬖妾、嫡子死，不則國有大難

按：徐元誥曰："不，即'否'。"《吴越春秋·夫差内傳》作"否"。（頁205）

---

① （明）朱謀瑋：《水經注箋》，《四庫未收書輯刊》第9輯第5册，頁198。

② （清）阮元校刻：《十三經注疏》，頁1226。

③ 石光瑛：《國語韋解補正》卷一，《國立中山大學文學院專刊》第一期（1933年6月），頁69。

【按】《國語》"大難"下有"大則越入吴"句。《〈左傳·昭公十三年〉正義》引作"小則嬖妾、適子死,不然,則國有難,大則越入吴",《文選》李善注引與《國語》同。《通鑒外紀》引作"小則嬖妾、嫡子死,大則越入吴",省"不則國有大難",清傅恒(1722—1770)《通鑒輯覽》卷八引與《外紀》同。審韋注云:"大難,反畔。"則固當有"大"字,然此"大難"之"大"既不能與"小則"之"小"相對應,又與後"大則"之"大"重,故各本引文或省"大"字,或徑連"不則國有大難"亦省去。

163. 今伯父曰:"勠力同德。"

韋注:勠,并也。

按:勠,《册府元龜》卷745作戮,借字。(頁206)

【按】遞修本、經筵校本、許宗魯本、金李本、張一鯤本、穆文熙本、吴勉學本、道春點本、千葉玄之本、緑蔭堂本、薈要本、文淵閣本、文津閣本、黄刊明道本及其覆刻本、董增齡本、秦鼎本、高木本、《補正》、《詳注》字作"戮"。閔齊伋本、徐元誥《集解》字則作"勠"。《通鑒外紀》卷九、《春秋諸傳會通》卷二四、《繹史》卷九六下引字作"勠",他引則皆作"戮"。《周語中》宋庠《補音》云:"戮力一心,據《字書》及經史,當用'勠'字。《説文》從戈者殺也,從力者并力也。"①是二字可混用。就《國語》本文而言,正當作"勠"。

164. 吴國爲不道,求殘我社稷宗廟,以爲平原,弗使血食

按:下文"君若曰:'吾將殘汝社稷,滅汝宗廟。'"疑此文"宗廟"上脱"滅我"2字。《吴越春秋·勾踐伐吴外傳》無"求"字,作"殘我社稷,夷吾宗廟"。(頁207)

【按】"殘我社稷宗廟"爲動賓關係,"我社稷宗廟"爲定中關係,其中"社稷"、"宗廟"爲並列中心詞。"吾將殘汝社稷,滅汝宗廟"中,主語

---

① (宋)宋庠:《國語補音》,本卷頁15。

爲"吾","殘汝社稷"、"滅汝宗廟"兩個動賓結構聯合。二者皆通,此不必有脱文。且前者爲越王對其大夫商量口吻,自不求其言辭激烈,而後者則爲吴王模擬越王之言,語有激切,以助辭氣。

165. 請問戰奚以而可

按:《吴越春秋·勾踐伐吴外傳》作"誠聞於戰何以爲可"。誠讀爲請,聞讀爲問。爲,猶"而"也。(頁207)

【按】 "誠"爲副詞,表態度懇切,不必改讀。《吴越春秋》吴琯校云:"聞當作問。"①然"聞"字亦可通,蓋越王勾踐對包胥言,固想聽取申包胥對於打仗的看法,亦可通,本句可斷爲"誠聞於戰,何以爲可?""爲"字爲類同動詞,有係詞性質,"何以"爲介賓結構作主語,"爲可"爲述賓結構。與《吴語》不同。"戰奚以而可"中,"而"字表修飾,"奚以"介賓結構作狀語修飾謂語中心詞"可"。

《越語上》第二十

166. 寡君句踐乏無所使,使其下臣種

按:乏,《册府元龜》卷238同,明道本誤作"之"。"無所使"即"乏"之説明語,張以仁謂"無"字衍,失之。(頁212)

【按】 "乏"、"無"當爲聯合謂語,非"乏"字爲謂語動詞,而"無所使"作述語也。如《漢書·高惠高后文功臣表四》"百餘年間而襲封者盡,或絶失姓,或乏無主"、《漢書·揚雄傳》"家産不過十金,乏無儋石之儲,晏如也",皆"乏"、"無"聯合作謂語。又宋江少虞《新雕皇朝類苑》卷一五"今閭里富民,乘貧者乏無之際,出息錢以貸之",《詩經·邶風·谷風》"我有旨蓄亦以御冬"鄭《箋》:"蓄聚美菜者,以禦冬月乏無時也。"亦"乏"、"無"連言之例。

---

① 周生春:《吴越春秋輯校匯考》,上海古籍出版社1997年版,頁162。

167. 公令毉守之

韋注：毉，乳毉也。

按：毉，《吴越春秋·勾踐伐吴外傳》作醫，醫、毉正俗字。（頁213）

【按】 遞修本、許宗魯本、金李本、《百家類纂》本、張一鯤本等公序本字作"醫"，黄刊明道本及其覆刻本無"令"字，字作"毉"。經筵校本字亦作"毉"且有"令"字。沈鎔《詳注》、徐元誥《集解》乃從公序本有"令"字而從明道本字作"毉"，徐元誥實襲《詳注》，《四部備要》本字亦作"醫"。《干禄字書》謂"醫"正"毉"通，張有《復古編》以爲"毉"俗。然"毉"字頗可證明古"巫"、"醫"同源之實。《白石六帖事類集》卷六、《太平御覽》卷六三七、《事類備要》卷三二、《經濟類編》卷九三、《文章辨體彙選》卷四一、卷四九五、《筠齋漫録》卷三、《山堂肆考》卷一四二、《尚史》卷一七、《繹史》卷九六下、《駢字類編》卷八九、《淵鑒類函》卷二四四、《佩文韻府》卷四六之二引與公序本同。《皇王大紀》卷六六、《全上古三代秦漢三國六朝文》引與明道本同。《通鑒前編》卷一八引無"令"字。

168. 當室者死，三年釋其政；支子死，三月釋其政。必哭泣葬埋之，如其子

韋注：當室，適子也。禮，父爲適子喪三年。支子，庶子。

按：其，猶吾也，訓見拙著《古書虚詞旁釋》。《吴越春秋·勾踐伐吴外傳》三"其"字並作"吾"。《吴越春秋》"當室"作"長子"，"支子"作"季子"。徐元誥《集解》本韋注"父"誤作"婦"。（頁214）

【按】 這牽涉到勾踐"乃致其父母昆弟而誓之曰"的下限問題。沈鎔《國語詳注》、傅庚生《國語選》、上海古籍點校本下限至"以蕃"，今各譯注點校本並從之，"令"字後之文字則爲《國語》編纂者陳述之言，如此，則"其"字皆第三人稱代詞，非"吾"。審《吴越春秋》自"越王曰"始，至於"孤悦而許之"皆斷爲越王之言，固字作"吾"。《越語上》前二"其"

字亦非代越王，實代“死當室”者、“死支子”者。

169. 納宦其子

韋注：宦，仕也，仕其子而教，以廩食之也。

按：宦，明道本作“官”，《吴越春秋·勾踐伐吴外傳》、《皇王大紀》卷66亦作“官”，柳宗元《揚州大都督南府君睢陽廟碑》：“納官其子，見勾踐之心。”則柳氏所見亦作“官”。宦、官皆指爲奴僕。《越語下》：“與范蠡入宦於吴，三年，而吴人遣之。”韋昭注：“宦，爲臣隸也。”則《國語》自作“宦”字。另參《越語下》校補。于鬯曰：“‘其子’二字蓋衍文。官當讀爲館。”戎輝兵從之，非是。至於既云“孤子”，又云“其子”，此古人行文不周密處，不得删“其子”二字。（頁214）

【按】 “官”、“宦”形亦相近，尤其手寫則形更易相混，《碑别字新編》、《敦煌俗字典》中多收其異形。下“入宦，古書或作‘入官’”正可佐證。另外，《説文·宀部》：“宦，仕也。”《𠂤部》云：“官，吏，事君也。”①義同。至《玉篇》則謂：“宦，仕也。《漢書》天有宦者星，故閹官名宦人。”②唯“官宦”、“仕宦”合成詞中之“宦”尚保有《説文》之義，“宦”字多用爲閹，以詞不雅馴，故或有作“官”。

170. 句踐載稃與脂於舟以行，四方之士來者，必廟禮之

韋注：稃，糜。脂，膏。禮之於廟，告先君也。

按：載稻與脂於舟以行，《吴越春秋·勾踐伐吴外傳》作“載飯與羹以遊國中”。廟禮之，《管子·小匡》、《晏子春秋·問篇下》：“禮之於廟”，可以互證。《吴越春秋》作“朝而禮之”，則爲臆改。（頁214）

---

① （漢）許慎：《説文解字》，頁151上、頁304上。

② （宋）陳彭年等：《宋本玉篇》，頁209。

【按】 遞修本、金李本等公序本系統作"四方之士來者,必廟禮之,句踐載稻與脂於舟以行",黄刊明道本及其覆刻本字作"勾"、"稻"。"勾"、"句"用同,辨詳見拙著《小學要籍引〈國語〉研究》。"勾"、"句"的不同是《國語》明道本與公序本之的區别特徵之一,而公序本中之薈要本、文淵閣本、文津閣本已改作"勾"。"稻"爲"稻"之俗字,因"舀"、"臽"形近易混而訛作者,《國語》各本中此例亦多有。《補正》、《詳注》已改作"稻"。徐元誥《集解》字則作"句"、"稃",王樹民、沈長雲《校勘記》云:"'稃',各本原作'稻',據王引之説校改而未作説明。"①則蕭所據實爲《集解》點校本且顛倒語序。

171. 國之孺子之游者,無不餔也,無不歠也

按:《吴越春秋·勾踐伐吴外傳》孺作僮,歠作啜,"啜"爲借字。(頁214)

【按】 黄刊明道本、蜚英館本、博古齋本、錦章書局本、掃葉山房本、《四部備要》本、《萬有文庫》本、吴曾祺《補正》、沈鎔《詳注》、徐元誥《集解》、傅庚生《國語選》字並作"孺"、"遊",崇文書局本字作"孺"。汪遠孫《考異》云:"孺,古'孺'字。"②又《漢書·高帝紀》顔注引《國語》作"國中童子無不餔也",《通鑑前編》卷一八引字作"儒"。"孺"、"童"義近,"孺"與"儒"、"童"與"僮"音近可通。辨詳見拙著《小學要籍引〈國語〉研究》。

172. 十年不收於國,民俱有三年之食

韋注:古者三年耕,必餘一年之食。

按:十年,《吴越春秋·勾踐伐吴外傳》誤作"七年"。(頁214)

---

① 徐元誥撰,王樹民、沈長雲點校:《國語集解》(修訂本),頁573。

② (清)汪遠孫:《國語明道本考異》,頁339。

【按】　古“十”、“七”字形同①,或《吴越春秋》誤隸“十”作“七”字。

173. 國之父兄請曰:“昔者夫差耻吾君於諸侯之國,今越國亦節矣,請報之。”

韋注:有節度也。

按:《吴越春秋·勾踐伐吴外傳》作“今越國富饒,君王節儉”。(頁214)

【按】　壽伯松認爲“節度即法度,意思是越國越來越走上正軌了”,實傅庚生早已言之,傅氏《國語選》云:“度,有節度,粗具規模。”②後之譯注本多從傅注,薛安勤、王連生引傅注且申之云“步入常規”,董立章謂“度”爲“適度,正常”,亦此義。

174. 子而思報父母之仇,臣而思報君之讎,其有敢不盡力者乎

按:其有敢,《吴越春秋·勾踐伐吴外傳》作“豈敢有”。其,讀爲“豈”。下“報”字,《吴越春秋》作“復”,義同。(頁215)

【按】　“其”代詞,指代“子”、“臣”,不必改讀。

175. 今寡人將助天滅之

韋注:言夫差天所不與,故曰助天。

按:明道本滅作威,《吴越春秋·勾踐伐吴外傳》作“將助天威”,“滅”爲“威形誤。馬承源主編《上海博物館藏戰國楚竹書(二)·容成氏》一文有“虐(吾)𢧵天畏(威)之”一語,整理者曰:“𢧵,即‘勴’,是贊助之義。”助天威之,即竹書之“𢧵天畏(威)之”,尤爲確

---

① 張勳燎:《“七”、“十”考》,見載於氏著《古文獻論叢》,成都:巴蜀書社1990年版,頁1—52。李圃主編:《古文字詁林》第2册,頁689—695;第10册,頁885—892。

② 傅庚生:《國語選》,頁262。

證。徐元誥曰:"明道本滅作威,非。"傎矣。(頁215)

【按】 經筵校本字作"滅",與黄刊明道本及其覆刻本不同。"滅"字亦作"烕",《説文·水部》:"滅,盡也。"《火部》:"烕,滅也。"①如《漢隸字源·薛韻》"滅"字下引《靈臺碑》、《騶氏碑銘》字皆作"烕",婁機(1133—1211)謂爲"省文"。明道本或因"烕"、"威"形近而誤。審黄征《敦煌俗字典》中"滅"字有作"滅"形者,其中之"火"正作"女"。

176. 寡人禮先壹飯矣

韋注:言已年長於越王,覺差一飯之間,欲以少長求免也。

按:韋注"覺"讀爲較,"覺"、"差"同義連文,《世説新語·捷悟》:"我才不及卿,乃覺三十里。"(頁215)

【按】 齊社祥謂"壹飯"當指小小恩惠②,頗可備説。

《越語下》第二十一

177. 王命工以良金寫范蠡之狀而朝禮之

韋注:以善金鑄其形狀,而自朝禮也。

按:寫,摹畫。王泗原《古語文例釋》曰:"寫,規摹義。"是。于鬯謂"寫"爲"象"字形誤,失之。(頁221)

【按】 經筵校本、黄刊明道本及其覆刻本"工"前有"金"字,汪遠孫謂明道本"金"字爲衍文,可從。基本古籍庫中唯宋朱長文《(元豐)吴郡圖經續記》卷下引與明道本同。朱亦棟《群書札記》卷一謂"此鑄人之始也"。《太平御覽》卷八一一引"命"作"令",吴偉業(1609—1672)《吴詩集覽》卷六下注引同。《事文類聚》續集卷二五引作"良工以金"。孔繼

---

① (漢)許慎:《説文解字》,頁237下、頁210上。

② 齊社祥:《〈國語·越語〉"禮先壹飯"正詁》,《淮北煤師院學報》2002年第1期,頁93—94。

汾(1721—1786)《闕里文獻考》卷一二引"狀"作"像",史夢蘭(1813—1898)《止園筆談》卷八引"工"後增"人"字,恐都是爲了語義明晰而改字,未必真有所本。韋注隨文釋義。

結　語

綜上,共辯證蕭著《國語校補》177條,約可分爲這樣幾類:(一)蕭著以傳統訓詁學方法解虚詞之處,率以今一般語法學觀念釋之,其原因已在文中引用郭錫良的相關論作述之;(二)蕭著改讀之處,而以文本之字之義可通者,則以不改讀爲是;(三)凡釋義有可商可補者爲商榷補證;(四)蕭著所用《國語》雖號稱金李本,實徐元誥《集解》,故《集解》與前此之公序本或明道本系列不同者悉一一出而較之,以明各本之所自以及版本之淵源;(四)他書引用《國語》材料統計一般至於清代甚且至於近代,是由於明道本雖然在宋庠之後似乎没什麽影響,但是還依然存在,至於黄丕烈雖校刻梓行,而錢大昕、段玉裁稱善之,然並未被知識界廣泛接受,故廣引他書材料以明此。在做補箋過程中發現:(一)版本方面:(1)《百家類纂》本可能出自許宗魯宜靜書堂本,就《考異》據金李本與宜靜書堂本以充公序本與明道本的比較看,金李本與宜靜書堂本差别較小,這也是曩者在參照金李本與《百家類纂》本並未發現二者之間有什麽文字不同的一個原因所在。(2)進一步證實了四庫薈要本、文淵閣本據明道本以改公序本的事實,從某種程度上講,在中國本土,薈要本開了以某一本爲底本,以另一本爲參照進行折衷的先河,自此以後,董增齡、秦鼎、吴曾祺、沈鎔、徐元誥以至於上海古籍點校本,都開始打破公序本與明道本的版本界限,擇善而從。(3)鄭良樹《國語校證》雖稱用黄丕烈士禮居本,然而事實上可能是用吴曾祺《補正》,沈鎔《詳注》即在以《補正》爲基礎吸取公序本而成,然終非黄刊明道本之舊,傳世黄刊明道本祇有嘉慶庚申刊本爲其原始之本,崇文書局本、蜚英館本、博古齋本、掃葉山房本以及錦章書局本、會文堂本等俱與黄刊明道本有别。(二)類書或他書引《國語》方面:(1)各書引書凡文字稍有差異,亦即省虚字,省定語或狀語等非關鍵詞者,當視爲省文,不當視爲脱文。因各本引書,雖有忠實於原書之目的,然更主要爲求達意。故文字容有不同；(2) 若公序本、明道本中一本用古通用字一本用通行字，而各書引例用通行字不用古通用字者，未必既與用通行字之本同，因時代用字習慣決定書寫，如公序本用“脩”、明道本用“修”，後世引作“修”者在一定程度上是從其用字習慣來而非從明道本來；可是清代小學家用“脩”字不用“修”字則是在很大程度上遵循古文獻的用字習慣，亦未必是根據公序本。（三）凡涉及文字異形、訓詁語義，皆在相關條目討論之，不再贅述。

綜　論

《國語》的校勘實踐從很早的時期就開始了。就目前可以知見的材料而言，賈逵本《國語》和韋昭本《國語》是不一樣的。現傳《國語》韋昭解中，起碼有 23 處涉及對《國語》本文的校勘。可見，在韋昭的時代，《國語》就已經多本流傳而且各本之間有文字方面的差異。當然，韋昭的校理多用理校之法，有些條目也還是可以討論的。

至於唐人《舊音》，利用賈逵、唐固、虞翻、孔晁之本與韋注本相勘校。是爲《國語》校勘的第二個階段。至於宋庠的時代，賈逵、唐固、虞翻、孔晁等人的本子俱已亡佚，《國語》韋注本多種行世。宋庠利用《國語》多本相互參校，最終形成公序本定本。宋氏在自己的著作《國語補音》中運用韋注《國語》之善本、俗本等相互勘校。

元明時期，《國語》的研究陷入低谷，除了刻書者對所刻《國語》進行勘校之外，《國語》的專門校勘工作則很少見。清代進入中國傳統學術的大總結期，《國語》的校理也十分繁榮。著名學者惠棟、王念孫、王引之、段玉裁、錢大昕、顧廣圻等都有相當精審的校理。留有專門著作的則有王懋竑、陳樹華、黄丕烈、汪遠孫、李慈銘等人。王懋竑采用理校之法，其他各家則采用對校法。陳樹華是清代學者中唯一明確參校元大德本的學者。汪遠孫對黄丕烈《札記》、陳樹華《考正》都有所采用，而且汪氏不僅僅以明道本和許宗魯本、金李本等對校，還大量徵引經史文獻中引用《國語》的條目進行參校。除了王懋竑以張一鯤本覆刻本爲底本進行勘校之外，其他幾家都是用明道本進行勘校的。即便同用明道本作底本，但在具體結論上卻並不相同。比如明道本"昔我先王世后稷"、公序本"昔我先世后稷"，清代的學者幾乎出現了一邊倒的局面，絶大多數學者讚同明道本的“昔我先王世后稷”，不認同公序本的“昔我先世后稷”，而陳樹華對此則持有不同意見。陳樹華云：“宋本‘先’下有‘王’字，與《史記》合。錢遵王《讀書敏求記》以宋公序本無‘王’字爲非。案《内傳・魯成公十六年》孔穎達《正義》引此有‘王’字，而《〈昭公九年〉正義》及《〈詩・大雅・緜篇〉正義》引此竝無‘王’字。蓋傳本不同。或疑此處既有‘王’字，韋氏不應舍此而解下‘我先王不窋’句。愚謂此泛指周先王，本不必解，因下文獨以‘先王’稱‘不窋’，故韋氏引‘契’爲‘玄王’以證明之。正不必泥而致疑也。”可與許宗彦引爲同調，而所論亦頗有理可信。可惜只有抄本一部存於今北京國家圖書館，汪遠孫之後幾乎無人有緣參照了。

近百年來的《國語》校詁研究根據内容可以分爲校勘和訓詁兩大部分。和此前的《國語》勘校相比，近百年來的《國語》勘校無論對象還是方法都和前人有所不同。而在《國語》訓詁方面，不僅參考到了古文字資料、出土文獻資料，而且還引進了新的方式和方法。

近百年來的《國語》校勘包括對《國語》舊本的校勘和《國語》新點校本的校勘。

近百年來《國語》舊本的校勘繼承了清人校勘的基本範式，即以黄刊明道本爲底本，參校公序本的其他版本或相關引文進行勘校。吴曾祺、沈鎔、徐元誥等人的校理比較單純，主要是在比較公序本與明道本異同的基礎進行擇取，中國本土的《國語》明道本中，吴曾祺首開吸納公序本合理成分改易明道本本文的先例，此後沈鎔、徐元誥踵武吴氏，皆采用了公序本的一些合理成分。專門的校勘著作爲鄭良樹《國語校證》和張以仁《國語斠證》，鄭良樹的《國語校證》雖然聲稱以黄刊明道本爲底本，實際上是以吴曾祺《國語韋解補正》爲校勘對象。張以仁《斠證》則以世界書局影黄刊明道本爲校勘對象。張氏集前代《國語》勘校之大成，復參照《國語》金李本、董增齡《國語正義》、秦鼎《國語定本》，並且參校類書下限到明代。張氏根據文字、語法等語言文字學原理，創獲頗多。近幾年來，由於信息通暢，以前不經見的版本資源得以出現，使得《國語》勘校又有新的資料可以憑依，不僅僅有益於《國語》及韋注的全面整理與研究，而且對於《國語》版本系統的進一步梳理也具有積極的意義。

《國語》新點校本的校勘主要針對上海古籍出版社1978年本的校勘。没有專門著作,只有單篇期刊論文,尤以彭益林《周語》、《晉語》部分爲較集中者。彭氏參據《國語》多種版本,在同類論文中涉及條目最多,所論也多可信可從。此外還有一批論文就《國語》點校本中的某些條目句讀等進行了校勘。所有這些,對於進一步整理《國語》以及韋昭注本文都具有積極意義。

近百年來的《國語》校勘做得最爲精到的當屬張以仁。尤其在參校本的數量、他書引文的數量,張以仁所參照的都是最多的。是其他各家所不及的。張以仁在他書引文方面徵引較繁,時代下限一直到明代類書。這種方式是值得借鑒的。在《國語》版本系統中,公序本系統線索比較明晰,宋元明清代有刻本行世。而明道本雖然號稱天聖明道本,但是天聖刊本已渺不可尋,即便是明道二年刊本,也唯見前人著録資料,至於其真本如何,也難以尋蹤。中國本土《國語》明道本的最早記載也是在明代後期,首見於錢謙益(1582—1664)父親錢世揚的題記,明末至清前中期爲諸多校勘家所津津樂道,且多爲校宋本。目前所發現的日本國會圖書館所藏正統庚申(1440)夏朝鮮經筵校本所據底本也當爲天聖明道本,這個底本恐怕也已不可考,即便可考,朝鮮經筵校本所據底本對中國本土没有任何影響。張以仁引用他書異文至於明代,可以從中考求明道本《國語》的信息線索。筆者認爲,運用他書進行《國語》異文考校,可以一直引用到清代前期。明代的一些類書以及相關資料因爲時代因素已經不可得見,而清代前期編纂的大量類書可能是在借鑒明代類書以及相關資料基礎上編成,因而通過考求清代前期相關資料徵引《國語》的基本情況,或者可以得到更多的明道本《國語》的相關信息,從而爲明道本《國語》傳流情形有進一步清晰的認識。

近百年來的《國語》訓詁,在繼承清人的《國語》訓詁成果的前提下,又有新的創獲。除了傳統所用的比較互證、聲義相通的基本方法外,吴曾祺介入文章學的方法,張以仁介入語法學的方式和方法。近年來由於出土文獻的興起,有一些學者開始利用出土文獻與古文字研究成果來解決《國語》的問題。此外,一部分學者對《國語》既有成果進行重新釐定辨析，在此基礎上對《國語》的詞語訓詁提出更深入或者和《國語》本文更貼切的見解，不僅是《國語》訓詁本身的發展和進步，相信對於《國語》語法研究、《國語》詞彙研究甚至《國語》歷史研究都具有積極意義。

無論勘校還是訓詁，其研究深度和作者身份、學養恐難區分。就本書所考校的近百年來《國語》校詁方面的主要代表學者而言，前期六位學者中，吴曾祺是一位編輯家兼文章學家，沈鎔是詩人而兼教育家，徐元誥是法學家而兼政客而兼編輯，金其源也是教育工作者兼政客，唯石光瑛和楊樹達是純正的學者。中期和後期六位學者中，所學不同，對於《國語》的關注度也不相同。所有學者中，唯有張以仁一直以《國語》研究爲職事，自 1958 年其碩士學位論文《國語研究》完成，一直到二十世紀 80 年代後期，其《國語》研究跨度三十許年。審張以仁生平學術研究，在訓詁、語法、史學、文獻、詩詞等多個方面都有建樹，故其研究《國語》也最爲全面深入。楊樹達是著名的史學家、古文字學家和語言文字學家，成就卓著，但是他在《國語》方面的著述較少，關注度有限，這一點，從其《積微居讀書記》僅涉及《國語》八條就可見一斑，故《國語》唯作爲一種典籍用例徵引出現在其相關著作中，而非其主要研究對象，甚至其《國語集解》初稿也是他人代爲鈔成，而非個人精心撰作。徐仁甫是著名的文史專家，在虚詞研究、《左傳》、《楚辭》、《史記》、杜詩等多個方面都有精深的研究，對《國語》以及《國語》研究著作也用功較多，唯未有專門著作行世，僅有札記數篇。另外，由於徐仁甫在《左傳》方面有自己獨得的見解，這種認識也反映到《國語》研究中。鄭良樹在經史典籍考校方面有比較多的論述，但是其《國語校證》發表時間較早，並非其學術高峰時期的著述，故而所得有限。彭益林主要研究在史學方面，《國語》研究是其學術研究的一個主要方面，在具體問題上葉確實較爲精到見解。俞志慧和蕭旭是二十世紀六十年代出生的學者，前者主要研究方向在先秦文學以及文學思想方面，後者則主要研究旨趣在傳統語言學方面。故俞著雖行勘校訓詁而於版本、語言考辨稍有不足，後者雖務校理而於版本不甚講究。就二十世紀而言，張以仁對《國語》用功最深，又兼新舊學養都比較深厚，故而成就較大。吴曾祺《補正》、沈鎔《詳注》在

《國語》韋注辨正方面多有心得，唯二氏之著更主要在於普及傳播而非精深研究，又囿於體例，對相關問題未能作深入研究。徐元誥《集解》和楊樹達《集解》在纂輯舊注方面都下了很大功夫，徐元誥個人又參編《中華大字典》等辭書，訓詁功夫可於此見一斑，唯其一生亦政亦學亦編，能者多途，而難以深入，是以徐仁甫、王樹民對徐元誥《國語集解》的評價優劣參半。而徐元誥《集解》影響較吴曾祺《補正》、沈鎔《詳注》則小得多。二十一世紀以來，《國語》校詁研究在前人基礎上更爲深入，首先在於研究《國語》的學者數量增多，另外還在於《國語》資料較前輩學者較爲易得，清代學者没有見到的資料都已經發掘出來並利用於《國語》的考校研究中。更多方法的介入，更多有價值材料的發現，使得《國語》校詁取得進一步的進展。俞志慧、蕭旭等人的研究即是其中的代表。

本書對近百年來《國語》校詁成果的研究，在對相關學者進行總體評價的前提下，對吴曾祺、沈鎔、徐元誥、石光瑛、楊樹達、金其源、鄭良樹、張以仁、徐仁甫、彭益林、俞志慧、蕭旭等十二位學者的《國語》研究成果進行具體的條辨，總 825 條。其中石光瑛、楊樹達的論作條目較少，故全録，其他諸家則就可商補者進行辯證。主要内容涉及：（一）辯證誤字。如吴曾祺《補正》、沈鎔《詳注》、張以仁《國語舊注輯校》等都有一些排版上的誤字，今爲校正；（二）辨别文字關係，不同版本之間文字多有不同，指明其通借、古今等；（三）對具體問題的研究成果進行梳理，以明前後研究軌跡以及具體得失；（四）增益版本比對，進一步明晰《國語》各本異同及其關係；（五）探討具體語詞的語義訓詁；（六）分析具體語句的句讀以及句法關係。希望不僅僅可以促進《國語》的具體研究，同時也對《國語》研究史的梳理與研究起到助力作用。

本書主要參考文獻

B

(唐)白居易:《白氏六帖事類集》,北京:文物出版社 1987 年影宋刊本。

白兆麟:《文法學及其散論》,北京:九州出版社 2004 年版。

鮑思陶點校:《國語》,濟南:齊魯書社 2005 年版。

(漢)班固撰,(唐)顏師古注:《漢書》,北京:中華書局 1962 年點校本。

C

(宋)蔡沈:《書經集傳》,上海古籍出版社 1987 年影世界書局據武英殿本圈點本。

(清)蔡孔炘:《經學提要》,道光七年(1827)江州蔡氏刊本。

曹建國、張玖青注説:《國語》,開封:河南人民出版社 2008 年版。

辭源修訂組、商務印書館編輯部編:《辭源》(建國 60 周年紀念版),北京:商務印書館 2009 年版。

慈波:《選文與論文:從〈涵芬樓古今文鈔〉到〈涵芬樓文談〉》,《社會科學研究》2010 年第 6 期。

崔廣彬:《肅慎考辨》,見刊於韓瑞常等主編《東北亞史與阿爾泰學論文集》,哈爾濱:黑龍江教育出版社 1996 年版。

車淑婭:《古代漢語語法語義發展專題研究》,成都:巴蜀書社 2008 年版。

(宋)陳彭年等:《宋本廣韻》,北京:中國書店 1982 年影張氏澤存堂本。

(宋)陳彭年等:《宋本玉篇》,北京:中國書店 1983 年影張氏澤存堂本。

(宋)陳經:《尚書詳解》,臺北:新文豐出版公司 1984 年輯印《叢書集成新編》第 106 册。

(明)陳耀文:《正楊》,臺北:臺灣商務印書館 1986 年《景印文淵閣四庫全書》第 856 册。

(清)陳樹華:《春秋外傳考正》,北京:國家圖書館藏盧文弨鈔本。

(清)陳瑑:《國語翼解》,清光緒間廣雅書局刻本。

(清)陳奐:《詩毛氏傳疏》,北京:北京市中國書店 1984 年影漱芳齋 1851 年本。

(清)陳衍:《陳石遺集》,福州:福建人民出版社 2001 年版。

(清)陳樹華:《春秋經傳集解考正》,上海古籍出版社 2002 年輯印《續修四庫全書》第 142 册。

(清)陳偉:《愚慮録》,上海古籍出版社 2002 年輯印《續修四庫全書》第 1165 册。

(清)陳立:《句溪雜著》,上海古籍出版社 2002 年輯印《續修四庫全書》第 176 册。

(清)陳逢衡:《竹書紀年集證》,上海古籍出版社 2002 年輯印《續修四庫全書》第 335 册。

陳允洛:《閩南詞語考源》,見載於氏著《陳允洛文集》,臺北:廈門英華書院旅臺同學會 1971 年版。

陳大齊:《“無寧,寧也”質疑》,大陸雜誌社編《大陸雜誌語文叢書》第一輯第三册。

陳松青《〈史記〉所言“春秋國語”系指〈國語〉小考》,《婁底師專學報》1994 年第 1 期。

陳漢飄:《“夫”和“也”——〈國語〉書中虛詞研究》,國立臺灣大學中國文學研究所 2000 年碩士論文。

陳伯茂:《用邏輯代數分析句子結構和漢語虛字》,徐州:中國礦業大學出版社 2000 年版。

陳戍國:《中國禮制史》(先秦卷),長沙:湖南教育出版社 2002 年版。

陳奇猷:《吕氏春秋新校釋》,上海古籍出版社 2002 年版。

陳玉堂:《中國近現代人物名號大辭典》(增訂本),杭州:浙江古籍出版社 2005 年版。

陳汝法:《蠡測集:陳汝法語文論叢》,北京:語文出版社 2011 年版。

陳望道:《中國文法研究》,見載於池昌海主編《陳望道全集》第三卷,杭州:浙江大學出版社 2011 年版。

陳桐生譯注:《國語》,北京:中華書局 2013 年版。

遲鐸:《小爾雅集釋》,北京:中華書局 2008 年版。

楚永安:《文言複式虚詞》,北京:中國人民大學出版社 1986 年版。

D

(清)戴震:《毛鄭詩考正》,張岱年主編《戴震全集》第一册,合肥:黄山書社 1994 年版。

(清)戴鈞衡:《書傳補商》,上海古籍出版社 2002 年輯印《續修四庫全書》第 50 册。

戴家祥:《金文大字典》,上海:學林出版社 1995 年版。

(清)董增齡:《國語正義》,成都:巴蜀書社 1985 年影式訓堂本。

董立章:《國語譯注辨析》,廣州:暨南大學出版社 1993 年版。

董家遵:《中國古代婚姻史研究》,廣州:廣東人民出版社 1995 年版。

(宋)丁度等:《集韻》,上海古籍出版社 1985 年影述古堂影宋鈔本。

(唐)杜佑撰,(明)王德益、吴鵬同校:《通典》,東京大學東洋文化研究所藏嘉靖十八年西樵方獻夫刊本。

(唐)杜甫著,(清)仇兆鰲注:《杜詩詳注》,北京:中華書局 1979 年版。

杜敏:《早期處置式的表現形式及其底藴》,《陝西師範大學學報》1996 年第 4 期。

(清)段玉裁:《説文解字注》,上海古籍出版社 1981 年影經韻樓本。

段德森:《實用古漢語虚詞詳釋》,太原:山西人民出版社 1986 年版。

段文傑主編:《甘肅藏敦煌文獻》第二卷,蘭州:甘肅人民出版社 1999 年版。

F

(南朝宋)范曄撰:《後漢書》,北京:中華書局 1965 年點校本。

(明)方以智:《通雅》,中國書店 1990 年影印浮山此藏軒本。

(明)方弘靜:《千一録》,上海古籍出版社 2002 年輯印《續修四庫全書》第 1126 册。

方有國:《古代詩文今注辨正》,成都:巴蜀書社 2005 年版。

方師:《大戴禮記匯校集解》,北京:中華書局 2008 年版。

方師:《〈淮南子校補〉序》,載於蕭旭《淮南子校補》卷首,新北:花木蘭文化出版社 2014 年版。

(清)傅山:《霜紅龕集》,上海古籍出版社 2002 年輯印《續修四庫全書》第 1395 册。

符定一:《聯綿字典》,北京:中華書局 1954 年版。

傅庚生:《國語選》,北京:人民文學出版社 1959 年版。

富金璧:《"其與能幾何"與"吾與誰歸"》,見載於王天新主編《語言學論文選集》,哈爾濱:黑龍江教育出版社 2001 年版。

G

(清)高嵣集評:《國語鈔》卷上,黄香文、吴平主編《華東師範大學圖書館藏稀見叢書匯刊》第十七册影乾隆五十三年(1788)廣郡永邑培元堂楊氏刊本,北京圖書館出版社 2006 年版。

(日)高木熊三郎:《標注春秋外傳國語定本》,大阪:松村久兵衛明治十七年(1884)刊本。

(清)高士奇:《春秋地名考略》,臺北:臺灣商務印書館 1986 年《景印文淵閣四庫全書》第 176 册。

高振鐸、劉乾先:《國語選注》,成都:巴蜀書社 1992 年版。

高樹:《〈左傳〉的"實"》,《新疆大學學報》1992 年第 2 期。

(明)顧大韶:《炳燭齋隨筆》,上海古籍出版社 2002 年輯印《續修四庫全書》第 1133 册。

(清)顧炎武:《營平二州地名記》,光緒戊子上海掃葉山房本《槐廬叢書》第 4 編。

(日)關修齡:《國語略説》,日本政寬四年(1792)刊本。

(晉)郭璞注:《爾雅》,《四部叢刊》本。

(晉)郭璞注,(清)郝懿行箋疏:《山海經箋疏》,成都:巴蜀書社 1985 年影《郝氏遺書》本。

(晉)郭璞注,(清)畢沅校:《山海經》,上海古籍出版社 1989 年版。

(清)郭慶藩撰,王孝魚點校:《莊子集釋》,北京:中華書局 1961 年版。

郭沫若:《管子集校》,北京:科學出版社 1956 年版。

郭錫良:《古漢語虚詞研究評議》,《語言科學》2003 年第 1 期。

郭曉華主編:《佳木斯地區歷史文化研究》,北京:社會科學文獻出版社 2005 年版。

郭錫良:《古漢語專書語法研究漫談》,見載於氏著《漢語史論集》(增補本),北京:商務印書館 2005 年版。

郭萬青:《試論"三女爲粲"之"粲"本字爲"姦"》,《東南文化》2006 年第 2 期。

郭錫良:《古代漢語語法講稿》,北京:語文出版社 2007 年版。

郭萬青:《〈國語〉動詞管窺》,成都:四川大學出版社 2008 年版。

郭錫良:《漢字古音手册》(增訂本),北京:商務印書館 2010 年版。

郭萬青:《〈國語·吴語〉韋昭、真德秀注比較》,見刊於《逢甲人文社會學報》第 23 期(2011 年)。

郭萬青:《〈國語·魯語上〉"海鳥曰爰居"篇、〈禮記·祭法〉比勘》,《古文獻研究集刊》第 6 輯(2011 年)。

郭萬青:《李慈銘〈讀國語簡端記〉補箋》,《"中央大學"人文學報》第五十二期。

郭萬青:《〈國語〉金李本、張一鯤本、穆文熙本、秦鼎本之關係》,《長江學術》2012年第2期。

郭萬青:《〈藝文類聚〉引〈國語〉斠正四則》,《鹽城師範學院學報》2012年第2期。

郭萬青:《唐宋類書引〈國語〉研究》,南京師範大學博士學位論文,2013年。

郭萬青:《從"菒"、"菓"之異談黄刊明道本〈國語〉及其覆刻本的版本系統》,《安徽文獻研究集刊》第5卷(2013年)。

郭萬青:《〈書目答問〉史部"國語類"補證:以現行三種匯補著作爲主》,《圖書資訊學刊》2014年第2期。

郭萬青:《〈玉燭寶典〉引〈國語〉校證》,《中國俗文化研究》第8輯(2014年)。

郭萬青:《小學要籍引〈國語〉研究》,新北:花木蘭文化出版社2014年版。

郭萬青:《〈國語補音〉異文研究》,臺北:蘭臺出版社2015年版。

郭萬青:《〈國語〉勘校考異——以明本四種勘校條目爲對象》,新北:花木蘭文化出版社2015年版。

(清)桂馥:《説文解字義證》,上海古籍出版社2002年輯印《續修四庫全書》第209册。

(日)桂湖村:《國語國字解》,早稻田大學出版部1917年版。

H

哈斯巴特爾:《阿爾泰語系語言文化比較研究》,北京:民族出版社2006年版。

寒峰:《商代"臣"的身份縷析》,見載於胡厚宣編《甲骨文與殷商史》,上海古籍出版社1983年版。

韓崢嶸:《古漢語虚詞手册》,長春:吉林人民出版社1984年版。

韓喜凱主編:《山東風景名勝詞典》,濟南:山東友誼出版社1989年版。

漢語大字典編委會:《漢語大字典》,第一版,成都:湖北、四川辭書出版社 1990 年版。

漢語大字典編委會:《漢語大字典》,第二版,武漢:四川辭書出版社、湖北崇文書局 2010 年版。

(清)郝懿行:《爾雅義疏》,上海古籍出版社 1983 年影郝氏家刻本。

(清)郝懿行:《山海經箋疏》,成都:巴蜀書社 1985 年影郝氏遺書本。

(清)杭世駿:《訂訛類編》,北京:中華書局 1997 年版陈抗点校本。

(清)洪頤煊:《讀書叢録》,上海古籍出版社 2002 年輯印《續修四庫全書》第 1157 册。

(清)洪亮吉撰,李解民點校:《春秋左傳詁》,北京:中華書局 1987 年版。

(魏)何晏:《論語集解》,中華書局編輯部《漢魏古注十三經》,北京:中華書局 1998 年版。

(明)何楷:《詩經世本古義》,臺北:臺灣商務印書館 1986 年《景印文淵閣四庫全書》第 81 册。

(清)何琇:《樵香小記》,長沙:商務印書館 1939 年《叢書集成初編》排印本。

何光嶽:《炎黄源流史》,南昌:江西教育出版社 1992 年版。

何樂士:《古漢語語法研究論文集》,北京:商務印書館 2000 年版。

何樂士:《左傳虚詞研究》(修訂本),北京:商務印書館 2004 年版。

何樂士:《古代漢語虚詞詞典》,北京:語文出版社 2006 年版。

(宋)胡宏:《皇王大紀》,臺北:臺灣商務印書館 1986 年《景印文淵閣四庫全書》第 313 册。

(清)胡承珙撰,郭全芝校點:《毛詩後箋》,合肥:黄山書社 1999 年版。

(清)胡承珙:《小爾雅義證》,上海古籍出版社 2002 年輯印《續修四庫全書》第 189 册。

(清)胡紹煐:《文選箋證》,上海古籍出版社 2002 年輯印《續修四庫全書》第 1582 册。

胡適:《致陳鐵凡》,《胡適學術文集·語言文字研究》,北京:中華書局 1993 年版。

侯立睿:《〈國語〉程度副詞研究》,山西大學碩士學位論文,2003 年。

(宋)黄倫:《尚書精義》,上海:商務印書館 1937 年版《叢書集成初編》本。

(清)黄丕烈:《校刊明道本韋氏解國語札記》,北京:商務印書館 1958 年版《國學基本叢書》本《國語》後附。

(清)黄生撰、黄承吉合按,包殿淑點校:《字詁義府合按》,北京:中華書局 1984 年版。

(清)黄式三:《周季編略》,上海古籍出版社 2002 年輯印《續修四庫全書》第 347 册。

(清)黄以周:《禮書通故》,上海古籍出版社 2002 年輯印《續修四庫全書》第 111 册。

(清)黄遵憲著、吴振清等編校整理:《黄遵憲集》,天津人民出版社 2003 年版。

黄永武主編:《敦煌寶藏》第 32 册,臺北:新文豐出版公司 1982 年版。

黄永堂:《國語全譯》,貴陽:貴州人民出版社 1995 年版。

黄懷信:《逸周書校補注譯》,西安:西北大學出版社 1996 年版。

黄懷信:《小爾雅匯校集釋》,西安:三秦出版社 2003 年版。

黄征:《敦煌俗字典》,上海教育出版社 2005 年版。

黄珊:《〈荀子〉虚詞研究》,開封:河南大學出版社 2005 年版。

(清)惠棟:《九經古義》,上海:商務印書館 1937 年版《叢書集成初編》本。

(清)惠棟:《九經古義》,臺北:臺灣商務印書館 1986 年《景印文淵閣四庫全書》第 191 册。

(唐)慧苑:《新譯大方廣佛華嚴經音義》,《中華大藏經》第 59 册,北京:中華書局 1993 年版。

(唐)釋慧琳:《一切經音義》,上海古籍出版社 2002 年輯印《續修四庫全書》第 196—197 册。

J

吉本道雅:《肅慎考》,《滿語研究》2006 年第 2 期。

賈文毓、李引主編:《中國地名辭源》,北京:華夏出版社 2005 年版。

(清)簡朝亮:《尚書集注述疏》,上海古籍出版社 2002 年輯印《續修四庫全書》第 52 册。

江標撰,王大隆補、馮惠民點校:《黄丕烈年譜》,北京:中華書局 1988 年版。

姜亮夫:《昭通方言疏證》,見載於氏著《姜亮夫全集》(十六),昆明:雲南人民出版社 2002 年版。

(明)焦竑:《俗書刊誤》,臺北:臺灣商務印書館 1986 年《景印文淵閣四庫全書》第 228 册。

焦傑點校:《國語》,瀋陽:遼寧教育出版社 1997 年版。

(宋)金履祥編:《通鑒前編》,臺北:臺灣商務印書館 1986 年《景印文淵閣四庫全書》第 332 册。

(清)金聖嘆選批,李鎮、何宗思、李佳俊點校:《金聖嘆批才子古文》,北京:中國國際廣播出版社 1997 年版。

金其源:《讀書管見》上海:商務印書館 1957 年版。

金景芳:《論井田制度》,濟南:齊魯書社 1982 年版。

金啓華:《〈後讀書雜誌〉讀後》,《文教資料》1997 年第 4 期。

金文明:《"歷"、"曆"二字分合源流考》,《中華文化論叢》2009 年第 1 期。

K

康瑞琮:《古代漢語語法》,瀋陽:遼寧人民出版社 1981 年版。

(日)空海:《篆隸萬象名義》,北京:中華書局 1995 年影日本《崇文叢書》本。

(清)孔繼涵:《雜體文稿》,上海古籍出版社 2002 年輯印《續修四庫全書》第 1460 册。

L

來可泓:《國語直解》,上海:復旦大學出版社 2000 年版。

(清)雷學淇:《介菴經説》,上海古籍出版社 2002 年輯印《續修四庫全書》第 176 册。

雷夢水:《古書經眼録》,濟南:齊魯書社 1984 年版。

冷玉龍編:《中華字海》,北京:中華書局 1996 年版。

(唐)李吉甫撰,賀次君點校:《元和郡縣志》,北京:中華書局 1983 年版。

(宋)李昉等:《太平御覽》,《四部叢刊》影宋本。

(明)李元吉:《讀書囈語》,上海古籍出版社 2002 年輯印《續修四庫全書》第 1143 册。

(清)李富孫輯:《易經異文釋》,上海古籍出版社 2002 年輯印《續修四庫全書》第 27 册。

(清)李富孫:《春秋三傳異文釋》,上海古籍出版社 2002 年輯印《續修四庫全書》第 144 册。

李新魁:《漢語文言語法》,廣州:廣東人民出版社 1983 年版。

李笠:《史記訂補》,北京出版社 2000 年輯印《四庫未收書輯刊》第 6 輯第 5 册。

李玉潔:《楚國史》,開封:河南大學出版社 2002 年版。

李圃主編:《古文字詁林》,上海教育出版社 2004 年版。

李佐豐:《古代漢語語法學》,北京:商務印書館 2004 年版。

李丹丹:《〈國語集解〉獻疑》,陝西師範大學漢語言文字學 2008 届碩士學位論文。

李德山注評:《國語》,南京:鳳凰出版社 2009 年版。

(清)梁章鉅撰,楊耀坤校訂:《三國志旁證》,福州:福建人民出版社 2000 年版。

(清)梁履繩:《左通補釋》,上海古籍出版社 2002 年輯印《續修四庫全書》第 123 册。

梁啓超撰,陳引馳編校:《梁啓超國學講録二種》,上海:華東師範大學出版社 1997 年版。

(漢)劉熙:《釋名》,《古逸叢書》本。

(漢)劉安撰、(漢)高誘注:《淮南子》,上海古籍出版社 1991 年影清莊逵吉校本。

(漢)劉安等撰,(漢)高誘注:《淮南子》,上海古籍出版社 1989 年版《諸子百家叢書》影浙江書局本。

(宋)劉恕:《資治通鑒外紀》,《四部叢刊初編》影明本。

(宋)劉恕:《資治通鑒外紀》,上海古籍出版社 1987 年影點本。

(明)劉績:《管子補注》,臺北:臺灣商務印書館 1986 年《景印文淵閣四庫全書》第 729 册。

(清)劉淇著,章錫琛校注:《助字辨略》,北京:中華書局 1954 年版。

(清)劉寶楠:《愈愚録》,上海古籍出版社 2002 年輯印《續修四庫全書》第 1156 册。

劉利:《〈國語〉的稱數法》,《徐州師範學院學報》1993 年第 4 期。

劉利:《從〈國語〉的用例看先秦的"可以"》,《中國語文》1994 年第 5 期。

劉俊男:《華夏上古史研究》,延吉:延邊大學出版社 2000 年版。

劉利:《先秦助動詞研究》,北京師範大學出版社 2000 年版。

劉雲峰:《〈國語〉副詞語法研究》,廣西師範大學碩士學位論文,2007 年。

柳無忌、殷安如編:《南社人物傳》,北京:社科文獻出版社 2002 年版。

(日)林信勝點校:《道春點國語》,刊刻時、地不詳,和刻本。

(日)林泰輔:《國語》,東京:國民文庫刊行委員會 1923 年版。

林尹、高明主編:《中文大辭典》(普及本),臺北:中國文化大學出版部 1990 年第八版本。

林序達:《林序達漢語史論集》,成都:巴蜀書社 2009 年版。

(清)盧文弨:《抱經堂文集》,上海:商務印書館 1935 年《叢書集成初編》本。

魯竹、劉倩:《國語正宗》,北京:華夏出版社 2008 年版。

(唐)陸德明:《經典釋文》,上海古籍出版社 1985 年影宋刻宋元遞修本。

(宋)陸佃撰、(明)牛衷增輯:《增修埤雅廣要》,上海古籍出版社 2002 年輯印《續修四庫全書》第 1271 册。

陸宗達、俞敏:《現代漢語語法》(上册),北京:東方書店 1954 年版。

陸宗達:《訓詁簡論》,北京出版社 2002 年版。

陸宗達、王寧:《訓詁與訓詁學》,太原:江西教育出版社 2005 年版。

羅家湘注譯:《國語》,鄭州:中州古籍出版社 2010 年版。

(戰國)吕不韋編、(漢)高誘注:《吕氏春秋》,上海書店 1985 年影印世界書局《諸子集成》本。

M

(清)馬瑞辰撰,陳金生點校:《毛詩傳箋通釋》,北京:中華書局 1989 年版。

(清)馬建忠:《馬氏文通》,北京:商務印書館 1983 年版。

馬叙倫:《説文解字六書疏證》,北京:科學出版社 1957 年版。

馬忠:《古代漢語語法》,濟南:山東教育出版社 1983 年版。

馬達遠:《國語故事選譯》,上海古籍出版社 1985 年版。

馬文熙、張歸璧主編:《古漢語知識詳解詞典》,北京:中華書局 1996 年版。

毛策:《鄭良樹評傳》,馬來西亞:大將事業社 2002 年版。

冒懷蘇編著:《冒鶴亭先生年譜》,上海:學林出版社 1998 年版。

苗文利:《"其與能幾何"注釋質疑》,《臨沂師專學報》1990 年第 3 期。

繆荃孫:《藝風堂文續集》,上海古籍出版社 2002 年輯印《續修四庫全書》第 1574 册。

繆文遠:《戰國策新校注》,成都:巴蜀書社 1987 年版。

(清)牟庭相:《雪泥書屋雜志》,上海古籍出版社 2002 年輯印《續修四庫全書》第 1156 册。

(明)閔齊伋裁注:《國語》,萬曆四十七年(1619)刊本。

N

南京師範學院《古漢語基礎知識》編寫組編:《古漢語基礎知識》,南京:江蘇人民出版社 1980 年版。

(清)鈕樹玉:《説文新附考》,嘉慶六年(1801)鈕氏非石居本。

P

潘玉坤:《也説"其與幾何"》,《中國文字研究》2009 年第 1 輯。

裴學海:《古書虚字集釋》,上海:商務印書館 1932 年版。

(明)彭大翼:《山堂肆考》,臺北:臺灣商務印書館 1986 年《景印文淵閣四庫全書》第 977 册。

彭益林:《〈國語·周語〉校讀記》,《華中師範大學學報》1985 年第 5 期。

彭益林:《〈國語·晉語〉校讀記》,《華中師範大學學報》1986 年第 5 期。

(清)皮錫瑞:《經學通論》,北京:中華書局 1954 年版。

Q

齊衝天:《聲韻語源字典》,重慶:重慶出版社 1997 年版。

齊社祥:《〈國語·越語〉"禮先壹飯"正詁》,《淮北煤師院學報》2002 年第 1 期。

(清)錢大昕:《十駕齋養新録附餘録》,《皇清經解》本。

(清)錢大昕:《恒言録》,陳文和主編《錢大昕全集》第八册,南京:江蘇古籍出版社 1997 年版。

(清)錢綺:《左傳札記》,上海古籍出版社 2002 年輯印《續修四庫全書》第 128 册。

(清)錢繹:《方言箋疏》,上海古籍出版社 2002 年輯印《續修四庫全書》第 193 册。

(清)錢坫:《説文解字斠詮》,上海古籍出版社 2002 年輯印《續修四庫全書》第 211 册。

(清)錢大昕:《三史拾遺》,上海古籍出版社 2002 年輯印《續修四庫全書》第 454 册。

錢玄、錢興奇編著:《三禮辭典》,南京:江蘇古籍出版社 1998 年版。

錢穆:《師友雜憶》,北京:三聯書店 2005 年版。

(日)秦鼎:《春秋外傳國語定本》,日本文化六年(1809)滄浪居刊本。

秦同培注譯,宋晶如增訂:《廣注語譯國語精華》,上海:世界書局 1937 年第 4 版。

秦公輯:《碑別字新編》,北京:文物出版社 1985 年版。

瞿冕良編著:《中國古籍版刻辭典》,濟南:齊魯書社 1999 年版。

R

戎輝兵:《〈國語集解〉訂補(〈楚語〉部分)》,《古籍整理研究學刊》2009 年第 3 期。

戎輝兵:《〈國語集解〉訂補(〈越語〉部分)》,《文教資料》2009 年第 18 期。

戎輝兵:《〈國語集解〉訂補(〈魯語〉部分),《古文獻研究集刊》第 3 輯。

戎輝兵:《〈國語〉流布、研究及版本概述》,《唐山師範學院學報》2009 年第 6 期。

戎輝兵:《〈國語集解〉訂補(〈周語〉部分)》,《東亞文獻研究》第 5 輯。

戎輝兵:《〈國語集解〉訂補》,新北:花木蘭文化出版社 2013 年出版。

日本大学図書館の本をさがす,網絡路徑爲:http://ci. nii. ac. jp/books/search? q =% E9% 9F% 8B% E6% 98% AD&p = 5&advanced=false&type=1。

(清)阮元校刻:《十三經注疏》,北京:中華書局 1980 年影世界書局本。

S

(宋)宋庠:《國語補音》,北京:國家圖書館出版社 2006 年影宋刻宋元遞修本。

宋子然:《古漢語詞義叢考》,成都:巴蜀書社 2000 年版。

宋玉珂:《語法與訓詁》,見載於張之强、許嘉璐主編《古漢語論集》(2),北京出版社 1988 年版。

(漢)司馬遷:《史記》,北京:中華書局 1959 年點校本。

(宋)司馬光撰,(元)胡三省注:《資治通鑒注》,北京:中華書局 1956 年版點校本。

(宋)司馬光:《類篇》,上海古籍出版社 1988 年影汲古閣影宋鈔本。

(宋)蘇轍:《古史》,臺北:臺灣商務印書館 1986 年《景印文淵閣四庫全書》第 371 册。

(清)孫經世:《惕齋經説》,上海古籍出版社 2002 年輯印《續修四庫全書》第 176 册。

(清)孫詒讓撰,王文錦、陳玉霞點校:《周禮正義》,北京:中華書局 1987 年版。

(清)孫詒讓著,雪克點校:《籀廎述林》,北京:中華書局 2010 年版。

(清)孫詒讓:《古籀拾遺》,上海古籍出版社 2002 年輯印《續修四庫全書》第 243 册。

孫良明:《中國古代語法學探究》(增訂本),北京:商務印書館 2005 年版。

尚學鋒、夏德靠譯注:《國語》,北京:中華書局 2007 年版。

(清)邵泰衢:《史記疑問》,臺北:臺灣商務印書館 1986 年《景印文淵閣四庫全書》第 248 册。

上海圖書館編:《中國叢書綜録》(一),上海古籍出版社 1982 年版。

上海師範大學古籍所整理:《國語》,上海古籍出版社 1998 年版。

(清)沈廷芳:《十三經注疏正字》,臺北:商務印書館 1986 年《景印文淵閣四庫全書》第 192 册。

沈鎔:《國語詳注》,上海:文明書局 1925 年版。

沈文倬:《宗周禮樂文明考論》,杭州:浙江大學出版社 1999 年版。

(清)盛百二:《柚堂筆談》,上海古籍出版社 2002 年輯印《續修四庫全書》第 1154 册。

施銘燦:《禮記虚詞用法釋例》,臺北:文史哲出版社中華民國 63 年版。

施安昌編:《顔真卿書干禄字書》,北京:紫禁城出版社 1992 年版。

石光瑛:《國語韋解補正》卷一,《國立中山大學文學院專刊》第一期(1933 年 6 月)。

石光瑛校釋,陳新整理:《新序校釋》,北京:中華書局 2001 年版。

(宋)史繩祖:《學齋占畢》,上海:商務印書館 1939 年版《叢書集成初編》本。

史延庭編著:《國語》,長春:吉林人民出版社 1996 年版。

T

臺灣國語推行委員會編制:《異體字字典》網絡版,http://dict.variants.moe.edu.tw。

W

(清)汪遠孫:《國語發正》,道光丙午(1846)振綺堂本。

(清)汪遠孫:《國語明道本考異》,北京:商務印書館 1958 年版《國學基本叢書》本《國語》後附。

(清)汪灝等:《廣群芳譜》,臺北:商務印書館 1986 年《景印文淵閣四庫全書》第 846 册。

汪濟民等:《國語譯注》,南昌:百花洲文藝出版社 1992 年版。

汪受寬:《謚法研究》,上海古籍出版社 1995 年版。

(魏)王肅注:《孔子家語》,《四部叢刊》影明翻宋本。

(宋)王當:《春秋臣傳》,臺北:世界書局 1990 年《摛藻堂四庫全書薈要》第 13 册。

(宋)王欽若等:《宋本册府元龜》,北京:中華書局 1989 年版。

(宋)王欽若等編纂:《册府元龜》,臺北:臺灣商務印書館 1986 年《景印文淵閣四庫全書》第 731 册。

(宋)王觀國:《學林》,臺北:臺灣商務印書館 1986 年《景印文淵閣四庫全書》第 851 册。

(宋)王應麟:《詩地理考》,臺北:臺灣商務印書館 1986 年《景印文淵閣四庫全書》第 75 册。

(宋)王應麟撰,(清)翁元圻等注,欒保群等校點:《全校本困學紀聞》,上海古籍出版社 2008 年版。

(明)王圻:《續文獻通考》,上海古籍出版社 2002 年輯印《續修四庫全書》第 746 册。

(明)王同軌:《耳談類增》,上海古籍出版社 2002 年輯印《續修四庫全書》第 1268 册。

(明)王道焜、林如源編:《左傳杜林合注》,臺北:臺灣商務印書館 1986 年《景印文淵閣四庫全書》第 171 册。

(清)王引之:《經義述聞》,道光七年(1827)壽藤書屋刻本。

(清)王煦:《國語補補音》,咸豐戊午(1858)觀海樓重刻本。

(清)王煦:《國語釋文》,咸豐戊午(1858)觀海樓重刻本。

(清)王鐸:《王覺斯批校國語》,遼海書社 1934 年影印本。

(清)王太岳:《四庫全書考證》,上海:商務印書館 1936 年《叢書集成初編》本。

(清)王引之、孫經世:《經傳釋詞(附補及再補)》,北京:中華書局 1956 年版。

(清)王應奎撰,王彬、嚴英俊點校:《柳南隨筆》,北京:中華書局 1983 年版。

(清)王引之:《經傳釋詞》,長沙:岳麓書社 1984 年楊樹達、黄侃批校本。

(清)王念孫:《讀書雜誌》,北京:中國書店 1985 年版。

(清)王筠撰,屈萬里、鄭時輯校:《清詒堂文集》,濟南:齊魯書社 1987 年版。

(清)王紹蘭:《讀書雜記》,北京:中華書局 1988 年版。

（清）王昶：《金石萃編》，見載於《歷代碑誌叢書》，南京：江蘇古籍出版社 1998 年版。

（清）王筠：《説文句讀》，上海古籍出版社 2002 年輯印《續修四庫全書》第 216—217 册。

（清）王照圓：《列女傳補注》，上海古籍出版社 2002 年輯印《續修四庫全書》第 515 册。

（清）王懋竑：《讀書記疑》，上海古籍出版社 2002 年輯印《續修四庫全書》第 1146 册。

（清）王棠：《燕在閣知新録》，上海古籍出版社 2002 年輯印《續修四庫全書》第 1147 册。

（清）王汝璧：《芸簏偶存》，上海古籍出版社 2002 年輯印《續修四庫全書》第 1462 册。

（清）王昶：《春融堂集》，上海古籍出版社 2002 年輯印《續修四庫全書》第 1438 册。

王先謙：《釋名疏證補》，光緒間虚受堂刻本。

王夢鷗：《禮記今注今譯》，臺北：臺灣商務印書館 1970 年版。

王力：《同源字典》，北京：商務印書館 1982 年版。

王笑湘：《文言語法》，北京：中國人民大學出版社 1987 年版。

王先謙撰，吴格點校：《詩三家義集疏》，北京：中華書局 1987 年版。

王守謙等：《戰國策全譯》，貴陽：貴州人民出版社 1992 年版。

王彦坤：《歷代避諱字匯典》，鄭州：中州古籍出版社 1997 年版。

王樹民：《曙庵雜著文録》，北京：中華書局 1997 年版。

王桐蓀等選注：《唐文治文選》，上海：上海交通大學出版社 2005 年版。

王利器：《吕氏春秋校釋》，成都：巴蜀書社 2002 年版。

王叔岷：《史記斠證》，北京：中華書局 2007 年版。

王叔岷：《古籍虚字廣義》，北京：中華書局 2007 年版。

王亭：《〈國語〉否定詞研究》，暨南大學漢語言文字學碩士論文，2007 年。

王啓俊：《〈國語〉虚詞研究》，合肥：安徽大學漢語言文字學專業

2007 届碩士學位論文。

王宏、趙峥英譯，尚學鋒、夏德靠今譯:《國語》，長沙:湖南人民出版社 2012 年版。

(吴)韋昭注:《國語》，朝鮮經筵正統庚申(1440)夏校活字本。

(吴)韋昭注:《國語》，明正德十二年(1517)明德堂刊本。

(吴)韋昭注:《國語》，明嘉靖四年(1525)許宗魯宜靜書堂刊本。

(吴)韋昭注:《國語》，明萬曆六年(1578)童思泉刊本。

(吴)韋昭注:《國語》，明萬曆間吴勉學刊白文本。

(吴)韋昭注、(明)穆文熙等評點:《國語評苑》，明萬曆二十年鄭以厚刊本。

(吴)韋昭注、(明)陳仁錫、鐘惺合評:《國語》，清康熙間二乙堂本。

(吴)韋昭注:《國語》，清康熙間曲阜孔氏詩禮堂刊本。

(吴)韋昭注:《國語》，哈佛大學燕京圖書館藏黄丕烈讀未見書齋嘉慶庚申刻本。

(吴)韋昭注:《國語》，清蘇州緑蔭堂刊本。

(吴)韋昭注、(明)穆文熙等評點、(日)道春點:《國語》，日本刊本。

(吴)韋昭注:《國語》，湖北崇文書局同治己巳(1869)重雕天聖明道本。

(吴)韋昭注:《國語》，上海:蜚英館光緒三年(1877)《士禮居叢書》本。

(吴)韋昭注:《國語》，光緒乙未(1895)寶善堂本。

(吴)韋昭注:《國語》，上海:商務印書館《四部叢刊》影金李澤遠堂本。

(吴)韋昭注:《國語》，上海:鴻寶齋書局 1912 年石印本。

(吴)韋昭注:《國語》，上海:博古齋 1913 年石印《士禮居叢書》本。

(吴)韋昭注:《國語》，上海:錦章圖書局石印本。

(吴)韋昭注:《國語》，上海:中華書局《四部備要》本。

(吴)韋昭注:《國語》，上海:掃葉山房 1924 年石印《士禮居叢書》本。

(吴)韋昭注:《國語》，臺北:臺灣商務印書館 1986 年影《文淵閣四庫全書》第 406 册。

(吴)韋昭注:《國語》,臺北:臺灣世界書局 1990 年影《摛藻堂四庫薈要》第 203 册。

(吴)韋昭注:《國語》,北京:商務印書館 2005 年影印十二合一本《文津閣四庫全書》第 140 册。

(吴)韋昭注:《國語》,北京:國家圖書館出版社 2006 年輯印《中華再造善本工程》影宋刻宋元遞修本。

(吴)韋昭注、明潔輯評、梁谷整理:《國語》,上海世紀出版集團 2008 年版。

(唐)魏徵等:《群書治要》,《四部叢刊》影日本天明本。

(宋)魏了翁:《尚書要義》,臺北:臺灣商務印書館 1986 年《景印文淵閣四庫全書》第 60 册。

(清)魏源:《聖武記》,《魏源全集》第 3 册,長沙:岳麓書社 2004 年版。

鄔國義等:《國語譯注》,上海古籍出版社 1994 年版。

(清)吴卓信:《漢書地理志補注》,道光二十八年(1842)刊本。

(清)吴玉搢:《别雅》,臺北:臺灣商務印書館 1986 年《景印文淵閣四庫全書》第 222 册。

(清)吴其濬:《植物名實圖考》,上海古籍出版社 2002 年輯印《續修四庫全書》第 1118 册。

(清)吴汝綸:《尚書故》,氏著《吴汝綸全集》,合肥:黄山書社 2002 年版。

(清)吴汝綸點勘:《國語》,見刊於宋志英主編《〈國語〉研究文獻輯刊》第一册,北京:國家圖書館出版社 2012 年版。

吴曾祺:《國語韋解補正》,上海:商務印書館 1915 年版。

吴曾祺:《涵芬樓文談》,上海:商務印書館 1933 年版。

吴虞:《吴虞日記》,成都:四川人民出版社 1986 年版。

吴金華:《古文獻研究叢稿》,南京:江蘇教育出版社 1995 年版。

吴秋輝撰,張乾一輯録:《侘傺軒文存》,濟南:齊魯書社 1997 年版。

吴大敏編、吴鋼輯:《唐碑俗字録》,西安:三秦出版社 2004 年版。

吴小如:《讀〈國語·召公諫厲王弭謗〉》,見載於西渡編《名家讀古文》(上),北京:中國計劃出版社2005年版。

X

夏征農主編:《辭海(歷史地理分册)》,上海辭書出版社1989年版。

夏味堂:《拾雅》,上海古籍出版社2002年輯印《續修四庫全書》第192册。

向夏:《經傳"不""丕""否"有義無義辨》(上)、(下),大陸雜誌社編《大陸雜誌語文叢書》第二輯第四册。

向宗魯:《説苑校證》,北京:中華書局1987年版。

向熹:《簡明漢語史》(下册),北京:高等教育出版社1993年版。

(南朝梁)蕭統編,(唐)李善等注:《六臣注文選》,北京:中華書局1987年影宋刻本。

(隋)蕭吉:《五行大義》,日本林衡編《佚存叢書》,光緒壬午(1882)滬上黄氏刻本。

蕭旭:《古書虛詞旁釋》,揚州:廣陵書社2007年版。

蕭旭:《國語校補》,氏著《群書校補》,揚州:廣陵書社2011年版。

(元)熊忠、黄公紹:《古今韻會舉要》,北京:中華書局2000年影明嘉靖刻本。

謝德三:《吕氏春秋虛詞用法詮釋》,臺北:文史哲出版社中華民國66年版。

解惠全等:《古書虛詞通解》,北京:中華書局2008年版。

辛德勇:《盛大士〈靖逆記〉版本源流之判别》,《故宫博物院院刊》2006年第2期。

(遼)釋行均:《龍龕手鑒》,日本國立公文書館藏咸化八年(1472)刊本。

(遼)釋行均:《龍龕手鑒》,臺北:新文豐文化出版公司版《叢書集成新編》第36册影光緒壬午刊本。

(遼)釋行均:《龍龕手鑒》,日本早稻田大學圖書館藏本。

(遼)釋行均:《龍龕手鑒》,光緒壬午(1882)樂道齋本。

(遼)釋行均:《龍龕手鑒》,《續古逸叢書》影宋本。

(清)邢澍:《金石文字辨異》,劉世珩(1875—1926)輯印《聚學軒叢書》本。

(唐)徐堅:《初學記》,北京:中華書局 1962 年版。

(南唐)徐鍇:《説文解字繫傳通釋》,上海商務印書館《四部叢刊》本。

(宋)徐夢莘:《三朝北盟會編》,臺北:臺灣商務印書館 1986 年《景印文淵閣四庫全書》第 350 册。

(清)徐瀚:《通介堂經説》,上海古籍出版社 2002 年輯印《續修四庫全書》第 177 册。

徐仁甫:《廣釋詞》,成都:四川人民出版社 1981 年版。

徐復觀:《有關周初若干史實之考證》,收録於《中國思想史論集續篇》,時報文化事業出版公司 1982 年版。

徐仁甫:《〈晉語〉辨正》,《晉陽學刊》1984 年第 2 期。

徐仁甫:《古詩別解》,上海古籍出版社 1984 年版。

徐復:《徐復語言文字學叢稿》,南京:江蘇古籍出版社 1990 年版。

徐復主編:《廣雅詁林》,南京:江蘇古籍出版社 1992 年版。

徐雲震、徐梅編著:《錯別字考辨》,上海人民出版社 1998 年版。

徐復、宋文民:《説文五百四十部首正解》,南京:江蘇古籍出版社 2002 年版。

徐元誥撰,王樹民、沈長雲點校:《國語集解》(修訂本),北京:中華書局 2006 年版。

徐朝暉:《〈國語〉韋昭注札記》,《古漢語研究》2006 年第 4 期。

(漢)許慎:《説文解字》,北京:中華書局 1963 年影陳昌治覆刻平津館本。

許威漢:《訓詁學導論》(修訂版),北京大學出版社 2003 年版。

許子濱:《〈左傳〉"請隧"解》,見載於單周堯、陸鏡光主編《語言文字學研究》,北京:中國社會科學出版社 2005 年版。

(唐)釋玄應:《一切經音義》,上海古籍出版社 2002 年輯印《續修四庫全書》第 198 册。

薛安勤、王連生:《國語譯注》,長春:吉林文史出版社 1991 年版。

(戰國)荀卿著,(唐)楊倞注:《荀子》,盧文弨《抱經堂叢書》本。

Y

(唐)顏師古:《匡謬正俗》,陝西通志舘印《關中叢書》本。

(明)嚴衍:《資治通鑒補》,上海古籍出版社 2002 年輯印《續修四庫全書》第 336 册。

楊伯峻:《文言語法》,北京出版社 1956 年版。

楊樹達:《高等國文法》,上海:商務印書館 1955 年重印本。

楊宏文:《國語國策故事選譯》,北京:中華書局 1961 年版。

楊伯峻:《文言文法》,北京:中華書局 1963 年版。

楊樹達:《詞詮》,北京:中華書局 1965 年版。

楊伯峻:《古漢語虚詞》,北京:中華書局 1981 年版。

楊伯峻、徐提編:《春秋左傳詞典》,北京:中華書局 1985 年版。

楊保隆:《肅慎挹婁合考》,北京:中國社會科學出版社 1989 年版。

楊堃:《灶神考》,見載於氏著《楊堃民族研究文集》,北京:民族出版社 1991 年版。

楊端志:《訓詁學》(上),濟南:山東文藝出版社 1991 年版。

楊伯峻、何樂士:《古漢語語法及其發展》(修訂本),北京:語文出版社 2003 年版。

楊樹達:《讀〈國語〉小識》,見載於氏著《積微居讀書記》,上海古籍出版社 2006 年版。

楊逢彬:《楊樹達先生的遺稿》,《東方早報》2014 年 8 月 17 日"筆記"版。

(清)姚鼐:《國語補注》,見載於省心閣本《惜抱軒全集》。

姚寶瑄:《樸父、防風考》,見載於劉道鏞主編《東方文化》第二集,南京:東南大學出版社 1992 年版。

姚伯嶽:《黄丕烈評傳》,南京大學出版社 1998 年版。

葉玉麟選譯:《白話譯解國語》,上海;大達圖書供應社 1935 年版。

葉萌:《古代漢語貌詞通釋》,濟南:山東文藝出版社 1993 年版。

(清)佚名:《史記疏證》,上海古籍出版社 2002 年輯印《續修四庫全書》第 264 册。

易孟醇:《先秦語法》(修訂本),長沙:湖南大學出版社 2005 年版。

尤中:《中國民族發展史第 1 卷先秦、南北朝隋唐五代》,北京:晨光出版社 2007 年版。

(明)殷奎:《强齋集》,臺北:臺灣商務印書館 1986 年《景印文淵閣四庫全書》第 1232 册。

殷孟倫等:《古漢語簡論》,濟南:山東人民出版社 1979 年版。

殷國光:《上古漢語語法研究》,北京:中國大百科全書出版社 2002 年版。

(唐)虞世南等編:《北堂書鈔》,上海古籍出版社 2002 年輯印《續修四庫全書》第 1212 册。

(清)俞樾:《諸子平議》,北京:中華書局 1954 年版。

(清)俞樾:《群經平議》,上海古籍出版社 2002 年輯印《續修四庫全書》第 178 册。

(清)俞正燮撰:《癸巳類稿》,上海古籍出版社 2002 年輯印《續修四庫全書》第 1159 册。

(清)俞正燮:《癸巳存稿》,上海古籍出版社 2002 年輯印《續修四庫全書》第 1159 册。

俞敏:《經傳釋詞札記》,長沙:湖南教育出版社 1987 年版。

俞志慧:《〈國語〉韋昭注辨正》,北京:中華書局 2009 年版。

(清)袁枚:《隨園隨筆》,上海古籍出版社 2002 年輯印《續修四庫全書》第 1148 册。

袁珂:《山海經校注》(增補修訂本),成都:巴蜀書社 1993 年版。

Z

(清)臧琳:《經義雜記》,上海古籍出版社 2002 年輯印《續修四庫全書》第 172 册。

(清)臧庸:《拜經日記》,上海古籍出版社 2002 年輯印《續修四庫全書》第 1158 册。

(日)滋賀秀三:《中國上古刑罰考》,見載於《日本學者研究中國史論著選譯》第八卷,北京:中華書局 1992 年版。

(明)湛若水:《格物通》,臺北:臺灣商務印書館 1986 年《景印文淵閣四庫全書》第 716—717 册。

(唐)張參:《五經文字》,臺北:臺灣商務印書館 1986 年《景印文淵閣四庫全書》第 224 册。

(明)張自烈:《正字通》,上海古籍出版社 2002 年輯印《續修四庫全書》第 234—235 册。

(清)張文虎:《舒藝室隨筆》,瀋陽:遼寧教育出版社 2003 年版。

張以仁:《國語虚詞集釋》,臺北:"中央研究院"史語所專刊之 55,1968 年版。

張以仁:《國語斠證》,臺北:臺灣商務印書館 1969 年版。

張以仁:《國語左傳論集》,東昇出版事業公司 1980 年版。

張舜徽:《説文解字約注》,鄭州:中州古籍書畫社 1983 年版。

張勳燎:《"七"、"十"考》,見載於氏著《古文獻論叢》,成都:巴蜀書社 1990 年版。

張覺:《〈左傳〉"死君"説解辨正》,《廣西大學學報》1992 年第 1 期。

張國光:《連詞"與"的次類與"A 之與 B"結構》,《貴州師範大學學報》1992 年第 2 期。

張雙棣:《淮南子校釋》,北京大學出版社 1997 年版。

張桂光:《"受""㞢"類卜辭否定句中賓語對"不""弗"選擇的考察》,見載於曾憲通主編《古文字與漢語史論集》,廣州:中山大學出版社 2002 年版。

張文國、張能甫:《古漢語語法學》,成都:巴蜀書社 2003 年版。

張玉金:《西周金文代詞研究》,北京:商務印書館 2004 年版。

張新武:《讀〈國語〉札記》,《新疆大學學報》2008 年第 6 期。

章太炎講授,錢玄同等記録:《章太炎説文解字講授筆記》,北京:中華書局 2008 年版。

張以仁:《張以仁先秦史論集》,上海古籍出版社 2010 年版。

張以仁:《張以仁語文學論集》,上海古籍出版社 2012 年版。

章太炎:《新方言》,上海古籍出版社 2002 年輯印《續修四庫全書》第 195 冊。

章鈺:《胡刻通鑒正文校宋記》,上海古籍出版社 2002 年輯印《續修四庫全書》第 342 冊。

(清)趙翼:《陔餘叢考》,上海:商務印書館 1957 年版。

趙克勤:《古漢語詞彙問題》,鄭州:中州書畫社 1980 年版。

趙望秦等:《白話國語》,西安:三秦出版社 1998 年版。

趙叢蒼、郭妍利:《兩周考古》,北京:文物出版社 2004 年版。

趙生群、蘇芃:《〈國語〉疑義新證》,《古籍整理研究學刊》2007 年第 2 期。

趙大明:《〈左傳〉介詞研究》,北京:首都師範大學出版社 2007 年版。

趙平安:《新出簡帛與古文字古文獻研究》,北京:商務印書館 2009 年版。

中華書局:《中華小字典》,北京:中華書局 1985 年影印本。

中國歷史地名辭典編委會:《中國歷史地名辭典》,南昌:江西教育出版社 1986 年版。

中國社會科學院語言研究所古代漢語研究室編:《古代漢語虛詞詞典》,北京:商務印書館 1999 年版。

(日)塚本哲三:《國語》,東京:有朋堂書店 1926 年版《漢文叢書》。

鄭良樹:《國語校證》(上),《幼獅學誌》第 7 卷第 4 期。

鄭良樹:《國語校證》(下),《幼獅學誌》第 8 卷第 2 期。

(明)周嬰纂,王瑞明點校:《卮林》,福州:福建人民出版社 2006 年版。

(清)周壽昌:《思益堂日札》,氏著《周壽昌集》,長沙:岳麓書社 2011 年版。

(清)周柄中:《四書典故辨正續》,上海古籍出版社 2002 年輯印《續修四庫全書》第 167 冊。

周大璞:《訓詁學要略》,武漢:湖北人民出版社 1984 年版。

周秉鈞主編:《古漢語手冊》,長沙:湖南人民出版社 1985 年版。

周生春:《吴越春秋輯校匯考》,上海古籍出版社 1997 年版。

周廣干:《〈國語〉〈左傳〉副詞比較研究》,北京師範大學漢語言文字學碩士學位論文,2008 年。

周廣干:《〈左傳〉〈國語〉副詞比較研究》,北京師範大學博士論文,2010 年。

周峰、郝建傑等編:《國語文系年注析》(上),桂林:廣西師範大學出版社 2011 年版。

(宋)朱熹:《儀禮經傳通解》,東洋文化研究所藏宋嘉定中刊元明遞修本。

(宋)朱熹:《四書章句集注》,北京:中華書局 1983 年點校本。

(宋)朱熹:《儀禮經傳通解》,收録於朱傑人、嚴佐之、劉永翔主編《朱子全書》,上海:上海古籍出版社;合肥:安徽教育出版社 2002 年版。

(明)朱謀㙔:《水經注箋》,北京出版社 2000 年輯印《四庫未收書輯刊》第 9 輯第 5 册。

(清)諸可寶:《疇人傳三編》,南菁書院叢書本。

(清)朱駿聲:《説文通訓定聲》,武漢市古籍書店 1983 年影臨曉閣本。

(清)朱彬撰,饒欽農點校:《禮記訓纂》,北京:中華書局 1996 年版。

(清)朱亦棟:《群書札記》,上海古籍出版社 2002 年輯印《續修四庫全書》第 1155 册。

(日)諸橋轍次:《大漢和詞典》(修訂版)第四卷,東京:大修館書店昭和 61 年(1985)版。

朱起鳳:《正字通》,北京:警官教育出版社 1993 年版。

朱祖延主編:《爾雅詁林》,武漢:湖北教育出版社 1996 年版。

本書人名索引

D

F

G

H

J

K

L

M

N

O

P

Q

R

S

T

W

X

Y

Z